“十三五”国家重点出版物出版规划项目

南水北调中线工程河南省考古发掘报告

河南省文物局　主编

第43号

淅川葛家沟墓地

南阳市文物考古研究所　编著

科学出版社

北京

内 容 简 介

葛家沟墓地位于河南省淅川县仓房镇磊山村葛家沟南部，丹江口水库西岸由北向南延伸的长岭上，东、西、南三面环丹江口水库。2016年南阳市文物考古研究所对该墓地进行了考古发掘工作，发掘战国至西汉时期79座墓葬，这批墓葬延续时间较长，且无明显缺环，是淅川地区这一阶段中小型墓葬发展演变情况的最好体现。这批资料对研究丹江流域楚、秦、汉文化更替以及中小聚落葬俗、葬制具有重要作用，对揭示该时期南阳盆地政治、经济、文化面貌具有重大意义。

本书适合考古学、历史学研究者及大专院校相关专业的师生和爱好者阅读参考。

图书在版编目（CIP）数据

淅川葛家沟墓地 / 南阳市文物考古研究所编著. —北京：科学出版社，2021.12

（南水北调中线工程河南省考古发掘报告；43）

“十三五”国家重点出版物出版规划项目

ISBN 978-7-03-070960-8

Ⅰ. ①淅…　Ⅱ. ①南…　Ⅲ. ①墓葬（考古）-考古发掘-发掘报告-淅川县　Ⅳ. ①K878.85

中国版本图书馆CIP数据核字（2021）第260783号

责任编辑：赵　越 / 责任校对：邹慧卿

责任印制：肖　兴 / 封面设计：陈　敬

科 学 出 版 社 出版

北京东黄城根北街16号

邮政编码：100717

http://www.sciencep.com

中国科学院印刷厂 印刷

科学出版社发行　各地新华书店经销

*

2021年12月第　一　版　开本：889×1194　1/16

2021年12月第一次印刷　印张：21 1/2　插页：48

字数：780 000

定价：298.00 元

（如有印装质量问题，我社负责调换）

"13th Five-Year Plan" National Key Publications Publishing and Planning Project

Reports on the Cultural Relics Conservation
in the South-to-North Water Diversion Project
Administration of Cultural Heritage of Henan Province
Henan Vol.43

Gejiagou Cemetery in Xichuan

Nanyang City Cultural Relics and Archaeology Research Institute

Science Press
Beijing

南水北调中线工程文物保护项目

河南省考古发掘报告编辑委员会

南水北调中线工程文物保护项目报告

河南省第43号

《淅川葛家沟墓地》

主　编

李宏庆　曾庆硕

副主编

王　巍　郭照川　魏晓东　乔保同

项目承担单位

河南省文物考古研究院

南阳市文物考古研究所

前　言

作为举世瞩目的特大型水利建设项目，南水北调中线工程的文物保护工作在河南是史无前例的。无论是工程涉及区域之广大，还是文物点分布的密集程度和价值之高，在河南的考古史上都是前所未有的。因此，当黄河小浪底水利枢纽工程和长江三峡库区的文物保护工作结束后不久，随着南水北调中线工程设计规划和施工的渐次展开，世人的目光便开始聚焦古老的中原大地。如何在配合特大型工程建设的同时，使中原大地珍贵的文化遗产得到有效保护，成为河南文物部门的重要任务。

南水北调中线工程包括水源地和总干渠两个主要项目。水源地丹江口水库地跨河南、湖北两省，总淹没面积达370平方千米，其中河南省境内占170平方千米，约占总面积的46%。总干渠起自河南省淅川县的陶岔，流经河南、河北、北京、天津等省市，全长1276千米，其中河南境内达731千米，约占总长度的58%。从南阳盆地沿太行山东麓北行，流经南阳、平顶山、许昌、郑州、焦作、新乡、鹤壁、安阳8个省辖市32个县（市、区），南水北调中线工程纵贯了古代中原的核心区域。在淹没区和总干渠沿线及其附近分布的文物点，既有旧石器时代的化石地点和古人类遗迹，也有新石器时代的大型聚落，更有数量众多、内涵丰富的反映不同文化风格及其交融过程的历史时期的城址、墓葬群、古代建筑和石刻艺术等。可以说，纵贯河南南北的总干渠，在中原大地形成了一条极为难得的融汇各个文化发展时期和各种文化因素的古代文化廊道。

南水北调中线工程河南段的文物保护工作，有以下几个显著特点：

一是全国文物考古队伍积极参与。1994~2005年，河南省组织协调省内外有关文物考古、科研和工程设计单位，对南水北调中线工程丹江口河南淹没区和总干渠沿线进行文物调查、复核和确认工作。经国家有关部门复核确认，南水北调中线工程共涉及河南境内文物点330处。2005年，南水北调中线工程河南段文物保护抢救工作正式启动。河南省文物考古研究所和中国社会科学院考古研究所、武汉大学历史系、陕西省考古研究院等来自全国各地的50余家文物考古单位，先后参加南水北调中线工程河南段的文物保护抢救工作。河南省文物局积极组织协调，在工作中强化大局意识、质量意识、安全意识和服务意识，组织专家现场指导，安排部署市县文物部门进行巡视，为考古发掘单位提供优良的工作环境，确保工程建设和文物保护工程顺利进行。

二是保护抢救了一大批珍贵文物。南水北调文物保护不仅工程浩大，而且总干渠绝大部分是开挖明渠，更容易造成文物的破坏和损害。我们组织考古队伍提前介入，对将要开工渠段的已知文物点进行抢救发掘，有效地保护了文物。其中不乏历史价值、科学价值、艺术价值颇高的珍贵文物。如徐家岭墓地清理的一座战国早期楚国贵族墓葬，出土的一件小口鼎上铸有多达49字的清晰铭文，铭文上有岁星纪年和墓主人身份等，对于研究墓葬年代及墓主人身份提供了重要资料；鹤壁关庄墓地发现的清代西安府守备之墓，出土了一批金质头饰，造型优美，制作精细，特别是一件印有喜鹊登梅图案的金冠，工艺精良，有极高的艺术价值；博爱聂村墓地出土的4件唐代三彩钵，做工精湛，造型精美，是唐三彩器物中不可多得的精品。

三是考古发现具有重要的科学研究价值。如鹤壁刘庄遗址在全国首次发现分布密集、排列规律的大面积先商文化墓地，填补了先商文化发掘和研究工作的一项空白，是该研究领域的重大学术突破；安阳固岸墓地在我国第一次发现了以二十四孝为题材的东魏时期围屏石榻，首次发现了明确纪年的东魏墓葬，出土了大批北齐时期陶俑、瓷器和多方北齐、东魏墓志等重要文物，是研究豫北地区北朝时期的丧葬习俗和陶塑艺术，白瓷、黑瓷的起源和制作工艺，以及北齐和东魏时期的书法艺术的宝贵资料；卫辉大司马墓地唐代乞扶令和夫妇合葬墓的发掘，为研究我国隋唐时期的官吏体制、书法艺术和社会的繁盛提供了新证据；温县徐堡发现了龙山、西周、春秋、战国、汉、宋、明和清时期连续叠压的古城址，是目前黄河流域所发现的龙山文化城址中保存较好、规模较大的一座城址，填补了豫西北龙山城址发现的空白；荥阳薛村遗址为二里头文化晚期到早商文化时期的大型遗址，该遗址的发掘保护工作，对于研究薛村遗址聚落的结构、内部功能区的划分及其特点，探讨夏、商文化的演变的态势和更替有重要的学术意义和科学研究价值；荥阳关帝庙遗址发现了保存完整的商代晚期小型聚落，聚落功能齐全，分居住区、制陶区、祭祀区、墓葬区四部分，在我国商代考古发掘中尚属首次；新郑唐户遗址发现了大面积裴李岗文化时期的居住基址，房址形制结构特点和排水系统的使用，反映了裴李岗文化时期较为先进的建筑理念。

四是考古发掘与课题研究有机结合。在发掘过程中，不仅注重各类文物的抢救保护，而且采用现代科技手段，最大可能地采集各类标本。特别是对于出土的人骨、兽骨进行了性别、年龄、病理以及DNA等方面的鉴定；按照国家地理信息标准，对每处文物点都测量绘制了要素齐全的总平面图，为今后文物普查和保护奠定了基础。如武汉大学历史系对辉县大官庄墓地的一座9个墓室的大型汉墓，进行了发掘现场三维重建和近景摄影测绘技术的全面测绘，通过数字测绘技术、计算机虚拟现实技术，建立了三维的考古对象模型；山东大学在博爱西金城遗址发掘中，设立了主要涉及古地貌、动物、植物、石器、陶器以及遗址资源域十余个子课题的环境考古课题，是开展多学科综合研究的一次重大尝试。

河南省南水北调工程文物保护工作度过了艰辛而光荣的历程。我们积极探索大型项目建设中文物保护抢救工作的新路子，更新管理理念，创新管理机制，培育专业队伍，提升研究层次，取得了非凡的荣誉。安阳固岸墓地、鹤壁刘庄遗址、荥阳娘娘寨遗址、荥阳关帝庙遗址、新郑唐户遗址、新郑胡庄墓地等6个项目先后被评为“全国十大考古新发现”。鹤壁刘庄遗址、荥阳娘娘寨遗址、荥阳关帝庙遗址、新郑唐户遗址、新郑胡庄墓地、淅川沟湾遗址等6个项目荣获“全国田野考古质量奖”。国家文物局授予河南省文物局南水北调文物保护办公室“全国文化遗产保护工作先进集体”荣誉称号。

河南省南水北调中线工程文物保护工作一直受到各级领导的关心和社会各界的支持。全国政协张思卿副主席曾率团视察河南省南水北调工程文物保护工作。国务院南水北调办公室和国家文物局各位领导多次亲临一线检查指导，帮助排忧解难。河南省委、省政府多次召开会议，研究解决文物抢救保护工程中的重大问题。南水北调中线干线工程建设管理局、南水北调中线水源有限责任公司、河南省南水北调中线干线工程领导小组办公室、河南省人民政府移民工作领导小组办公室对南水北调文物保护工作也给予了大力支持和帮助。国家诸多考古学家多次深入到文物保护抢救现场，对重大学术问题和考古发掘质量给予帮助指导。社会各界特别是新闻媒体给予极大关注和广泛宣传。

为了更好地利用考古资料开展学术研究，充分展示河南省南水北调中线工程文物保护项目考古发掘的巨大成果，河南省文物局积极组织考古发掘单位及时对考古发掘资料进行整理和研究，编辑出版考古发掘报告，以期进一步推动文物保护和考古学研究工作。

河南省文物局

2010年5月

目　录

插图目录

插表目录

彩版目录

图版目录

第一章 概　　述

第一节　地理位置和环境

淅川县是河南省南阳市下辖县，是南水北调中线工程核心水源区和渠首所在地，亚洲最大人工湖丹江口水库位于淅川南部。地理坐标为北纬32°55′~33°23′，东经110°58′~111°53′，位于豫西南边陲，豫、鄂、陕三省交界的黄金地带，因淅水纵贯境内形成百里冲积平川而得名。北有伏牛山脉，东为南阳盆地，处于秦岭山系东南余脉延伸地段，境内丘陵起伏，重峦叠嶂。县境北、东与西峡、邓州、内乡相连，西与湖北郧县毗邻，西北与陕西省商南县相接，全县总面积2820平方千米。丹江水由西北向东南注入丹江口水库。丹江是汉水的主要支流，古称丹水，它发源于陕西省秦岭山脉的南麓，向东南流经陕西省商县、丹凤县、商南县，入淅川，在马镫镇与北来的淅水汇合，流至湖北省丹江口市与汉水汇合。

淅川属北亚热带大陆性季风半湿润气候向暖温带过渡的季风性气候区，四季分明，雨量充沛，土地肥沃，物产丰富，气候温和，南北方动、植物均适宜在此地繁衍生长，自古以来就适宜人类在此定居、耕作、生活。

淅川地处要冲，地势险要，陆路交通有修于商末周初的商於古道，由长安东南行，经蓝田，越秦岭，通到商州，再向东南行经武关，进入河南的南阳和湖北襄阳，在秦朝时，这条古道是秦国通往楚国、晋国以及南方其他地方的重要通道。最初是秦国为运送战争所需物资而开辟的一条军事通道，后来逐渐成为关中通往河南南阳、湖北襄阳以及东南方的一条重要商道。历史上淅川的水路交通也极为方便，沿丹江西达秦川，南至荆、襄直通汉口，东达中原重镇南阳，是古代江汉流域通往关中的交通要道，在铁路交通未发达时期，这里是连结东南和西北诸省的重要通道。历来为兵家必争之地。战国时期的丹阳之战就发生在这里。秦末入咸阳亦取道于此，随后雄踞关中而取天下。

无论水路还是陆路交通，均是沿丹江或丹江北岸、东岸的河滩进行交通，这条“丹江通道”纵贯全景，西接秦川，南通鄂渚，东达南阳，水陆联运，颇为便利。

葛家沟墓地位于河南省淅川县仓房镇磊山村葛家沟组南部，丹江口水库西岸由北向南连绵起伏的岗丘上（图一）。墓葬中心区地理坐标为北纬32°18′08″，东经111°31′12″，海拔150~172米，北依山丘，东、西、南三面环丹江口水库，地势为北部、中间高，东、西、南三面低。

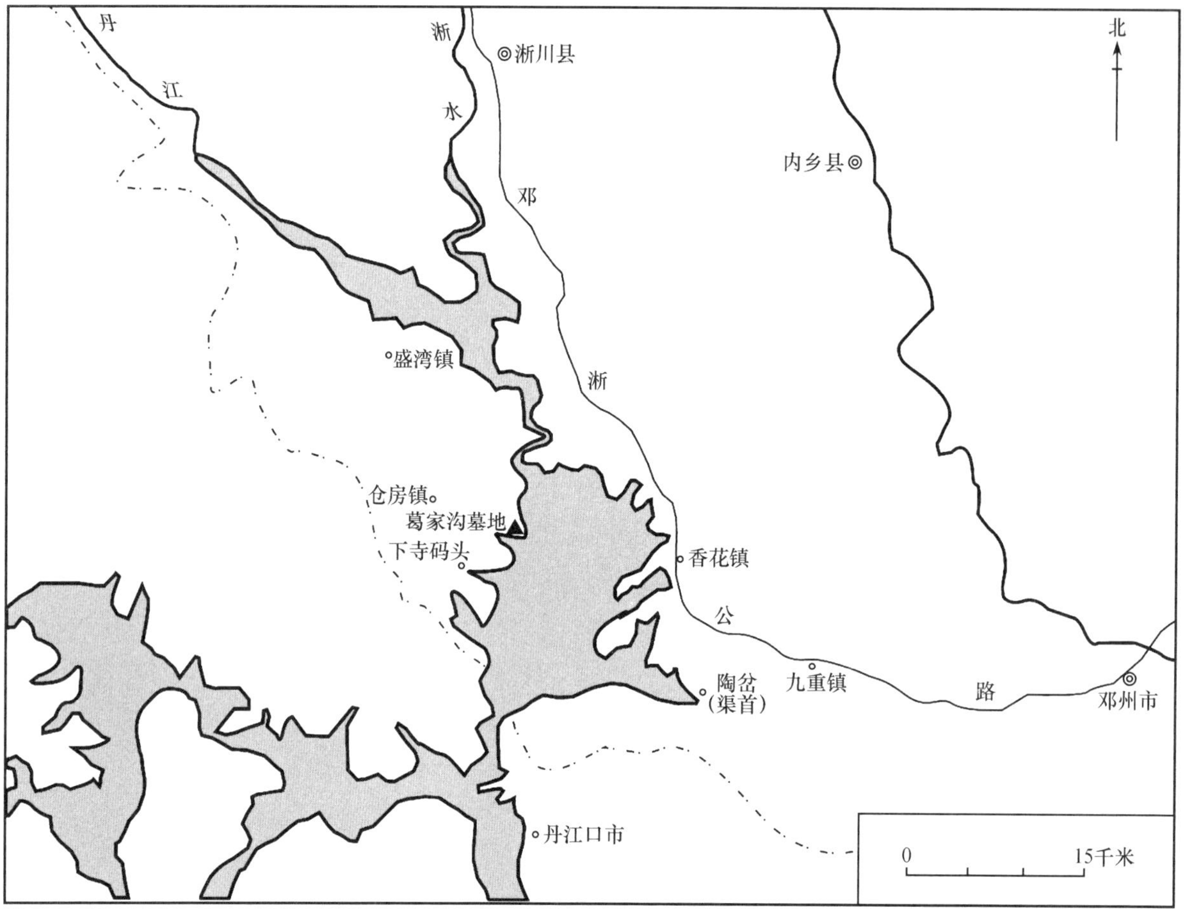

图一　淅川葛家沟墓地位置示意图

第二节　历史沿革

葛家沟墓地位于丹江冲积平原原顺阳川西部，丹江由西北部进入顺阳川，又从南部流出，顺阳川面积广阔，历史上号称“四十五里顺阳川”，与同在该区域的丹阳川、板桥川并称为淅川的三大平川，这里是一个适宜农耕的河谷盆地，1973年丹江口水库建成蓄水后，这里变成了库区。

淅川历史久远，早在70万年前人类就在这里聚居生息。从新石器时代开始，我们的祖先就在这里劳动、生息，创造了灿烂的古代文化。

尧舜时，淅川是舜的儿子丹朱的封地，现老城镇石门村还有县级文物保护单位丹朱墓。

西周时，淅川是楚族熊绎的封地。春秋时，淅川为析，属于楚国及其附庸都国之地，楚始都丹阳（如今已经被丹江口水库淹没），在淅川境内。战国时，淅川西北部为秦国商、於之地，余为楚国丹淅地。公元前313年，秦国张仪欺骗楚怀王要其与齐国断交来换取秦国六百里的商於之地，怀王中计，与齐国断交后只得六里地，怀王恼怒不已。“秦发兵击之，大破楚师于丹淅。”公元前312年秦楚丹阳会战，楚兵在丹水和淅水一带大败于秦军，秦国占领淅川，公元前304年秦国退还淅川于楚国，公元前298年终归秦国管辖。秦始皇二十六年（前221

年），秦灭楚后，在该地设丹水、中乡二县，归属南阳郡管辖。丹水县治今淅川寺湾镇。

西汉时该地分属三县：北、中部属析县，西南部为丹水县，属弘农郡；东南部为顺阳县，属南阳郡。成帝初年（前31年前后）刘骜封胶东顷王刘音的三子刘共为顺阳侯，封地位于李官桥镇一带。汉成帝去世后，汉哀帝刘欣继位，封孔光为博山简烈侯，改顺阳县为博山县，并封为侯国，属南阳郡。东汉时博山复名顺阳，设立顺阳县，与丹水县同属荆州南阳郡。

建安十三年（208年），曹操夺荆州，分南阳郡西部设置南乡郡，下辖丹水县、南乡县和顺阳侯国。东晋更名为顺阳郡。北魏置析阳郡，下辖西析阳县和东析阳县，东析阳县治所位于今马蹬镇一带，后改称淅川县。后周并入内乡县。

唐朝初，复置淅川县，治所位于马蹬，唐武德三年（620年）设立淅州，辖淅川、丹水、顺阳三县。贞观八年（634年）淅州废，淅川改属山南东道邓州。

五代十国和北宋时期，淅川由邓州管辖。金朝和元朝时期，淅川并入内乡县，依旧为邓州领地。

明朝时，大量的流民涌入淅川，宣德三年（1428年），仅山西一省饥民，流徙南阳诸郡不下十余万，明成化元年（1465年）三月，河南西华人刘通率在淅川的数万流民举行起义。这次流民起义虽被很快镇压，但却引起了当权者的高度重视。明成化六年（1470年）春，朝廷命右副都御史原杰以户部左侍郎巡抚河南，清查吏治，抚治流民。原杰认为内乡县面积太广，难以控制，便向朝廷建议将淅川从内乡县重新划出单独设县，来管理流民。这一年，明政府同意设置淅川县，县城初设马蹬镇。次年，淅川县城由马蹬再向老城（已被水淹没）迁移。河南按察司事顾以山亲赴淅川考察选点，并作诗《淅阳驻节》。崇祯六年（1633年）10月，李自成攻克淅川城。

清朝时，嘉庆七年（1802年），荆紫关镇和内乡县李官桥已成为商业重镇，为加强管理，在荆紫关镇设副将、都司等军事长官；1827年，荆紫关镇增设副将一名，守营千总一名，同时在荆紫关镇南夯建土城，在内乡李官桥镇设千总一员；道光十二年（1832年）淅川县升为淅川厅，设同知；咸丰七年（1857年），捻军首领姜太林率部进攻李官桥镇，杀富济贫；清穆宗同治元年（1862年3月5日）太平天国军由内乡攻入淅川，包围县城，数日未克，转而西进，攻占荆紫关镇；1864年3月19日，太平天国军和捻军会师于内乡李官桥镇，附近百姓踊跃投军，两军扩展至10万；光绪三十一年（1905年）新任河南巡抚以淅川界连楚、陕，教堂林立，需加强管理为由，奏准淅川厅由道辖厅升为省辖淅川直隶厅，直属于省，县丞驻荆子关，属河南省布政司。宣统三年（1911年），属南汝光淅道。

民国元年（1912年）2月，淅川地方绅士全子杰、金樽樵、宋莲舫等人响应辛亥革命，宣布淅川独立，清王朝在淅川的统治从此结束；1913年3月撤销淅川厅改为淅川县，1923年12月下旬，宝丰土匪老洋人（张庆）攻占内乡李官桥镇，杀害4千余人，绝34户；1929年9月，淅川与邓县、内乡、镇平结为联防，时称宛西联防，即宛西自治；1948年5月，设立淅川县人民民主政府，属南阳地区行政公署。1956年改为淅川县人民委员会，1968年改为淅川县革命委员会，1981年恢复为淅川县人民政府，属河南省南阳地区行政公署（1994年改称南阳市）至今。

第三节　发现和发掘经过

淅川葛家沟墓地位于河南省淅川县仓房镇磊山村葛家沟组东南约500米，丹江西岸，北距淅川县城50千米。地处山前丘陵地带，周围高地上分布着许多楚汉墓葬。北部有岳沟、李沟、新四队墓群和下寺、和尚岭、东沟长岭墓群，南有磊山墓群、悯东遗址等（图二）。

1977年淅川县文物管理委员会对在此处发现的部分古墓葬进行清理。1994年河南省文物考古研究所（现河南省文物考古研究院）、南阳市文物考古研究所、淅川县文化局在文物调查过程中发现有汉代画像砖、陶壶、陶鼎、五铢钱等。

该墓地由于位于丹江口库区消落区内，特别是2014年12月南水北调正式通水后受库水涨落、水流冲刷等影响，部分墓葬表层土被冲走，致使墓口破坏，墓口暴露于地表，甚至于有部分墓葬被冲刷至墓底，对文物造成不可弥补的损坏。2015年底，库区水位降至最低，部分墓葬发生被盗现象。

2015年12月～2016年1月，南阳市文物考古研究所对葛家沟、李沟、岳沟周边被盗扰墓葬进行调查，上报河南省文物局并对被盗部分墓葬进行了清理。

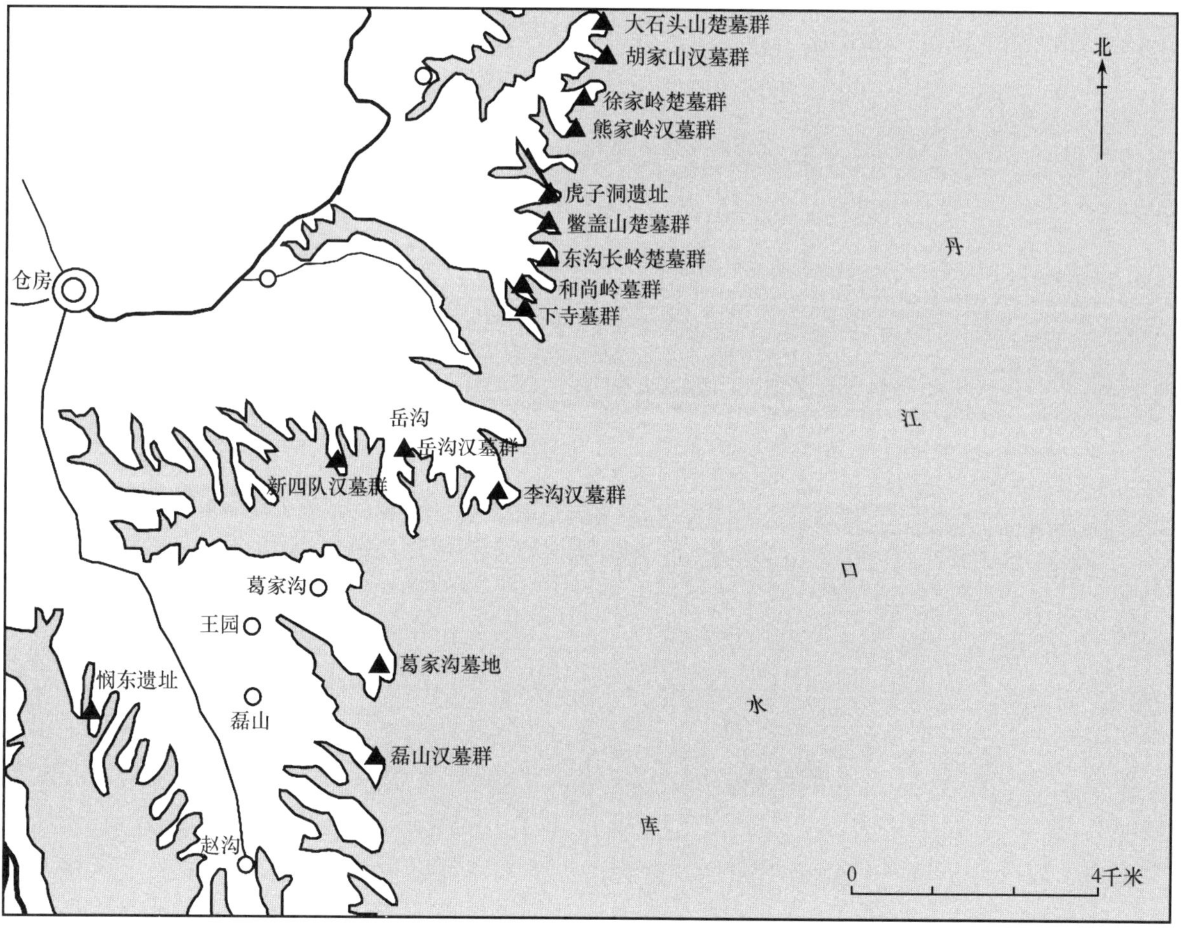

图二　淅川葛家沟墓地周边遗迹分布图

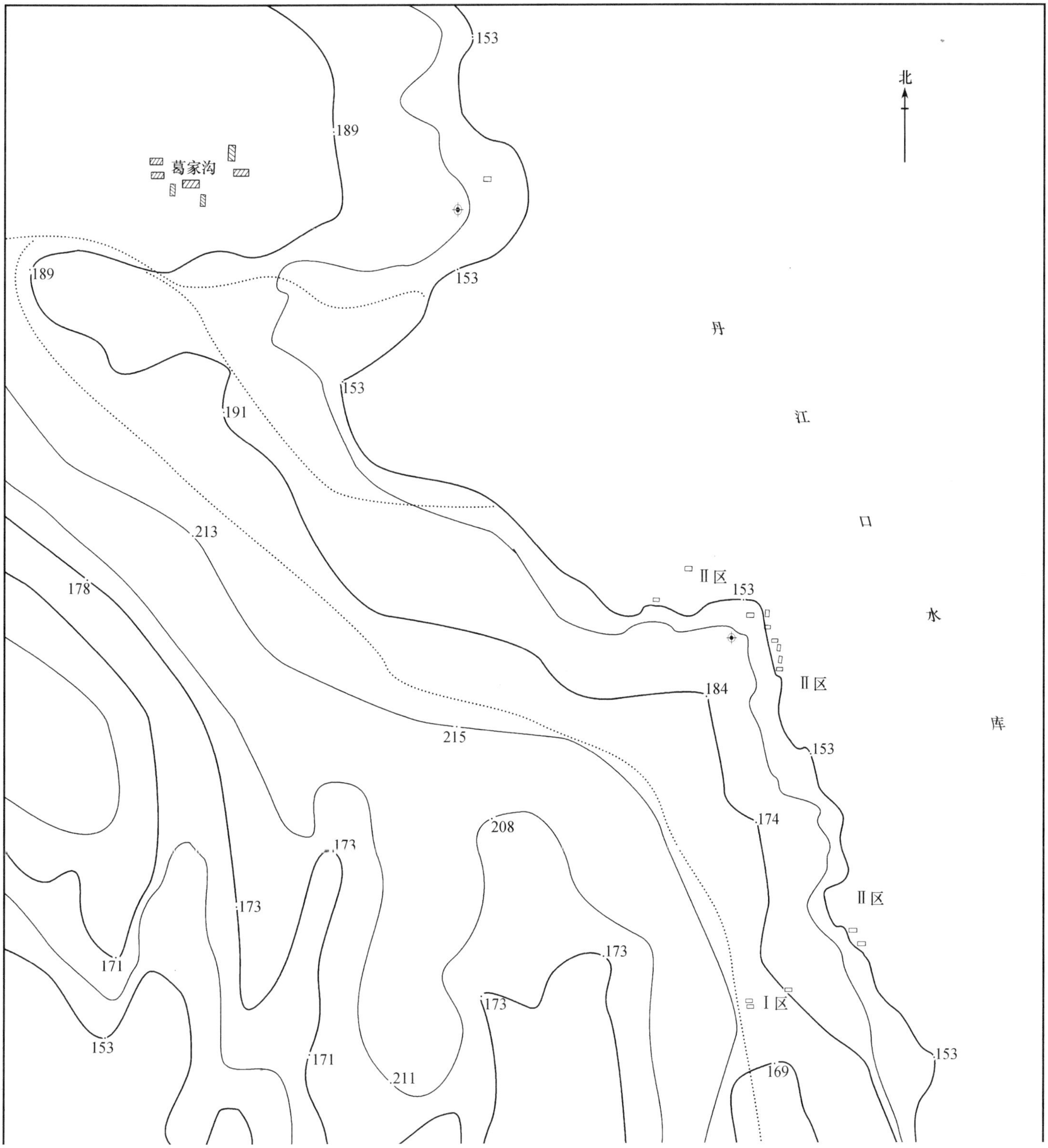

图四　淅川葛家沟墓地Ⅰ区、Ⅱ区墓葬分布图

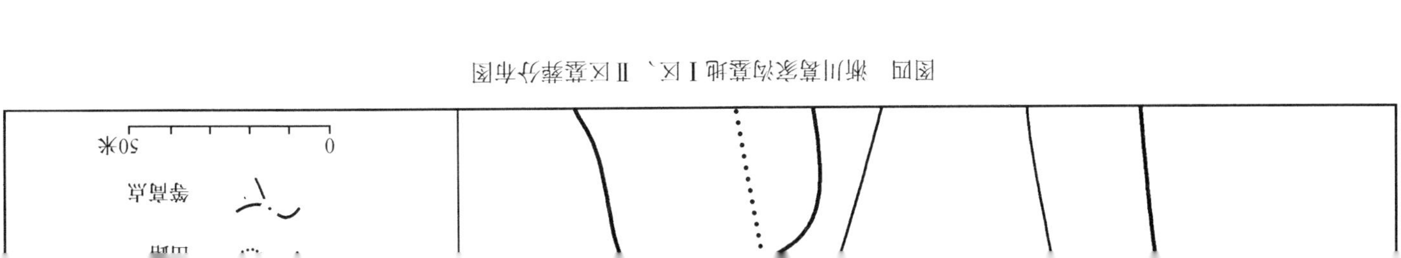

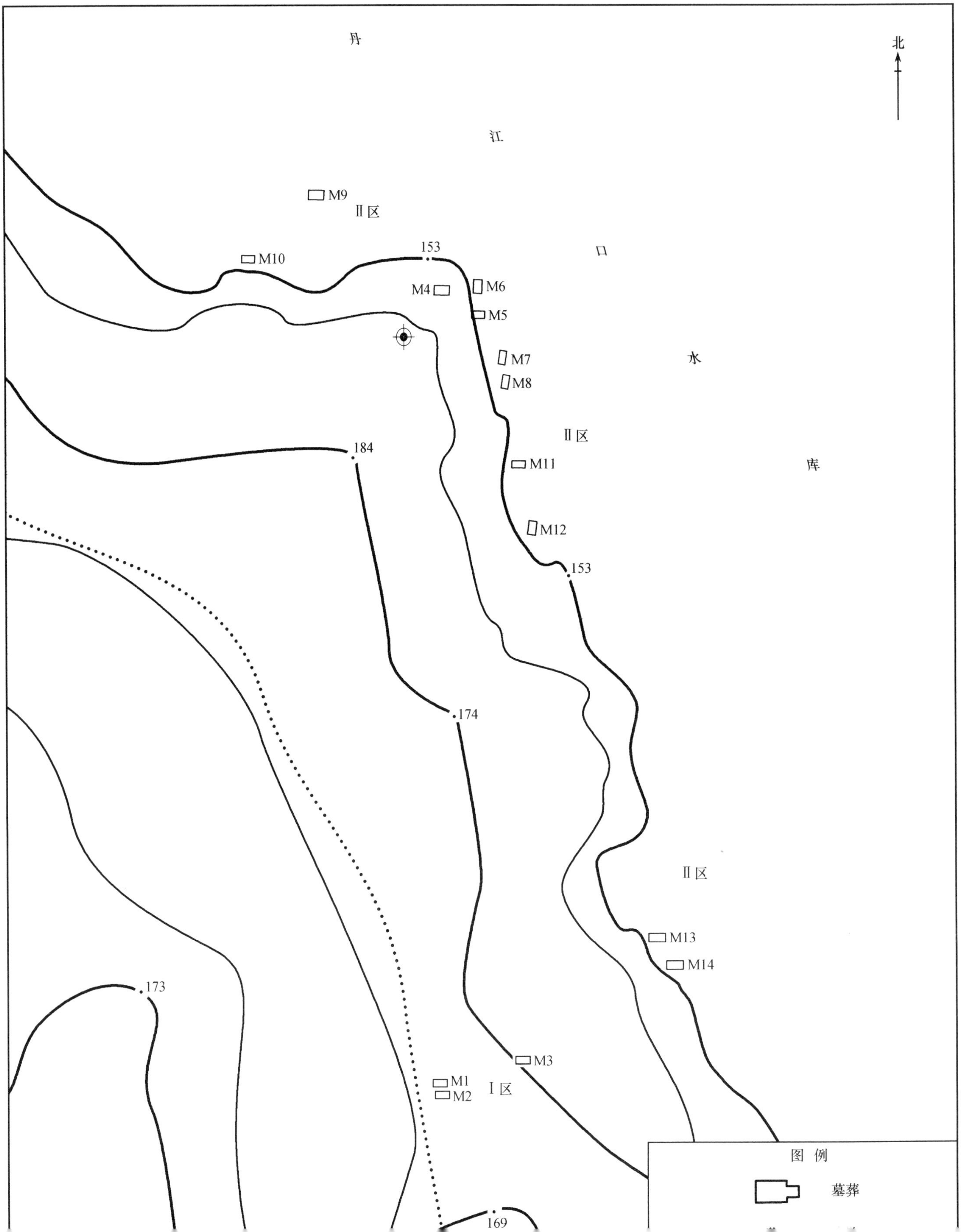

丹
江
口
水
库
北
M9
Ⅱ区
M10
153
M4
M6
M5
M7
M8
Ⅱ区
184
M11
M12
153
174
Ⅱ区
M13
M14
173
M3
M1
M2
Ⅰ区
169
图 例
墓葬

为了进一步保护地下文物不受破坏，根据河南省文物局南水北调文物保护办公室的统一安排，经报请国家文物局批准，受河南省文物考古研究院的委托，南阳市文物考古研究所承担了葛家沟墓葬群的钻探和考古发掘工作。

2016年5～7月，南阳市文物考古研究所对葛家沟墓地进行钻探，勘探面积8000平方米。根据钻探情况，将葛家沟墓地分为三区（图三），Ⅰ区位于南岭中部（彩版一，1），Ⅱ区位于南岭东部丹江岸边（彩版一，2），Ⅲ区位于南岭南部丹江岸边向南延伸入丹江的高岭上（彩版二），实际考古勘探50000平方米。通过对探孔内的土质、土色、包含物等认真分析，该探区土层堆积可划分为三层。第1层：耕土层，深0～0.3米，包含物有石块以及植物须根等。第2层：浅黄色扰土层，深0.3～1.2米。第3层：1.2米以下为黄褐色生土层，质坚硬，含礓石。

发掘工作自2016年5月10日开始至8月5日结束，历时87天。Ⅰ区发掘清理墓葬3座，Ⅱ区发掘清理墓葬11座（图四），Ⅲ区发掘清理墓葬65座（图五；彩版三）。实际发掘面积2000平方米，清理、发掘战国、西汉各类墓葬共计79座，出土铜、铁、玉、骨、陶等各类质地的文物300余件。

另外还发掘清理了一个扰坑（原编号为M78），由于扰坑较浅又没有遗物出土，故在报告中不再叙述。

考古发掘严格遵循《田野考古工作规程》要求进行，根据土质土色辨别遗迹现象，按照由上而下由晚及早的原则逐层向下清理，注意各种与建墓、葬制葬俗等有关的遗迹现象，加强对古墓葬的测绘、摄影、摄像工作，对保存较好的人骨架进行提取，聘请人骨鉴定专家对人骨的种属、年龄、性别等进行鉴定。运用最先进的考古理论和考古方法、考古技术，全面提高发掘质量。加强对出土文物的安全管理工作，建立专人负责制，确保出土文物安全，重要的文物及时安全送达专门的文物库房，进行妥善保护。并按照河南省南水北调文物保护办公室提交资料的要求，统一文字记录格式和内容，认真、规范填写，做到文字、图纸、照片、电子文本四对照，力求准确无误。

墓葬发掘编号为2016XCGM××（2016：发掘年度；X：淅川；C：仓房镇；G：葛家沟村；M：墓葬；×：墓葬编号）。墓葬编号根据发掘的先后顺序进行编号。（为行文简洁，以下均省略前缀，仅保留墓号。）

该工地考古发掘领队崔本信，李宏庆、曾庆硕主持日常发掘工作，参加发掘的技术人员有曾宪、曾显堂、鲍群、张一斌、郭德生、王侠、郭照彬、苏桂洲、陈春林等。

参加后期整理的有郑龙龙、尚元昕、鲁宏伟、张一斌、杜祖生、鲍文哲、郭德生等。

第二章　战国墓葬

第一节　墓葬综述

一、墓葬分布

葛家沟墓地共计发掘战国墓葬16座，即M15、M20、M23、M24、M31、M33、M40、M42、M43、M46、M49、M57、M58、M62、M63、M77，均分布在Ⅲ区。这16座战国墓葬分布较为分散，没有明显的规律，且不存在打破关系，除M42、M43相距较近存在并列关系外，其余墓葬皆距离较远。

二、墓葬形制与结构

可分为长方形竖穴土坑墓和甲字形竖穴土坑墓两类。

第一类，甲字形竖穴土坑墓，1座。M77，平面开口呈甲字形，由长方形斜坡墓道和长方形墓室两部分组成，墓道朝东，位于墓室一短边中间。M77椁周围回填青膏泥。填土土质较硬，结构较致密。

第二类，不带墓道的竖穴土坑墓，15座，平面开口长方形，多数墓葬墓室口与底同大，四壁垂直，少数墓葬底部有生土台。墓内填土为夹杂白沙岩的黄褐色五花土，土质较软，结构较疏松。

三、墓葬方向

这16座墓葬中，头向北者3座（M24、M31、M33），头向东者6座（M23、M40、M58、M62、M63、M77），头向南者7座（M15、M20、M42、M43、M46、M49、M57）。由此可以看出，这批墓葬头向以向东、向南为主，向北者次之。

四、葬式、葬具

葬具均腐朽，残留棺椁灰痕，根据棺椁痕迹可知，单棺墓1座（M15），一棺一椁墓15座（M20、M23、M24、M31、M33、M40、M42、M43、M46、M49、M57、M58、M62、M63、M77）。M77椁底部有横向分布的两根枕木，受上部棺椁及填土的压力下陷于生土中。

M40、M46、M49、M57、M58骨架保存差，葬式不明，M77骨架保存较好，但因墓内积水，骨架零散，其余墓葬一般都保存部分头骨和四肢骨，部分残留朽痕，葬式为仰身直肢。M15为仰身直肢葬，两手交叉放于腹前。

五、随　葬　品

这16座战国墓葬均有随葬品出土，单棺墓随葬品放于棺外一侧，有棺椁的墓葬随葬品放置在棺椁之间的边箱或者头箱中。出土器物以灰陶居多，器物种类有陶、铜、铁、石、玉等，按用途可分为仿铜礼器、日用器和模型明器，器物组合有鼎、敦、壶、豆、盘、匜，鼎、盒、壶、豆、盘、匜。所出器物陶质较差，不易修复。

第二节　墓葬分述

一、M15

位于发掘Ⅲ区北部，西南距M17约5米，丹江口水库西岸河边的台地上。

1. 墓葬形制与结构

该墓为长方形竖穴土（岩）坑墓，方向190°。

开口于耕土层下，墓口距地表0.3米深。墓口南北长2.7米，东西宽1.58米，深1米。口底同大，四壁规整，直壁向下，距墓口0.5米深处墓圹四周有因放置棺椁后填土形成的熟土台，高0.2米，北、东、南、西四侧宽分别为0.3米、0.4米、0.28米、0.38米，墓底平整。

墓内填土为夹杂白沙岩的黄褐色五花土，土质较软，结构较疏松。

2. 葬具、葬式

（1）葬具

葬具已腐朽，残留灰痕，可辨为一棺，棺痕长2.1米，宽0.8米。

（2）葬式

人骨架1具，已腐朽，残留部分头骨和四肢骨，据此可知为仰身直肢葬，头向南（图六；彩版四，1）。

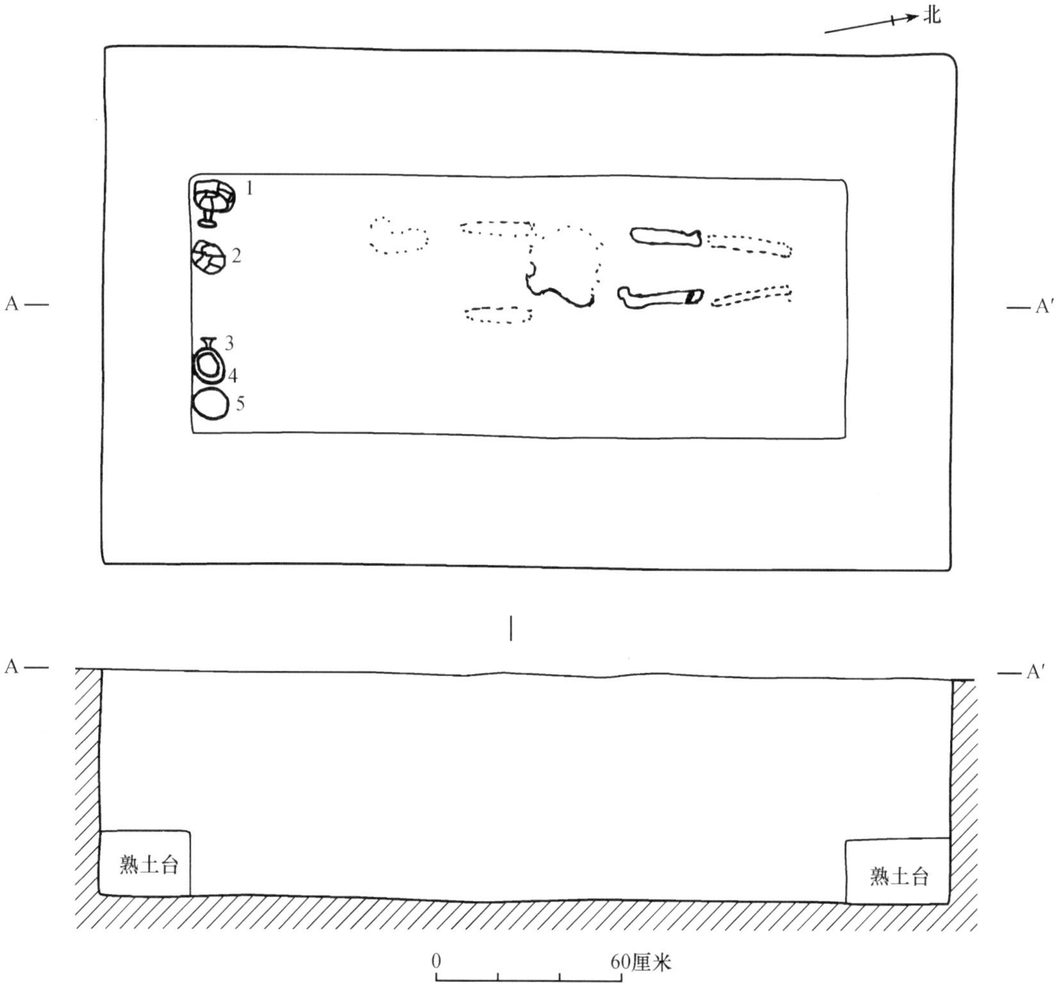

图六　M15平、剖面图

1、3. 陶豆　2. 陶鬲　4. 陶壶　5. 陶盂

3. 出土器物

该墓出土随葬品5件。均为陶器，器类有豆、壶、鬲、盂（彩版一八，2）。

棺内南部放置陶豆2件（M15：1、M15：3），陶壶1件（M15：4），陶鬲1件（M15：2），陶盂1件（M15：5）。

陶豆　2件。形制相同。敞口，圆唇，浅盘，细柄，喇叭状座。盘底有一周凸弦纹。M15：1，泥质灰皮褐胎。高14.9厘米，盘径12.5厘米，柄径2.5厘米，底径7.5厘米（图七，1；图版一，1）。M15：3，泥质灰皮褐胎。高14.7厘米，盘径12.6厘米，柄径2.4厘米，底径8厘米（图七，3；图版一，3）。

陶壶　1件。M15：4，泥质灰陶。口微敞，方唇，直颈，鼓肩，腹部斜收，假圈足，平底微凹。肩部有两周凸弦纹。高12.6厘米，口径8.6厘米，腹径11.6厘米，底径5.6厘米（图七，2；图版一，2）。

陶鬲、陶盂陶质差，未修复。

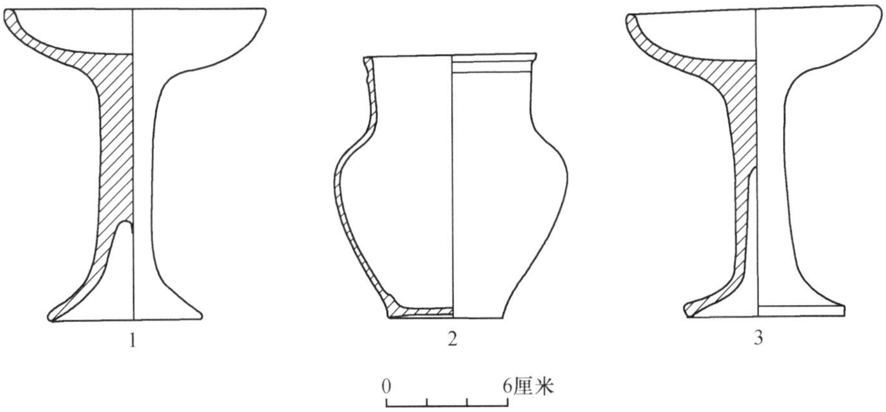

图七　M15出土陶器

1、3. 陶豆（M15：1、M15：3）　2. 陶壶（M15：4）

二、M20

位于发掘Ⅲ区北部，北距M24约3米，丹江口水库西岸河边的台地上。

1. 墓葬形制与结构

该墓为长方形竖穴土坑墓，方向190°。

开口于耕土层下，耕土层厚0.3米。墓口南北长2.6米，东西宽1.5米，墓深1米。口底同大，四壁规整，直壁向下，墓底平整。距墓口0.3米深处北、东、南、西四壁有因放置棺椁后填土形成的熟土台，高0.4米，宽分别为0.1米、0.2米、0.2米、0.2米。

墓内填土为夹杂白沙岩和黑土块的灰褐色五花土，土质较软，结构较疏松。

2. 葬具、葬式

（1）葬具

葬具已腐朽，残留灰痕，可辨为一棺一椁，椁痕长2米，宽1米。棺置于椁内东侧，棺痕长1.7米，宽0.62米。

（2）葬式

人骨架1具，保存较差，残留部分头骨和四肢骨，据此可知为仰身直肢葬，头向北，面向上（图八；彩版四，2）。

3. 出土器物

该墓出土随葬品10件，均为陶器（彩版一九，1）。放置于棺椁之间，由南向北依次为陶壶1件（M20：6），陶豆2件（M20：7、M20：8），陶壶1件（M20：5），陶鼎1件（M20：4），陶敦1件（M20：9），陶盘、匜各1件（M20：3），陶敦1件（M20：2），陶鼎1件（M20：1）。

陶鼎　2件。形制相同。泥质灰陶，灰黑皮。有盖，方唇，弧顶，附有三个小实纽。子口

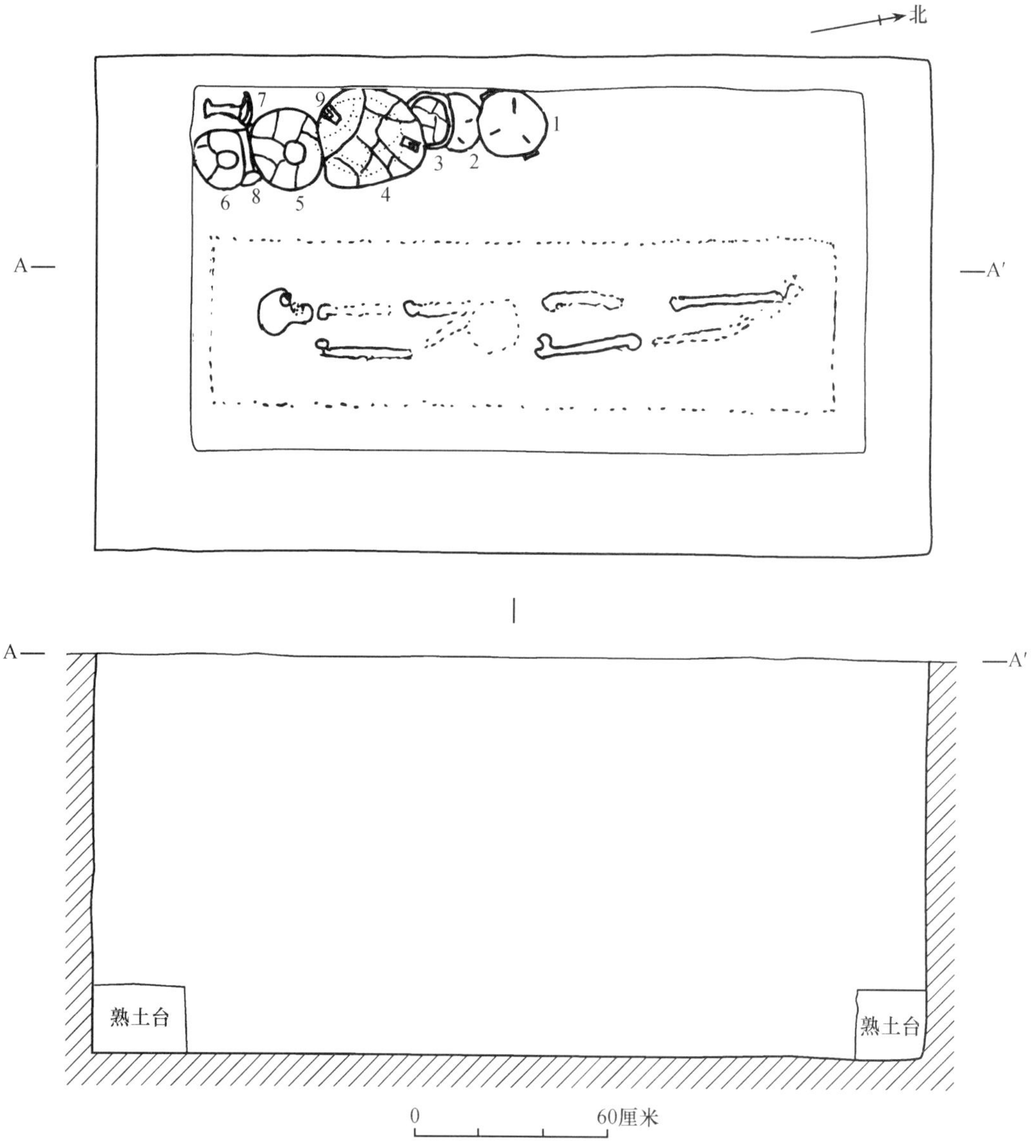

图八　M20平、剖面图

1、4. 陶鼎　2、9. 陶敦　3. 陶盘、匜　5、6. 陶壶　7、8. 陶豆

内敛方唇，长方形附耳，微外撇，腹近直，平底，下接三兽蹄形足，足较高，经刮削呈多棱形。盖顶施有两组凹弦纹，每组两周，腹中部有一凸弦纹。鼎内壁足、耳与器身相接处有泥饼，内底有螺旋痕。M20：1，通高24.4厘米，口径19.6厘米，腹径22.3厘米，耳高9.1厘米，足高14.8厘米，盖径21.7厘米，盖高5.3厘米（图九，4；图版一，4）。M20：4，高24.5厘米，口径17.8厘米，腹径21厘米，耳高9厘米，足高15.9厘米（图九，6；图版一，7）。

陶敦　2件。形制相同。泥质灰陶，灰黑皮。口近直，方唇，盖与身形制相同，均呈半球形，只是盖顶较平。下接三折曲形纽（足）。M20：2，盖略大于身。高23.6厘米，口径19厘米（图九，1；图版一，5）。M20：9，身略大于盖。高22.3厘米，口径19.7厘米（图九，3；图版二，4）。

陶盘、匜　各1件。M20：3-1，盘，泥质灰陶。口微敛，仰折沿，沿面有一周窄凹槽，圆唇，折腹，上腹近直，下腹急收，小平底。素面。高5.8厘米，口径21.4厘米，底径4.5厘米。M20：3-2，匜，泥质灰陶。口略呈椭圆形，敞口，圆唇，流微上翘，向外逐渐变宽，弧腹，小平底。下腹有拍压痕迹。高4.4厘米，流长3.5厘米，流宽5.3厘米，最大径12.7厘米（图九，8；图版一，6）。

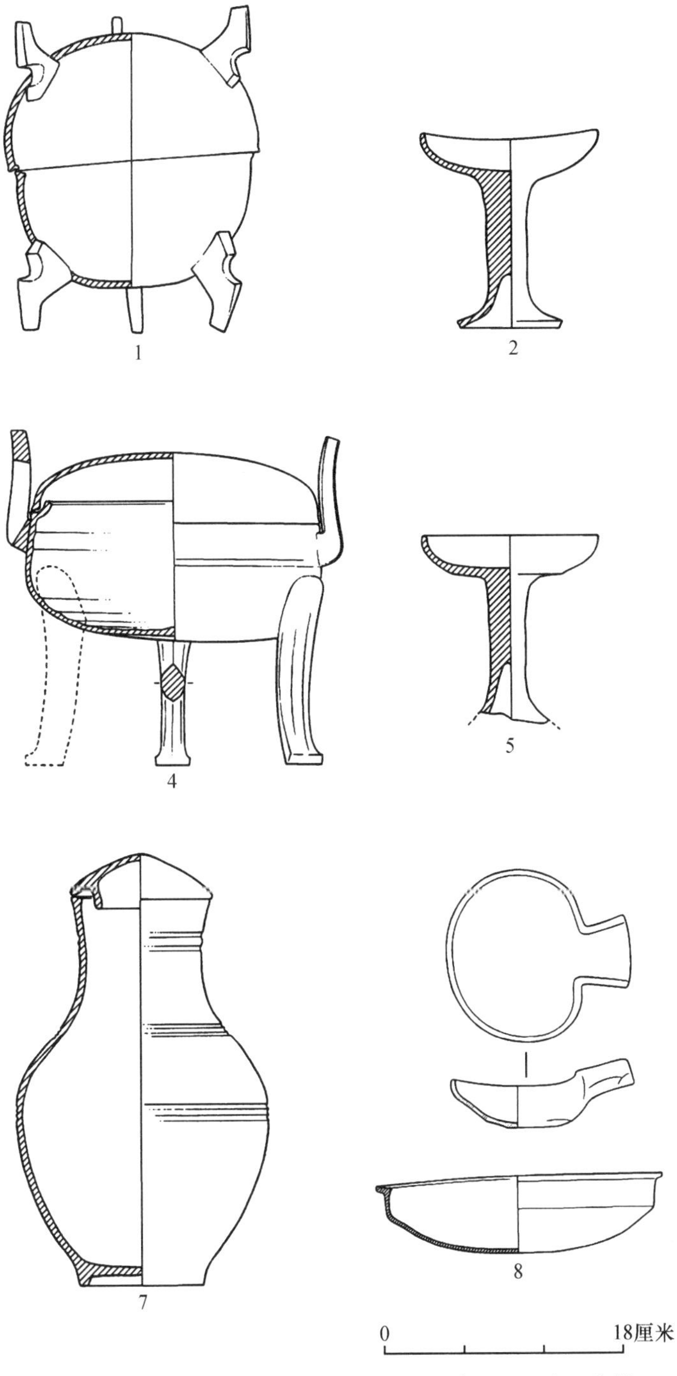

图九　M20出土陶器

1、3. 陶敦（M20：2、M20：9）　2、5. 陶豆（M20：7、M20：8）　4、6. 陶鼎（M20：1、M20：4）　7、9. 陶壶（M20：5、M20：6）　8. 陶盘、匜（M20：3）

陶壶　2件。形制相同。泥质灰陶，灰黑皮。伞形盖，子口，圆唇，顶部有接纽痕，但纽残失。壶身敞口，方唇，长颈，弧肩，鼓腹，凹圜底，无圈足。盖顶饰一周凹弦纹，颈、肩、腹各施一组凹弦纹，每组三周。M20：5，通高31.2厘米，壶高28.2厘米，口径10.2厘米，腹径19.3厘米，底径9.6厘米，盖高4.1厘米，盖径10.7厘米（图九，7；图版二，1）。M20：6，壶盖残，未修复，壶高28厘米，口径10.5厘米，腹径19.5厘米，底径9.7厘米（图九，9；图版二，2）。

陶豆　2件。形制相同。泥质灰陶，灰黑皮。敞口，圆唇，浅弧盘，盘底较平，细柄稍高，喇叭形座，素面。M20：7，豆高14.3厘米，盘径13.3厘米，底径7.8厘米（图九，2；图版二，3）。M20：8，豆残高13.8厘米，豆盘直径13.4厘米，豆柄直径2.7厘米（图九，5）。

三、M23

位于发掘Ⅲ区北部，北距M22约1米，丹江口水库西岸河边的台地上。

1. 墓葬形制与结构

该墓为长方形竖穴土坑墓，方向290°。

开口于耕土层下，墓口距地表0.3米深。该墓墓圹清晰，墓口西高东低，墓口东西长2.8米，南北宽1.7米，墓深1.7米。口底同大，四壁规整，直壁向下，墓底平整。

墓内填土为夹杂白沙岩的黄褐色五花土，土质较软，结构较疏松。

2. 葬具、葬式

（1）葬具

葬具已腐朽，残留灰痕，可辨为一棺一椁，椁痕长2.46米，宽1.22米。棺位于椁内，棺痕长1.86米，宽不明。

（2）葬式

人骨架1具，保存差，残留部分头骨和四肢骨，据此可知为仰身直肢葬，头向东，面向上（图一〇；彩版五）。

3. 出土器物

该墓出土随葬品8件。放置于棺外西部棺椁之间（彩版五，1、2），自南向北分别为陶壶1件（M23：1），陶敦1件（M23：2），陶鼎1件（M23：3），陶壶1件（M23：5），陶敦1件（M23：4），陶鼎1件（M23：6），陶盘、匜各1件（M23：7）。

均为陶器，器形有鼎、敦、壶、盘、匜。

陶鼎　2件，修复1件。标本M23：3，泥质灰陶，黑灰皮。有盖，方唇，盖顶较平，中部有一环纽。鼎身子口内敛，方唇，方耳较高，略外撇，腹近直，圜底，下接三兽蹄形足，足较高，经刮削呈多棱形。盖顶自内而外饰两组凹弦纹，每组两周，腹中部饰一周凸弦纹。鼎内壁

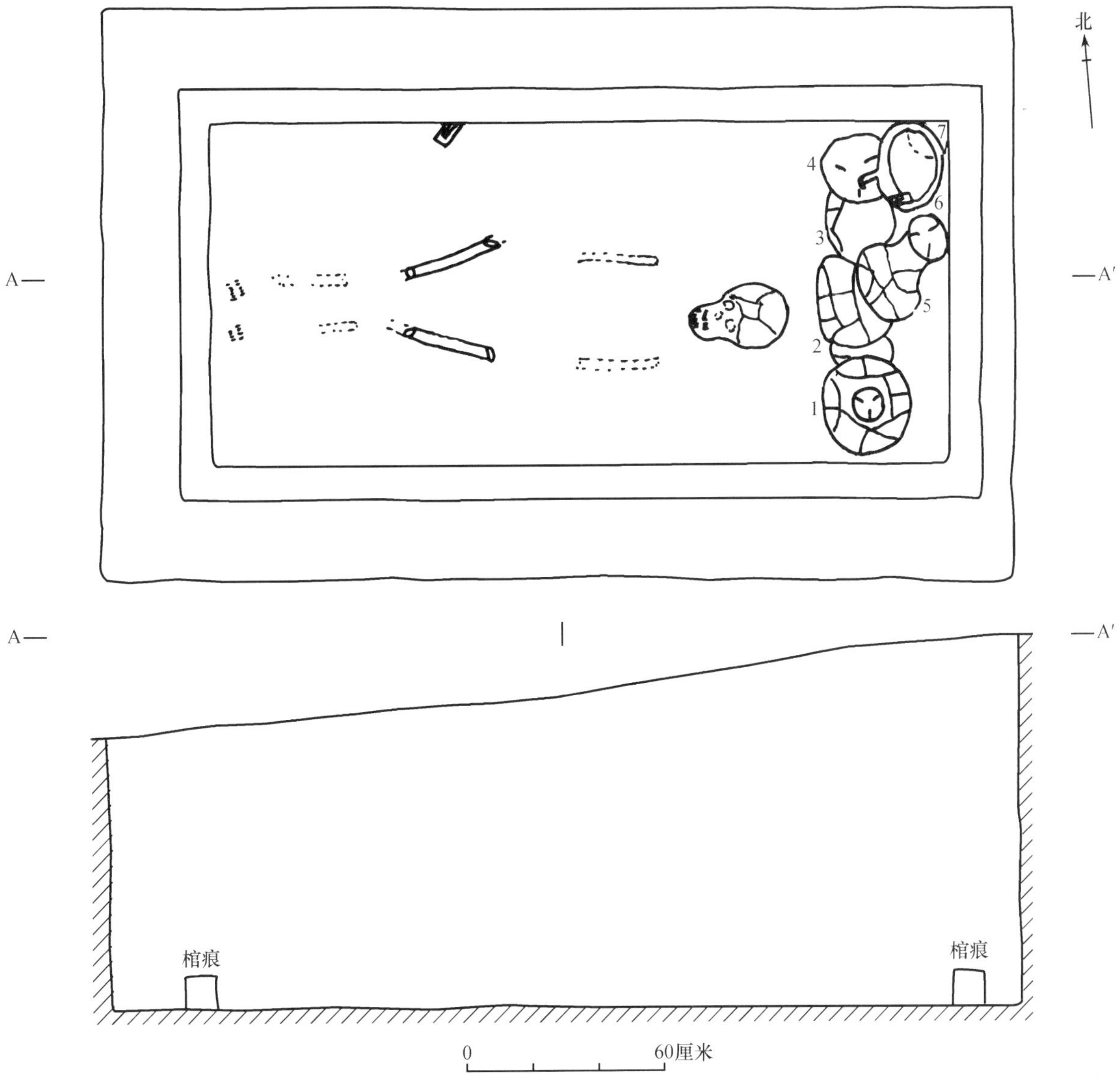

图一〇　M23平、剖面图
1、5. 陶壶　2、4. 陶敦　3、6. 陶鼎　7. 陶盘、匜

足、耳与器身相接处有泥饼，盖内壁中部贴有螺旋形泥饼。高25.3厘米，口径17.9厘米，腹径22.4厘米，耳高9.2厘米，足高15.6厘米（图一一，3；图版二，5）。

陶壶　2件，修复1件。标本M23：5，泥质灰陶，灰黑皮。伞形盖，子口，圆唇，顶部有三接纽痕，但纽缺失。壶身敞口，方唇，唇面微凹，长颈，弧肩，鼓腹，凹圜底，下接圈足。盖顶饰两周凹弦纹，颈上部、肩部、中腹、下腹各饰一组凹弦纹，每组三周。通高34.7厘米，壶高31.5厘米，口径11.2厘米，腹径21.1厘米，底径11.9厘米，盖外径11.2厘米，盖高4厘米（图一一，1；图版三，1）。

陶敦　2件，修复1件。标本M23：4，泥质灰陶，黑灰皮。口近直，方唇，盖与身形制相同，均呈半球形，各有三折曲形纽（足）身略大于盖。素面。高21.8厘米，外径18.6厘米（图一一，2；图版二，6）。

陶盘、匜　各1件。M23：7-1，盘，泥质灰陶。直口，仰折沿，沿面有两周窄凹槽，圆唇，折腹，上腹近直，下腹弧收，小平底。素面。高5.2厘米，口径19.9厘米，底径4.7厘米。M23：7-2，匜，泥质灰陶。口呈椭圆形，敞口，圆唇，流微上翘，向外逐渐变宽，弧腹，小平底。内底有一周窄凸棱。外底有拍压痕迹。口径12.9厘米，底径3.2厘米，流长3.3厘米，流宽4.4厘米，高3厘米（图一一，4；图版三，2）。

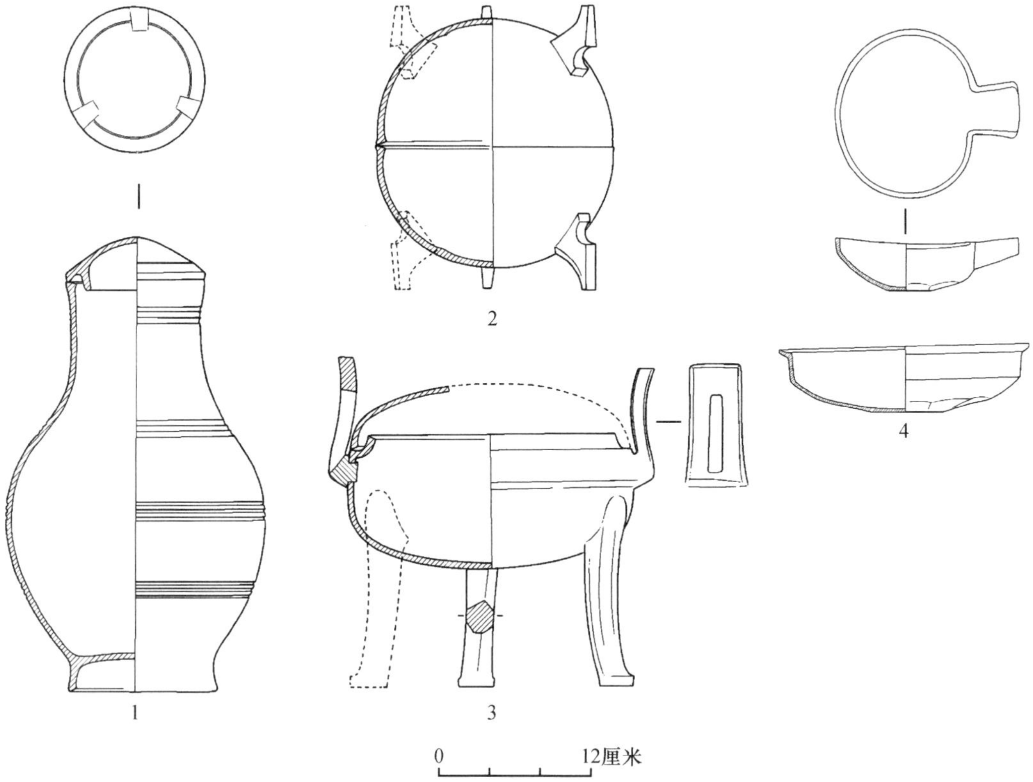

图一一　M23出土陶器

1. 陶壶（M23：5）　2. 陶敦（M23：4）　3. 陶鼎（M23：3）　4. 陶盘、匜（M23：7）

四、M24

位于发掘Ⅲ区北部，南距M20约3米，丹江口水库西岸河边的台地上。

1. 墓葬形制与结构

该墓为长方形竖穴土坑墓，方向10°。

开口于耕土层下，墓口距地表0.3米深。该墓墓圹清晰，墓口北高南低，墓口南北长2.6米，东西宽1.7米，墓圹北部墓底距地面深3.4米，东部墓底距地面深3.3米。口底同大，四壁规整，直壁向下，墓底平整。距墓口2.9米深有因放置棺椁后填土形成的熟土台，北、东、南、西四侧宽度分别为0.3米、0.3米、0.2米、0.3米，熟土台高0.2米。

墓内填土为夹杂白沙岩的黄褐色五花土，土质较软，结构较疏松。

2. 葬具、葬式

（1）葬具

葬具已腐朽，残留灰痕，可辨为一棺一椁，棺痕长2米，宽0.6米；椁痕长2.1米，宽1.1米。

（2）葬式

人骨架1具，保存差，残留部分头骨和四肢骨，头向北，面向上，据此可知为仰身直肢葬（图一二；彩版六，1）。

3. 出土器物

该墓出土随葬品12件，质地分铁、铜、陶。

铁削 1件（M24：1），位于椁外西北部，锈蚀。

铜带钩 1件（M24：2），位于棺内东北角。

陶器 10件（套），位于棺外东部，棺椁之间，自北向南分别为陶敦1件（M24：3），陶鼎1件（M24：4），陶豆1件（M24：5），陶壶1件（M24：6），陶杯1件（M24：11），陶釜1件（M24：7），陶釜、甑各1件（M24：8、M24：10），陶盘、匜各1件（M24：9）。

（1）陶器

9件，器形有鼎、敦、壶、豆、杯、釜、甑、盘、匜。鼎、敦陶质差，不可修复。

陶豆 1件。M24：5，泥质红褐胎，黑灰皮。直口，尖圆唇，折盘，圜底，矮细柄，喇叭形座，素面。高11.5厘米，盘径13.2厘米，柄径3厘米，底径10.7厘米（图一三，4；图版三，3）。

陶壶 1件。M24：6，泥质灰陶，灰黑皮。敞口，平折沿，圆唇，长颈，折肩，鼓腹，圜底，圈足较高，残。器表施红彩。残高38.6厘米，口径14.6厘米，腹径24.3厘米，壶盖高2.8厘米，外径16.5厘米（图一三，3；图版三，4）。

陶釜 1件。M24：7，泥质灰黑皮陶。形体较小，侈口，平折沿，尖圆唇，矮领，弧肩，鼓腹，平底微凹。素面。高8.4厘米，口径7.9厘米，腹径12.3厘米，底径5.3厘米（图一三，5；图版三，5）。

陶釜、甑 各1件。M24：8，甑。泥质灰陶，灰黑皮。敞口，平折沿，方唇，腹部斜收，平底，底部有五个小孔。素面。高9.7厘米，口径16.7厘米，底径5.1厘米。M24：10，釜。泥质灰陶。敛口，圆唇，肩上部起一浅台，鼓腹，腹中部加一周宽腰檐，平底微凹。素面。高10.1厘米，口径8.1厘米，外径21.8厘米，底径6.5厘米（图一三，6；图版三，6；图版四，2）。

陶盘、匜 各1件。M24：9-1，盘，泥质灰陶，灰黑皮。直口，平折沿，方唇，折腹，上腹近直，下腹斜收，平底微凹。素面。高5.6厘米，口径20.9厘米，底径6.9厘米。M24：9-2，匜，泥质灰陶，灰黑皮。形体较小，直口，圆唇，流较短，弧腹，平底微凹。素面。高3.5厘米，最大径11厘米（图一三，8；图版四，1）。

图一二　M24平、剖面图

1. 铁削　2. 铜带钩　3. 陶敦　4. 陶鼎　5. 陶豆　6. 陶壶　7. 陶釜　8、10. 陶釜、甑　9. 陶盘、匜　11. 陶杯

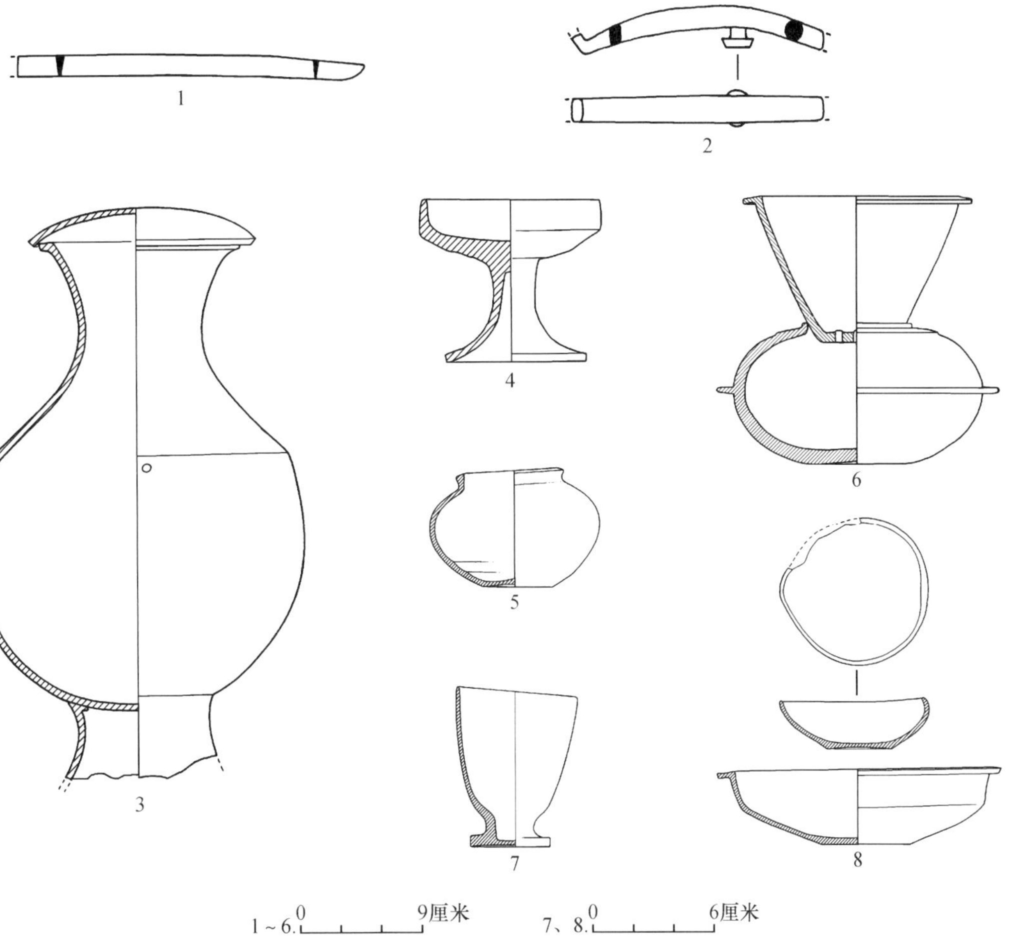

图一三 M24出土器物

1. 铁削（M24：1） 2. 铜带钩（M24：2） 3. 陶壶（M24：6） 4. 陶豆（M24：5） 5. 陶釜（M24：7） 6. 陶釜、甑（M24：8、M24：10） 7. 陶杯（M24：11） 8. 陶盘、匜（M24：9）

陶杯 1件。M24：11，泥质灰陶，灰黑皮。直口，尖圆唇，深腹，矮柄，饼状足。器表饰红彩。高11.3厘米，口径8.7厘米，底径5.9厘米（图一三，7；图版四，3）。

（2）铁器

铁削 1件。M24：1，柄缺，仅残留刀身，近直，单面刃，刃薄背厚。残长18厘米，宽1厘米（图一三，1；彩版一六，1）。

（3）铜器

铜带钩 1件。M24：2，钩体圆棒形，侧视呈S状，扣钉靠近中央，钩头残。长11厘米（图一三，2；彩版一四，2）。

五、M31

位于发掘Ⅲ区中部，丹江口水库西岸河边的台地上，被M30打破。

1. 墓葬形制与结构

该墓为长方形竖穴土坑墓，方向25°。

开口于耕土层下，墓口距地表0.3米深。该墓墓圹清晰，墓口南北长2.6米，东西宽1.5米，墓深0.7米。口底同大，四壁规整，直壁向下，墓底平整，距墓口0.2米有因放置棺椁后填土形成的熟土台，高0.2米，熟土台北、东、南、西四侧宽度分别为0.3米、0.36米、0.4米、0.3米。

墓内填土为夹杂白沙岩的黄褐色五花土，土质较软，结构较疏松（图一四；彩版六，2）。

2. 葬具、葬式

（1）葬具

葬具已腐朽，残留灰痕，可辨为一棺，棺痕长1.9米，宽0.85米。

（2）葬式

人骨架1具，保存差，残留部分头骨和四肢骨，头向北，面向上，据此可知为仰身直肢葬。

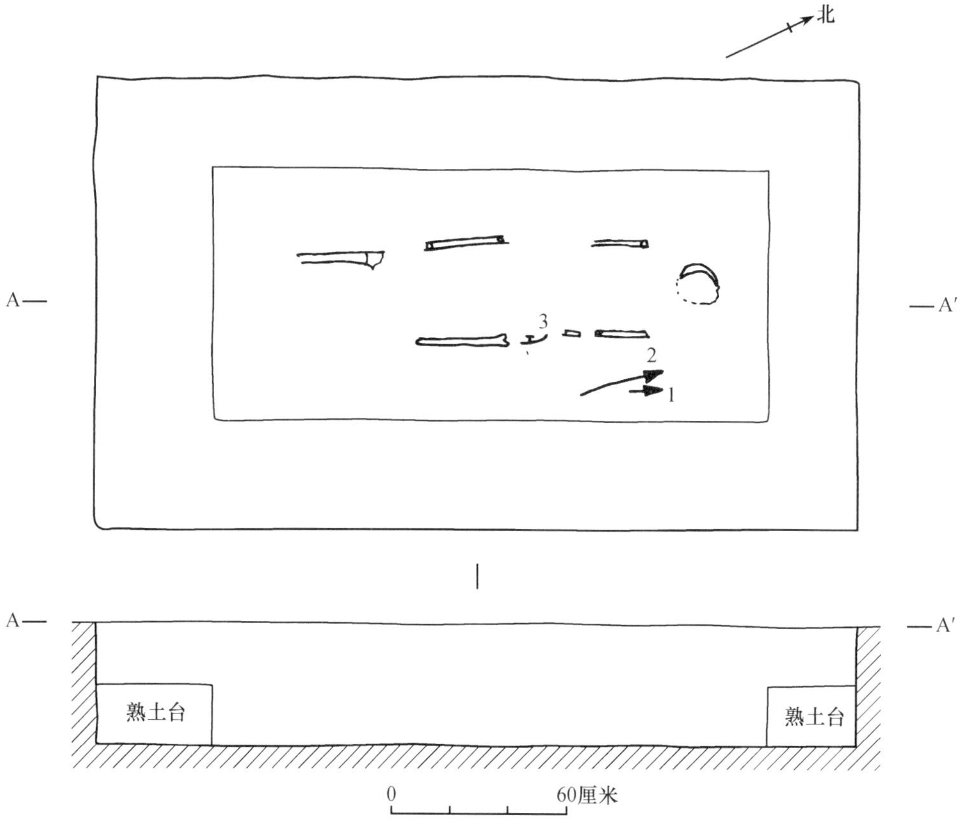

图一四　M31平、剖面图

1、2. 铜镞　3. 铁带钩

3. 出土器物

该墓出土随葬品3件，质地分铜、铁。随葬铜镞2件（M31：1、M31：2）、铁带钩1件（M31：3），铜镞位于墓主人骨架肩部，铁带钩位于墓主人骨架腰部。

（1）铜器

铜镞　2件。M31：1，三棱形镞，在中脊上凸起三棱成刃，三刃前聚成锋，短关，多棱形铤，较长，至铤末端渐细。通长8.3厘米，宽0.8厘米，关长0.8厘米，铤长3.1厘米（图一五，1）。M31：2，双翼四棱形镞，脊体短小厚实，圆柱形关，至关末端渐粗，铤圆柱形，至末端渐细，有两条对称的范痕。通长19.8厘米，关长7.3厘米，铤长9.1厘米（图一五，2）。

（2）铁器

铁带钩　1件。M31：3，琵琶形，锈蚀钩头残，扣钉靠近尾部。长14厘米（图一五，3；彩版一四，6）。

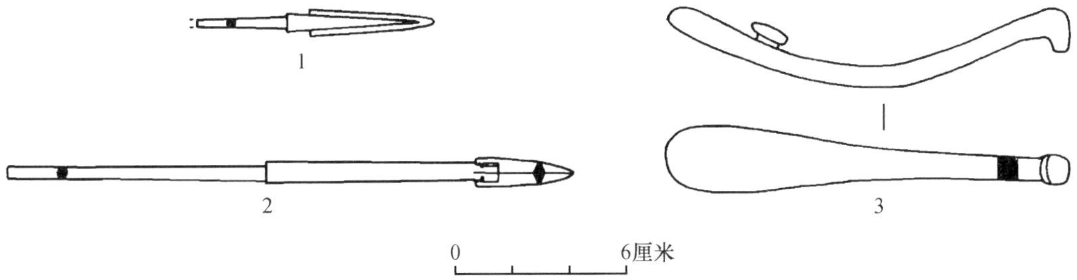

图一五　M31出土器物

1、2. 铜镞（M31：1、M31：2）　3. 铁带钩（M31：3）

六、M33

位于发掘Ⅲ区中部，被M32打破，丹江口水库西岸河边的台地上。

1. 墓葬形制与结构

该墓为长方形竖穴土坑墓，方向10°。

开口于耕土层下，墓口距地表0.3米深。该墓墓圹清晰，墓口南北长2.6米，东西宽1.4米，深0.9米。四壁规整，直壁向下，距墓口0.3米墓圹四周有生土台，北、东、南、西四侧宽度均为0.2米，生土台高0.3米。墓底平整。

墓内填土为夹杂白沙岩的黄褐色五花土，土质较软，结构较疏松。

2. 葬具、葬式

（1）葬具

葬具已腐朽，残留棺痕，棺痕长2.2米，宽0.7米。

（2）葬式

人骨架1具，保存差，残留部分头骨和四肢骨，头向北，面向上，据此判断为仰身直肢葬（图一六；彩版七，1）。

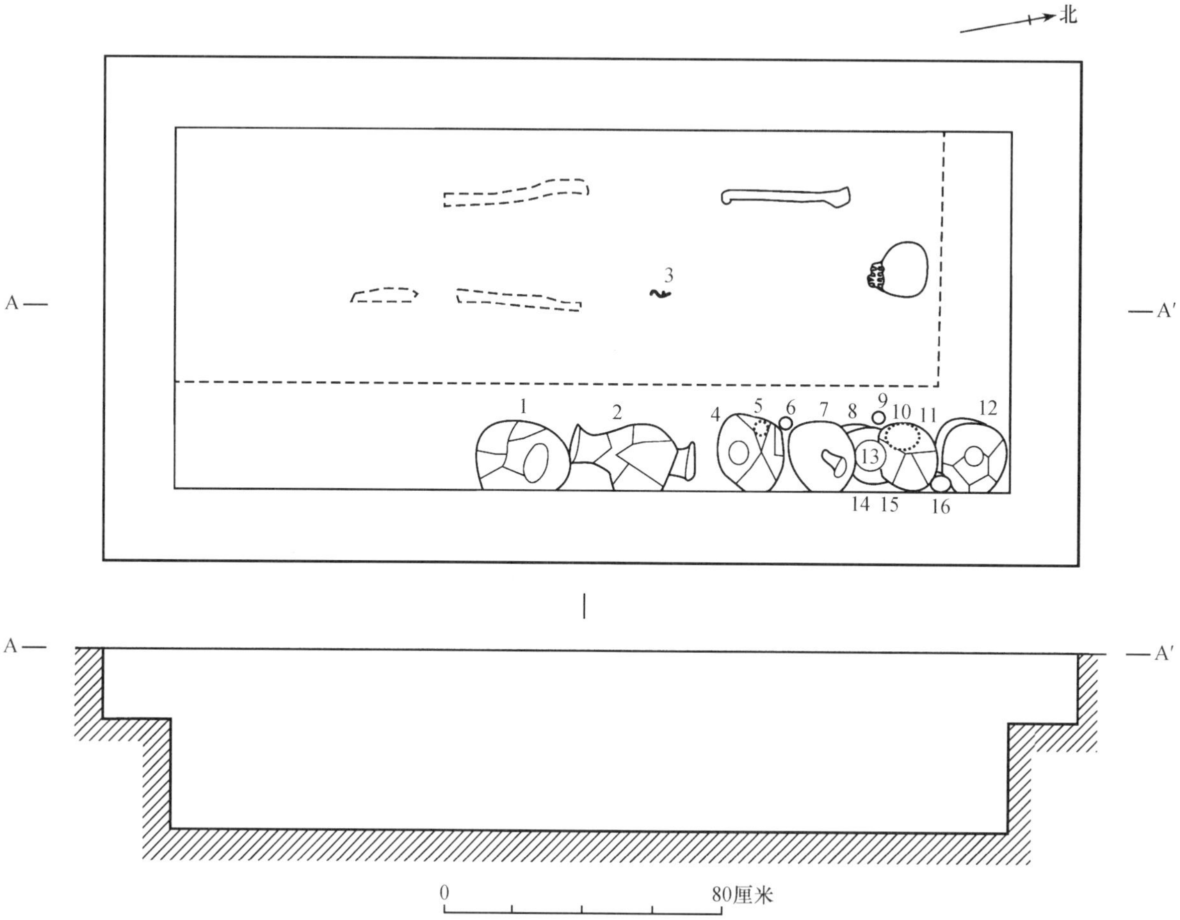

图一六　M33平、剖面图

1. 陶双耳罐　2、4. 陶壶　3. 铜带钩　5、6. 陶杯　7、8. 陶鼎　9、16. 陶豆　10、13. 陶匜　11、12. 陶盒　14、15. 陶盘

3. 出土器物

该墓出土随葬品16件，质地分陶、铜。陶器东西向放置于棺外东侧，自南向北分别为陶双耳罐1件（M33：1）、陶壶2件（M33：2、M33：4）、陶杯2件（M33：5、M33：6）、陶鼎2件（M33：7、M33：8）、陶豆1件（M33：9）、陶匜2件（M33：10、M33：13）、陶盒2件（M33：11、M33：12）、陶盘2件（M33：14、M33：15）、陶豆1件（M33：16）。铜带钩1件（M33：3），位于棺内骨架腰部。

（1）陶器

15件，器形有鼎、盒、壶、豆、盘、匜、杯、罐等（彩版一九，2）。

陶双耳罐　1件。M33：1，泥质灰陶。形体较大，侈口，斜方唇，唇面有一周窄凹槽，高领，领肩交接处有一周凹槽，弧肩，鼓腹，肩部有一对鼻耳，凹圜底。领部饰中绳纹，被抹平，肩、腹及底饰中绳纹，腹部绳纹抹平两周。高28.1厘米，口径15.5厘米，腹径27.8厘米，底径10厘米（图一七，1；图版四，4）。

陶壶 2件。形制相同。泥质灰陶。浅盘形盖，方唇，弧顶，有三个小孔。壶身盘口，方唇，细长颈，折肩，鼓腹，圜底，喇叭状大圈足。盖顶、颈、肩、腹施条形以及三角形红彩，颈部有施白彩痕迹。M33：2，高36.5厘米，口径13.2厘米，腹径23.2厘米，底径17.6厘米（图一七，2；图版四，5）。M33：4，高34.5厘米，口径13厘米，腹径22.5厘米，底径16.3厘米（图一七，3；图版四，6）。

陶杯 2件。形制相同。泥质灰陶。敞口，圆唇，斜腹较深，矮柄，饼状足较厚。器表有数周条状红彩。M33：5，高10.6厘米，口径9.1厘米，底径6.4厘米（图一七，4；图版五，1）。M33：6，足残。高10.9厘米，口径9.5厘米，底径4厘米（图一七，5；图版五，2）。

陶鼎 2件。形制相同。泥质灰陶。有盖，方唇，顶微弧。鼎身子口内敛，长方形耳，微外撇，腹微鼓，圜底，下接三矮蹄足，内空。盖、耳及腹饰红彩。M33：7，高18.4厘米，口径17厘米，腹径20.7厘米，耳高6.9厘米，足高8.3厘米，盖径20.7厘米，盖高7.3厘米（图一七，14；图版五，3）。M33：8，耳残失，通高18.4厘米，鼎高14厘米，口径19.2厘米，腹径20.4厘米，足高8.6厘米，盖径19.4厘米，盖高4.6厘米（图一七，15；图版五，4）。

陶豆 2件。形制相同。泥质灰陶。直口，圆唇，折盘，盘外壁微凹，平底，细柄，喇叭形座，座缘加厚。M33：9，高14.5厘米，盘径15.9厘米，柄径3.3厘米，底径12.4厘米（图一七，12；图版五，5）。M33：16，高15.8厘米，盘径16.4厘米，柄径3.5厘米，底径12.5厘米（图一七，13）。

陶盒 2件。形制相同。泥质灰皮陶褐胎夹灰心。盖呈覆碗形，方唇，弧顶，圈形捉手。盒身子口内敛，上腹近直，下腹斜收，平底。素面。M33：11，高16.9厘米，外径21.1厘米，纽径6.1厘米，底径7.2厘米（图一七，10；图版五，6）。M33：12，高17.4厘米，外径22.2厘米，纽径5.9厘米，底径7.8厘米（图一七，11；图版六，3）。

陶盘、匜 各2件。盘、匜形制各自相同。盘，泥质灰陶。直口，方唇，折腹，上腹近直，下腹斜收，平底微凹。素面。匜，泥质灰陶。口微敛，圆唇，捏短流，弧腹，平底微凹。内外壁皆施数周条状红彩。M33：10，匜，高4.6厘米，最大径14.7厘米，底径4.9厘米（图一七，6）；M33：14，盘，高5.4厘米，口径20.7厘米，底径7厘米（图一七，8；图版六，1）；M33：13，匜，高4.5厘米，最大径14.2厘米，底径5.1厘米（图一七，7）；M33：15，盘，盘内施有白彩及红彩。高5.3厘米，口径21厘米，底径7.2厘米（图一七，9；图版六，2）。

（2）铜器

铜带钩 1件。M33：3，钩体呈兔形，长耳贴背匍卧，长尾卷曲形成钩头，扣钉位于兔腹下。长4厘米（图一七，16；彩版一四，5）。

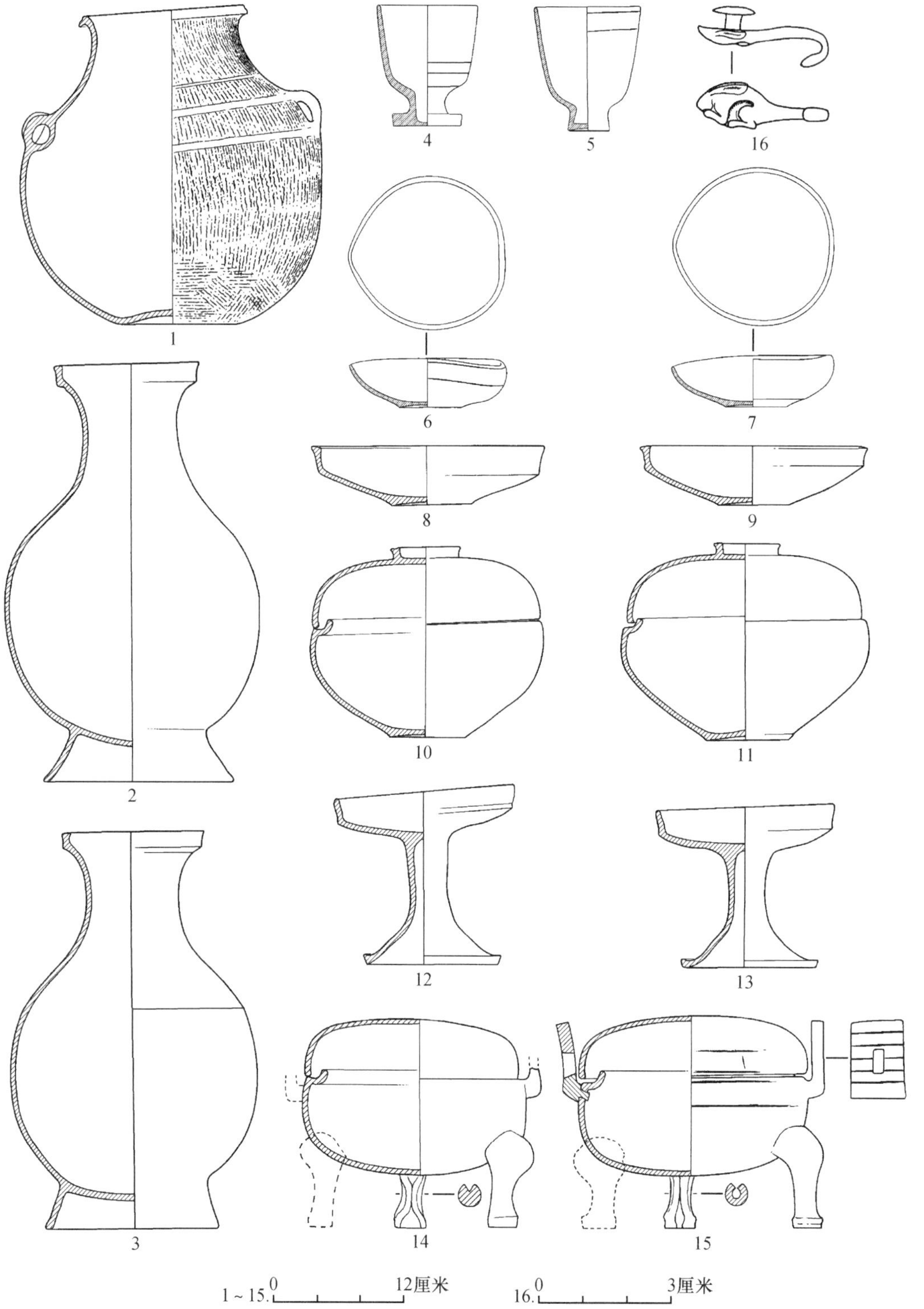

图一七　M33出土器物

1. 陶双耳罐（M33：1）　2、3. 陶壶（M33：2、M33：4）　4、5. 陶杯（M33：5、M33：6）　6、7. 陶匜（M33：10、M33：13）　8、9. 陶盘（M33：14、M33：15）　10、11. 陶盒（M33：11、M33：12）　12、13. 陶豆（M33：9、M33：16）　14、15. 陶鼎（M33：7、M33：8）　16. 铜带钩（M33：3）

七、M40

位于发掘Ⅲ区中部，被M39墓道打破，丹江口水库西岸河边的台地上。

1. 墓葬形制与结构

该墓为长方形竖穴土坑墓，方向103°。

开口于耕土层下，墓口距地表0.3米深。该墓墓圹清晰，墓口东西长2.45米，南北宽1.35米，深1.25米。口底同大，四壁规整，直壁向下，墓底平整，距墓口0.6米深处有因放置棺椁后填土形成的熟土台，北、东、南、西四侧宽度分别为0.2米、0.15米、0.25米、0.1米。熟土台高0.4米。

墓内填土为夹杂白沙岩的黄褐色五花土，土质较软，结构较疏松。

2. 葬具、葬式

（1）葬具

葬具已腐朽，残留椁痕，棺痕不存，推测应为一棺一椁，椁痕长2.2米，宽0.9米。

（2）葬式

人骨架腐朽，保存差，不见痕迹（图一八）。

3. 出土器物

该墓出土随葬品5件，均为陶器（彩版二〇，1），位于椁室东部，自北向南分别为陶敦1件，陶盘、匜各1件，陶壶1件，陶鼎1件。

陶盘、匜　各1件，M40：1-1，盘，泥质灰陶。敞口，折沿微仰，沿面有两周浅凹槽，圆唇，弧腹，平底。素面。高4.6厘米，口径20.8厘米。M40：1-2，匜，泥质灰陶。敞口，呈椭圆形，流微上翘，向外逐渐变窄，圆唇，弧腹，圜底。素面。高5.4厘米，最大径12.4厘米，流长4.4厘米，流宽3.4厘米（图一九，1；图版六，4）。

陶壶　1件。M40：2，泥质灰陶。伞形盖，子口，圆唇，顶部有三个半圆形纽。壶身敞口，方唇，束长颈，弧肩鼓腹，平底。盖顶饰两周凹弦纹，颈、肩、腹共饰五组二周凹弦纹。壶高27.2厘米，口径10.1厘米，腹径18.8厘米，底径11.9厘米，盖径10.1厘米，盖高3.2厘米（图一九，2；图版六，5）。

陶鼎　1件。M40：3，泥质灰黑皮陶褐胎。覆盘形盖，方唇，弧顶，中心有一环，环固定于器身，外有三梯形纽。子口内敛，方唇，有两个长方形附耳，微外撇，腹微鼓，平底，下接三蹄形足，足经刮削呈多棱形。盖顶有两组弦纹，每组两周，腹中部有一周凸弦纹。鼎内壁耳、足与器身相接处有泥饼。通高24.6厘米，鼎高20.2厘米，口径19.4厘米，腹径22.6厘米，耳高7.8厘米，足高14.3厘米，盖高5厘米，盖外径20.3厘米（图一九，3；图版六，6）。

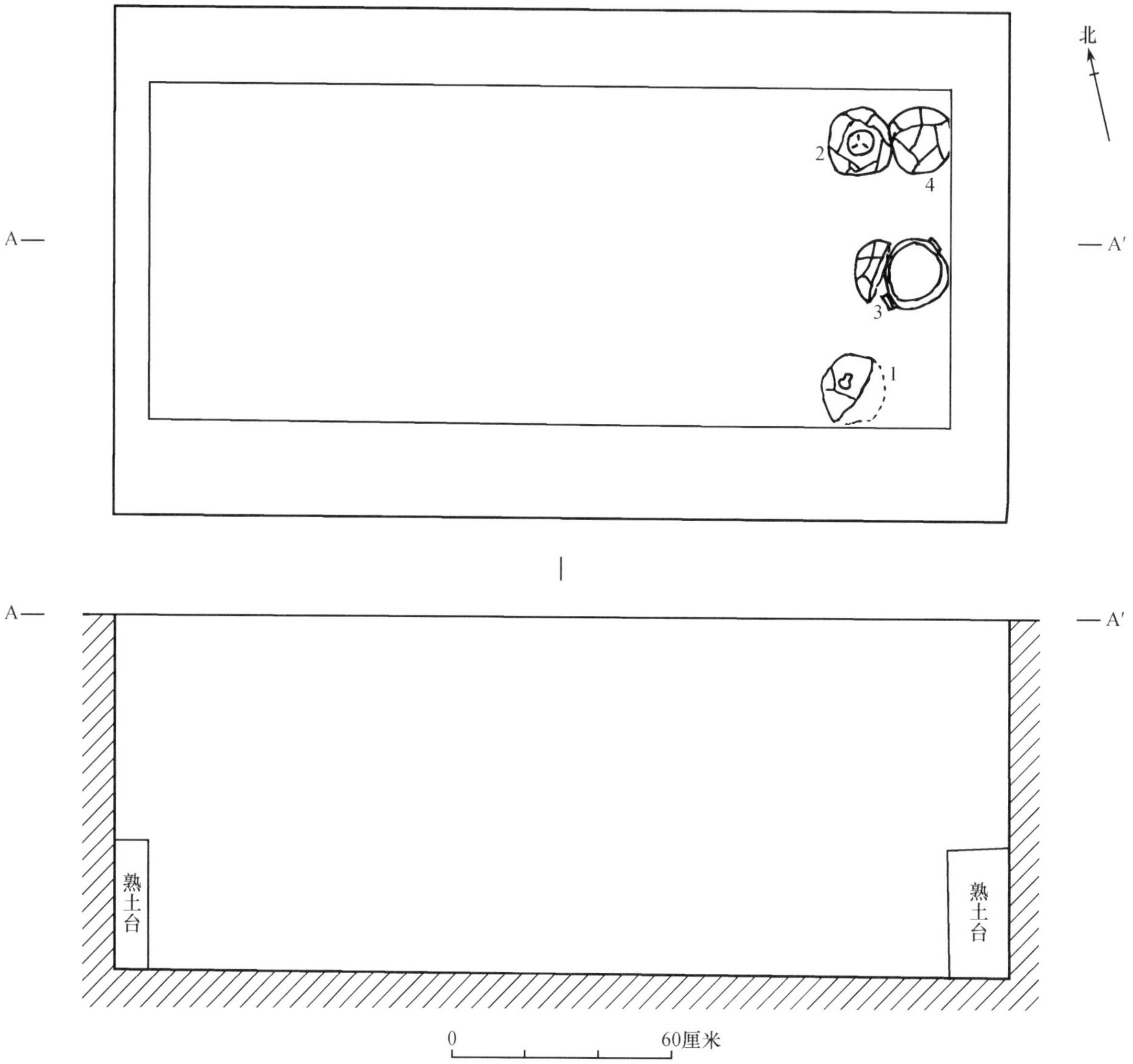

图一八　M40平、剖面图

1. 陶盘、匜　2. 陶壶　3. 陶鼎　4. 陶敦

陶敦　1件。M40：4，泥质灰陶。盖与身形制相同，皆呈半球形，身略大于盖，敞口，方唇，顶（底）稍尖，上下各附三折曲形纽（足）。盖、身中部各饰两周凹弦纹。通高25.6厘米，口径19.8厘米（图一九，4；图版七，1）。

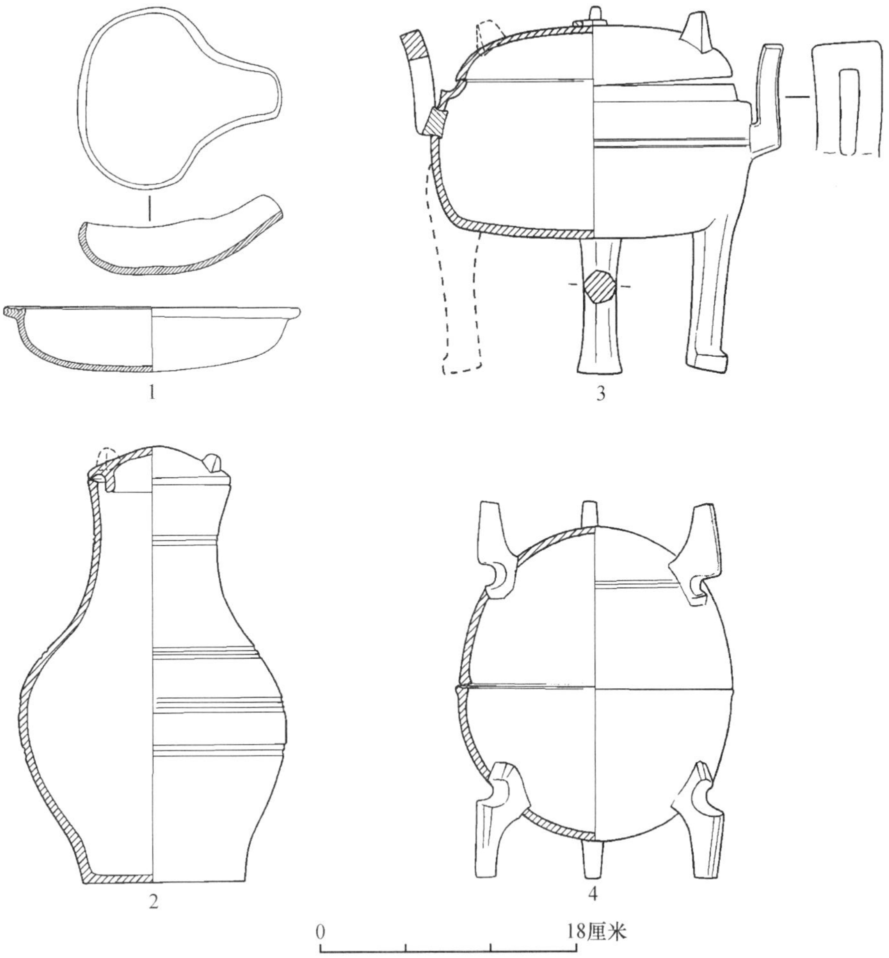

图一九　M40出土陶器

1. 陶盘、匜（M40：1）　2. 陶壶（M40：2）　3. 陶鼎（M40：3）　4. 陶敦（M40：4）

八、M42

位于发掘Ⅲ区中部，丹江口水库西岸河边的台地上，东距M43约1米。

1. 墓葬形制与结构

该墓为长方形竖穴土坑墓，方向197°。

开口于耕土层下，墓口距地表0.3米深。该墓墓圹清晰，现存墓口南北长2.6米，东西宽1.3米，深0.7米。口底同大，四壁规整，直壁向下，墓底平整，距墓口0.2米深处有因放置棺椁后填土形成的熟土台，高0.2米，熟土台北、东、南、西四侧宽分别为0.3米、0.2米、0.2米、0.2米。

墓内填土为夹杂白沙岩的黄褐色五花土，土质较软，结构较疏松。

2. 葬具、葬式

（1）葬具

葬具已腐朽，残留灰痕，可辨为一棺一椁，棺痕长2.1米，宽0.6米，椁痕长2.6米，宽1.4米。

（2）葬式

人骨架1具，保存差，残留部分头骨和四肢骨，头向南，面向上，据此判断为仰身直肢葬（图二〇；彩版七，2）。

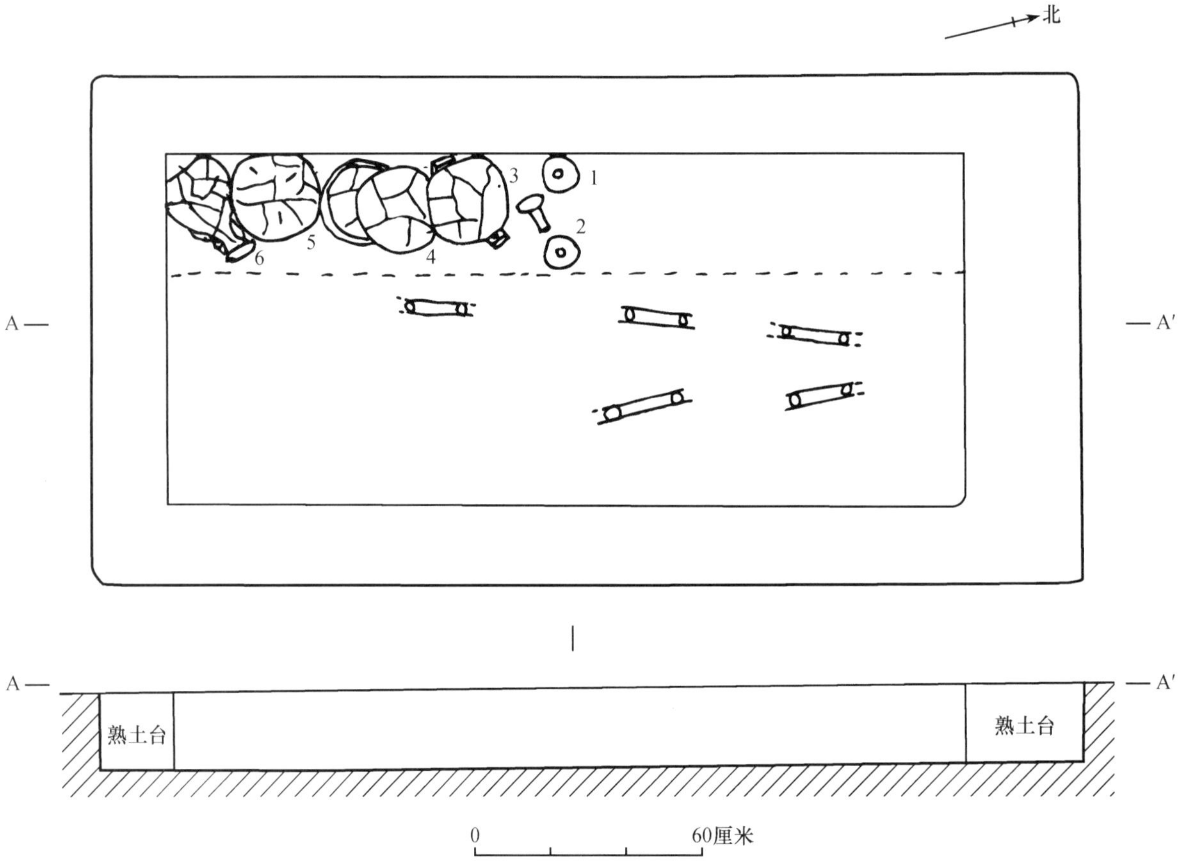

图二〇　M42平、剖面图

1、2. 陶豆　3. 陶鼎　4、5. 陶敦　6. 陶壶

3. 出土器物

该墓出土随葬品6件，放置于棺外西部，棺椁之间，均为陶器。自北向南分别为陶豆2件（M42：1、M42：2）、陶鼎1件（M42：3）、陶敦2件（M42：4、M42：5）、陶壶1件（M42：6）。

陶豆　2件。M42：1，泥质灰陶。敞口，圆唇，豆盘较浅，细柄，喇叭形座，座缘加厚。盘底有一周凸弦纹。高15.4厘米，盘径12.6厘米，柄径2.4厘米，底径9.2厘米（图二一，1；图版七，3）。M42：2，泥质灰陶。敞口，圆唇，豆盘较浅，细柄，喇叭形座，座缘加厚。素面。高14.9厘米，盘径13.2厘米，柄径2.4厘米，底径8.1厘米（图二一，2；图版七，4）。

陶鼎　1件。M42：3，泥质灰陶。盖未修复。鼎身子口内敛，方唇，有一对长方形附耳，微外撇，腹近直，圜底，下接三蹄形足，足较高，经刮削呈多棱形。腹中部有一凸弦纹。鼎内壁足、耳与器身相接处有泥饼，内底有螺旋痕。高17.1厘米，口径21.6厘米，腹径21.6厘米，足高13.5厘米（图二一，3；图版七，2）。

陶壶　1件。M42：6，泥质灰陶。盖未修复。壶身敞口，方唇内斜，唇面有两周窄凹槽，束长颈，弧肩，鼓腹，凹圜底，圈足残失。颈、肩、上腹施三组凹弦纹，每组三周，下腹再施两周凹弦纹。壶高27.9厘米，口径11.4厘米，腹径19.8厘米，底径10厘米（图二一，4；图版七，5）。

陶敦　2件。M42：4、M42：5，泥质灰皮陶褐胎夹灰心，陶质差，未修复。

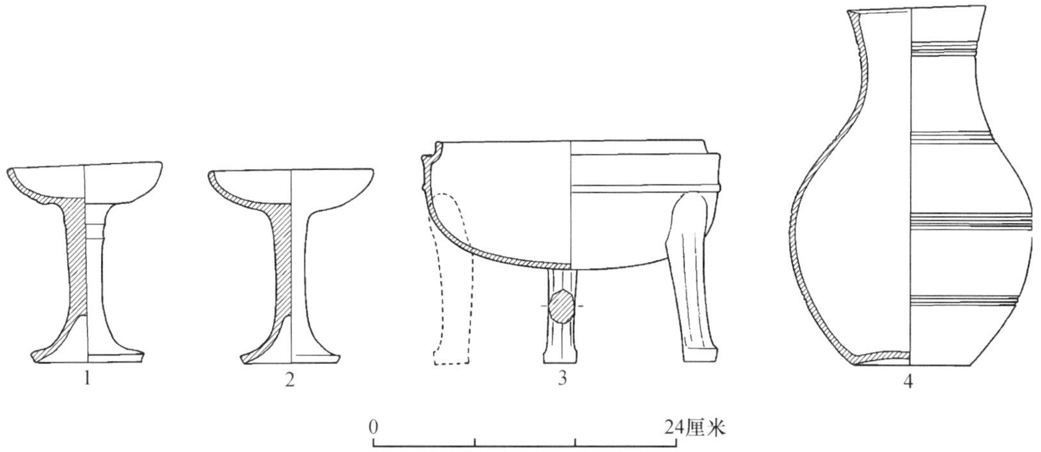

图二一　M42出土陶器

1、2. 陶豆（M42：1、M42：2）　3. 陶鼎（M42：3）　4. 陶壶（M42：6）

九、M43

位于发掘Ⅲ区中部，丹江口水库西岸河边的台地上，西距M42约1米。

1. 墓葬形制与结构

该墓为长方形竖穴土坑墓，方向213°。

开口于耕土层下，墓口距地表0.3米深。该墓墓圹清晰，现存墓口南北长2.6米，东西宽1.5米，深1.5米。口底同大，四壁规整，直壁向下，墓底平整，距墓口0.8米有因放置棺椁后填土形成的熟土台，高0.4米，熟土台北、东、南、西四侧宽分别为0.3米、0.2米、0.2米、0.3米。

墓内填土为夹杂白沙岩的黄褐色五花土，土质较软，结构较疏松。

2. 葬具、葬式

（1）葬具

葬具已腐朽，残留椁痕，椁痕长2.1米，宽1米。

（2）葬式

人骨架1具，保存差，残留部分四肢骨，葬式不详（图二二；彩版八，1）。

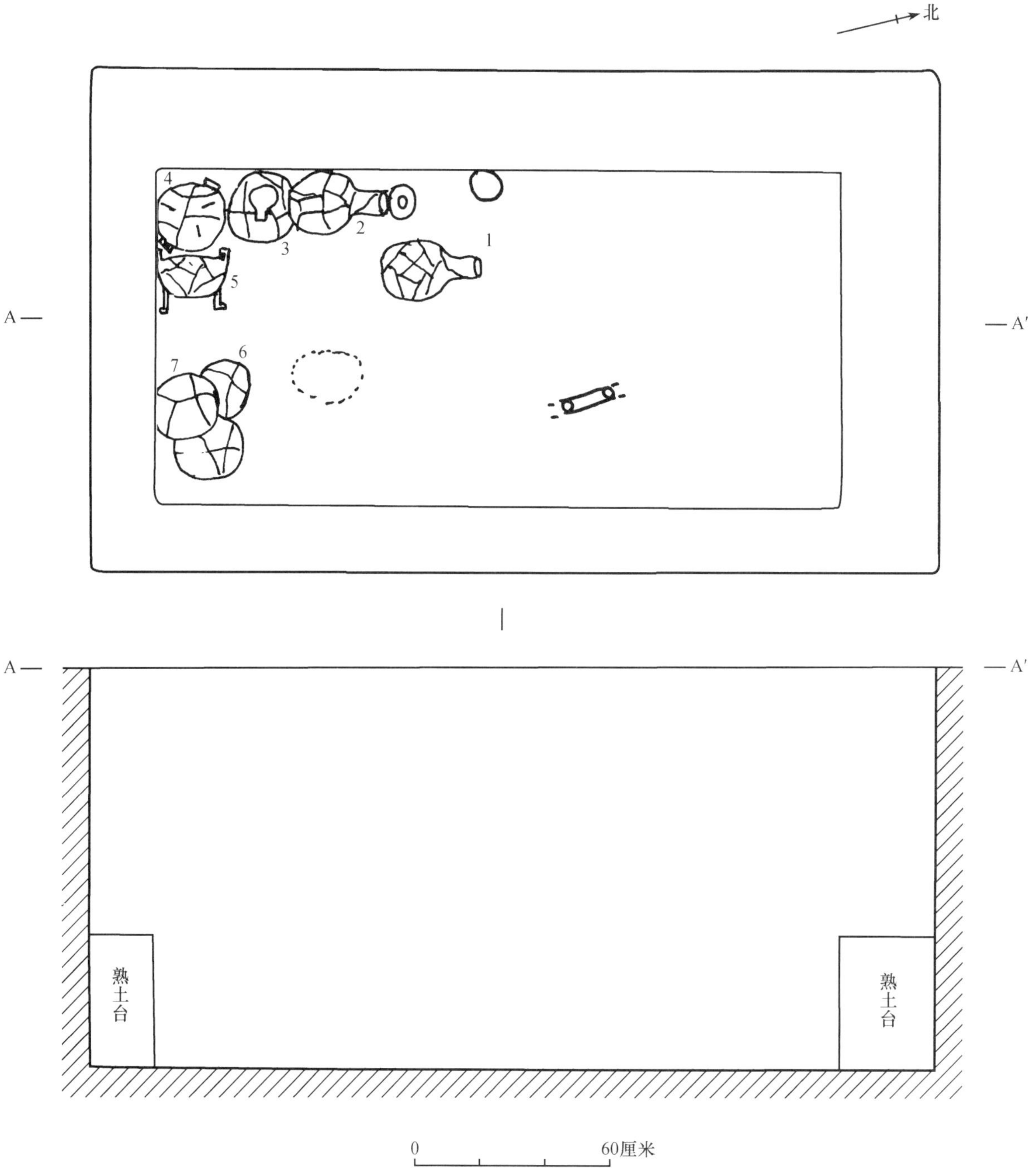

图二二　M43平、剖面图

1、2. 陶壶　3. 陶盘、匜　4、5. 陶鼎　6、7. 陶敦　8. 玉瑗（陶盘下）

3. 出土器物

该墓出土随葬品9件，位于椁西南，自北向南分别为陶壶2件（M43：1、M43：2），陶盘、匜各1件（M43：3），陶鼎2件（M43：4、M43：5），陶敦2件（M43：6、M43：7）。玉瑗1件（M43：8），位于陶盘下面。

（1）陶器

7件，器形有鼎、敦、壶、盘等。

陶壶　2件，修复1件。标本M43：1，泥质灰陶。伞形盖，子口，圆唇，顶部有三梯形实纽。壶身敞口，方唇，长颈，弧肩，鼓腹，凹圜底，圈足残失。盖顶饰两周凹弦纹，颈、肩、腹共施四组凹弦纹，每组三周。通高33.1厘米，壶高29.9厘米，口径11.2厘米，腹径21.5厘米，底径9.8厘米，盖高5厘米，盖外径11.6厘米（图二三，3；图版七，6）。

陶鼎　2件，修复1件。标本M43：4，泥质灰陶。覆盘形器盖，方唇，顶微弧，残存有两纽。鼎身子口内敛，方唇，残存一长方形附耳，微外撇，腹近直，圜底，下接三蹄形足，足较高，经刮削呈多棱形。盖顶有三周凹弦纹，腹中部有一凸弦纹。鼎内壁足、耳与器身相接处有泥饼，内底有螺旋痕。高23.1厘米，口径19.2厘米，腹径22.5厘米，耳高8.5厘米，足高13.2厘米（图二三，2；图版八，1）。

陶敦　2件。泥质灰褐陶，陶质差，未修复。

陶盘、匜　各1件。泥质灰褐陶，陶质差，未修复。

（2）玉器

玉瑗　1件。M43：8，灰白色，表面钙化呈粉状，孔为一面钻。肉径7.2厘米，好径3厘米，厚0.6厘米（图二三，1；彩版一七，1）。

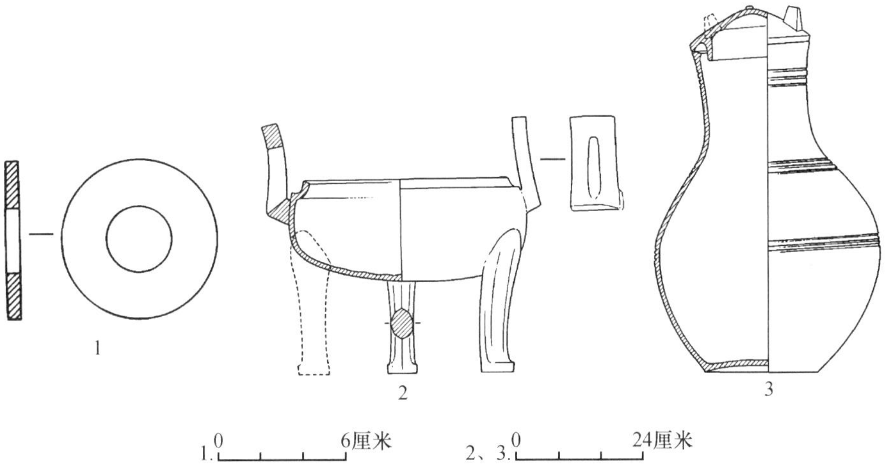

图二三　M43出土器物

1. 玉瑗（M43：8）　2. 陶鼎（M43：4）　3. 陶壶（M43：1）

十、M46

位于发掘Ⅲ区中部，丹江口水库西岸河边的台地上，被M45墓道打破，东距M48约2米。

1. 墓葬形制与结构

该墓为长方形竖穴土坑墓，方向200°。

开口于耕土层下，墓口距地表0.3米深。该墓墓圹清晰，现存墓口西部高东部低，南北长2.8米，东西宽1.55米，深1.8米。口底同大，四壁规整，直壁向下，墓底平整，距墓口1.1米深处有因放置棺椁后填土形成的熟土台，高0.4米，熟土台北、东、南、西四侧宽分别为0.3米、0.35米、0.3米、0.3米。

墓内填土为夹杂白沙岩的黄褐色五花土，土质较软，结构较疏松。

2. 葬具、葬式

（1）葬具

葬具已腐朽，残留椁痕，应为一棺一椁，椁痕长2.2米，宽0.9米，棺痕不存。

（2）葬式

人骨架腐朽，痕迹不存，葬式不详（图二四）。

3. 出土器物

该墓共出土随葬品9件，南北向放置于椁南部，均为陶器，器形有鼎、敦、壶、豆等。自东西向分别为豆1件（M46：2）、敦1件（M46：1）、鼎1件（M46：3）、豆1件（M46：5）、鼎1件（M46：9）、壶1件（M46：4）、豆2件（M46：6、M46：7）、壶1件（M46：8）。

陶豆　4件。M46：2，泥质灰陶。直口，圆唇，折盘较深，上腹外壁近直，内壁弧收，底斜收近平，细柄，喇叭形座，座缘加厚。素面。高15.4厘米，盘径14.2厘米，柄径3厘米，底径9.8厘米（图二五，1；图版八，2）。M46：5，泥质灰陶。直口，方唇，折盘，上腹外壁近直，底斜收近平，细柄，喇叭形座，座缘加厚。素面。高16.4厘米，盘径13.8厘米，柄径2.7厘米，底径10.6厘米（图二五，2；图版八，4）。M46：6，泥质灰陶。直口，方唇，折盘较浅，上腹外壁近直，内壁弧收，底斜收近平，细柄较高，喇叭形座，座缘加厚。素面。高20.2厘米，口径13.8厘米，柄径2.7厘米，底径11厘米（图二五，3；图版八，5）。M46：7，泥质灰陶。直口，方唇，折盘较浅，上腹外壁近直，内壁弧收，底斜收近平，细柄较高，底座残失。素面。残高18厘米，盘径13.6厘米，柄径2.8厘米（图二五，4；图版八，6）。

陶鼎　2件，均未修复。标本M46：9，泥质灰陶。敞口微敛，方唇，浅腹微垂，上腹部有一周凸棱，且残存一长方形附耳，平底，下接三兽蹄足。素面。

陶壶　2件，修复1件。标本M46：4，盖为泥质灰陶，壶身为泥质灰黑皮陶灰胎。上承一伞形盖，子口直口，圆唇，斜壁，弧顶，顶部似有纽痕，纽已残失。壶身直口，方唇，唇面有

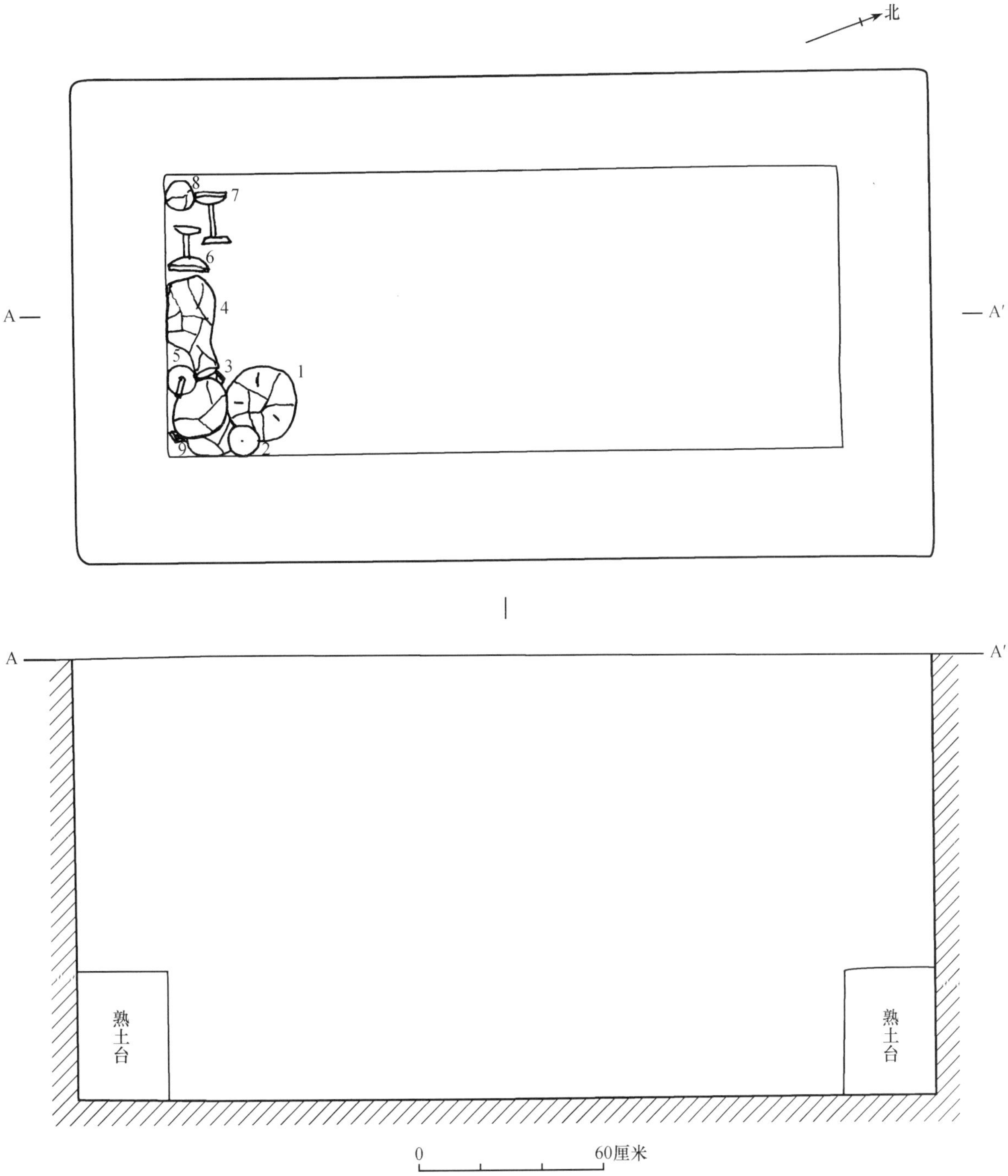

图二四 M46平、剖面图

1. 陶敦 2、5～7. 陶豆 3、9. 陶鼎 4、8. 陶壶

一周凹槽，领较高，溜肩，鼓腹，下腹斜收，平底微凹，底部较残。器盖近顶端饰二周凹弦纹，近尾端饰一周凹弦纹，壶身颈部近唇处、上腹近颈处及腹中部各饰一组三周凹弦纹。通高32.6厘米，壶高29厘米，口径10.3厘米，腹径19.4厘米，底径11.5厘米，盖高4.1厘米，盖径11厘米（图二五，5；图版八，3）。

陶敦 1件。泥质灰褐陶，陶质差，未修复。

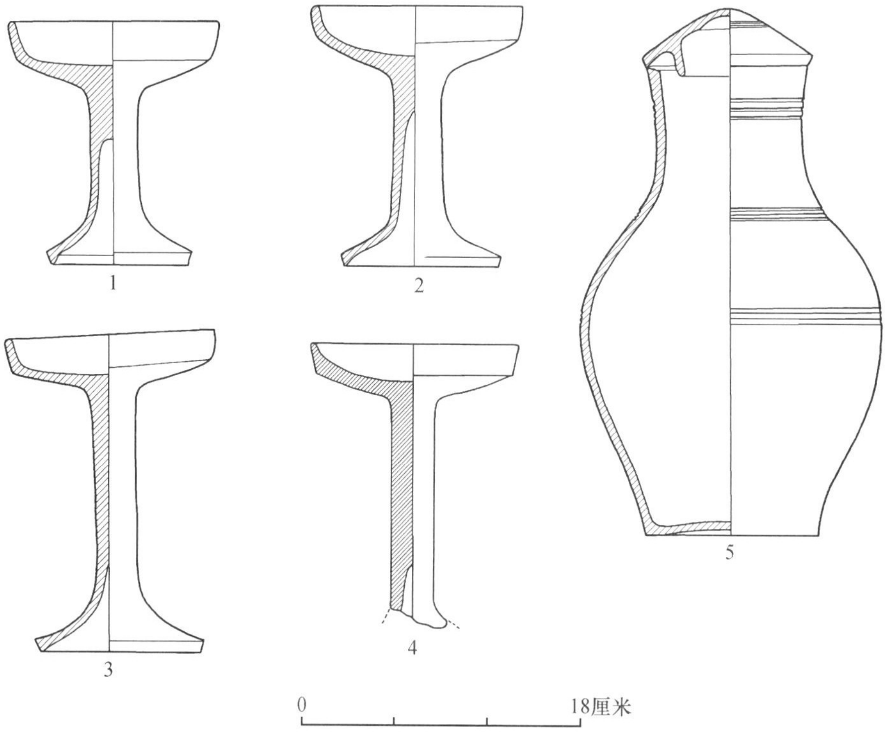

图二五　M46出土陶器

1～4. 陶豆（M46：2、M46：5、M46：6、M46：7）　5. 陶壶（M46：4）

十一、M49

位于发掘Ⅲ区中部，丹江口水库西岸河边的台地上，南距M55约1.6米。

1. 墓葬形制与结构

该墓为长方形竖穴土坑墓，方向200°。

开口于耕土层下，墓口距地表0.3米深。该墓墓圹清晰，现存墓口西高东低，南高北低，南北长2.55米，东西宽1.4米，深1.3米。口底同大，四壁规整，直壁向下，墓底平整，距墓口0.7米有因放置棺椁后填土形成的熟土台，高0.3米，熟土台北、东、南、西四侧宽度分别为0.25米、0.25米、0.3米、0.25米。

墓内填土为夹杂白沙岩的黄褐色五花土，土质较软，结构较疏松。

2. 葬具、葬式

（1）葬具

葬具已腐朽，残留灰痕，可辨为一棺一椁，椁痕长2米，宽0.9米，棺痕长1.7米，宽0.5米。

（2）葬式

人骨架腐朽，葬式不详（图二六；彩版八，2）。

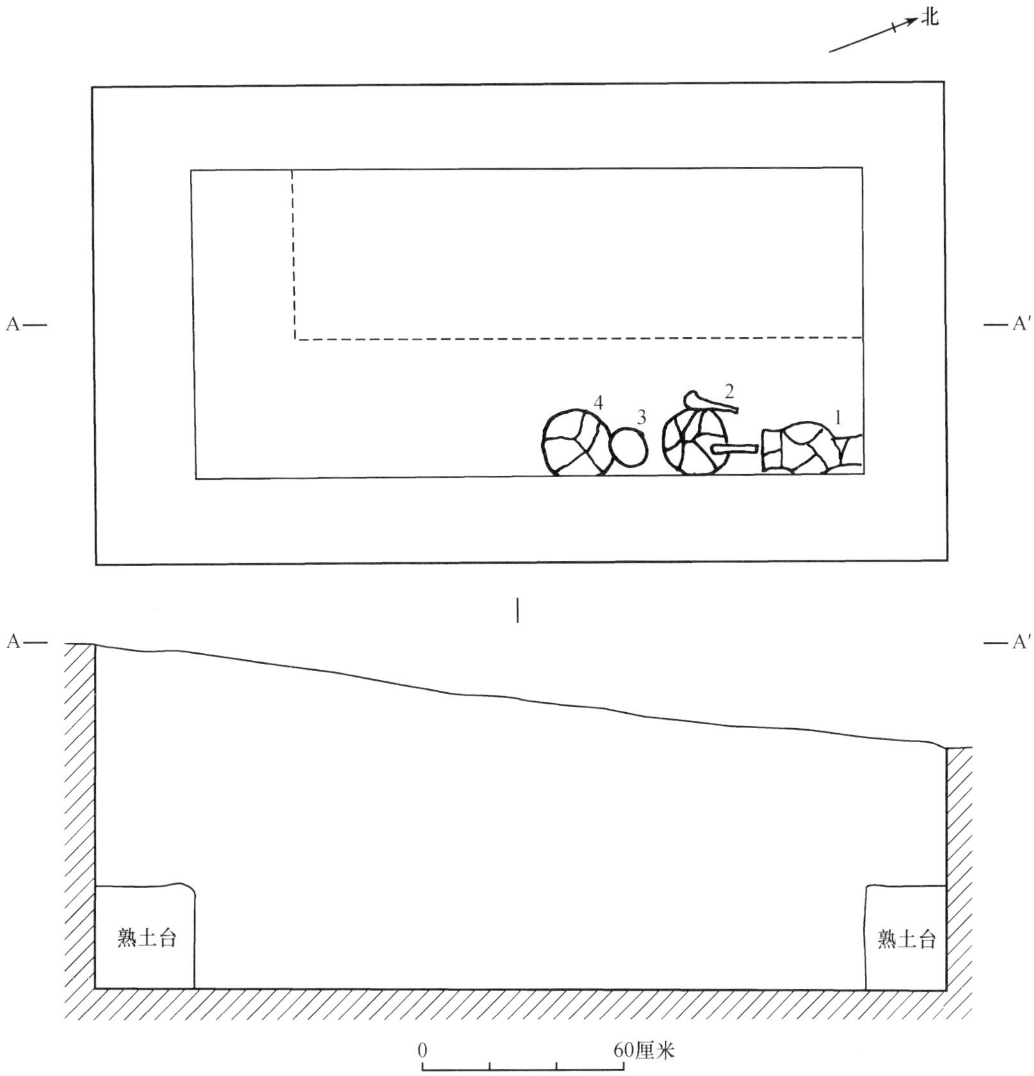

图二六　M49平、剖面图
1. 陶壶　2. 陶鼎　3. 陶豆　4. 陶敦

3. 出土器物

该墓出土随葬品4件，放置于棺外东侧，均为泥质灰陶，陶质差，器形有鼎、敦、壶、豆。棺椁之间自北向南分别为陶壶1件（M49：1）、陶鼎1件（M49：2）、陶豆1件（M49：3）、陶敦1件（M49：4）。

陶敦　1件。泥质灰褐陶，陶质差，未修复。

陶壶　1件。M49：1，泥质灰陶。上承一伞形盖，子口直口，圆唇，盖壁斜壁，弧顶，尾端有三个梯形纽。敞口，方唇，高领，溜肩，鼓腹，凹圜底，圈足近直。盖近顶端饰一组二周凹弦纹，颈部近口处及颈部近肩处各饰一组二周凹弦纹，腹中部及下腹部各饰一组三周凹弦纹。通高34.7厘米，壶高31.3厘米，口径11厘米，腹径19.6厘米，底径12.1厘米，盖高3.8厘米，盖径11.2厘米（图二七，1；图版九，1）。

陶鼎　1件。M49：2，泥质灰陶。上承一拱形盖，盖口微敛，斜方唇，弧壁，顶部接一喇叭形捉手。鼎身子口内敛，方唇，上腹部有一对长方形附耳，向外微撇，腹较浅微鼓，腹中部有一周凸棱，平底，下接三兽蹄足。盖近顶处饰一周凹弦纹。足经刮削。通高25厘米，鼎高22.6厘米，口径18.4厘米，腹径21.2厘米，耳高9.4厘米，足高14厘米（图二七，3；图版九，2）。

陶豆　1件。M49：3，泥质灰陶。直口，斜方唇，盘较深，弧腹，细柄，喇叭形座，座缘圈足。素面。高15.1厘米，盘径14.1厘米，柄径2.8厘米，底径9.4厘米（图二七，2；图版九，3）。

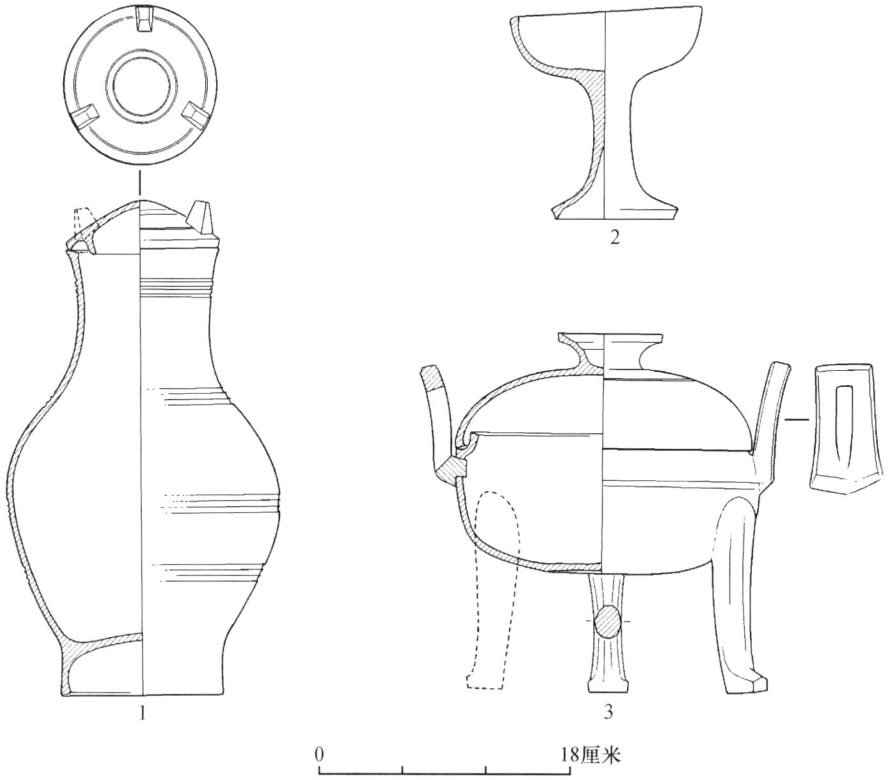

图二七　M49出土陶器

1. 陶壶（M49：1）　2. 陶豆（M49：3）　3. 陶鼎（M49：2）

十二、M57

位于发掘Ⅲ区中部偏西，丹江口水库西岸河边的台地上，南距M58约2.8米。

1. 墓葬形制与结构

该墓为长方形竖穴土坑墓，方向185°。

开口于耕土层下，墓口距地表0.3米深。该墓墓圹清晰，现存墓口西高东低，北高南低，南北长3米，东西宽2米，墓圹西部墓底距地面深2.1米。口底同大，四壁规整，直壁向下，墓底平整，墓圹西部距墓口0.8米出现生土台，四侧宽度均为0.2米，生土台向下0.6米有因放置棺椁后填土形成的熟土台，高0.4米，熟土台北、东、南、西四侧宽度分别为0.35米、0.3米、0.2米、0.3米。

墓内填土为夹杂白沙岩的黄褐色五花土，土质较软，结构较疏松。

2. 葬具、葬式

（1）葬具

葬具已腐朽，应为一棺一椁，残留椁痕，椁痕长2.3米，宽1米。棺痕不存。

（2）葬式

人骨架保存差，葬式不详（图二八；彩版九，1）。

3. 出土器物

该墓出土随葬品11件，均位于棺外，均为陶器，器形有鼎、敦、壶、豆、盘等。棺西部棺椁之间自北向南分别为陶盘1件（M57：1）、陶鼎1件（M57：2）、陶敦1件（M57：3）、陶豆1件（M57：4）、陶鼎1件（M57：5）、陶敦1件（M57：6）、陶豆2件（M57：7、M57：8）；棺南部棺椁之间自西向东分别为陶壶2件（M57：9、M57：10）、陶豆1件（M57：11）。

陶鼎 2件，修复1件。标本M57：2，泥质灰黑皮陶红褐胎夹灰心。盖残失，敛口，方唇，矮领，广肩，无耳，微鼓腹，平底，下接三蹄形足。肩腹有两组凹弦纹，每组两周，凹弦纹内填红彩，两组凹弦纹间施卷云纹红彩。鼎内壁足与器身相接处有泥饼，内底有螺旋状凸棱。高18.2厘米，口径10厘米，腹径17.8厘米，足高10.4厘米（图二九，5；图版九，4）。

陶豆 4件。M57：4，泥质灰陶。盘残，细柄，喇叭形座，座缘加厚。残高16.4厘米，柄径3厘米，底径9.6厘米（图二九，4；图版九，5）。M57：7，泥质灰陶。直口，方唇，浅折盘，细高柄，喇叭形座，座缘加厚。素面。高19.3厘米，盘径14.2厘米，柄径3厘米，底径11厘米（图二九，1；图版九，6）。M57：8，泥质灰陶。直口，方唇，浅折盘，细柄，喇叭形座，座缘加厚。高17.5厘米，盘径14.8厘米，柄径2.6厘米，底径10.4厘米（图二九，2；图版一〇，1）。M57：11，泥质灰陶。直口，方唇，浅折盘，细高柄，喇叭形座，座缘加厚。素面。高18.8厘米，盘径14.2厘米，柄径2.8厘米，底径11厘米（图二九，3；图版一〇，2）。

陶壶 2件，修复1件。标本M57：10，泥质灰陶。伞形盖，子口，圆唇，纽缺，顶部有处接纽痕。壶身敞口，方唇，长颈，弧肩，鼓腹，平底微凹，圈足残失。盖顶施三周凹弦纹，颈、肩、腹共施四组凹弦纹，每组三周，器表另有红色彩绘痕迹。通高32.6厘米，壶高29.6厘米，口径10.6厘米，腹径22.6厘米，底径10.6厘米，盖高4.3厘米，盖外径10.4厘米（图二九，6；图版一〇，3）。

陶敦 2件。泥质灰黑皮陶红褐胎夹灰心。陶质差，器身破碎较甚，未能修复。

陶盘 1件。泥质灰黑皮陶红褐胎夹灰心。陶质差，器身破碎较甚，未能修复。

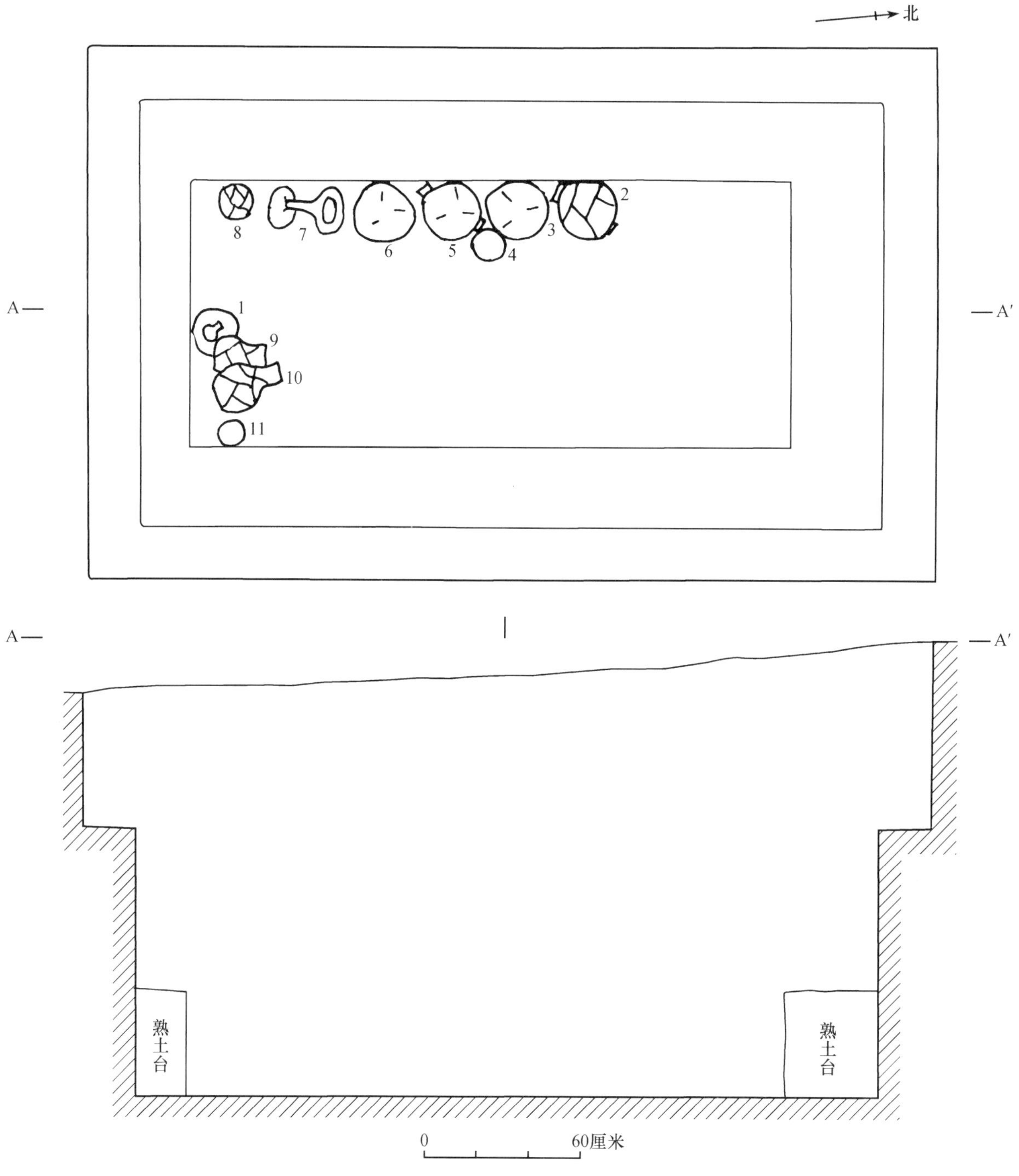

图二八　M57平、剖面图

1. 陶盘　2、5. 陶鼎　3、6. 陶敦　4、7、8、11. 陶豆　9、10. 陶壶

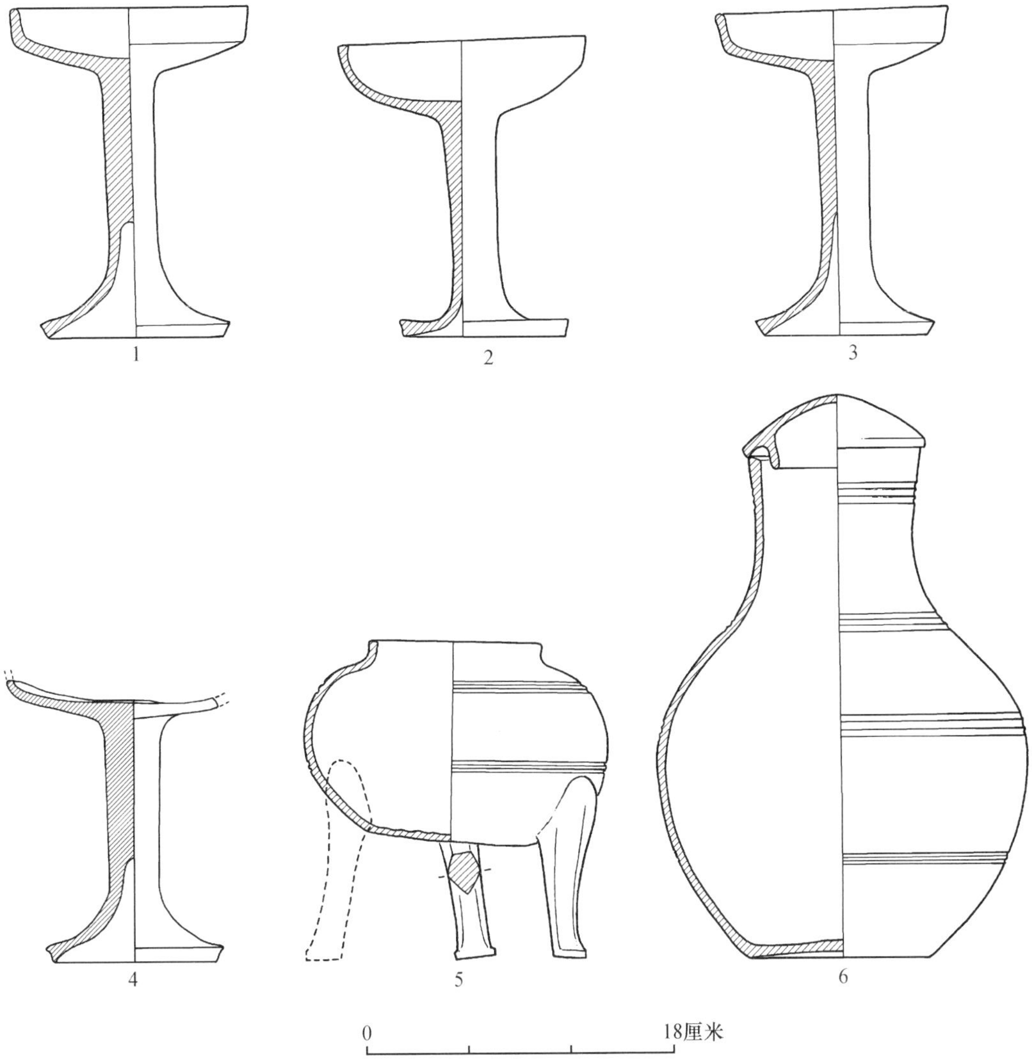

图二九　M57出土陶器

1～4. 陶豆（M57：7、M57：8、M57：11、M57：4）　5. 陶鼎（M57：2）　6. 陶壶（M57：10）

十三、M58

位于发掘Ⅲ区中部，丹江口水库西岸河边的台地上，南距M59约0.5米，北距M57约2.8米。

1. 墓葬形制与结构

该墓为长方形竖穴土坑墓，方向97°。

开口于耕土层下，墓口距地表0.3米深。该墓墓圹清晰，墓口西高东低，东西长2.9米，南北宽1.55米，深1.4米。口底同大，四壁规整，直壁向下，墓底平整，墓圹西部距墓口1米有因放置棺椁后填土形成的熟土台，高0.4米，熟土台北、东、南、西四侧宽度分别为0.24米、0.2米、0.3米、0.3米。

墓内填土为夹杂白沙岩的黄褐色五花土，土质较软，结构较疏松。

2. 葬具、葬式

（1）葬具

葬具已腐朽，应为一棺一椁，残留椁痕，椁痕长2.4米，宽1米，棺痕不存。

（2）葬式

人骨架保存差，葬式不存（图三〇；彩版九，2）。

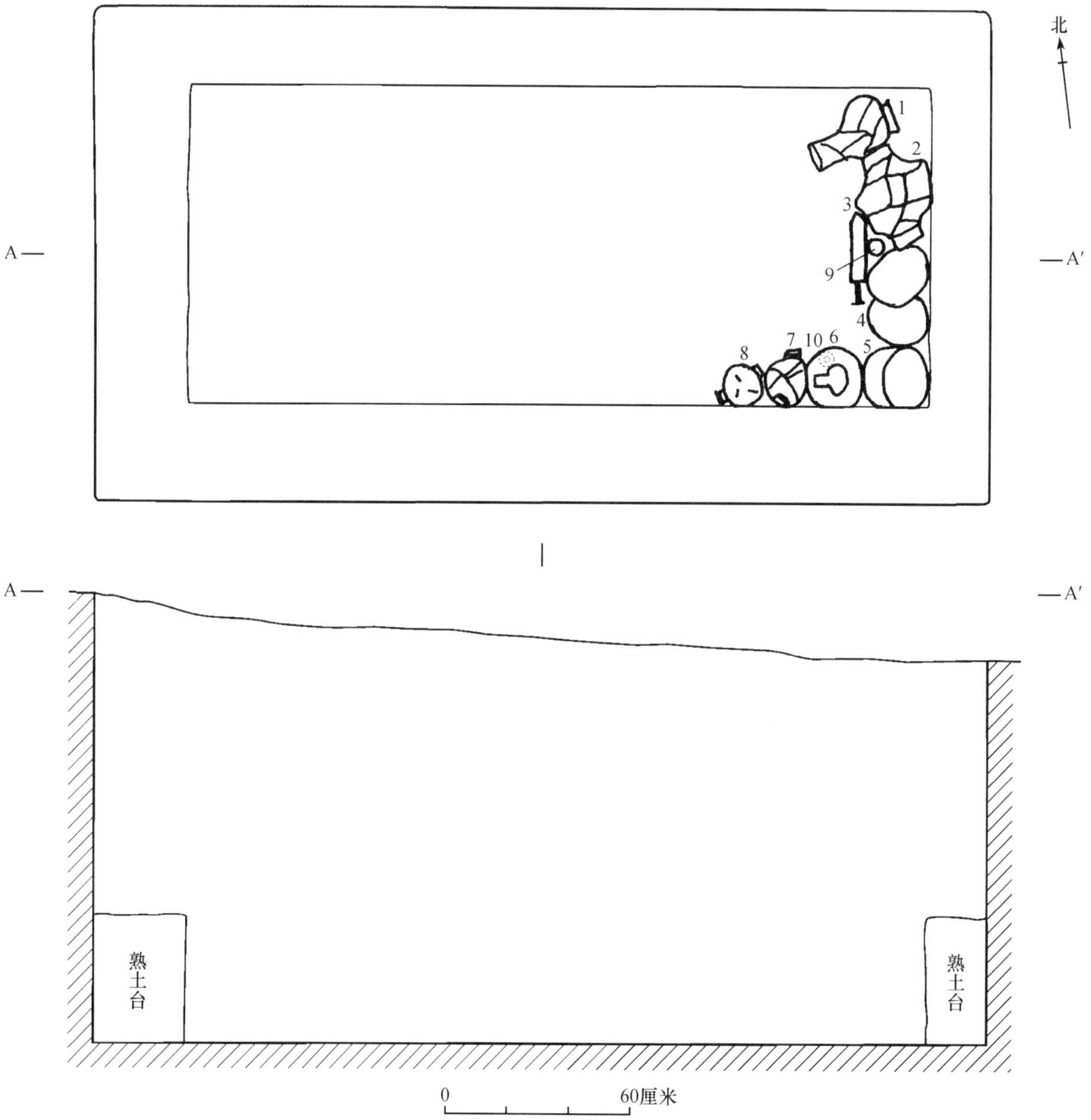

图三〇　M58平、剖面图

1、2. 陶壶　3. 铜匕　4、5. 陶敦　6. 陶盘、匜　7、8. 陶鼎　9. 陶豆　10. 玉瑗

3. 出土器物

该墓出土随葬品11件，其中陶器9件，铜器1件，玉器1件。椁外，椁东部棺椁之间自北向南分别为陶壶2件（M58：1、M58：2），铜匕1件（M58：3），陶豆1件（M58：9），陶敦1件（M58：4）；椁南部棺椁之间自西向东分别为陶鼎2件（M58：7、M58：8），陶盘、匜各1件（M58：6），陶敦1件（M58：5）。玉瑗1件（M58：10），位于陶盘、匜（M58：6）下面。

（1）陶器

9件，器形有鼎、敦、壶、豆、盘、匜。

陶壶　2件。M58：1，泥质黑皮褐陶。盖缺。壶身敞口，方唇，颈近直微敞，弧肩，鼓腹，凹圜底，圈足。颈上部、肩部、腹中部及下部各饰三周凹弦纹。高30厘米，口径9.6厘米，腹径20厘米，底径12.2厘米（图三一，6；图版一〇，4）。M58：2，壶盖为泥质黑皮陶褐胎夹灰心，壶身为泥质灰陶。上承一伞形盖，子口直口，圆唇，弧壁，弧顶。顶部饰两周凹弦纹，近沿处饰一周凹弦纹。壶身敞口，方唇，唇面有一周凸棱，长颈，弧肩，鼓腹，凹圜底，微喇叭形圈足。盖近顶端饰二周凹弦纹，近尾端饰一周凹弦纹。壶颈部近口沿处、肩腹相交处及上腹部各饰一组三周凹弦纹。通高32.9厘米，壶高29.6厘米，口径10.3厘米，腹径19.5厘米，底径12厘米，盖高4.2厘米，盖外径11.8厘米（图三一，7；图版一〇，5）。

陶敦　2件，修复1件。标本M58：4，泥质黑皮陶褐胎。残存一半，呈半球形，敛口，方唇，鼓腹，圜底，折曲形纽（足）均残。素面。通高10.4厘米，口径18.8厘米（图三一，5；图版一〇，6）。

陶盘、匜　各1件。M58：6-1，盘，泥质灰陶。敛口，折沿微仰，唇部残失，折腹，下腹斜收，平底。素面。变形较甚。下腹有刮削痕迹。高5厘米，口径16厘米，底径5.2厘米。M58：6-2，匜，泥质灰黑皮褐胎夹灰心。口微敛，圆唇，平面呈不规则椭圆形，流上翘，弧腹，平底。素面。下腹有刮削痕迹。高6.5厘米，最大径15.5厘米，流长5.2厘米，流宽3.5厘米（图三一，4；图版一一，1）。

陶豆　1件。M58：9，夹砂灰陶。直口，圆唇，折盘较浅，弧壁，底斜收近平，细柄，喇叭形底座，座缘圆唇。素面。高13.7厘米，盘径13.7厘米，柄径2厘米，底径7.7厘米（图三一，3；图版一一，2）。

陶鼎　2件。泥质黑皮陶褐胎，陶质差，破碎较甚，未修复。

（2）铜器

铜匕　1件。M58：3，身短且宽，中起脊，窄格，扁薄颈，喇叭形首。通长24厘米，格宽4.8厘米，首颈3.6厘米，颈长7.1厘米（图三一，2；彩版一五，1）。

（3）玉器

玉瑗　1件。M58：10，灰白色，表面钙化呈粉状，孔为一面钻。肉径7.3厘米，好径4.2厘米，厚0.5厘米（图三一，1；彩版一七，2）。

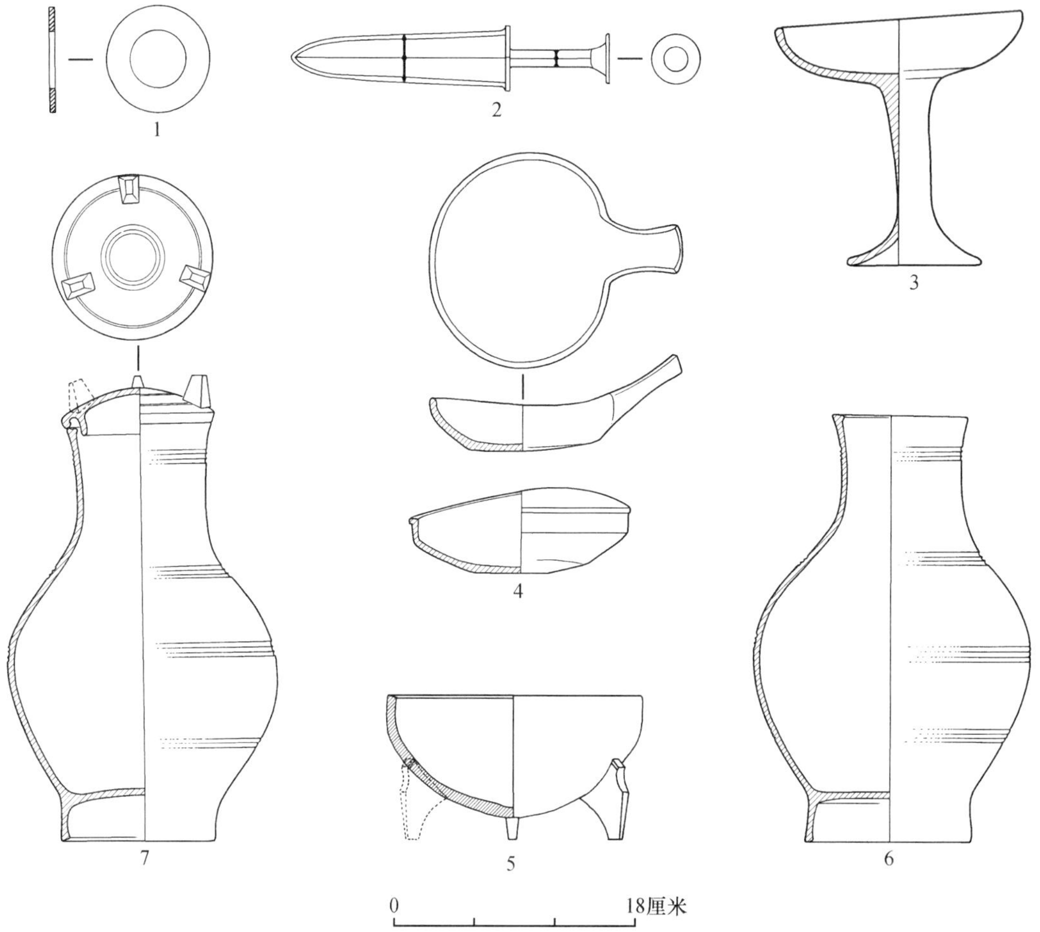

图三一　M58出土器物

1. 玉瑗（M58：10）　2. 铜匕（M58：3）　3. 陶豆（M58：9）　4. 陶盘、匜（M58：6）　5. 陶敦（M58：4）
6、7. 陶壶（M58：1、M58：2）

十四、M62

位于发掘Ⅲ区中南部，丹江口水库西岸河边的台地上，西距M66约1米。

1. 墓葬形制与结构

该墓为长方形竖穴土坑墓，方向105°。

开口于耕土层下，墓口距地表0.3米深。该墓墓圹清晰，墓口现东西长3.05米，南北宽1.7米，深2.75米。口底同大，四壁规整，直壁向下，墓底平整，距墓口2米有因放置棺椁后填土形成的熟土台，高0.45米，熟土台北、东、南、西四侧宽度分别为0.3米、0.35米、0.3米、0.3米。

墓内填土为夹杂白沙岩的黄褐色五花土，土质较软，结构较疏松。

2. 葬具、葬式

（1）葬具

葬具已腐朽，应为一棺一椁，残留椁痕，椁痕长2.4米，宽1.1米，棺痕不存。

（2）葬式

人骨架保存差，残存部分头骨和四肢骨头向东，面向上，据此判断为仰身直肢葬（图三二）。

3. 出土器物

该墓出土随葬品12件，位于椁室南部，均为陶器，器形有鼎、敦、壶、豆、盘、匜等。自东向西分别为陶壶2件（M62：1、M62：2），陶敦2件（M62：3、M62：4），陶鼎2件（M62：5、M62：6），陶豆2件（M62：7、M62：8），陶盘、匜各1件（M62：9），陶豆2件（M62：10、M62：11）。

陶鼎　2件。形制相同。泥质灰陶。覆盘形盖，方唇，平顶，有三接纽痕，纽残失。鼎身子口内敛，方唇，唇面内凹，有两个长方形附耳，窄长，微外撇，略显垂腹，圜底，下接三蹄形足，足经刮削呈多棱形。顶部饰三周凹弦纹，腹部饰一周凸弦纹，另外顶、腹还施红色以及白色彩绘，可辨有卷云纹、三角纹等。鼎内壁耳、足与器身相接处有泥饼。M62：5，通高24.4厘米，口径17.6厘米，腹径20.8厘米，耳高9.5厘米，足高15厘米，盖径19.6厘米，盖高6.4厘米（图三三，5；图版一二，1）。M62：6，通高25.1厘米，口径18.6厘米，腹径21.4厘米，耳高9.6厘米，足高14.4厘米，盖径20.7厘米，高5.3厘米（图三三，7；图版一二，2）。

陶敦　2件。M62：3，残存一半，泥质灰陶。整体呈半球形，口微敛，方唇，唇面有两周窄凹槽，唇缘略向外突出，上下各附三折曲形纽（足）。器身中部饰一周凹弦纹，内填充白彩，器身还施白色以及红色卷云形彩绘。高11.2厘米，口径19.2厘米（图三三，9；图版一一，5）。M62：4，泥质灰陶。整体呈圆球形，口微敛，方唇，唇面微凹，唇缘略向外突出，附三折曲形纽（足）。中部各饰一周凹弦纹，内填充白彩，另外器身还施白色以及红色卷云形彩绘。高24.1厘米，口径24.4厘米（图三三，10；图版一一，6）。

陶壶　2件。形制相同。泥质灰陶。伞形盖，子口，盖顶有三个梯形小纽。敞口，方唇，长颈，溜肩，鼓腹，凹圜底。盖饰三周弦纹，颈、腹饰三组凹弦纹，每组两周，另外盖及身施红色及白色彩绘，可辨有条带纹及卷云纹。M62：1，通高30.4厘米，壶高26.9厘米，口径9.9厘米，腹径19.6厘米，底径12厘米，盖外径10.4厘米，高3.9厘米（图三三，8；图版一一，3）。M62：2，通高29厘米，壶高26厘米，口径10.8厘米，腹径19.6厘米，底径12.3厘米，盖径10.6厘米，盖高6.6厘米（图三三，11；图版一一，4）。

陶豆　4件。形制相同。泥质灰陶。直口，圆唇，折盘，盘底与柄相接处有一周浅凹槽，细柄，喇叭状座，座缘加宽。M62：7，高16.5厘米，口径14厘米，柄径2.6厘米，底径10.7厘米（图三三，1；图版一二，3）。M62：8，高16厘米，口径14.1厘米，柄径2.6厘米，底径10.7厘米（图三三，2；图版一二，4）。M62：10，高15.4厘米，盘径13.9厘米，柄径2.5厘米，底

图三二　M62平、剖面图

1、2. 陶壶　3、4. 陶敦　5、6. 陶鼎　7、8、10、11. 陶豆　9. 陶盘、匜

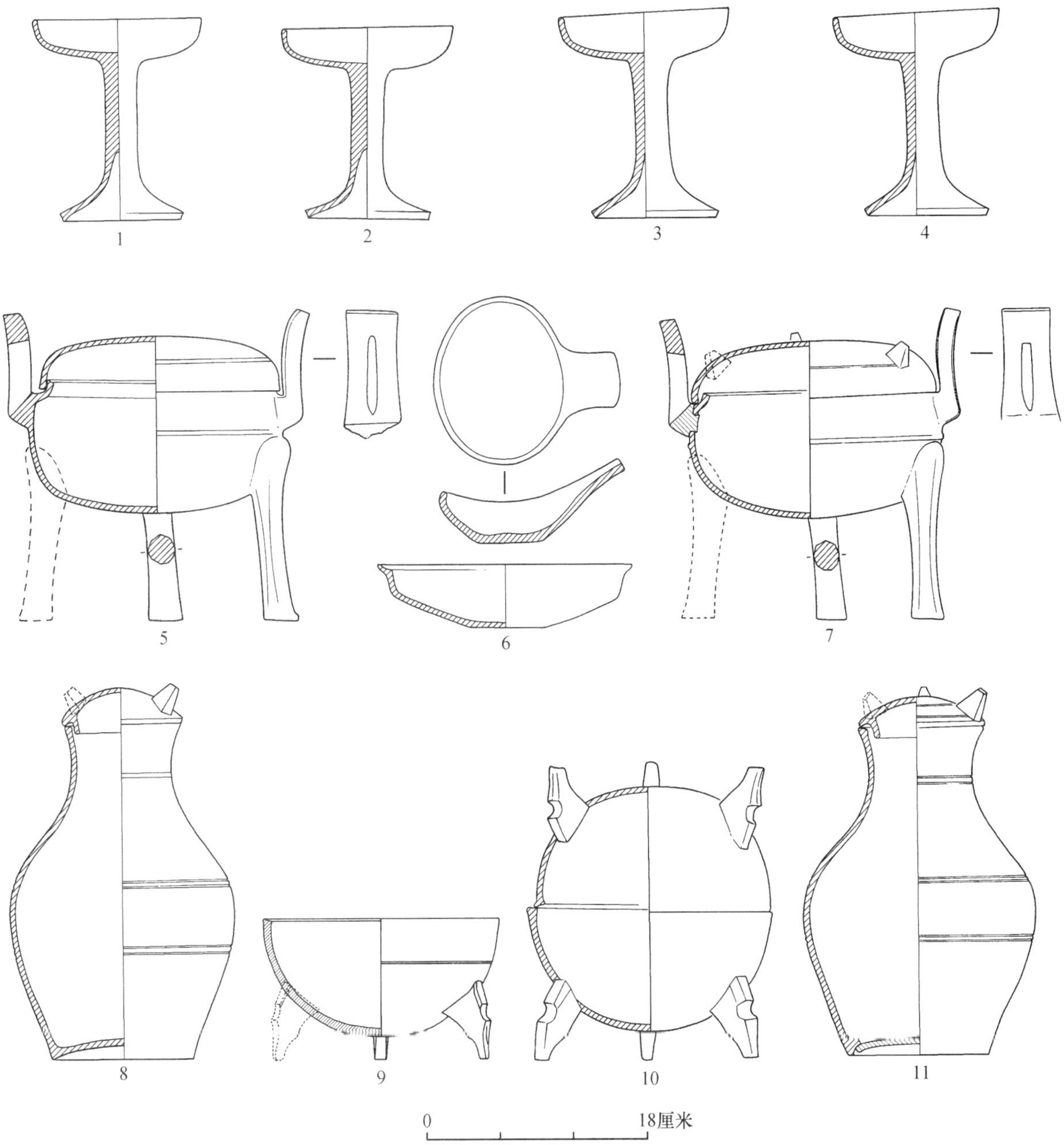

图三三　M62出土陶器

1～4. 陶豆（M62：7、M62：8、M62：10、M62：11）　5、7. 陶鼎（M62：5、M62：6）　6. 陶盘、匜（M62：9）
8、11. 陶壶（M62：1、M62：2）　9、10. 陶敦（M62：3、M62：4）

径11厘米（图三三，3）。M62：11，高15.6厘米，口径14.3厘米，柄径2.8厘米，底径10.3厘米（图三三，4；图版一二，5）。

陶盘、匜　各1件。M62：9-1，盘，泥质灰陶。直口，仰折沿，圆唇，折腹，上腹近直，下腹斜收，小平底。素面。高5.5厘米，口径21厘米，底径6.2厘米。M62：9-2，匜，泥质灰陶。口微敛，呈椭圆形，流微上翘，向外逐渐变窄，腹部斜收，平底。外壁有红色彩绘痕迹。高6.6厘米，长16.8厘米，宽14.6厘米，流长5.3厘米，流宽4.8厘米（图三三，6；图版一二，6）。

十五、M63

位于发掘Ⅲ区北部，上部被M63打破。

1. 墓葬形制与结构

该墓为长方形竖穴土坑墓，方向108°。

开口于耕土层下，墓口距地表0.3米深。该墓墓圹清晰，墓口现东西长2.65米，南北宽1.35米，深1.9米。口底同大，四壁规整，直壁向下，墓底平整，距墓口1.2米有因放置棺椁后填土形成的熟土台，高0.4米，熟土台北、东、南、西四侧宽度分别为0.2米、0.25米、0.15米、0.25米。

墓内填土为夹杂白沙岩的黄褐色五花土，土质较软，结构较疏松。

2. 葬具、葬式

（1）葬具

葬具已腐朽，残留灰痕，可辨为一棺一椁，椁痕长2.25米，宽1米，棺痕长2.15米，宽0.5米。

（2）葬式

人骨架保存差，残存部分头骨和四肢骨，头向东，面向上，据此判断为仰身直肢葬（图三四）。

3. 出土器物

该墓出土随葬品12件，质地分陶、铜，陶器10件，铜器2件。陶器位于棺外南部，棺椁之间，自西向东分别为陶鼎1件（M63：1）、陶豆2件（M63：2、M63：3）、陶敦1件（M63：4）、陶豆2件（M63：5、M63：6）、陶敦1件（M63：7）、陶鼎1件（M63：8）、陶壶2件（M63：9、M63：10），铜剑1件（M63：11）位于陶鼎（M63：8）下面，铜削1件（M63：12）位于棺内东北角。

（1）陶器

10件，器形有鼎、敦、壶、豆等。

陶鼎　2件，修复1件。标本M63：1，泥质灰黑皮褐胎夹灰心。敞口微敛，方唇，唇面有一周凹槽，直腹微垂，上腹有一对长方形附耳微外撇，平底，下接三兽蹄足。腹中部饰一周凸弦纹。通高18厘米，口径20.2厘米，腹径24厘米，鼎底直径10.5厘米，足高14厘米（图三五，7；图版一三，1）。

陶敦　2件，修复1件。标本M63：7，夹砂黑皮陶褐胎。残存一半，呈半球形，敞口微敛，方唇，鼓腹，圜底，足残失。素面。高11厘米，口径19.3厘米（图三五，8；图版一三，2）。

陶壶　2件。M63：9，泥质灰黑皮褐胎夹灰心。口及颈部已残，溜肩，鼓腹，平底微凹，假圈足，底以下残失。肩部近领处及腹中部各饰一组三周凹弦纹。残高23.1厘米，腹径19.4厘

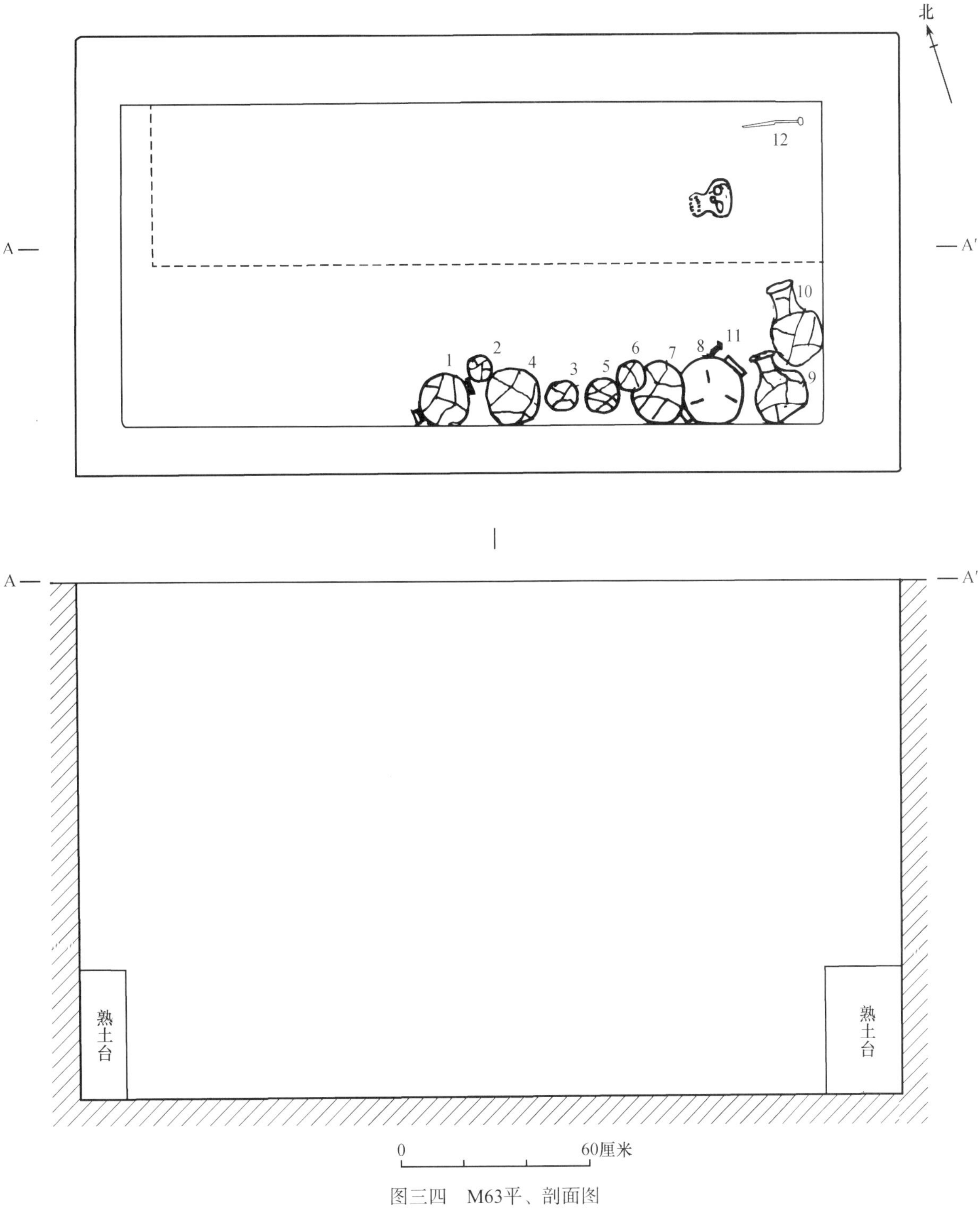

图三四　M63平、剖面图

1、8. 陶鼎　2、3、5、6. 陶豆　4、7. 陶敦　9、10. 陶壶　11. 铜剑　12. 铜削

米，底径11.4厘米（图三五，9；图版一四，1）。M63∶10，泥质灰黑皮褐胎夹灰心。敞口外撇，方唇，沿面有一周凸棱，高领，溜肩，鼓腹，下腹斜收，平底微凹，假圈足。领部近唇处及肩部近领处各饰一组二周凹弦纹，腹中部饰一组三周凹弦纹。通高29.3厘米，口径10.6厘米，腹径19.4厘米，底径11.3厘米（图三五，10；图版一四，2）。

陶豆　4件。形制相同。泥质灰陶。直口，方唇，折盘较浅，上腹外壁近直，内壁弧收，底斜收近平，细柄较高，喇叭形座，座缘加厚，圈足。素面。M63∶2，高17.5厘米，盘径12.5厘米，柄径3.2厘米，底径9.3厘米（图三五，3；图版一三，3）。M63∶3，座缘方唇，唇缘

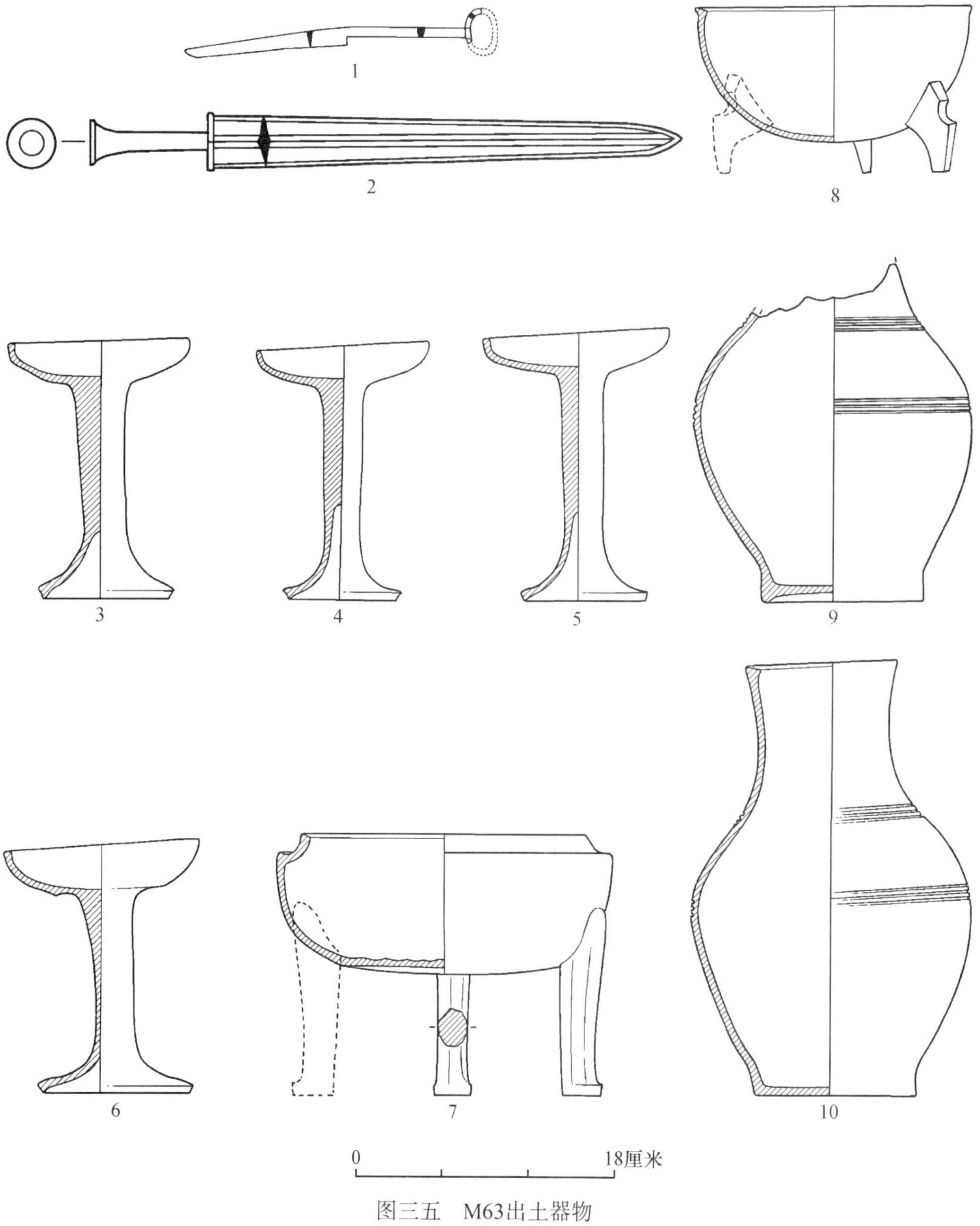

图三五　M63出土器物

1. 铜削（M63∶12）　2. 铜剑（M63∶11）　3～6. 陶豆（M63∶2、M63∶3、M63∶5、M63∶6）　7. 陶鼎（M63∶1）　8. 陶敦（M63∶7）　9、10. 陶壶（M63∶9、M63∶10）

有一周凹槽。高18.9厘米，盘径13.1厘米，柄径3厘米，底径9厘米（图三五，4；图版一三，4）。M63：5，高18.5厘米，口径13.1厘米，柄径3厘米，底径9.1厘米（图三五，5；图版一三，5）。M63：6，大喇叭形座。高16.8厘米，盘径13.2厘米，柄径2.6厘米，底径10.5厘米（图三五，6；图版一三，6）。

（2）铜器

2件，器形有剑和削。

铜剑　1件。M63：11，短蜡斜宽从薄格，中起脊，两从均匀，蜡较短，剑格薄，圆颈中空无箍，通长42.5厘米，身长33.8厘米，身宽3.5厘米，格宽4厘米，颈长8厘米，首颈2.9厘米（图三五，2；彩版一五，3）。

铜削　1件。M63：12，器形修长，刀身近直，柄端有环，残。残长21.5厘米，身长11.9厘米，宽1厘米，柄长8.2厘米（图三五，1；彩版一五，4）。

十六、M77

M77位于发掘Ⅲ区北部，上部被M71、M72、M73、M74打破。

1. 墓葬形制与结构

该墓为甲字形土坑墓，方向110°。

开口于耕土层下，墓口距地表0.3米深。耕土层厚0.2～0.3米。墓圹清晰，为带斜坡墓道的竖穴土坑墓，平面呈甲字形。

墓道朝东，位于墓室东部，平面长方形南北两壁直壁向下略斜收，口部长7.3米，宽2米，底部宽1.9米，坡度20°～25°。

墓室位于墓道西部，东西长6.2米，南北宽4.9米，直壁向下，第一层生土台距墓口0.7米深，北、南、西三侧宽分别为0.6米、0.6米、0.5米。生土台高0.9米。第二层生土台，北、南、西三侧宽分别为0.5米、0.5米、0.4米，高3.1米。墓室底部距地表5米。

墓内填土为夹杂白沙岩的黄褐色五花土，土质较软，结构较疏松。椁室周围填土均为青膏泥，厚1.6米。

2. 葬具、葬式

（1）葬具

一棺一椁，保存较差，棺椁灰黑色，椁平面呈亚字形，两端挡板长出侧板0.12米，椁室东西长2.9米，南北宽1.4米，椁板厚0.1米。椁室下面东西两端各有一宽0.12米，高0.06米垫木。弧顶悬底棺，棺长1.8米，宽0.9米，高0.54米，棺底悬空0.1米，两端挡板厚0.08米，两侧厚0.1～0.18米，棺盖板长2米，宽0.7米，厚0.04～0.1米。

（2）葬式

棺内积水，骨架飘散，头骨位于棺内东部（图三六；彩版一〇）。

3. 出土器物

该墓出土随葬品27件，质地分陶、铜、玉、骨。其中陶器18件，铜器2件，玉器3件，鹿角4件。

棺下面随葬玉瑗1件（M77：22）、玉塞2件（M77：4）、铜勺1件（M77：3）、铜刻刀1件（M77：5）。鹿角4件（M77：1），位于棺外北部，棺椁之间。棺东部棺椁之间随葬陶鼎5件（M77：16、M77：17、M77：18、M77：2、M77：11），陶敦2件（M77：8、M77：20），陶豆2件（M77：14、M77：21），陶壶6件（M77：10、M77：13、M77：6、M77：7、M77：12、M77：15），陶盘、匜各1件（M77：9），陶盉（M77：19）。

（1）陶器

17件，器形有鼎、敦、壶、豆、盘、匜、盉等（彩版二〇，2）。

陶鼎　5件，夹砂褐胎黑皮陶，陶质差破碎较甚，不可修复。

陶敦　2件，夹砂褐胎黑皮陶，外饰黄褐色彩绘，陶质差破碎较甚，不可修复。

陶壶　6件，夹砂褐胎黑皮陶，外饰黄褐色彩绘，陶质差破碎较甚，不可修复。

陶小壶　4件。M77：6，夹砂褐胎黑皮陶。薄胎。敞口，方唇，长颈，颈下有一周凹槽。弧肩，鼓腹，下腹斜收，圈足内壁与外底相连呈凹圜底。素面。壶高17厘米，口径10.5厘米，腹径13.3厘米，底径7.5厘米（图三七，8；图版一四，3）。M77：7，夹砂褐胎黑皮陶。薄胎。敞口，方唇，颈稍短，肩部残。弧肩，鼓腹，下腹斜收，圈足内壁与外底相连呈凹圜底。素面。壶高15.3厘米，口径10.7厘米，腹径13.9厘米，底径7.1厘米（图三七，9；图版一四，4）。M77：12，泥质黑皮灰胎陶。胎较厚。伞形盖，子口，圆唇，小平顶。敞口，方唇，长颈，矮圈足，平底。素面。通高19.1厘米，壶高17.3厘米，口径9厘米，腹径15.2厘米，底径9.8厘米，盖高3.2厘米，盖外径9.2厘米（图三七，10；图版一四，6）。M77：15，泥质黑皮灰胎陶。胎较厚。伞形盖，子口，圆唇，小平顶。敞口，方唇，长颈，弧肩，鼓腹，腹中部有两周宽浅凹槽，下腹斜收，矮圈足，平底。素面。壶高16.6厘米，口径8.7厘米，腹径14.6厘米，底径9.6厘米，盖高3.1厘米，盖外径9.5厘米（图三七，11；图版一五，3）。

陶豆　2件。M77：14，夹砂灰陶。覆盘形盖，圆唇，弧顶，玉璧形捉手。豆身子口，圆唇，直腹，细高柄，喇叭形座。盖顶及腹中部各饰两周凹弦纹。通高31.3厘米，豆高26.4厘米，口径15.1厘米，底径13.3厘米，盖高5.6厘米，盖外径15厘米（图三七，5；图版一五，1）。M77：21，夹砂灰陶。覆盘形盖，盖缘残，弧顶，玉璧形捉手。豆身子口，圆唇，直腹，细高柄，喇叭形座。盖顶饰两周凹弦纹。盖高3.4厘米，豆高25.5厘米，口径14.4厘米，底径13.4厘米（图三七，6；图版一五，2）。

陶盘、匜　各1件。标本M77：9-1，盘，夹砂灰陶。直口，仰折沿，圆唇，折腹，上腹近直，下腹斜收，凹圜底。素面（图三七，7；图版一四，5）。高11.1厘米，口径31.5厘米，底径14厘米。匜未修复。

陶盉　1件。夹砂褐胎黑皮陶。陶质差，破碎较甚，不可修复。

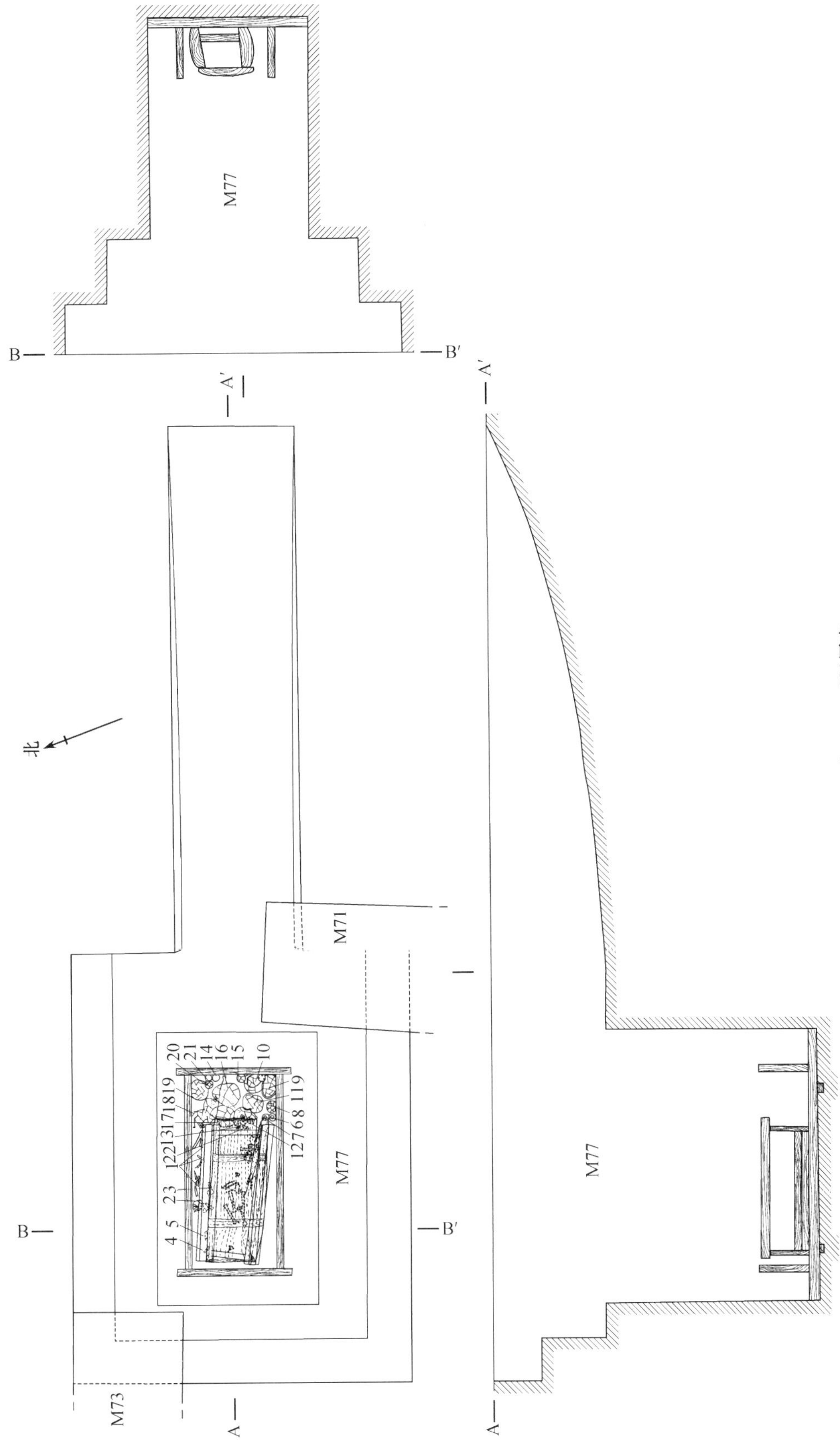

图三六　M77平、剖面图

1.鹿角　2、11、16～18.陶鼎　3.铜勺　4.玉塞　5.铜刻刀　6、7、10、12、13、15.陶壶　8、20.陶敦　9.陶盘、匜　14、21.陶豆　19.陶盉　22.玉援

（2）玉器

3件。器形有瑗、塞。

玉瑗　1件。M77：22，灰白色，表面打磨，细腻光滑。外径7.9厘米，内径3.7厘米，厚0.6厘米（图三七，1；彩版一七，3）。

玉塞　2件，形制相同。M77：4，白色，表面钙化呈粉状，半透明，整体呈一端较粗一端较细的圆柱形。通长8厘米，一端直径0.8厘米，另一端直径0.6厘米（图三七，2；彩版一七，4）。

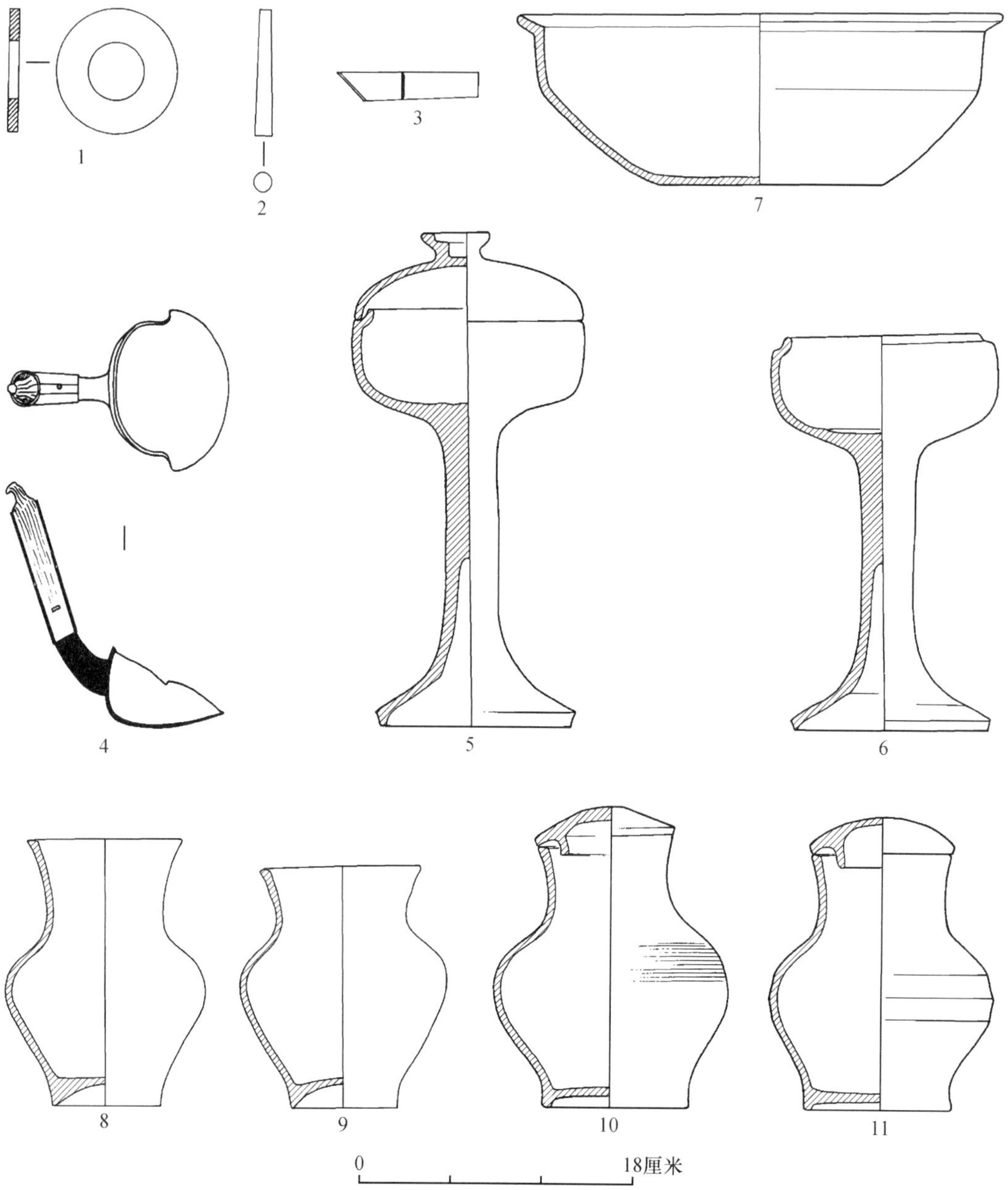

图三七　M77出土器物

1. 玉瑗（M77：22）　2. 玉塞（M77：4）　3. 铜刻刀（M77：5）　4. 铜勺（M77：3）　5、6. 陶豆（M77：14、M77：21）　7. 陶盘（M77：9-1）　8～11. 陶壶（M77：6、M77：7、M77：12、M77：15）

（3）铜器

2件。器形有刻刀、勺。

铜刻刀　1件。M77：5，斜长刃，无格。通长9.4厘米，刃部长2.4厘米，柄部长7厘米（图三七，3；彩版一五，2）。

铜勺　1件。M77：3，短銎中空，尾端略粗，首端略细，有4个两两相对的穿孔，銎内有木柄朽痕，勺斗呈匕状。勺斗长径8.5厘米，短径7.9厘米，勺深4.1厘米，勺柄长9.5厘米，通长12.9厘米（图三七，4；彩版一二，4）。

（4）骨器

鹿角　4件（彩版一八，1）。两个分叉，鹿角尖部髹黑漆，分叉和主干交接处以及主干根部用黑漆绘卷云纹，根部刮削呈方形。M77：1-1，全长47.8厘米，第一个分叉尖部残，第二个分叉从鹿角主干处残（图三八，1）。M77：1-2，全长51.2厘米，第一个分叉尖部残，第二个分叉从鹿角主干处残（图三八，2）。M77：1-3，全长50厘米，第一个分叉尖部残（图三八，3）。M77：1-4，全长50.4厘米，第一个分叉在和鹿角主干交汇处断裂后被刮削成方形呈榫卯结构和主干连接，第二个分叉又有一小分叉（图三八，4）。

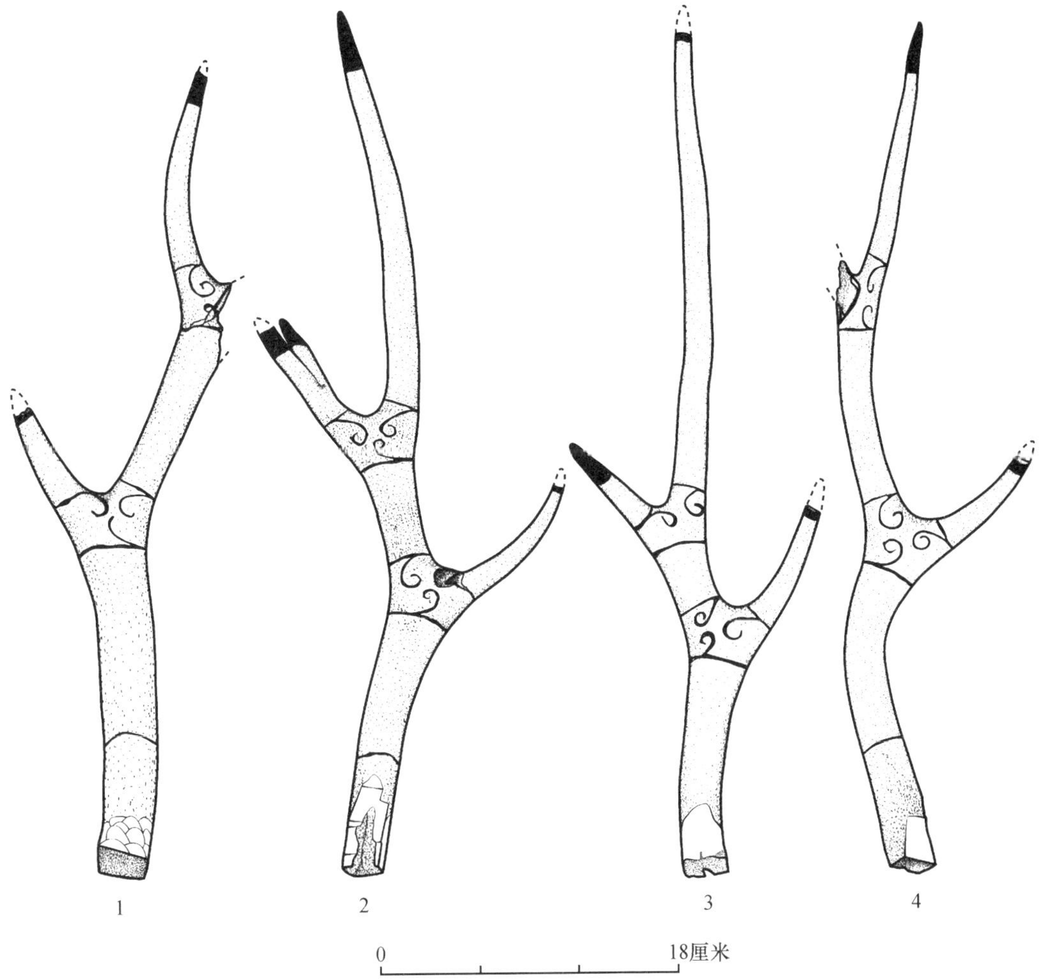

图三八　M77出土鹿角

1. M77：1-1　2. M77：1-2　3. M77：1-3　4. M77：1-4

第三节　墓葬的类型学分析

葛家沟战国墓葬共计16座，全部为竖穴土坑墓，根据墓道、墓室结构可分为甲字形竖穴土坑墓和长方形竖穴土坑墓两大类，其中甲字形竖穴土坑墓1座（M77），长方形竖穴土坑墓15座（M15、M20、M23、M24、M31、M33、M40、M42、M43、M46、M49、M57、M58、M62、M63）。下面对这批墓葬类型进行分析。

一、甲字形竖穴土坑墓

1座，即M77。

M77为中型墓，由墓道和墓室两部分组成，墓道位于墓室东部正中，方向110°，较长且缓，平面开口长方形，底部斜坡状，坡度20°～25°。墓室位于墓道西部，平面开口长方形，直壁向下，墓圹四周有两层生土台，一棺一椁，椁周围回填青膏泥，椁底有两根南北向的垫木。骨架保存较好，随葬品大部分位于棺外东部，棺椁之间，以陶器为主，陶质差，部分陶器有彩绘。

二、长方形竖穴土坑墓

15座，根据棺椁情况可以分为二型。

A型　单棺，1座。M15，方向190°，小型墓，墓口南北长2.7米，东西宽1.58米，墓底距地表1米。葬具腐朽，从残存痕迹可看出为单棺，棺位于墓室中部，长方形，棺痕长2.1米，宽0.8米。墓主人骨架保存较差，头向南，仰身直肢，双手交叉放于腹前，骨架痕迹长约1.6米。性别、年龄不详。

B型　一棺一椁，14座（M20、M23、M24、M31、M33、M40、M42、M43、M46、M49、M57、M58、M62、M63）。墓葬规模较小，墓口平面开口长方形，一般长2.1～3.1米，宽1.3～2米，直壁向下，保存有骨架的9座墓葬式全部为仰身直肢，头向北的3座（M24、M31、M33），头向东的5座（M23、M40、M58、M62、M63），头向南5座（M20、M42、M43、M46、M49）。

第四节　墓葬出土主要器物的类型学研究

葛家沟战国墓葬共出土各类遗物件161件，质地包括陶（141件）、铜（9件）、铁（2件）、玉石（5件）、骨（4件）等。下面对这些遗物按质地进行初步分析（表一）。

表一　葛家沟墓地战国墓葬出土器物统计表

编号	随葬品	器物件数					合计
		陶器	铜器	铁器	玉石器	其他	
M15	陶壶1、豆2、鬲1、盂1	5					5
M20	陶鼎2、敦2、壶2、豆2、盘1、匜1	10					10
M23	陶鼎2、敦2、壶2、盘1、匜1	8					8
M24	陶鼎1、敦1、壶1、豆1、盘1、匜1、釜2、甑1、杯1，铜带钩1，铁器1	10	1	1			12
M31	铜镞2枚，铁带钩1		2	1			3
M33	陶鼎2、盒2、壶2、盘2、匜2、豆2、杯2、罐1，铜带钩1	15	1				16
M40	陶鼎1、敦1、壶1、盘1、匜1	5					5
M42	陶鼎1、敦2、壶1、豆2	6					6
M43	陶鼎2、敦2、壶2、盘1、匜1，玉瑗1	8			1		9
M46	陶鼎2、敦1、壶2、豆4	9					9
M49	陶鼎1、敦1、壶1、豆1	4					4
M57	陶鼎2、敦2、壶2、豆4、盘1、匜1	12					12
M58	陶鼎2、敦2、壶2、豆1、盘1、匜1，铜匕1，玉瑗1	9	1		1		11
M62	陶鼎2、敦2、壶2、豆4、盘1、匜1	12					12
M63	陶鼎2、敦2、壶2、豆4，铜剑1、铜削1	10	2				12
M77	陶鼎5、盉1、敦2、壶6、豆2、盘1、匜1，鹿角4，铜刻刀1、铜勺1，玉瑗1、玉塞2	18	2		3	4	27
合计		141	9	2	5	4	161

一、陶　　器

葛家沟战国墓葬共出土陶器141件（套），这批陶器的烧成火候较低，陶质疏松，陶质差，出土时破碎严重，有部分陶器无法修复，实际复原89件。所修复陶器以泥质、夹砂灰陶为主，主要为仿铜陶礼器，器形包括鼎、敦、壶、豆、盉、盘、匜、盒、杯、鬲、盂、罐、釜等，其中鼎、敦、壶、豆占陶器总数的80%以上（表二）。

表二　葛家沟墓地战国墓葬出土陶器器类统计表

器名	件数	百分比（%）
鼎	27	19.1
敦	22	15.6
壶	29	20.6
豆	29	20.6
盒	2	1.4
盘	11	7.8
匜	11	7.8

续表

器名	件数	百分比（%）
杯	3	2.1
罐	1	0.7
釜	2	1.4
甑	1	0.7
盉	1	0.7
鬲	1	0.7
盂	1	0.7
合计	141	100

（一）仿铜陶礼器

80件，占陶器总数的61.1%，均为容器，以泥质灰黑皮陶褐胎为主，纹饰多为弦纹，少量绳纹等，有少量彩绘，多已脱落，其中鼎27件，壶29件，敦22件，盒2件。

1. 鼎

27件，出自14座墓葬，分别为M20、M23、M24、M33、M40、M42、M43、M46、M49、M57、M58、M62、M63、M77。M24、M40、M42、M49出土1件，M20、M23、M33、M43、M46、M57、M58、M62、M63出土2件，M77出土5件。复原13件，另外14件未能修复。根据整体的不同，可分三型。

A型　10件。整体较大，子母口，折肩，上腹较直，下腹弧收，圜底，长方形附耳，耳孔较大。根据鼎盖的不同，可分三亚型。

Aa型　1件。环形捉手。M49：2，泥质灰陶。上承一拱形盖，盖口微敛，斜方唇，弧壁，顶部接一喇叭形捉手。鼎身子口内敛，方唇，上腹部有一对长方形附耳，向外微撇，腹较浅微鼓，腹中部有一周凸棱，平底，下接三兽蹄足。盖近顶处饰一周凹弦纹。足经刮削。通高25厘米，鼎高22.6厘米，口径18.4厘米，腹径21.2厘米，耳高9.4厘米，足高14厘米（图三九，1）。

Ab型　2件。盖顶有一固定的衔环纽。根据腹和足的变化可分为二式。

Ⅰ式：1件。腹较深，足较矮。M40：3，泥质灰黑皮陶褐胎。覆盘形盖，方唇，弧顶，中心有一环，环固定于器身，外有三梯形纽。子口内敛，方唇，有两个长方形附耳，微外撇，腹微鼓，平底，下接三蹄形足，足经刮削呈多棱形。盖顶有两组弦纹，每组两周，腹中部有一周凸弦纹。鼎内壁耳、足与器身相接处有泥饼。通高24.6厘米，鼎高20.2厘米，口径19.4厘米，腹径22.6厘米，耳高7.8厘米，足高14.3厘米，盖高5厘米，盖外径20.3厘米（图三九，2）。

Ⅱ式：1件。腹较浅，足较高。M23：3，泥质黑灰皮陶褐胎夹灰心。有盖，未修复，盖方唇，盖顶较平，中部有一衔环纽。鼎身子口内敛，方唇，方耳较高，略外撇，腹近直，圜底，下接三兽蹄形足，足较高，经刮削呈多棱形。盖顶自内而外饰两组二周凹弦纹，腹中部饰一周

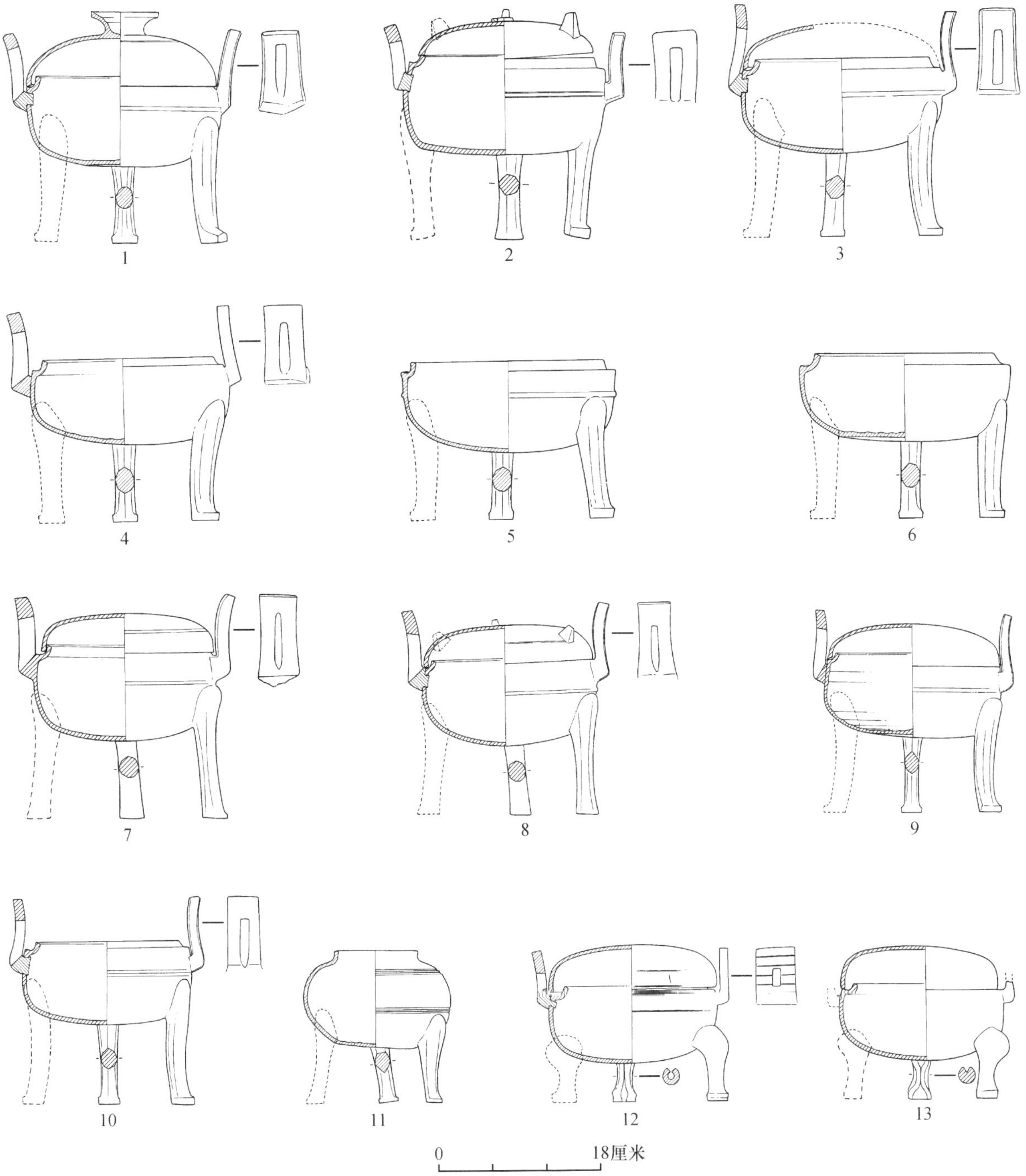

图三九　战国墓葬出土陶鼎

1. Aa型（M49：2）　2. Ab型Ⅰ式（M40：3）　3. Ab型Ⅱ式（M23：3）　4～6. Ac型Ⅰ式（M43：4、M42：3、M63：1）　7～10. Ac型Ⅱ式（M62：5、M62：6、M20：1、M20：4）　11. B型（M57：2）　12、13. C型（M33：7、M33：8）

凸弦纹。鼎内壁足、耳与器身相接处有泥饼，盖内壁中部贴有螺旋形泥饼。高25.3厘米，口径17.9厘米，腹径22.4厘米，耳高9.2厘米，足高15.6厘米（图三九，3）。

Ac型　7件。盖顶有三个梯形纽。根据底的变化，分二式。

Ⅰ式：3件。平底。M43：4，泥质灰陶。覆盘形器盖，方唇，顶微弧，残存有两纽。鼎身子口内敛，方唇，残存一长方形附耳，微外撇，腹近直，圜底，下接三蹄形足，足较高，经刮削呈多棱形。盖顶有三周凹弦纹，腹中部有一凸弦纹。鼎内壁足、耳与器身相接处有泥饼，内底有螺旋痕。高23.1厘米，口径19.2厘米，腹径22.5厘米，耳高8.5厘米，足高13.2厘米（图三九，4）。M42：3，泥质灰陶。未见盖。鼎身子口内敛，方唇，有一对长方形附耳，微外撇，腹近直，圜底，下接三蹄形足，足较高，经刮削呈多棱形。腹中部有一凸弦纹。鼎内壁足、耳与器身相接处有泥饼，内底有螺旋痕。高17.1厘米，口径21.6厘米，腹径21.6厘米，足高13.5厘米（图三九，5）。M63：1，泥质灰黑皮褐胎夹灰心。敞口微敛，方唇，唇面有一周凹槽，直腹微垂，平底，下接三兽蹄足。腹中部饰一周凸弦纹。通高18厘米，口径20.2厘米，腹径24厘米，鼎底直径10.5厘米，足高14厘米（图三九，6）。

Ⅱ式：4件，圜底。出自M20、M62。M20：1，泥质灰黑皮陶褐胎。有盖，方唇，顶微弧近平，附有三个小实纽。子口内敛方唇，长方形附耳，微外撇，腹近直，平底，下接三兽蹄形足，足较高，经刮削呈多棱形。盖顶施有两组二周凹弦纹，腹中部有一凸弦纹。鼎内壁足、耳与器身相接处有泥饼，内底有螺旋痕。通高24.4厘米，口径19.6厘米，腹径22.3厘米，耳高9.1厘米，足高14.8厘米，盖径21.7厘米，盖高5.3厘米（图三九，9）。M20：4，泥质灰黑皮陶褐胎。有盖，方唇，弧顶，附有三个小实纽，盖未修复。子口内敛方唇，长方形附耳，微外撇，腹近直，平底，下接三兽蹄形足，足较高，经刮削呈多棱形。盖顶中部有两周凹弦纹，向外又施一周凹弦纹，腹中部有一周凸弦纹。鼎内壁足、耳与器身相接处有泥饼，内底有螺旋痕。通高24.5厘米，口径17.8厘米，腹径21厘米，耳高9厘米，足高15.9厘米（图三九，10）。M62：5，泥质灰陶。覆盘形盖，方唇，平顶，有三接纽痕，纽残失。鼎身子口内敛，方唇，唇面内凹，有两个长方形附耳，窄长，微外撇，略显垂腹，圜底，下接三蹄形足，足经刮削呈多棱形。顶部饰三周凹弦纹，腹部饰一周凸弦纹，另外顶、腹还施红色以及白色彩绘，可辨有卷云纹、三角纹等。鼎内壁耳、足与器身相接处有泥饼。通高24.4厘米，口径17.6厘米，腹径20.8厘米，耳高9.5厘米，足高15厘米，盖径19.6厘米，盖高6.4厘米（图三九，7）。M62：6，泥质灰陶。覆盘形盖，方唇，平顶，有三梯形纽。鼎身子口内敛，方唇，唇面内凹，有两个长方形附耳，窄长，微外撇，略显垂腹，圜底，下接三蹄形足，足经刮削呈多棱形。顶部饰三周凹弦纹，腹部饰一周凸弦纹，另外顶、腹还施红色以及白色彩绘，可辨有卷云纹、三角纹等。鼎内壁耳、足与器身相接处有泥饼。通高25.1厘米，口径18.6厘米，腹径21.4厘米，耳高9.6厘米，足高14.4厘米，盖径20.7厘米，盖高5.3厘米（图三九，8）。

B型　1件，出自M57。M57：2，泥质灰黑皮陶红褐胎夹灰心。盖残失，敛口，方唇，矮领，广肩，微鼓腹，平底，下接三蹄形足。肩腹有两组凹弦纹，每组两周，凹弦纹内填红彩，两组凹弦纹间施卷云纹红彩。鼎内壁足与器身相接处有泥饼，内底有螺旋状凸棱。高18.2厘米，口径10厘米，腹径17.8厘米，足高10.4厘米（图三九，11）。

C型　2件，出自M33。盖顶无纽，形体较小，矮蹄形足，中空。M33：7，泥质灰陶。有盖，方唇，顶微弧。鼎身子口内敛，长方形耳，微外撇，腹微鼓，圜底，下接三矮蹄足，内空。盖、耳及腹饰红彩。高18.4厘米，口径17厘米，腹径20.7厘米，耳高6.9厘米，足高8.3厘米，盖径20.7厘米，盖高7.3厘米（图三九，12）。M33：8，泥质灰陶。有盖，方唇，顶微弧。鼎身子口内敛，耳残失，腹微鼓，圜底，下接三矮蹄足，内空。盖及腹饰红彩。通高18.4厘米，鼎高14厘米，口径19.2厘米，腹径20.4厘米，足高8.6厘米，盖径19.4厘米，盖高4.6厘米（图三九，13）。

2. 壶

29件。出自15座墓葬，分别为M15、M20、M23、M24、M33、M40、M42、M43、M46、M49、M57、M58、M62、M63、M77。其中M15、M24、M40、M42、M49出土1件，M20、M23、M33、M43、M46、M57、M58、M62、M63出土2件，M77出土6件。修复23件，另有6件因无法复原而形制不明。23件陶壶根据形体大小可分三型。

A型　小型壶，5件，分二亚型。

Aa型　3件。底较小，平底微凹，无盖，鼓肩，根据颈的长短可分二式。

Ⅰ式：2件。颈较短，出自M15、M77。M15：4，泥质灰陶。口微敞，方唇，直颈，鼓肩，腹部斜收，假圈足，平底微凹。肩部有两周凸弦纹。高12.6厘米，口径8.6厘米，腹径11.6厘米，底径5.6厘米（图四〇，1）。M77：7，夹砂褐胎黑皮陶。薄胎。敞口，方唇，颈稍短，

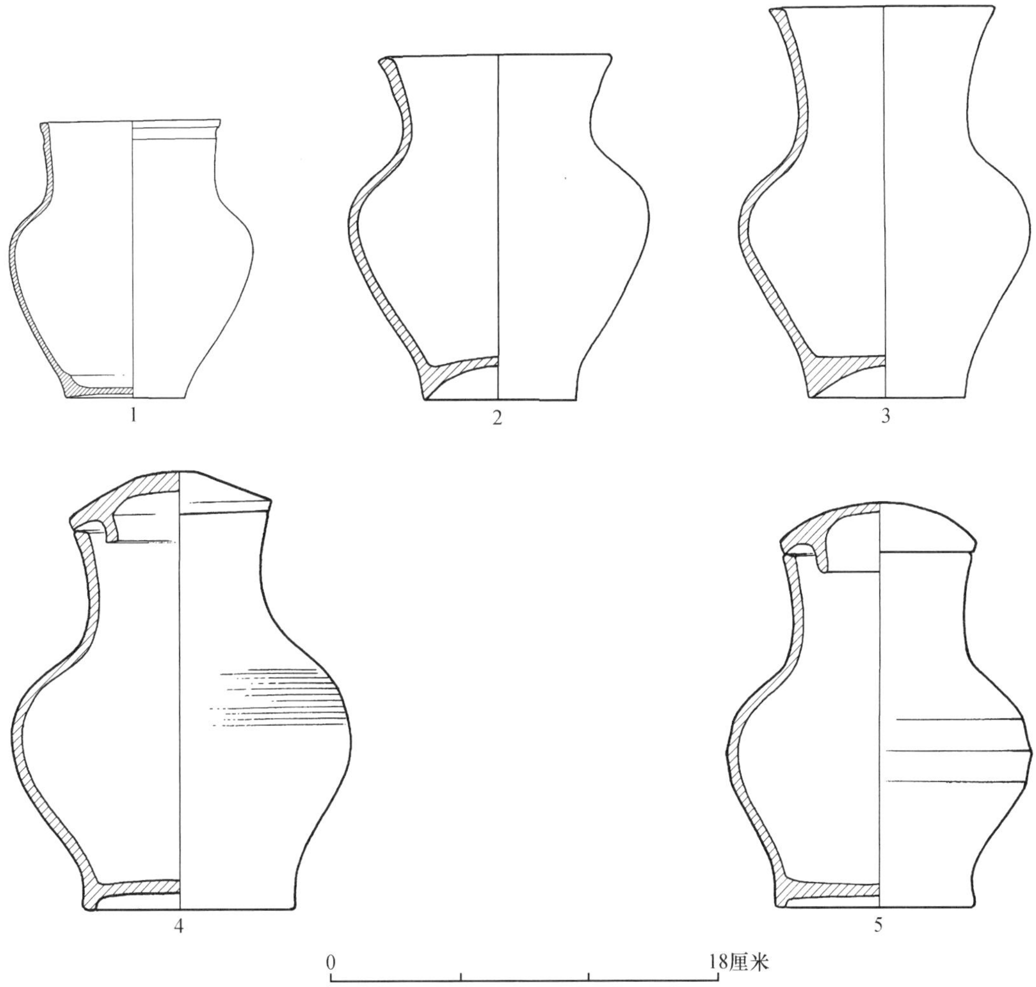

图四〇　战国墓葬出土A型陶壶

1. M15：4　2. M77：7　3. M77：6　4. M77：12　5. M77：15

肩部残。弧肩，鼓腹，下腹斜收，圈足内壁与外底相连呈凹圜底。素面。壶高15.3厘米，口径10.7厘米，腹径13.9厘米，底径7.1厘米（图四〇，2）。

Ⅱ式：1件。颈较长。出自M77。M77：6，夹砂褐胎黑皮陶。薄胎。敞口，方唇，长颈，颈下有一周凹槽。弧肩，鼓腹，下腹斜收，圈足内壁与外底相连呈凹圜底。素面。壶高17厘米，口径10.5厘米，腹径13.3厘米，底径7.5厘米（图四〇，3）。

Ab型　2件。矮圈足，形体较胖，鼓腹。出自M77。M77：12，泥质黑皮灰胎陶。胎较厚。伞形盖，子口，圆唇，小平顶。敞口，方唇，长颈，矮圈足，平底。素面。通高19.1厘米，壶高17.3厘米，口径9厘米，腹径15.2厘米，底径9.8厘米，盖高3.2厘米，盖外径9.2厘米（图四〇，4）。M77：15，泥质黑皮灰胎陶。胎较厚。伞形盖，子口，圆唇，小平顶。敞口，方唇，长颈，弧肩，鼓腹，腹中部有两周宽浅凹槽，下腹斜收，矮圈足，平底。素面。通高18.3厘米，壶高16.6厘米，口径8.7厘米，腹径14.6厘米，底径9.6厘米，盖高3.1厘米，盖外径9.5厘米（图四〇，5）。

B型　中型壶，15件，根据底部和圈足的不同可以分四亚型。

Ba型　1件。平底，无圈足。M40：2，泥质灰陶。伞形盖，子口，圆唇，顶部有三个半圆形纽。壶身敞口，方唇，束长颈，弧肩鼓腹，平底。盖顶饰两周凹弦纹，颈、肩、腹共饰五组二周凹弦纹。通高30厘米，壶高27.2厘米，口径10.1厘米，腹径18.8厘米，底径11.9厘米，盖径10.1厘米，盖高3.2厘米（图四一，1）。

Bb型　7件。凹圜底，略呈假圈足。根据颈部的不同可分二式。

Ⅰ式：6件。口微敞，束颈，弧肩鼓腹。出自M20、M62、M63。M20：5，泥质灰陶。伞形盖，子口，圆唇，顶部有接纽痕，但纽残失。壶身敞口，方唇，长颈，溜肩，鼓腹，凹圜底，无圈足。盖顶饰一周凹弦纹，颈、肩、腹各施一组三周凹弦纹。通高31.2厘米，壶高28.2厘米，口径10.2厘米，腹径19.3厘米，底径9.6厘米，盖高4.1厘米，盖径10.7厘米（图四一，2）。M20：6，泥质灰陶。盖缺。壶身敞口，方唇，长颈，溜肩，鼓腹，凹圜底，无圈足。盖顶饰一周凹弦纹，颈、肩、腹各施一组三周凹弦纹。壶高28厘米，口径10.5厘米，腹径19.5厘米，底径9.7厘米（图四一，3）。M62：1，泥质灰陶。伞形盖，子口，盖顶有三个梯形小纽。敞口，方唇，长颈，溜肩，鼓腹，凹圜底。盖饰三周弦纹，颈、腹饰三组凹弦纹，每组两周，另外盖及身施红色及白色彩绘，可辨有条带纹及卷云纹。通高30.4厘米，壶高26.9厘米，口径9.9厘米，腹径19.6厘米，底径12.0厘米，盖外径10.4厘米，高3.9厘米（图四一，4）。M62：2，泥质灰陶。伞形盖，子口，盖顶有三个梯形小纽。敞口，方唇，唇面有两周窄凹槽，长颈，溜肩，鼓腹，凹圜底。盖饰三周弦纹，颈、腹饰三组凹弦纹，每组两周，另外盖及身施红色及白色彩绘，可辨有三角纹、条带纹及卷云纹。通高29厘米，壶高26厘米，口径10.8厘米，腹径19.6厘米，底径12.3厘米，盖径10.6厘米，盖高6.6厘米（图四一，5）。M63：9，泥质灰黑皮褐胎夹灰心。口及颈部已残，溜肩，鼓腹，平底微凹，假圈足，底以下残失。肩部近领处及腹中部各饰一组三周凹弦纹。残高23.1厘米，腹径19.4厘米，底径11.4厘米（图四一，6）。M63：10，泥质灰黑皮褐胎夹灰心。敞口外撇，方唇，沿面有一周凸棱，高领，溜肩，鼓腹，下腹斜收，平底微凹，假圈足。领部近唇处及肩部近领处各饰一组二周凹弦纹，腹中

图四一 战国墓葬出土B型陶壶（一）

1. M40：2 2. M20：5 3. M20：6 4. M62：1 5. M62：2 6. M63：9 7. M63：10 8. M46：4 9. M49：1

部饰一组三周凹弦纹。通高29.3厘米，口径10.6厘米，腹径19.4厘米，底径11.3厘米（图四一，7）。

Ⅱ式：1件，出自M46。颈近直，溜肩鼓腹。M46：4，盖为泥质灰陶，壶身为泥质灰黑皮陶灰胎。上承一伞形盖，子口直口，圆唇，斜壁，弧顶，顶部似有纽痕，纽已残失。壶身直口，方唇，唇面有一周凹槽，领较高，溜肩，鼓腹，下腹斜收，平底微凹，底部较残。器盖近顶端饰二周凹弦纹，近尾端饰一周凹弦纹，壶身颈部近唇处、上腹近颈处及腹中部各饰一组三周凹弦纹。通高32.6厘米，壶高29厘米，口径10.3厘米，腹径19.4厘米，底径11.5厘米，盖高4.1厘米，盖径11厘米（图四一，8）。

Bc型　6件。圈足。分二式。

Ⅰ式：1件，束颈，瘦长，最大径偏上。出自M49。M49：1，泥质灰陶。上承一伞形盖，子口直口，圆唇，盖壁斜壁，弧顶，尾端有三个梯形纽。敞口，方唇，高领，溜肩，鼓腹，凹圜底，圈足近直。盖近顶端饰一组二周凹弦纹，颈部近口处及颈部近肩处各饰一组二周凹弦纹，腹中部及下腹部各饰一组三周凹弦纹。通高34.7厘米，壶高31.3厘米，口径11厘米，腹径19.6厘米，底径12.1厘米，盖高3.8厘米，盖外径11.2厘米（图四一，9）。

Ⅱ式：5件，束颈，腹微鼓，最大径居中。出自M23、M42、M43、M58。束颈，腹微鼓，最大径居中。M23：5，泥质灰陶。伞形盖，子口，圆唇，顶部有三接纽痕，但纽缺失。壶身敞口，方唇，唇面微凹，长颈，溜肩，鼓腹，凹圜底，下接圈足。盖顶饰两周凹弦纹，颈上部、肩部、中腹、下腹各饰一组三周凹弦纹。通高34.7厘米，壶高31.5厘米，口径11.2厘米，腹径21.1厘米，底径11.9厘米，盖外径11.2厘米，盖高4厘米（图四二，1）。M42：6，泥质灰陶。未见盖。壶身敞口，方唇内斜，唇面有两周窄凹槽，束长颈，弧肩，鼓腹，凹圜底，圈足残失。颈、肩、上腹施三组凹弦纹，每组三周，下腹再施两周凹弦纹。壶高27.9厘米，口径11.4厘米，腹径19.8厘米，底径10厘米（图四二，2）。M43：1，泥质灰陶。伞形盖，子口，圆唇，顶部有三梯形实纽。壶身敞口，方唇，长颈，弧肩，鼓腹，凹圜底，圈足残失。盖顶饰两周凹弦纹，颈、肩、腹共施四组凹弦纹，每组三周。通高33.1厘米，壶高29.9厘米，口径11.2厘米，腹径21.5厘米，底径9.8厘米，盖高5厘米，盖外径11.6厘米（图四二，3）。M58：1，泥质黑皮褐陶。盖缺。壶体敞口，方唇，颈近直微敞，弧肩，鼓腹，凹圜底，圈足。颈上部、肩部、腹中部及下部各饰三周凹弦纹。高30厘米，口径9.6厘米，腹径20厘米，底径12.2厘米（图四二，4）。M58：2，壶盖为泥质黑皮陶褐胎夹灰心，壶身为泥质灰陶。上承一伞形盖，子口直口，圆唇，弧壁，弧顶。顶部饰两周凹弦纹，近沿处饰一周凹弦纹。壶身敞口，方唇，唇面有一周凸棱，长颈，弧肩，鼓腹，凹圜底，微喇叭形圈足。盖近顶端饰二周凹弦纹，近尾端饰一周凹弦纹。壶颈部近口沿处、肩腹相交处及上腹部各饰一组三周凹弦纹。通高32.9厘米，壶高29.6厘米，口径10.3厘米，腹径19.5厘米，底径12厘米，盖高4.2厘米，盖外径11.8厘米（图四二，5）。

Bd型　1件，出自M57。圈足，平底。M57：10，泥质灰陶。伞形盖，子口，圆唇，顶部有处接纽痕。壶身敞口，方唇，长颈，弧肩，鼓腹，平底微凹，圈足残失。盖顶施三周凹弦纹，颈、肩、腹共施四组凹弦纹，每组三周，器表另有红色彩绘痕迹。通高32.6厘米，壶高

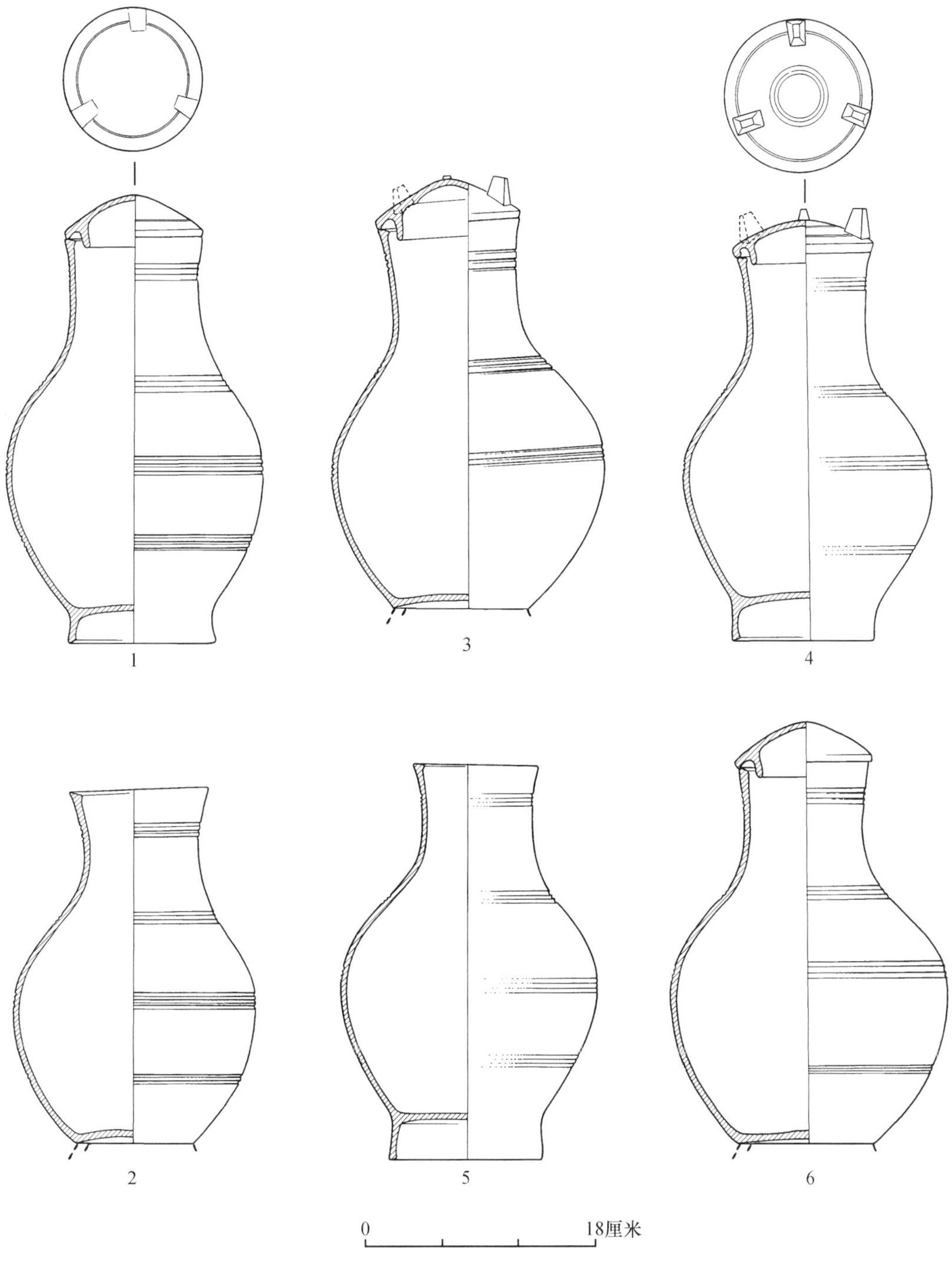

图四二　战国墓葬出土B型陶壶（二）

1. M23：5　2. M42：6　3. M43：1　4. M58：1　5. M58：2　6. M57：10

29.6厘米，口径10.6厘米，腹径22.6厘米，底径10.6厘米，盖高4.3厘米，盖外径10.4厘米（图四二，6）。

C型　大型壶，3件，出自M24、M33。根据口部不同可分二亚型。

Ca型　1件。敞口，平折沿，细长颈，折肩，鼓腹，圜底。出自M24。M24：6，泥质灰黑皮陶褐胎。敞口，平折沿，圆唇，长颈，折肩，鼓腹，圜底，圈足较高，残。器表施红彩。

腹部有直径为0.5厘米的一个穿孔。残高38.6厘米，口径14.6厘米，腹径24.3厘米，壶盖高2.8厘米，壶盖外径16.5厘米（图四三，1）。

Cb型　2件。盘口，方唇，细长颈，折肩，鼓腹，圜底。出自M33。形制、大小相同。M33：2，泥质灰陶。浅盘形盖，方唇，弧顶，有三个小孔。壶身盘口，方唇，细长颈，折肩，鼓腹，圜底，喇叭状大圈足。盖顶、颈、肩、腹施条形以及三角形红彩，另外颈部有施白彩痕迹。高36.5厘米，口径13.2厘米，腹径23.2厘米，底径17.6厘米（图四三，2）。M33：4，泥质灰陶。浅盘形盖，方唇，弧顶，有三个小孔。壶身盘口，方唇，细长颈，折肩，鼓腹，圜底，喇叭状大圈足。盖顶、颈、肩、腹施条形以及三角形红彩。高34.5厘米，口径13厘米，腹径22.5厘米，底径16.3厘米（图四三，3）。

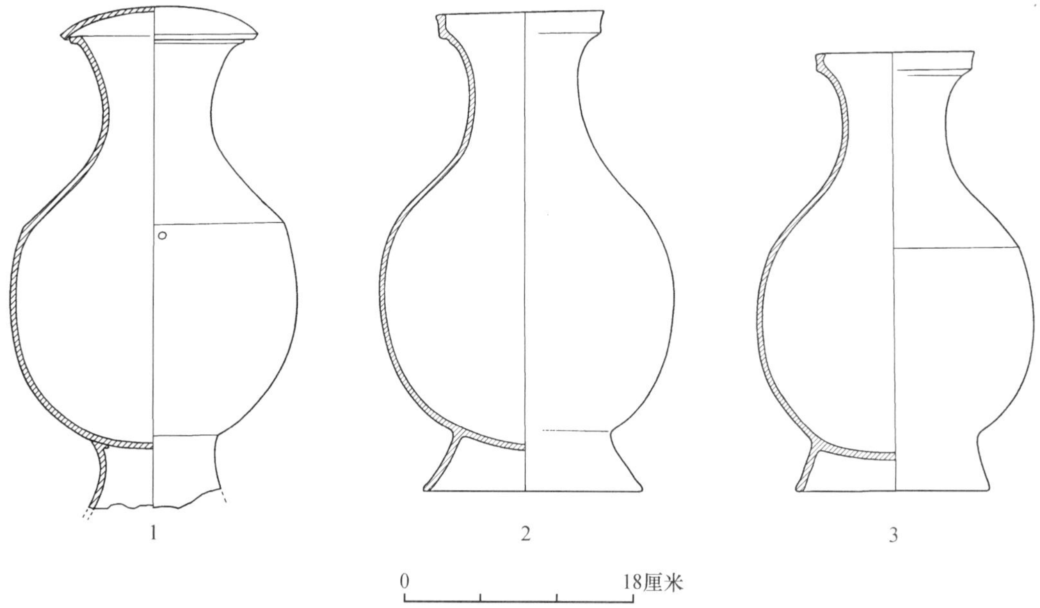

图四三　战国墓葬出土C型陶壶

1. M24：6　2. M33：2　3. M33：4

3. 敦

22件。出自13座墓葬，分别为M20、M23、M24、M40、M42、M43、M46、M49、M57、M58、M62、M63、M77。其中M24、M40、M46、M49出土1件，M20、M23、M42、M43、M57、M58、M62、M63、M77出土2件。修复8件，另有13件因无法复原而形制不明。8件陶敦根据整体的不同分二式。

Ⅰ式：1件。整体呈近椭圆形。出自M40。M40：4，泥质灰陶。盖与身形制相同，皆呈半球形，身略大于盖，敞口，方唇，顶（底）稍尖，上下各附三折曲形纽（足）。盖、身中部各饰两周凹弦纹。高25.6厘米，口径19.8厘米（图四四，1）。

Ⅱ式：7件。整体近圆形。出自M20、M23、M58、M62、M63。大小形制相同或相近。M20：2，泥质灰陶。口近直，方唇，腹呈半球形，圜底，下接三折曲形足，盖略大于身，与身形制大致相同，只是盖顶较平，并有印痕。高23.6厘米，口径19厘米（图四四，2）。

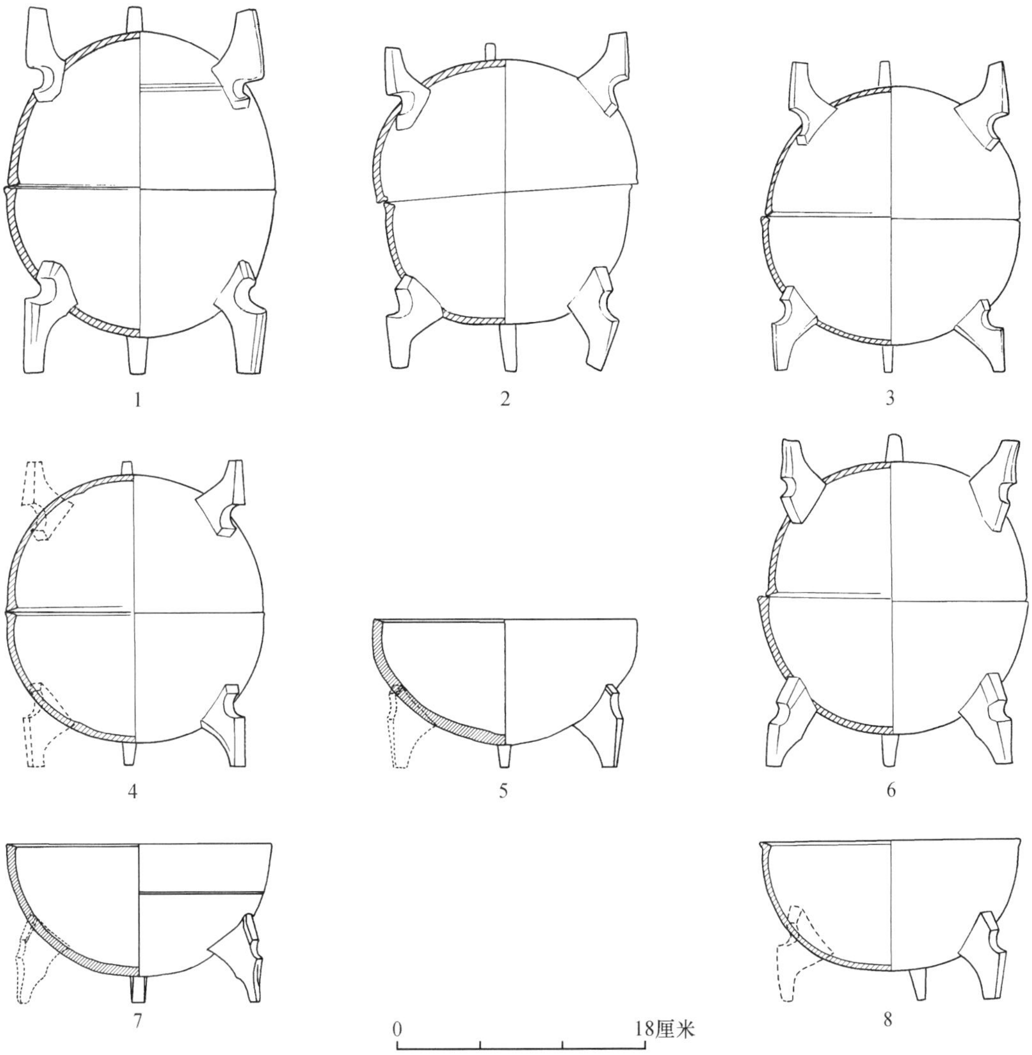

图四四 战国墓葬出土陶敦

1. Ⅰ式（M40：4） 2～8. Ⅱ式（M20：2、M20：9、M23：4、M58：4、M62：4、M62：3、M63：7）

M20：9，泥质灰黑皮褐胎夹灰心。口近直，方唇，盖与身形制相同，均呈半球形，各有三折曲形纽（足），身略大于盖。素面。高22.3厘米，口径19.7厘米（图四四，3）。M23：4，泥质黑灰皮陶褐胎夹灰心。口近直，方唇，盖与身形制相同，均呈半球形，各有三折曲形纽（足）身略大于盖。素面。高21.8厘米，外径18.6厘米（图四四，4）。M58：4，泥质黑皮陶褐胎。残存一半，呈半球形，敛口，方唇，鼓腹，圜底，折曲形纽（足）均残。素面。通高10.4厘米，口径18.8厘米（图四四，5）。M62：3，泥质灰陶。残存一半，呈半球形，口微敛，方唇，唇面有两周窄凹槽，唇缘略向外突出，上下各附三折曲形纽（足）。盖、身中部各饰一周凹弦纹，内填充白彩，另外盖、身还施白色以及红色卷云形彩绘。高11.2厘米，口径19.2厘米（图四四，7）。M62：4，泥质灰陶。整体呈圆球形，口微敛，方唇，唇面微凹，唇缘略向外突出，附三折曲形纽（足）。中部各饰一周凹弦纹，内填充白彩，另外器身还施白色以及红色卷云形彩绘。高24.1厘米，口径24.4厘米（图四四，6）。M63：7，夹砂黑皮陶褐胎。残存一半，呈半球形，敞口微敛，方唇，鼓腹，圜底，足残失。素面。高11厘米，口径19.3厘米（图四四，8）。

4. 盒

2件。出自M33。形制相同。M33：11，泥质灰皮陶褐胎夹灰心。盖呈覆碗形，方唇，弧顶，圈形捉手。盒身子口内敛，上腹近直，下腹斜收，平底。素面。高16.9厘米，外径21.1厘米，纽径6.1厘米，底径7.2厘米（图四五，1）。M33：12，泥质灰皮陶褐胎夹灰心。盖呈覆碗形，方唇，弧顶，圈形捉手。盒身子口内敛，上腹近直，下腹斜收，平底。素面。高17.4厘米，外径22.2厘米，纽径5.9厘米，底径7.8厘米（图四五，2）。

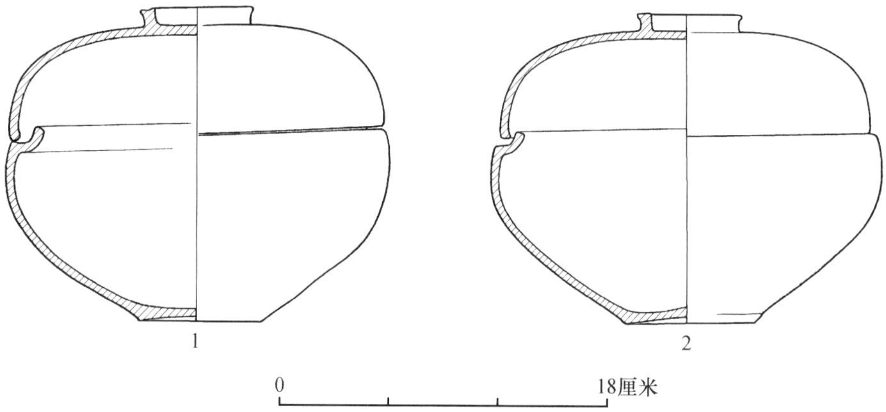

图四五　战国墓葬出土陶盒

1. M33：11　2. M33：12

（二）日　用　器

51件，占陶器总数的38.9%，均为容器，以泥质灰黑皮陶褐胎为主，纹饰多为弦纹，少量绳纹等，有少量彩绘，多已脱落，其中豆29件，盘11件，匜11件，杯3件，釜2件，甑1件，罐1件，盉1件，鬲1件，盂1件。盉、鬲、盂由于烧成温度低，陶质差，未修复。

1. 豆

29件。出自12座墓葬中：M24、M49、M58、M77。M24、M49、M58出土1件，M15、M20、M33、M42、M77出土2件，M46、M57、M62、M63出土4件。复原27件，另外2件未能修复。根据豆盘的不同和有无豆盖可分三型。

A型　8件，弧壁。根据盘的深浅可分二式。

Ⅰ式：1件，盘较深。出自M49。M49：3，泥质灰陶。直口，斜方唇，盘较深，弧腹，细柄，喇叭形座，座缘圈足。素面。高15.1厘米，盘径14.1厘米，柄径2.8厘米，底径9.4厘米（图四六，1）。

Ⅱ式：7件，盘较浅。出自M15、M20、M42、M58。M15：1，泥质灰皮陶褐胎。敞口，

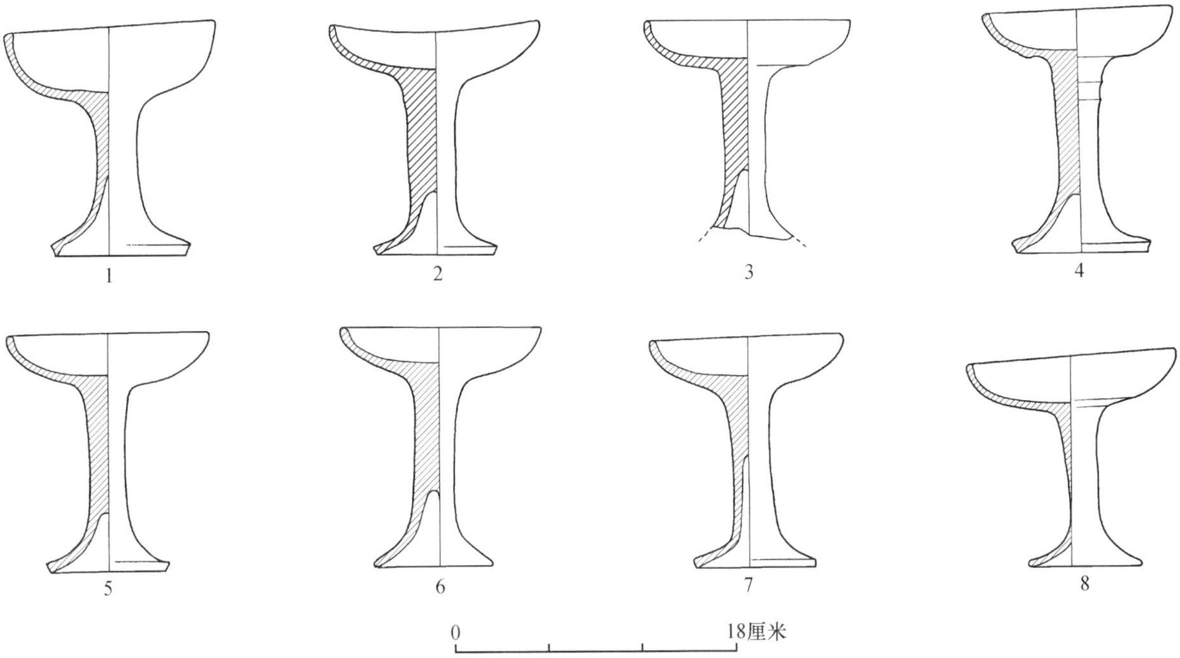

图四六　战国墓葬出土A型陶豆

1. M49：3　2. M20：7　3. M20：8　4. M42：1　5. M42：2　6. M15：1　7. M15：3　8. M58：9

圆唇，浅盘，细柄，喇叭状座。盘底有一周凸弦纹。高14.9厘米，盘径12.5厘米，柄径2.5厘米，底径7.5厘米（图四六，6）。M15：3，泥质灰皮陶褐胎。敞口，圆唇，浅盘，细柄，喇叭状座。盘底有一周凸弦纹。高14.7厘米，盘径12.6厘米，柄径2.4厘米，底径8厘米（图四六，7）。M20：7，灰黑皮褐胎夹灰心。敞口，圆唇，浅弧盘，盘底较平，细柄稍高，喇叭形座。素面。高14.3厘米，盘径13.3厘米，底径7.8厘米（图四六，2）。M20：8，泥质灰黑皮褐陶胎夹灰心。敞口，圆唇，浅弧盘，盘底较平，细柄稍高，座残。素面。残高13.8厘米，盘径13.4厘米，柄径2.7厘米（图四六，3）。M42：1，泥质灰陶。敞口，圆唇，豆盘较浅，细柄，喇叭形座，座缘加厚。盘底有一周凸弦纹。高15.4厘米，盘径12.6厘米，柄径2.4厘米，底径9.2厘米（图四六，4）。M42：2，泥质灰陶。敞口，圆唇，豆盘较浅，细柄，喇叭形座，座缘加厚。素面。高14.9厘米，盘径13.2厘米，柄径2.4厘米，底径8.1厘米（图四六，5）。M58：9，夹砂灰陶。直口，圆唇，折盘较浅，弧壁，底斜收近平，细柄，喇叭形底座，座缘圆唇。素面。高13.7厘米，盘径13.7厘米，柄径2厘米，底径7.7厘米（图四六，8）。

B型　19件，折壁。根据壁和柄的不同可分四式。

Ⅰ式：壁微折。8件。出自M62、M63。M62：7，泥质灰陶。直口，圆唇，折盘，盘底与柄相接处有一周浅凹槽，细柄，喇叭状座，座缘加宽。高16.5厘米，口径14厘米，柄径2.6厘米，底径10.7厘米（图四七，5）。M62：8，泥质灰陶。直口，圆唇，折盘，盘底与柄相接处有一周浅凹槽，细柄，喇叭状座，座缘加宽。高16厘米，口径14.1厘米，柄径2.6厘米，底径10.7厘米（图四七，6）。M62：10，泥质灰陶。直口，圆唇，折盘，盘底与柄相接处有一周浅凹槽，细柄，喇叭状座，座缘加宽。高15.4厘米，盘径13.9厘米，柄径2.5厘米，底径11厘米

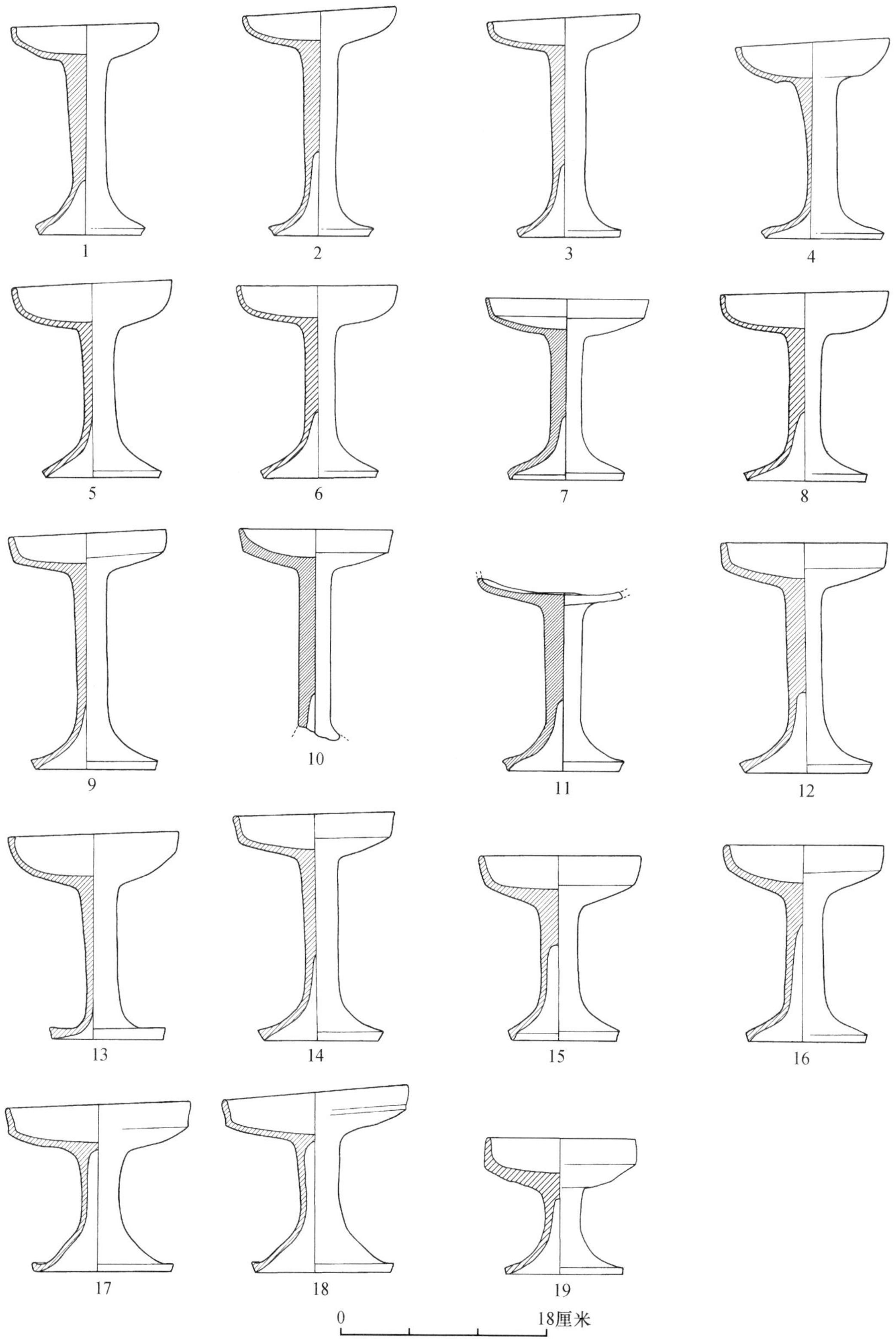

图四七　战国墓葬出土B型陶豆

1. M63：2　2. M63：3　3. M63：5　4. M63：6　5. M62：7　6. M62：8　7. M62：10　8. M62：11　9. M46：6　10. M46：7　11. M57：4　12. M57：7　13. M57：8　14. M57：11　15. M46：2　16. M46：5　17. M33：9　18.M33：16　19.M24：5

（图四七，7）。M62∶11，泥质灰陶。直口，圆唇，折盘，盘底与柄相接处有一周浅凹槽，细柄，喇叭状座，座缘加宽。高15.6厘米，口径14.3厘米，柄径2.8厘米，底径10.3厘米（图四七，8）。M63∶2，泥质灰陶。直口，方唇，折盘较浅，上腹外壁近直，底斜收近平，细柄较高，喇叭形座，座缘圈足。素面。高17.5厘米，盘径12.5厘米，柄径3.2厘米，底径9.3厘米（图四七，1）。M63∶3，泥质灰陶。直口，方唇，折盘较浅，上腹外壁近直，内壁弧收，底斜收近平，细柄较高，喇叭形座，座缘加厚，座缘方唇，唇缘有一周凹槽。素面。高18.9厘米，盘径13.1厘米，柄径3厘米，底径9厘米（图四七，2）。M63∶5，泥质灰陶。直口，方唇，折盘较浅，上腹外壁近直，内壁弧收，底斜收近平，细柄较高，喇叭形座，座缘加厚。素面。高18.5厘米，口径13.1厘米，柄径3厘米，底径9.1厘米（图四七，3）。M63∶6，泥质灰陶。直口，圆唇，折盘较浅，上腹外壁近直，底斜收近平，细柄，大喇叭形座。素面。高16.8厘米，盘径13.2厘米，柄径2.6厘米，底径10.5厘米（图四七，4）。

Ⅱ式：壁折曲明显，柄较长。6件。出自M46、M57。M46∶6，泥质灰陶。直口，方唇，折盘较浅，上腹外壁近直，内壁弧收，底斜收近平，细柄较高，喇叭形座，座缘加厚。素面。高20.2厘米，盘径13.8厘米，柄径2.7厘米，底径11厘米（图四七，9）。M46∶7，泥质灰陶。直口，方唇，折盘较浅，上腹外壁近直，内壁弧收，底斜收近平，细柄较高，底座残失。素面。残高18厘米，盘径13.6厘米，柄径2.8厘米（图四七，10）。M57∶4，泥质灰陶。盘残，细柄，喇叭形座，座缘加厚。盘底有一周凸弦纹。残高16.4厘米，柄径3厘米，底径9.6厘米（图四七，11）。M57∶7，泥质灰陶。直口，方唇，浅折盘，细高柄，喇叭形座，座缘加厚。素面。高19.3厘米，盘径14.2厘米，柄径3厘米，底径11厘米（图四七，12）。M57∶8，泥质灰陶。直口，方唇，浅折盘，细柄，喇叭形座，座缘加厚。盘底有一周宽凸弦纹。高17.5厘米，盘径14.8厘米，柄径2.6厘米，底径10.4厘米（图四七，13）。M57∶11，泥质灰陶。直口，方唇，浅折盘，细高柄，喇叭形座，座缘加厚。素面。高18.8厘米，盘径14.2厘米，柄径2.8厘米，底径11厘米（图四七，14）。

Ⅲ式：折壁，柄较矮。2件。出自M46。M46∶2，泥质灰陶。直口，圆唇，折盘较深，上腹外壁近直，内壁弧收，底斜收近平，细柄，喇叭形座，座缘加厚。素面。高15.4厘米，口径14.2厘米，柄径3厘米，底径9.8厘米（图四七，15）。M46∶5，泥质灰陶。直口，方唇，折盘，上腹外壁近直，底斜收近平，细柄，喇叭形座，座缘加厚。素面。高16.4厘米，盘径13.8厘米，柄径2.7厘米，底径10.6厘米（图四七，16）。

Ⅳ式：折壁，矮柄，底座大。3件。出自M33、M24。M33∶9，泥质灰陶。直口，圆唇，折盘，盘外壁微凹，平底，细柄，喇叭形座，座缘加厚。高14.5厘米，盘径15.9厘米，柄径3.3厘米，底径12.4厘米（图四七，17）。M33∶16，泥质灰陶。直口，圆唇，折盘，底近平，细柄，喇叭形座，座缘加厚。盘内施红彩，外壁饰一周凹弦纹。高15.8厘米，盘径16.4厘米，柄径3.5厘米，底径12.5厘米（图四七，18）。M24∶5，泥质黑灰皮陶红褐胎。直口，尖圆唇，折盘，圜底，矮细柄，喇叭形座，盘底有两周凸弦纹。高11.5厘米，盘径13.2厘米，柄径3厘米，底径10.7厘米（图四七，19）。

C型　2件。盖豆。出自 M77。M77：14，夹砂灰陶。覆盘形盖，圆唇，弧顶，玉璧形捉手。豆身子口，圆唇，直腹，细高柄，喇叭形座。盖顶及腹中部各饰两周凹弦纹。通高31.3厘米，豆高26.4厘米，口径15.1厘米，底径13.3厘米，盖高5.6厘米，盖外径15厘米（图四八，1）。M77：21，夹砂灰陶。覆盘形盖，盖残，未修复，弧顶，玉璧形捉手。豆身子口，圆唇，直腹，细高柄，喇叭形座。盖顶饰两周凹弦纹。豆高25.5厘米，口径14.4厘米，底径13.4厘米（图四八，2）。

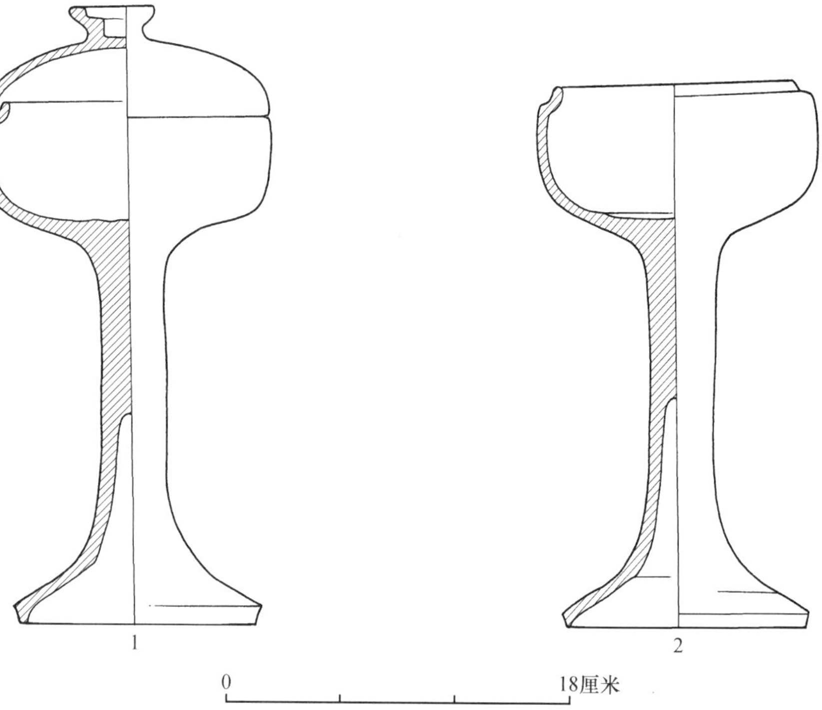

图四八　战国墓葬出土C型陶豆
1. M77：14　2. M77：21

2. 盘

11件。出土于10座墓葬中，其中M20、M23、M24、M40、M43、M57、M58、M62、M77出土1件，M33出土2件。修复9件，根据形体大小可分二型。

A型　8件。形体较小。

Ⅰ式：弧腹。1件。出自M40。M40：1-1，泥质灰陶。敞口，折沿微仰，沿面有两周浅凹槽，圆唇，弧腹，平底。素面。高4.6厘米，盘径20.8厘米（图四九，1）。

Ⅱ式：折腹。7件。出自M20、M23、M24、M33、M58、M62。M20：3-1，泥质灰陶。口微敛，仰折沿，沿面有一周窄凹槽，圆唇，折腹，上腹近直，下腹急收，小平底。素面。高5.8厘米，口径21.4厘米，底径4.5厘米（图四九，2）。M23：7-1，泥质灰陶。直口，仰折沿，沿面有两周窄凹槽，圆唇，折腹，上腹近直，下腹弧收，小平底。素面。底部有刮削痕迹。高5.2厘米，口径19.9厘米，底径4.7厘米（图四九，3）。M24：9-1，泥质灰黑皮陶红褐胎夹灰心。直口，平折沿，方唇，折腹，上腹近直，下腹斜收，平底微凹。素面。高5.6厘米，

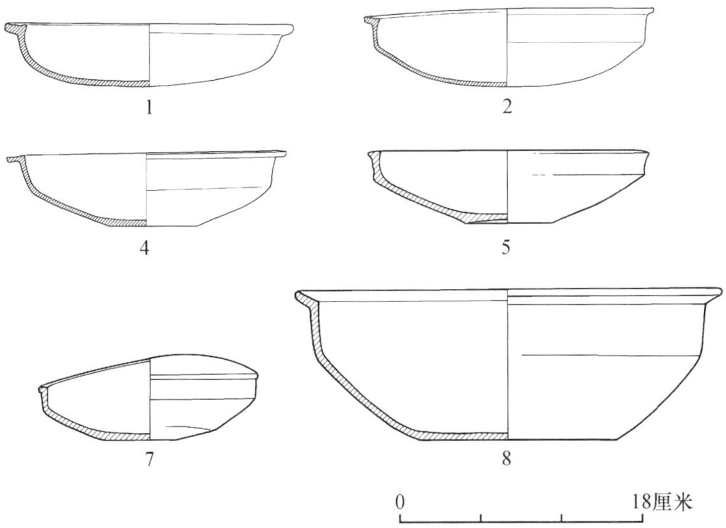

图四九　战国墓葬出土陶盘

1. A型Ⅰ式（M40：1-1）　2～7、9. A型Ⅱ式（M20：3-1、M23：7-1、M24：9-1、M33：14、M33：15、M58：6-1、M62：9-1）　8. B型（M77：9）

口径20.9厘米，底径6.9厘米（图四九，4）。M33：14，泥质灰陶。直口，方唇，折腹，上腹近直，下腹斜收，平底微凹。素面。高5.4厘米，口径20.7厘米，底径7厘米（图四九，5）。M33：15，泥质灰陶。直口，方唇，折腹，上腹近直，下腹斜收，平底微凹。盘内施有白彩及红彩。高5.3厘米，口径21厘米，底径7.2厘米（图四九，6）。M58：6-1，泥质灰陶。敛口，折沿微仰，唇部残失，折腹，下腹斜收，平底。素面。变形较甚。下腹有刮削痕迹。高5厘米，口径16厘米，底径5.2厘米（图四九，7）。M62：9-1，泥质灰陶。直口，仰折沿，圆唇，折腹，上腹近直，下腹斜收，小平底。素面。高5.5厘米，口径21厘米，底径6.2厘米（图四九，9）。

B型　1件。形体硕大。出自M77。M77：9，夹砂灰陶。直口，仰折沿，圆唇，折腹，上腹近直，下腹斜收，凹圜底。素面。高11.1厘米，口径31.5厘米，底径14厘米（图四九，8）。

3. 匜

11件。出土于10座墓葬中，其中M20、M23、M24、M40、M43、M57、M58、M62、M77出土1件，M33出土2件。修复8件，根据外观和流的不同可分二型。

A型　5件。近椭圆形。分二式。

Ⅰ式：流内宽外窄。1件。出自M40。M40：1-2，泥质灰陶。敞口，呈椭圆形，流微上翘，向外逐渐变窄，圆唇，弧腹，圜底。素面。最大径12.4厘米，流长4.4厘米，流宽3.4厘米（图五〇，1）。

Ⅱ式：流内窄外宽，微上翘。4件。出自 M20、M23、M58、M62。M20：3-2，泥质灰陶。口略呈椭圆形，敞口，圆唇，流微上翘，向外逐渐变宽，弧腹，小平底。下腹有刮削痕迹。高4.4厘米，流长3.5厘米，流宽5.3厘米，最大径12.7厘米（图五〇，2）。M23：7-2，泥质灰陶。口呈椭圆形，敞口，圆唇，流微上翘，向外逐渐变宽，弧腹，小平底。内底有一周窄凸棱。外底有刮削痕迹。口径12.9厘米，底径3.2厘米，流长3.3厘米，流宽4.4厘米，高3厘米（图五○，3）。M58：6-2，泥质灰黑皮褐胎夹灰心。口微敛，圆唇，平面呈不规则椭圆形，流上翘，弧腹，平底。素面。下腹有刮削痕迹。高6.5厘米，最大径15.5厘米，流长5.2厘米，流宽3.5厘米（图五○，4）。M62：9-2，泥质灰陶。口微敛，呈椭圆形，流微上翘，向外逐渐变窄，腹部斜收，平底。外壁有红色彩绘痕迹。高6.6厘米，长16.8厘米，宽14.6厘米，流长5.3厘米，流宽4.8厘米（图五○，5）。

B型　3件。平面近桃形，流外捏，较短。出自M24、M33。M24：9-2，泥质灰黑皮陶红褐胎。形体较小，直口，圆唇，流较短，弧腹，平底微凹。素面。高3.5厘米，最大径11厘米（图五○，6）。M33：10，泥质灰陶。口微敛，圆唇，捏短流，弧腹，平底微凹。内外壁皆施数周条状红彩。高4.6厘米，最大径14.7厘米，底径4.9厘米（图五○，7）。M33：13，泥质灰陶。口微敛，圆唇，捏短流，弧腹，平底微凹。内外壁皆施数周条状红彩。高4.5厘米，最大径14.2厘米，底径5.1厘米（图五○，8）。

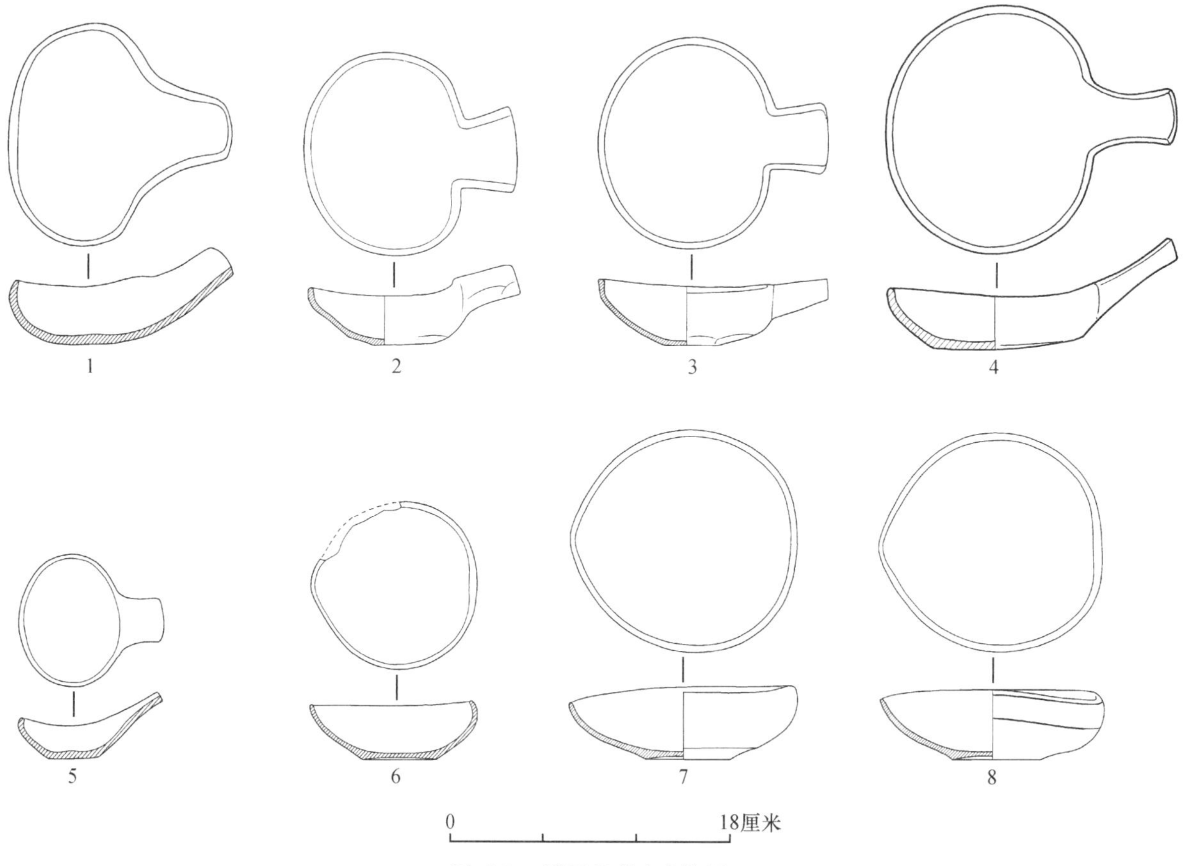

图五○　战国墓葬出土陶匜

1. A型Ⅰ式（M40：1-2）　2～5. A型Ⅱ式（M20：3-2、M23：7-2、M58：6-2、M62：9-2）　6～8. B型（M24：9-2、M33：10、M33：13）

4. 杯

3件。出自M24、M33，其中M24出土1件，M33出土 2件。均修复，根据形体的不同可分二型。

A型　2件。形体矮胖。出自M33。M33：5，泥质灰陶。敞口，圆唇，斜腹较深，矮柄，饼状足较厚。器表有数周条状红彩。高10.6厘米，口径9.1厘米，底径6.4厘米（图五一，1）。M33：6，泥质灰陶。敞口，圆唇，斜腹较深，矮柄，足残。器表有数周条状红彩。高10.9厘米，口径9.5厘米，底径4厘米（图五一，2）。

B型　1件。形体瘦长。出自M24。M24：11，泥质灰黑皮陶红褐胎夹灰心。直口，尖圆唇，深腹，矮柄，饼状足。器表饰红彩。高11.3厘米，口径8.7厘米，底径5.9厘米（图五一，3）。

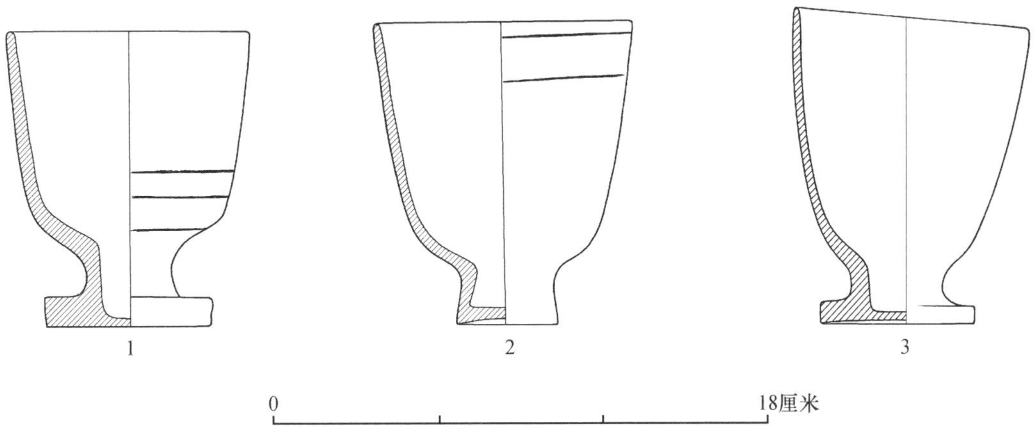

图五一　战国墓葬出土陶杯
1、2. A型（M33：5、M33：6）　3. B型（M24：11）

5. 釜

2件。出自M24，根据形体不同可分二型。

A型　1件。

无腰檐。M24：7，泥质灰黑皮陶。形体较小，直口，方唇，矮领，弧肩，鼓腹，平底微凹。素面。高8.4厘米，口径7.9厘米，腹径12.3厘米，底径5.3厘米（图五二）。

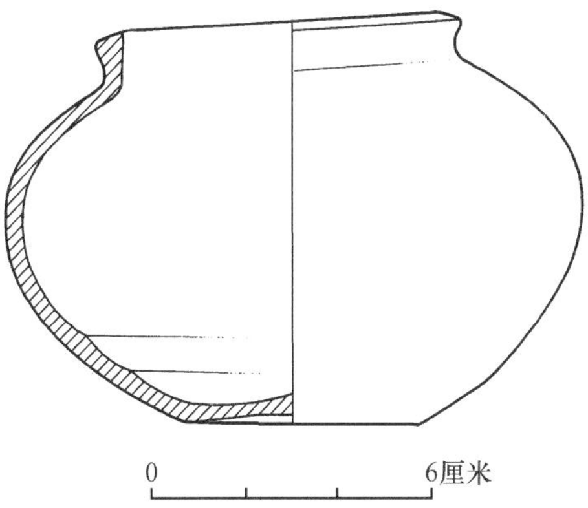

图五二　战国墓葬出土陶釜
（M24：7）

B型　1件。有腰檐。

出自M24。M24：10，泥质灰陶。敛口，圆唇，肩上部起一浅台，鼓腹，腹中部加一周宽腰檐，平底微凹。素面。高10.1厘米，口径8.1厘米，外径21.8厘米，底径6.5厘米（图五三，下）。

6. 甑

1件。出自M24。M24：8，泥质灰陶。敞口，平折沿，方唇，腹部斜收，平底，底部有五个圆形篦孔。素面。高9.7厘米，口径16.7厘米，底径5.1厘米（图五三，上）。

7. 罐

1件。出自M33。M33：1，泥质灰陶。形体较大，侈口，斜方唇，唇面有一周窄凹槽，高领，领肩交接处有一周凹槽，弧肩，鼓腹，肩部有一对鼻耳，凹圜底。领部饰中绳纹，被磨平，肩、腹及底饰中绳纹，腹部绳纹抹平两周。高28.1厘米，口径15.5厘米，腹径27.8厘米，底径10厘米（图五四）。

8. 盉、鬲、盂

各1件，均未修复。

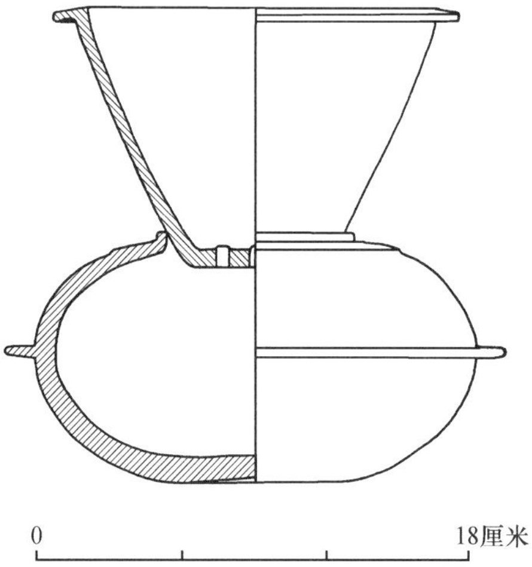

图五三　战国墓葬出土陶釜、甑
上. 陶甑（M24：8）　下. 陶釜（M24：10）

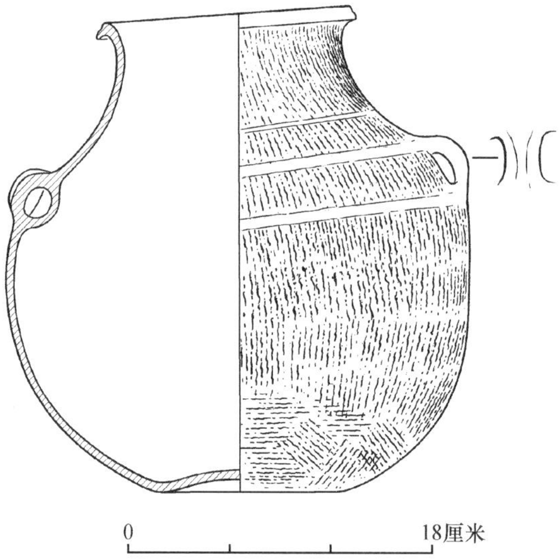

图五四　战国墓葬出土陶罐
（M33：1）

二、铜　　器

共出土铜器9件。

1. 铜带钩

2件。出自M24、M33。M24：2，钩体圆棒形，侧视呈S状，扣钉靠近中央，钩头残。长11厘米（图五五，1）。M33：3，钩体兔形，长耳贴背匍卧，长尾卷曲形成钩头，扣钉位于兔腹下。长4厘米（图五五，2）。

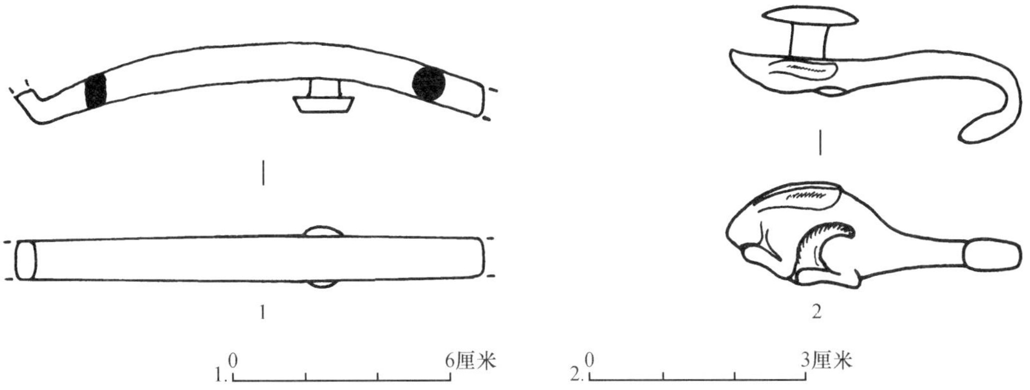

图五五　战国墓葬出土铜带钩

1. M24：2　2. M33：3

2. 铜镞

2件。出自M31。M31：1，三棱形镞，在中脊上凸起三棱成刃，三刃前聚成锋，短关，多棱形铤，较长，至铤末端渐细。通长8.3厘米，宽0.8厘米，关长0.8厘米，铤长3.1厘米（图五六，1）。M31：2，双翼四棱形镞，脊体短小厚实，圆柱形关，至关末端渐粗，铤圆柱形，至末端渐细，有两条对称的范痕。通长19.8厘米，关长7.3厘米，铤长9.1厘米（图五六，2）。

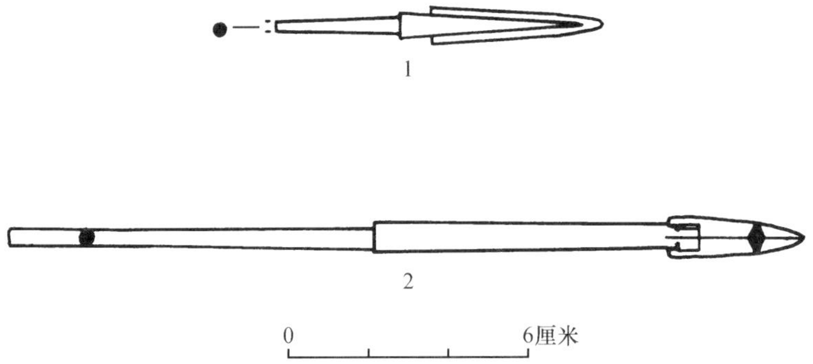

图五六　战国墓葬出土铜镞

1. M31：1　2. M31：2

3. 铜匕

1件。出自M58。M58：3，身短且宽，中起脊，窄格，扁薄颈，喇叭形首。通长24厘米，格宽4.8厘米，首颈3.6厘米，颈长7.1厘米（图五七）。

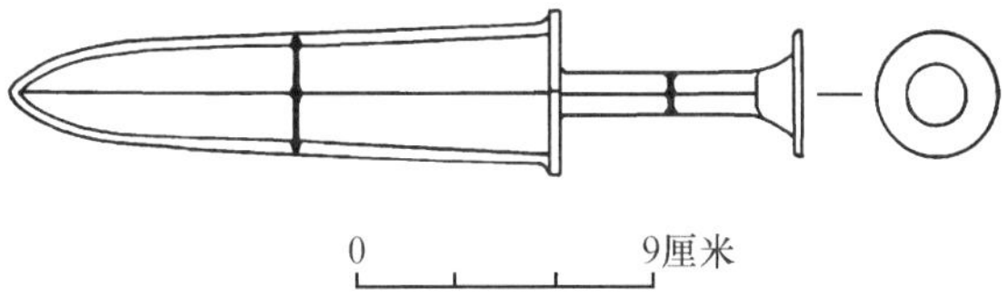

图五七　战国墓葬出土铜匕

（M58：3）

4. 铜剑

1件。出自M63。M63：11，短蜡斜宽从薄格，中起脊，两从均匀，蜡较短，剑格薄，圆颈中空无箍。通长42.5厘米，身长33.8厘米，身宽3.5厘米，格宽4厘米，颈长8厘米，首颈2.9厘米（图五八）。

5. 铜刻刀

1件。出自M77。M77：5，斜长刃，无格。通长9.4厘米，刃部长2.4厘米，柄部长7厘米（图五九）。

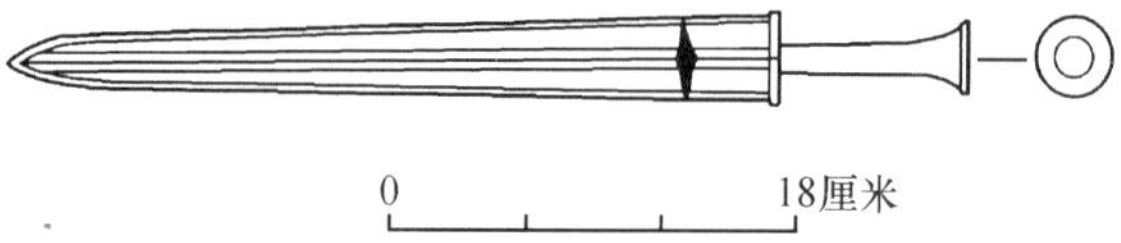

图五八　战国墓葬出土铜剑
（M63：11）

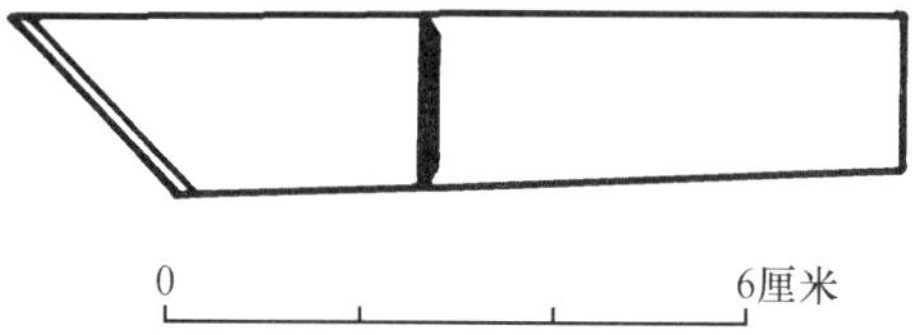

图五九　战国墓葬出土铜刻刀
（M77：5）

6. 铜勺

1件。出自M77。M77：3，器形如锅铲，弧刃两侧外侈，背壁与勺底的夹角呈锐角，旁有短柄，中空成銎，六棱形，尾端略粗，首端略细，有四个两两相对的长方形辖孔，銎内有残木柄。勺斗长径8.5厘米，短径7.9厘米，勺深4.1厘米，勺柄长9.5厘米，通长12.9厘米（图六〇）。

7. 铜削

1件。出自M63。M63：12，器形修长，刀身近直，柄端有环，残。残长21.5厘米，身长11.9厘米，宽1厘米，柄长8.2厘米（图六一）。

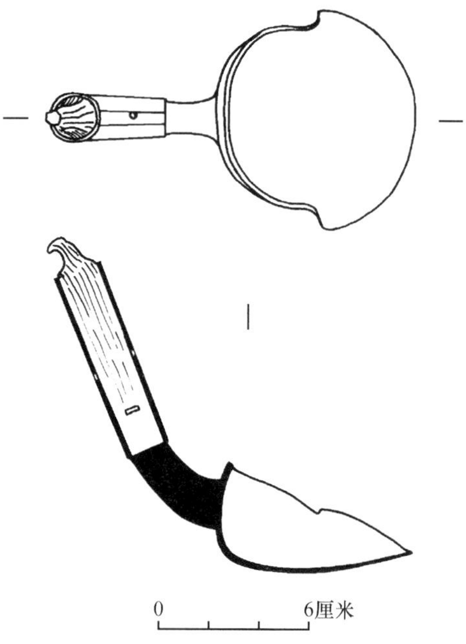

图六〇　战国墓葬出土铜勺
（M77：3）

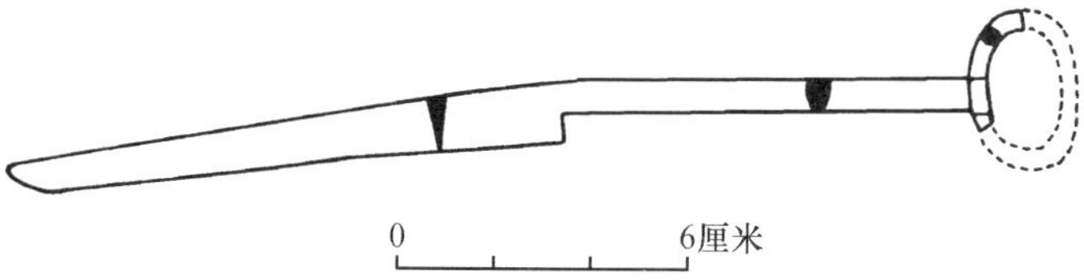

图六一　战国墓葬出土铜削
（M63：12）

三、铁　器

共出土铁器2件。

1. 铁削

1件。出自M24。M24：1，柄缺，仅残留刀身，近直，单面刃，刃薄背厚。残长18厘米，宽1厘米（图六二）。

2. 铁带钩

1件。出自M31。M31：3，琵琶形，锈蚀钩头残，扣钉靠近尾部。长14厘米（图六三）。

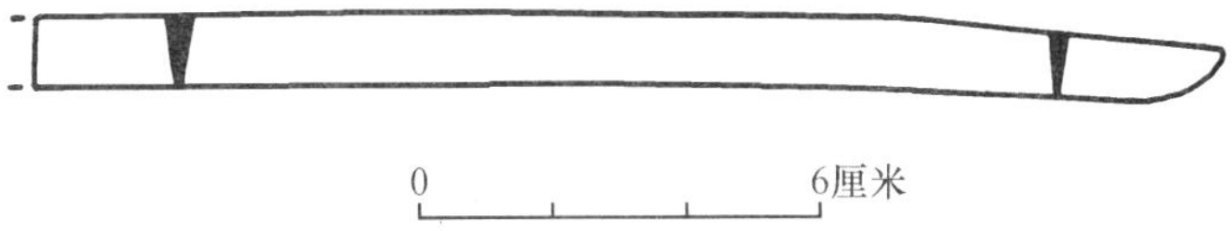

图六二　战国墓葬出土铁削
（M24：1）

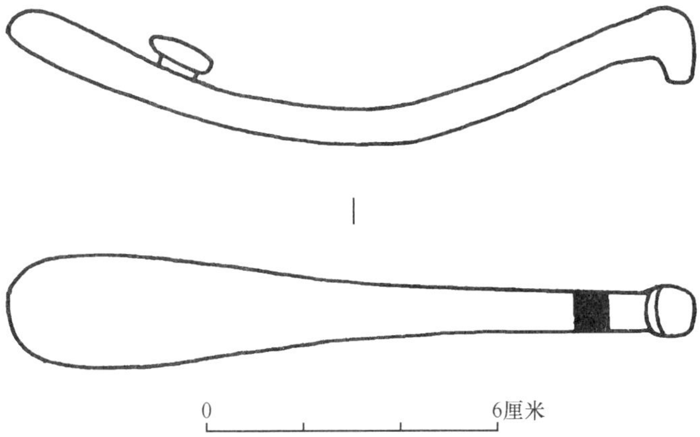

图六三　战国墓葬出土铁带钩
（M31：3）

四、玉　石　器

共出土玉石器5件。

1. 玉瑗

3件。M43：8，灰白色，表面钙化呈粉状，孔为一面钻。肉径7.2厘米，好径3厘米，厚0.6厘米（图六四，1）。M58：10，灰白色，表面钙化呈粉状，孔为一面钻。肉径7.3厘米，好径4.2厘米，厚0.5厘米（图六四，2）。M77：22，灰白色，表面打磨，细腻光滑。外径7.9厘米，内径3.7厘米，厚0.6厘米（图六四，3）。

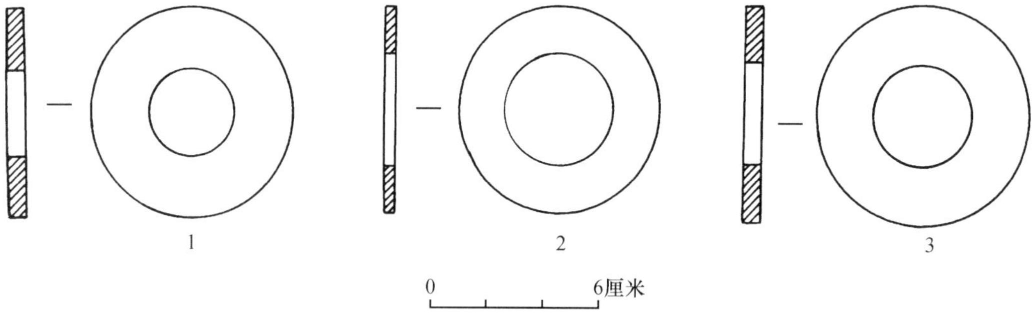

图六四　战国墓葬出土玉瑗

1. M43：8　2. M58：10　3. M77：22

2. 玉塞

2件。形制相同。M77：4-1、M77：4-2，白色，表面钙化呈粉状，半透明，整体呈一端较粗一端较细的圆柱形。通长8厘米，一端直径0.8厘米，另一端直径0.6厘米（图六五）。

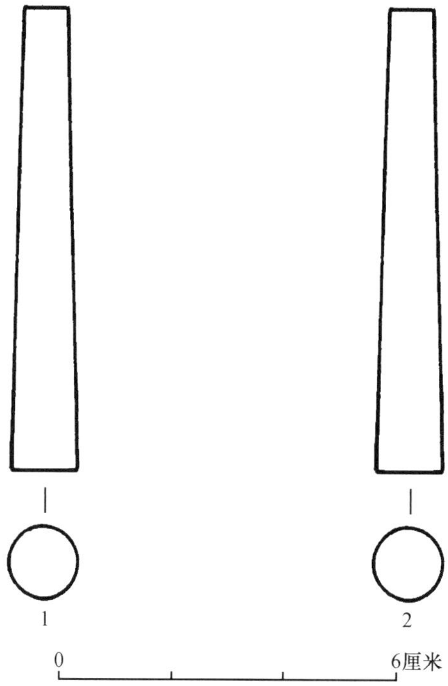

图六五　战国墓葬出土玉塞

1. M77：4-1　2. M77：4-2

五、其　他

鹿角　4件。出自M77。鹿角两个分叉，尖部髹黑漆，分叉和主干交接处以及主干根部用黑漆绘卷云纹，根部刮削呈方形。M77：1-1，全长47.8厘米，第一个分叉尖部残，第二个分叉从鹿角主干处残（图六六，1）。M77：1-2，全长51.2厘米，第一个分叉尖部残，第二个分叉从鹿角主干处残（图六六，2）。M77：1-3，全长50厘米，第一个分叉尖部残（图六六，3）。

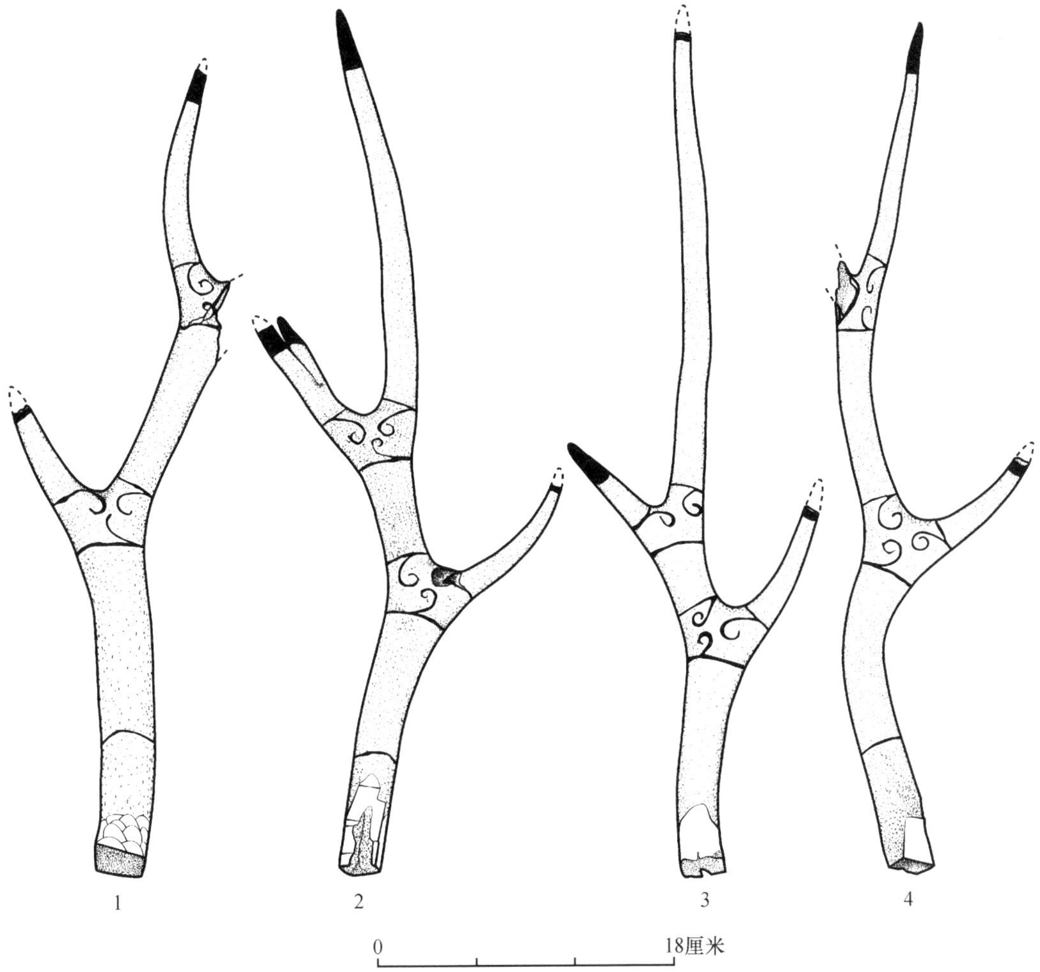

图六六　战国墓葬出土鹿角

1. M77：1-1　2. M77：1-2　3. M77：1-3　4. M77：1-4

M77：1-4，全长50.4厘米，第一个分叉在和鹿角主干交汇处断裂后被刮削成方形呈榫卯结构和主干连接，第二个分杈又有一小分叉（图六六，4）。

第五节　主要陶器的组合形态分析

葛家沟墓地能确定属战国时期的墓葬有16座，皆保存完好，没有遭受盗掘。出土随葬品主要为陶器，但由于陶质火候较低，出土时多已残碎不堪，部分陶器已很难修复，仅能勉强分辨器形，形式划分也无法进行。陶器器类中以仿铜陶礼器为主，也有少量日用陶器。除陶器外M63、M77还出土有少量小件铜、铁、玉器。本文依靠随葬品对于墓葬期别的划分主要通过陶器，小件的铜、铁、玉器数量少，且早晚变化不明显，时代性不强，M31出土铜镞和铁带钩，无陶器出土，故在这一章节不再讨论。

根据随葬陶器组合的差异，可将这些墓葬分为3组。

A组：单纯仿铜陶礼器组合。参与该组的墓葬有M40、M49、M20、M23、M42、M43、M58、M62、M63、M46、M57、M77。

B组：仿铜陶礼器+日用陶器的组合。参与该组的墓葬有M24、M33。

C组：以鬲、盂、豆、小壶为核心的日用陶器组合。墓葬只有M15。

下面将按组别，结合器物形式的划分以及具体的组合情况，对各组包含墓葬进行逻辑早晚关系的分析。

A组　单纯的仿铜陶礼器。

M20：AcⅡ式鼎、Ⅱ式敦、A型Ⅱ式豆、Bb型Ⅰ式壶、A型Ⅱ式盘、A型Ⅱ式匜。

M58：鼎、Ⅱ式敦、A型Ⅱ式豆、Bc型Ⅱ式壶、A型Ⅱ式盘、A型Ⅱ式匜。

M62：Ac型Ⅱ式鼎、Ⅱ式敦、B型Ⅰ式豆、Bb型Ⅰ式壶、A型Ⅱ盘、A型Ⅱ式匜。

M63：Ac型Ⅰ式鼎、Ⅱ式敦、B型Ⅰ式豆、Bb型Ⅰ式壶。

M46：鼎、敦、B型Ⅲ式豆、Bb型Ⅱ式壶。

M23：Ab型Ⅱ式鼎、Ⅱ式敦、Bc型Ⅱ式壶、A型Ⅱ式盘、A型Ⅱ式匜。

M43：Ac型Ⅰ式鼎、Ⅱ式敦、Bc型Ⅱ式壶、盘、匜。

M57：B型鼎、盉（？）、敦、B型Ⅱ式豆、Bd型壶、盘、匜。

M77：A型鼎、B型鼎、盉（？）、敦、C型豆、Aa型Ⅰ式壶、Aa型Ⅱ式壶、Ab型壶、B型壶、B型盘、匜。

M42：Ac型Ⅰ式鼎、敦、A型Ⅱ式豆、Bc型Ⅱ式壶。

M49：Aa型鼎、敦、A型Ⅰ式豆、Bc型Ⅰ式壶。

M40：Ab型Ⅰ式鼎、Ⅰ式敦、Ba型壶、A型Ⅰ式盘、A型Ⅰ式匜。

根据器物种类的差异，该组陶器可分为鼎、敦、豆、壶、盘、匜，鼎、敦、豆、壶，鼎、敦、壶、盘、匜，鼎、敦、豆、壶、盉、盘、匜等4种组合形式。

组合1：鼎、敦、豆、壶、盘、匜。墓葬有M20、M58、M62。鼎、敦、豆、壶的数量多为2件，M58只有1件豆，M62则有4件豆，盘、匜数量皆为1件。出土4件豆的M62，豆盘微折，年代可能稍晚于2件豆的墓。

组合2：鼎、敦、豆、壶。墓葬有M63、M42、M49、M46。与组合1相比缺少盘、匜。M63、M46为双鼎墓，豆为4件，M46敦只有1件。M42、M49为单鼎墓，各器数目多为1件，只有M42豆的数目为2件。M63、M46同出4件豆，M46的豆盘折壁较甚，应稍晚于M63。M49鼎盖纽为环形，年代稍早。

组合3：鼎、敦、壶、盘、匜。墓葬有M23、M43、M40。M23、M43为双鼎墓，组合完全相同。M40为单鼎墓，各器皆为1件。M40的盘腹缓曲，年代稍早于其他墓葬。

组合4：鼎、敦、豆、壶、盉、盘、匜。墓葬有M57、M77。与组合1相比，多出小口鼎及盉，M57豆有4件，壁折明显，年代应较晚；M57的A型鼎、敦、B型壶的形态与其他墓葬近似，但鼎的规格要高很多，另出有小壶，盘较大，豆为盖豆，柄较高，年代可能稍晚。

根据器物组合以及形态变化，又可将其分为2段。

第一段：M40、M49、M20、M23、M42、M43、M58、M62、M63。器形有Aa型鼎、Ab

型Ⅰ式鼎、Ab型Ⅱ式鼎、Ac型Ⅰ式鼎、Ac型Ⅱ式鼎、Ba型壶、Bb型Ⅰ式壶、Bc型Ⅰ式壶、Bc型Ⅱ式壶、Ⅰ式敦、Ⅱ式敦、A型Ⅰ式豆、A型Ⅱ式豆、B型Ⅰ式豆、A型Ⅰ式盘、B型Ⅱ式盘、A型Ⅰ式匜、A型Ⅱ式匜。

第二段：M46、M57、M77。器形有B型鼎、Ab型壶、Ac型壶、Bb型Ⅱ式壶、B型Ⅱ、Ⅲ式豆、B型盘。

B组　仿铜陶礼器，同出日用器。有2座墓葬，M24、M33。

M24：Ca型壶、B型Ⅳ式豆、A型Ⅱ式盘、B型匜、B型杯、A型釜、B型釜。

M33：C型鼎、Cb型壶、盒、B型Ⅳ式豆、A型Ⅱ式盘、B型匜、A型杯、双耳罐。

根据器物种类的差异，可分为2种组合形式，分别为鼎、盒、豆、壶、釜、釜甑、盘、匜、杯以及鼎、盒、豆、壶、罐、盘、匜、杯。

组合1：鼎、盒、豆、壶、盘、匜、杯、釜、釜甑。墓葬有M24。一鼎墓，其余器物各1件，礼器组合由A组的鼎敦壶转变为鼎盒壶，且器形发生变化。

组合2：鼎、盒、豆、壶、盘、匜、杯、罐。墓葬有M33。与组合1相比，少了釜甑，多出罐，主体组合较一致，器形也无大的差别，其年代也应相近。

鼎、盒、豆、壶、盘、匜、杯为必备器物，另有釜、釜甑、罐。鼎、盒、壶、豆、盘、匜、杯的数量相同，为1件或2件，釜、釜甑、罐各1件。

C组　日用器。仅1座墓葬，M15。

M15：鬲、盂、Aa型Ⅰ式壶、A型Ⅱ式豆。

壶、豆的形态与A组仿铜陶礼器墓随葬的同类器近似，年代也应差别不大。

综上所述，所分3组随葬陶器内部差别不大，A组内部各器形早晚发展逻辑不很清晰，较难掌握，现暂分为2段；B、C组墓葬较少，内部未做进一步划分。3组之间的早晚先后关系较为明确，A组应早于B组，C组更接近于A组。3组随葬陶器所对应的墓葬期别年代将在下一章进行讨论。

第六节　墓葬分期及年代

一、墓葬分期

葛家沟的这16座战国墓葬分布较为分散，没有明显的规律，且不存在打破关系，除M42、M43相距较近外，其余墓葬皆距离较远。因而无法通过地层学方法判断墓葬年代。下文主要采用类型学方法，依照上文对墓葬随葬品的组合划分，对墓葬进行分期以及年代的断定。

15座出土陶器的墓葬（M31出土铜镞和铁带钩，无陶器出土）可分为两期三段。

第一期第1段，包括A组第1段以及C组。

共有墓葬10座。M15、M20、M23、M40、M42、M43、M49、M58、M62、M63。出土器物有Aa型、Ab型Ⅰ～Ⅱ式、Ac型Ⅰ～Ⅱ式鼎，Aa型Ⅰ式、Ba型、Bb型Ⅰ式、Bc型Ⅰ～Ⅱ式

壶，Ⅰ～Ⅱ式敦，A型Ⅰ～Ⅱ式、B型Ⅰ式豆，A型Ⅰ～Ⅱ式盘，A型Ⅰ～Ⅱ式匜，以及残损不能分型分式的鬲、盂等。A型Ⅱ式陶豆共出于两组器物中。

第一期第2段，A组第1段。

共有墓葬3座。M46、M57、M77。出土器物有Aa型Ⅰ～Ⅱ式、Ab型、Bb型Ⅱ式、Bd型壶，B型Ⅱ～Ⅲ式豆，B型盘，以及残损不能分型分式的鼎、盉等。

第二期第3段，B组。

共有墓葬2座。M24、M33。出土器物有C型鼎、Ca型壶、Cb型壶、盒、B型Ⅳ式豆、A型Ⅱ式盘、B型匜、A型杯、B型杯、A型釜、B型釜、甑。

以上各期墓葬出土典型陶器型式关系及分期经归纳如下（表三；图六七～图七一）。

表三　葛家沟墓地战国时期墓葬出土陶器型式分期表

期	段	墓号	器形													
			鼎	敦	壶	豆	盘	匜	盉	盒	杯	罐	釜	甑	鬲	盂
一	1	M15			AaⅠ	AⅡ2									√	√
		M20	AcⅡ2	Ⅱ2	BbⅠ2	AⅡ2	AⅡ	AⅡ								
		M23	AbⅡ2	Ⅱ2	BcⅡ2		AⅡ	AⅡ								
		M49	Aa	√	BcⅠ	AⅠ										
		M40	AbⅠ	Ⅰ	Ba		AⅠ	AⅠ								
		M42	AcⅠ	√	BcⅡ	AⅡ2										
		M43	AcⅠ2	Ⅱ2	Ⅱ2		√	√								
		M58	√2	Ⅱ2	BcⅡ2	AⅡ	AⅡ	AⅡ								
		M62	AcⅡ2	Ⅱ2	BbⅠ2	BⅠ4	AⅡ	AⅡ								
		M63	AcⅠ2	Ⅱ2	BbⅠ2	BⅠ4										
	2	M46	√2	√	BbⅡ √	BⅢ4										
		M57	A2 B1	√2	Bd2	BⅡ4	√	√	√							
		M77	A4 B1	√2	AaⅠ1 AaⅡ1 Ab2 B2	C2	B	√	√							
二	3	M24	C	Ca		BⅣ	AⅡ	B		√	B		A B	√		
		M33	C2	Cb2		BⅣ2	AⅡ2	B2		√	A2	√				

注：①“√”表示因残损严重或数量较少，而未能分型式的器物。

②未注明件数者皆为1件。

二、墓葬年代

1. 分期与断代

葛家沟发掘的16座战国墓葬，没有出土有明确纪年的遗物，墓葬年代只能通过认定陶器组合的大致年代以及典型陶器的具体年代来进行推断。陶器组合使用年代范围的认定主要依靠该地区已有的考古学文化发展序列研究成果，一般认为鼎、敦、壶的仿铜陶礼器组合在战国早中期最为常见，鼎、盒、壶的组合则始于战国晚期，并流行于西汉时期。典型器物指逻辑发展序

器类 / 型式 / 期段		鼎				
		A			B	C
期	段	a	b	c		
第一期	1	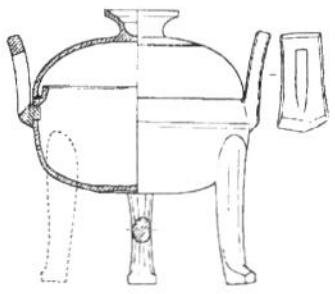 Ⅰ（M19：2）	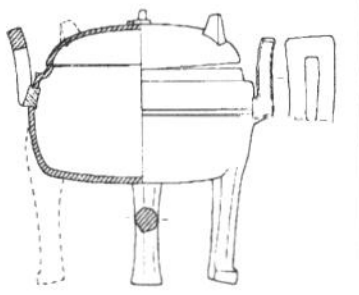 Ⅰ（M40：3）	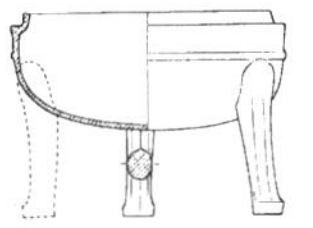 Ⅰ（M42：3）		
			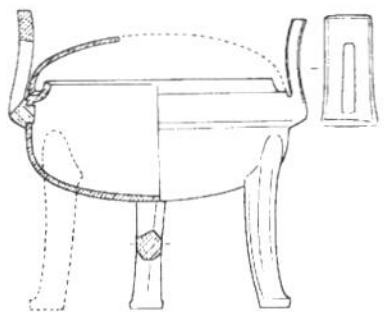 Ⅱ（M23：3）	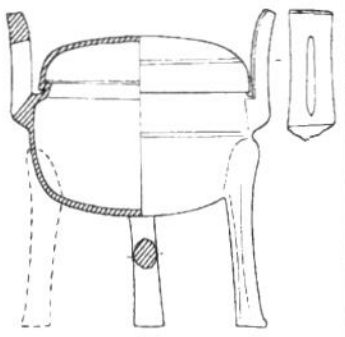 Ⅱ（M62：5）		
	2				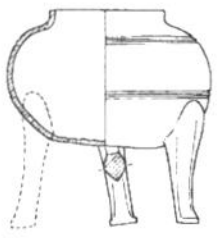 （M57：2）	
第二期	3					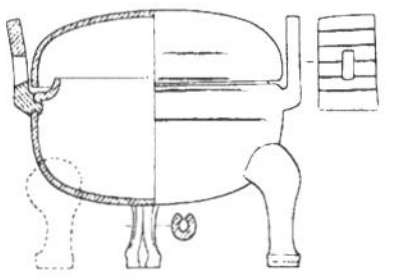 （M33：7）

图六七　葛家沟墓地战国墓葬出土陶器型式分期图（一）

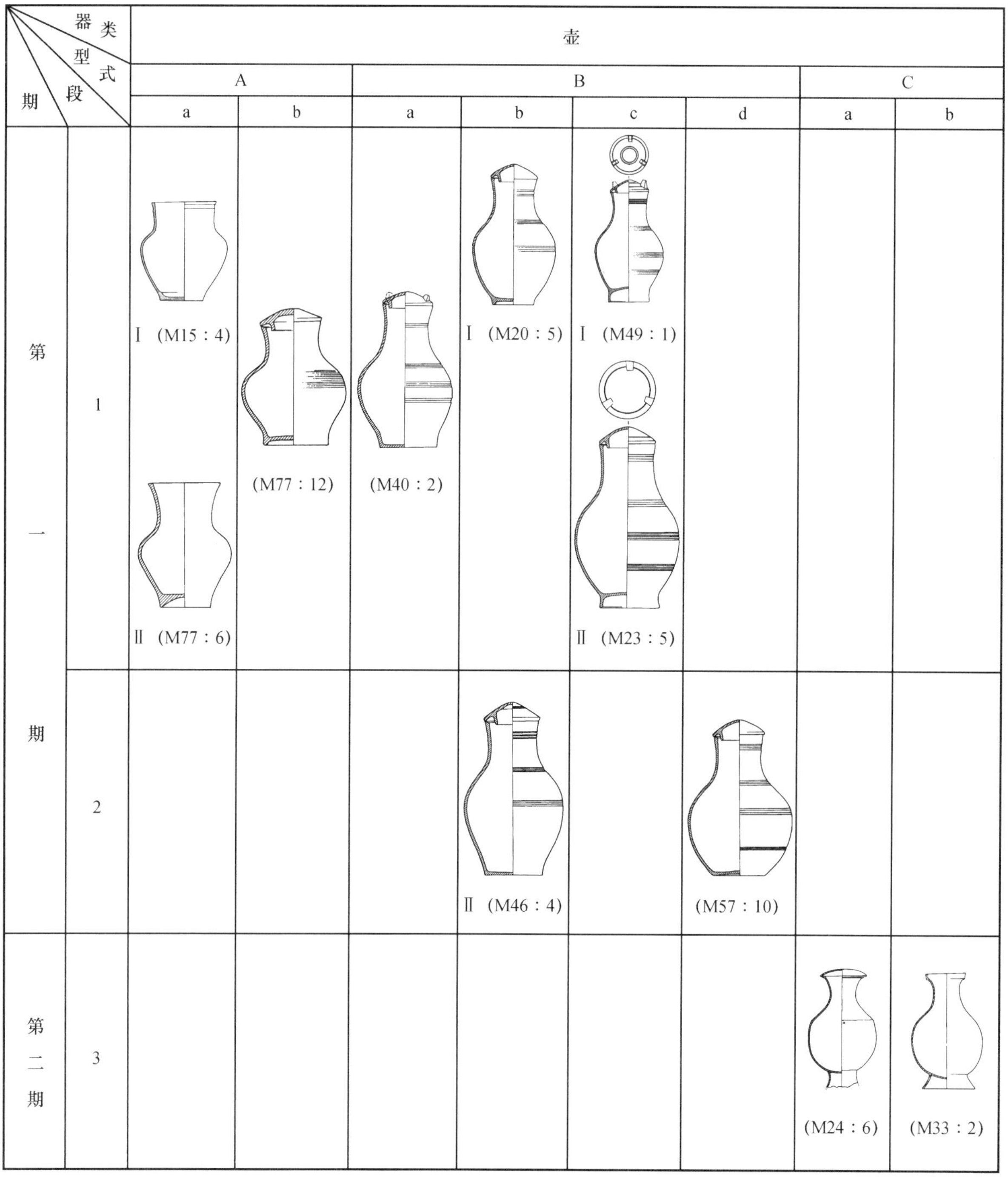

图六八　葛家沟墓地战国墓葬出土陶器型式分期图（二）

器类 / 型式 / 段 / 期		敦	釜		杯	
			A	B	A	B
第一期	1	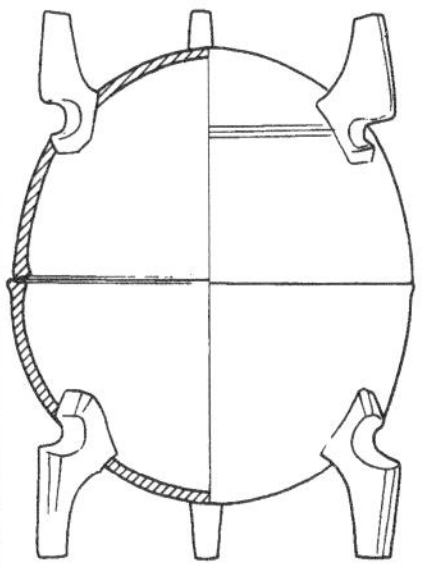 Ⅰ（M40：4） 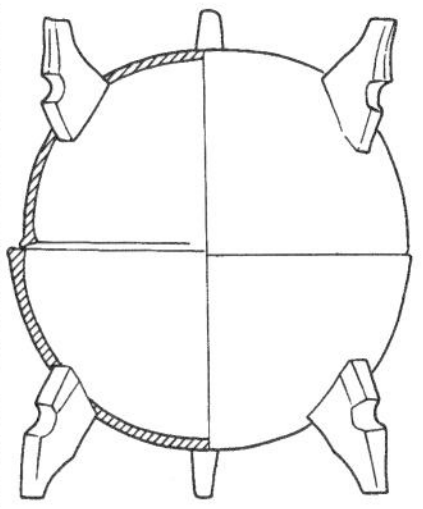 Ⅱ（M62：4）				
	2					
第二期	3		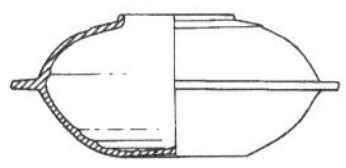 （M24：10）	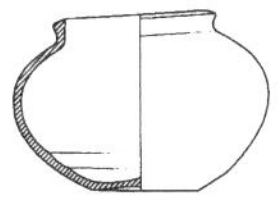 （M24：7）	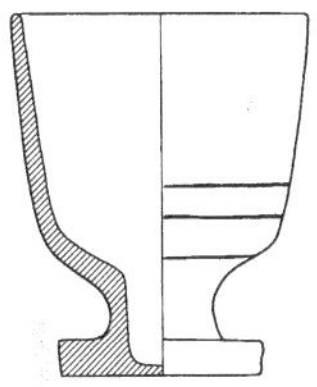 （M33：5）	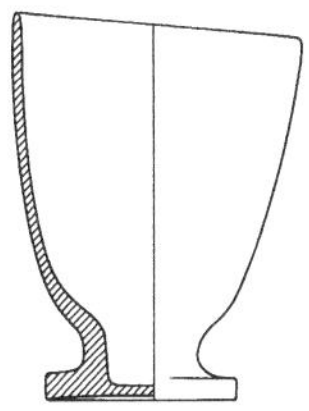 （M24：11）

图六九　葛家沟墓地战国墓葬出土陶器型式分期图（三）

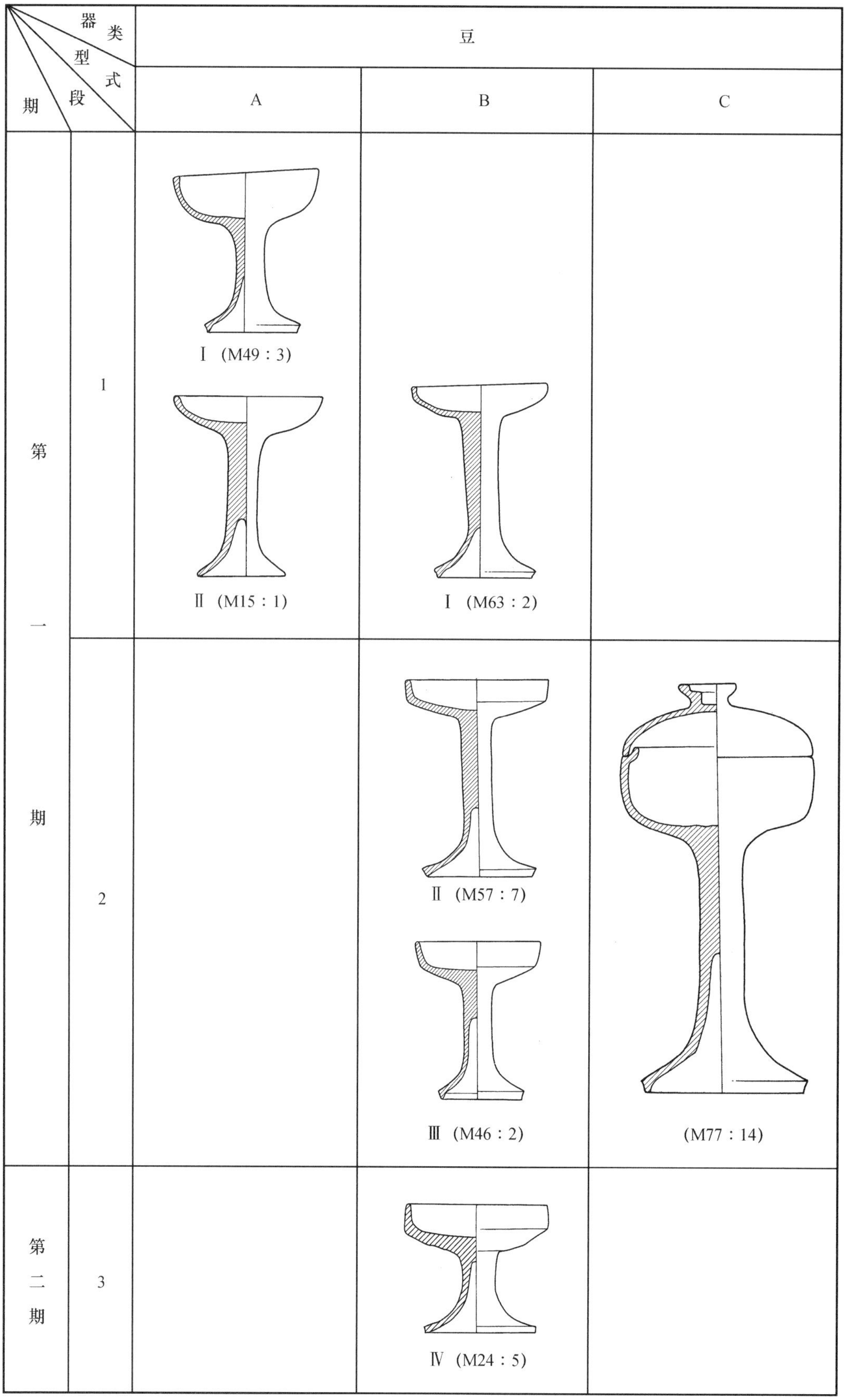

图七〇　葛家沟墓地战国墓葬出土陶器型式分期图（四）

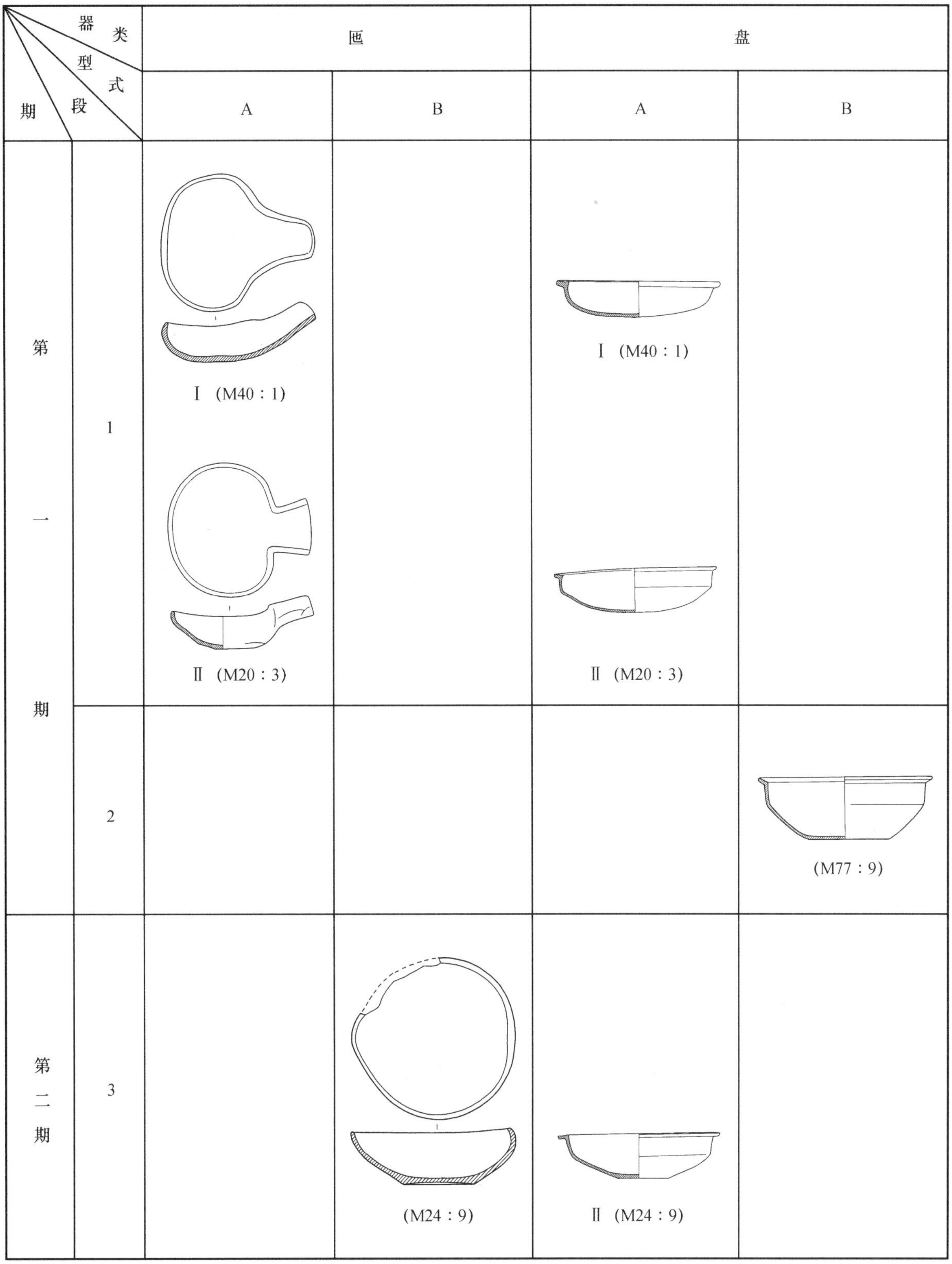

图七一 葛家沟墓地战国墓葬出土陶器型式分期图（五）

列较为清楚的一类器物，这里主要选择鼎、豆、盘、匜等器形，其具体年代的断定主要通过对比本地区以往发掘出土的器物资料，找出特征相似的同类器，墓葬年代的认定最好依靠多件器物，认定的器物具体年代不应超出该类组合流行的年代范围。下文就按此方法对葛家沟墓地战国墓葬出土陶器进行对比、分析，进而确定墓葬年代。

2. 各期文化内涵

第一期第1段：器物有Aa型、Ab型Ⅰ～Ⅱ式、Ac型Ⅰ～Ⅱ式鼎，Aa型Ⅰ式、Ba型、Bb型Ⅰ式、Bc型Ⅰ～Ⅱ式壶，Ⅰ～Ⅱ式敦，A型Ⅰ～Ⅱ式、B型Ⅰ式豆，A型Ⅰ～Ⅱ式盘，A型Ⅰ～Ⅱ式匜等。出土器物的特征接近河南淅川东沟长岭的第二期第2段墓葬出土遗物，其中M62随葬陶器的组合、形态都与东沟长岭M23非常相似[①]。Ac型Ⅰ～Ⅱ式鼎与东沟长岭Bc型Ⅰ～Ⅱ式鼎、徐家岭M6：1[②]、彭岗Ⅱ～Ⅲ式鼎[③]、九店B型Ⅲ式鼎（M10：2）[④]近似，与雨台山Ⅱ式铜鼎（M413：5）相比也较为近似[⑤]；Aa型鼎与东沟长岭M7：1形制相近，只是腹较浅，足较长，应略晚于M7年代；Aa型Ⅰ式壶与彭岗M1：1近似，只是腹更鼓；Ba式壶Bb型Ⅰ式壶与东沟长岭M23：4近似；Bc型Ⅰ～Ⅱ式壶与东沟长岭Cc型Ⅰ式壶近似；Ⅰ～Ⅱ式敦与东沟长岭Cc型Ⅰ～Ⅱ式敦近似；A型Ⅰ～Ⅱ式豆与东沟长岭Da型豆近似；B型Ⅰ式豆与东沟长岭M23：7近似；A型Ⅰ～Ⅱ式盘与东沟长岭A型Ⅰ式盘近似；A型Ⅰ～Ⅱ式匜与东沟长岭A型Ⅰ式匜相似；Aa型Ⅰ式小壶与雨台山Ⅲ式小壶（M189：1）近似。

综上分析，第一期第1段的年代大致在战国中期早段。

第二期第2段：器物有B型鼎，Aa型Ⅰ～Ⅱ式、Ab型、Bb型Ⅱ式、Bd型壶，B型Ⅱ～Ⅲ式豆，B型盘等。出土器物接近河南淅川东沟长岭第二期第3段器物，其中M57随葬陶器的组合、形态都与东沟长岭M46近似。B型鼎与东沟长岭D型Ⅳ式鼎、金陂M78：8鼎近似；Aa型Ⅰ式壶（M77：6）与九店Ⅰ式壶形罐（M39：1）近似；Aa型Ⅱ式壶（M77：7）与九店Ⅱ式壶形罐（M37：1）近似；Bb型Ⅱ式壶与东沟长岭Cc型Ⅲ式壶近似；Bd型壶与东沟长岭Cb型Ⅱ式壶近似；B型Ⅱ～Ⅲ式豆与东沟长岭Da型Ⅲ～Ⅳ式、Db型Ⅱ～Ⅳ式豆近似；B型盘与东沟长岭A型Ⅲ式盘近似。铜勺与雨台山Ⅱ式铜勺（M423：3）、望山M1：T123[⑥]同类器近似；C型盖豆与望山M1：134同类器非常近似。

综上分析，第一期第2段的年代，大致在战国中期晚段，部分墓葬可能延续至战国晚期早段。

---

① 河南省文物局：《淅川东沟长岭楚汉墓》，科学出版社，2011年。

② 河南省文物考古研究所、南阳市文物考古研究所、淅川县博物馆：《淅川和尚岭与徐家岭楚墓》，大象出版社，2004年。

③ 湖北省文物考古研究所、襄樊市博物馆：《湖北襄樊市彭岗东周墓群第三次发掘》，《考古》1997年第8期。

④ 湖北省文物考古研究所：《江陵九店东周墓》，科学出版社，1995年。

⑤ 湖北省荆州地区博物馆：《江陵雨台山楚墓》，文物出版社，1984年。

⑥ 湖北省文物考古研究所：《江陵望山沙冢楚墓》，文物出版社，1996年。

第二期第3段：C型鼎、Ca型壶、Cb型壶、盒、B型Ⅳ式豆、A型Ⅱ式盘、B型匜、A型杯、B型杯、A型釜、B型釜等。出土器物接近河南南阳丰泰墓地第2、3段M290、M239的部分同类器①。C型鼎与丰泰墓地M239：1接近；Ca型壶（M24：6）整体形态接近丰泰墓地Ba型Ⅰ式壶，只是口部略异；Cb型壶与王坡C型Ⅰ式壶（M2：1）近似；盒与新四队Ba型Ⅱ式壶（M23：9）、Bb型Ⅱ式壶（M23：8）②近似；B型Ⅳ式豆与王坡B型Ⅱ式豆（M7：3）、丰泰墓地M190：11豆近似；A型Ⅱ式盘与丰泰墓地M190：6近似；B型匜与丰泰墓地M190：10近似；A型杯与丰泰墓地A型杯近似；B型杯与丰泰墓地B型杯近似；B型釜双耳罐与丰泰墓地M76：2近似。

综上分析，第二期第3段的年代为战国晚期的中晚段。

上述15座墓葬所分二期3段的大致时代如下：

第一期第1段，M40、M49、M20、M23、M42、M43、M49、M58、M62、M63、M15，战国中期早段；

第一期第2段，M46、M57、M77，战国中期晚段；

第二期第3段，M24、M31、M33，战国晚期中晚段。

从墓葬形制以及随葬品的演化看，3段之间缺环不太明显，第一、二期器物的差别应是秦文化入侵的结果。

第七节　小　　结

本墓地发掘的16座战国墓葬可分为两期3段，即战国中期早段、战国中期晚段、战国晚期中晚段。两期墓葬在墓葬形制以及葬式等方面较为一致，但随葬品差异明显。

（1）所有墓葬皆位于第三区的北、中、南三个小区内，具体分布情况是北小区6座、中小区7座、南小区2座，北、中小区皆为小型墓，南小区有1座中型墓。

（2）所有墓葬皆为竖穴土坑，除了M77带有单斜坡墓道，为中型墓外，其余墓葬无墓道，为小型墓，墓口面积多在3～5平方米。多有二层台，未见壁龛，墓壁规整近直。墓葬填土为翻挖回的五花土，中型墓M77墓室中下部填有较厚的青膏泥。

（3）墓葬朝向并不固定一致，9座大致呈南北向分布，6座大致呈东西向分布。

（4）仿铜陶礼器墓的葬具以单棺单椁居多，少量单棺无椁，仅有的1座随葬日用品的墓葬为单棺。葬具多已腐朽，从残存情况看，椁多呈Ⅱ形，紧贴二层台，棺为长方形，由榫卯拼接而成。从残存情况看，葬式皆为单人仰身直肢葬。

（5）15座墓葬皆有随葬品，数量不多，最少的有4件，多者十几件，一般在5～10件。

（6）随葬品主要是陶器，铜器较少。随葬陶器摆放一般较为集中，成排或成列，多放置于棺椁之间，头端或一侧，铜器与陶器放在一起。棺内一般不放置随葬品。

① 河南省南阳市文物考古研究所、武汉大学历史学院考古系：《南阳丰泰墓地》，科学出版社，2011年。

② 河南省文物局：《淅川新四队墓地》，科学出版社，2015年。

（7）随葬陶器可分为仿铜陶礼器与日用陶器。日用陶器种类有鬲、盂、豆、小壶（罐）。陶礼器组合以鼎、敦、壶或鼎、盒、壶为核心，另外还有豆、盘、匜、小口鼎与盉等。随葬品组合既有单纯仿铜陶礼器组合、日用器组合，也有仿铜陶礼器+日用陶器的组合。

（8）随葬陶器数量上，仿铜礼器中的鼎、敦、壶数量多相同，2件一组较为常见，也有个别墓葬为各1件，豆数量为4件、2件或1件；盘、匜皆为1件；小口鼎为1件、盉为1件。日用器中鬲、盂、小壶（罐）各1件，豆2件。

（9）两期的仿铜陶礼器在器物组合、造型上变化较大，中期的陶礼器组合以鼎、敦、豆、壶、盘、匜最为常见，另外还有小口鼎与盉；晚期的礼器组合发展为鼎、盒、壶、豆、盘、匜，另加杯、釜甑、罐。中期的鼎为A型的高足鼎，晚期则为C型的矮足小鼎；中期的壶为小圈足或无圈足的B型壶，晚期的壶为高大圈足的C型壶；中期的匜为平面近椭圆形的A型匜，晚期的匜为近桃形的B型匜。

（10）仿铜陶礼器第一期内部的2段之间则变化不大。组合基本保持不变，只是2段的组合更全。器物形态特征变化发展的序列不很清楚，较难把握，差异主要体现在鼎、豆等少量器形上，鼎的发展一般由深腹矮足到浅腹高足发展，豆则由弧壁矮柄，到弧壁微折，再到折壁高足。

（11）从墓葬的分布排列上看，大多数墓葬相距较远，只有M42、M43相距较近，形状大小近似，对称排列，可能是夫妻异穴合葬墓。

第三章　秦、汉墓葬

第一节　墓葬综述

一、墓葬分布

葛家沟墓地共发掘秦、汉墓葬51座，包括土坑墓41座，砖室墓10座。其中Ⅰ区土坑墓2座（M1、M2），Ⅱ区土坑墓6座（图四），Ⅲ区土坑墓33座，砖墓10座（图五）。墓葬之间有打破关系的共有7组14个墓葬，即M19打破M28，M26打破M80，M36打破M35，M52打破M53，M64打破M66，M79打破M75、M76，M76打破M75。墓葬分布方向相同，存在并列关系的共有9组18座墓葬，即M1与M2，M25与M26，M28与M29，M38与M39，M44与M45，M47与M48，M64与M65，M69与M70，M74与M75。（与战国墓的打破关系有M21打破M63，M28打破M19，M32打破M33，M30打破M31，M45打破M46，M71、M72、M73、M74打破M77。）

二、墓葬形制与结构

这51座墓葬可分为土坑墓和砖室墓两大类。

第一类墓葬为竖穴土坑墓，共41座。根据有无墓道可以分为无墓道的竖穴土坑墓和带墓道的竖穴土坑墓两型。无墓道的竖穴土坑墓32座，平面开口为长方形。带斜坡或阶梯状墓道的竖穴土坑墓8座，由平面开口为长方形的墓道和平面开口为长方形的墓室组成，墓道位于墓室一短边中间或略偏；有的墓道宽度比墓室略窄，与墓室一长边呈直线刀背状，有的长方形墓道与墓室等宽。

第二类墓葬为砖室墓，共10座。均为单室砖室墓，该类墓葬根据建筑材料的不同可以分为空心画像砖墓和砖室墓两型。砖室墓9座，由青灰色的条砖砌筑而成，M51、M52、M60、M68、M72、M76、M79此7座砖室墓破坏严重，有的剩余墓道，有的剩余墓室，形制不全，有的仅剩余墓圹。M64、M65此二座亦遭受不同程度的破坏。空心画像砖墓1座，M45，平面开口为甲字形，由平面开口长方形的墓道和平面开口长方形的墓室两部分组成，墙砖和底砖由青灰色的墓砖砌筑而成，墓门部分由7块带图案的空心砖砌筑。

三、墓葬方向

葛家沟墓地秦、汉墓葬51座中形制全的有43座。墓向以头向为标准，头向不清的以放置随葬品的一端为准，有墓道的以墓道方向为准。北方向（335°～25°）10座（M6、M22、M25、M26、M36、M38、M39、M59、M79、M80），东向（65°～115°）17座（M1、M2、M4、M5、M11、M18、M21、M27、M28、M29、M30、M41、M72、M73、M74、M75、M76），南向（155°～210°）12座（M10、M12、M16、M17、M19、M32、M37、M53、M64、M65、M66、M71），西向（245°～295°）7座（M35、M47、M48、M51、M52、M60、M68），东北向（25°～65°）1座（M61），东南向（115°～155°）4座（M44、M45、M69、M70）。

四、葬式、葬具

葛家沟墓地秦、汉墓葬51座墓葬除18座墓葬由于受到扰乱或葬具腐朽，不见棺椁痕迹外，其余33座墓葬均部分残留棺、椁痕迹，从棺、椁朽痕看一棺一椁墓葬28座，二棺一椁墓葬1座，单棺墓葬4座。

所有墓葬人骨架均已腐朽，保存情况较差，18座墓葬残存部分骨骼，其中侧身屈肢葬1座，仰身直肢葬17座，M26、M30两座墓葬有骨架2具，其余墓葬有1具骨架。

五、随葬品

随葬器物248件。其中陶器172件，器形主要有鼎、盒、壶、仓、井、灶、瓮、鍪、甗、釜、甑等；铁器10件，器形有铁剑、铁环首刀、两歧簇等；铜器25件（不包括铜钱、铜铃、铜镞、铜泡钉），器形有铜鼎、钫、勺、匜、带钩、镜、洗、铜匕等，铜钱98枚、铜镞2件、铜泡钉3件；玉、石器2件，器形有玉（石）璧、镞范等。

第二节　墓葬分述

一、M1

位于发掘Ⅰ区中部，丹江口水库西岸河边的台地上，南邻M2。

1. 墓葬形制与结构

该墓为长方形竖穴土坑墓，方向85°。

墓口开口于耕土层下，墓口距地表0.3米，墓口长2.7米，宽1.8米，深4.7米。墓圹四壁规整，直壁向下，壁面光滑，经人工修整。墓室口、底同大，墓室底部较平整，四周有因放置棺椁后填土形成的熟土台，北、东、南、西四侧宽度均为0.3米，台高0.5米。

墓内填土黄褐色五花土，土质较硬，结构较致密。

2. 葬具、葬式

（1）葬具

葬具已腐朽，仅见灰痕，可以看出为一棺一椁。

椁室平面呈长方形，椁痕长2.3米，宽0.9米，棺位于椁内中部，棺痕长1.8米，宽0.6米。

（2）葬式

人骨架一具，已腐朽殆尽，葬式不详（图七二；图版一六，1）。

3. 出土器物

该墓出土随葬品7件，均为铜器，放置于椁内棺外南侧，自西向东分别为铜钫2件（M1：1、M1：2）、铜鼎2件（M1：3、M1：4），铜匜2件（M1：5-1、M1：5-2）叠放在钫和鼎的上方，铜勺1件（M1：6）横置在两个铜鼎上面。

铜钫　2件。大小、形制相同。锈蚀，青绿色，平面呈正方形，盝顶形盖，坡度较大，四面坡上各饰一扁体S形简化鸟首，盖舌短而内斜，钫矮领方唇，盘口，束颈溜肩鼓腹，腹部一对铺首衔环，平底，矮方圈足外撇，最大径位于腹中部。标本M1：1，通高28.6厘米，口径9.5厘米，腹径16.1厘米，底径11厘米，衔环直径4.5厘米（图七三，1；彩版一一，3）。

铜鼎　2件。大小、形制相同。锈蚀，青绿色，整体矮胖，子母口内折较长，上覆浅盘平底盖，方唇内折，盖饰三纽，纽近椭圆形，顶部一乳钉，肩部2个长方形附耳略外撇折，上腹壁直，下腹缓收，腹较深，中部有一凸棱，圜底近平，足跟粗大隆起，蹄足近直。标本M1：3，通高16.0厘米，口径13.5厘米，腹径16厘米，足高7厘米，耳高6厘米（图七三，2；彩版一一，1）。

铜匜　2件。锈蚀，青绿色。M1：5-1，平面桃形，有短流，小平底，宽平折沿，上腹壁直，下腹壁弧收，通长12.6厘米，宽10.5厘米，高3.5厘米，流长1.5厘米，流宽2.2厘米（图七三，4；彩版一一，2）。M1：5-2，平面桃形，有短流，小平底，上腹壁直，下腹壁弧收，通长12.5厘米，宽11.0厘米，高3.8厘米，流长1.5厘米，流宽1.8厘米（图七三，5）。

铜勺　1件。M1：6，勺斗弧边四边形，长銎分三段，首端与斗相接一段截面三角形，中间一段截面圆柱形，尾端龙首形，衔环，尾端和中间一段相连接处有箍。銎首段长6.9厘米，中段长17厘米，尾段长9.5厘米，勺斗长10厘米，宽7厘米（图七三，3；彩版一一，4）。

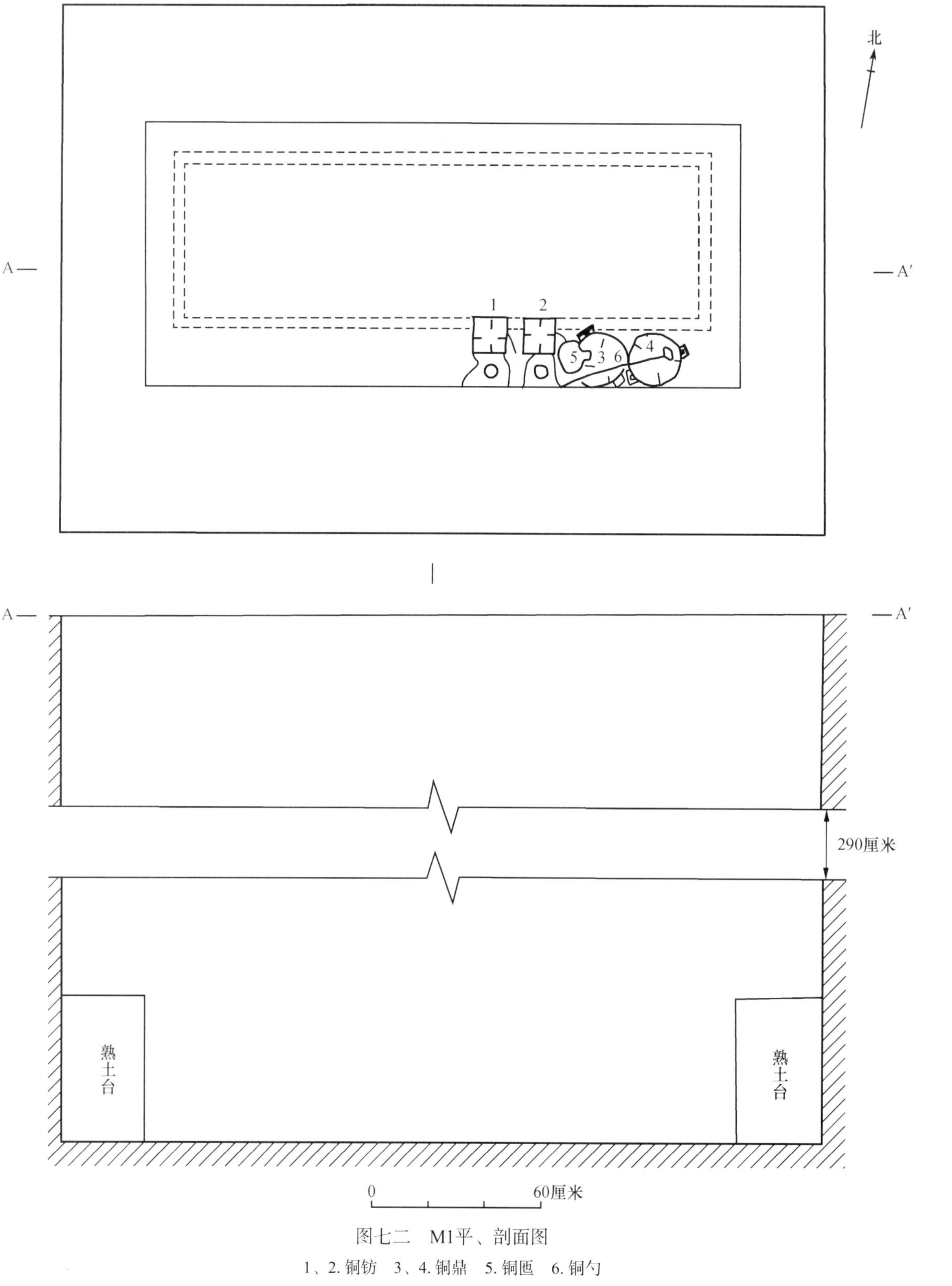

图七二　M1平、剖面图

1、2. 铜钫　3、4. 铜鼎　5. 铜匜　6. 铜勺

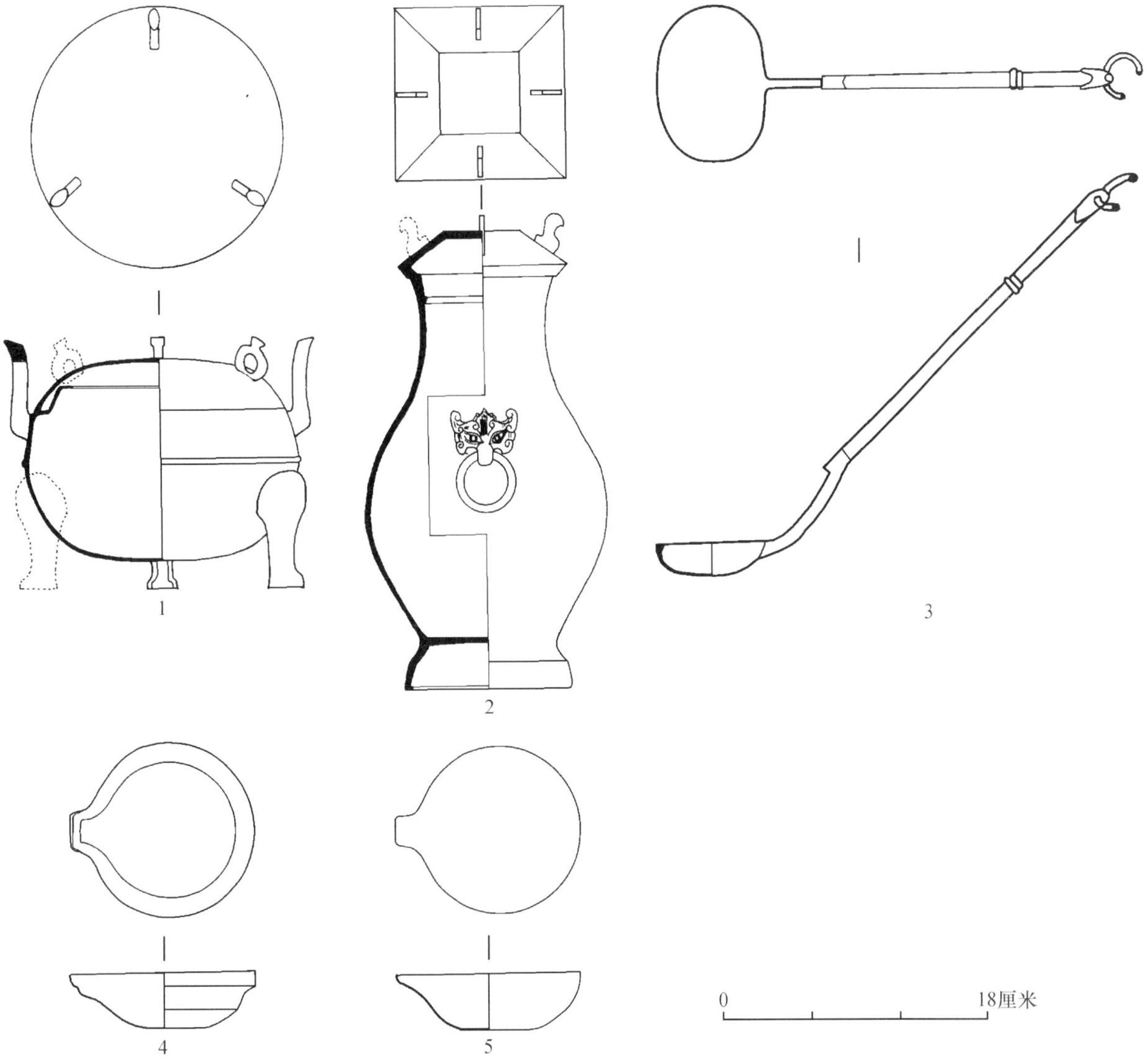

图七三　M1出土铜器

1. 铜钫（M1：1）　2. 铜鼎（M1：3）　3. 铜勺（M1：6）　4、5. 铜匜（M1：5-1、M1：5-2）

二、M2

位于发掘Ⅰ区中部，丹江口水库西岸河边的台地上，北邻M1。

1. 墓葬形制与结构

该墓为长方形竖穴土坑墓，方向85°。

墓口开口于耕土层下，墓口距地表0.3米，墓口长3.46米，宽2.3米，深4.6米。墓室口底基本同大，墓圹四壁规整，直壁向下，壁面光滑，经人工修整。墓室较平整，四周有因放置棺椁后填土形成的熟土台，北、东、南、西四侧宽度分别为0.6米、0.6米、0.4米、0.36米、高0.5米。

墓内填土为黄褐色五花土，土质较硬，结构较致密。

2. 葬具、葬式

（1）葬具

葬具已腐朽，仅见灰痕，从痕迹看为一棺一椁。

椁室平面呈亚字形，两端挡板长出侧板8～10厘米，椁痕长2.56米，宽1.16米，厚0.06米。棺位于椁内中部，棺痕长1.96米，宽0.45米。

（2）葬式

人骨架一具，已腐朽殆尽，残留部分牙齿，头向东（图七四；图版一六，2）。

3. 出土器物

该墓出土随葬品48件，质地有陶、铜、铁等。

棺内随葬铁剑1件（M2：12），锈蚀，残留痕迹，长0.8米。陶钵2摞（M2：1、M2：3），每摞5件，共计10件，位于棺外西部，棺椁之间。陶盘形甑1件（M2：2）位于棺外西部两摞陶钵之间。陶瓮1件（M2：13），位于陶盘形甑下面。棺外南部棺椁之间，自西向东分别为陶釜甑1件（M2：4）、陶钵1件（M2：5）、铜钫2件（M2：6、M2：7）、铜鼎2件（M2：8、M2：9）、铜铃27件（M2：11），铜勺1件（M2：10）位于铜鼎上面。

（1）陶器

15件，器形有钵、甑、釜甑、瓮。

陶钵　11件。

标本M2：1-1，泥质灰陶。敛口，尖圆唇，弧腹，下腹斜收，平底。素面。高6.3厘米，口径14.4厘米，底径5.2厘米。

标本M2：1-2，泥质灰陶。敛口，尖圆唇，弧腹，下腹斜收，平底。素面。高5.6厘米，口径13.9厘米，底径5.4厘米。

标本M2：1-3，泥质灰陶。敛口，尖圆唇，弧腹，下腹斜收，平底。素面。高6.5厘米，口径14厘米，底径5.5厘米。

标本M2：1-4，泥质灰陶。敛口，尖圆唇，弧腹，下腹斜收，平底。素面。高6厘米，口径13.9厘米，底径5.4厘米。

标本M2：1-5，泥质灰陶。敛口，尖圆唇，弧腹，下腹斜收，平底。素面。高6厘米，口径14.7厘米，底径5.5厘米（图七五，1；图版一五，5）。

标本M2：3-1，泥质灰陶。敛口，圆唇，弧腹，下腹斜收，平底。素面。高5厘米，口径13.8厘米，底径5.2厘米。

标本M2：3-2，泥质灰陶。敛口，圆唇，弧腹，下腹斜收，平底。素面。高4.8厘米，口径14.7厘米，底径5.2厘米。

标本M2：3-3，泥质灰陶。敛口，圆唇，弧腹，下腹斜收，平底。素面。高5.9厘米，口径14厘米，底径5厘米。

标本M2：3-4，泥质灰陶。敛口，圆唇，弧腹，下腹斜收，平底。素面。高5.6厘米，口径

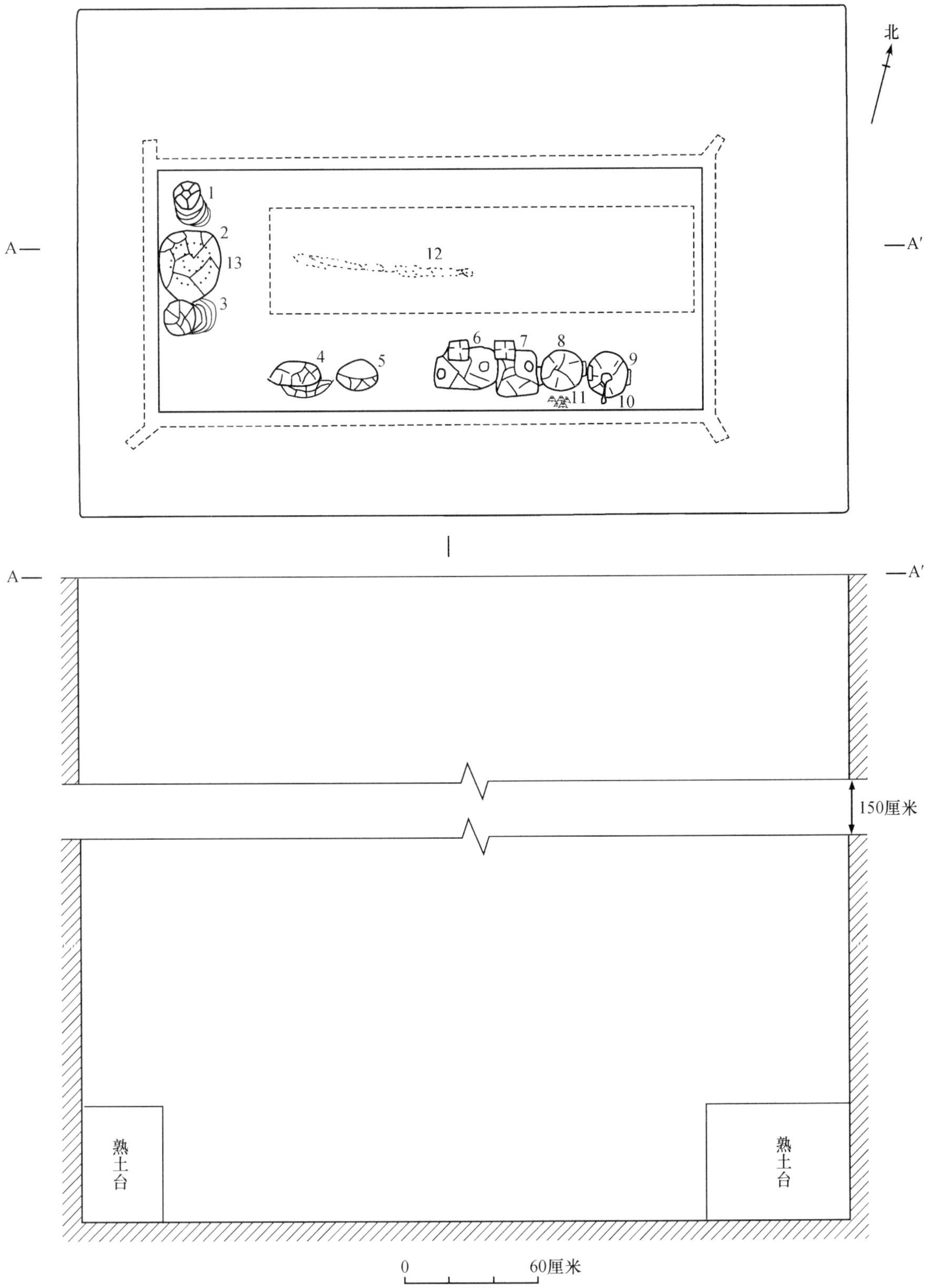

图七四 M2平、剖面图

1、3、5. 陶钵 2. 陶甑 4. 陶釜、甑 6、7. 铜钫 8、9. 铜鼎 10. 铜勺 11. 铜铃 12. 铁剑 13. 陶瓮

14.5厘米，底径5厘米。

标本M2∶3-5，泥质灰陶。敛口，圆唇，弧腹，下腹斜收，平底。素面。高5.5厘米，口径14.4厘米，底径4.6厘米（图七五，2；图版一五，6）。

标本M2∶5，泥质灰黑皮陶，褐胎。敛口，尖圆唇，浅弧腹，平底。素面。高7.5厘米，口径22厘米，底径7.5厘米（图七五，3；图版四〇，3）。

陶甑　1件。M2∶2，盘形甑。敞口，方唇，唇面有一周凹槽，浅盘，弧腹，平底，底部残存十六个圆形箅孔，部分未透。高4.2厘米，口径23.6厘米，底径13.2厘米（图七五，6；图版一五，4）。

陶釜、甑　各1件。M2∶4-1，釜，泥质灰陶。上承一钵形甑，侈口，卷沿，尖唇下耷，矮领，圆肩，鼓腹，圜底。下腹及底饰中绳纹。高16厘米，口径14.6厘米，腹径21.1厘米（图版四〇，2）。M2∶4-2，钵形甑。泥质灰陶。敛口，方圆唇，鼓腹，下腹急收，假圈足，平底微凹，底部有五圆形箅孔。素面。高8.5厘米，口径19.6厘米，底径6.8厘米（图七五，5；图版四〇，1）。

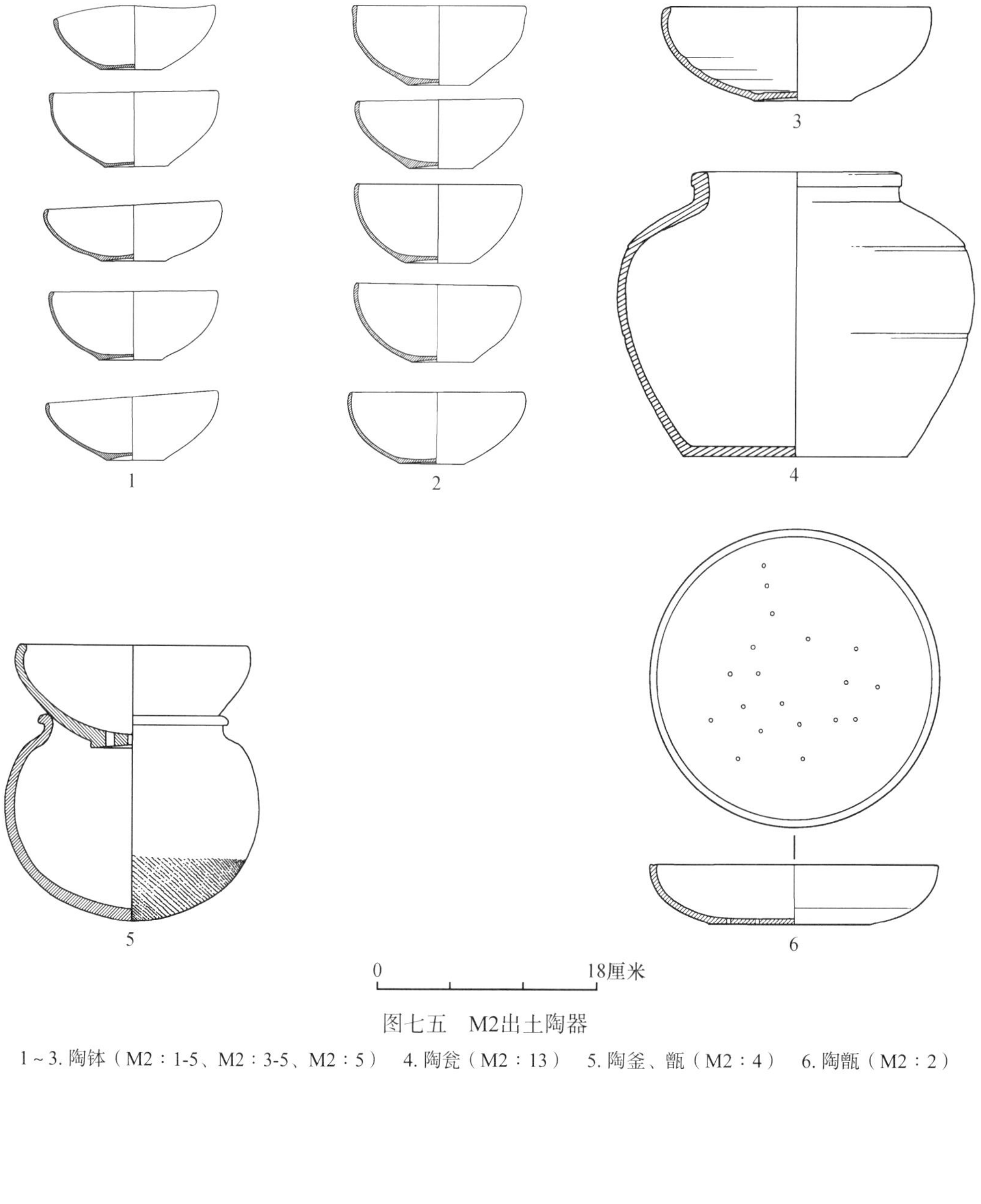

图七五　M2出土陶器

1～3. 陶钵（M2∶1-5、M2∶3-5、M2∶5）　4. 陶瓮（M2∶13）　5. 陶釜、甑（M2∶4）　6. 陶甑（M2∶2）

陶瓮　1件。M2：13，泥质灰陶。直口，平折沿，方唇，矮领，折肩，腹部斜收，平底。肩腹相交处、腹中部各饰一周凹弦纹。高22厘米，口径18.4厘米，腹径28.8厘米，底径18厘米（图七五，4；图版四〇，4）。

（2）铜器

32件，器形有鼎、钫、勺、铃。

铜鼎　2件。青绿色，大小、形制相同。整体矮胖，子母口内折较长，上覆浅盘平底盖，方唇内折，盖饰三纽，纽近椭圆形，顶部一乳钉，肩部2个长方形附耳略外撇折，上腹壁直，下腹缓收，腹较深，中部有一凸棱，圜底近平，足跟粗大隆起，蹄足近直。M2：8（图七六，3）、M2：9，通高16.5厘米，口径15.6厘米，腹径18厘米，足高7.3厘米，耳高6厘米（彩版一二，1、2）。

铜钫　2件。大小、形制相同。锈蚀，残，青绿色，平面呈正方形，盝顶形盖，坡度较大，四面坡上各饰一扁体S形简化鸟首，盖舌短而内斜，钫矮领方唇，盘口，束颈溜肩鼓腹，腹部一对铺首衔环，平底，矮方圈足外撇，最大径位于腹中部。M2：6（图七六，4）、M2：7，高32.2厘米，口径10.2厘米，腹径16.8厘米，底径11.6厘米，衔环直径5.7厘米。

铜勺　1件。M2：10，勺斗弧边四边形，长銎，銎分两段，首端与斗相接，略呈U形，切面三角形，末段扁平，截面梯形，柄尾衔环。勺斗长径9.1厘米，短颈6.5厘米，深1.5厘米，勺柄前段3厘米，尾段22.9厘米，环径2.8厘米（图七六，2；彩版一二，5）。

铜铃　27件。标本M2：11，形制大小相同，浅绿色，通体锈蚀，身较扁，方形纽，铃体上窄下宽，下端呈凹弧形，两翼尖凸，铃内部悬一舌。上端宽1.7厘米，下端宽3.3厘米，高2.2厘米（图七六，1；彩版一二，3）。

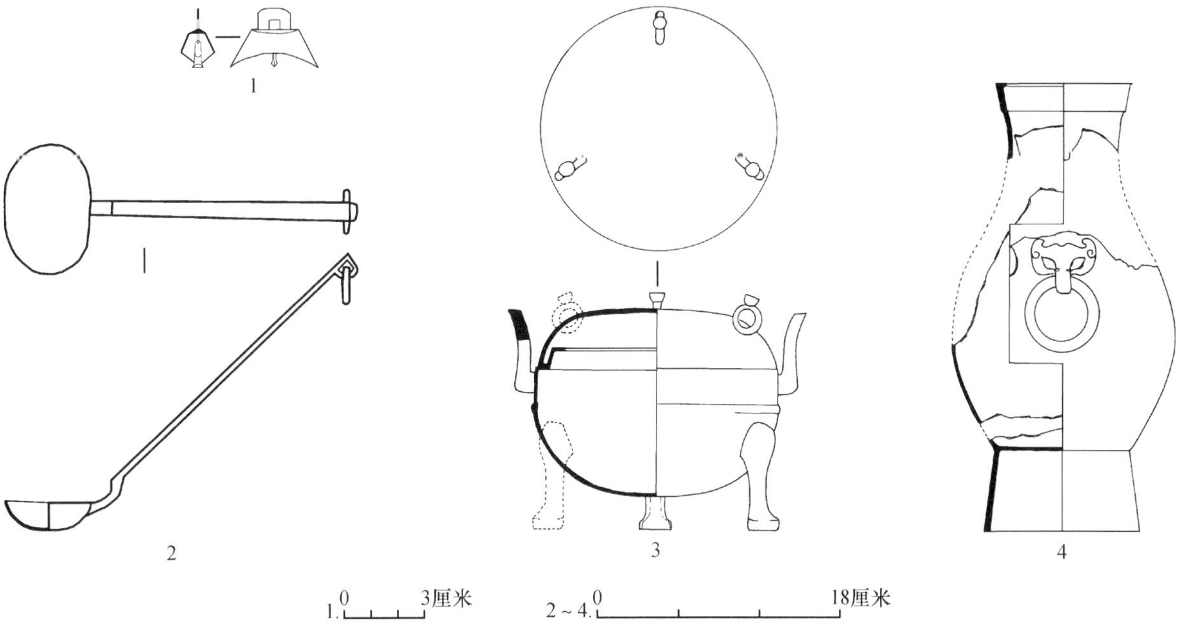

图七六　M2出土铜器

1. 铜铃（M2：11）　2. 铜勺（M2：10）　3. 铜鼎（M2：8）　4. 铜钫（M2：6）

三、M4

位于发掘Ⅱ区北部，丹江口水库西岸河边的断崖上，东距M5约10米。

1. 墓葬形制与结构

该墓为竖穴土坑墓，方向100°。

由于长年被江水浸蚀，墓口暴露于地表，盗扰。该墓开凿于较松软的白砂石壁上，墓室东部约3米长因被江水侵蚀向下剥蚀0.6～1.6米。平面开口呈长方形，现存墓口东西长3.5米，南北宽2.2米，西部距地表深2.1米，东部距地表深0.4米。四壁规整，壁面光滑，经人工修整，直壁向下，墓底平整。

墓内填土为夹杂白砂石的黄褐色五花土，土质较软，结构疏松。

2. 葬具、葬式

（1）葬具

葬具已腐朽不见痕迹。

（2）葬式

人骨架腐朽不存，无法判明葬式和头向（图七七）。

3. 出土器物

该墓被盗扰严重，墓室东北部发现陶釜1件（M4：1），陶鼎1件（M4：2），陶甑1件（M4：3），墓室东部发现石璧1件（M4：4）。其余大部分随葬品被盗走。墓室中部发现铜钱2枚（M4：5）。

（1）陶器

3件，器形有釜、甑、鼎（图版三一，1）。

陶釜　1件。M4：1，泥质褐胎灰黑皮陶。直口，方唇，矮直领，广肩，肩部起台，扁鼓腹，上腹部有一对称铺首，衔环缺失，腹中部有一腰檐，上窄下宽，圜底。素面。高13.4厘米，口径9.6厘米，腹径22.4厘米（图七八，2；图版四〇，5）。

陶甑　1件。M4：3，泥质灰黑陶。直口，平折沿，圆唇，上腹有一对铺首衔环，环可活动，铺首上方起一矮台，腹微鼓，圜底，圈足残失，外底划出折线形窄槽象征箅孔。沿下有两周凹弦纹，内壁施有红彩。口径25.6厘米，高13.8厘米（图七八，3；图版四〇，6）。

陶鼎　1件。M4：2，泥质灰陶。形体较大，覆盘形盖，方唇，顶微弧，中部有一小环纽，内套一细环，外围另有三环纽，纽上部各有一小乳钉。鼎身子口内敛，方唇，长方形附耳，耳上部平折外撇，腹微鼓，圜底，三蹄形足，足内侧近平。中腹有一凸弦纹。通高24厘米，口径20.4厘米，腹径35.7厘米，盖口径22.5厘米，高3.8厘米，足高13.5厘米（图七八，4；图版四一，1）。

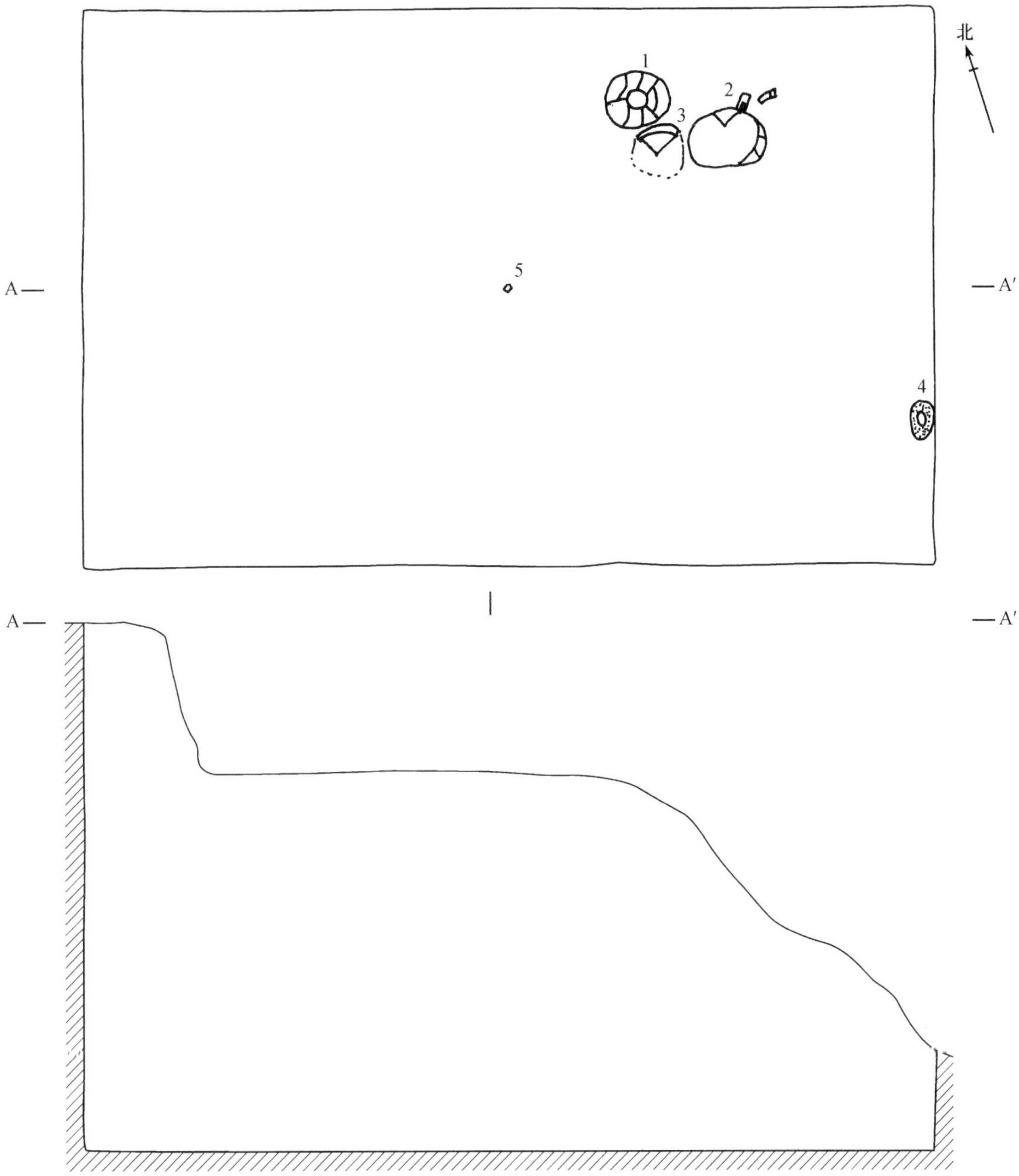

图七七　M4平、剖面图

1. 陶釜　2. 陶鼎　3. 陶甑　4. 石璧　5. 铜钱

（2）玉、石器

1件，器形为璧。

石璧　1件。M4∶4，青灰色石灰岩质，不透明，质地较差，两面均饰隆起的谷纹，内空一面钻，好缘外侧和边缘内侧各浅刻一周凹弦纹。肉径16厘米，好径4.2厘米，厚0.6厘米（图七八，1；彩版一七，5）。

（3）钱币

半两　2枚。边缘及穿上无周郭，正方形穿，穿旁有篆文的“半两”二字。钱径3.1厘米，肉厚0.1厘米，穿的长宽各为0.9厘米。M4：5-1，磨损较重，净重2.7克；M4：5-2，磨损较轻，净重4.7克（图七九，1）。

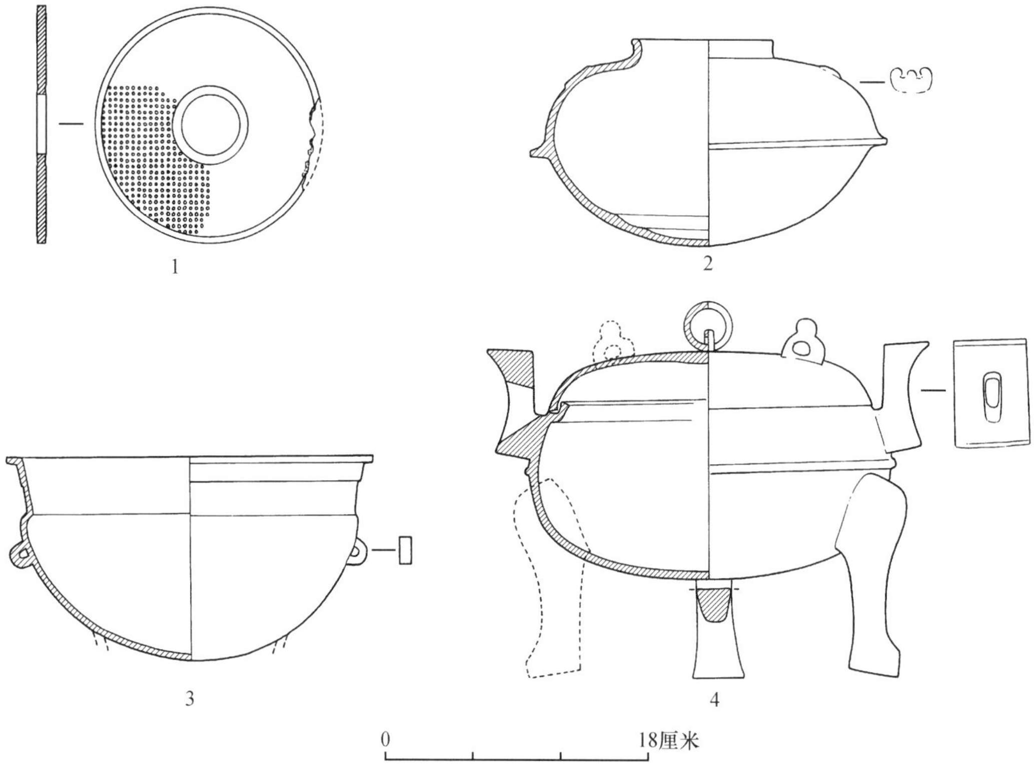

图七八　M4出土器物

1. 石璧（M4：4）　2. 陶釜（M4：1）　3. 陶甑（M4：3）　4. 陶鼎（M4：2）

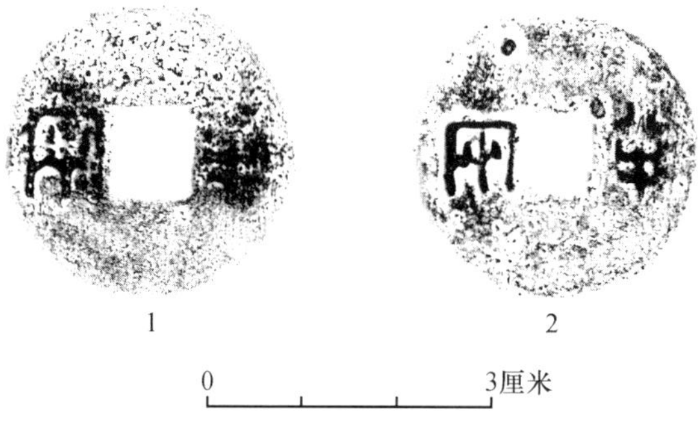

图七九　M4出土铜钱拓片

1、2. 半两（M4：5-1、M4：5-2）

四、M5

位于发掘Ⅱ区东北部，丹江口水库西岸河边的河滩上，西距M4约10米。

1. 墓葬形制与结构

该墓为长方形竖穴土坑墓，方向90°。

由于长年江水浸蚀、冲刷，墓口暴露于地表。墓口西高东低。现存墓口东西长3.1米，南北宽2.5米，口底同大，四壁规整，直壁向下。西部墓口距墓底0.7米，东部墓口距墓底0.3米，墓底平整。

墓内填土为夹杂白沙石的黄褐色五花土，土质较软，结构较疏松。

2. 葬具、葬式

（1）葬具

葬具已腐朽，残留灰痕，可辨为双棺。北侧棺痕长2.3米，宽0.7米。南侧棺痕残长0.9米，宽0.6米。

（2）葬式

北侧人骨架腐朽，不存，无法判明葬式和头向。

南侧人骨架腐朽，残留部分头骨，头向北（图八〇）。

3. 出土器物

该墓被盗扰严重，北侧棺内中部发现铁剑1件（M5：3），铜带钩1件（M5：1），铜泡饰3件（M5：2）。

（1）铁器

铁剑　1件。M5：3，径残，窄铜格，剑身中脊隆起，断面菱形，尖锋，双面刃。残长72.8厘米，铜格宽1.2厘米，长5.2厘米，剑身宽4.1～2.3厘米（图八一，4）。

（2）铜器

4件，器类有铜带钩、铜泡饰。

铜带钩　1件。M5：1，器形较小，钩体瘦长略呈琵琶形，钩面起一凸棱，扣钉位于尾端，钩首残。残长4.4厘米（图八一，1；彩版一四，1）。

铜泡饰　3件。形制相同，铜鎏金，器壁极薄，圆形，泡面隆起，背部有横纽。M5：2-1、M5：2-2，直径1.2厘米（图八一，2）；M5：2-3，直径1.4厘米（图八一，3）。

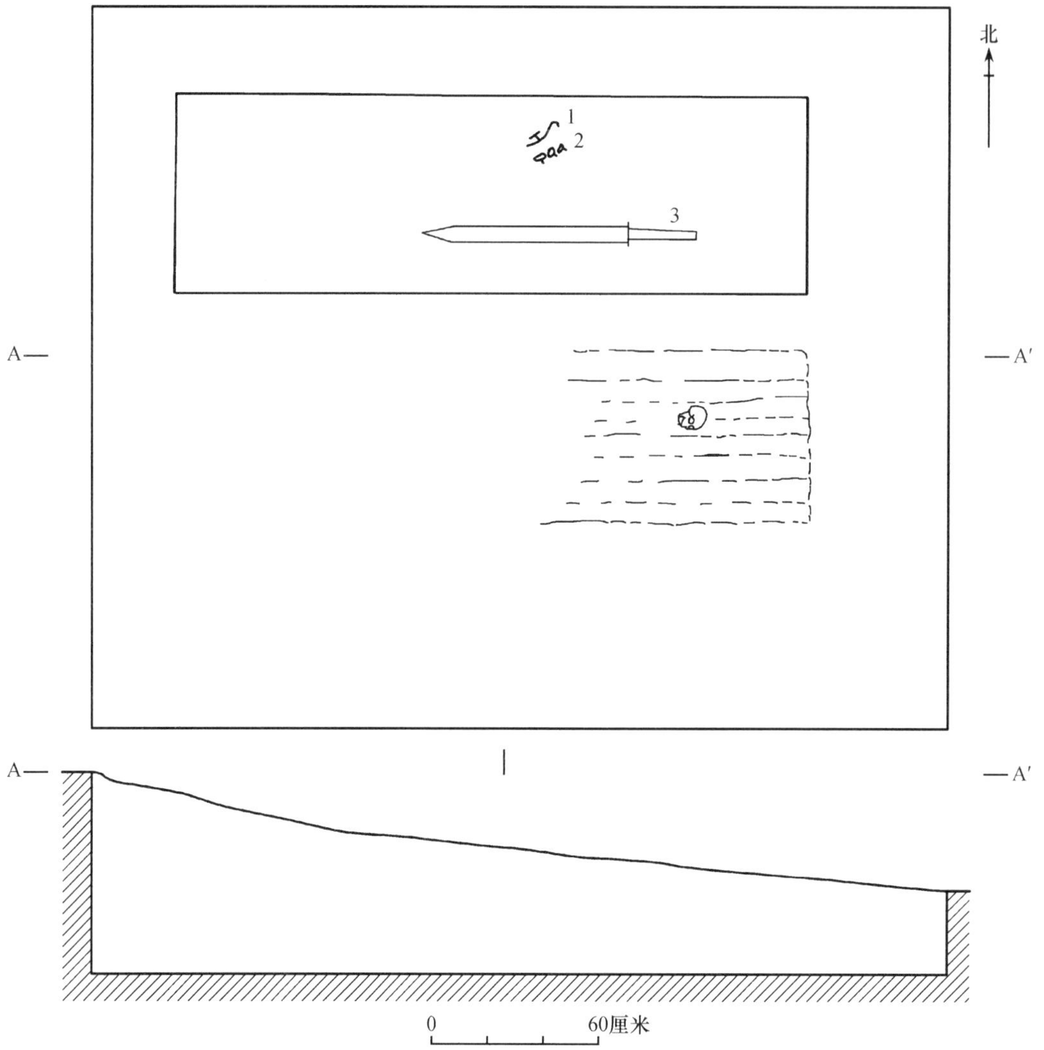

图八〇　M5平、剖面图

1. 铜带钩　2. 铜泡饰　3. 铁剑

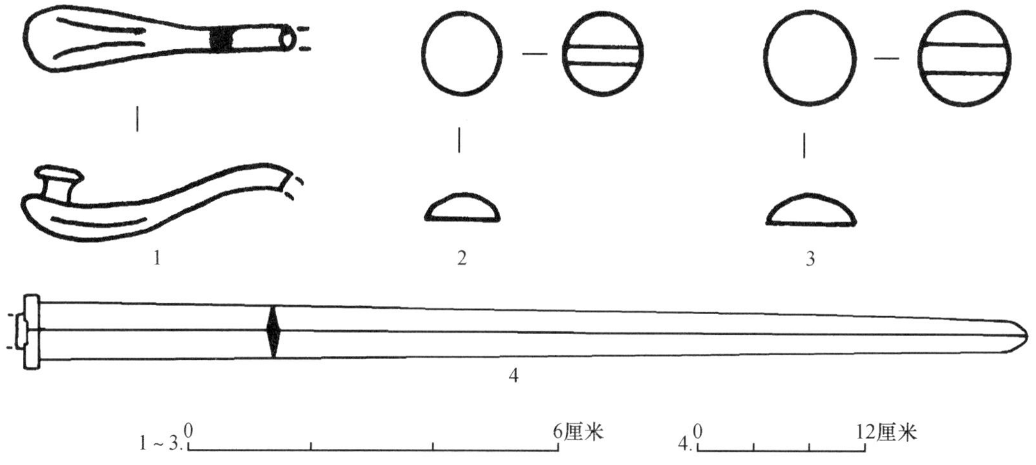

图八一　M5出土器物

1. 铜带钩（M5：1）　2、3. 铜泡饰（M5：2-1、M5：2-3）　4. 铁剑（M5：3）

五、M6

位于发掘Ⅱ区东北部，丹江口水库西岸河边的河滩上，南距M5约10米。

1. 墓葬形制与结构

该墓为长方形竖穴土坑墓，方向355°。

该墓由于长年江水浸蚀、冲刷，墓口暴露于地表。墓口西高东低。现存墓口南北长3.4米，东西宽2.06米，西部墓口距墓底2米，东部墓口距墓底1.5米，口底同大，四壁规整，直壁向下，墓底平整。

墓内填土为夹杂白沙石的黄褐色五花土，土质较软，结构较疏松。

2. 葬具、葬式

（1）葬具

葬具已腐朽，残留椁痕，长方形，长2.8米，宽1.3米。棺痕不存。

（2）葬式

人骨架腐朽不存，无法判明葬式和头向（图八二）。

3. 出土器物

该墓被盗扰严重，西南角发现铜鼎2件（M6：1、M6：2），其余随葬品被盗走，从清理情况看随葬品主要位于椁室西侧。

铜鼎　2件。青绿色，大小、形制相同。整体矮胖，子母口内折较长，上覆浅盘平底盖，方唇内折，盖饰三纽，纽近椭圆形，顶部有一乳钉，肩部两个长方形附耳略外撇折，上腹壁直，下腹缓收，腹较深，中部有一凸棱，圜底近平，足跟粗大隆起，蹄足近直。M6：1、M6：2，通高18.4厘米，口径12.8厘米，腹径19厘米，足高8.4厘米，耳高5.3厘米（图八三；彩版一三，1、2）。

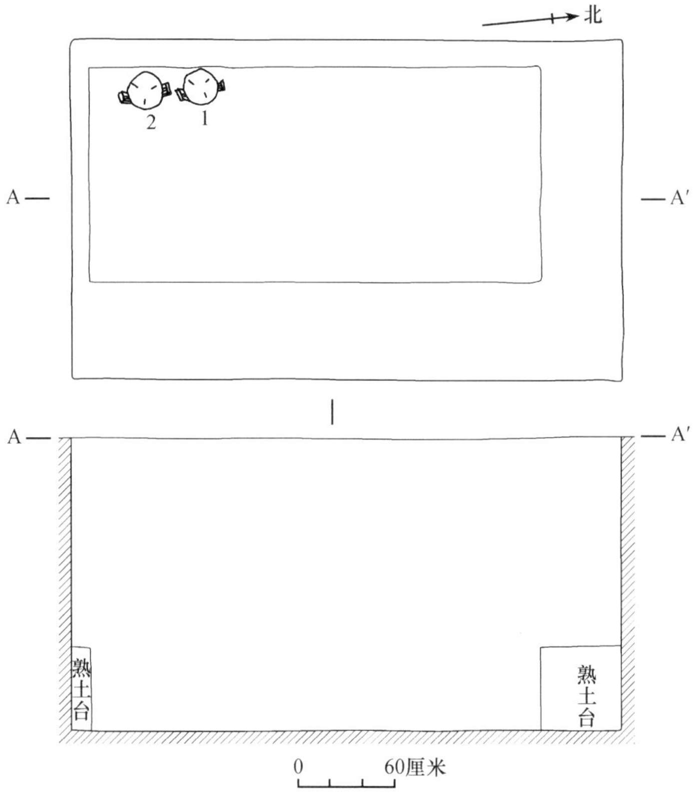

图八二　M6平、剖面图
1、2. 铜鼎

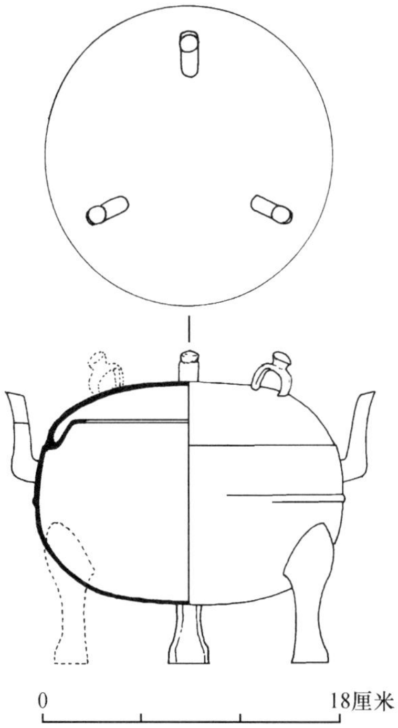

图八三　M6出土铜鼎
（M6：1）

六、M10

位于发掘Ⅱ区北部，丹江口水库西岸河边的河滩上。

1. 墓葬形制与结构

该墓为长方形竖穴土（岩）坑墓，方向189°。

由于长年受江水浸蚀、冲刷，墓口暴露于地表。墓口西高东低，南高北低。

墓口南北长2.2米，东西宽1.4米，西部墓口距墓底1.2米，东部墓口距墓底1.1米，口底同大，四壁规整，直壁向下，墓室底部平整。

墓内填土为夹杂黑土块的黄褐色五花土，土质较软，结构疏松。

2. 葬具、葬式

（1）葬具

葬具已腐朽，残留灰痕，可辨为一棺，棺痕长1.8米，宽0.5米。

（2）葬式

人骨架保存较差，头向南，面向东，侧身屈肢（图八四；图版一七）。

3. 出土器物

该墓出土随葬品6件，均为陶器，位于棺外东侧，自北向南分别为罐2件（M10：1、M10：2）、钵2件（M10：3、M10：5）、釜、甑各1件（M10：4）。钵和釜甑分别叠放在一起（图版二八，1）。

陶罐　2件。M10：1，泥质褐陶夹灰心。侈口，平折沿，方唇，唇面有一周凹槽，领适中，折肩，弧腹，平底。腹部似饰绳纹后被抹平，腹中部饰一周凹弦纹。高23.6厘米，口径11.3厘米，腹径25.2厘米，底径12.4厘米（图八五，1；图版四一，2）。M10：2，泥质灰陶。侈口，平折沿，沿面有一周凹槽，斜方唇，唇面有一周凹槽，领适中，鼓肩，腹部斜收，平底。领部饰一周凹弦纹，肩腹相交处饰一周凸弦纹。高22.1厘米，口径11.4厘米，腹径25.5厘米，底径13.5厘米（图八五，2；图版四一，3）。

陶钵　2件。形制相同。泥质灰陶。敞口，方唇，弧腹，下腹急收，假圈足，平底。素面。M10：3，高10.1厘米，口径22.1厘米，底径8.5厘米（图八五，4；图版四一，4）。M10：5，高5.9厘米，口径13.5厘米，底径6.2厘米（图八五，3；图版四二，1）。

陶釜、甑　各1件。M10：4-1，釜，泥质灰陶。上承一钵形甑，盖口内敛，尖唇，鼓腹，下腹斜收，平底。罐身侈口，卷沿，沿面上仰，方唇，矮领，领肩相交处有一周凹槽，鼓肩，圆鼓腹，圜底。腹中部饰一周凸弦纹，下腹及底部是中绳纹。下腹及底部有烧黑痕迹，疑为实

图八四　M10平、剖面图

1、2. 陶罐　3、5. 陶钵　4. 陶釜、甑

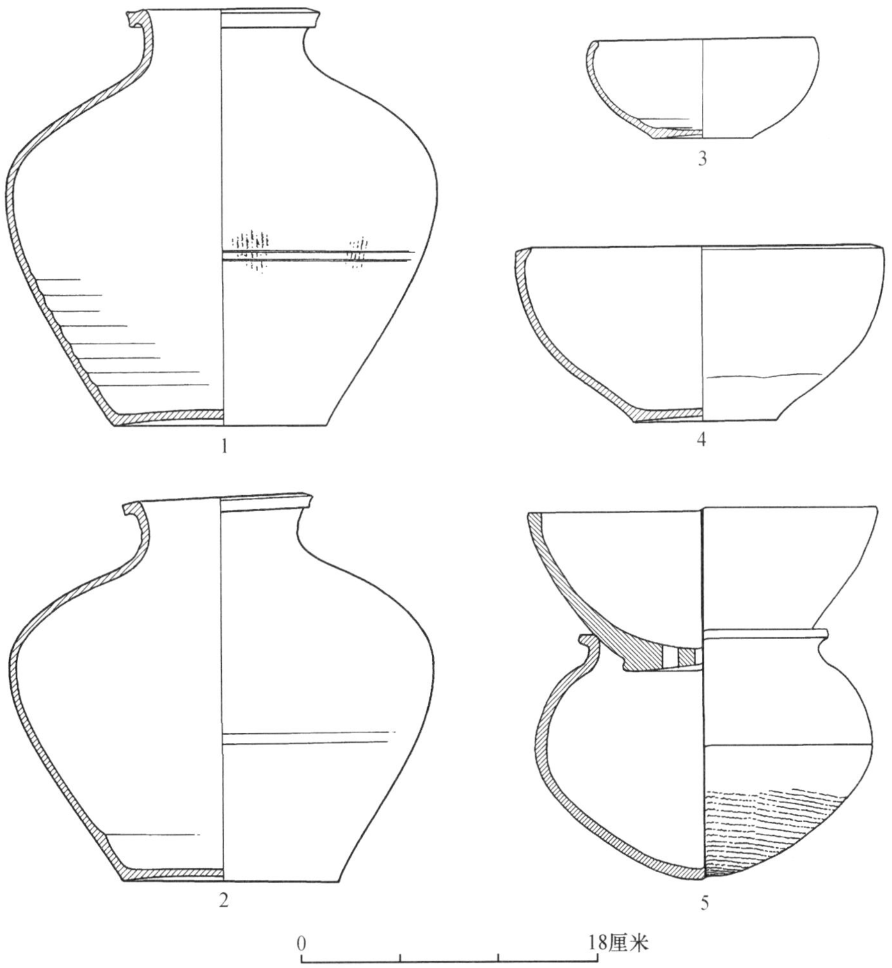

图八五　M10出土陶器

1、2. 陶罐（M10∶1、M10∶2）　3、4. 陶钵（M10∶5、M10∶3）　5. 陶釜、甑（M10∶4）

用器。高14.3厘米，口径15.3厘米，腹径20.6厘米。M10∶4-2，钵形甑，泥质灰黑皮夹褐胎。敞口，方唇，弧腹似折，下腹急收，假圈足，平底，底部有五个不规则圆形箅孔。素面。箅孔为烧造后在底部划出方形网格后钻凿而成，底部有刻画痕迹。高10厘米，口径22.6厘米，底径9.6厘米（图八五，5；图版四一，5、6）。

七、M11

位于发掘Ⅱ区中部，丹江口水库西岸河边的河滩上。

1. 墓葬形制与结构

该墓为长方形土（岩）坑竖穴墓，方向95°。

该墓由于长年江水浸蚀、冲刷，墓口暴露于地表。墓口西高东低。该墓墓圹清晰。

现存墓口南北长2.3米，东西宽1.3米，西部墓口距墓底0.7米，东部墓口距墓底0.3米，口底同大，四壁规整，直壁向下，墓底平整。

墓内填土为夹杂黑土块的黄褐色五花土，土质较软，结构较疏松。

2. 葬具、葬式

（1）葬具

葬具已腐朽，残留灰痕，可辨为一棺，棺痕长1.8米，宽0.5米。

（2）葬式

人骨架保存较差，头向东，面向上，仰身直肢（图八六）。

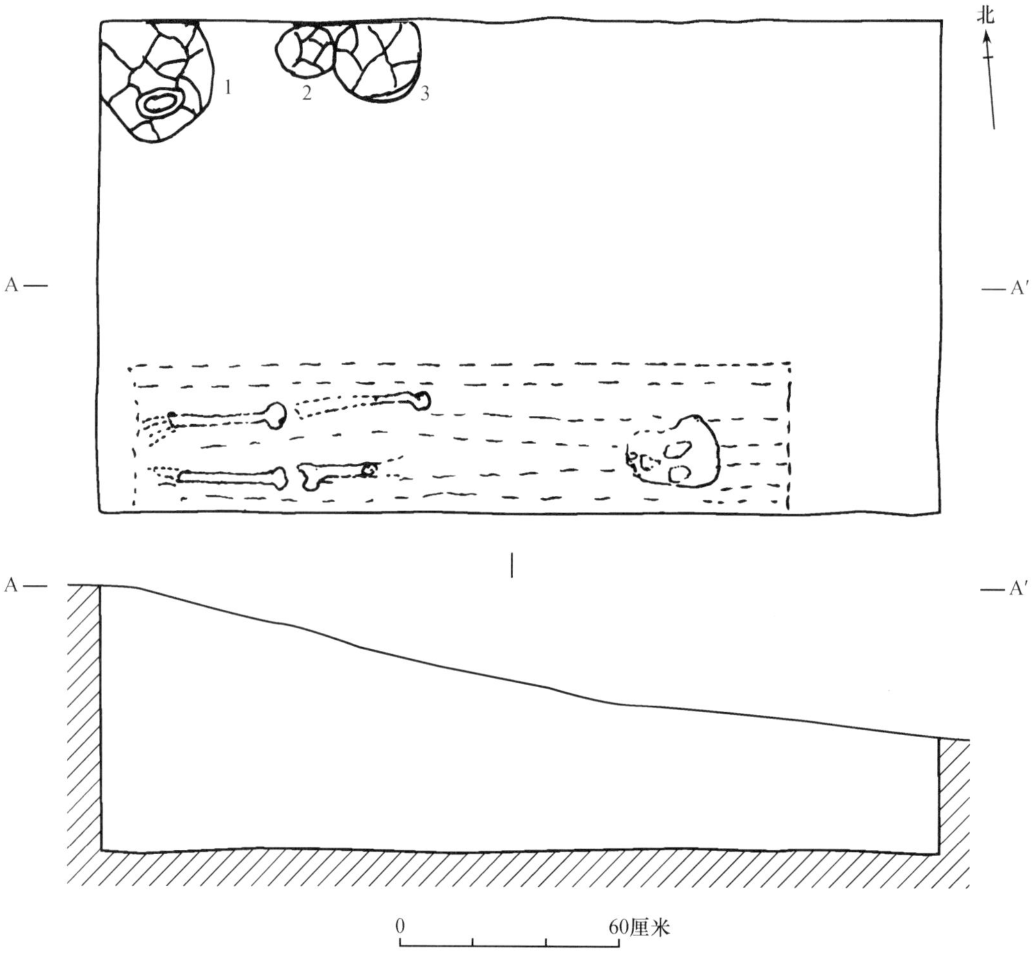

图八六　M11平、剖面图

1. 陶壶　2. 陶釜　3. 陶甑

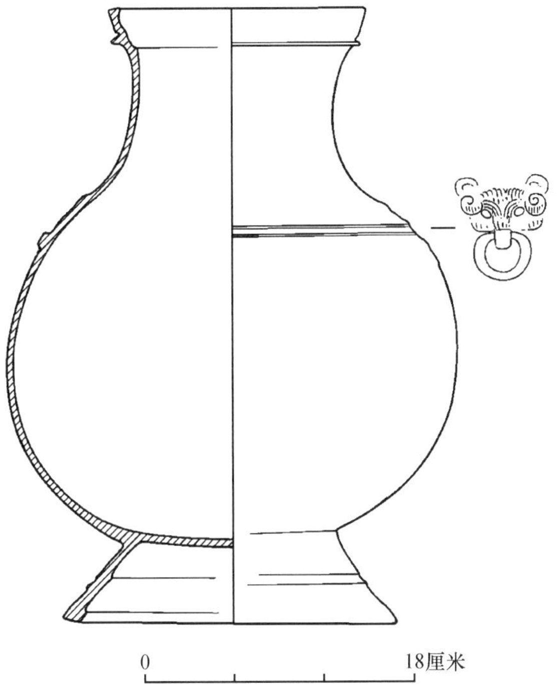

图八七　M11出土陶壶
（M11：1）

3. 出土器物

该墓被盗扰严重，剩余陶器3件，均为残片，可辨器形为壶、釜、甑等，位于棺北部和墓圹之间。其余随葬品被盗走。修复陶壶1件。

陶壶　1件。M11：1，泥质灰陶。盘口，方唇，唇颈相交处有一周扉棱，长颈，鼓肩，肩腹相交处有一对模印铺首衔环，圆鼓腹，平底，喇叭形大圈足，上有一周凸棱。肩腹相交处饰二周凹弦纹，上腹部似有绳纹抹平痕迹。高40.2厘米，口径17.2厘米，腹径30.2厘米，底径22.4厘米（图八七；图版四二，2）。

八、M12

位于发掘Ⅱ区南部，丹江口水库西岸河边的河滩上。

1. 墓葬形制与结构

该墓为长方形竖穴土（岩）坑墓，方向185°。

该墓由于长年受江水浸蚀、冲刷，墓口暴露于地表。墓口西高东低，南高北低。该墓墓圹清晰。

现存墓口南北长3米，东西宽1.9米，深0.7米。口底同大，四壁规整，直壁向下，南壁距墓口0.5米有一生土台，高0.2米，宽0.4米，西部墓口距墓底0.7米，东部墓口距墓底0.5米，墓底平整。

墓内填土为夹杂黑土块和白沙岩的灰褐色五花土，土质较软，结构较疏松。

2. 葬具、葬式

（1）葬具

葬具已腐朽，残留灰痕，可辨为一棺，棺痕长2.2米，宽0.9米。

（2）葬式

人骨架腐朽，不见痕迹（图八八）。

3. 出土器物

该墓被盗扰严重，棺内发现铁环首刀1件（M12∶1），锈蚀，仅残留痕迹。其余大部分随葬品被盗走。扰土中发现有陶片，泥质灰陶，可辨器形为鼎等。从现存情况看随葬品主要位于棺东部和墓圹之间。

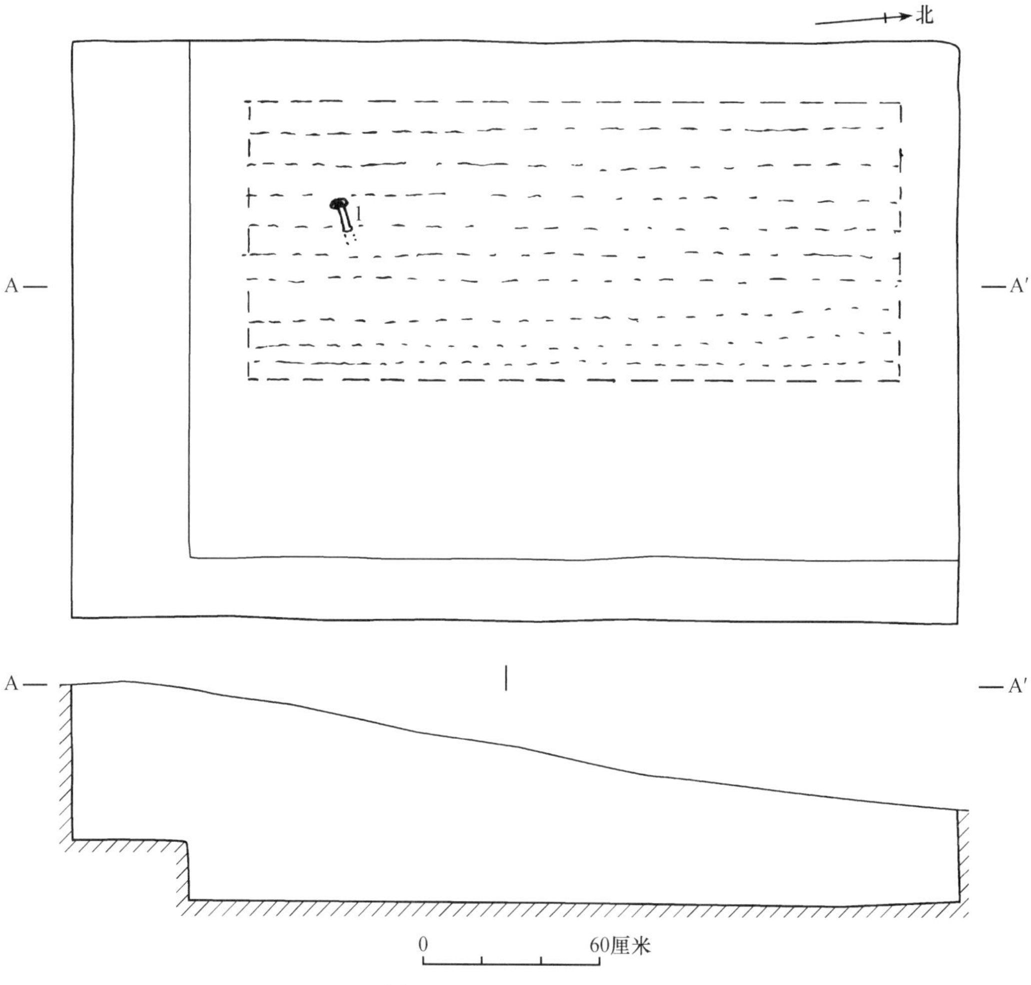

图八八　M12平、剖面图

1. 铁环首刀

九、M16

位于发掘Ⅲ区东北部，丹江口水库西岸河边的台地上，西南距M21约5米。

1. 墓葬形制与结构

该墓为长方形竖穴土（岩）坑墓，方向210°。

开口于耕土层下，耕土层厚0.3米，墓口东西长2.5米，南北宽1.4米，深1米，口底同大，四壁规整，直壁向下，距墓口0.6米，墓圹四周有因放置棺椁后填土形成的熟土台，高0.1米，北、东、南、西四侧宽均为0.3米，墓底平整。

墓内填土为夹杂白沙岩的黄褐色五花土，土质较软，结构较疏松。

2. 葬具、葬式

（1）葬具

葬具已腐朽，残留灰痕，可辨为一棺，棺痕长1.9米，宽0.6米。

（2）葬式

人骨架腐朽，不见痕迹（图八九）。

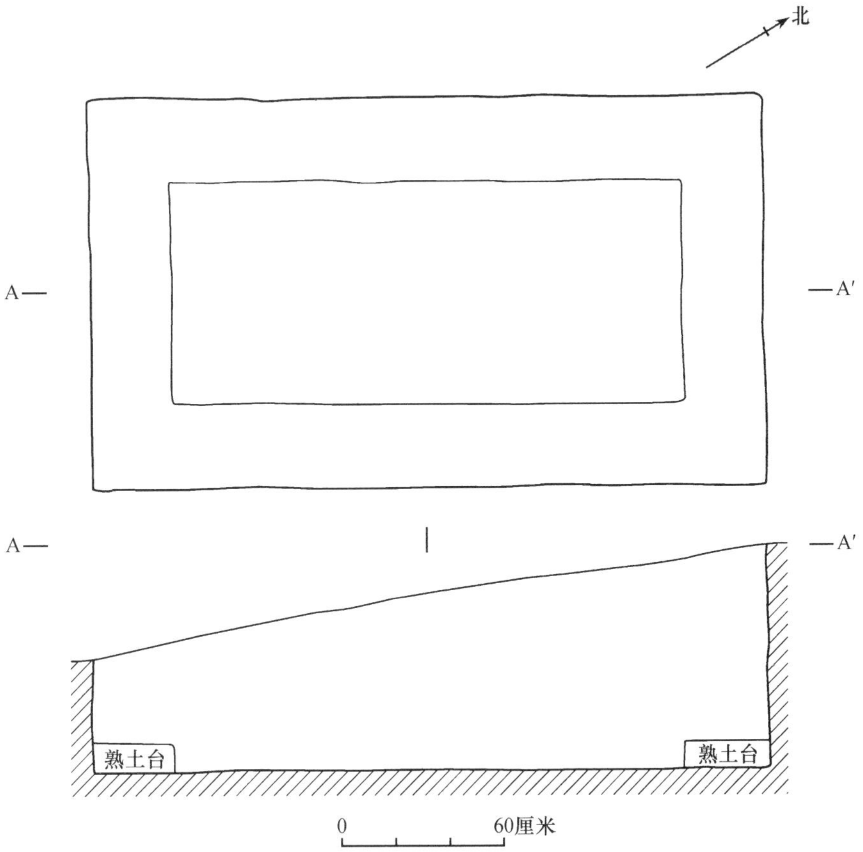

图八九　M16平、剖面图

3. 出土器物

未发现。

十、M17

位于发掘Ⅲ区西北部，丹江口水库西岸河边的台地上，东距M15约5米。

1. 墓葬形制与结构

该墓为长方形竖穴土坑墓，方向195°。

开口于耕土层下，耕土层厚0.3米，墓口南北长2.7米，东西宽1.4米，深1.8米。口底同大，四壁规整，直壁向下，距墓口1.2米，墓圹四周有因放置棺椁后填土形成的熟土台，高0.3米，北、东、南、西四侧宽均为0.2米，墓底平整。

墓内填土为夹杂白沙岩和黑土块的灰褐色五花土。

2. 葬具、葬式

（1）葬具

葬具已腐朽，残留灰痕，可辨为一棺，棺痕长2.3米，宽1米。

（2）葬式

骨架腐朽，不见痕迹（图九○）。

3. 出土器物

未发现。

十一、M18

位于发掘Ⅲ区北部，丹江口水库西岸河边的台地上，西距M15约2米。

1. 墓葬形制与结构

该墓为长方形竖穴土坑墓，方向120°。

开口于耕土层下，耕土层厚0.3米，墓口东西长1.4米，南北宽0.6米，深0.5米。口底同大，四壁规整，直壁向下，墓底平整。

墓内填土为夹杂白沙岩和黑土块的灰褐色五花土，土质较软，结构较疏松。

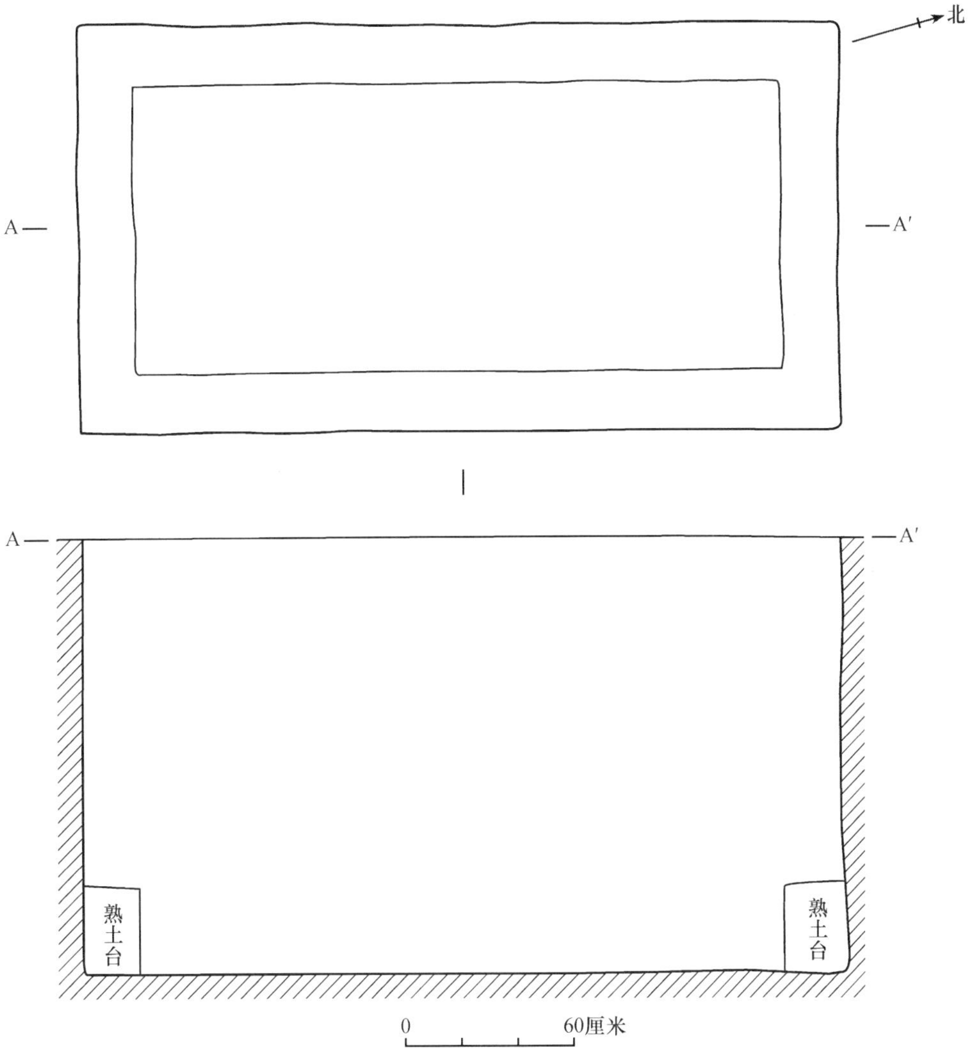

图九〇 M17平、剖面图

2. 葬具、葬式

（1）葬具

葬具已腐朽，不见痕迹。

（2）葬式

人骨架腐朽，不见痕迹（图九一）。

3. 出土器物

未发现。

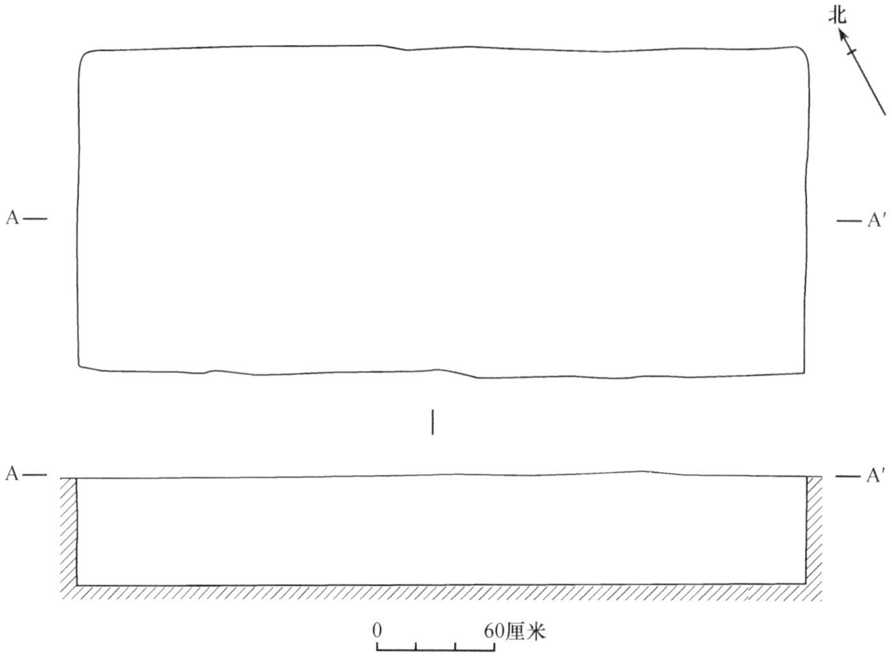

图九一　M18平、剖面图

十二、M19

位于发掘Ⅲ区东北部，丹江口水库西岸河边的台地上，打破M28。

1. 墓葬形制与结构

该墓为长方形竖穴土坑墓，方向185°。

开口于耕土层下，墓口南北长2.1米，东西宽1.4米，深1米。

口底同大，四壁规整，直壁向下，墓底平整。距墓口0.3米的北、东、南、西四壁有因放置棺椁后填土形成的熟土台，高0.4米，宽分别为0.1米、0.2米、0.2米、0.2米。

墓内填土为夹杂白沙岩和黑土块的灰褐色五花土。

2. 葬具、葬式

（1）葬具

葬具已腐朽，残留灰痕，可辨为一棺一椁，棺痕长1.7米，宽0.62米；椁痕长2米，宽1米。

（2）葬式

人骨架1具，保存差，头向北，面向上，仰身直肢（图九二；图版一八，1）。

3. 出土器物

该墓出土随葬品4件（图版二八，2），南北向放置于棺椁之间，自北向南分别为陶罐（M19：1）、陶罐（M19：2）、陶甗（M19：3）、陶罐（M19：4）。

图九二 M19平、剖面图
1、2、4. 陶罐 3. 陶甑

陶罐 3件，修复2件。标本M19∶2，泥质灰陶。侈口，斜方唇，高领，领肩交接处有一周凹槽，鼓肩，圆鼓腹，上腹部有一对对称的桥形耳，弧肩，鼓腹，凹圜底。领部饰中绳纹，被磨平，肩、腹及底饰中绳纹，腹部绳纹抹平数周。高26.6厘米，口径15.8厘米，腹径23.2厘米，底径9厘米（图九三，1；图版四二，3）。标本M19∶4，泥质灰陶。侈口，圆唇，高领，领肩交接处有一凹槽，有两个对称的桥形耳，弧肩，鼓腹，凹圜底。肩腹饰中绳纹，肩腹绳纹五周，被抹平。高29.8厘米，口径16厘米，腹径31.1厘米，底径10.5厘米（图九三，3；图版四二，5）。

陶甑 1件。M19∶3，泥质灰陶。钵形，口微敛，圆唇，弧腹，平底微凹，中部有一小孔。腹有数周凹弦纹。高9.5厘米，口径20.2厘米，底径7.1厘米（图九三，2；图版四二，4）。

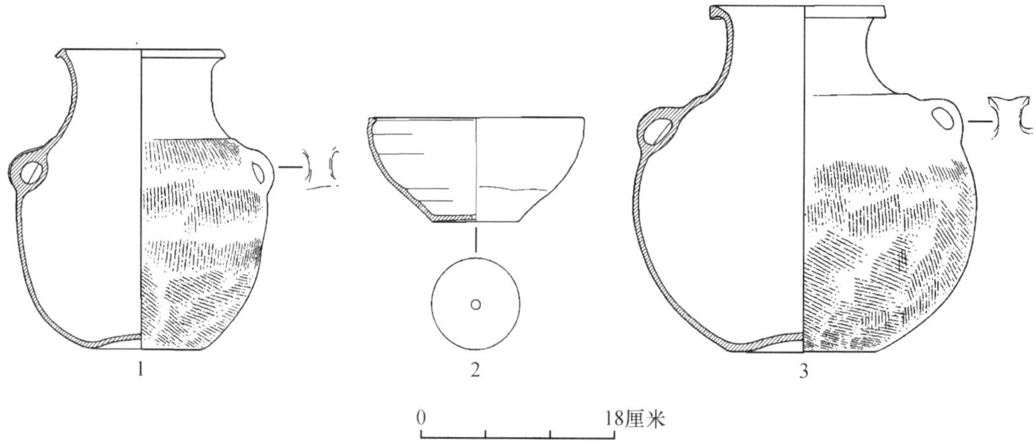

图九三　M19出土陶器

1、3. 陶罐（M19：2、M19：4）　2. 陶甑（M19：3）

十三、M21

位于发掘Ⅲ区东北部，丹江口水库西岸河边的台地上，北距M16约1米，打破M63。

1. 墓葬形制与结构

该墓为长方形竖穴土坑墓，方向110°。

开口于耕土层下，墓口东西长2.4米，南北宽1.6米，深1米。口底同大，四壁规整，直壁向下，墓底平整。距墓口0.6米的北、东、南、西四壁有因放置棺椁后填土形成的熟土台，高0.1米，宽分别为0.2米、0.2米、0.4米、0.2米。

墓内填土为夹杂白沙岩的黄褐色五花土，土质较软，结构较疏松。

2. 葬具、葬式

（1）葬具

葬具已腐朽，残留灰痕，可辨为一棺一椁，椁痕长2米，宽1米；棺痕长1.84米，宽0.7米。

（2）葬式

人骨架1具，保存差，残留部分头骨和四肢骨，头向东，面向上，仰身直肢（图九四；图版一八，2）。

3. 出土器物

该墓出土随葬品2件（图版二九，1），位于棺北侧，棺椁之间。其中陶罐1件（M21：1），陶鍪1件（M21：2）。

陶罐　1件。M21：1，泥质灰陶。侈口，卷沿，方唇，唇面有一周凹槽，高领，鼓肩，肩腹相交处有一对桥形耳，圆鼓腹，平底微凹。肩部、腹部及底部均饰中绳纹。高24.3厘米，口径13.2厘米，腹径22.9厘米，底径7厘米（图九五，1；图版四二，6）。

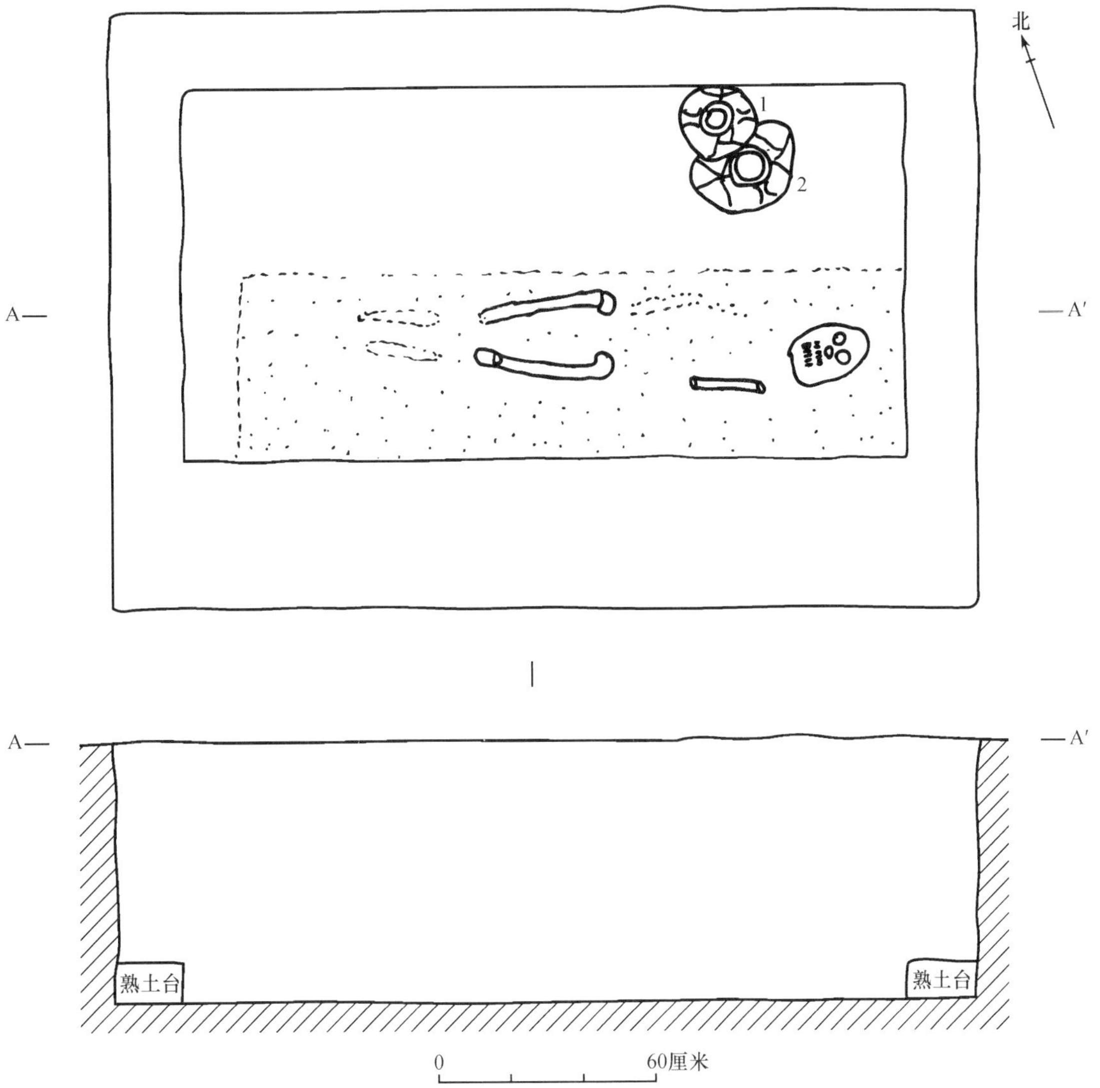

图九四　M21平、剖面图
1. 陶罐　2. 陶鍪

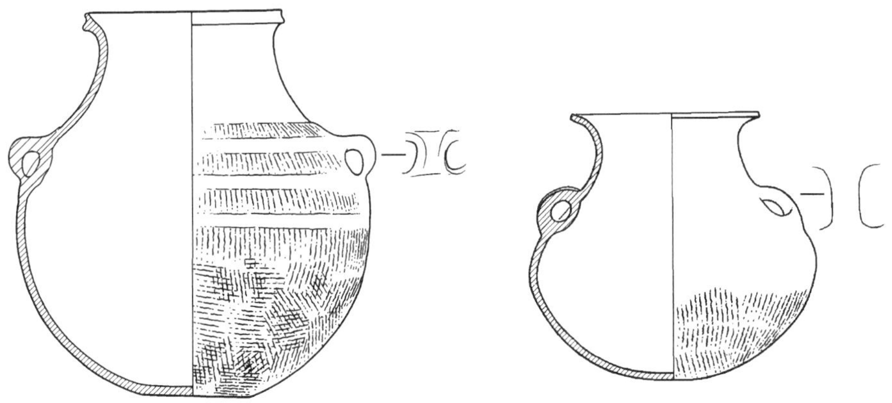

图九五　M21出土陶器
1. 陶罐（M21：1）　2. 陶鍪（M21：2）

陶鍪　1件。M21：2，泥质灰陶。侈口，卷沿，尖唇，领较高，鼓肩，肩腹相交处有一对环形耳，圆鼓腹，圜底。领部绳纹被抹平，肩部及上腹各饰一周凹弦纹，下腹及底部饰中绳纹。高16.8厘米，口径12.3厘米，腹径18.6厘米（图九五，2；图版四三，1）。

十四、M22

位于发掘Ⅲ区北部，丹江口水库西岸河边的台地上，南距M23约1米，打破M34。

1. 墓葬形制与结构

该墓为长方形竖穴土坑墓，方向13°。

开口于耕土层下。该墓墓圹清晰，墓口西高东低，北高南低，墓口南北长2.6米，东西宽2.1米，深1米。口底同大，四壁规整，直壁向下，墓底平整。距墓口0.5米的北、东、南、西四壁有因放置棺椁后填土形成的熟土台，高0.1米，宽均为0.1米。

墓内填土为夹杂白沙岩的黄褐色五花土，土质较软，结构较疏松。

2. 葬具、葬式

（1）葬具

葬具已腐朽，残留灰痕，可辨为一棺一椁，棺痕长2.2米，宽0.9米；椁痕长2.4米，宽1.7米（图九六；图版一九，1）。

（2）葬式

人骨架1具，保存差，残留部分头骨，头向东，面向上。

3. 出土器物

该墓出土随葬品6件，质地有陶、铁。陶器5件，放置于棺外东侧，棺椁之间，自北向南分别为陶壶1件（M22：1）、陶鼎1件（M22：2）、陶甑1件（M22：3）、陶灶1件（M22： 4）、陶盆1件（M22：5）。棺内随葬铁环首刀1件（M22：6）。

（1）陶器

5件。器形有壶、鼎、灶、盆、甑（图版三四，2）。

陶壶　1件。M22：1，泥质灰陶。盘口较高，平折沿，圆唇，盘底外折，直颈较长，弧肩，圆鼓腹，圜底，圈足较高，外撇，中有一折棱。肩部模印有两对称铺首，印痕稍浅，盘口外壁以及肩部各有两周凹弦纹，腹部凹弦纹浅显不清。高35.3厘米，口径16.6厘米，腹径27.4厘米，底径18.2厘米（图九七，1；图版四三，2）。

陶鼎　1件。M22：2，泥质灰陶。有盖，尖圆唇，盖口上部有一周凹槽，壁微折，弧顶，盖顶有一山字形实纽。子口内敛，圆唇，方耳较短，外折，上腹近直，下腹弧收，圜底，三蹄足较矮，内侧较平。器身素面，足根正面饰浅浮雕图案，但漫漶不清，不可识别。通高21.8厘米，鼎高15.5厘米，口径16.2厘米，腹径20.4厘米，耳高6.4厘米，足高9厘米（图九七，2；图版四三，3）。

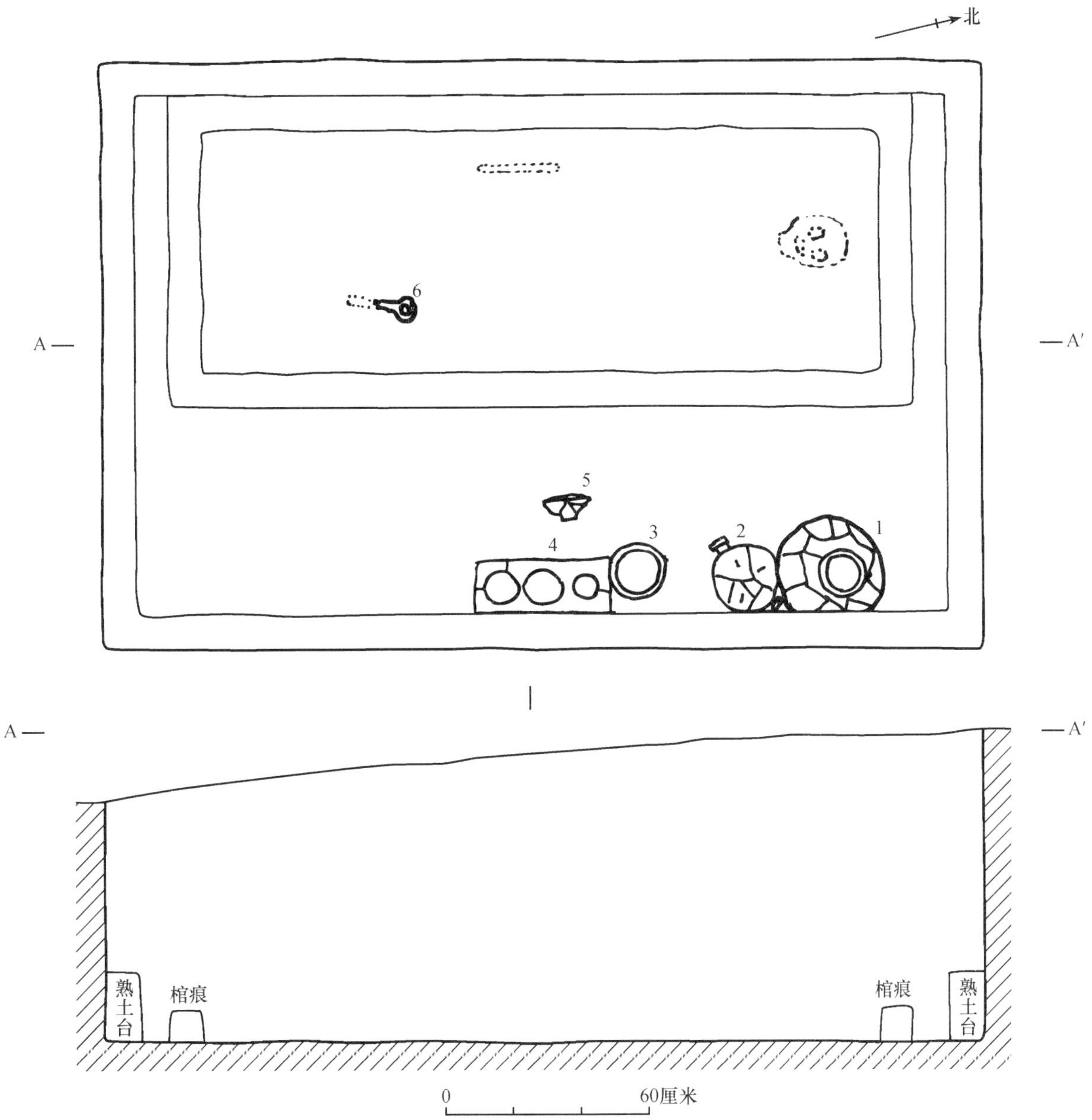

图九六　M22平、剖面图

1. 陶壶　2. 陶鼎　3. 陶甑　4. 陶灶　5. 陶盆　6. 铁环首刀

陶灶　1件。M22∶4，灶，泥质灰陶。灶面近梯形，前宽后窄，有大小不一的三个火眼，中部火眼较大，前后火眼较小，分置三釜，前壁有半圆形灶门，下有槛，后壁上端有圆形烟孔，烟孔可接烟道尾端。素面。通高22.1厘米，灶高13.3厘米，长36.1厘米，宽18.8厘米。

M22∶4-1，甑，高5.7厘米，口径14.2厘米，底径4.6厘米。M22∶4-2，釜，敛口，圆唇，扁腹，圜底略平。素面。高3.6厘米，口径8.2厘米，腹径9.5厘米。M22∶4-3，釜，敛口，方唇，鼓腹，底部凹凸不平，下腹有旋痕。素面。高6.2厘米，口径7.4厘米，腹径10.7厘米，底径4.5厘米。M22∶4-4，釜，口微敛，圆唇，扁腹，圜底略平。素面。高4.4厘米，口径7.5厘米，腹径9.9厘米。M22∶4-5，烟道，泥质灰陶。圆锥形，中空，头端敛口，方唇，肩部平折，上腹近肩处二周凸棱，下腹急收。腹部有刮削痕迹（图九七，5；图版四三，5）。

陶盆　1件。M22：5，泥质灰陶。敞口，折沿微仰，沿面有一周窄凹槽，圆唇，斜腹，平底。素面。下腹有拍压痕迹，内底有螺旋痕迹。高6.2厘米，口径14.6厘米，底径6.8厘米（图九七，4；图版四三，6）。

陶甑　1件。M22：3，泥质灰陶。敞口，平折沿，方唇，斜腹，平底，底部有五个圆形篦孔。素面。高7.5厘米，口径18.2厘米，底径5.8厘米（图九七，3；图版四三，4）。

（2）铁器

铁环首刀　1件。M22：6，锈蚀，残留痕迹，残痕长0.2米。

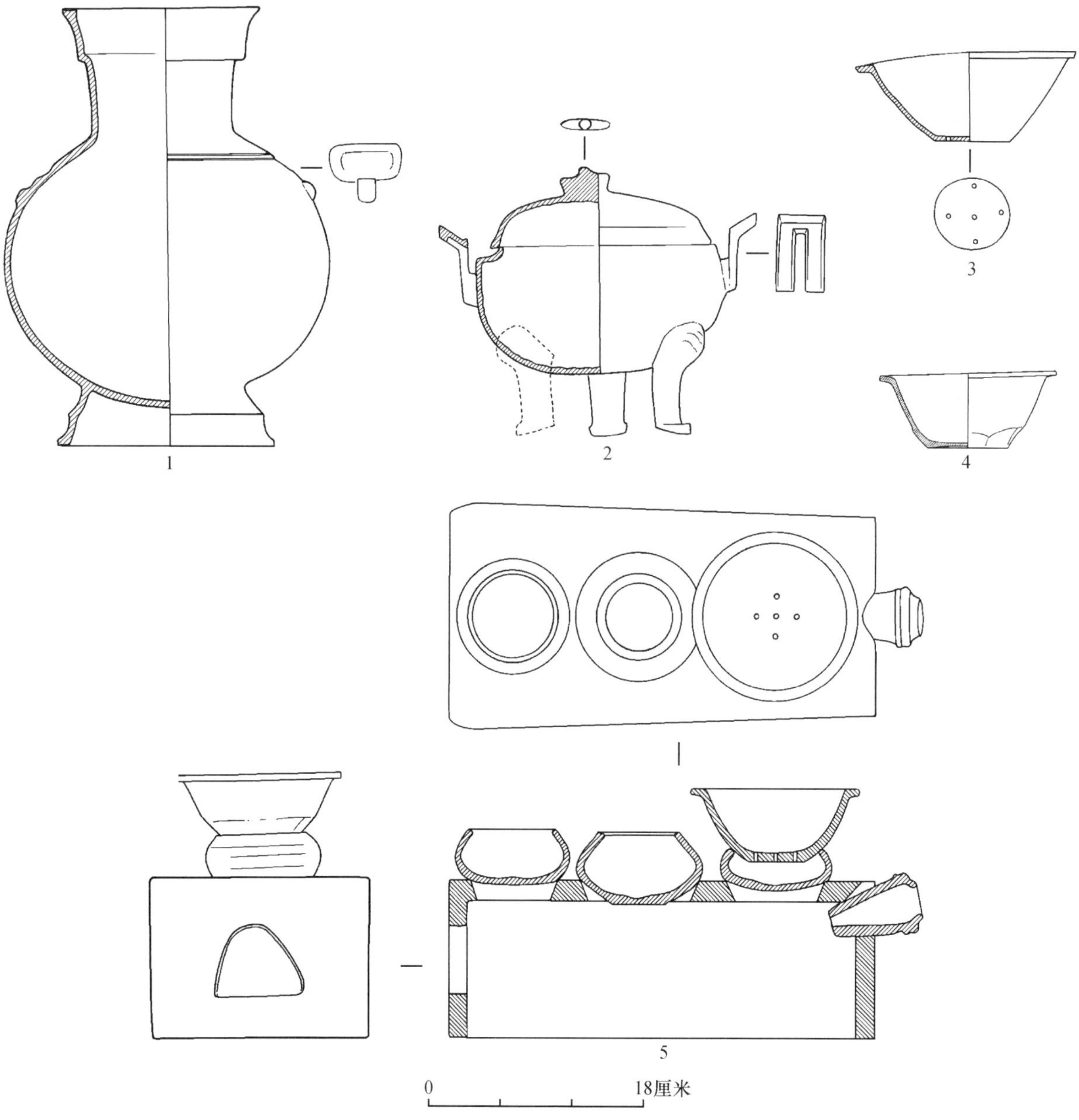

图九七　M22出土器物

1. 陶壶（M22：1）　2. 陶鼎（M22：2）　3. 陶甑（M22：3）　4. 陶盆（M22：5）　5. 陶灶（M22：4）

十五、M25

位于发掘Ⅲ区北部，丹江口水库西岸河边的台地上，东距M26约3.6米。

1. 墓葬形制与结构

该墓为甲字形竖穴土坑墓，方向23°。

开口于耕土层下，由墓道和墓室两部分组成，墓道朝北，位于墓室北部，平面开口呈长方形，长3米，宽1.6米，前端阶梯状，底部斜坡向下；墓室位于墓道南部，平面开口呈长方形，长3.3米，宽2.1米，深1.5米。四壁规整，直壁向下，墓底平整。

墓内填土为夹杂白沙岩的黄褐色五花土，土质较软，结构较疏松。

2. 葬具、葬式

（1）葬具

葬具已腐朽，残留灰痕，可辨为一棺一椁。椁痕平面呈亚字形，两端挡板长出侧板0.05～0.1米，椁板长2.9米，宽1.4米，厚0.1米。棺位于椁内东部，棺痕长2.24米，宽0.62米，棺痕厚0.06米。

（2）葬式

人骨架1具，保存差，残留部分头骨和四肢骨，头向北，面向上，仰身直肢（图九八；图版一九，2；图版二〇，1）。

3. 出土器物

该墓出土随葬品5件，质地有陶、铜。

棺内头部发现铜镜1件（M25：4），胸部放置铜钱1串39枚（M25：5），随葬陶器3件，位于棺外西部，棺椁之间，自北向南分别为陶灶1件（M25：1）、陶鼎1件（M25：2）、陶罐1件（M25：3）。均为泥质灰陶。

（1）陶器

3件。器形有鼎、罐、灶（图版三六，1）。

陶灶　1件。M25：1，三釜一甑，灶、釜分离。M25：1-1，灶体，泥质灰陶，平面呈长方形，半圆形灶门，无槛，后端正中穿烟孔，烟孔可接烟道尾端，灶体下腹直腹。三火眼。素面。灶通高12.8厘米，长32.2厘米，宽17.4厘米。M25：1-2，釜，泥质灰陶，敛口，方唇，折腹，下腹斜收，平底。素面。下腹有刮削痕迹。高4.5厘米，腹径9厘米，底径4.8厘米。M25：1-3，釜，泥质灰黑皮褐胎。敛口，方唇，折腹，下腹斜收，平底。素面。下腹有刮削痕迹。高4.2厘米，腹径8.8厘米，底径4.3厘米。M25：1-4，釜，泥质灰陶。敞口，平折沿，沿面微凹，沿腹相交处有一周凹槽，弧腹，下腹急收，平底。素面。高5.2厘米，口径13.9厘米，底径5.6厘米。M25：1-5，甑，泥质灰陶。敞口，平折沿，沿面有一周凹槽，方唇，唇面中部一

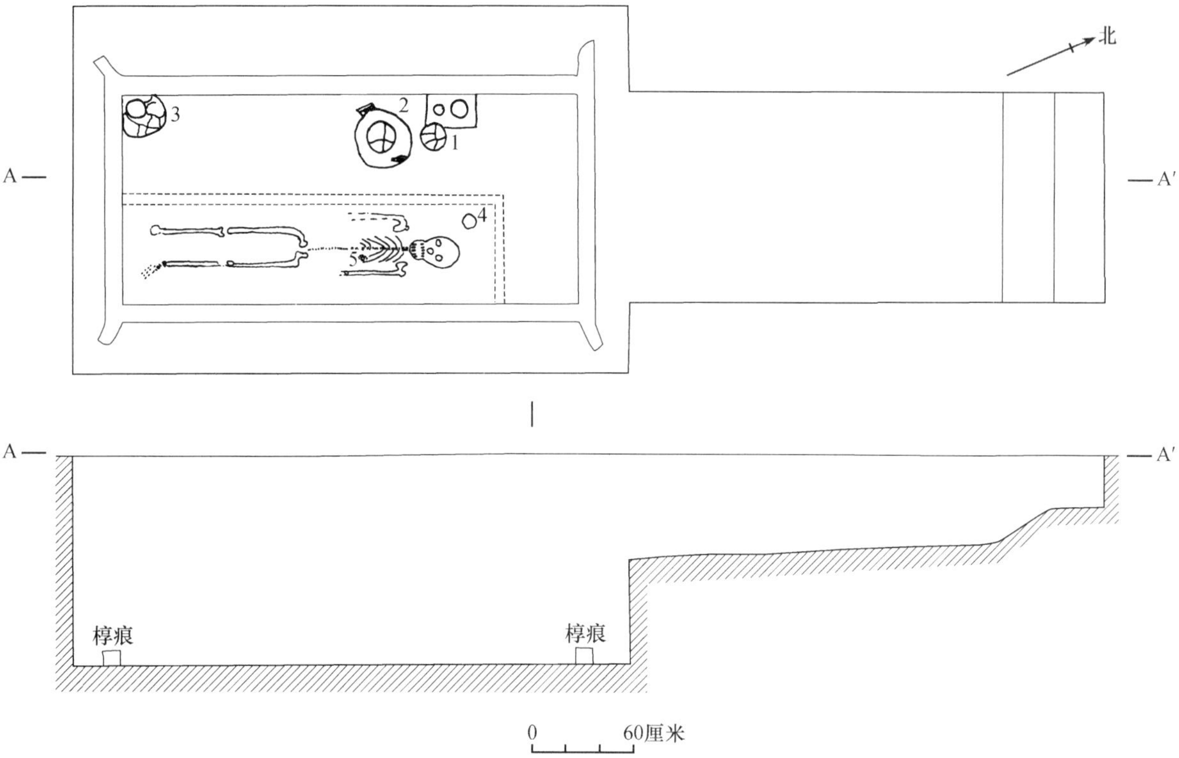

图九八　M25平、剖面图

1. 陶灶　2. 陶鼎　3. 陶罐　4. 铜镜　5. 铜钱

周凸棱，腹部斜收，上腹有一周凹槽，平底，底部有五个圆形箅孔。素面。下腹有刮削痕迹。高5.2厘米，口径13.7厘米，底径4厘米（图九九，1；图版四四，1）。

陶鼎　1件。M25：2，泥质灰陶。鼎身敛口，方唇，唇面有一周凹槽，鼓腹，下腹斜收，圜底，下接三兽蹄足。上腹近中部饰一周凸弦纹。高13.7厘米，口径21.6厘米，腹径22.4厘米，足高8.7厘米，鼎底部直径10.7厘米（图九九，2；图版四四，2）。

陶罐　1件。M25：3，泥质灰陶，敞口，平折沿，沿面较窄，方唇，唇面有一周凹槽，领适中，肩部近领处抹平一周，鼓肩，上腹近肩处有一对桥形耳，圆鼓腹，凹圜底。肩部、腹部及底部均饰中绳纹。高28.8厘米，口径16.3厘米，腹径29.1厘米，底径10.4厘米（图九九，3；图版四四，3）。

（2）铜器

铜镜　1件。M25：4，昭明连弧铭带镜，半球纽，座外一周凸弦纹和连弧纹，间有短弧线纹，两周短斜线纹间有铭文："内而清而以而昭而明光而象夫日月"。窄平缘。面径8.2厘米，背径8厘米，缘厚0.3厘米（图一〇〇；彩版一三，3）。

（3）钱币（39枚）

铜钱　1串（39枚）。五铢。M25：5，铜质，绿锈，部分铜质呈紫红色，根据钱文不同，可分三种。

第一种：10枚。"五"字交笔是直的，上下横笔基本与两竖齐，"朱"旁上横笔方折，

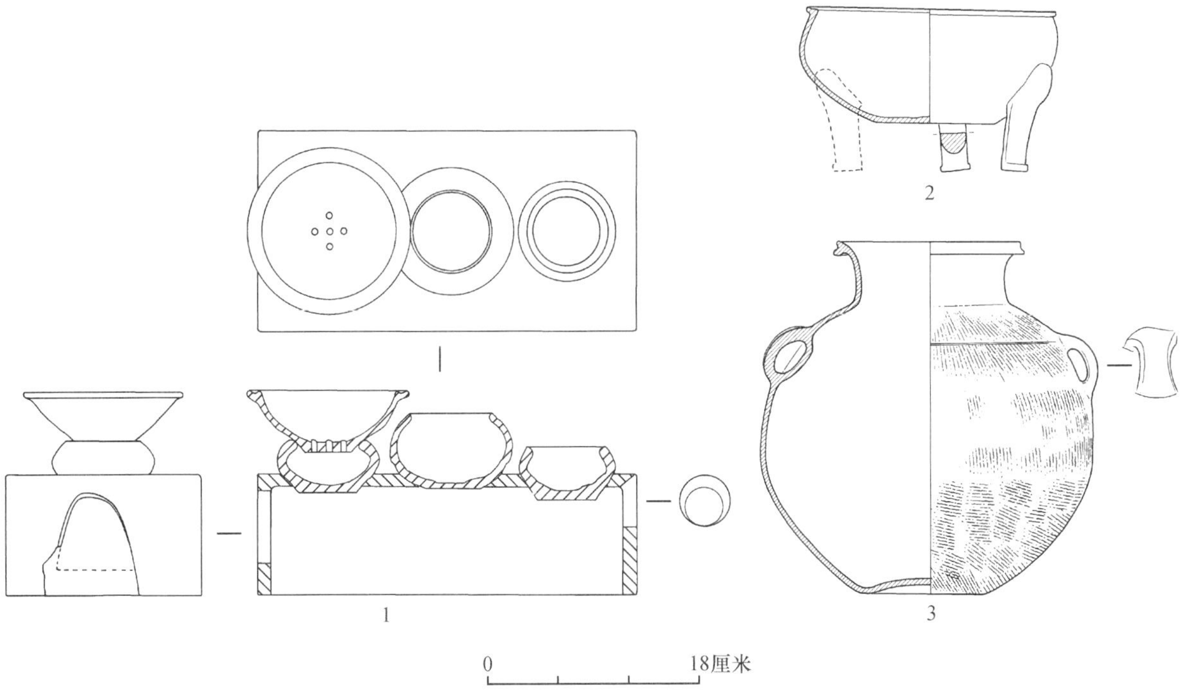

图九九　M25出土陶器

1. 陶灶（M25：1）　2. 陶鼎（M25：2）　3. 陶罐（M25：3）

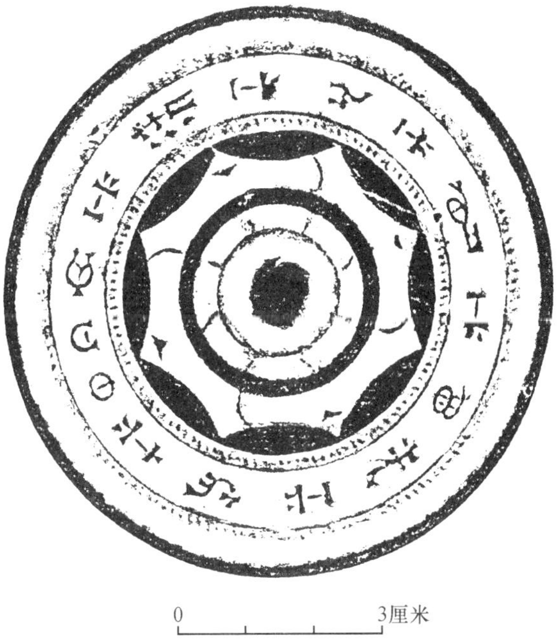

图一〇〇　M25出土铜镜拓片

（M25：4）

“金”尖呈一小三角，四点多呈长方形且较整齐。直径2.5厘米，孔径0.9厘米（图一〇一，1～10）。

第二种：7枚。“五”字交笔略弯曲，上下横笔基本与两竖齐，“朱”旁上横笔方折，“金”尖呈一小三角，四点多呈长方形且较整齐。直径2.5厘米，孔径1厘米（图一〇一，11～17）。

第三种：22枚。“五”字交笔弯曲，上下横笔基本与两竖齐，“朱”旁上横笔方折，“金”尖呈一小三角，四点多呈长方形且较整齐。直径2.6厘米，孔径1厘米（图一〇一，18～20；图一〇二）。

十六、 M26

位于发掘Ⅲ区北部，丹江口水库西岸河边的台地上，西距M25约3.6米。

1. 墓葬形制与结构

该墓为甲字形竖穴土坑墓，方向13°。

开口于耕土层下，墓口距地表0.3米，由墓道和墓室两部分组成，墓道朝北，位于墓室北部，平面开口呈长方形，长2.7米，宽1.8米，前端阶梯状，底部斜坡向下；墓室位于墓道南部，平面开口呈长方形，长3.6米，宽2.6米，深2.1米，四壁规整，直壁向下，墓底平整，距墓口1.4米有因放置棺椁后填土形成的熟土台，北、东、南、西四侧宽度分别为0.3米、0.3米、0.3米、0.4米，熟土台高0.4米。

墓内填土为夹杂白沙岩的黄褐色五花土。

2. 葬具、葬式

（1）葬具

葬具已腐朽，残留灰痕，可辨为二棺一椁，椁痕长3米，宽1.9米，双棺位于椁内，东侧棺痕长2米，宽0.5米，西侧棺痕长2米，宽0.6米。

（2）葬式

人骨架2具，保存较差，均残留部分头骨和四肢骨，头向北，面向上，据此判断为仰身直肢葬（图一〇三；图版二〇，2；图版二一，1）。

3. 出土器物

该墓出土随葬品24件，质地有陶、铜、铁。

东侧棺外北部放置铜洗1件（M26：1），棺内头部放置铁环首刀1件（M26：2），胸部放置铜钱1串（M26：3），棺外东南部放置陶仓5件（M26：4～M26：8），棺外南部棺椁之间放置陶鼎2件（M26：9、M26：10）、陶仓1件（M26：11）。

西侧棺内骨架腹部出土铜钱1串（M26：23）、铜带钩1件（M26：24）。

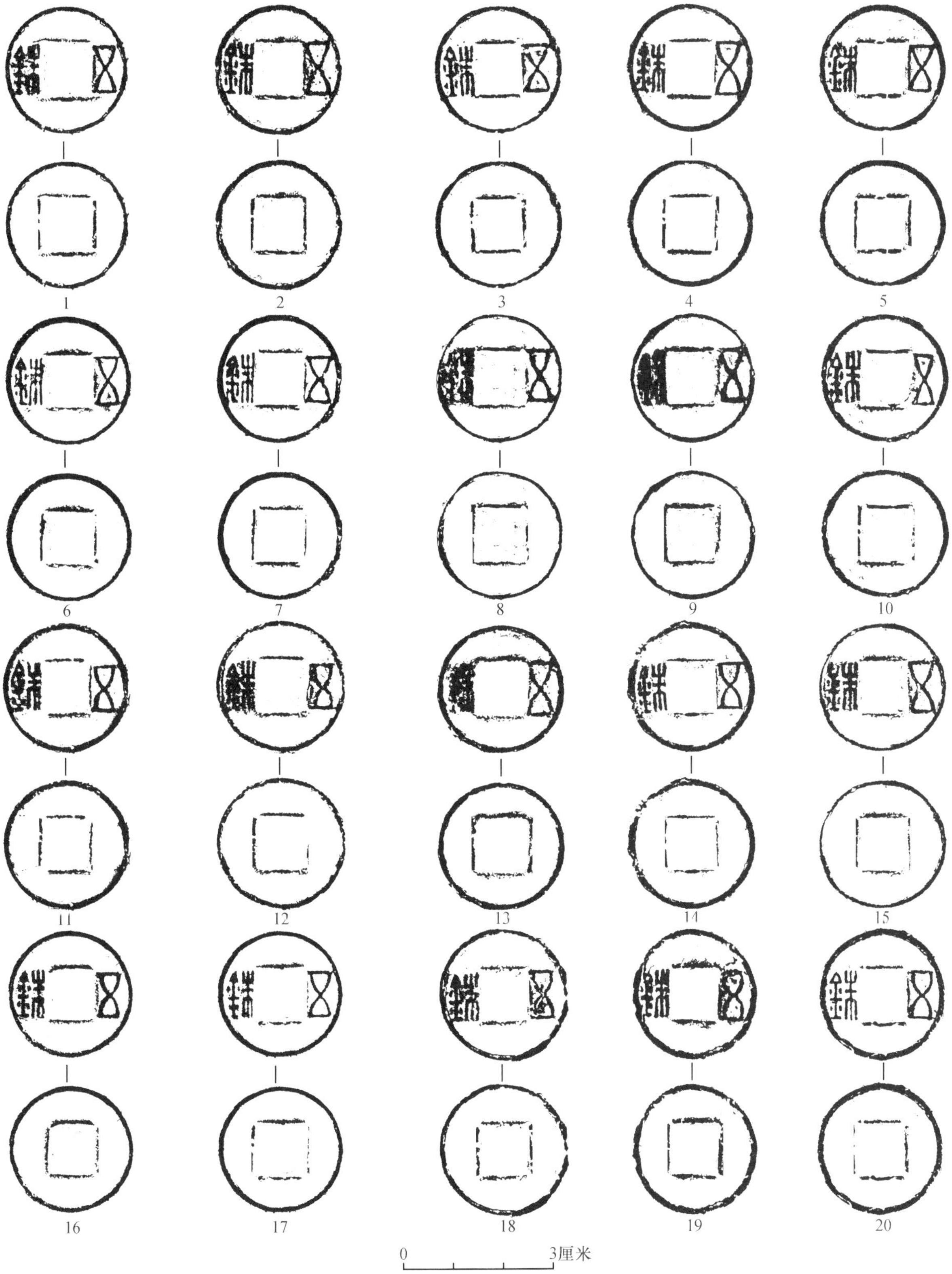

图一〇一　M25出土铜钱拓片（一）

1～20. 五铢（M25：5）

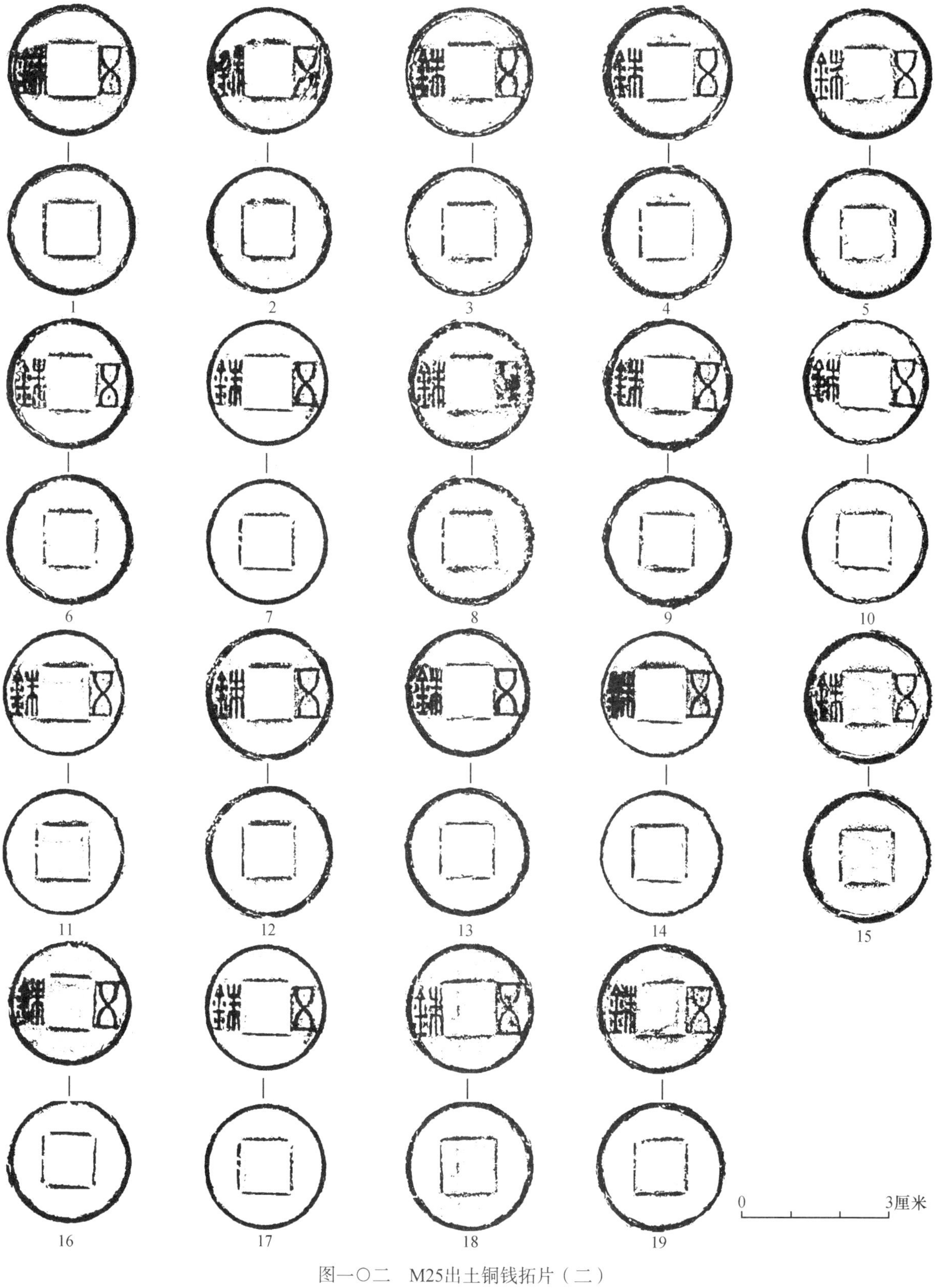

图一〇二　M25出土铜钱拓片（二）

1～19. 五铢（M25∶5）

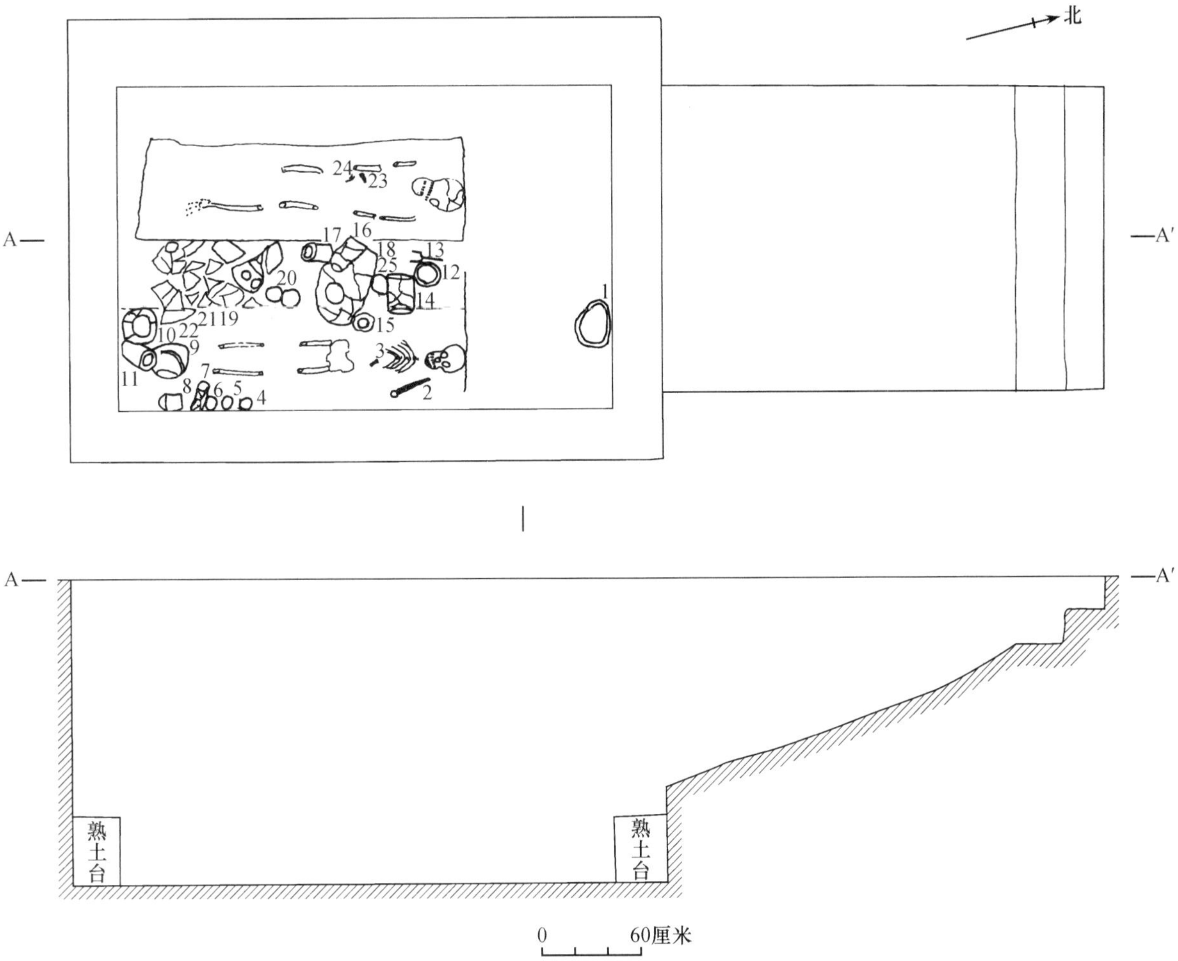

图一〇三　M26平、剖面图

1. 铜洗　2. 铁环首刀　3、23. 铜钱　4～8、11、14～17. 陶仓　9、10. 陶鼎　12、22. 陶井　13. 铁两歧簇　18. 陶罐　19. 陶壶　20、21. 陶灶　24. 铜带钩　25. 陶仓盖

两棺之间放满器物，自北向南分别为陶井1件（M26：12）、铁两歧簇1件（M26：13）、陶仓4件（M26：14～M26：17）、陶罐1件（M26：18）、陶灶2件（M26：20、M26：21）、陶壶1件（M26：19）、陶井1件（M26：22）。

（1）陶器

陶器18件。器形有仓、鼎、井、罐、壶、灶（图版三五，2）。

陶仓　10件。M26：4，泥质灰陶。上承一拱形盖，盖口外侈，方唇，折壁，盖顶模印一花瓣纹。敛口，方圆唇，矮颈，斜折肩，筒腹，下腹微向内斜收，平底。腹部饰四周凹弦纹。仓高17.2厘米，仓口径7.4厘米，外径11厘米，底径10.3厘米，盖高3.4厘米，盖径10.2厘米（图一〇四，5；图版四四，4）。M26：5，泥质灰陶。上承一碗状盖，盖口外侈，圆唇，折壁，平顶。敛口，方唇，颈较高，斜折肩，筒腹，平底。腹部上中部饰三周凹弦纹，下腹饰三周凸棱。通高20.2厘米，盖高4.2厘米，盖外径10.5厘米，仓高17.3厘米，口径7.8厘米，外径10.9厘米，底径10厘米（图一〇四，2；图版四四，5）。M26：6，泥质灰陶。敛口，圆唇，颈较高，斜折肩，折肩突出似棱，筒腹，下腹向内斜收，平底。腹部素面。仓高14.9厘米，口径6.7厘米，外径10.6厘米，底径8.2厘米（图一〇四，3；图版四四，6）。M26：7，泥质灰陶。局部似有红色彩绘痕迹、刮光痕迹。方唇，颈较高，斜折肩，筒腹，平底。腹部饰八周凸棱。仓高18.2厘米，口径6.9厘米，外径9.4厘米，底径8.2厘米（图一〇四，4；图版四五，1）。M26：8，泥质灰陶。敛口，方唇，矮颈，斜折肩，筒腹，下腹微向内斜收，平底。腹部素面。仓高16.5厘米，口径7.4厘米，外径11厘米，底径9.6厘米（图一〇四，1；图版四五，2）。M26：11，泥质灰陶。上承一拱形盖，盖口外侈，方唇，折壁，盖顶模印一花瓣纹。敛口，方唇，矮颈，斜折肩，筒腹微垂，平底。腹部饰五周凹弦纹。仓高23.7厘米，口径9.3厘米，外径15.9厘米，底径15厘米（图一〇四，6；图版四五，5）。M26：14，泥质灰陶。上承一拱形盖，盖口外侈，方唇，折壁，盖顶模印一花瓣纹。敛口，方唇，唇面有一周细凹槽，矮领，斜折肩，肩部有一周凹槽，筒腹微垂，腹部有数周浅凹槽，平底。腹部素面。高24.8厘米，口径9.5厘米，外径15.8厘米，底径15.4厘米（图一〇四，7；图版四六，1）。M26：15，泥质灰陶。上承一拱形盖，盖口外侈，方圆唇，折壁，盖顶模印一花瓣纹。敛口，方唇，矮颈，斜折肩，腹微垂，平底。肩中部饰两周凸棱，腹部饰四组三周凸棱。通高28厘米，仓高25.3厘米，口径9.8厘米，外径15.7厘米，底径15.3厘米，盖高3.4厘米，盖径12厘米（图一〇四，8；图版四六，2）。M26：16，泥质灰陶。上承一拱形盖，盖口外侈，方唇，折壁，盖顶模印一花瓣纹。敛口，方圆唇，矮颈，斜折肩，直腹，平底。腹部饰四周凹弦纹。腹中部有红色彩绘痕迹，已漫漶不清。通高27.8厘米，仓高24.7厘米，口径11.4厘米，外径16.6厘米，底径15.3厘米，盖高3.4厘米，盖径13厘米（图一〇四，9；图版四六，3）。M26：17，泥质灰陶。上承一拱形盖，盖口外侈，方唇，折壁，盖顶模印一花瓣纹。敛口，方唇，矮直颈，斜折肩，腹微鼓，平底。腹部饰三周凹弦纹，下腹部另有一周凸棱。通高25.2厘米，盖径12.8厘米，盖高3.3厘米，仓高23.3厘米，口径9.2厘米，外径15.5厘米，底径14.6厘米（图一〇四，10；图版四六，4）。

陶鼎　2件。M26：9，泥质灰陶。上承一拱形盖，盖口外侈，方唇，弧壁，盖顶模印一花瓣纹。鼎身子口内敛，方圆唇，方耳一对上部已残，浅弧腹，圜底近平，下接三踞坐人俑形足，足内壁平面。鼎腹中部饰一周凹弦纹。通高21厘米，盖高7厘米，盖外径25.3厘米，鼎口径22.4厘米，腹径25.7厘米，足高9.5厘米（图一〇五，1；图版四五，3）。M26：10，泥质灰陶。上承一碗状盖，盖口外侈，方唇，唇面有一周凹槽，弧壁，盖顶圜顶。鼎身敛口，方唇，方耳一对较高，略外撇，折腹，腹中部抹平一周略内凹，圜底近平，下接三柱状足，略外撇。顶盖、鼎腹均素面。高22.3厘米，口径18.5厘米，腹径21.8厘米，耳高6.4厘米，足高7厘米，盖高6.2厘米，盖径19.2厘米（图一〇五，3；图版四五，4）。

陶井　2件。修复1件。标本M26：12，泥质灰陶。侈口，平折沿，圆唇下奁，筒腹，腹略鼓，平底。上腹部饰两周凹弦纹。高12.2厘米，口径16.8厘米，底径14.2厘米（图一〇五，2；图版四五，6）。

陶罐　1件。M26：18，泥质灰陶。侈口，内壁口沿相交处内凹一周，平沿，斜方唇，直领，弧肩，上腹部双桥耳，圆鼓腹，凹圜底。肩、腹部通饰中绳纹，并抹平四周。高29.1厘

图一〇四　M26出土陶仓

1. M26：8　2. M26：5　3. M26：6　4. M26：7　5. M26：4　6. M26：11　7. M26：14　8. M26：15　9. M26：16　10. M26：17

米，口径15厘米，腹径27.8厘米，底径10厘米（图一〇五，5；图版四六，5）。

陶壶　1件。M26：19，泥质灰陶。斜直盘口较高，无折沿，盘底折出如凸棱，斜长颈，圆肩，圆鼓腹略扁，圜底，折曲状矮圈足，模印铺首较圆钝。肩颈相交处三周凹弦纹，肩腹相交处三周凹弦纹，腹部素面。器身外壁有红色彩绘痕迹，已漫漶不清。通高40.3厘米，壶高38.4厘米，口径15.8厘米，腹径30.5厘米，底径16.8厘米，盖外径19.2厘米，高3.8厘米（图一〇五，4；图版四六，6）。

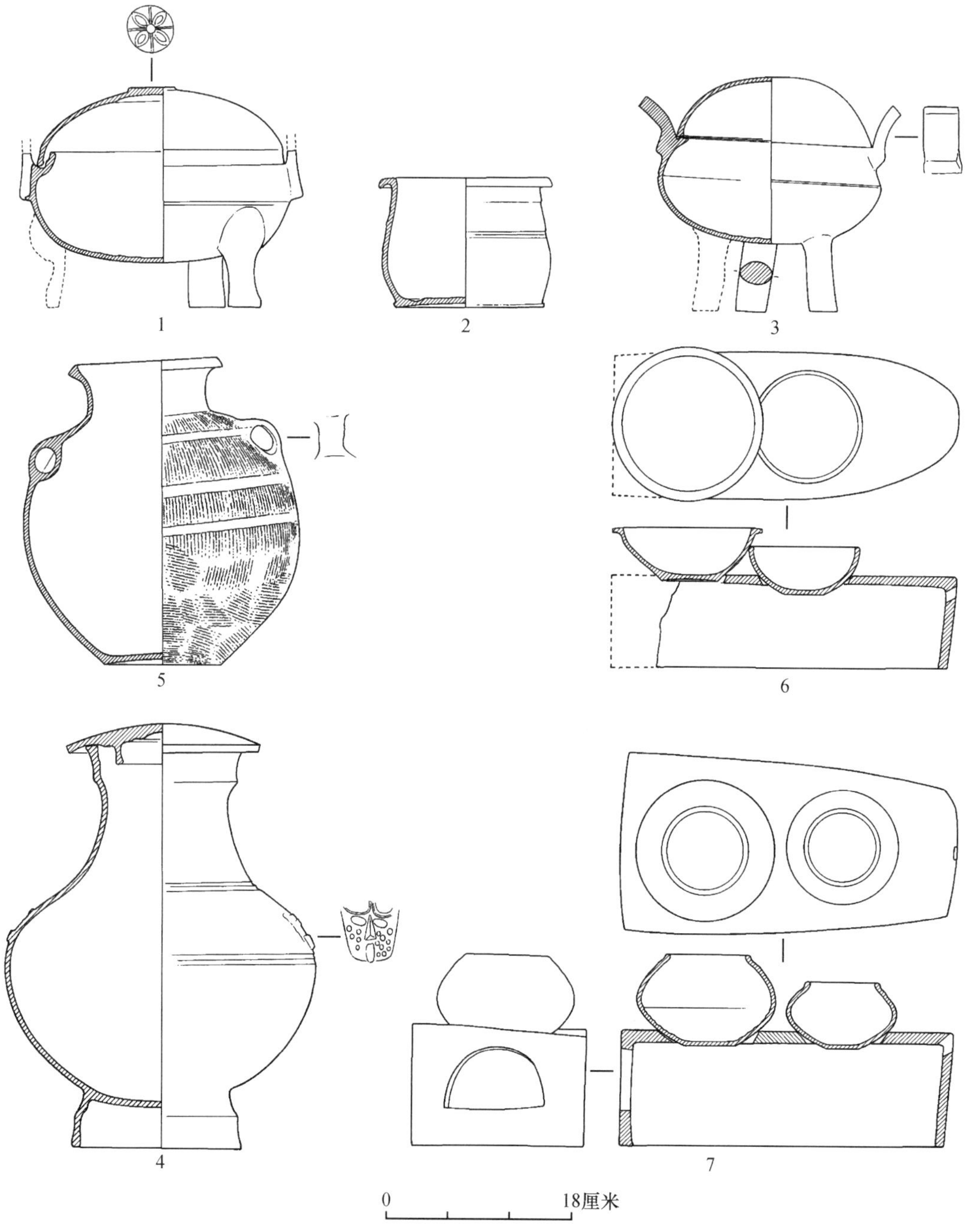

图一〇五　M26出土陶器

1、3. 陶鼎（M26：9、M26：10）　2. 陶井（M26：12）　4. 陶壶（M26：19）　5. 陶罐（M26：18）　6、7. 陶灶（M26：20、M26：21）

陶灶 2件。M26：20，灶。泥质灰陶。二釜，灶釜分离。M26：20-1，灶体。平面呈梯形，前宽后窄，半圆形灶门，下有槛，后端正中穿烟孔，灶体下腹微向内斜收。双火眼，前大后小。素面。长32.8厘米，通高18.5厘米，灶高11.8厘米，灶宽17.1厘米。M26：20-2，釜。泥质灰陶。敛口，方唇，上腹有一周凹槽，鼓腹，平底。腹中部饰一周凹弦纹。高8.6厘米，外径13.6厘米，底径5厘米，口径8.3厘米。M26：20-3，釜。泥质灰陶。敛口，方唇，鼓腹，圜底。素面。高6.4厘米，外径10.7厘米，口径7.3厘米，底径3厘米（图一〇五，6；图版四七，1）。M26：21，灶。泥质褐陶。残存一釜一盆一甑，灶釜分离。M26：21-1，灶体，前壁稍残，前方后圆，平面基本呈半椭圆形，无挡墙，双火眼，灶体下腹向内斜收。素面。总宽33.6厘米。M26：21-2，盆。泥质灰陶。敞口，圆唇，弧腹，下腹斜收，平底。素面，表面似有褐釉痕迹。M26：21-3，釜底。泥质灰陶。仅残存底部，平底。素面。M26：21-4，甑。泥质灰黑皮褐陶。侈口，仰折沿，方唇，唇中有一周凹槽，腹部斜收，上腹以下残失。素面（图一〇五，7；图版四七，2）。

（2）铁器

2件。器形有铁环首刀、铁两歧簇。

铁环首刀 1件。M26：2，铁环首刀。刀身与柄呈直线，刀身与柄同宽，柄身通背，单面刃，刀首做椭圆形。刀残长31厘米，宽1.8厘米，刀身残长7厘米，柄长21厘米（图一〇六，2；彩版一六，2）。

铁两歧簇 1件。M26：13，形状似鱼叉，铤尾端残，横截面呈方柱形，铤前部分为两齿，齿均残，器通长21厘米，铤残长16.4厘米，齿残长4.5厘米，两齿间距离4.2厘米（图一〇六，1；彩版一六，3）。

（3）铜器

2件。器形有洗、带钩。

铜洗 1件。M26：1，锈蚀，残，未修复。胎体极轻薄易碎，仰折沿，斜弧腹，腹部以下残。口径20.5厘米（图一〇六，4）。

铜带钩 1件。M26：24，器形较小，琵琶形，扣钉靠近中央，钩首呈龙首形。长4.5厘米

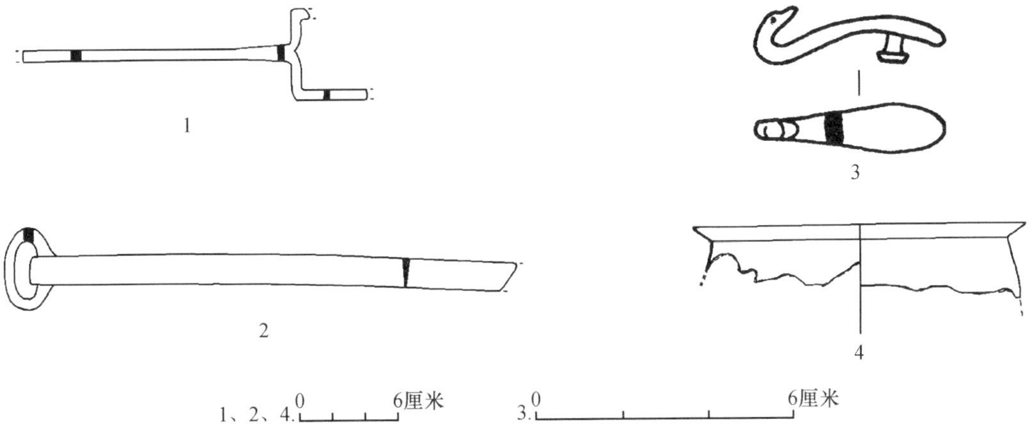

图一〇六 M26出土器物

1. 铁两歧簇（M26：13） 2. 铁环首刀（M26：2） 3. 铜带钩（M26：24） 4. 铜洗（M26：1）

（图一〇六，3；彩版一四，3）。

（4）钱币

铜钱　2串（28枚）。铜质，绿锈。M26：3，1串（12枚），锈蚀在一起，无法分开。M26：23，1串（16枚），锈蚀在一起，无法分开。

十七、M27

位于发掘Ⅲ区中部，南距M30约1.5米。丹江口水库西岸河边的台地上。

1. 墓葬形制与结构

该墓为长方形竖穴土坑墓，方向115°。

开口于耕土层下，耕土层厚0.3米。该墓墓圹清晰，墓口北高南低，西高东低，墓口东西长2.9米，南北宽1.7米，墓圹北部墓底距地面深1.1米，东部墓底距地面深0.9米，南部墓底距地面深0.9米，西部墓底距地面深1.2米。口底同大，四壁规整，直壁向下，墓底平整。

墓内填土为夹杂白沙岩的黄褐色五花土，土质较软，结构较疏松。

2. 葬具、葬式

（1）葬具

葬具已腐朽，残留灰痕，可辨为一棺，棺痕长2.2米，宽0.34米。

（2）葬式

人骨架1具，保存差，残留部分头骨和四肢骨，头向东，面向上，据此判断为仰身直肢葬（图一〇七）。

3. 出土器物

未发现。

十八、M28

位于发掘Ⅲ区东北部，丹江口水库西岸河边的台地上，北距M29约0.4米，被M19打破。

1. 墓葬形制与结构

该墓为长方形竖穴土坑墓，方向110°。

开口于耕土层下。该墓墓圹清晰，墓口东西长2.9米，南北宽1.7米，深0.8米。口底同大，四壁规整，直壁向下，墓底平整，距墓口0.34米有因放置棺椁后填土形成的熟土台，高0.2米，熟土台四侧宽均为0.2米。

墓内填土为夹杂白沙岩的黄褐色五花土，土质较软，结构较疏松。

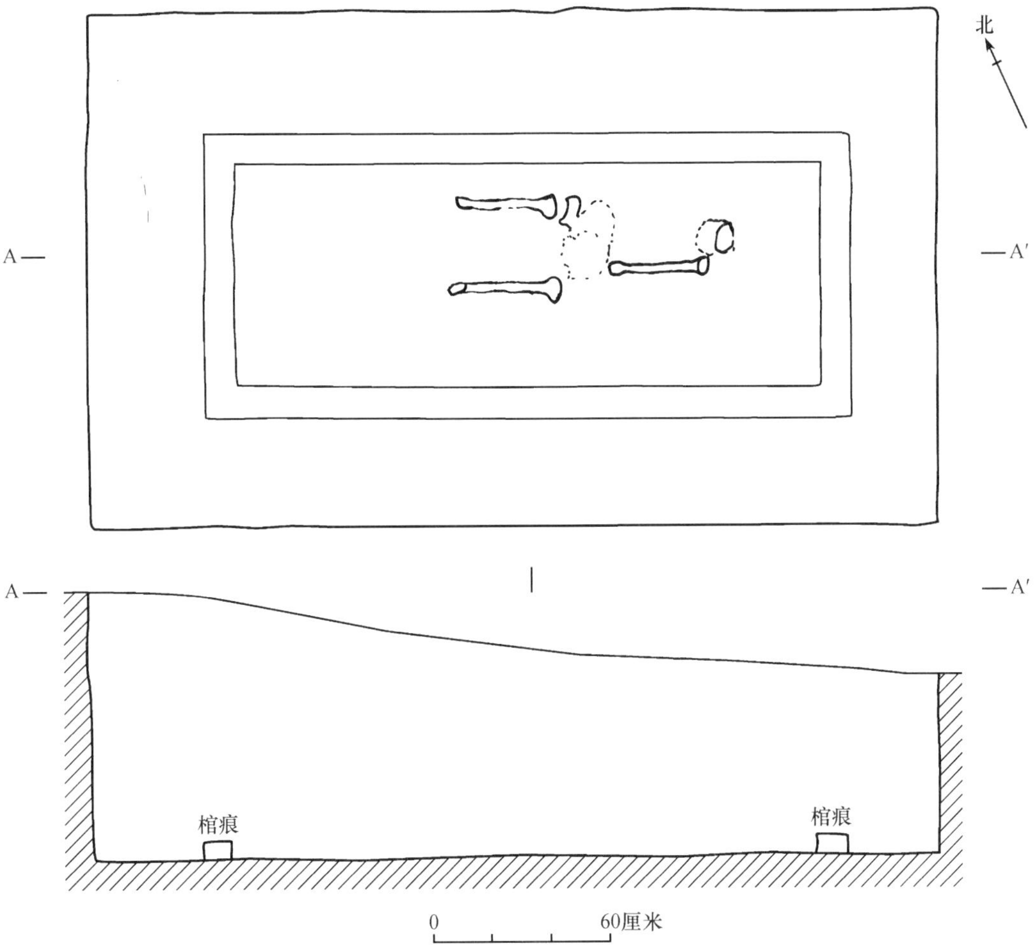

图一〇七　M27平、剖面图

2. 葬具、葬式

（1）葬具

葬具已腐朽，残留灰痕，可辨为一棺一椁，椁痕长2.5米，宽1.3米，棺位于椁内北部，棺痕长2.5米，宽0.62米。

（2）葬式

人骨架1具，保存差，残留部分头骨和四肢骨，头向东，面向上，据此判断为仰身直肢葬（图一〇八）。

3. 出土器物

该墓出土随葬品9件（图版三八，1），均为陶器，放置于棺外南部棺椁之间。自东向西放置陶井1件（M28：9）、陶灶1件（M28：8）、陶罐2件（M28：2、M28：7），2件陶罐之间放置陶仓5件（M28：1、M28：3～M28：6）。

陶罐　2件。M28：2，泥质灰陶。侈口，口内侧有一周凹槽，折沿下耷，唇较残，直领，圆肩，鼓腹，上腹部双鼻耳，下腹及底部残失。肩、腹部饰中绳纹，并抹平四周。高28.1厘

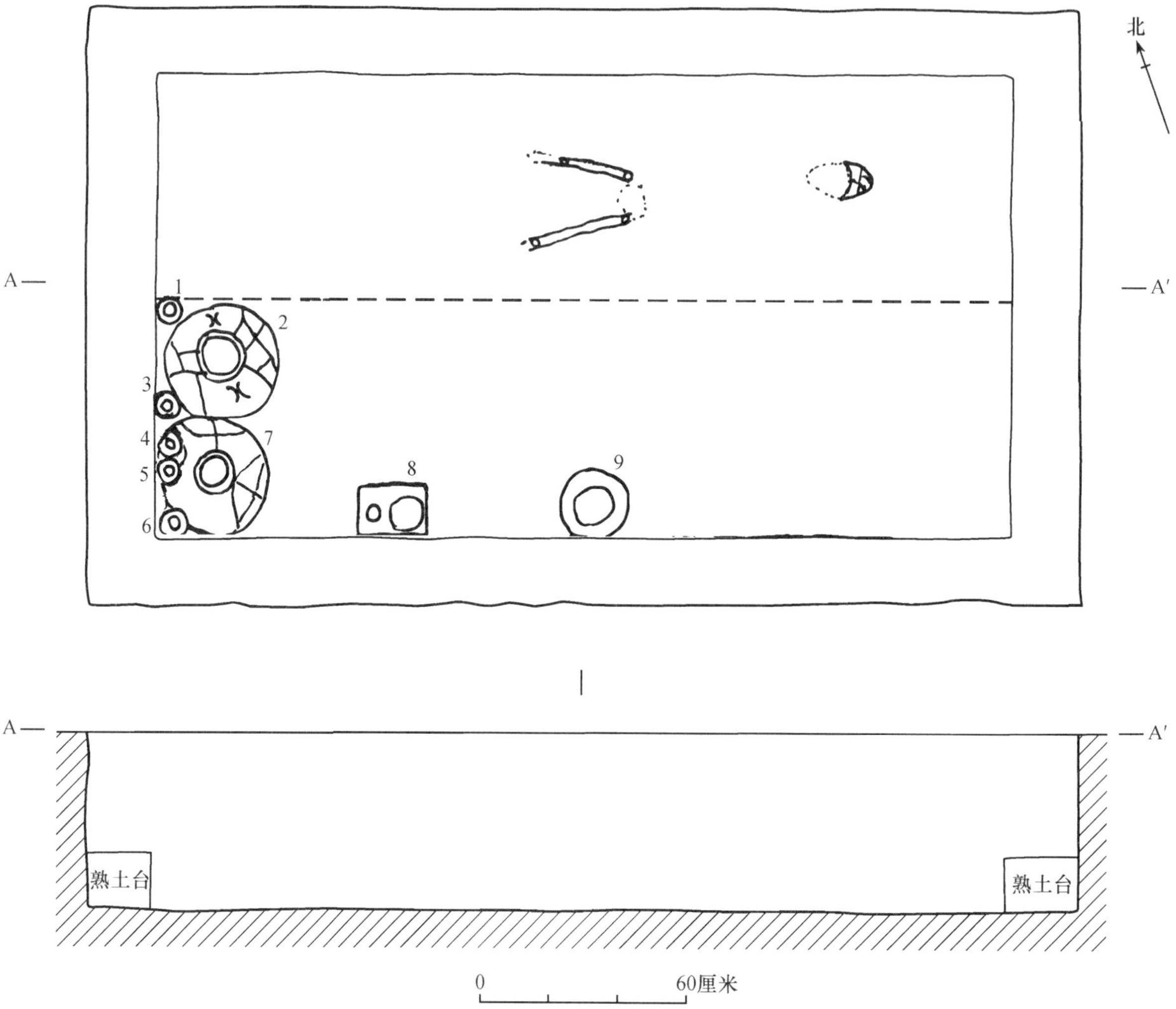

图一〇八　M28平、剖面图
1、3～6. 陶仓　2、7. 陶罐　8. 陶灶　9. 陶井

米，口径14.4厘米，腹径28.6厘米，底径9.5厘米（图一〇九，1；图版四七，4）。M28：7，泥质灰陶。侈口，平折沿，沿面一周凸棱，圆唇下奓，直领，圆肩，鼓腹，上腹部双鼻耳，凹圜底。肩、腹部通饰中绳纹，并抹平四周。高29.5厘米，口径17厘米，腹径29.2厘米，底径9厘米（图一〇九，2；图版四八，3）。

陶仓　5件。M28：1，泥质灰陶。无盖。敛口，圆唇，矮领，领肩相交处抹平一周，斜折肩，筒腹微鼓，平底。腹部素面。高24.9厘米，口径8.5厘米，外径14.5厘米，底径13.4厘米（图一〇九，4；图版四七，3）。M28：3，泥质灰陶。无盖。敛口，圆唇，矮领，斜折肩，筒腹，下腹斜收，腹部有数周浅凹槽，平底。腹部素面。高20.7厘米，口径8.7厘米，外径13.4厘米，底径12.2厘米（图一〇九，6；图版四七，5）。M28：4，泥质灰陶。无盖。敛口，尖圆唇，矮领，斜折肩，筒腹，下腹斜收，平底。腹部素面。高26.6厘米，口径8.5厘米，外径13.7厘米，底径12.6厘米（图一〇九，7；图版四七，6）。M28：5，泥质灰陶。无盖。敛口，尖圆唇，矮领，斜折肩，筒腹近直，腹部有数周浅凹槽，平底。腹部素面。高23.4厘米，口径7.8

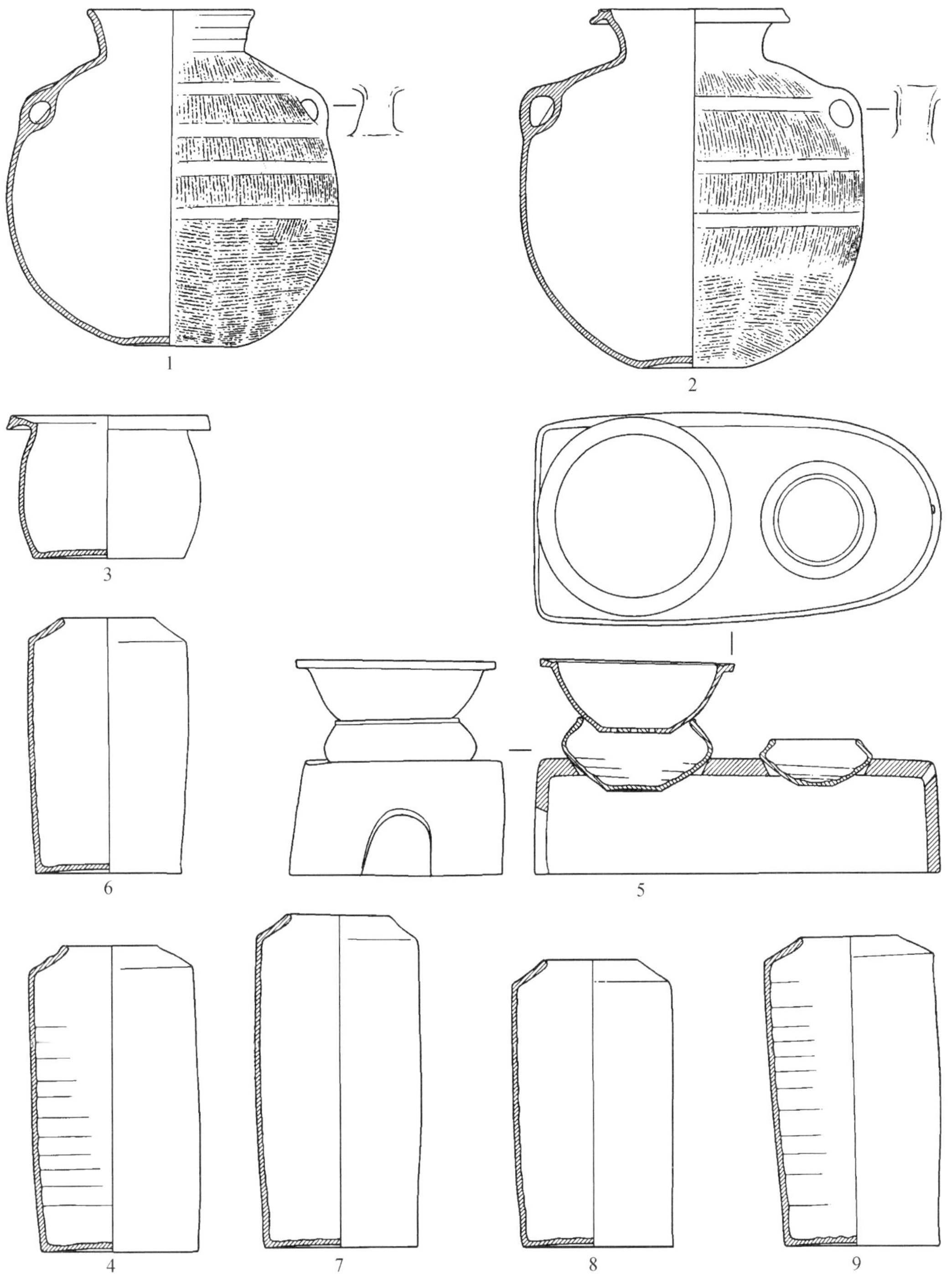

0 18厘米

图一〇九 M28出土陶器

1、2. 陶罐（M28：2、M28：7） 3. 陶井（M28：9） 4、6～9. 陶仓（M28：1、M28：3、M28：4、M28：5、M28：6）
5. 陶灶（M28：8）

厘米，外径13.4厘米，底径12.6厘米（图一〇九，8；图版四八，1）。M28：6，泥质灰陶。无盖。敛口，尖圆唇，矮领，领肩相交处有一周浅凹槽，斜折肩，筒腹，下腹斜收，平底。腹部素面。高25.1厘米，口径8.1厘米，外径14.5厘米，底径13厘米（图一〇九，9；图版四八，2）。

陶灶　1件。M28：8，灶。泥质灰陶。二釜一甑，灶釜分离。M28：8-1，灶体。平面形状前方后圆，无挡墙，双火眼，半圆形灶门，无槛，后端正中穿烟孔，灶体向右上方倾斜。素面。长35厘米，通高17.8厘米，宽5.5厘米。M28：8-2，釜。夹砂灰黑陶。敛口，方唇，唇面有一周凹槽，肩部近唇处有一周凹槽，弧肩，折腹，平底。素面。高6.2厘米，口径10.2厘米，底径4.8厘米。M28：8-3，釜。泥质灰陶。敛口，方唇，折腹，下腹斜收，平底。素面。高4.2厘米，口径7.6厘米，底径2.4厘米。M28：8-4，甑。敞口，仰折沿，沿面内凹，方唇，弧腹，下腹斜收，平底，底面五圆形箅孔。素面。高6厘米，口径16.8厘米，底径6.2厘米（图一〇九，5；图版四八，4）。

陶井　1件。M28：9，泥质灰陶。敛口，折沿微仰，沿面有两周凹槽，方唇，沿下面下耷，鼓腹，平底微凹。素面。高12厘米，口径17.4厘米，腹径17.5厘米，底径12.8厘米（图一〇九，3；图版四八，5）。

十九、M29

位于发掘Ⅲ区东北部，丹江口水库西岸河边的台地上，南距M28约0.4米。

1. 墓葬形制与结构

该墓为长方形竖穴土坑墓，方向103°。

开口于耕土层下。墓口距地表0.3米。该墓墓圹清晰，墓口东西长2.9米，南北宽1.6米，深0.7米。口底同大，四壁规整，直壁向下，墓底平整，距墓口0.2米有因放置棺椁后填土形成的熟土台，高0.2米，熟土台北、东、南、西四侧宽分别为0.2米、0.15米、0.15米、0.25米。

墓内填土为夹杂白沙岩的黄褐色五花土，土质较软，结构较疏松。

2. 葬具、葬式

（1）葬具

葬具已腐朽，残留灰痕，可辨为一棺一椁，椁痕长2.5米，宽1.25米，棺位于椁内南部，棺痕长2.4米，宽0.6米。

（2）葬式

人骨架1具，保存差，残留部分头骨和四肢骨，头向东，面向上，据此判断为仰身直肢葬（图一一〇）。

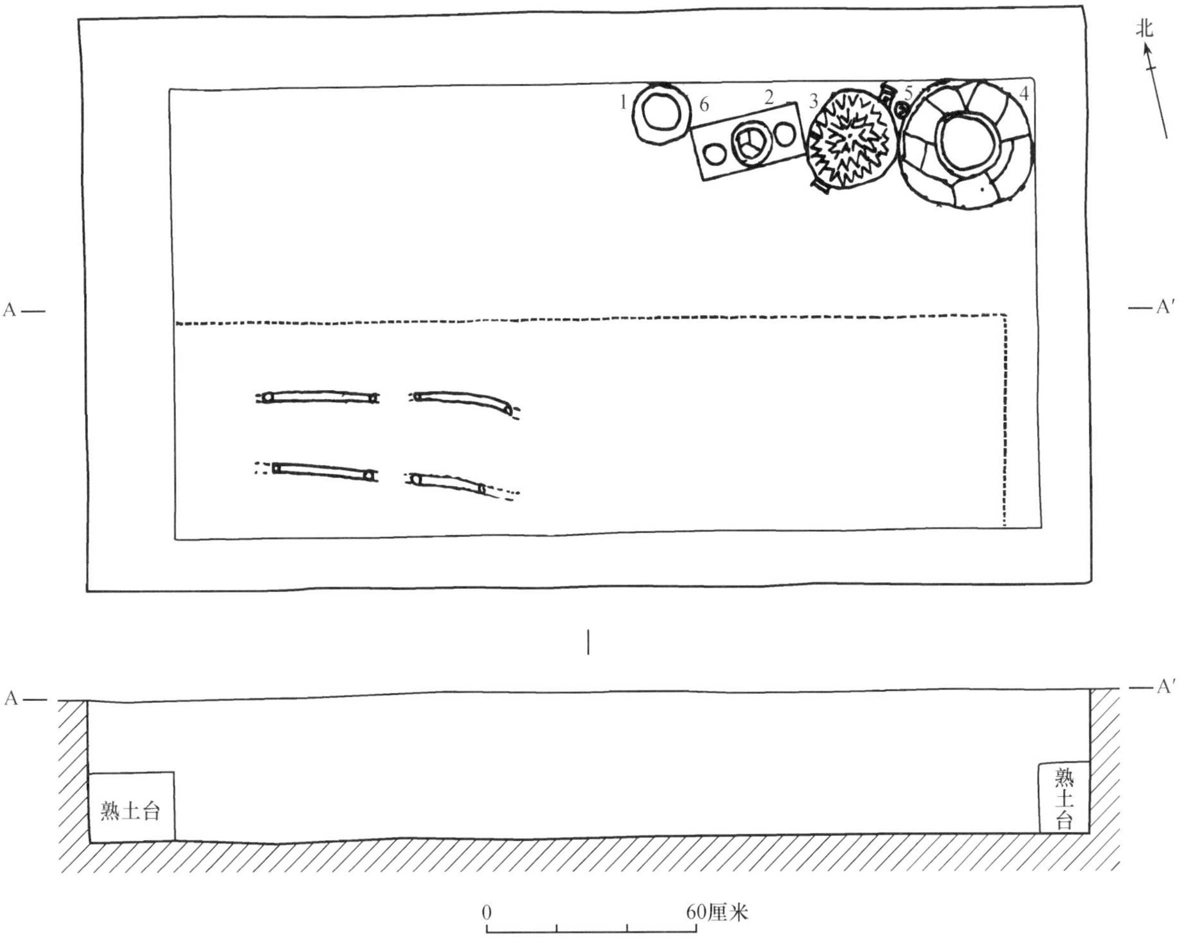

图一一〇　M29平、剖面图

1. 陶井　2. 陶灶　3. 陶鼎　4. 陶瓮　5. 铜饰件　6. 陶钵

3. 出土器物

该墓出土随葬品6件，质地有陶、铜。放置于棺外北部棺椁之间，自西向东分别为陶井1件（M29：1）、陶灶1件（M29：2）、陶鼎1件（M29：3）、陶瓮1件（M29：4）。陶井上面放置陶钵1件（M29：6）。陶鼎（M29：3）、陶瓮（M29：4）之间发现铜饰件1件（M29：5）。

（1）陶器

5件，器形有鼎、井、瓮、钵、灶（图版三八，2）。

陶鼎　1件。M29：3，泥质灰陶。上承一博山炉式盖，盖呈圆锥形，上模印重叠山峦树木。鼎身子口内敛，圆唇，鼓腹，长方形附耳一对，略外撇，耳外侧模印纹饰，圜底，下接三兽蹄形立人俑足，足内壁修平。素面。通高24.3厘米，鼎高18.7厘米，口径15.8厘米，腹径23.6厘米，盖高9.7厘米，盖直径19.3厘米，耳高6.2厘米，足高9厘米（图一一一，1；图版四九，2）。

陶井　1件。M29：1，泥质灰陶。直口微敛，平折沿，沿面有一周凹槽，方唇，沿下面内凹，筒腹微鼓，腹部两周凸棱，平底微凹。素面。高12厘米，口径16.8厘米，腹径15.6厘米，底径14.8厘米（图一一一，2；图版四八，6）。

陶瓮　1件。M29：4 泥质灰陶。侈口，口内一周凹槽，方唇，矮领，弧肩，鼓腹，下腹斜收，平底。素面。高28.4厘米，口径24.5厘米，腹径41.3厘米，底径21.8厘米（图一一一，4；图版四九，3）。

陶钵　1件。M29：6，泥质灰陶。敛口，圆唇，腹微折，下腹斜收，平底微凹。素面。高6.4厘米，口径15.2厘米，底径6.6厘米（图一一一，6；图版四九，4）。

陶灶　1件。M29：2，灶。三釜一甑，灶釜分离。M29：2-1，灶体。泥质灰陶。平面呈长方形，无挡墙，三火眼，半圆形灶门，下有槛，后段正中穿烟孔。素面。通高20.2厘米，长34厘米，宽19.8厘米。M29：2-2，釜。泥质黑皮灰陶。敛口，方唇，鼓肩，弧腹，下腹斜收，平底。素面。下腹有刮削痕迹。高4.7厘米，口径7.4厘米，腹径8.5厘米，底径2.5厘米。M29：2-3，釜。泥质灰黑陶。敛口，平折沿，尖唇，弧肩，折腹，下腹斜收，平底。素面。高6.8厘米，腹径12.1厘米，底径3厘米。M29：2-4，釜。泥质黑皮陶灰胎。敛口，仰折沿，沿面有一周凹槽，鼓肩，弧腹，下腹斜收，平底。素面。高4.9厘米，口径8.1厘米，腹径9.1厘米，底径3厘米。M29：2-5，甑。泥质黑皮陶褐胎。敞口，平折沿，沿面微凹，圆唇，腹部斜收，平底，底部有五个圆形箅孔。素面。腹部饰数周凹弦纹。高7.2厘米，口径17.2厘米，底径5.5厘米（图一一一，5；图版四九，1）。

（2）铜器

铜饰件　1件。M29：5，圆形铜饰件，两环相套，环之间由两两相对的四个横梁连接一起，内环和一个横梁残。外环径5.2厘米，内环径2.4厘米，横梁宽0.3厘米（图一一一，3；彩版一三，6）。

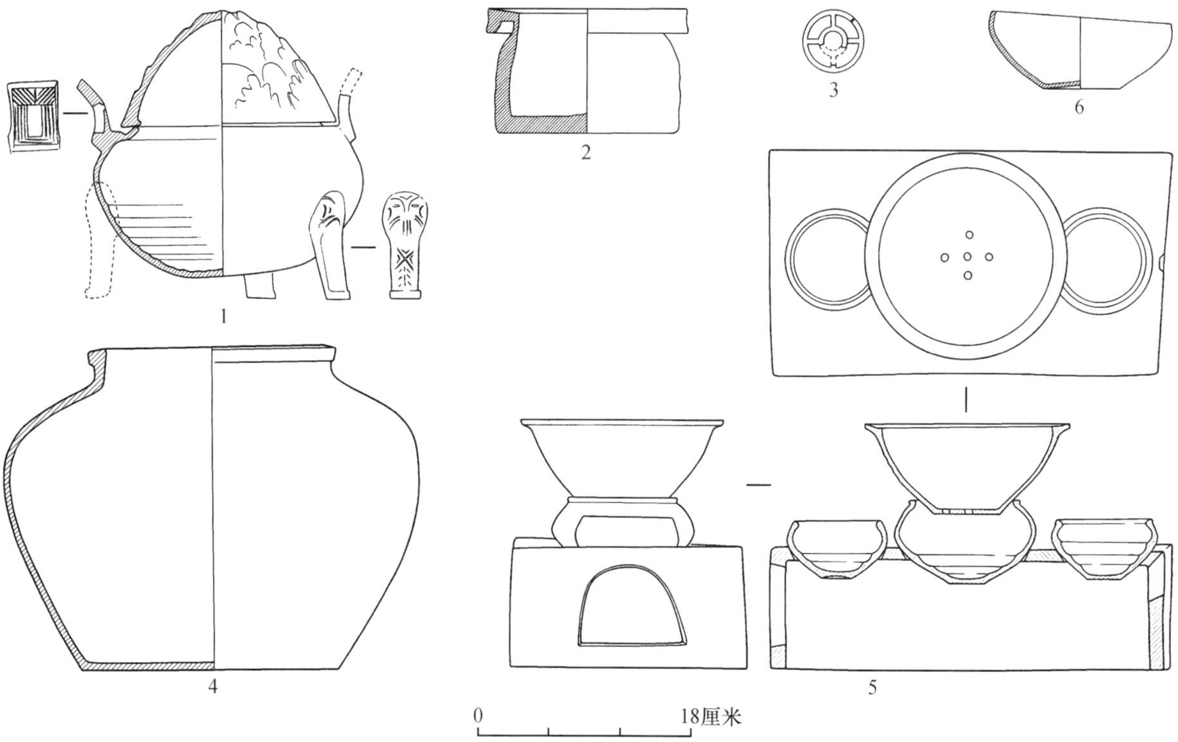

图一一一　M29出土器物

1. 陶鼎（M29：3）　2. 陶井（M29：1）　3. 铜饰件（M29：5）　4. 陶瓮（M29：4）　5. 陶灶（M29：2）　6. 陶钵（M29：6）

二十、M30

位于发掘Ⅲ区中部，丹江口水库西岸河边的台地上，北距M27约1.5米，打破M31。

1. 墓葬形制与结构

该墓为甲字形竖穴土坑墓，方向105°。

开口于耕土层下，墓口距地表0.3米。由墓道和墓室两部分组成，墓道朝东，位于墓室东部，平面开口呈长方形，长1.6米，宽1.9米。底部斜坡向下；墓室位于墓道西部，平面开口呈长方形，长3.4米，宽2.6米，墓底距地表1.6米。四壁规整，直壁向下，墓底平整，距墓口0.8米有因放置棺椁后填土形成的熟土台，高0.5米，北、东、南、西四侧宽度分别为0.4米、0.2米、0.3米、0.2米。

墓内填土为夹杂白沙岩的黄褐色五花土，土质较软，结构较疏松。

2. 葬具、葬式

（1）葬具

葬具已腐朽，残留灰痕，可辨为二棺一椁，椁痕长3米，宽1.9米，棺痕腐朽，尺寸不详。

（2）葬式

骨架2具，保存较差，均残留部分头骨和四肢骨，头向东，面向上，仰身直肢（图一一二；图版二一，2）。

3. 出土器物

该墓出土随葬品22件，质地有陶、铜、铁、石等。

北部骨架两侧各随葬铁环首刀1件（M30：1、M30：5），头部放置石镞范1件（M30：19）、铜镞1件（M30：20-1）、铜带钩1件（M30：7），腹部放置铜钱1串（M30：2），膝部放置铜洗1件（M30：6）、铜镞1件（M30：20-2），脚部放置陶灶1件（M30：3）、陶井1件（M30：4）。南部骨架头骨两侧陶罐2件（M30：18、M30：21），胸部放置铜钱1串（M30：17），腿部放置陶灶1件（M30：12）、陶仓2件（M30：11、M30：13）、陶鼎1件（M30：15）、陶井1件（M30：16）、陶壶1件（M30：14）。陶仓3件（M30：8～M30：10）位于两架骨架腿部中间。

（1）陶器

13件，器形有鼎、罐、壶、仓、井、灶（图版三七，1）。

陶灶　2件。M30：3，灶。泥质灰陶。釜灶分离，仅残存一甑一盆。M30：3-1，灶体。前方后圆，平面基本呈半椭圆形，无挡墙，双火眼，半圆形灶门，下有槛，后端正中穿烟孔，直壁。素面。通高14.3厘米，长24.6厘米，宽16厘米，灶高9.5厘米。M30：3-2，甑。仅残存底部，平底，残存三圆形箅孔。素面。高5.9厘米，口径13厘米，底径7厘米。M30：3-3，盆。敞

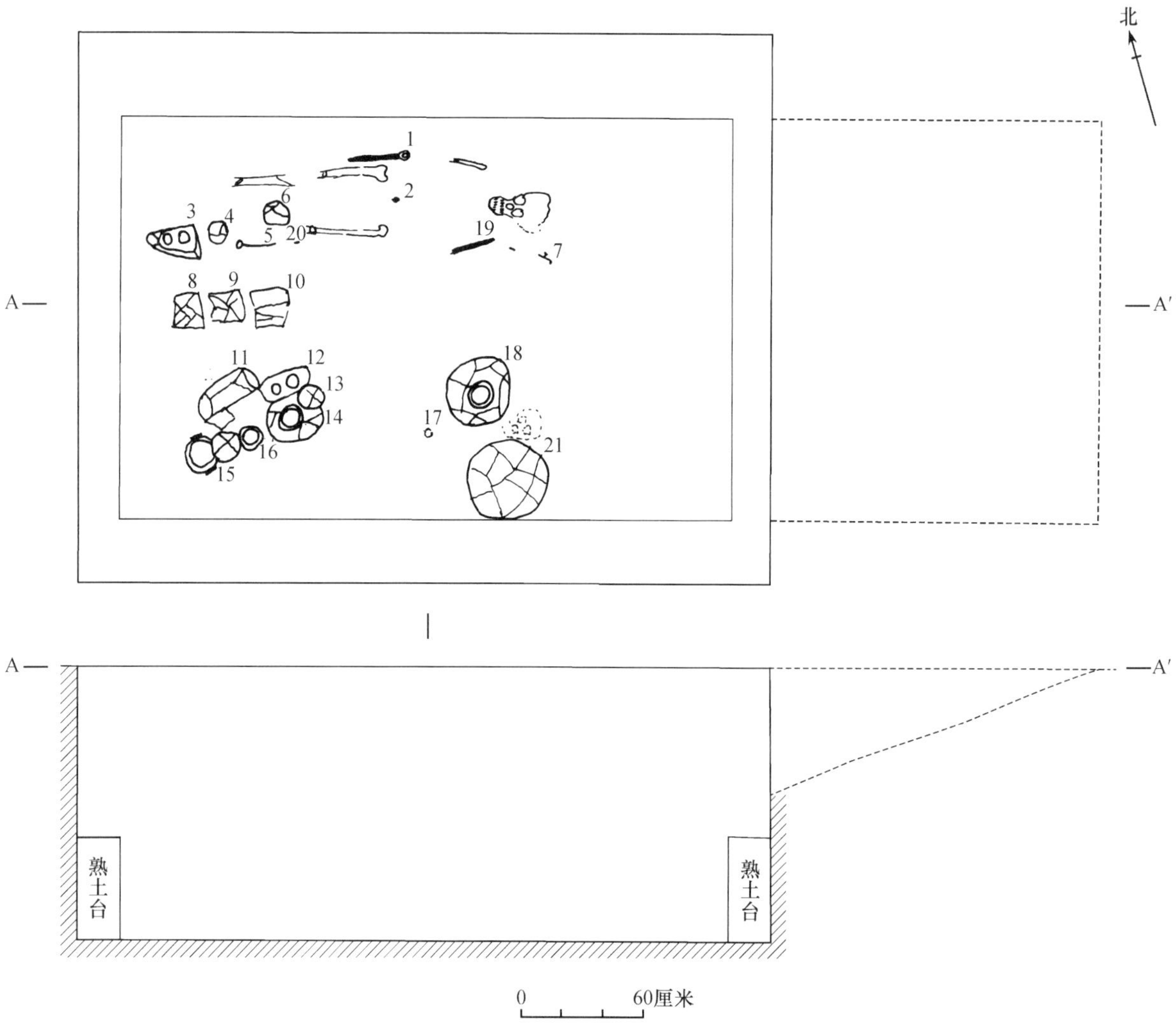

图一一二　M30平、剖面图

1、5. 铁环首刀　2、17. 铜钱　3、12. 陶灶　4、16. 陶井　6. 铜洗　7. 铜带钩　8～11、13. 陶仓　14. 陶壶　15. 陶鼎　18、21. 陶罐　19. 石镞范　20. 铜镞

口，平折沿微仰，圆唇，腹部微鼓，平底。素面。高5.5厘米，口径8.2厘米，底径3厘米（图一一三，11；图版四九，5）。M30：12，灶。泥质灰陶。灶釜分离，二釜。M30：12-1，灶体。前方后圆，平面基本呈半椭圆形，无挡墙，双火眼，半圆形灶门，下有槛，后端正中穿烟孔，直壁。素面。通高15厘米，长27厘米，宽15.4厘米，灶高9.6厘米。M30：12-2，釜。泥质灰陶。敛口，方唇，鼓腹，平底。上腹部饰一周凸弦纹。下腹有刮削痕迹。高6.5厘米，腹径10.6厘米。M30：12-3，釜。泥质灰陶。敛口，圆唇，鼓腹，上腹部有一周凹槽，平底。素面。高5.3厘米，腹径9.1厘米（图一一三，12；图版五〇，4）。

陶井　2件。M30：4，泥质灰陶。直口，平折沿微仰，方唇，沿背内凹，直腹微鼓，平底。素面。高11.5厘米，口径15.7厘米，底径15.4厘米（图一一三，1；图版四九，6）。M30：16，泥质灰陶。直口，平折沿微仰，方唇，唇面中部有一周凸棱，直腹微鼓，平底。素面。下腹有刮削痕迹。高10.2厘米，口径12.5厘米，腹径12.1厘米，底径9.5厘米（图一一三，

图一一三 M30出土陶器

1、2. 陶井（M30：4、M30：16） 3. 陶壶（M30：14） 4、5. 陶罐（M30：18、M30：21） 6~9. 陶仓（M30：9、M30：10、M30：11、M30：13） 10. 陶鼎（M30：15） 11、12. 陶灶（M30：3、M30：12）

2；图版五一，2）。

陶仓　5件。修复4件。标本M30：9，泥质灰陶。敛口，圆唇，斜折肩，筒腹，下腹微鼓，平底。素面。高20.3厘米，口径7.8厘米，外径14厘米，底径10.8厘米（图一一三，6；图版五〇，1）。标本M30：10，泥质灰陶。敛口，方唇，斜折肩，肩部有一周凹槽，筒腹，下腹微鼓，平底。素面。较残。高19厘米，口径8.2厘米，外径13.1厘米，底径11.2厘米（图一一三，7；图版五〇，2）。标本M30：11，泥质灰陶。敛口，方圆唇，斜折肩，肩中部有一周凸棱，肩部近腹处有一周凹槽，筒腹，腹中部微鼓，腹部有数周凹槽，平底。素面。高20厘米，口径8厘米，外径13.6厘米，底径12厘米（图一一三，8；图版五〇，3）。标本M30：13，泥质灰陶。敛口，方圆唇，斜折肩，筒腹，下腹微鼓，平底。素面。高19.8厘米，口径7.5厘米，外径13.4厘米，底径10.5厘米（图一一三，9；图版五〇，5）。

陶壶　1件。M30：14，泥质灰陶。盘口，平折沿，沿面微凹，高领，弧肩，鼓腹，圜底，矮圈足。肩腹相交处饰二周凹弦纹，上腹饰二周凹弦纹，下腹饰中绳纹。高27.2厘米，口径14.3厘米，腹径23.3厘米，底径13.8厘米（图一一三，3；图版五〇，6）。

陶鼎　1件。M30：15，泥质灰陶。上承一拱形盖，盖口外侈，圆唇，向上弧收，弧顶。鼎身子口内敛，圆唇，深鼓腹，上腹部有一对长方形附耳，上部已残，平底，下接三兽蹄足，内壁修平微凹。上腹饰三周凹弦纹。通高18.8厘米，口径12.4厘米，腹径18厘米，足高7.2厘米，鼎盖高4.1厘米，盖口径15厘米（图一一三，10；图版五一，1）。

陶罐　2件。M30：18，泥质灰陶。侈口，平折沿，沿面有一周凸棱，尖圆唇下奁，领适中，弧肩，鼓腹，上腹部有一对鼻耳，凹圜底近平。肩部及腹部饰中绳纹，并抹平四周。上腹及下腹部各有一处烧变形痕迹。高29.7厘米，口径15.6厘米，腹径28.2厘米，底径10厘米（图一一三，4；图版五一，3）。M30：21，泥质灰陶。侈口，平折沿下奁，尖圆唇，领适中，领部有三周凹槽，圆肩，肩腹相交处有一对鼻耳，鼓腹，凹圜底。肩部及腹部饰中绳纹，并抹平四周。高28厘米，口径15.6厘米，腹径27.3厘米，底径8厘米（图一一三，5；图版五一，4）。

（2）铁器

铁环首刀　2件。M30：1，锈蚀，仅残留刀身，长条状，单面刃。残长11.2厘米，宽1.2厘米（图一一四，1；彩版一六，4）。M30：5，刀身与柄呈直线，刀身较柄略宽，柄身通背，刃较柄略凸出，单面刃，刀首做椭圆形。刀残长21厘米，刀身长10.6厘米，宽1.6厘米，柄长8.2厘米，宽1.4厘米（图一一四，2；彩版一六，5）。

（3）铜器

4件，器形有铜镞、铜带钩、铜洗。

铜镞　2件。M30：20-1，三棱形镞，在中脊上凸起三棱成刃，三刃前聚成锋，长关，圆柱形铤，铤残。残长5.2厘米，关长2.5厘米（图一一四，5）。M30：20-2，三棱形镞，在中脊上凸起三棱成刃，三棱残，短关，圆柱形铤，铤残。残长3厘米（图一一四，6）。

铜带钩　1件。M30：7，器形瘦长略扁，扣钉靠近中央，钩首呈龙首形。长9.2厘米（图一一四，3；彩版一四，4）。

铜洗　1件。M30：6，未修复，胎体极薄易碎，敞口，仰折沿。

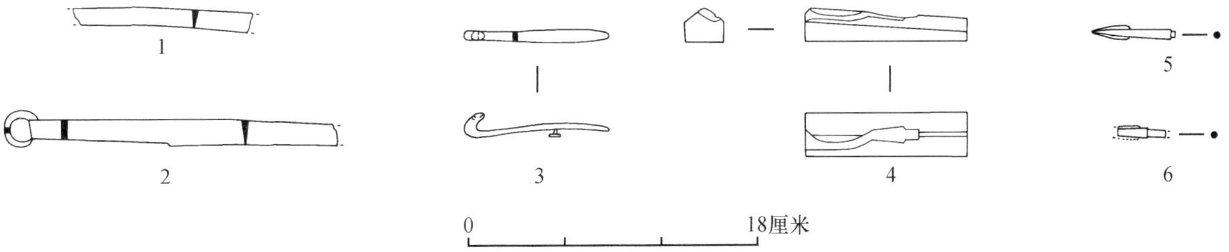

图一一四　M30出土器物

1、2. 铁环首刀（M30：1、M30：5）　3. 铜带钩（M30：7）　4. 石镞范（M30：19）　5、6. 铜镞（M30：20-1、M30：20-2）

（4）石器

石镞范　1件。M30：19，灰砂岩，整体呈五面柱状，浇铸口位于范体上部，镞腔位于两个石面交汇处。通长10.2厘米（图一一四，4；彩版一七，6）。

（5）钱币

铜钱　2串。M30：2，铜质，绿锈，锈蚀在一起，无法分开。M30：17，13枚。五铢，铜质，绿锈，部分铜质呈紫红色，根据钱文不同，可分二种。

第一种：5枚。"五"字交笔是直的，上下横笔基本与两竖齐，"朱"旁上横笔方折，"金"尖呈一小三角，四点多呈长方形且较整齐。直径2.5厘米，孔径0.9厘米（图一一五，1～5）。

第二种：8枚。"五"字交笔弯曲，上下横笔基本与两竖齐，"朱"旁上横笔方折，"金"尖呈一小三角，四点多呈长方形且较整齐。直径2.6厘米，孔径1厘米（图一一五，6～13）。

二十一、M32

位于发掘Ⅲ区中部，丹江口水库西岸河边的台地上，东距M36约1.7米。

1. 墓葬形制与结构

该墓为甲字形竖穴土坑墓，方向190°。

开口于耕土层下，墓口距地表0.3米。由墓道和墓室两部分组成，墓道朝南，位于墓室南部，平面开口呈长方形，长2.2米，宽1.1米。底部斜坡向下。墓室位于墓道北部，平面开口呈长方形，长2.8米，宽1.5米，深0.9米。四壁规整，直壁向下，墓底平整，距墓口0.4米有因放置棺椁后填土形成的熟土台，北、东、南、西四侧宽度分别为0.15米、0.2米、0.2米、0.2米、高0.2米。

墓内填土为夹杂白沙岩的黄褐色五花土，土质较软，结构较疏松。

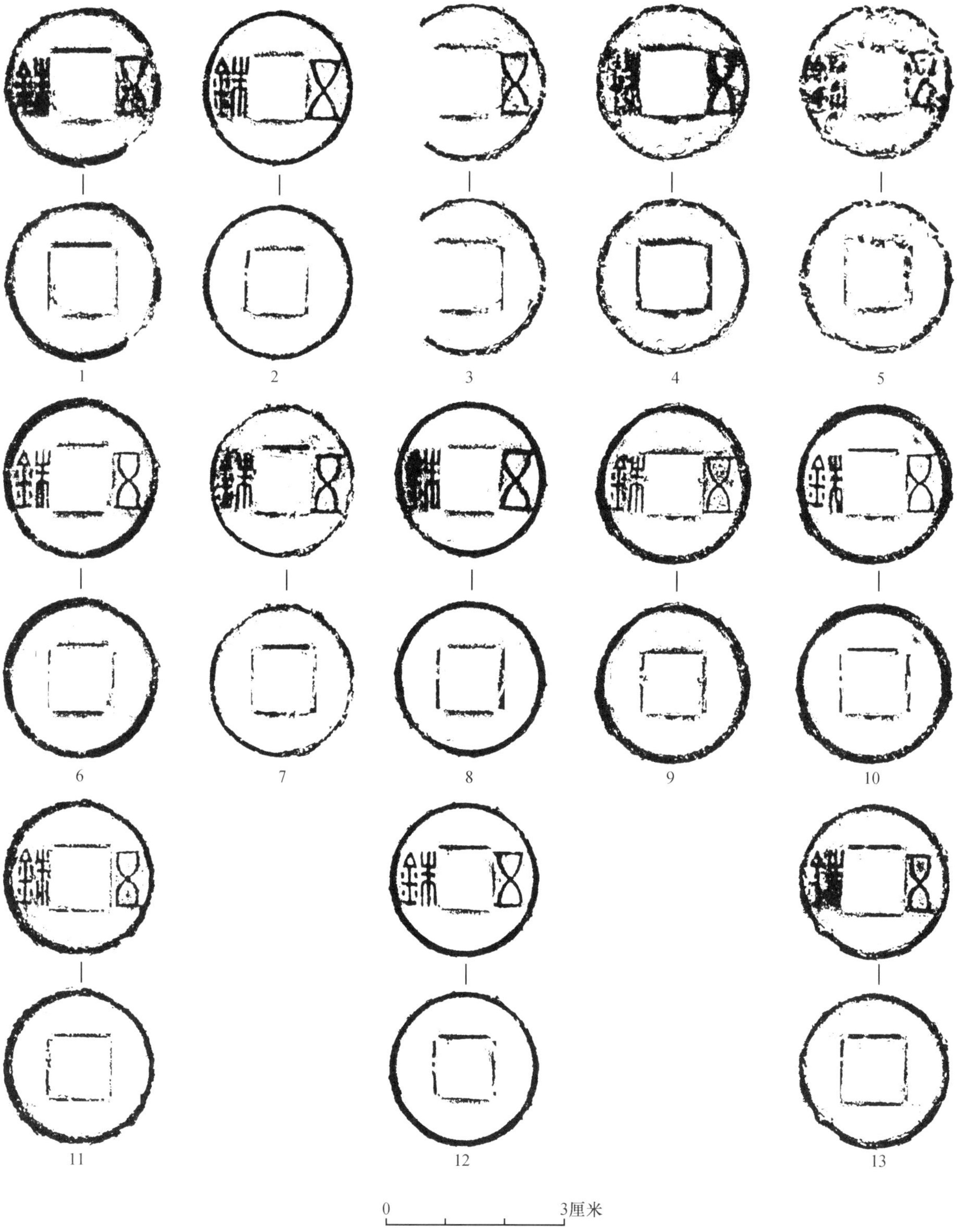

图一一五 M30出土铜钱拓片
1～13. 五铢（M30：17）

2. 葬具、葬式

（1）葬具

葬具已腐朽，残留灰痕，可辨为一棺一椁，椁痕长2.6米，宽1.1米，棺位于椁内东侧，棺痕长2.1米，宽0.6米。

（2）葬式

人骨架1具，保存较差，残留部分头骨和四肢骨，头向南，面向上，据此判断为仰身直肢葬（图一一六；图版二二）。

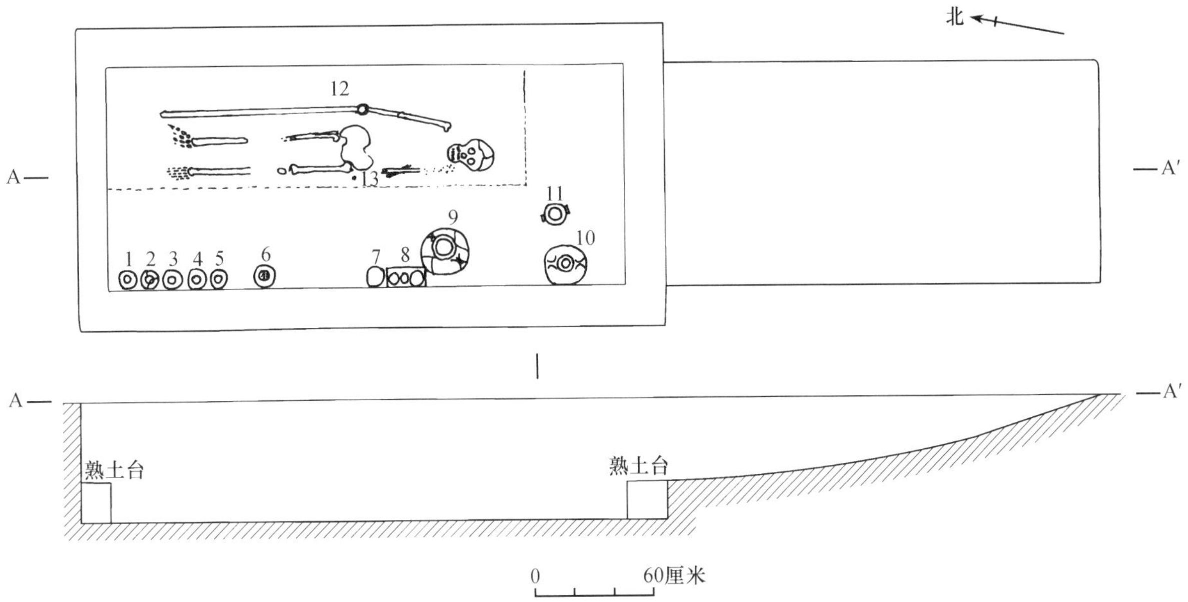

图一一六　M32平、剖面图

1～5. 陶仓　6. 陶磨　7. 陶井　8. 陶灶　9、10. 陶罐　11. 陶鼎　12. 铁环首刀　13. 铜钱

3. 出土器物

该墓出土随葬品13件。质地分陶、铁、铜。墓主人手握铁环首刀1件（M32：12）。铜钱1串（M32：13），位于墓主人腹部。陶器11件位于棺外西部棺椁之间，自北向南分别为陶仓5件（M32：1～M32：5）、陶磨1件（M32：6）、陶井1件（M32：7）、陶灶1件（M32：8）、陶罐2件（M32：9、M32：10）、陶鼎1件（M32：11）。

（1）陶器

11件，器形有仓、磨、罐、井、鼎、灶。

陶仓　5件。M32：1，泥质灰陶。上承一拱形盖，盖口外侈，尖唇，斜壁，盖顶平顶。仓身敛口，圆唇，矮颈，平折肩，筒腹，腹部向内斜收，上腹部及下腹部各有一周凸棱，平底。素面。通高17.7厘米，仓高16.5厘米，口径5.8厘米，外径9.3厘米，底径7.5厘米，盖高4.2厘米，盖径19.4厘米（图一一七，2；图版五一，5）。M32：2，泥质灰陶。上承一拱形盖，盖口外侈，尖唇，弧壁，盖顶微圜。仓身敛口，圆唇，矮颈，平折肩，筒腹，腹部向内斜收，平底。素面。通高17.1厘米，仓高15.9厘米，口径6.9厘米，外径10.6厘米，底径8.4厘米，盖口径10.2厘米，高2.3厘米（图一一七，3；图版五一，6）。M32：3，泥质灰陶。上承一拱形盖，盖口外侈，方唇，斜壁，盖顶凹弧顶。仓身敛口，圆唇，矮颈，平折肩，筒腹，腹部向内斜收，腹部有数周凸棱，平底。素面。通高15.6厘米，仓高13.6厘米，口径7.2厘米，外径10.5厘米，底径8.5厘米。盖口径10.8厘米，高2.6厘米（图一一七，4；图版五二，1）。M32：4，泥质灰陶。仓身敛口，圆唇，矮颈，斜折肩，筒腹近直，平底。素面。仓高16.3厘米，口径5.4厘米，外径10.1厘米，底径9厘米（图一一七，5；图版五二，2）。M32：5，泥质灰陶。上承一拱形盖，盖口外侈，平折沿，圆唇，斜壁，盖顶平顶。仓身敛口，圆唇，矮颈，平折肩微凹，筒腹，上腹有三周凸棱，腹部向内斜收，平底。素面。通高17.1厘米，仓高14.8厘米，口径6厘米，外径10.2厘米，底径9厘米，盖外径10.2厘米，盖高2.5厘米（图一一七，6；图版五二，3）。

陶磨　1件。M32：6，泥质灰陶。上扇表面满布戳纹，中央槽有两个相对的半月形槽，口小底大，一侧有手柄。下扇隆起，高出磨盘，中央一圆形孔洞。盘敞口，斜壁，壁缘一侧有流，底部残失。下扇腹壁与盘底相连，腹中空。高8厘米，上扇外径18.2厘米，扇盘直径14.7厘米，下扇直径27.5厘米（图一一七，7；图版五二，4）。

陶罐　2件。M32：9，泥质灰陶。侈口，口内有一周凹槽，平折沿，沿面内凹，斜方唇，唇面内凹，领适中，领肩交接处一周凸棱，圆肩，鼓腹，上腹有一对鼻耳，凹圜底。领部中绳纹被抹平，肩部、腹部及底部饰斜向中绳纹，并抹平三周。高22.3厘米，口径13.4厘米，腹径21.5厘米，底径7.5厘米（图一一七，8；图版五三，1）。M32：10，泥质灰陶。侈口，口内有一周凹槽，平折沿，沿面内凹，方唇，唇面内凹，领较高，圆肩，鼓腹，上腹有一对鼻耳，凹圜底。肩部、腹部及底部饰中绳纹，并抹平三周。高24.8厘米，口径13.6厘米，腹径22.6厘米，底径8.8厘米（图一一七，9；图版五三，2）。

陶井　1件。M32：7-1，井。泥质灰陶。直口，平折沿，沿面内凹，方唇，唇面内凹，筒腹，腹部外斜，平底。素面。高12.2厘米，口径11.1厘米，底径9.5厘米（图一一七，10；图版五二，5）。M32：7-2，盆（位于陶井内）。泥质灰陶。敞口，平折沿，圆唇，沿腹交接处内凹一周，斜腹，平底。素面。残，未修复。

陶鼎　1件。M32：11，夹砂灰陶。子口敛口，圆唇，弧腹，下腹斜收，腹部有四周凸棱，平底，下接三简化兽蹄足。底部有T形刻画痕迹。高8.8厘米，口径9厘米，腹径14厘米，足高3.2厘米（图一一七，11；图版五三，3）。

陶灶　1件。M32：8，泥质灰陶。一釜一甑，釜灶连体。M32：8-1，灶体。平面呈长方形，无挡墙，二火眼，半圆形灶门，无槛，后段正中穿烟孔。素面。通高10.4厘米，宽12厘米，长21.6厘米，灶高6.4厘米。M32：8-2，釜。泥质灰陶。敛口，方唇，鼓腹，平底。素面。高3.7厘米，外径6.2厘米。M32：8-3，甑。泥质灰陶。敞口，平折沿，圆唇，斜壁，平底，底部有五个圆形箅孔。素面。高4.6厘米，口径10.4厘米（图一一七，12；图版五二，6）。

（2）铁器

铁环首刀　1件。M32：12，铁环首刀。整体修长，刀身与柄呈直线，刀身与柄同宽，柄身

图一一七 M32出土器物

1. 铁环首刀（M32：12） 2～6. 陶仓（M32：1～M32：5） 7. 陶磨（M32：6） 8、9. 陶罐（M32：9、M32：10）
10. 陶井（M32：7-1） 11. 陶鼎（M32：11） 12. 陶灶（M32：8）

通背，单面刃，刀首做椭圆形。刀残长97.6厘米，刀身长70厘米，宽2.4厘米，柄宽2.4厘米，柄长24厘米（图一一七，1）。

（3）钱币

铜钱 1串（31枚）。M32：13，均为五铢，铜质，绿锈，部分铜质呈紫红色。4枚锈蚀严重，钱文模糊，剩余27枚保存较好，根据钱文不同，可分三种。

第一种：1枚。“五”字交笔是直的，上下横笔基本与两竖齐，“朱”旁上横笔方折，“金”尖呈一小三角，四点多呈长方形且较整齐。直径2.5厘米，孔径0.9厘米（图一一八，1）。

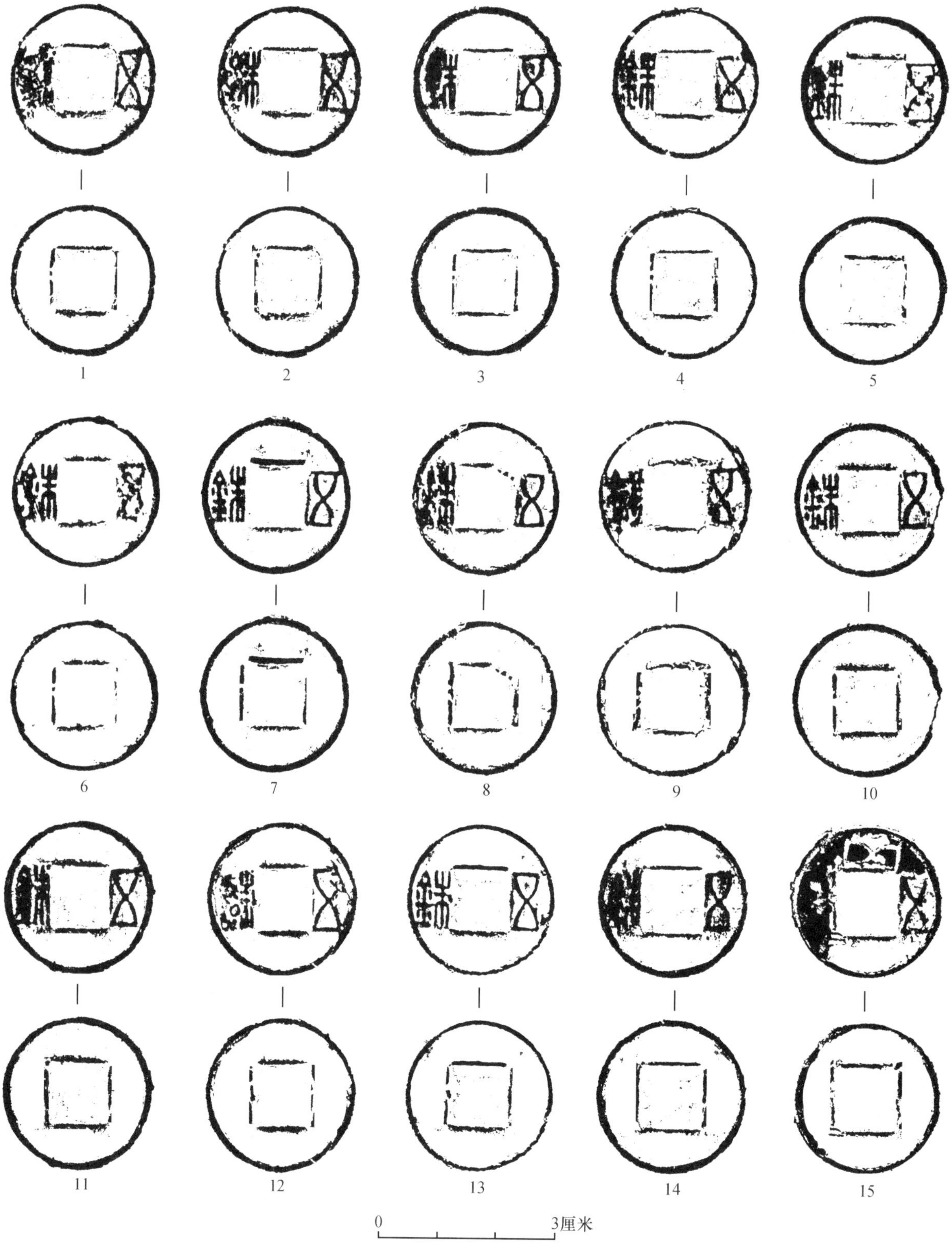

图一一八　M32出土铜钱拓片（一）
1～15. 五铢（M32：13）

第二种：14枚。“五”字交笔略弯曲，上下横笔基本与两竖齐，“朱”旁上横笔方折，“金”尖呈一小三角，四点多呈长方形且较整齐。直径2.5厘米，孔径0.9厘米（图一一八，2～15）。

第三种：12枚。“五”字交笔弯曲，上下横笔基本与两竖齐，“朱”旁上横笔方折，“金”尖呈一小三角，四点多呈长方形且较整齐。直径2.6厘米，孔径1厘米（图一一九）。

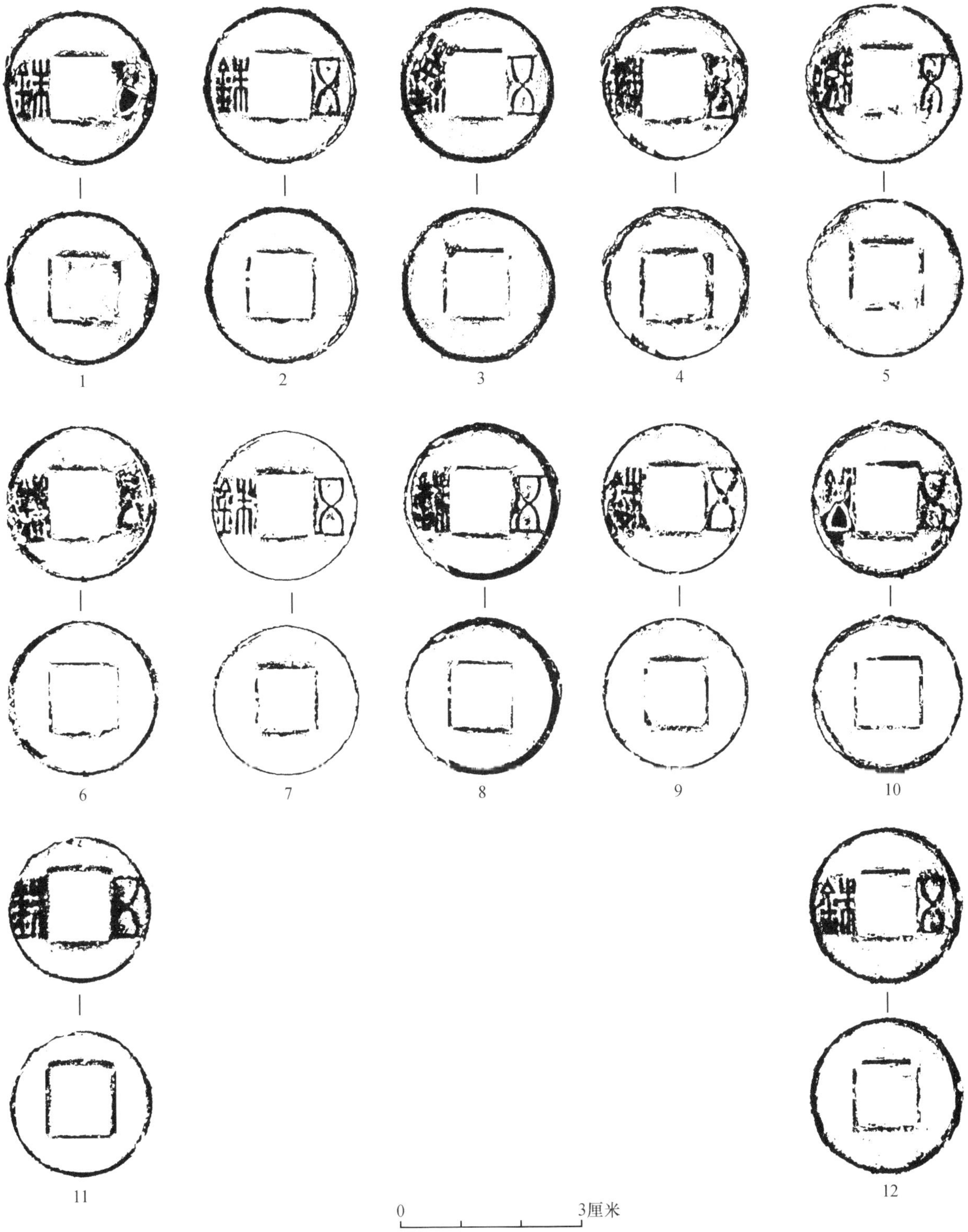

图一一九　M32出土铜钱拓片（二）
1～12. 五铢（M32：13）

二十二、M35

位于发掘Ⅲ区东北部，丹江口水库西岸河边的台地上，打破M36。

1. 墓葬形制与结构

该墓为甲字形竖穴土坑墓，方向283°。

开口于耕土层下，墓口距地表0.3米。由墓道和墓室两部分组成，墓道朝西，位于墓室西部，平面开口长方形，长1.9米，宽0.95米，底部斜坡向下；墓室位于墓道东部，平面开口呈长方形，长3.05米，宽1.95米，深0.8米。四壁规整，直壁向下北，墓底平整，距墓口0.45米有因放置棺椁后填土形成的熟土台，北、东、南、西四侧宽度分别为0.25米、0.25米、0.2米、0.3米、高0.05米。

墓内填土为夹杂白沙岩的黄褐色五花土，土质较软，结构较疏松。

2. 葬具、葬式

（1）葬具

葬具已腐朽，残留灰痕，可辨为一棺一椁，椁痕长2.75米，宽1.45米，棺痕长2.1米，宽0.7米。

（2）葬式

人骨架1具，保存较差，残留部分头骨和四肢骨，头向西，面向上，据此判断为仰身直肢葬（图一二〇）。

3. 出土器物

该墓出土随葬品12件。质地分陶、铜。

人骨架腰部放置铜钱1串（M35：1）、铜镜1件（M35：2）。

棺外北部棺椁之间自西向东分别为铜洗1件（M35：12）、陶罐1件（M35：10）、陶仓1件（M35：3）、陶鼎（M35：4）、陶仓1件（M35：5）、陶井1件（M35：6）、陶仓3件（M35：7～M35：9）、陶灶1件（M35：11）。

（1）陶器

9件，器形有仓、灶、鼎、井、罐（图版三七，2）。

陶仓　5件。M35：3，泥质灰陶。上承一钵形盖，盖口近直，方唇，斜腹，平顶。仓身敛口，尖唇，斜折肩，筒腹，下腹微斜收，平底。腹部饰四周凹弦纹。仓高16.7厘米，口径6.4厘米，外径10.8厘米，底径10.2厘米（图一二一，1；图版五三，4）。M35：5，泥质灰陶。上承一钵形盖，盖口近直，方唇，下腹近直，上腹斜收，平顶。仓身敛口，方唇，斜折肩，筒腹，下腹微斜收，平底。腹部饰四周凹弦纹。通高18.3厘米，仓高15.7厘米，口径7.8厘米，外径10.6厘米，底径10.2厘米，仓盖外径17.2厘米，高2.8厘米（图一二一，2；图版五三，6）。

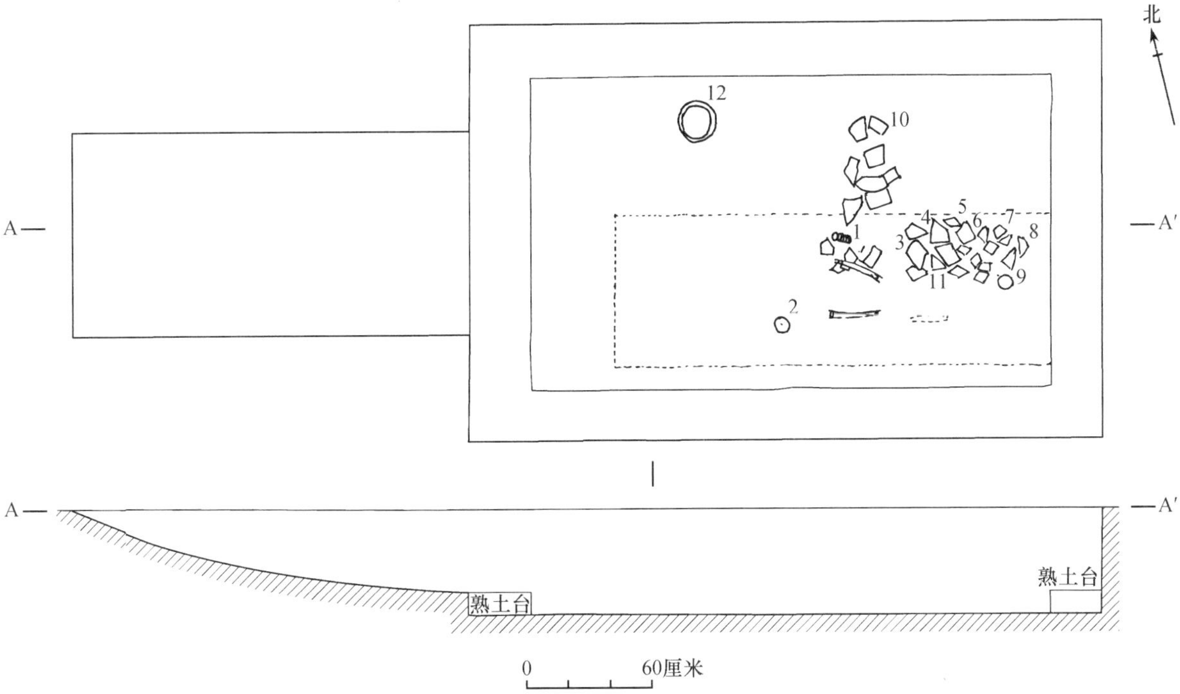

图一二〇 M35平、剖面图

1. 铜钱 2. 铜镜 3、5、7～9. 陶仓 4. 陶鼎 6. 陶井 10. 陶罐 11. 陶灶 12. 铜洗

M35：7，泥质灰陶。上承一钵形盖，盖口近直，方圆唇，下腹近直，上腹斜收，平顶。仓身敛口，方圆唇，斜折肩，筒腹近直，平底。腹部饰四周凹弦纹。通高17.7厘米，仓高15.7厘米，口径6厘米，外径10.8厘米，底径10.3厘米，仓盖外径9.7厘米，高3.2厘米（图一二一，3；图版五四，2）。M35：8，泥质灰陶。上承一钵形盖，盖口近直，圆唇，下腹近直，上腹斜收，平顶微凹，顶甚大。仓身敛口，方唇，斜折肩，筒腹，下腹微斜收，平底。上腹饰一组二周凹弦纹，其下均布三周凹弦纹。通高18厘米，仓高15.9厘米，口径6.6厘米，外径10.6厘米，底径9.8厘米，盖口径8.8厘米，盖高2.6厘米（图一二一，4；图版五四，3）。M35：9，泥质灰陶。上承一钵形盖，盖口近直，方圆唇，下腹近直，上腹斜收，平顶。仓身敛口，方唇，斜折肩，筒腹，下腹微斜收，平底。腹部饰四周凹弦纹。仓残高15.9厘米，外径11厘米，底径9.8厘米，仓盖高3.1厘米，盖外径8.5厘米，盖底径3厘米（图一二一，5；图版五四，4）。

陶灶 1件。M35：11，泥质灰陶，二釜一甑一盆，灶釜分离。M35：11-1，灶体。前方后圆，平面基本呈半椭圆形，无挡墙，双火眼，半圆形灶门，下有槛，后端正中穿烟孔，灶壁近直。素面。长27.5厘米，宽15.6厘米，高7.2厘米。M35：11-2，釜。敞口，方圆唇，鼓腹，平底，素面。下腹有刮削痕迹。高5.6厘米，口径11.4厘米，底径4.9厘米。M35：11-3，盆。敞口，仰折沿，沿面微凹，圆唇，弧腹，平底，素面。高7.4厘米，口径7厘米，腹径11.5厘米，底径4.5厘米。M35：11-4，釜。敛口，方唇，弧肩，折腹，平底。素面。高4.8厘米，口径6.6厘米，腹径7.5厘米，底径4.3厘米。M35：11-5，甑。敞口，折沿微仰，沿面有一周凹槽，方唇，弧腹，平底，底部有五个圆形箅孔，素面。高5.7厘米，口径11.2厘米，底径4厘米（图一二一，9；图版五四，6）。

图一二一　M35出土陶器

1～5. 陶仓（M35：3、M35：5、M35：7、M35：8、M35：9）　6. 陶井（M35：6）　7. 陶罐（M35：10）　8. 陶鼎（M35：4）　9. 陶灶（M35：11）

陶鼎　1件。M35：4，泥质灰陶。上承一拱形盖，盖口外敞，方圆唇，盖壁弧收，弧顶近平。鼎身子口内敛，圆唇，腹微鼓，上腹有一对长方形附耳，平底微凹，下接三兽蹄足。上腹饰二周凹弦纹。高15.9厘米，口径12厘米，腹径16.3厘米，耳高4.8厘米，足高6.4厘米（图一二一，8；图版五三，5）。

陶井　1件。M35：6，泥质灰陶。敞口，折沿微仰，沿口相交处凸起似棱，方唇，唇面微内凹，腹近直，平底。腹部饰三周凹弦纹。高11.1厘米，口径14.4厘米，底径10.2厘米（图一二一，6；图版五四，1）。

陶罐　1件。M35：10，泥质灰陶。口及领部残失，圆肩，肩腹相交处有一对鼻耳，鼓腹，凹圜底。肩部、腹部及底部均饰中绳纹。高27.3厘米，口径15厘米，腹径27厘米，底径10厘米（图一二一，7；图版五四，5）。

（2）铜器

2件，器形有镜、洗。

铜镜　1件。M35：2，昭明连弧铭带镜，半球纽，其外一周内向八连弧纹，纽座与连弧纹间有四组短竖线纹（每组三条短竖线纹）。两周短斜线纹间有铭文带，铭文为“内而清而以昭而明而光而象夫日月泄”。素平缘，镜面微凸。面径8.9厘米，背径8.6厘米，缘厚0.4厘米（图一二二；彩版一三，4）。

铜洗　1件。M35：12，未修复，胎体极薄易碎，敞口，仰折沿。

（3）钱币

铜钱　4枚。M35：1，均为五铢，铜质，绿锈，部分铜质呈紫红色。1枚锈蚀严重，钱文模糊，剩余3枚保存较好，根据钱文不同，可分二种。

第一种：2枚。“五”字交笔略弯曲，上下横笔基本与两竖齐，“朱”旁上横笔方折，“金”尖呈一小三角，四点多呈长方形且较整齐。直径2.5厘米，孔径0.9厘米（图一二三，1、2）。

第二种：1枚。“五”字交笔弯曲，上下横笔基本与两竖齐，“朱”旁上横笔方折，“金”尖呈一小三角，四点多呈长方形且较整齐。直径2.6厘米，孔径1厘米（图一二三，3）。

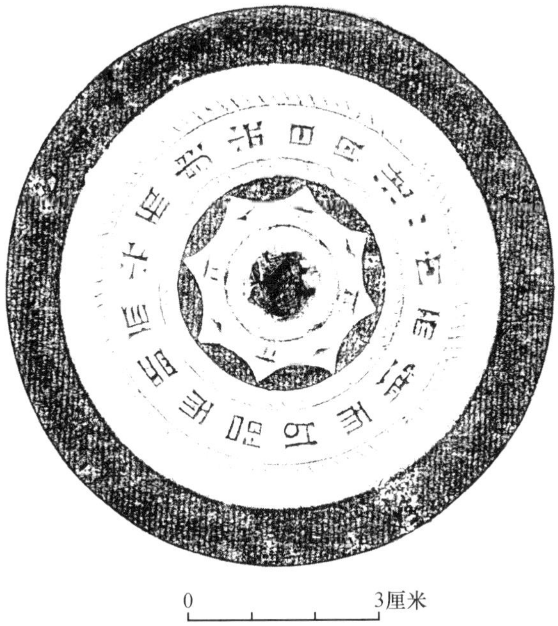

图一二二　M35出土铜镜拓片

（M35：2）

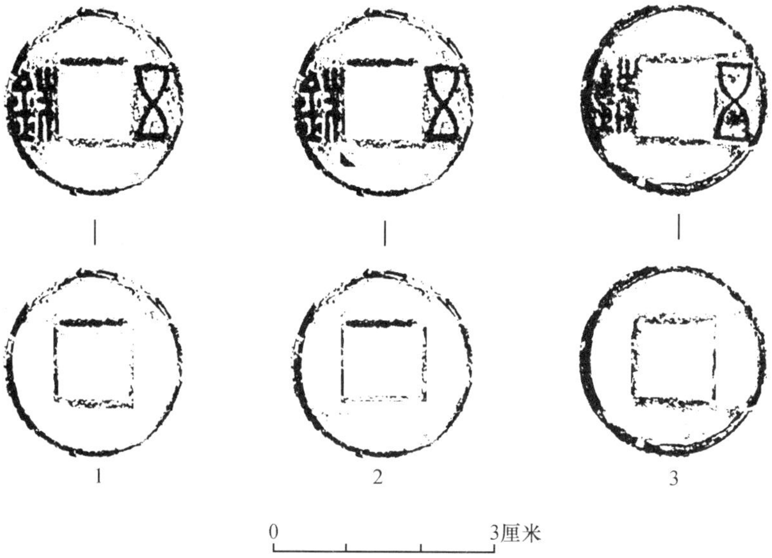

图一二三　M35出土铜钱拓片
1～3. 五铢（M35：1）

二十三、M36

位于发掘Ⅲ区中部，丹江口水库西岸河边的台地上，被M35打破。

1. 墓葬形制与结构

该墓为长方形竖穴土坑墓，方向10°。

开口于耕土层下。墓口距地表0.3米。该墓墓圹清晰，墓口南北长2.9米，东西宽1.65米，深1.7米。口底同大，四壁规整，直壁向下，墓底平整，距墓口1.2米有因放置棺椁后填土形成的熟土台，高0.3米，熟土台北、东、南、西四侧宽分别为0.2米、0.15米、0.3米、0.2米。

墓内填土为夹杂白沙岩的黑灰褐色五花土，土质较软，结构较疏松。

2. 葬具、葬式

（1）葬具

葬具已腐朽，残留灰痕，可辨为一棺一椁，椁痕长2.4米，宽1.4米，棺位于椁内西侧，棺痕长2米，宽0.8米。

（2）葬式

人骨架腐朽，不见痕迹（图一二四）。

3. 出土器物

该墓出土随葬品8件，位于棺外东侧，棺椁之间，放置两列，自北向南，第一列：陶盒1件（M36：1），陶釜、甑各1件（M36：4）；第二列：陶盒1件（M36：2），陶鼎2件（M36：3、M36：5），陶壶2件（M36：6、M36：7）。

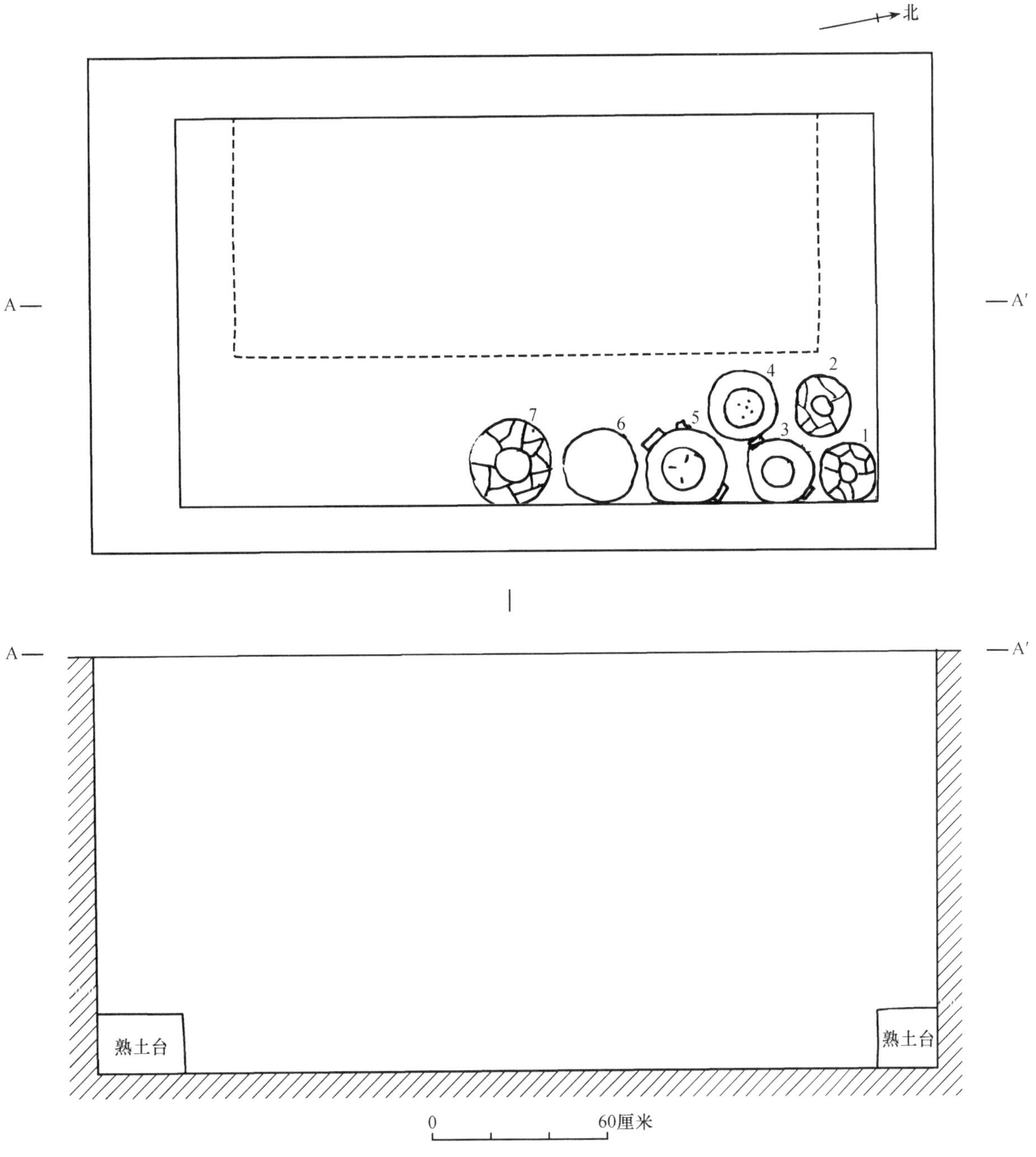

图一二四　M36平、剖面图

1、2. 陶盒　3、5. 陶鼎　4.陶釜甑　6、7. 陶壶

随葬品均为陶器，8件，器形有盒、鼎、壶、釜、甑（图版二九，2）。

陶盒　2件。M36：1，泥质灰陶。盖身扣合而成，盖残，未修复。盒身子口内敛，方唇，唇面有一周凹槽，弧腹，上腹近口沿处有一周凸棱，下腹弧收，腹壁较薄，平底微圜，圈足。上腹凸棱下饰一周凹弦纹，下腹饰二周凹弦纹。盒身高7.5厘米，口径19厘米（图一二五，1；图版五五，1）。M36：2，泥质灰陶。盖身扣合而成，上下不对称。盒身上承一碗形盖，敞口微敛，方唇，弧顶，圈足。盒身子口，方唇，弧腹，上腹近口处有二周凸棱，圜底，圈足。盒盖近顶处饰二周凹弦纹。高17.3厘米，口径16.4厘米，腹径19.2厘米，底径7.5厘米（图一二五，2；图版五五，2）。

陶鼎　2件。M36：3，泥质灰陶。上承一拱形盖，盖口直口微敛，方唇，唇面有一周凹槽，折壁，近顶处饰二周凹弦纹，弦纹上承三环形纽，环纽上有乳钉，弧顶。鼎身子口内敛，浅腹微鼓，上腹近口处有一对长方形附耳，附耳下起一周凸棱，圜底，下接三兽蹄足。素面。通高28.5厘米，鼎高23.2厘米，口径19.6厘米，腹径25.4厘米，耳残高7.8厘米，足高7.6厘米，盖径23.8厘米，盖高10厘米（图一二五，4；图版五五，3）。M36：5，泥质灰陶。上承一拱形盖，盖口敞口，方唇，壁微折，弧顶，近顶端饰三周凹弦纹，弦纹上承三环形纽。鼎身子口内敛，圆唇，浅腹微鼓，上腹有一对长方形附耳，上腹有一周凸棱，圜底，下接三兽蹄足。素面。通高24.9厘米，鼎高22.7厘米，口径19.2厘米，腹径26厘米，耳高7.6厘米，足高14.2厘米，盖径20厘米，盖高6.4厘米（图一二五，5；图版五五，5）。

陶壶　2件。M36：6，泥质灰陶。口部残失，长颈，圆肩，鼓腹，上腹处耳残，平底，圈足已残。肩腹相交处饰二周凹弦纹。残高32.2厘米，腹径26厘米（图一二五，6；图版五五，6）。M36：7，泥质灰陶。上承一拱形盖，子口直口，方唇，弧顶。壶身盘口，方唇，高领，鼓肩，弧腹，上腹处双耳残，平底，喇叭状高圈足，中部起一凸棱。肩腹相交处饰三周凹弦

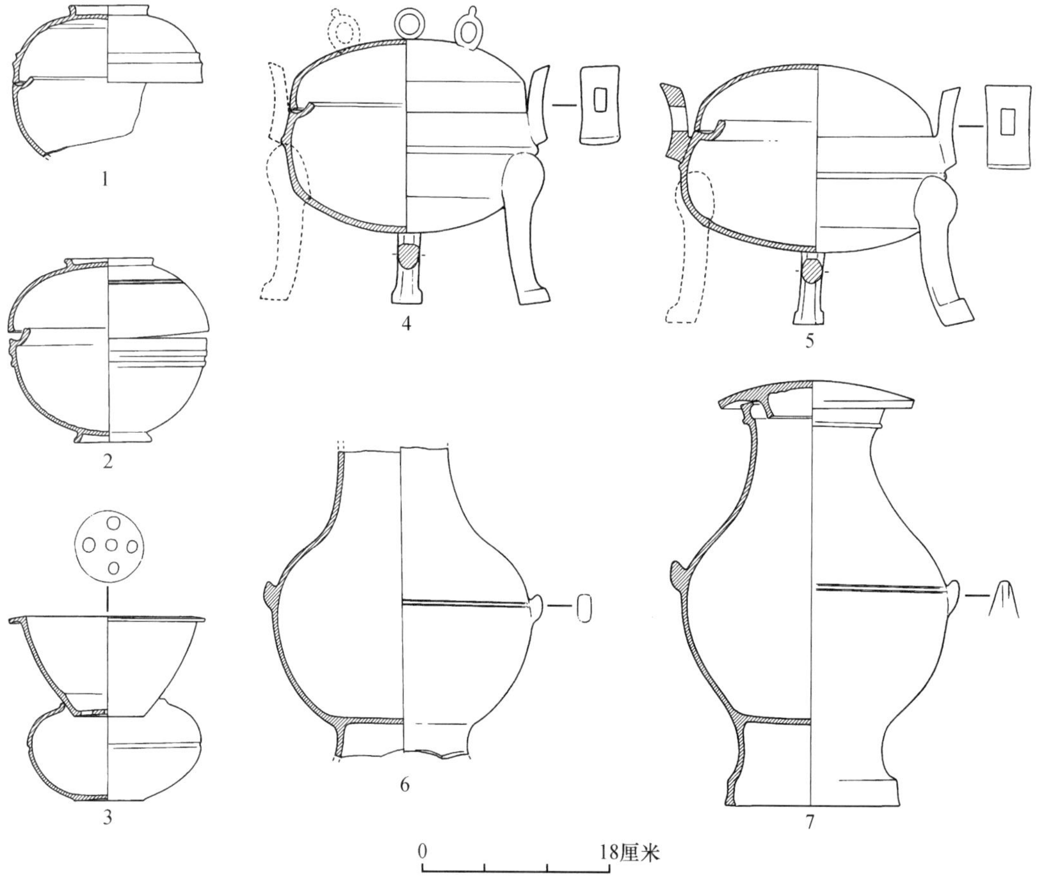

图一二五　M36出土陶器

1、2. 陶盒（M36：1、M36：2）　3. 陶釜、甑（M36：4）　4、5. 陶鼎（M36：3、M36：5）　6、7. 陶壶（M36：6、M36：7）

纹。通高40.5厘米，壶高38.7厘米，口径14.4厘米，腹径26.8厘米，底径17.6厘米，壶盖高3.8厘米，盖径19.4厘米（图一二五，7；图版五六，1）。

陶釜、甑　各1件。M36：4，泥质灰陶。M36：4-1，甑。敞口，平折沿，方唇，弧腹，平底，底部有五个圆形箅孔，上腹饰十二周凹弦纹。M36：4-2，釜。敛口，方唇，鼓腹，平底。肩腹相交处似有一周凹弦纹。通高16.7厘米，甑高9.3厘米，口径18.9厘米，底径6.2厘米，釜高9.3厘米，口径10厘米，腹径16.6厘米，底径5厘米（图一二五，3；图版五五，4）。

二十四、M37

位于发掘Ⅲ区东北部，丹江口水库西岸河边的台地上，北距M36约1米。

1. 墓葬形制与结构

该墓为甲字形竖穴土坑墓，方向193°。

开口于耕土层下，墓口距地表0.3米。由墓道和墓室两部分组成，墓道朝南，位于墓室南部，平面开口呈长方形，现存长度0.5米，宽1.1米，底部斜坡向下；墓室位于墓道北部，平面开口呈长方形，现存长度3.1米，宽1.55米，深0.6米。四壁规整，直壁向下，墓底平整，距墓口0.2米有因放置棺椁后填土形成的熟土台，高0.1米，北东南西四侧宽度分别为0.3米、0.2米、0.5米、0.25米。

墓内填土为夹杂白沙岩的黄褐色五花土，土质较软，结构较疏松。

2. 葬具、葬式

（1）葬具

葬具已腐朽，残留灰痕，可辨为一棺一椁，棺痕长2.3米，宽0.7米，椁痕长2.3米，宽1.1米。

（2）葬式

人骨架1具，保存差，残留部分头骨和四肢骨，头向南，面向上，仰身直肢（图一二六）。

3. 出土器物

该墓出土随葬品2件，质地分陶、铜。棺内腹部放置铜钱1串（M37：1），棺外东侧放置陶罐1件（M37：2）。

（1）陶器

陶罐　1件。M37：2，泥质灰陶。侈口，口内凹槽一周，折沿下耷，斜方唇，唇面有一周凹槽，直领，圆肩，肩腹相交处有一对鼻耳，鼓腹，凹圜底。肩部及腹部饰中绳纹，并抹平三周。高23.4厘米，口径14.2厘米，腹径22.4厘米，底径8厘米（图一二七；图版五六，2）。

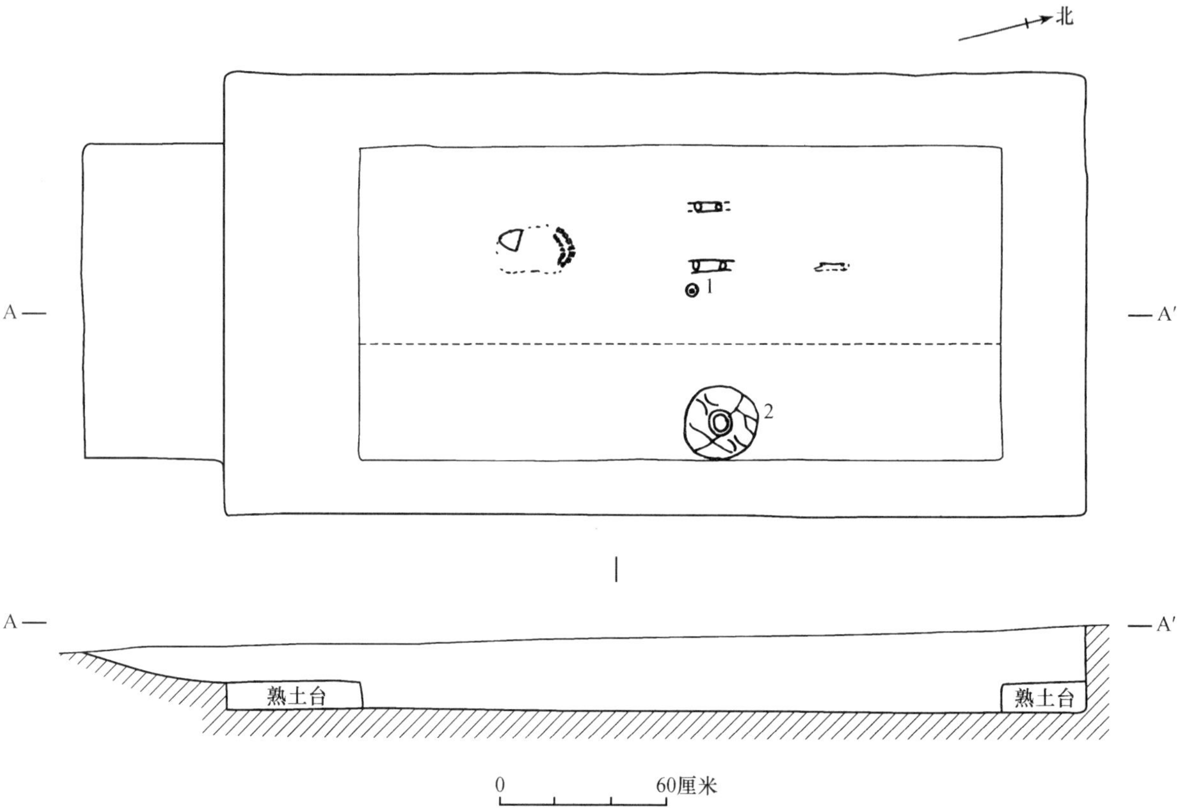

图一二六　M37平、剖面图
1. 铜钱　2. 陶罐

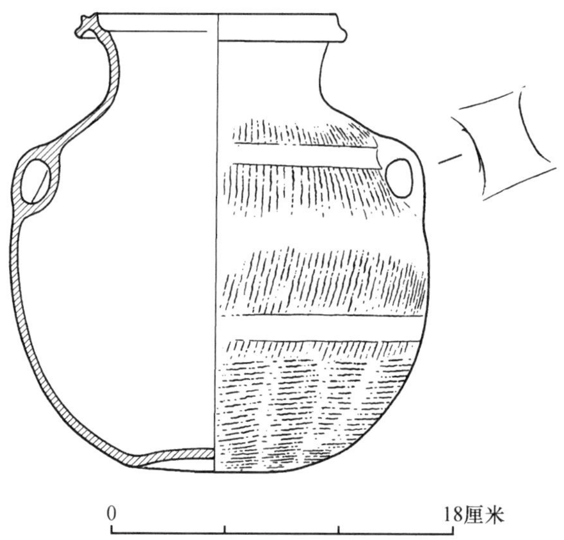

图一二七　M37出土陶罐
（M37∶2）

（2）钱币

铜钱　1串（4枚）。M37：1，均为五铢，铜质，绿锈，部分铜质呈紫红色。根据钱文不同，可分三种。

第一种：1枚。“五”字交笔是直的，上下横笔基本与两竖齐，“朱”旁上横笔方折，“金”尖呈一小三角，四点多呈长方形且较整齐。直径2.5厘米，孔径0.9厘米（图一二八，1）。

第二种：2枚。“五”字交笔略弯曲，上下横笔基本与两竖齐，“朱”旁上横笔方折，“金”尖呈一小三角，四点多呈长方形且较整齐。直径2.5厘米，孔径1厘米（图一二八，2、3）。

第三种：1枚。“五”字交笔弯曲，上下横笔基本与两竖齐，“朱”旁上横笔方折，“金”尖呈一小三角，四点多呈长方形且较整齐。直径2.6厘米，孔径1厘米（图一二八，4）。

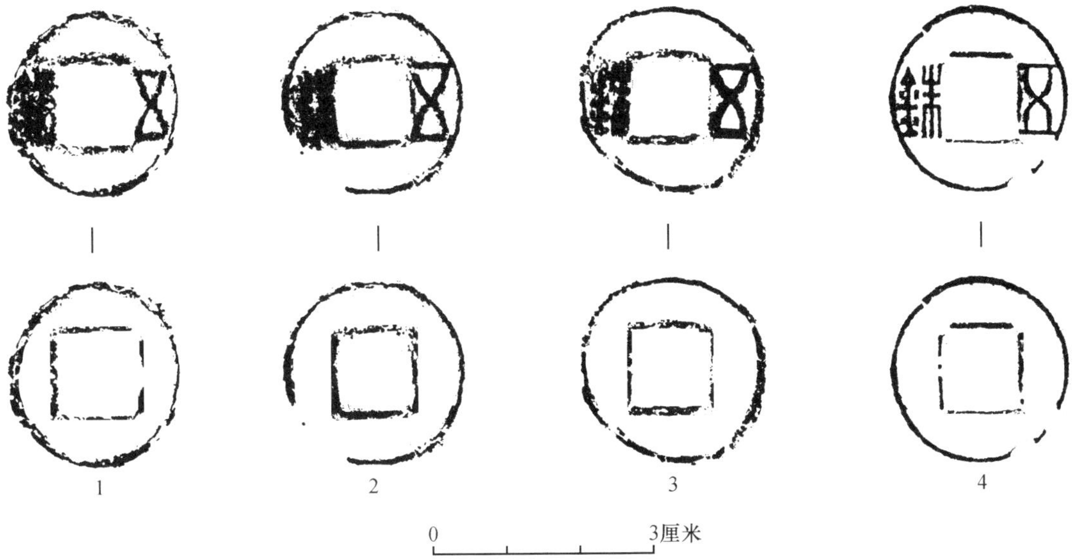

图一二八　M37出土铜钱拓片

1～4. 五铢（M37：1）

二十五、M38

位于发掘Ⅲ区中部，丹江口水库西岸河边的台地上，东距M39约0.7米（图版二三，1）。

1. 墓葬形制与结构

该墓为刀把形竖穴土坑墓，方向2°。

开口于耕土层下，墓口距地表0.3米，由墓道和墓室两部分组成。墓道朝北，位于墓室北部，略偏向墓室东侧，平面开口呈长方形，墓道现存长2.2米，宽1.4米，底部斜坡向下；墓室位于墓道南部，平面开口呈长方形，现存长3.1米，宽1.4米，深0.7米。四壁规整，直壁向下，墓底平整，距墓口0.2米有因放置棺椁后填土形成的熟土台，高0.2米，熟土台北、东、南、西四侧宽度分别为0.15米、0.15米、0.25米、0.15米。

墓内填土为夹杂白沙岩的黄褐色五花土，土质较软，结构较疏松。

2. 葬具、葬式

（1）葬具

葬具已腐朽，残留灰痕，可辨为一棺一椁。椁痕长2.7米，宽1.1米，棺位于椁内中部，棺痕长2.15米，宽0.75米。

（2）葬式

人骨架1具，保存差，残留部分头骨和四肢骨，头向北，面向上，仰身直肢（图一二九；图版二三，2）。

3. 出土器物

该墓出土随葬品11件，质地分陶、铜。随葬品放置于棺外西部，棺椁之间，自北向南分别为铜洗1件（M38：1）、陶罐1件（M38：2）、陶鼎1件（M38：3）、陶盆1件（M38：4）、陶灶1件（M38：5）、陶井1件（M38：6）、陶仓5件（M38：7～M38：11）。

（1）陶器

10件，器形有鼎、仓、盆、灶、罐、井。

陶鼎　1件。M38：3，泥质灰黑皮褐陶。敛口，方唇，鼓腹，下腹斜收，圜底，下接三锥形足。素面。较残。高10.6厘米，口径17.6厘米（图一三〇，1；图版五六，3）。

陶仓　5件，修复2件。标本M38：7，泥质灰黑皮褐陶。下腹以上残失，下腹直筒腹，近底部斜收，平底。素面。残高12厘米，底径8.8厘米（图一三〇，2；图版五六，6）。标本M38：10，泥质灰黑皮褐陶。敛口，方唇，斜折肩，筒腹，下腹斜收，平底。素面。高18.7厘米，口径8.6厘米，外径12.6厘米，底径8.8厘米（图一三〇，3；图版五七，1）。

陶盆　1件。M38：4，泥质灰陶。敞口，平折沿，方唇，腹微鼓，下腹斜收较甚，平底。素面。高6.7厘米，口径14.5厘米，底径4.3厘米（图一三〇，5；图版五六，4）。

陶灶　1件。M38：5，灶。泥质灰陶。二釜一灶，灶釜分离。M38：5-1，灶体。前方后圆，平面基本呈半椭圆形，无挡墙，双火眼，半圆形灶门，下有槛，后端正中穿烟孔，灶壁外张。素面。通高15.3厘米，灶高7.1厘米，宽17.6厘米。M38：5-2，釜。泥质灰陶。敛口，方唇，鼓腹，下腹斜收，平底。素面。下腹有刮削痕迹。釜高5.1厘米，口径8.3厘米，腹径10.4厘米，底径4.3厘米。M38：5-3，釜。泥质灰陶。敛口，方唇，折腹，下腹斜收，平底。素面。下腹有刮削痕迹。釜高5厘米，口径7.2厘米，腹径9.4厘米，底径3厘米（图一三〇，6；图版五六，5）。

陶罐　1件。M38：2，泥质灰褐陶，陶质差，未修复。

陶井　1件。M38：6，泥质灰褐陶，陶质差，未修复。

（2）铜器

铜洗　1件。M38：1，敞口，仰折沿，弧鼓腹，平底。口径21厘米，腹径19厘米，底径11.4厘米，高7.6厘米（图一三〇，4；彩版一三，5）。

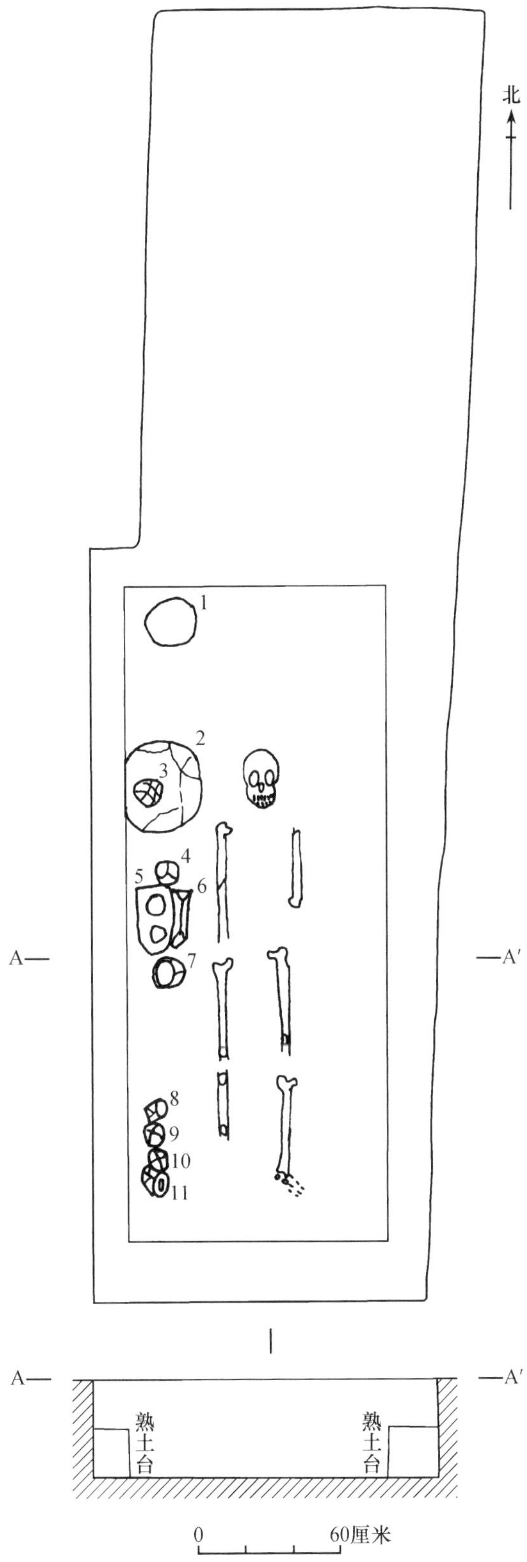

图一二九 M38平、剖面图
1. 铜洗 2. 陶罐 3. 陶鼎 4. 陶盆 5. 陶灶 6. 陶井 7~11. 陶仓

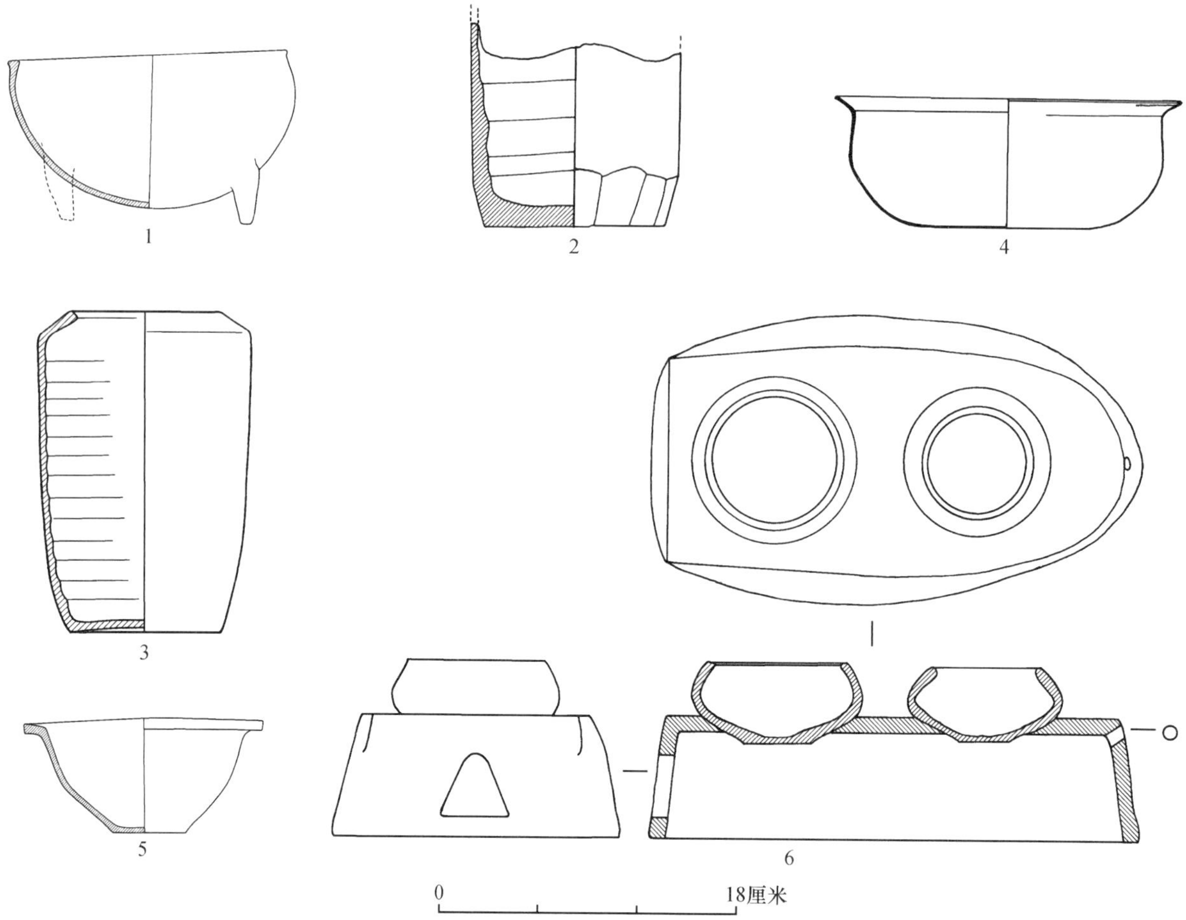

图一三〇　M38出土器物

1. 陶鼎（M38：3）　2、3. 陶仓（M38：7、M38：10）　4. 铜洗（M38：1）　5. 陶盆（M38：4）　6. 陶灶（M38：5）

二十六、M39

位于发掘Ⅲ区中部，丹江口水库西岸河边的台地上，西距M38约0.7米。

1. 墓葬形制与结构

该墓为甲字形竖穴土坑墓，方向15°。

开口于耕土层下，墓口距地表0.2米，由墓道和墓室两部分组成，墓道朝北，位于墓室北部，平面开口呈长方形，墓道现存长1.76米，宽1.1米。底部斜坡向下；墓室位于墓道南部，平面开口呈长方形，现存长2.8米，宽1.8米，深0.5米。四壁规整，直壁向下，墓底平整，距墓口0.2米有因放置棺椁后填土形成的熟土台，高0.2米，北、东、南、西四侧宽度分别为0.2米、0.3米、0.2米、0.3米。

墓内填土为夹杂白沙岩的黄褐色五花土，土质较软，结构较疏松。

2. 葬具、葬式

（1）葬具

葬具已腐朽，残留灰痕，可辨为一棺一椁。椁痕长2.42米，宽1.24米。棺位于椁内偏西侧，棺痕长2.4米，宽0.56米。

（2）葬式

人骨架1具，保存差，残留部分头骨和四肢骨，头向北，面向上，仰身直肢（图一三一）。

3. 出土器物

该墓出土随葬品3件，位于棺外东南部，棺椁之间，有陶瓮1件（M39：1）、陶鼎1件（M39：2）、陶灶1件（M39：3）。

随葬品均为陶器，器形有瓮、鼎、灶（图版三六，2）。

陶瓮　1件。M39：1，泥质灰陶。侈口，方唇，矮直领，弧肩，鼓腹，下腹斜收，平底。肩腹相交处饰两周凹弦纹，腹中部饰两周凹弦纹。高23.5厘米，口径18厘米，腹径32厘米，底径18.3厘米（图一三二，1；图版五七，2）。

陶鼎　1件。M39：2，泥质灰陶。上承一拱形盖，盖口外侈，圆唇，斜壁微折，顶部有一圆柱形捉手。鼎身子口内敛，圆唇，弧肩，肩腹交接处有一对长方形附耳，鼓腹，圜底，下接三人面纹足，人面纹已漫漶不清。素面。通高21厘米，口径13厘米，腹径22.4厘米，盖高5.6厘米，外径15.6厘米，耳高5.8厘米，足高7.1厘米（图一三二，2；图版五七，3）。

陶灶　1件。M39：3，泥质灰陶，灶、釜分离，三釜一甑，灶、釜均素面。M39：3-1灶体。灶体前方后圆，平面基本呈半椭圆形，无挡墙，三火眼，半圆形灶门，下有槛，后端正中穿烟孔。长27.6厘米，宽15.5厘米，灶高9厘米，通高16.1厘米。M39：3-2，釜。敛口，圆唇，矮领，鼓腹，下腹斜收，平底。高5.5厘米，口径6.1厘米，腹径8.5厘米，底径2.5厘米。M39：3-3，釜。敛口，圆唇，矮领，鼓腹，下腹斜收，平底。高4.9厘米，口径5.5厘米，腹径7.5厘米，底径2厘米。M39：3-4，釜。敛口，圆唇，鼓腹，下腹斜收，平底。高5.2厘米，口径5.9厘米，腹径8.1厘米，底径2.7厘米。M39：3-5，甑。敞口，方唇，腹部斜收，平底，底部有五个圆形箅孔。高4.9厘米，口径10.4厘米，底径3.1厘米（图一三二，3；图版五七，4）。

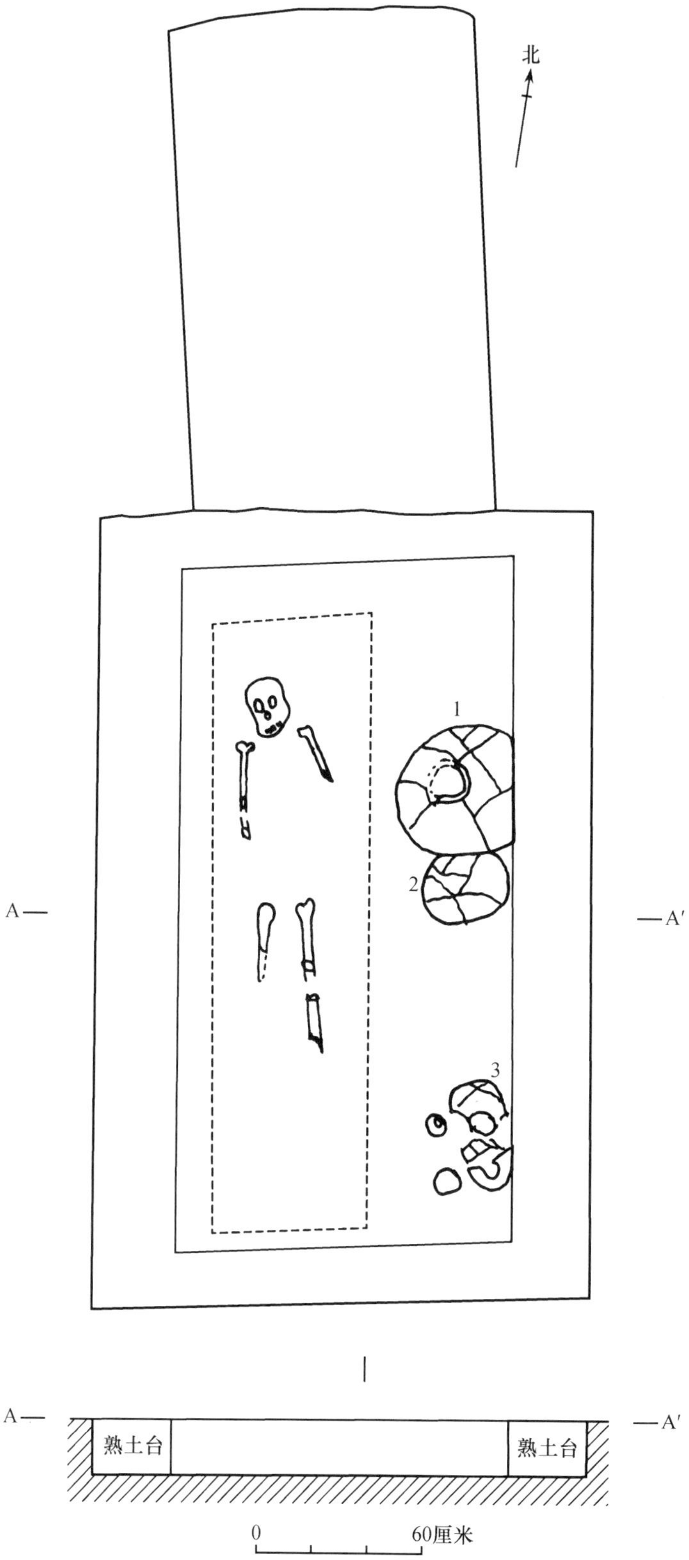

图一三一　M39平、剖面图
1. 陶瓮　2. 陶鼎　3. 陶灶

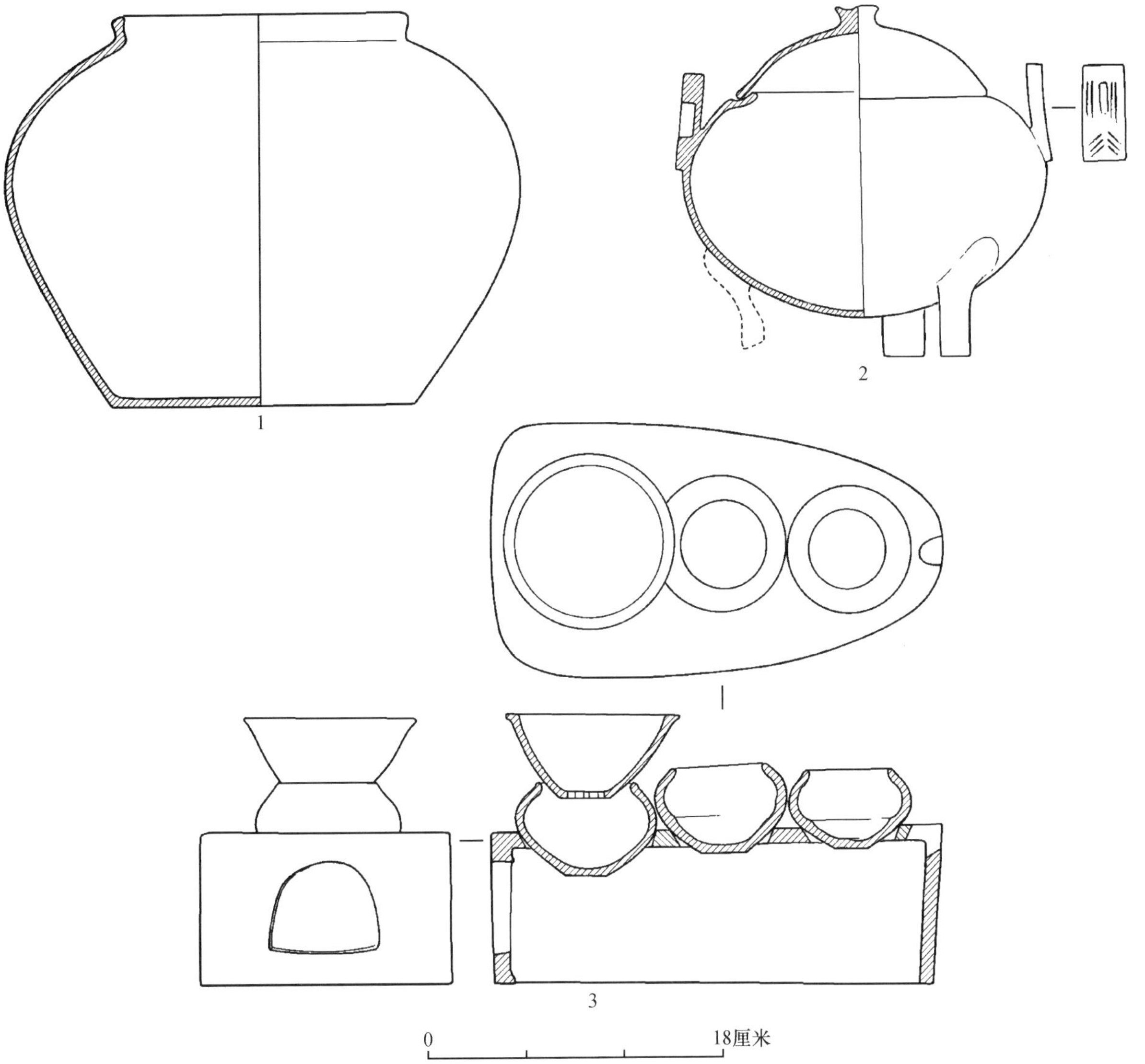

图一三二　M39出土陶器

1. 陶瓮（M39：1）　2. 陶鼎（M39：2）　3. 陶灶（M39：3）

二十七、M41

位于发掘Ⅲ区中部，丹江口水库西岸河边的台地上，南距M42约3米。

1. 墓葬形制与结构

该墓为长方形竖穴土坑墓，方向103°。

开口于耕土层下。墓口距地表0.3米。该墓墓圹清晰，墓口东西长2.55米，南北宽1.6米，深1.5米。口底同大，四壁规整，直壁向下，墓底平整，距墓口1.1米有因放置棺椁后填土形成的熟土台，高0.1米，熟土台北、东、南、西四侧宽度分别为0.2米、0.25米、0.3米、0.2米。

墓内填土为夹杂白沙岩的黄褐色五花土，土质较软，结构较疏松。

2. 葬具、葬式

（1）葬具

葬具已腐朽，残留灰痕，可辨为一棺一椁，椁痕长2.1米，宽1.1米，棺位于椁内中部，棺痕长1.9米，宽0.6米。

（2）葬式

人骨架1具，保存差，头向东，面相上，仰身直肢（图一三三；图版二四，1）。

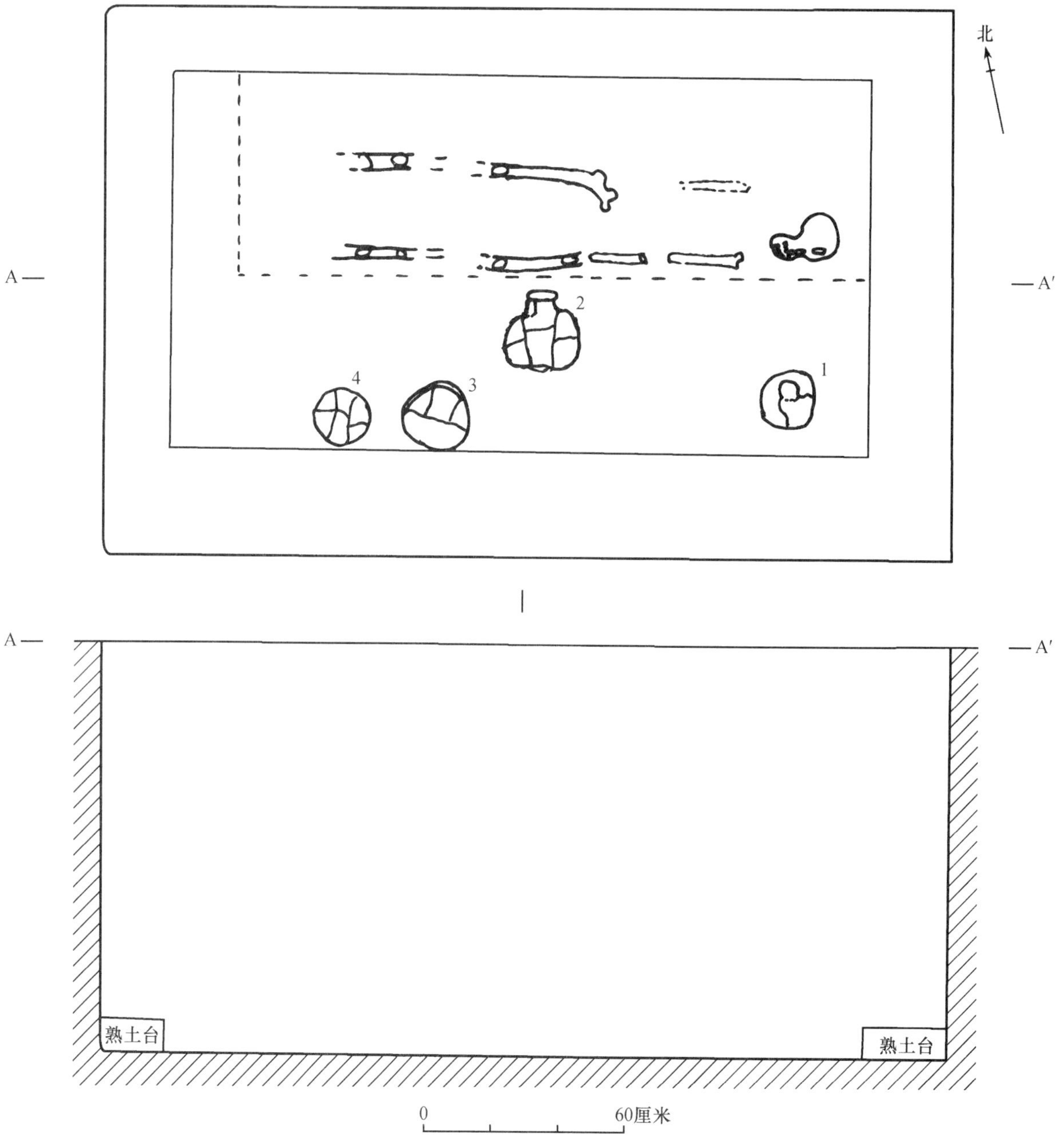

图一三三　M41平、剖面图

1. 陶甑　2. 陶鍪　3. 陶罐　4. 陶钵

3. 出土器物

该墓出土随葬品4件（图版三一，2），位于棺外南部，棺椁之间，自东西向分别为陶甑1件（M41：1）、陶鍪1件（M41：2）、陶罐1件（M41：3）、陶钵1件（M41：4）。

陶甑　1件。M41：1，泥质灰陶。残，未修复。钵形，平底，底部钻有四个小孔。

陶鍪　1件。M41：2，泥质灰陶。侈口，圆唇，高领，弧肩，肩部有一对圆环耳，鼓腹，圜底。领肩交接处有一周凹弦纹，腹、底均饰中绳纹。高20.8厘米，口径16.2厘米，腹径21.8厘米（图一三四，1；图版五七，5）。

陶罐　1件。M41：3，夹砂灰陶。侈口，卷沿，沿面近平，沿口相交处有一周凹槽，卷沿下耷，尖唇，领较高，领肩相交处有一周凹槽，鼓肩，肩腹相交处有一对鼻耳，圆鼓腹，凹圜底。领部绳纹被抹平，肩部、腹部及底部均饰有中绳纹，并被抹平四周。高26.4厘米，口径15.3厘米，腹径29厘米（图一三四，2；图版五七，6）。

陶钵　1件。M41：4，残甚，未修复。泥质黑灰皮褐胎。口微敛，圆唇，腹残，平底微凹。素面。

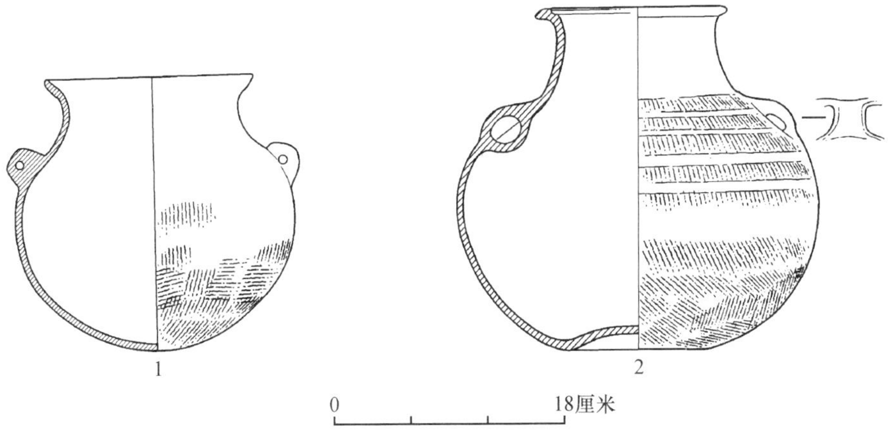

图一三四　M41出土陶器

1. 陶鍪（M41：2）　2. 陶罐（M41：3）

二十八、M44

位于发掘Ⅲ区中部，丹江口水库西岸河边的台地上，南距M45约1米。

1. 墓葬形制与结构

该墓为刀把形竖穴土坑墓，方向118°。

开口于耕土层下，墓口距地表0.3米。由墓道和墓室两部分组成，墓道朝东，位于墓室东部，平面开口呈长方形，现存长1.8米，宽1.3米，底部斜坡向下。墓室位于墓道西部，平面开口呈长方形，长3.05米，宽1.5米，深1.5米。四壁规整，直壁向下，墓底平整，距墓口0.8米有因放置棺椁后填土形成的熟土台，高0.4米，熟土台北、东、南、西四侧宽度分别为0.2米、0.2

米、0.2米、0.15米。

墓内填土为夹杂白沙岩的黄褐色五花土，土质较软，结构较疏松。

2. 葬具、葬式

（1）葬具

葬具已腐朽，残留灰痕，可辨为一棺一椁。椁痕长2.7米，宽1.1米，棺位于椁内中部偏南位置，棺痕2.1米，宽0.74米。

（2）葬式

人骨架1具，保存较差，残留部分头骨和四肢骨，头向东（图一三五）。

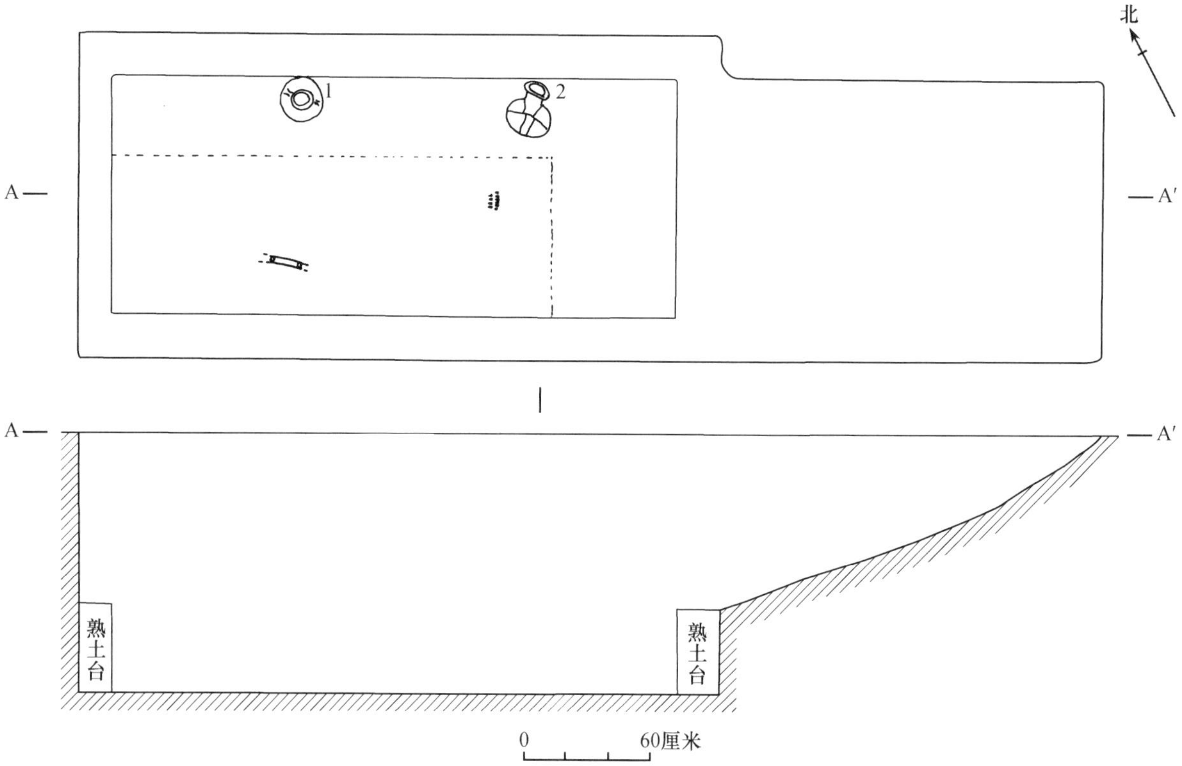

图一三五　M44平、剖面图

1、2. 陶壶

3. 出土器物

该墓出土随葬品2件（图版三九，1），棺外北部棺椁之间放置陶壶2件（M44：1、M44：2）。

陶壶　2件。M44：1，泥质灰陶。盘口，斜方唇，盘口外壁有一周凹槽，领较矮，广肩，肩腹相交处有一对半环形耳，另有一周宽凸棱，鼓腹，假圈足，平底。素面。高20.3厘米，口径12厘米，腹径20.5厘米，底径11.5厘米（图一三六，1；图版五八，1）。M44：2，泥质灰黑陶。侈口，平折沿，方唇，直领，弧肩，肩部有一对半环形耳，纽上划有两条窄凹槽，鼓腹，平底微凹，假圈足。素面。高18.1厘米，口径11.8厘米，腹径20.5厘米，底径11.8厘米（图一三六，2；图版五八，2）。

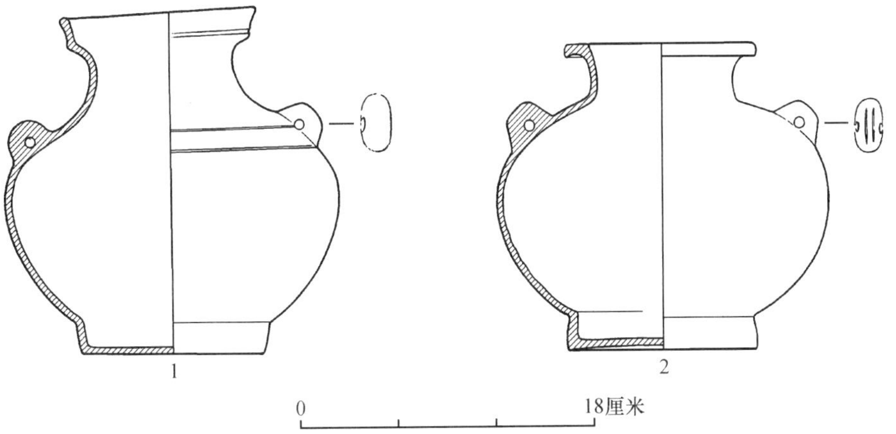

图一三六　M44出土陶器

1、2. 陶壶（M44：1、M44：2）

二十九、M45

位于发掘Ⅲ区中部，北距M44约1米，墓道打破M46（图版二四，2）。

1. 墓葬形制与结构

该墓为甲字形单室砖室墓，方向115°。

开口于耕土层下，墓口距地表0.3米。由墓道和墓室两部分组成，墓道朝东，位于墓室东部，平面开口长方形，现存长3.83米，宽1.2米，底部斜坡向下。墓室位于墓道西部，平面开口呈长方形，长2.94米，宽1.54米，深2.1米。墓圹四壁规整，直壁向下，墓底平整，墙砖紧贴墓圹，单砖直行错缝平砌。铺地砖为单砖横行对缝平铺，铺地砖上残留三行平行的垫棺砖。封门由二门柱、一门楣和墓门组成，门楣、门柱、墓门均为长方形空心砖，正面模印图案。

墓内填土为夹杂白沙岩的黄褐色五花土，土质较软，结构较疏松。

2. 葬具、葬式

（1）葬具

扰乱，葬具不存。

（2）葬式

扰乱，人骨架不存（图一三七）。

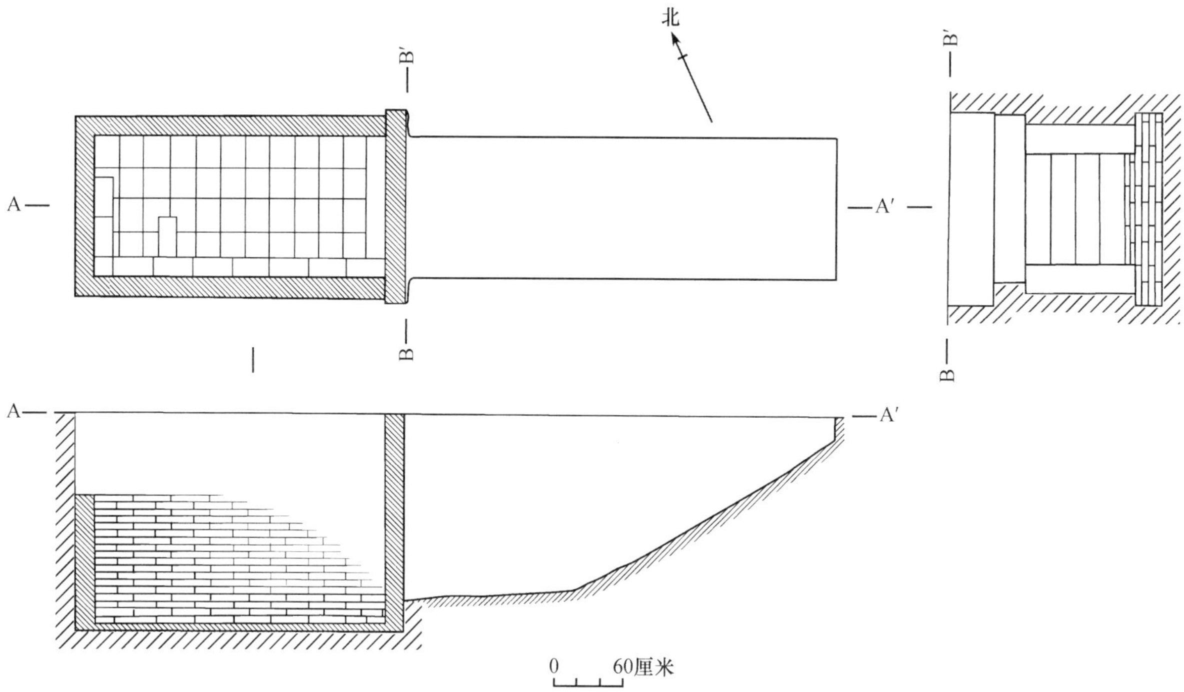

图一三七　M45平、剖面图

3. 出土器物

扰土中发现铜钱13枚（M45：1）、陶盆1件（M45：2）。

（1）陶器

陶盆　1件。M45：2，泥质灰陶。敞口，平折沿，沿面内凹，方唇，腹部斜收，平底。上腹有一周凸弦纹。下腹拍压一周，内底有螺旋痕。下腹有刮削痕迹。高5.4厘米，口径14.2厘米，底径5.8厘米（图一三八；图版五八，3）。

（2）铜钱

铜钱　13枚。M45：1，均为五铢，铜质，绿锈，部分铜质呈紫红色。2枚锈蚀严重，钱文模糊，剩余11枚保存较好，钱文清晰，根据钱文不同，可分四种。

第一种：1枚。“五”字交笔略弯曲，上下横笔基本与两竖齐，“铢”字缺失。直径1.15厘米，孔径0.5厘米（图一三九，1）。

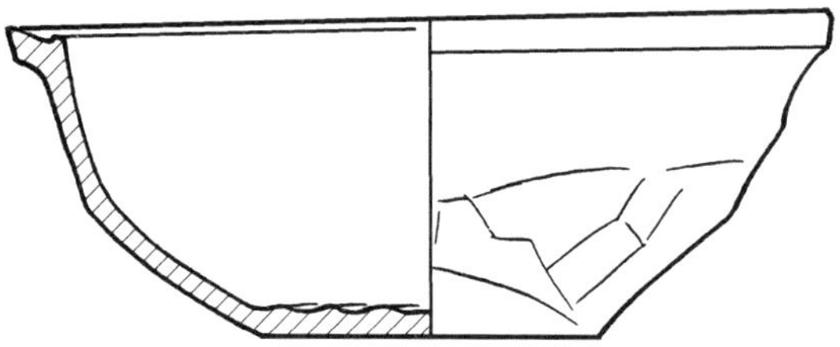

图一三八　M45出土陶盆
（M45：2）

第二种：2枚。“五”字交笔较直，上下横笔基本与两竖齐，“朱”旁上横笔方折，“金”尖呈一小三角，四点多呈长方形且较整齐。直径2.4厘米，孔径1厘米（图一三九，2、3）。

第三种：2枚。“五”字交笔略弯曲，上下横笔基本与两竖齐，“朱”旁上横笔方折，“金”尖呈一小三角，四点多呈长方形且较整齐。直径2.4厘米，孔径1厘米（图一三九，4、5）。

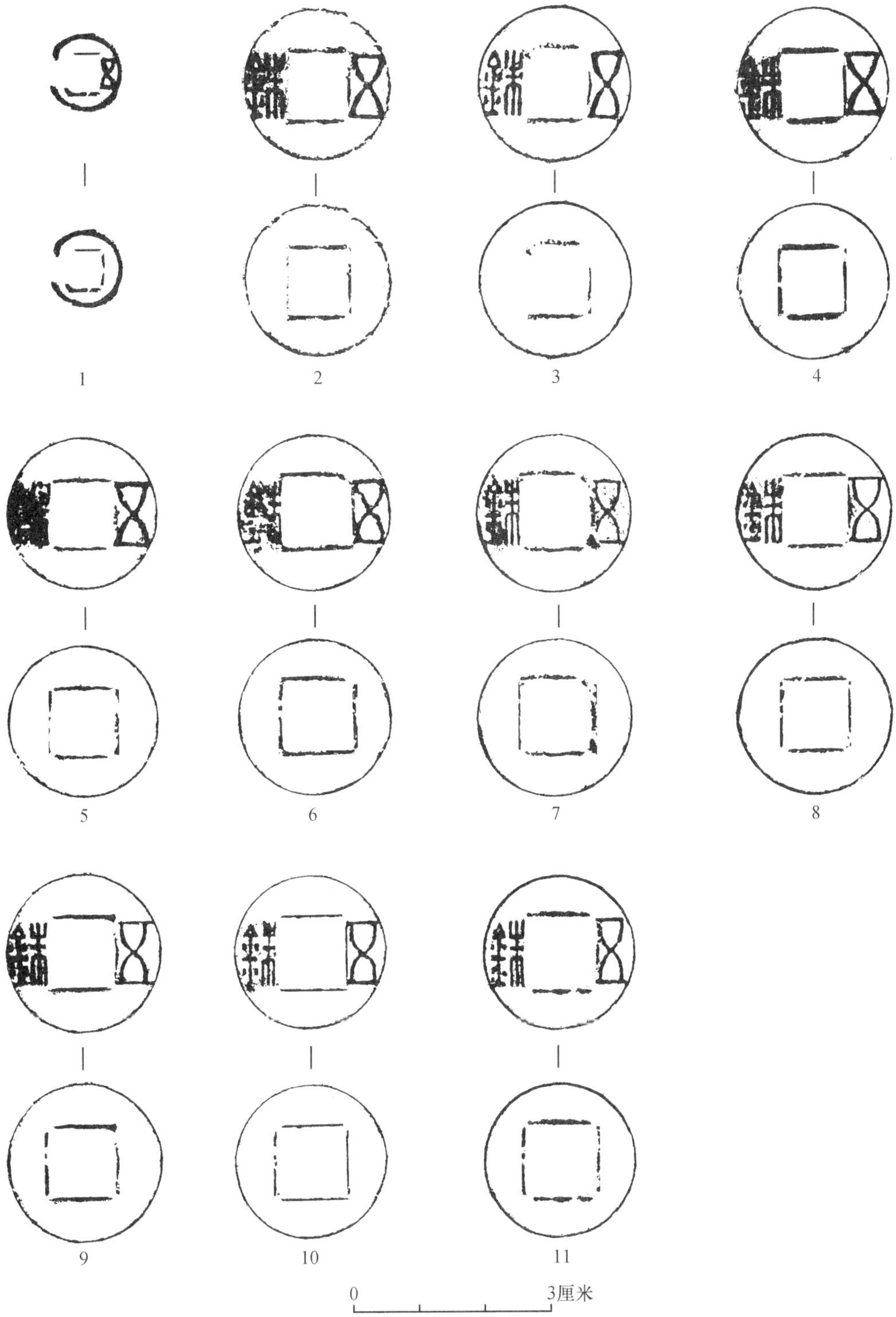

图一三九　M45出土铜钱拓片

1～11. 五铢（M45：1）

第四种：6枚。“五”字交笔弯曲，上下横笔基本与两竖齐，“朱”旁上横笔方折，“金”尖呈一小三角，四点多呈长方形且较整齐。直径2.5厘米，孔径1厘米（图一三九，6～11）。

4. 画像砖位置和内容

墓内出土长方形空心画像砖共计7块，正面模印图案，内容主要有骑虎、西王母、山峦、狩猎、双龙交尾、乳钉方格纹、豆点纹等，图案四周饰瓦垄纹（表四）。

表四　M45空心画像砖统计表　　（单位：厘米）

编号	画像砖位置	画像内容	尺寸	备注
1	门楣	骑虎、西王母、玉兔、青鸟	144×28.8×18	残
2	左门柱	山峦、狩猎	98.4×26×18	残
3	右门柱	双龙交尾、狩猎	98.4×26×18	残
4～7	封门	乳钉方格纹、豆点纹	96×23×18	残

（1）骑虎、西王母

1块。编号1。

画像砖规格为144厘米×28.8厘米×18厘米，位于墓门门楣，画像漫漶不清，中间模印三组完全相同的骑虎、西王母画像，每组均有一模六次连续印成。图中山峰突兀，左侧一仙人骑虎，虎在奔跑中张嘴伸舌、前腿奋力向前，后退用力后蹬向右侧奔跑，西王母跽坐右侧，旁边玉兔捣药，金乌和青鸟面向西王母飞舞。周饰戳印方格纹（图一四〇）。

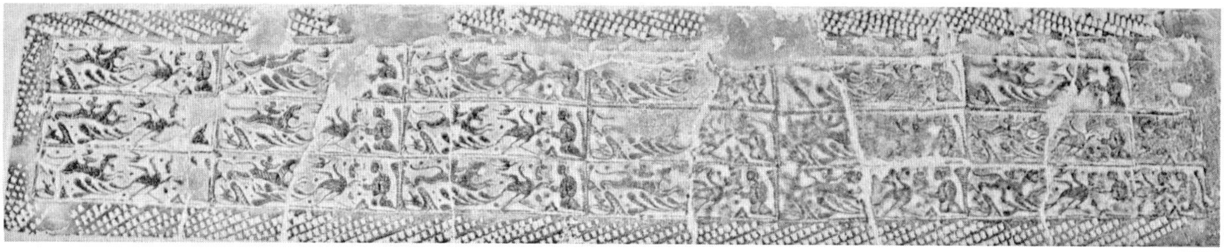

图一四〇　M45第1号画像砖拓片

（2）山峦、狩猎

1块。编号2。

画像砖规格为98.4厘米×26厘米×18厘米，位于墓门左门柱，画像漫漶不清，中间由一模多次模印一组山峦组成，两侧各有一组由一模连续七次模印的狩猎图案组成。山峦形状呈山字形，中间一竖下出，斜向右侧，山字上饰树枝。狩猎画像中间山峰突兀，两鹿在山间慌张奔逃，左右两侧各有一人骑马回首射箭，周饰戳印方格纹（图一四一）。

图一四一　M45第2号画像砖拓片

（3）双龙交尾、狩猎

1块。编号3。

画像砖规格为98.4厘米×26厘米×18厘米，位于墓门右门柱，画像漫漶不清，中间由一模六次模印一组狩猎图案组成，两侧各有一组由一模连续六次模印的双龙交尾图案组成。狩猎图案右侧一人骑马回首射箭，左侧一猛兽张嘴扬前爪，尾上卷，似恐惧踌躇不前状。双龙交尾，二龙张口昂首，奋力屈躯前行。周饰戳印方格纹（图一四二）。

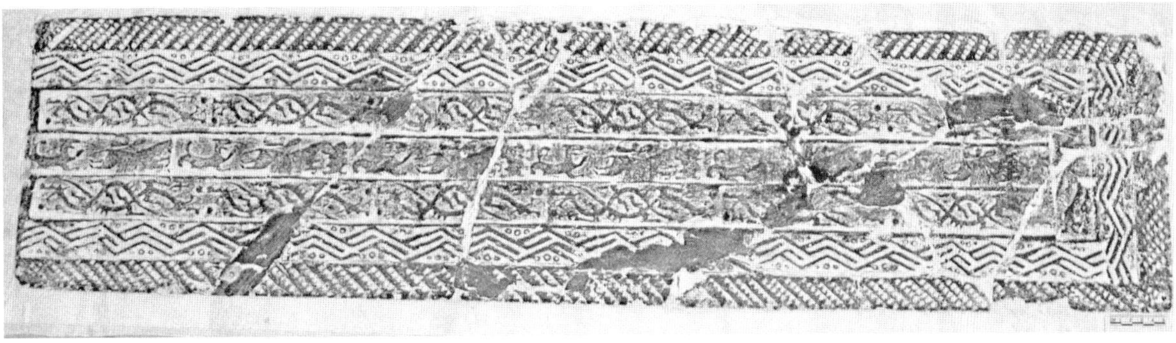

图一四二　M45第3号画像砖拓片

（4）乳钉方格纹、豆点纹

4块。编号4～7。

位于墓门封门位置。四块画像砖形制大小相同，规格为96厘米×23厘米×18厘米，画像漫漶不清，中间模印三组完全相同的乳钉方格纹，每组均有一模十六次连续印成。乳钉方格纹之间饰以豆点纹。周饰戳印方格纹（图一四三）。

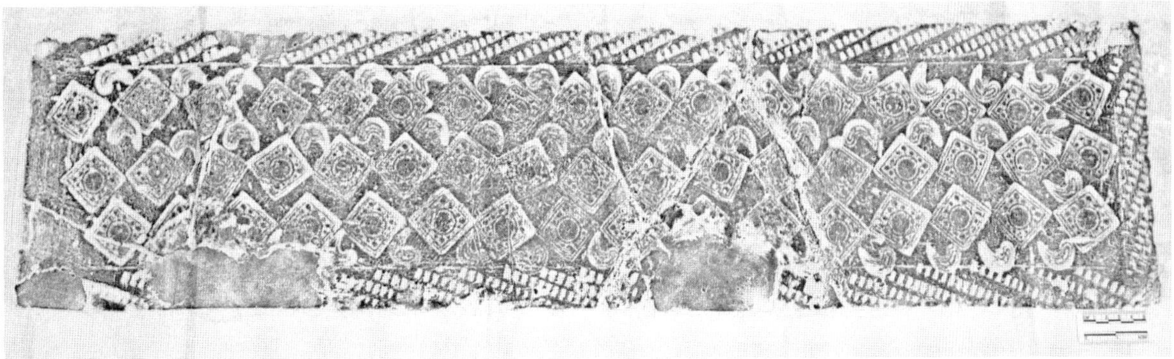

图一四三　M45第4号画像砖拓片

三十、M47

位于发掘Ⅲ区中部，丹江口水库西岸河边的台地上，南距M48约0.6米。

1. 墓葬形制与结构

该墓为长方形竖穴土坑墓，方向288°。

开口于耕土层下，墓口距地表0.3米。该墓墓圹清晰，墓口东西长2.8米，南北宽1.25米，深0.8米。口底同大，四壁规整，直壁向下，墓底平整，距墓口0.4米有因放置棺椁后填土形成的熟土台，高0.1米，熟土台北、东、南、西四侧宽度分别为0.05米、0.2米、0.2米、0.3米。

墓内填土为夹杂白沙岩的黄褐色五花土，土质较软，结构较疏松。

2. 葬具、葬式

（1）葬具

葬具已腐朽，残留灰痕，可辨为一棺一椁，椁痕长2.1米，宽1米。棺位于椁内偏南，棺痕长2米，宽0.5米。

（2）葬式

人骨架1具，保存差，残留部分四肢骨，头向西（图一四四；图版二五，1）。

3. 出土器物

该墓出土随葬品3件，位于棺外北部，棺椁之间，自东西向分别为陶瓮1件（M47：1）、陶甑1件（M47：2）、陶罐1件（M47：3）。

陶瓮　1件。M47：1，泥质灰陶。直口，方唇，唇面有一周凹槽，矮领，折肩，折腹，下腹斜收，平底。素面。高13厘米，口径10.6厘米，腹径19.5厘米，底径9.5厘米（图一四五，1；图版五八，4）。

陶甑　1件。M47：2，钵形。泥质灰陶。口微敛，圆唇，弧腹，平底微凹，底部有五个小孔。素面。高7.6厘米，口径21.4厘米，底径7.8厘米（图一四五，2；图版五八，5）。

陶罐　1件。M47：3，泥质灰陶。侈口，卷沿，方唇，唇面中部有一周凹槽，领较高，领肩相交处有一周凹槽，圆肩，肩腹相交处有一对鼻耳，鼓腹，凹圜底。肩部及腹部饰粗绳纹。高28.4厘米，口径14.8厘米，腹径31.3厘米，底径10厘米（图一四五，3；图版五八，6）。

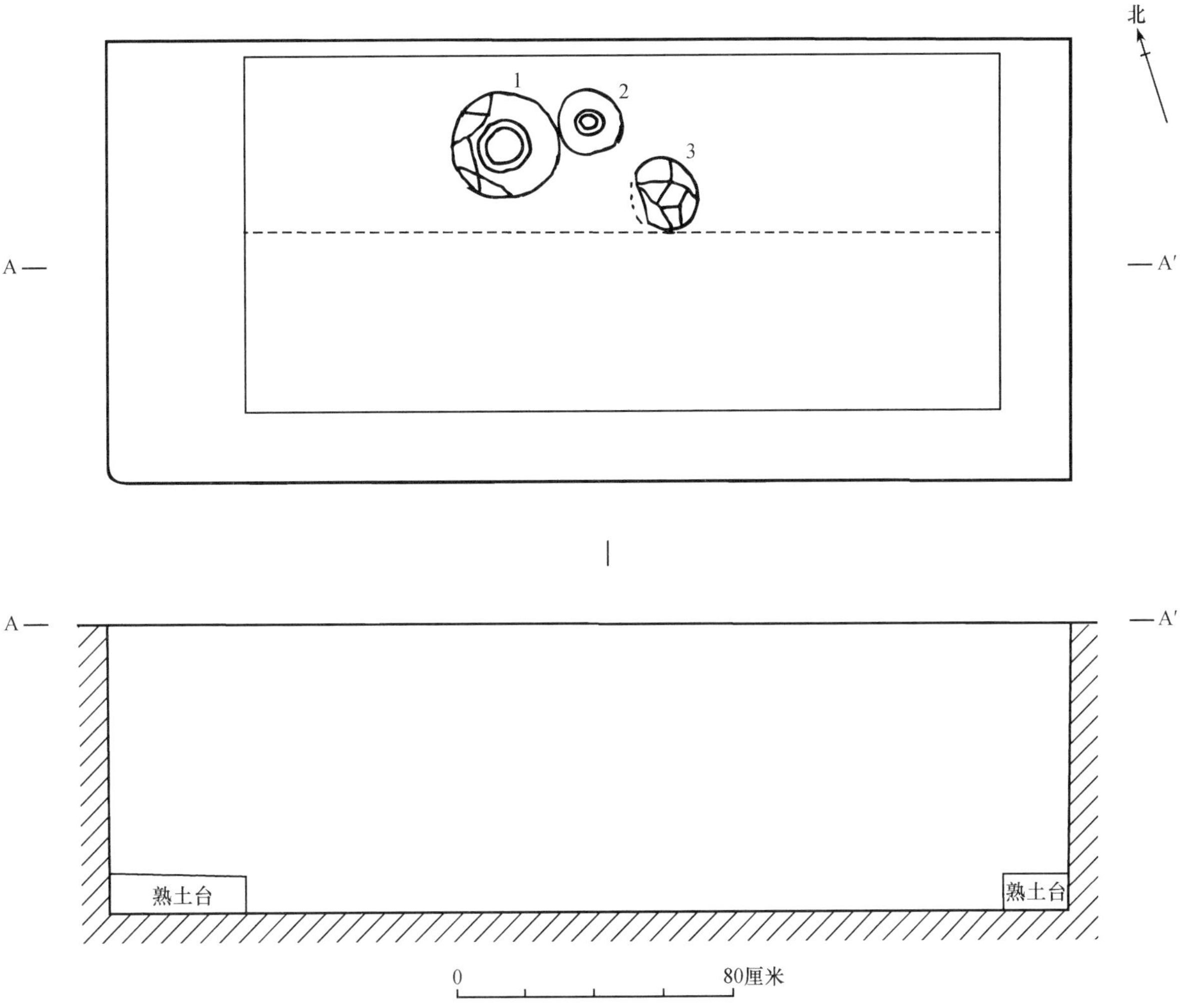

图一四四 M47平、剖面图

1. 陶瓮 2. 陶甑 3. 陶罐

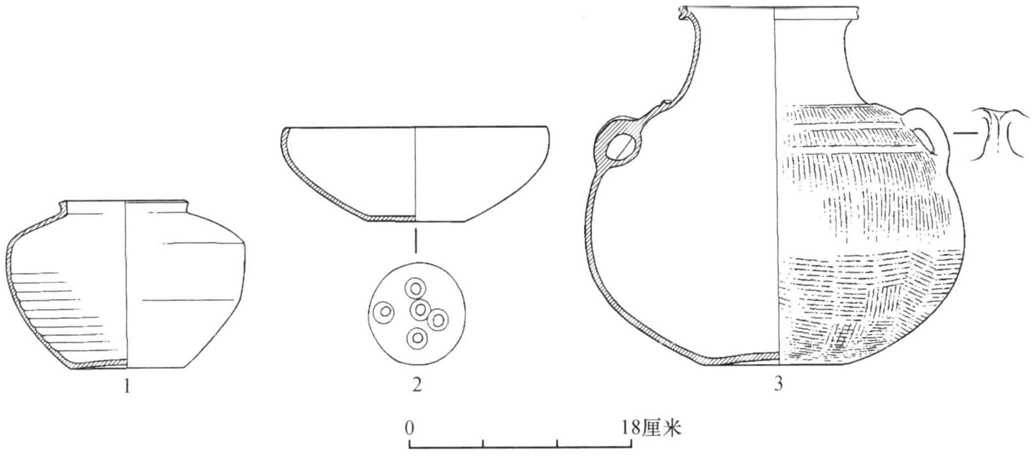

图一四五 M47出土陶器

1. 陶瓮（M47：1） 2. 陶甑（M47：2） 3. 陶罐（M47：3）

三十一、M48

位于发掘Ⅲ区中部，丹江口水库西岸河边的台地上，北距M47约0.6米。

1. 墓葬形制与结构

该墓为长方形竖穴土坑墓，方向276°。

开口于耕土层下，墓口距地表0.3米，墓口东西残长2米，南北宽1.25米，深0.35米。直壁向下，墓底平整。

墓内填土为夹杂白沙岩的黄褐色五花土，土质较软，结构较疏松。

2. 葬具、葬式

（1）葬具

葬具已腐朽，痕迹不存。

（2）葬式

人骨架腐朽，不存（图一四六）。

3. 出土器物

该墓出土随葬品1件，位于墓圹西南，为陶罐1件（M48：1）。器物破碎较甚，未能修复。

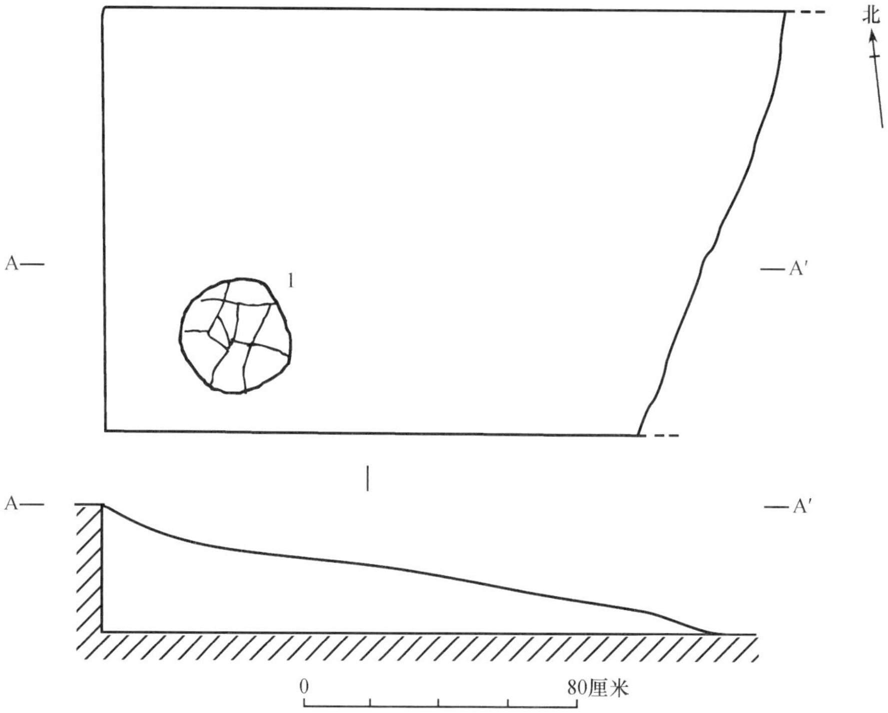

图一四六　M48平、剖面图

1. 陶罐

三十二、M51

位于发掘Ⅲ区中部偏东，丹江口水库西岸河边的台地上，北距M52约0.3米。

1. 墓葬形制与结构

该墓为甲字形砖室墓，方向293°。

该墓开口于耕土层下。墓口距地表0.3米。由墓道和墓室两部分组成，墓道朝西，位于墓室西部，平面开口呈长方形，现存长度1米，宽1.1米，底部斜坡向下；墓室位于墓道东部，墓圹平面开口长方形，现存长度2.5米，宽1.3米，深0.6米。墓葬破坏严重，墙砖，底砖全无。

墓内填土为夹杂白沙岩的黄褐色五花土，土质较软，结构较疏松，夹杂有大量的砖渣。

2. 葬具、葬式

（1）葬具

扰乱，葬具不存。

（2）葬式

人骨架腐朽，葬式不详（图一四七）。

3. 出土器物

扰乱，随葬品不存。

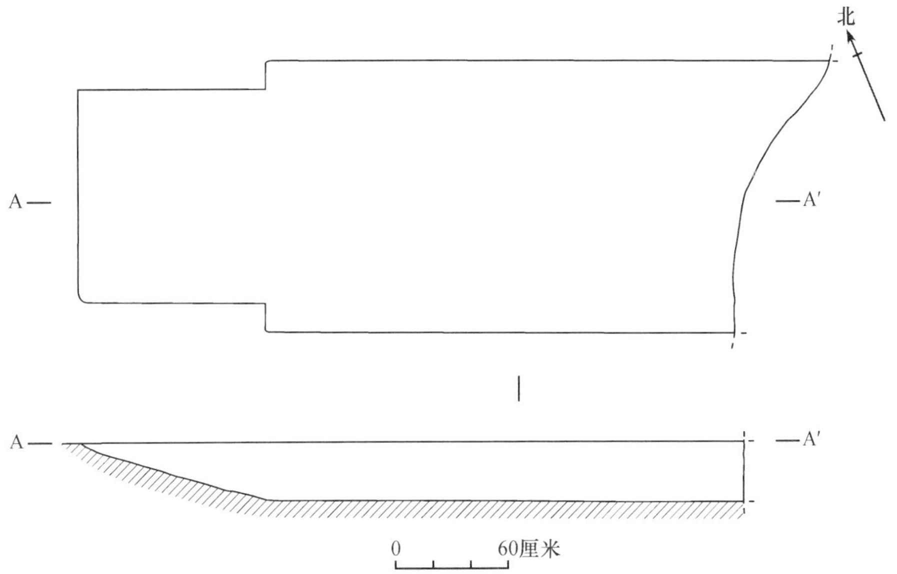

图一四七　M51平、剖面图

三十三、M52

位于发掘Ⅲ区中部偏东，丹江口水库西岸河边的台地上，南距M51约0.3米。

1. 墓葬形制与结构

该墓为甲字形砖室墓，方向293°。

该墓开口于耕土层下，墓口距地表0.3米。由墓道和墓室两部分组成，墓道朝西，位于墓室西部，平面开口呈长方形，现存长度2.6米，宽1.2米，底部斜坡向下。墓室位于墓道东部，墓圹平面开口呈长方形，现存长度0.3米，宽1.3米，深1.5米。墓葬破坏严重，残留部分墙砖，墙砖紧贴墓圹，单砖直行错缝平砌，铺底砖不详。砖为青灰色，尺寸为5厘米×15厘米×30厘米，素面。

墓内填土为夹杂白沙岩的黄褐色五花土，土质较软，结构较疏松。

2. 葬具、葬式

（1）葬具

扰乱，葬具不存。

（2）葬式

人骨架腐朽，葬式不详（图一四八）。

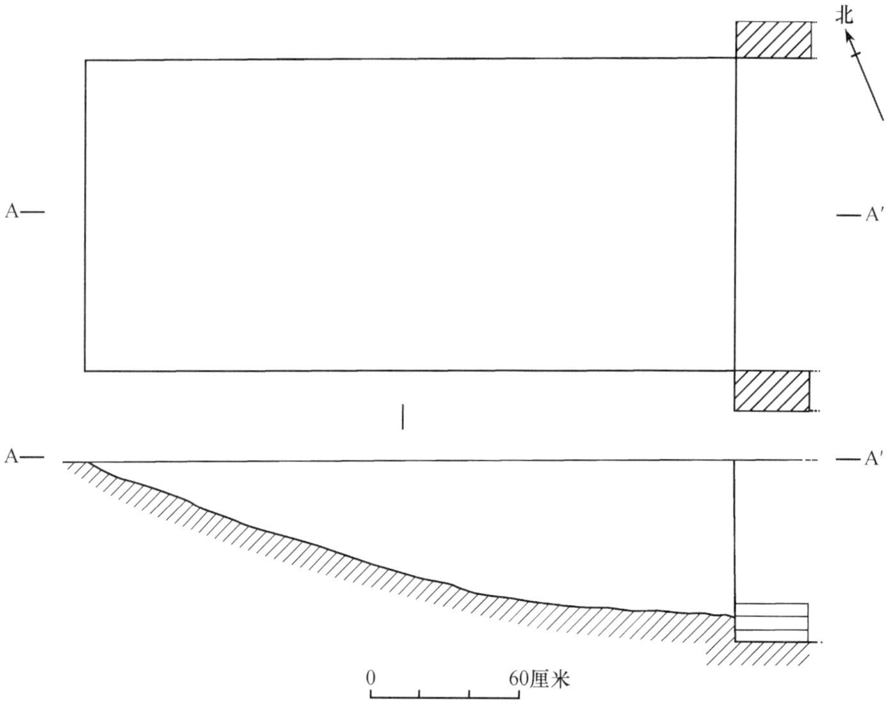

图一四八　M52平、剖面图

3. 出土器物

扰乱，随葬品不存。

三十四、M53

位于发掘Ⅲ区中部偏东，丹江口水库西岸河边的台地上，被M52墓道打破。

1. 墓葬形制与结构

该墓为长方形竖穴土坑墓，方向190°。

开口于耕土层下，墓口距地表0.3米。该墓墓圹清晰，现存墓口西高东低，南北长2.9米，东西宽1.9米，深0.6米。口底同大，四壁规整，直壁向下，墓底平整，墓圹西部距墓口0.1米有因放置棺椁后填土形成的熟土台，高0.2米，熟土台北、东、南、西四侧宽均为0.2米。

墓内填土为夹杂白沙岩的黄褐色五花土，土质较软，结构较疏松。

2. 葬具、葬式

（1）葬具

葬具已腐朽，残留灰痕，可辨为一棺一椁，椁痕长2.3米，宽1.3米，棺位于椁内偏东侧，棺痕长2.1米，宽0.7米。

（2）葬式

人骨架腐朽，葬式不详（图一四九；图版二五，2）。

3. 出土器物

该墓出土随葬品6件（图版三二，1），位于棺外西侧，棺椁之间自北向南分别为陶釜、甑各1件（M53：1）、陶鼎2件（M53：2、M53：3）、陶壶2件（M53：4、M53：5）。

陶鼎　2件。M53：2，泥质灰陶。形体较大，覆盘形盖，方唇，顶微弧，中部有一衔环纽，内套一环，外围另有三半环纽，纽上部各有一小乳钉。鼎身子口内敛，方唇，长方形附耳，耳上部平折外撇，腹微鼓，底较平，三蹄形足，足内侧近平。中腹有一周凸弦纹。通高25厘米，口径20.7厘米，腹径24.8厘米，耳高7.6厘米，足高13厘米，盖外径23厘米，高5.8厘米（图一五〇，2；图版五九，3）。M53：3，泥质灰陶。形体较大，覆盘形盖，方唇，顶微弧，有三半环纽，纽上部各有一倒梯形凸起。鼎身子口内敛，方唇，长方形附耳，耳上部平折外撇，腹微鼓，底较平，三蹄形足，足内侧近平。中腹有一较宽的凸弦纹。通高27.1厘米，鼎高25.7厘米，口径20.3厘米，腹径25厘米，耳高8.6厘米，足高13.3厘米，盖外径22.2厘米，高8厘米（图一五〇，3；图版五九，4）。

陶壶　2件。形制相同，泥质灰陶。形体较大，拱形器盖，子口，圆唇，弧顶，有三处接纽痕，纽残失。盘口较高，方唇，束颈，弧肩，肩腹交接处有一对称的铺首衔环，环较粗，可

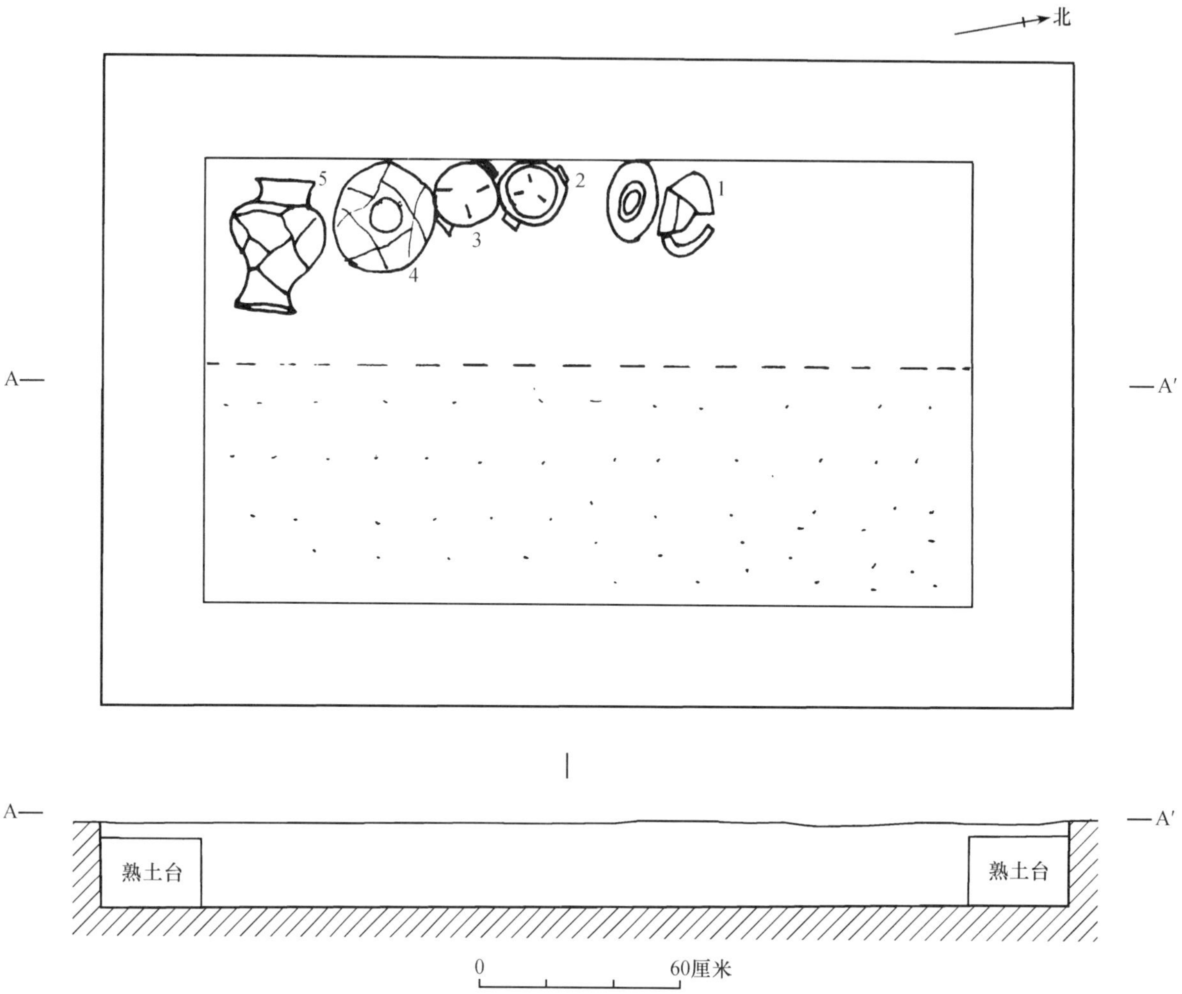

图一四九　M53平、剖面图
1. 陶釜、甑　2、3. 陶鼎　4、5. 陶壶

活动，鼓腹，圜底，大圈足外扩，中部外折出一宽平台。肩部有一道较宽的凸弦纹，腹部饰四周凹弦纹，两周一组。M53：4，通高44.1厘米，壶高39.7厘米，口径18.3厘米，腹径32厘米，底径19.5厘米，盖外径20.4厘米，高5.2厘米（图一五〇，4；图版五九，5）。M53：5，通高43.8厘米，壶高39.3厘米，口径19.1厘米，腹径31.4厘米，底径19.7厘米，盖高4.9厘米，口径20.3厘米（图一五〇，5；图版五九，6）。

陶釜、甑　各1件。M53：1，泥质灰陶。M53：1-1，釜，直口，方唇，矮领，广肩，肩腹交接处有一凹槽，鼓腹，腹上部有一对铺首衔环，环可活动，腹中部有一宽腰檐，圜底。M53：1-2，甑，敛口，折沿微仰，方唇，束颈，颈腹交接处起折棱，腹较深，上腹有一对铺首衔环，环可活动，下腹斜收，矮圈足，平底，内外底皆划有折线形窄槽象征箅孔。通高24.3厘米，甑高15厘米，口径22.8厘米，底径13.7厘米，釜高15厘米，口径11厘米，腹径25.3厘米（图一五〇，1；图版五九，2）。

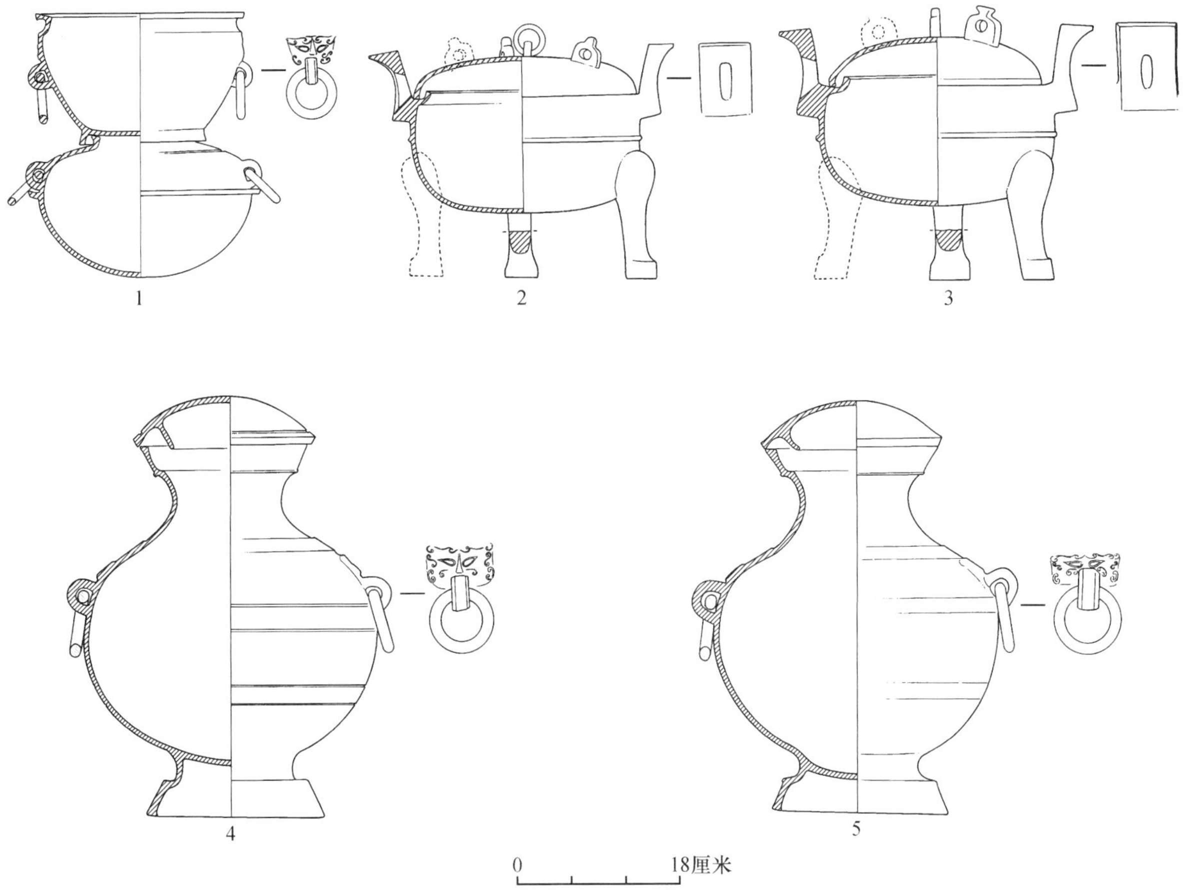

图一五〇　M53出土陶器

1. 陶釜、甑（M53：1）　2、3. 陶鼎（M53：2、M53：3）　4、5. 陶壶（M53：4、M53：5）

三十五、M59

位于发掘Ⅲ区中部偏西，丹江口水库西岸河边的台地上，北距M58约0.5米。

1. 墓葬形制与结构

该墓为长方形竖穴土坑墓，方向23°。

开口于耕土层下。墓口距地表0.3米。该墓墓圹清晰，现存墓口南北长3.25米，东西宽1.8米，深0.8米。口底同大，四壁规整，直壁向下，墓底平整，距墓口0.4米有因放置棺椁后填土形成的熟土台，高0.1米，熟土台北、东、南、西四侧宽分别为0.16米、0.3米、0.2米、0.4米。

墓内填土为夹杂白沙岩的黄褐色五花土，土质较软，结构较疏松。

2. 葬具、葬式

（1）葬具

葬具已腐朽，残留灰痕，可辨一棺一椁，椁痕长2.9米，宽1.1米，棺位于椁内中部，棺痕2.2米，宽0.7米。

（2）葬式

人骨架腐朽，葬式不详（图一五一）。

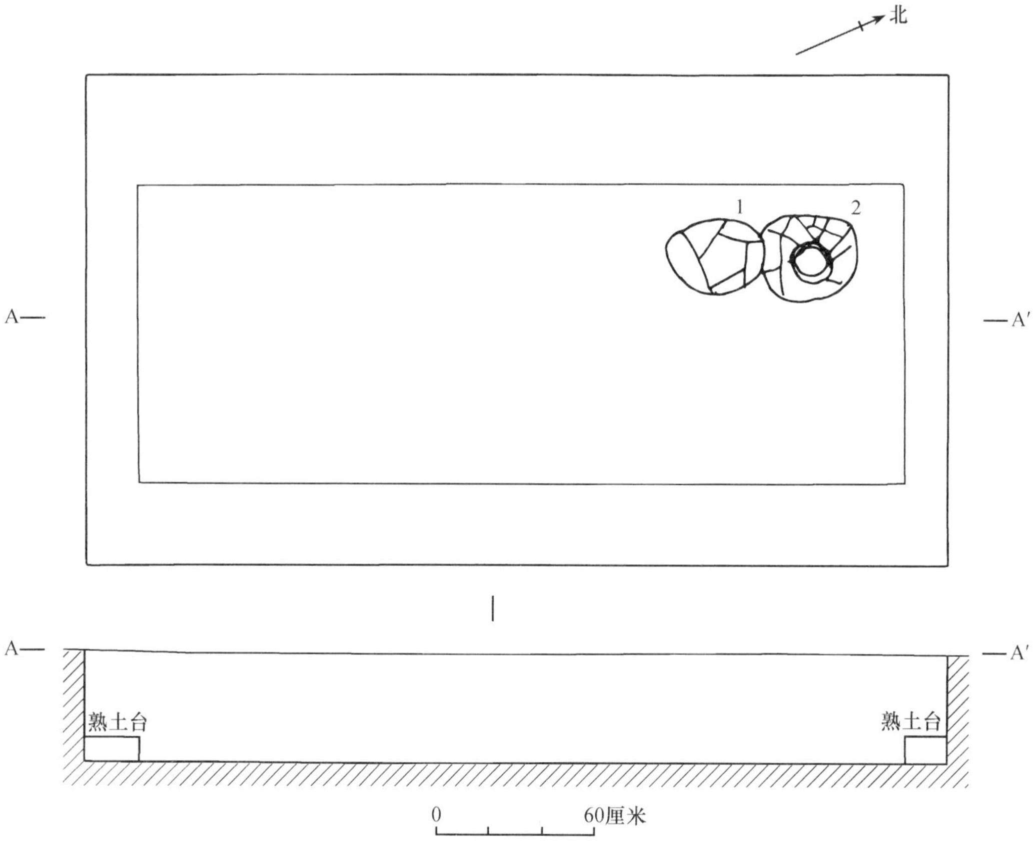

图一五一　M59平、剖面图

1、2. 陶罐

3. 出土器物

出土随葬品2件，均位于棺外，棺西部棺椁之间放置陶罐2件（M59：1、M59：2）（图版三五，1）。

陶罐　2件。M59：1，泥质灰陶。口沿处变形，侈口，口内有一周凹槽，平折沿，沿面有一周凹槽，方唇微凹，唇面有一周凹槽，领较矮，弧肩，肩腹交接处有两个对称鼻纽，鼓腹，凹圜底。肩、腹饰中绳纹，并被抹断数周，下腹有一圈浅凹窝。高21.7厘米，口径12.8厘米，腹径21.4厘米，底径8.7厘米（图一五二，1；图版五九，1）。M59：2，泥质灰陶。肩以上残失，弧肩，肩、腹交接处有两个对称鼻纽，深鼓腹，凹圜底。肩、腹饰中绳纹，肩、腹绳纹抹断四周。残高27.1厘米，腹径26.3厘米，底径8厘米（图一五二，2；图版六〇，1）。

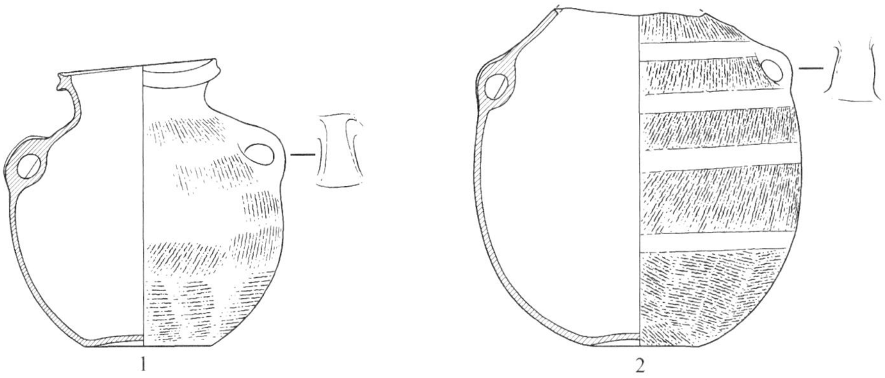

图一五二　M59出土陶器
1、2. 陶罐（M59：1、M59：2）

三十六、M60

位于发掘Ⅲ区中东部，丹江口水库西岸河边的台地上，北距M56约5米。

1. 墓葬形制与结构

该墓为长方形单室砖室墓，方向288°。

开口于耕土层下，墓口距地表0.3米。墓圹口底同大，东西残长3.27米，南北宽1.64米，深1.3米。墓葬被破坏严重，残留部分墙砖和铺底砖，墙砖紧贴墓圹，单砖直行错缝平砌，底砖单砖横行对缝平铺。砖为青灰色，墙砖尺寸为5厘米×17厘米×35厘米，铺底砖尺寸为5厘米×23厘米×32厘米，均素面。

墓内填土为夹杂白沙岩的黄褐色五花土，土质较软，结构较疏松。

2. 葬具、葬式

（1）葬具

葬具已腐朽，灰痕不存。

（2）葬式

人骨架不存，葬式不祥（图一五三）。

3. 出土器物

扰乱，随葬品不存。

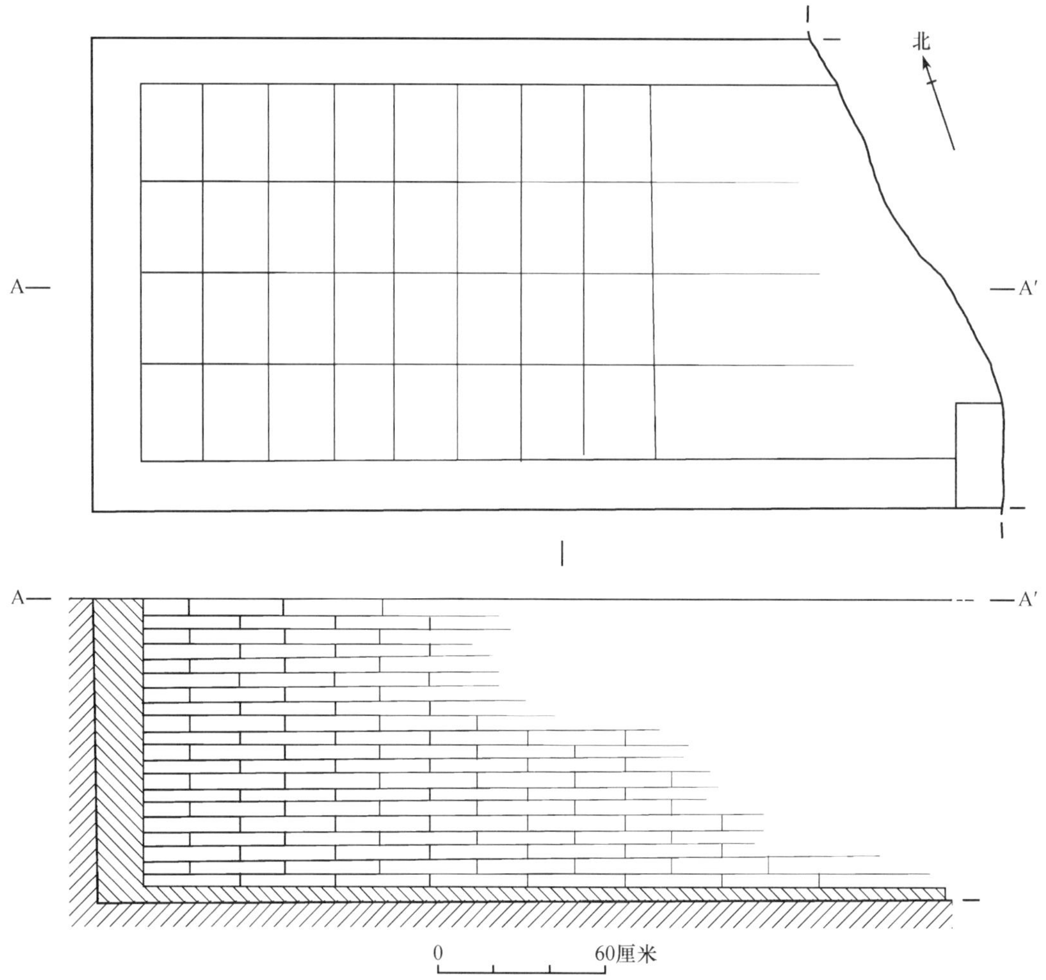

图一五三　M60平、剖面图

三十七、M61

位于发掘Ⅲ区中部偏南，丹江口水库西岸河边的台地上，东距M65约1米。

1. 墓葬形制与结构

该墓为长方形竖穴土坑墓，方向27°。

开口于耕土层下。墓口距地表0.3米。该墓墓圹清晰，现存墓口南北长2.65米，东西宽1.85米，深2.4米。口底同大，四壁规整，直壁向下，墓底平整，距墓口1.8米有因放置棺椁后填土形成的熟土台，高0.3米，熟土台北、东、南、西四侧宽分别为0.16米、0.25米、0.3米、0.2米。

墓内填土为夹杂白沙岩的黄褐色五花土，土质较软，结构较疏松。

2. 葬具、葬式

（1）葬具

葬具已腐朽，残留椁痕，应为一棺一椁，椁痕长2.3米，宽1.4米，棺痕不存。

（2）葬式

人骨架腐朽，葬式不详（图一五四）。

3. 出土器物

该墓出土随葬品7件（图版三二，2），均位于棺外，棺东部棺椁之间自北向南分别为陶瓮1件（M61∶1），陶釜、甑各1件（M61∶6），陶壶2件（M61∶2、M61∶5），陶鼎2件（M61∶3、M61∶4）。

陶瓮　1件。M61∶1，泥质灰陶。口微敛，平折沿，尖圆唇，矮领，广肩，鼓腹，最大腹径居上，平底。腹下部饰中绳纹。通高23.2厘米，口径21.4厘米，腹径37厘米，底22.4厘米（图一五五，3；图版六〇，2）。

陶壶　2件。M61∶2，泥质灰陶。拱形盖，子口内敛，尖圆唇，有三个接纽痕，纽残。壶身盘口，方唇，束颈较短，弧肩，肩腹交界处有两个对称的铺首衔环，鼓腹，底近平，喇叭形圈足，中部微向外折。素面。通高45.6厘米，壶高41.2厘米，口径17.5厘米，腹径31.2厘米，底径15.6厘米，铺首衔环直径7.6厘米，盖高4.4厘米，盖径17.8厘米（图一五五，1；图版六〇，3）。M61∶5，泥质灰陶。拱形盖，子口，尖圆唇，壶身盘口，方唇，唇缘略内勾，束颈较短，弧肩，肩腹交界处有两个对称的铺首衔环，鼓腹，底近平，喇叭形圈足，中部微向外折。肩部饰一周较宽的凸弦纹。通高47.4厘米，壶高39.4厘米，口径17.4厘米，腹径29.8厘米，底径15.7厘米，盖高8.2厘米，盖径17.8厘米，铺首衔环直径7.9厘米（图一五五，4；图版六〇，6）。

陶鼎　2件。形制相同，泥质灰陶。拱形盖，方唇，弧顶，有三半环形纽，纽上各有一梯形凸起。鼎身子口内敛，圆唇，有二长方形附耳，无穿孔，耳身内倾，耳上部外折，深鼓腹，圜底，下接三蹄足，内侧较平。腹中部有一凸弦纹。M61∶3，通高31.5厘米，鼎高29.6厘米，口径21.2厘米，腹径25.4厘米；耳高8厘米，足高13.5厘米；盖径26.2厘米，盖高6.9厘米（图一五五，2；图版六〇，4）。M61∶4，通高31.6厘米，鼎高30厘米，口径21厘米，腹径27.8厘米；耳高8.6厘米，足高13.5厘米；盖径25.1厘米，盖高9厘米（图一五五，5；图版六〇，5）。

陶釜、甑　各1件。M61∶6，泥质灰陶。M61∶6-1，釜。直口，圆唇，矮直领，广肩，肩部有两个对称铺首衔环，环可活动，铺首上部起一矮台，深鼓腹，腹中部有一腰檐。底部残，素面。高18.6厘米，口径10.2厘米，腹径23.6厘米。铺首衔环环径4.8厘米（图一五五，6；图版六一，1）。M61∶6-2，甑。口沿残，束颈，深鼓腹，上腹有一对铺首衔环，一环残失，圈足较高。残缺较多，该器未修复。

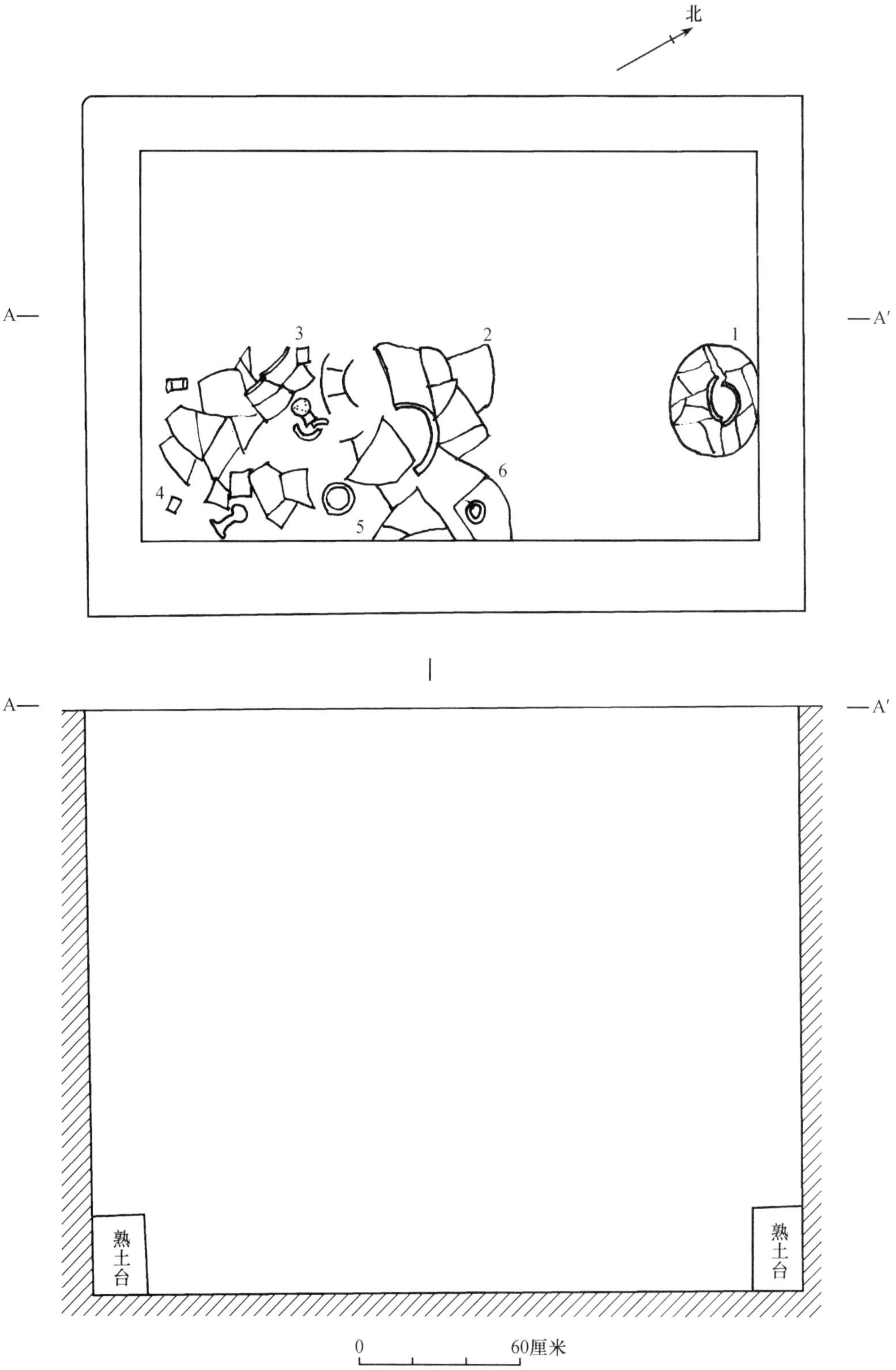

图一五四　M61平、剖面图

1. 陶瓮　2、5. 陶壶　3、4. 陶鼎　6. 陶釜、甑

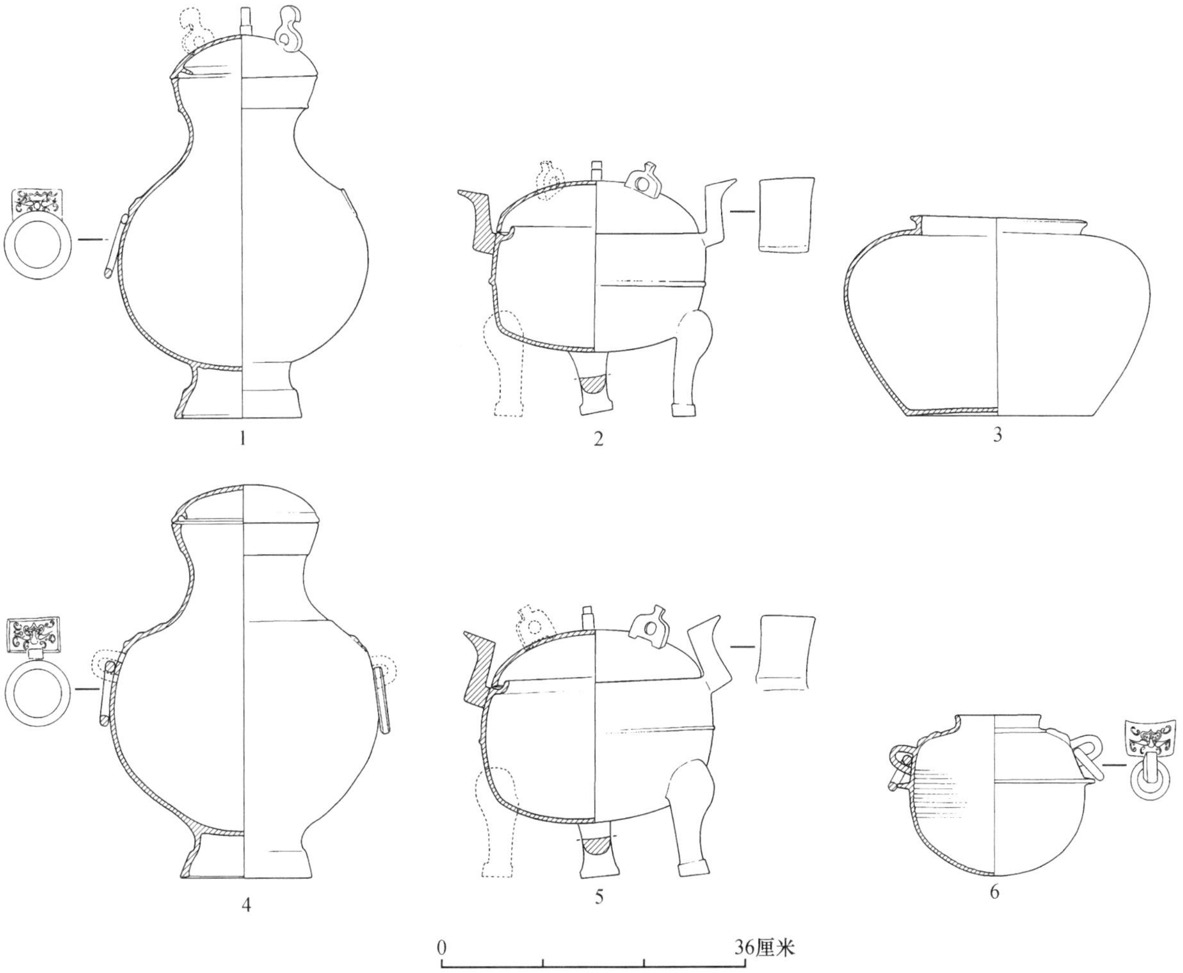

图一五五　M61出土陶器

1、4. 陶壶（M61：2、M61：5）　2、5. 陶鼎（M61：3、M61：4）　3. 陶瓮（M61：1）　6. 陶釜（M61：6-1）

三十八、M64

位于发掘Ⅲ区南部，丹江口水库西岸河边的台地上，西距M65约0.1米，墓室打破M66。

1. 墓葬形制与结构

该墓为甲字形单室砖室墓，方向184°。

开口于耕土层下，墓口距地表0.3米。由墓道和墓室两部分组成，墓道朝南，位于墓室南部，平面开口长方形，现存长2.2米，宽1.16米，底部斜坡向下；墓室位于墓道北部，墓圹平面开口长方形，口底同大。长2.86米，宽1.48米，深0.9米。墓葬破坏严重，残留部分墙砖和铺底砖，墙砖紧贴墓圹，单砖直行错缝平砌。铺底砖为单砖横行对缝平铺，东部砖墙因受挤压向内倾斜。

砖为青灰色，墙砖为子母砖，尺寸为9.5厘米×16厘米×46厘米，单长侧面模印多重菱形纹，铺底砖正面模印六组多重菱形纹，中间用五组横向连续小方格纹间隔。

墓内填土为夹杂白沙岩的黄褐色五花土，土质较软，结构较疏松。

2. 葬具、葬式

（1）葬具

葬具不存。

（2）葬式

人骨架不存（图一五六；图版二六，1）。

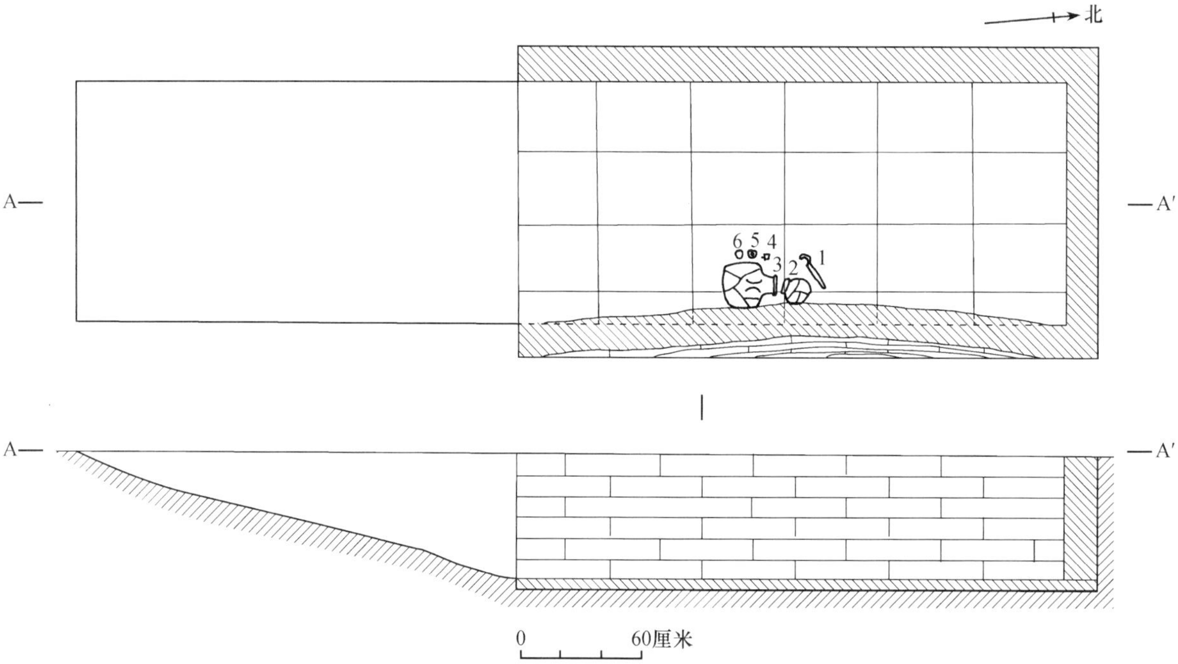

图一五六　M64平、剖面图

1. 铁环首刀　2、3. 陶罐　4. 铜铍帽　5. 铜钱　6. 铜环形饰

3. 出土器物

该墓出土随葬品6件，质地分陶、铜。随葬品放置于墓室中部靠近东壁，自北向南分别为铁环首刀1件（M64：1）、陶罐2件（M64：2、M64：3）。陶罐（M64：2）西侧发现铜铍帽1件（M64：4）、铜钱1枚（M64：5）、铜环1件（M64：6）。

（1）陶器

2件，器形为罐（图版三九，2）。

陶罐　2件。M64：2，夹砂灰陶。侈口，平折沿，方唇，领较高，弧肩，肩上一对半环耳，鼓腹，平底。肩部饰二周凹弦纹，腹部饰两组二周凹弦纹。高20厘米，口径12.2厘米，腹径20厘米，底径11.2厘米（图一五七，1；图版六一，2）。M64：3，泥质灰陶。侈口，仰折沿，沿面内凹，折沿下耷，尖圆唇，领适中，圆肩，上腹一对鼻耳，鼓腹，凹圜底。肩部及腹部饰中绳纹，并抹平三周。高25厘米，口径14.7厘米，腹径24厘米，底径12厘米（图一五七，2；图版六一，3）。

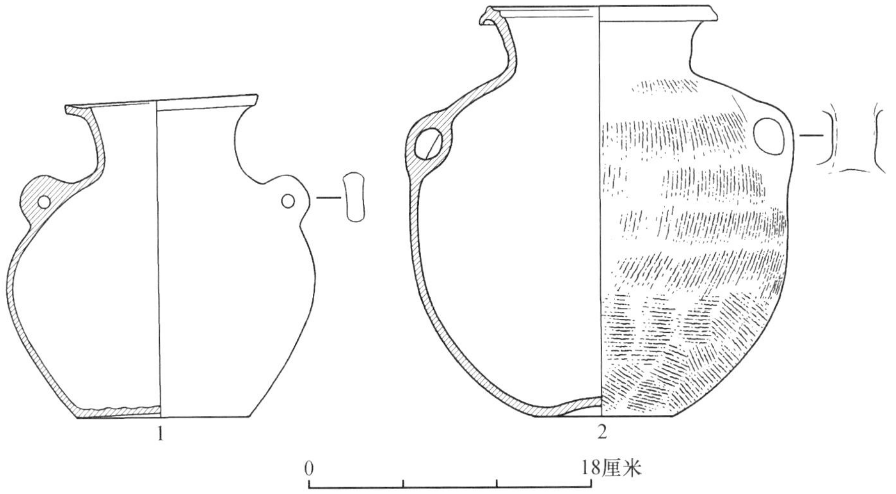

图一五七　M64出土陶器

1、2. 陶罐（M64：2、M64：3）

（2）铜器

2件，器形有镦帽、环。

铜镦帽　1件。M64：4，镦帽上有一圆形穿孔，帽体正视呈梯形，两侧边外斜，上、下边略凸弧。通高1.7厘米，上宽2.3厘米，上厚0.75厘米，下厚0.9厘米，穿孔径0.3厘米（图一五八，1；彩版一五，5）。

铜环　1件。M64：6，锈蚀，较细，横断面呈圆形，直径2.4厘米，断面直径0.3厘米（图一五八，2）。

（3）铜钱

铜钱　1串（2枚）。锈蚀在一起。M64：5，半两，边缘及穿上无周郭，正方形穿，穿旁有篆文的“半两”二字，字迹较清。钱径2.4厘米，肉厚0.1厘米，穿的长宽各为0.9厘米（图一五八，3）。

（4）铁器

铁环首刀　1件。M64：1，刀体修长，刀身与柄呈直线，刀身较柄略宽，柄身通背，刃较柄略凸出，单面刃，刀首做椭圆形，首残。刀残长17.2厘米，刀身长8.8厘米，柄长6.2厘米（图一五八，4；彩版一六，6）。

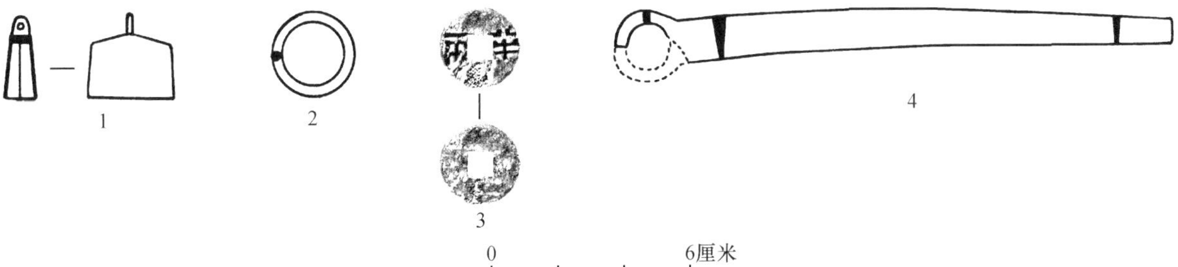

图一五八　M64出土器物及铜钱拓片

1. 铜镦帽（M64：4）　2. 铜环（M64：6）　3. 半两（M64：5）　4. 铁环首刀（M64：1）

三十九、M65

位于发掘Ⅲ区南部，丹江口水库西岸河边的台地上，东距M64约0.1米。

1. 墓葬形制与结构

该墓为甲字形单室砖室墓，方向183°。

开口于耕土层下，墓口距地表0.3米。由墓道和墓室两部分组成，墓道朝南，位于墓室南部，平面开口长方形，现存长度0.9米，宽1.2米，底部斜坡向下；墓室位于墓道北部，墓圹平面开口长方形，口底同大，长3.2米，宽1.5米，深0.6米。墓葬破坏严重，墙砖、铺底砖不存。

墓内填土为夹杂白沙岩的黄褐色五花土，土质较软，结构较疏松，夹杂大量青灰色砖渣。

2. 葬具、葬式

（1）葬具

葬具不存。

（2）葬式

人骨架不存（图一五九）。

3. 出土器物

未发现。

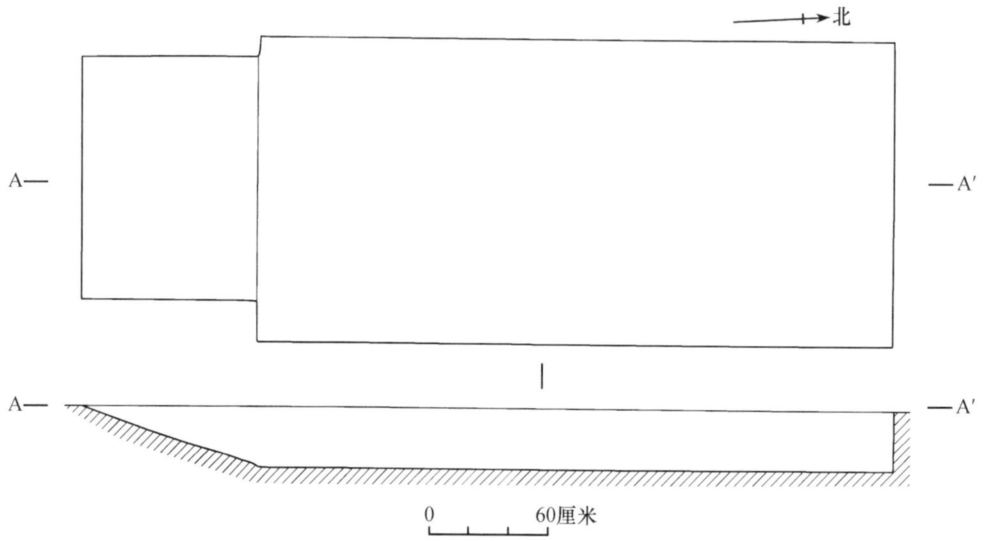

图一五九　M65平、剖面图

四十、M66

位于发掘Ⅲ区南部偏东，丹江口水库西岸河边的台地上，西距M65约0.5米，被M64墓室打破（图一六〇）。

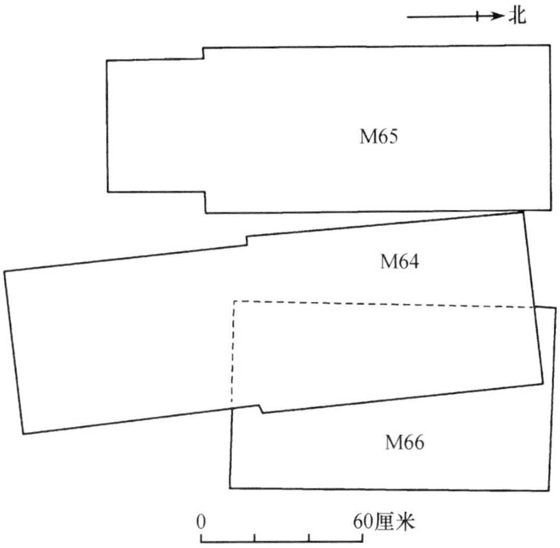

图一六〇 M64、M65、M66相互关系图

1. 墓葬形制与结构

该墓为长方形竖穴土坑墓，方向197°。

开口于耕土层下，墓口距地表0.3米。该墓墓圹清晰，现存墓口南北长3米，东西宽1.65米，深1.65米。口底同大，四壁规整，直壁向下，墓底平整，距墓口0.9米有因放置棺椁后填土形成的熟土台，高0.45米，熟土台北、东、南、西四侧宽分别为0.3米、0.3米、0.3米、0.2米。

墓内填土为夹杂白沙岩的黄褐色五花土，土质较软，结构较疏松。

2. 葬具、葬式

（1）葬具

葬具已腐朽，残留灰痕，可辨为一棺一椁，椁痕长2.4米，宽1.2米，棺位于椁内偏东位置，棺痕长2米，宽0.6米。

（2）葬式

人骨架1架，保存较差，残留部分头骨和四肢骨，头向南，面向上，据此判断为仰身直肢葬（图一六一；图版二六，2）。

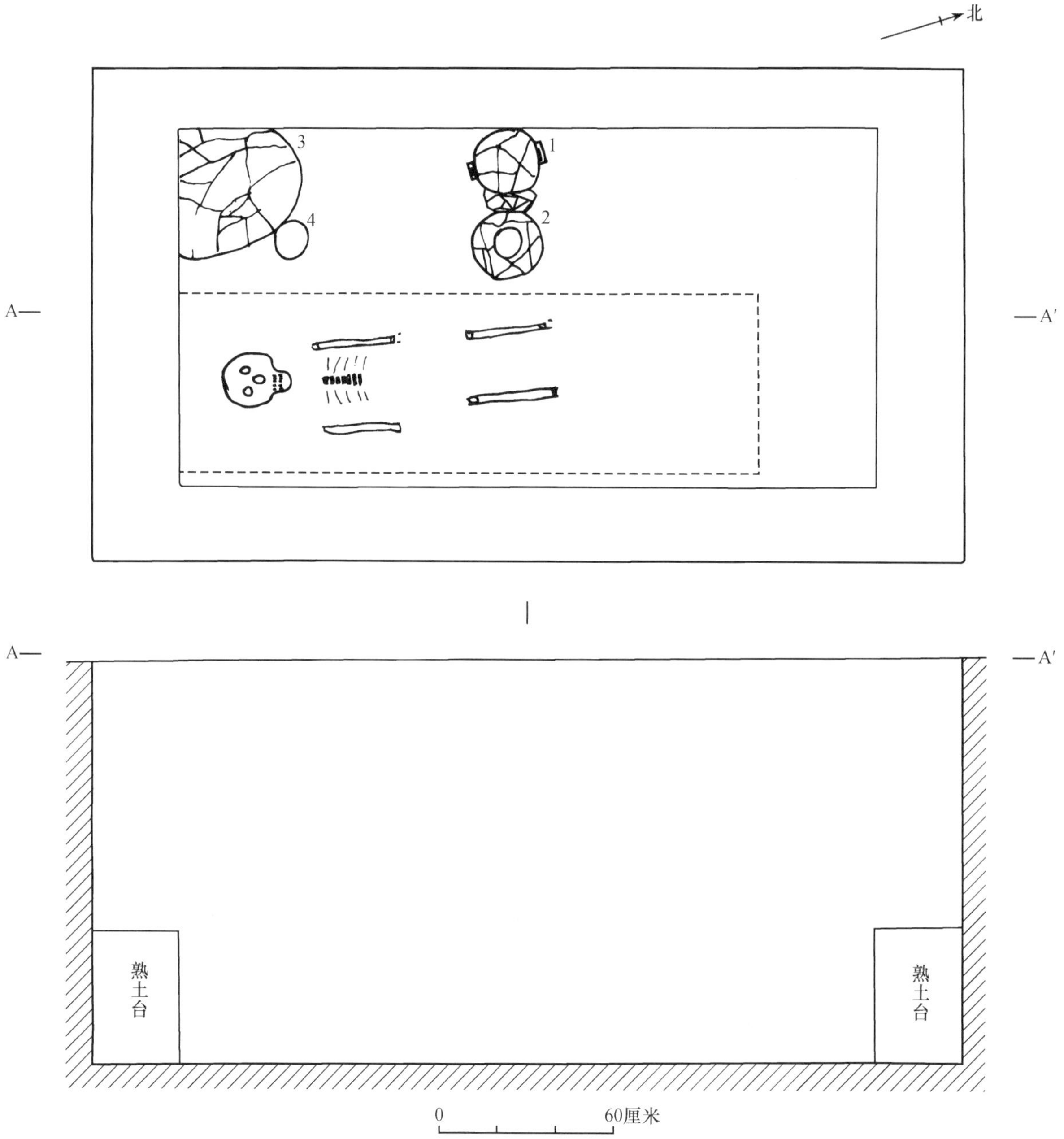

图一六一　M66平、剖面图

1. 陶鼎　2. 陶釜、甑　3. 陶瓮　4. 陶盆

3. 出土器物

该墓出土随葬品5件（图版三三，1），放置于棺外，棺西部棺椁之间自北向南分别为陶鼎1件（M66：2），陶釜、甑各1件（M66：1），陶瓮1件（M66：3），陶盆1件（M66：4）。

陶鼎　1件。M66：2，泥质灰陶。覆盘形盖，方唇，顶部近平。鼎身子口内敛，方唇，唇外缘略突出，长方形附耳，耳上部平折外撇，腹部斜收，平底，三蹄形足，足内侧近平。中腹有一凸弦纹。高20.1厘米，口径18厘米，腹径20.8厘米，耳高6.4厘米，足高9.1厘米，盖高5.9

厘米，盖外径19.6厘米（图一六二，2；图版六一，5）。

陶瓮　1件。M66：3，泥质灰陶。直口，方唇，唇外缘微凸出，矮直领，鼓肩，腹部弧收，平底微凹，腹部饰中绳纹。高33.7厘米，口径24.8厘米，腹径43.1厘米，底径23厘米（图一六二，4；图版六一，6）。

陶盆　1件。M66：4，泥质灰陶。敞口，平折沿，沿面微凹，方唇，腹部斜收，平底。腹部有数周较宽的凸弦纹。高11.6厘米，口径29.2厘米，底径10.5厘米（图一六二，1；图版六二，1）。

陶釜、甑　各1件。M66：1，泥质灰陶。M66：1-1，釜，敛口，方唇，唇外缘略突出，矮直领，广肩，肩部起台，扁鼓腹，腹中部有一腰檐，平底微凹。肩部有一凸弦纹。釜高13.6厘米，口径7.7厘米，腹径22.2厘米，底径9.5厘米。M66：1-2，甑。口微敛，平折沿，方唇，腹部弧收，圈足，圜底，底部有七个长条形箅孔。腹中部以及圈足上部各饰一凹弦纹。甑高9.6厘米，口径18.6厘米，底径9.5厘米（图一六二，3；图版六一，4；图版六二，2）。

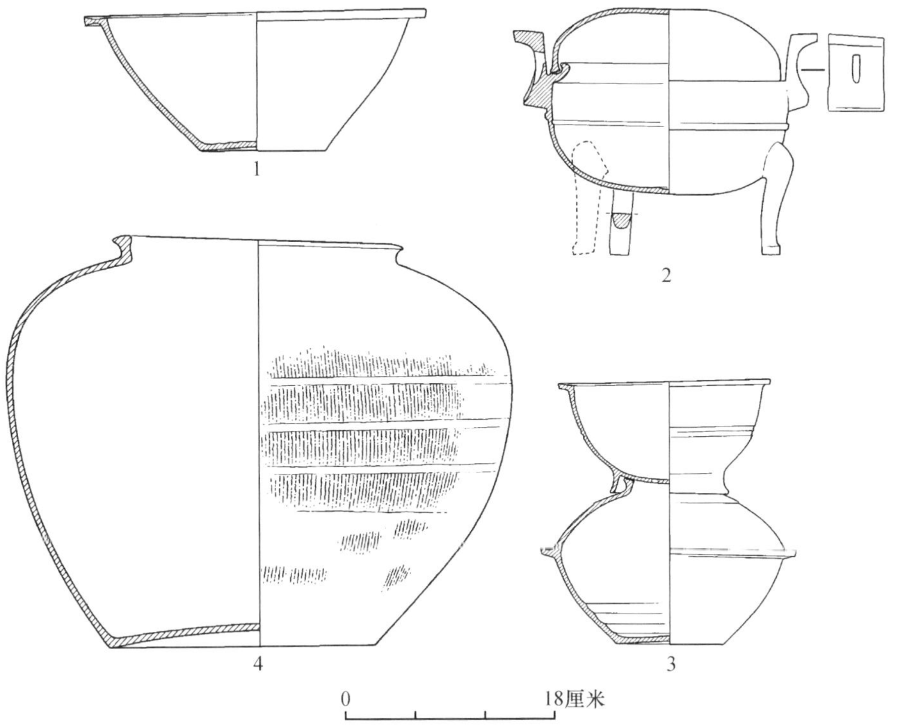

图一六二　M66出土陶器

1. 陶盆（M66：4）　2. 陶鼎（M66：2）　3. 陶釜、甑（M66：1）　4. 陶瓮（M66：3）

四十一、M68

位于发掘Ⅲ区东南部，丹江口水库西岸河边的台地上，北距M67约2.5米。

1. 墓葬形制与结构

该墓为长方形单室砖室墓，方向288°。

开口于耕土层下，墓口距地表0.3米。该墓墓圹清晰，现存东西长2.55米，南北宽2.2米，深1.2米。墓圹规整，口底同大，墓葬破坏严重，残留部分墙砖，墙砖紧贴墓圹单砖直行错缝平砌，青灰色子母砖，单长侧面模印多重菱形纹，尺寸为7.5厘米×15.5厘米×47厘米。

墓内填土为夹杂白沙岩的黄褐色五花土，土质较软，结构较疏松，夹杂大量青灰色砖渣。

2. 葬具、葬式

（1）葬具

葬具已腐朽，不见痕迹。

（2）葬式

人骨架腐朽，葬式不详（图一六三）。

3. 出土器物

扰乱，随葬品不存。

四十二、M69

位于发掘Ⅲ区南部，丹江口水库西岸河边的台地上，南距M70约2.5米。

1. 墓葬形制与结构

该墓为长方形竖穴土坑墓，方向120°。

开口于耕土层下，墓口距地表0.3米。该墓墓圹清晰，墓口现东西长2.8米，南北宽1.4米，深2.9米。口底同大，四壁规整，直壁向下，墓底平整，距墓口2.4米有因放置棺椁后填土形成的熟土台，高0.3米，熟土台北、东、南、西四侧宽度分别为0.2米、0.3米、0.2米、0.3米。

墓内填土为夹杂白沙岩的深灰褐色五花土，土质较软，结构较疏松。

2. 葬具、葬式

（1）葬具

葬具已腐朽，残留椁痕，椁痕长2.2米，宽1米，棺痕不存。

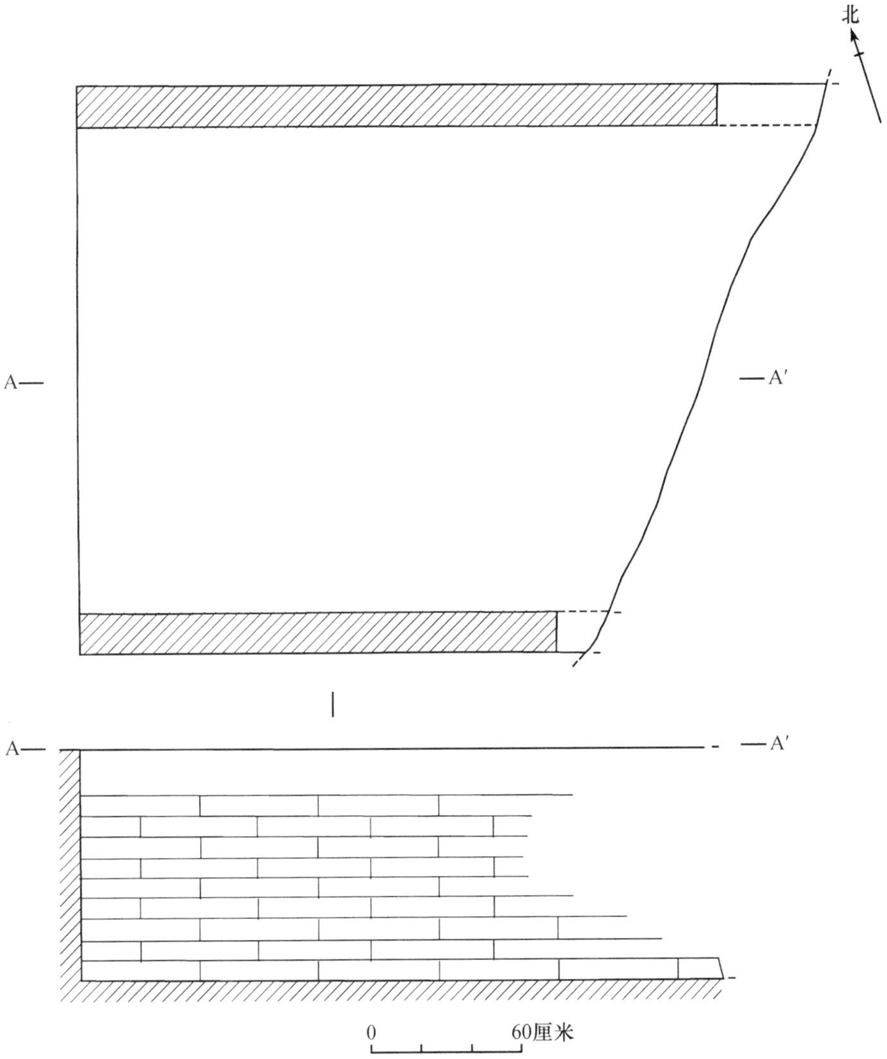

图一六三　M68平、剖面图

（2）葬式

人骨架保存差，葬式不详（图一六四）。

3. 出土器物

未发现。

四十三、M70

位于发掘Ⅲ区南部，丹江口水库西岸河边的台地上，北距M69约2.5米。

1. 墓葬形制与结构

该墓为长方形竖穴土坑墓，方向120°。

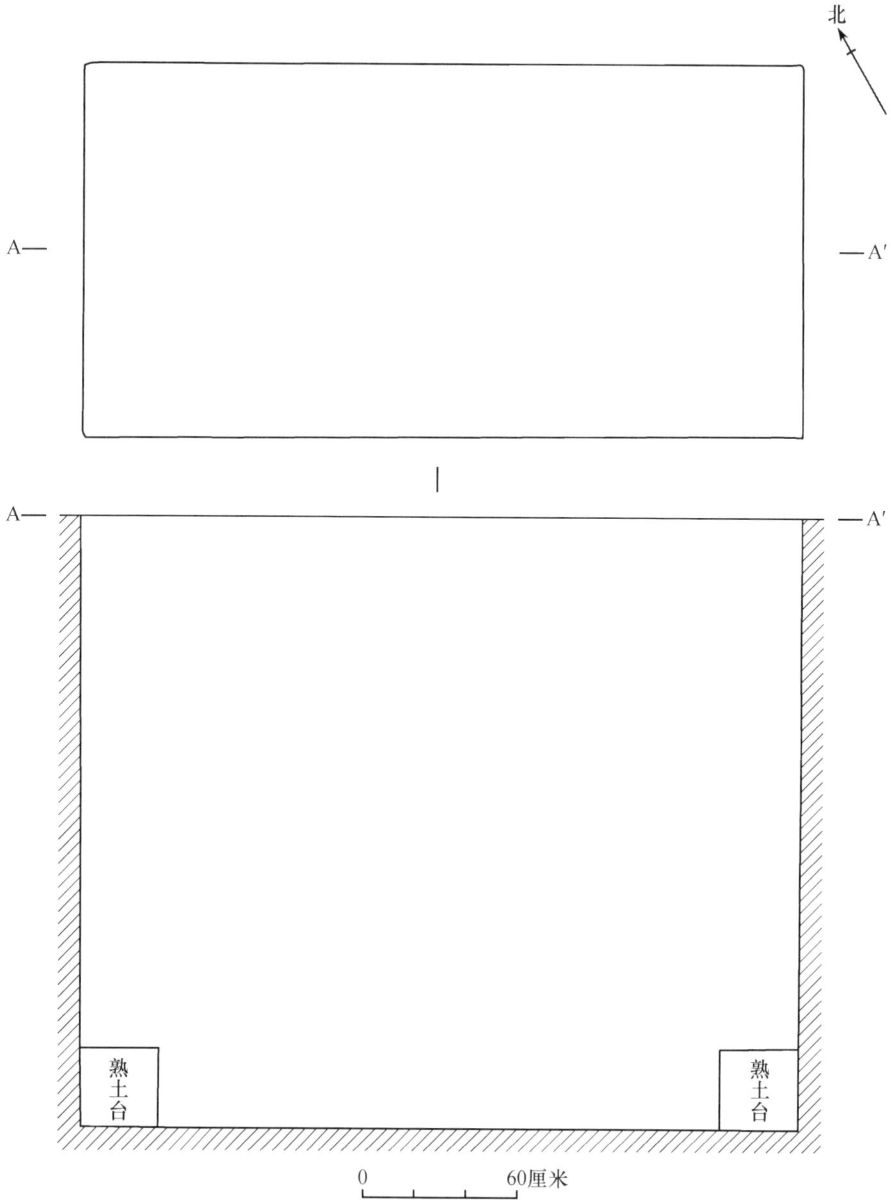

图一六四　M69平、剖面图

开口于耕土层下，墓口距地表0.3米。该墓墓圹清晰，墓口现东西长2.5米，南北宽1.5米，深2米。四壁规整，直壁向下，口底同大，墓底平整，距墓口1.4米有因放置棺椁后填土形成的熟土台，高0.3米，北、东、南、西四侧宽度均为0.2米。

墓内填土为夹杂白沙岩的深灰褐色五花土，土质较软，结构较疏松。

2. 葬具、葬式

（1）葬具

葬具已腐朽，残留灰痕，椁痕长2.1米，宽1.1米，棺痕长1.8米，宽0.5米。

（2）葬式

人骨架保存差，残留部分头骨和四肢骨，头向东，据此判断为仰身直肢葬（图一六五；图版二七，1）。

3. 出土器物

该墓出土随葬品7件（图版三三，2），位于棺外南侧，棺椁之间，自西向东分别为陶鼎2件（M70：1、M70：2）、陶壶2件（M70：3、M70：4）、陶盒2件（M70：5、M70：6）、陶甑1件（M70：7）。

陶鼎　2件。形制相同，泥质灰陶。覆盘形盖，方唇，壁微折，顶部微弧，有三个凸字形纽。鼎身子口内敛，圆唇，长方形附耳，耳上部向外平折，腹微鼓，平底，三蹄形足，足内侧近平。中腹有一凸弦纹。M70：1，高22.7厘米，口径17.4厘米，腹径20.4厘米，耳高5.9厘米，足高11.2厘米，盖高7厘米，口径20.8厘米（图一六六，1；图版六二，3）。M70：2，鼎高19.6厘米，口径17.9厘米，腹径21.2厘米，耳高5.8厘米，足高11.8厘米，盖高6.8厘米，盖口径20.3厘米（图一六六，2；图版六二，4）。

陶壶　2件。形制相同，泥质灰陶。拱形盖，子口，圆唇。壶身盘口，方唇，束颈，弧肩，肩腹交接处有两对称铺首衔环，环可活动，鼓腹，喇叭状圈足，较高，中部有一周凸棱。颈、腹部各有一条较宽的凸弦纹。M70：3，通高44厘米，壶高39.3厘米，口径17.6厘米，腹径29.4厘米，底径18厘米，盖高5.4厘米，盖径18厘米，铺首衔环直径6.8厘米（图一六六，6；图版六二，5）。M70：4，衔环残失。壶高38厘米，口径17.5厘米，腹径29厘米，底径18厘米（图一六六，7；图版六二，6）。

陶盒　2件。形制相同，泥质灰陶。盖、身扣合而成，上下不对称。碗形盖，方唇，唇面微凹，弧顶，圈形纽。盒身子口内敛，圆唇，弧腹，平底微凹。盒身饰四周凹弦纹，盖身饰三周凹弦纹，另外盒身有红色彩绘痕迹。M70：5，高15.5厘米，口径17.6厘米，外径20.5厘米，底径7.8厘米（图一六六，3；图版六三，1）。M70：6，高16.8厘米，口径17.8厘米，外径20.4厘米，底径8厘米（图一六六，5；图版六三，2）。

陶甑　1件。M70：7，泥质灰陶。口微敛，仰折沿，圆唇，腹微鼓，上腹部起一矮台，圈足较矮，平底，底部残存有四个小孔。高9.8厘米，口径22.1厘米，底径9.8厘米（图一六六，4；图版六三，3）。

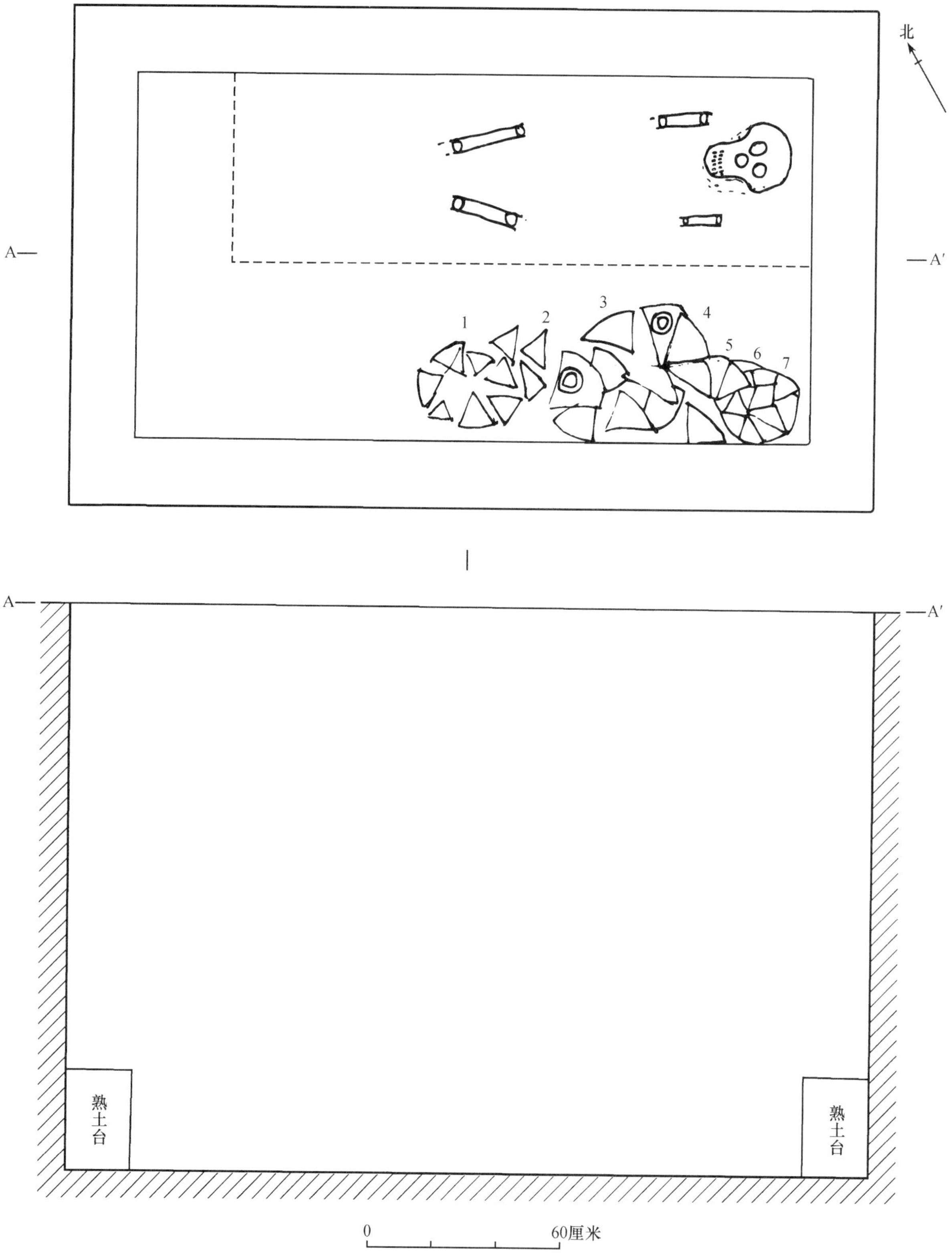

图一六五　M70平、剖面图

1、2. 陶鼎　3、4. 陶壶　5、6. 陶盒　7. 陶甑

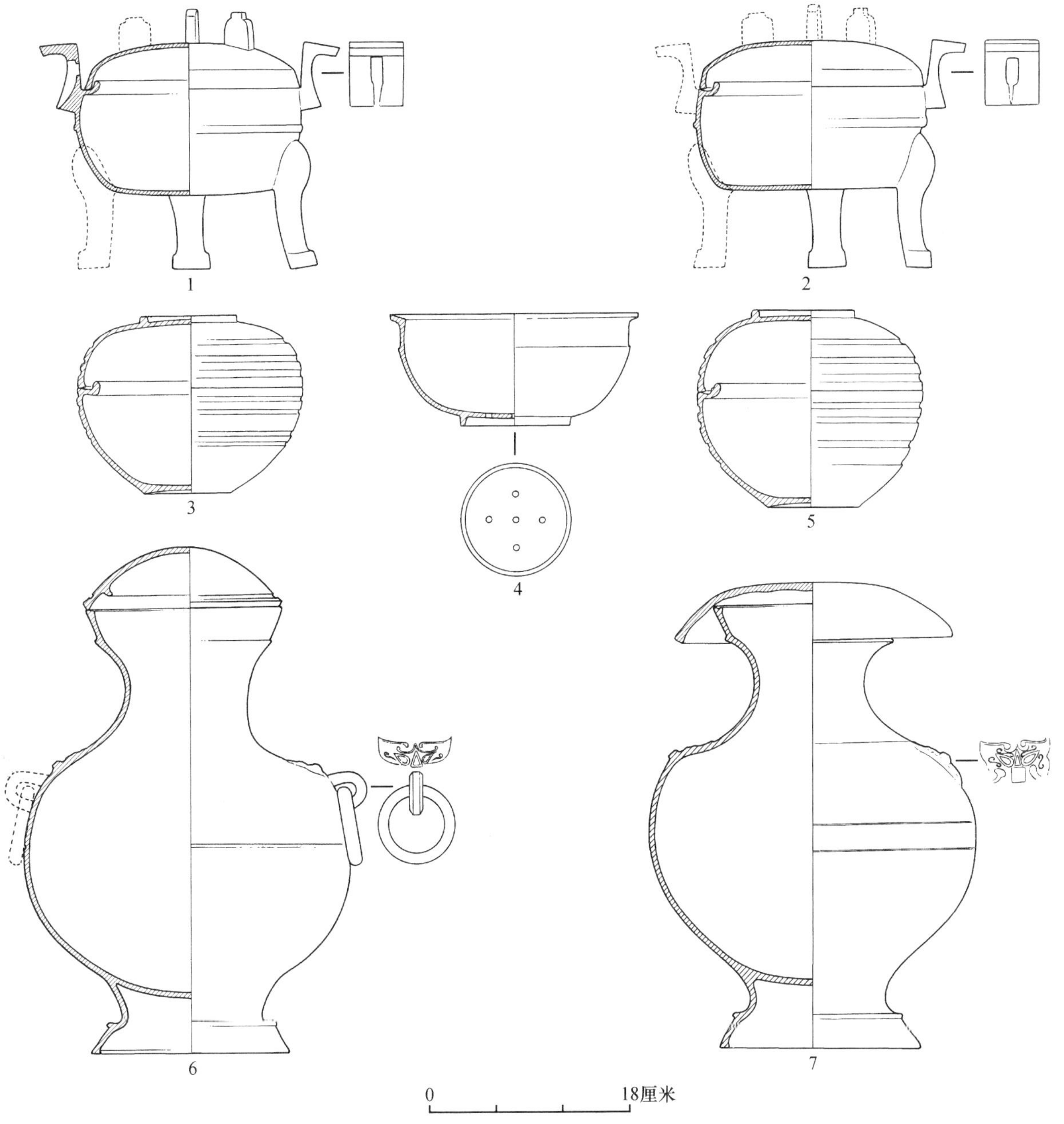

图一六六　M70出土陶器

1、2. 陶鼎（M70：1、M70：2）　3、5. 陶盒（M70：5、M70：6）　4. 陶甑（M70：7）　6、7. 陶壶（M70：3、M70：4）

四十四、M71

位于发掘Ⅲ区南部，丹江口水库西岸河边的台地上，打破M77。

1. 墓葬形制与结构

该墓为长方形竖穴土坑墓，方向193°。

开口于耕土层下，墓口距地表0.3米。该墓墓圹清晰，墓口南北长3.2米，东西宽1.7米，深

1米。口底同大，墓室四壁规整，直壁向下，口底同大，墓底平整，距墓口0.5米有因放置棺椁后填土形成的熟土台，高0.2米，熟土台北、东、南、西四侧宽分别为0.3米、0.2米、0.3米、0.2米。

墓内填土为夹杂白沙岩的灰褐色五花土，土质较软，结构较疏松。

2. 葬具、葬式

（1）葬具

葬具已腐朽，残留椁痕，棺痕不存，应为一棺一椁，椁痕长2.5米，宽1.1米。

（2）葬式

人骨架腐朽，葬式不详（图一六七）。

3. 出土器物

未发现。

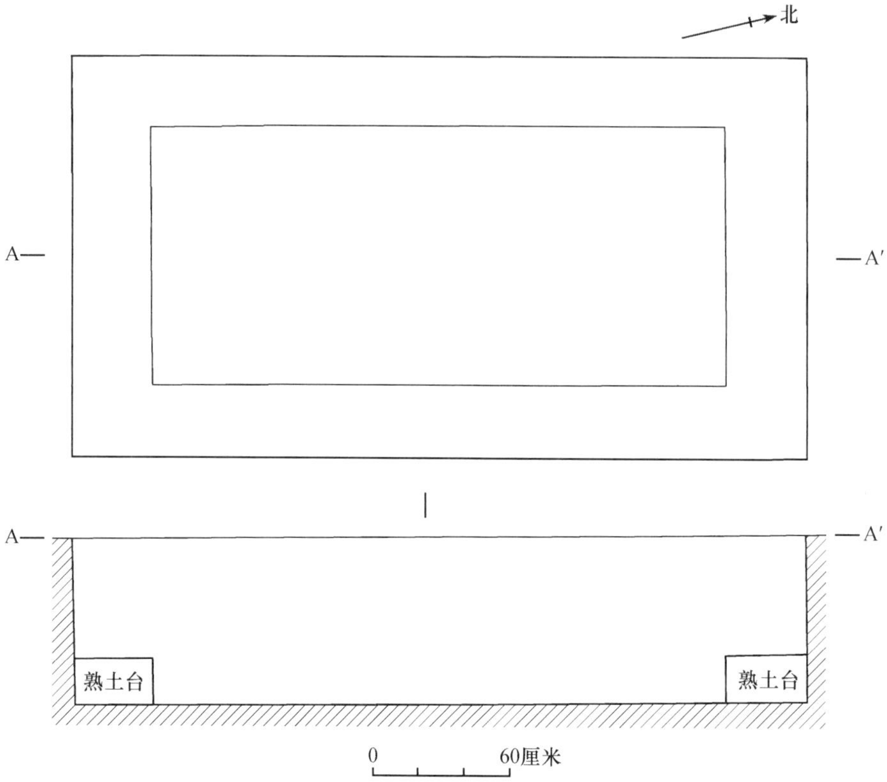

图一六七　M71平、剖面图

四十五、M72

位于发掘Ⅲ区南部，丹江口水库西岸河边的台地上，打破M77（图一六八）。

1. 墓葬形制与结构

该墓为长方形单室砖室墓，方向105°。

开口于耕土层下，墓口距地表0.3米。由墓道和墓室两部分组成，墓道朝东，位于墓室东部，平面开口呈长方形，现存长1.7米，宽1.3米，底部斜坡向下；墓室位于墓道西部，平面开口长方形，墓圹长3.1米，宽1.3米，深0.9米。墓葬破坏严重，残留部分墙砖和铺底砖。墓底平整，墙砖紧贴墓圹，子母砖单砖侧立直行错缝平砌。墓室底部西部方砖对缝平铺，东部子母砖对缝平铺，方砖尺寸为7.5厘米×21.5厘米×31.5厘米，子母砖尺寸为7.5厘米×15厘米×46厘米，子母砖单长侧面模印多重菱形纹。

墓内填土为夹杂白沙岩的灰褐色五花土，土质较软，结构较疏松，夹杂大量砖渣。

2. 葬具、葬式

（1）葬具

葬具不存。

（2）葬式

人骨架不存（图一六九；图版二七，2）。

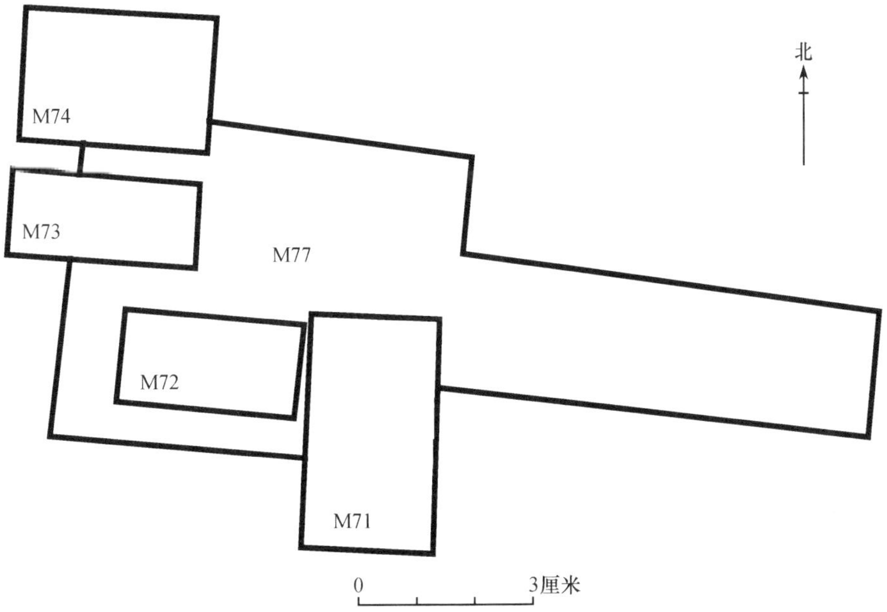

图一六八　M71、M72、M73、M74、M77相互位置图

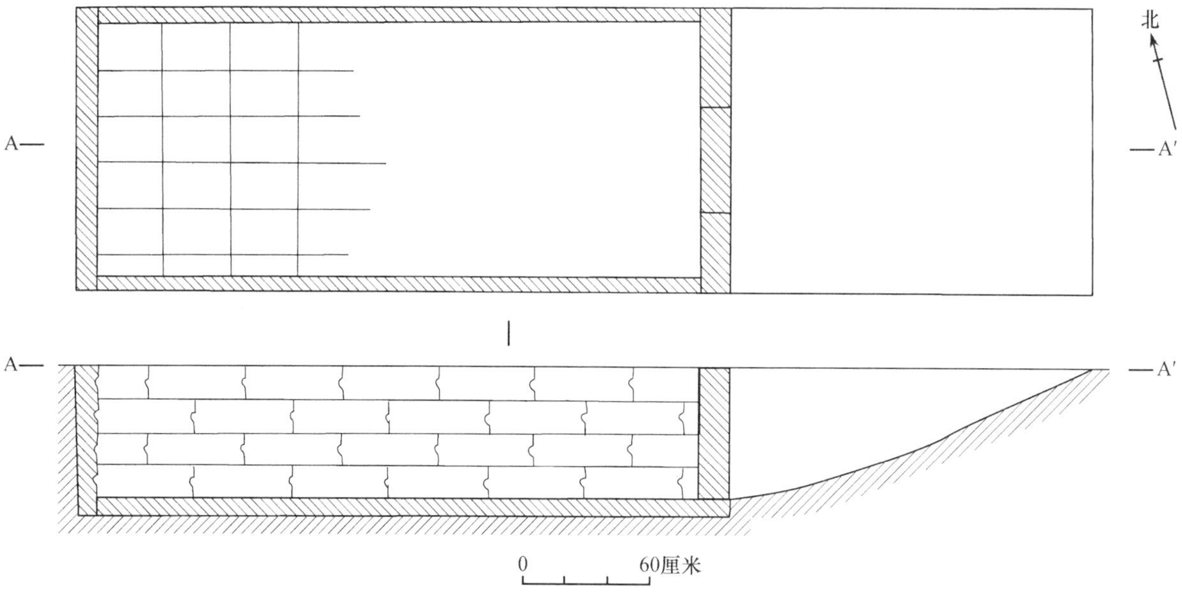

图一六九　M72平、剖面图

3. 出土器物

填土中发现大泉五十3枚。M72：1，边缘及穿上有周郭，内外郭坚挺明显，外郭凸出，高于内郭，内郭较宽，正方形穿，穿旁有悬针篆文“大泉五十”四字，字体工整浑圆，笔画较细，“大”字第一笔呈半圆形，“泉”字顶端较平，形如山字，中竖断，“五”字交笔弯曲。钱径2.75厘米，穿宽0.89厘米，重 8.17克（图一七〇）。

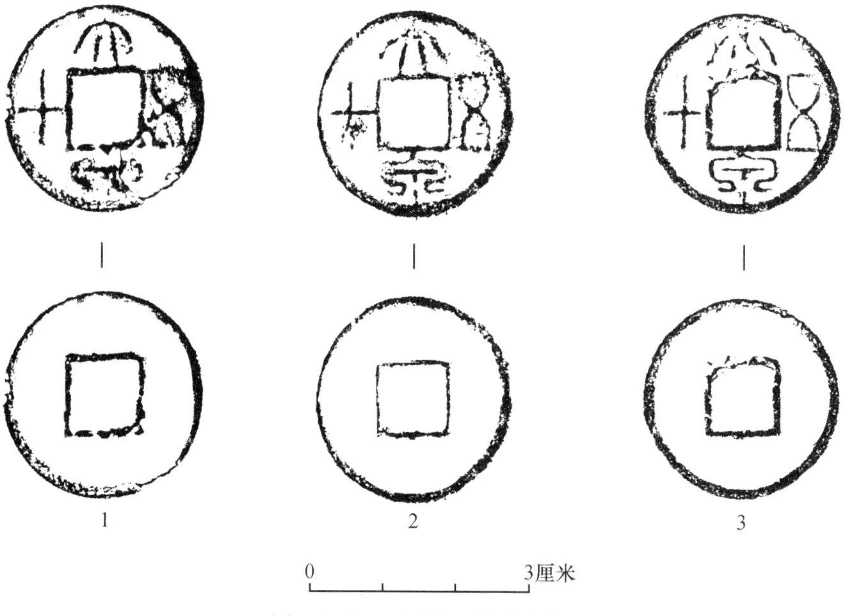

图一七〇　M72出土铜钱拓片

1～3. 大泉五十（M72：1）

四十六、M73

位于发掘Ⅲ区南部，丹江口水库西岸河边的台地上，北距M74约0.5米，打破M77。

1. 墓葬形制与结构

该墓为长方形竖穴土坑墓，方向106°。

开口于耕土层下，墓口距地表0.3米。该墓墓圹清晰，现存东西长2.55米，南北宽1.55米，深1.3米。口底同大，四壁规整，直壁向下，墓底平整，墓圹西部距墓口0.5米有因放置棺椁后填土形成的熟土台，高0.5米，熟土台北、东、南、西四侧宽度分别为0.22米、0.2米、0.25米、0.2米。

墓内填土为夹杂黑土块的灰褐色五花土，土质较软，结构较疏松。

2. 葬具、葬式

（1）葬具

葬具已腐朽，残留灰痕，可辨为一棺一椁，椁痕长2.15米，宽1.1米，棺位于椁内偏北位置。棺痕长1.95米，宽0.7米。

（2）葬式

人骨架保存差，残存部分股骨，葬式不明（图一七一）。

3. 出土器物

该墓出土随葬品3件（图版三四，1），位于棺外南部，棺椁之间，棺东部棺椁之间自西向东分别为陶釜1件（M73：1）、陶鼎1件（M73：2）、陶罐1件（M73：3），均为泥质灰褐陶。

陶釜　1件。M73：1，泥质灰陶。敛口，圆唇，矮领，扁鼓腹，平底。素面。高8.3厘米，口径9.1厘米，腹径14.4厘米，底径7.4厘米（图一七二，1；图版六三，6）。

陶鼎　1件。M73：2，泥质灰陶。盖残失。鼎身子口内敛，方唇，有一对长方形附耳，耳较短，腹微鼓，圜底，下接三人面立俑形足，外撇。腹施三周凹弦纹，耳外侧模印有S形纹。高16.9厘米，口径15.9厘米，腹径21.4厘米，耳高5.6厘米，足高9.9厘米（图一七二，2；图版六三，4）。

陶罐　1件。M73：3，泥质灰陶。形体较大，侈口，斜方唇，唇面有一周凹槽，高领，弧肩，肩腹交接处有一对鼻耳，鼓腹，凹圜底。肩腹饰中绳纹，有四周抹平痕迹。高33.8厘米，口径19.5厘米，腹径33.2厘米，底径12厘米（图一七二，3；图版六三，5）。

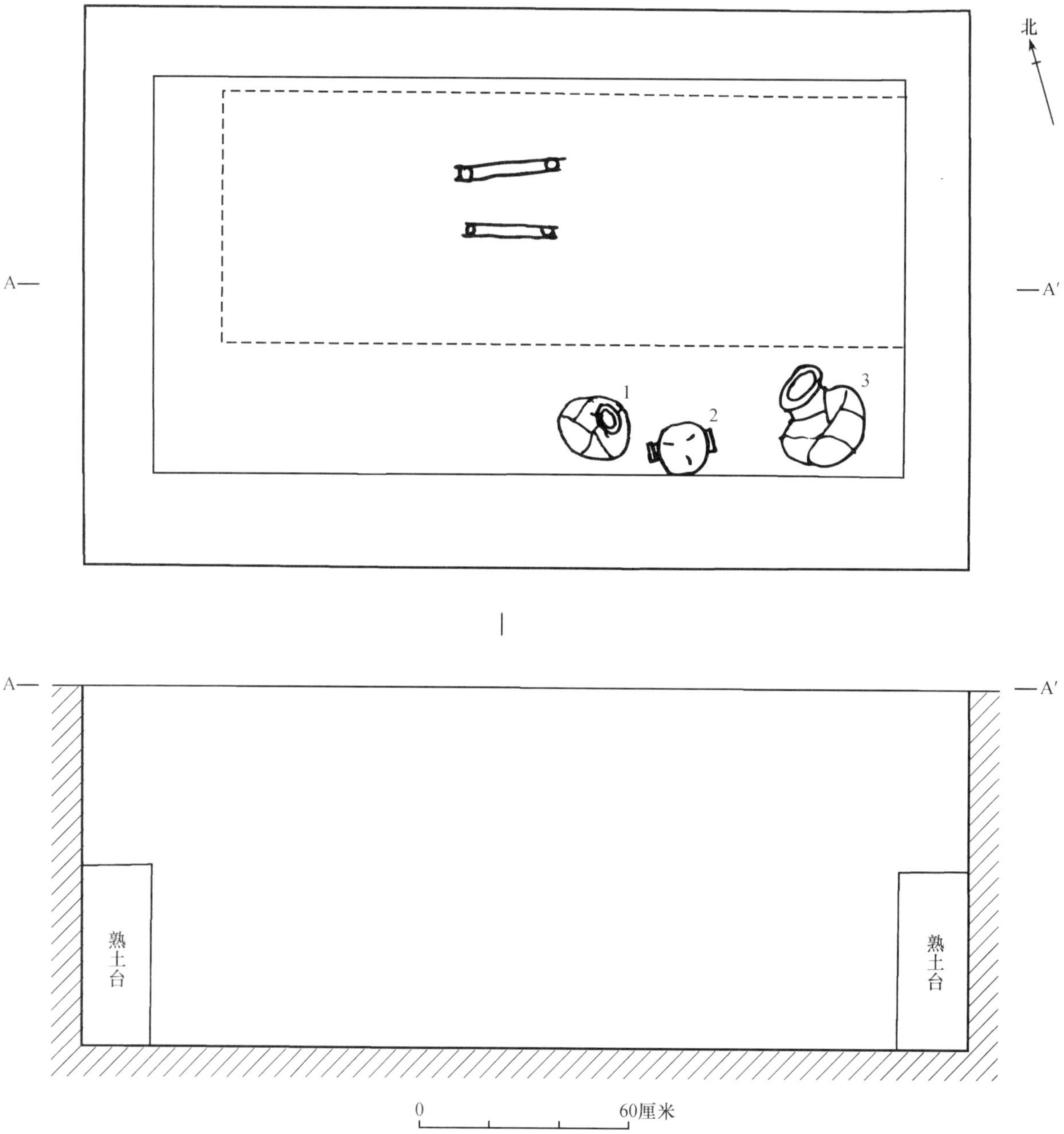

图一七一　M73平、剖面图

1. 陶釜　2. 陶鼎　3. 陶罐

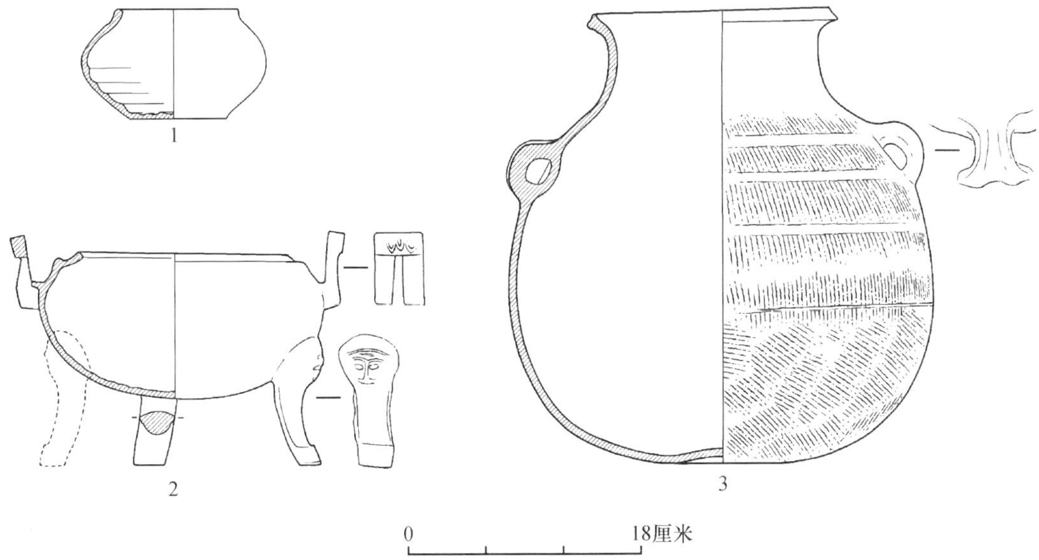

图一七二　M73出土陶器

1. 陶釜（M73：1）　2. 陶鼎（M73：2）　3. 陶罐（M73：3）

四十七、M74

位于发掘Ⅲ区南部，丹江口水库西岸河边的台地上，南距M73约0.5米，打破M77。

1. 墓葬形制与结构

该墓为长方形竖穴土坑墓，方向106°。

开口于耕土层下，墓口距地表0.3米。该墓墓圹清晰，东西长2.4米，南北宽1.1米，深0.65米。四壁规整，直壁向下，口底同大，墓底平整。墓圹西部距墓口0.21米有因放置棺椁后填土形成的熟土台，高0.15米，熟土台北、东、南、西四侧宽度均为0.1米。

墓内填土为夹杂黑土块的灰褐色五花土，土质较软，结构较疏松。

2. 葬具、葬式

（1）葬具

葬具已腐朽，残留椁痕，椁痕长2.2米，宽0.9米，棺痕不存。

（2）葬式

人骨架保存差，残存部分头骨和股骨，头向东面向上，据此判断为仰身直肢葬（图一七三）。

3. 出土器物

该墓出土随葬品3件，位于椁室东部，陶鍪1件（M74：1）、陶瓮1件（M74：2）、陶甑1件（M74：3），均为泥质灰褐陶（图版三〇，1）。

陶鍪　1件。M74：1，泥质灰陶。侈口，卷沿，圆唇，领适中，圆肩，鼓腹，上腹有一

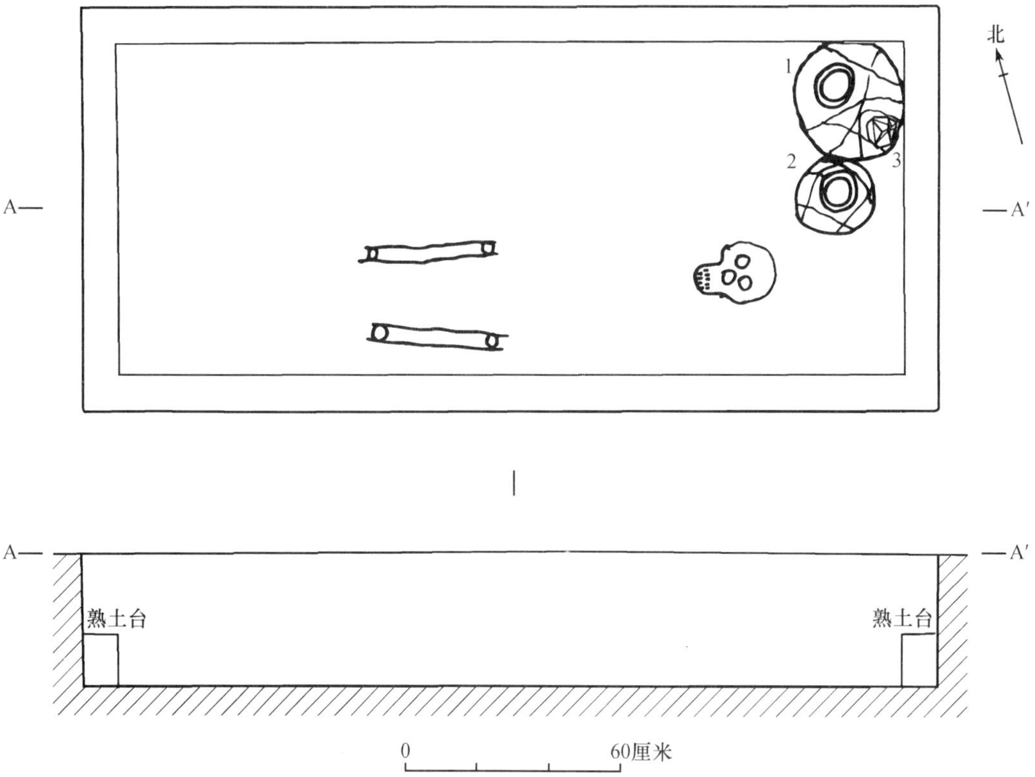

图一七三　M74平、剖面图

1. 陶鍪　2. 陶瓮　3. 陶甑

对环形纽，凹圜底。上腹绳纹被抹平，下腹及底部饰中绳纹。高27.7厘米，口径15厘米，腹径24.2厘米，底径7厘米（图一七四，1）。

陶瓮　1件。M74：2，泥质灰黑皮褐胎。直口，平折沿，沿面有两周凹槽，圆唇，矮领，鼓肩，弧腹，平底。素面。高20.9厘米，口径16.6厘米，腹径28.8厘米，底径19厘米（图一七四，2）。

陶甑　1件。M74：3，钵形甑。泥质灰陶。敛口，圆唇，弧腹，平底，底部有四个圆形箅孔。素面。钻孔为由外壁向内壁钻成。高8.1厘米，口径18.6厘米，底径6.3厘米（图一七四，3）。

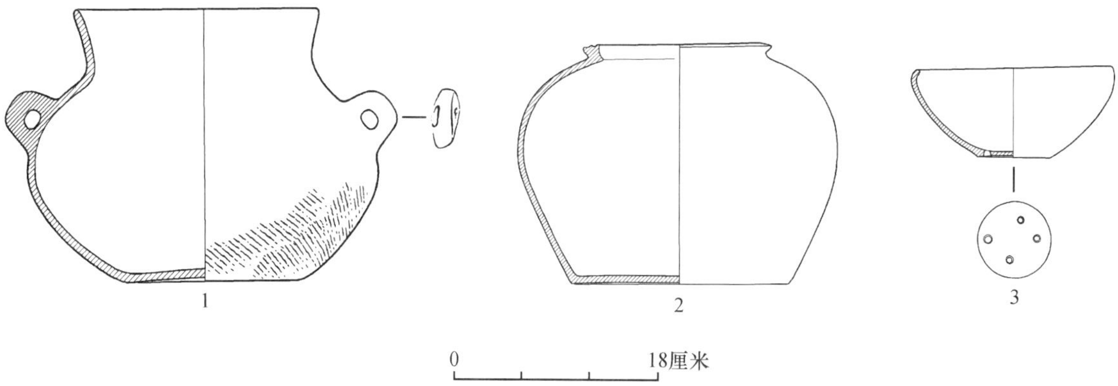

图一七四　M74出土陶器

1. 陶鍪（M74：1）　2. 陶瓮（M74：2）　3. 陶甑（M74：3）

四十八、M75

位于发掘Ⅲ区南部，丹江口水库西岸河边的台地上，被M76、M79打破。

1. 墓葬形制与结构

该墓为长方形竖穴土坑墓，方向107°。

开口于耕土层下，墓口距地表0.3米。该墓墓圹清晰，东西长2.98米，南北宽2.1米，深1.9米。四壁规整，直壁向下，口底同大，墓底平整，墓圹西部距墓口1.4米有因放置棺椁后填土形成的熟土台，高0.2米，熟土台北、东、南、西四侧宽度分别为0.36米、0.34米、0.34米、0.14米。

墓内填土为夹杂黑土块的灰褐色五花土，土质较软，结构较疏松。

2. 葬具、葬式

（1）葬具

葬具已腐朽，残留灰痕，可辨为一棺一椁，椁痕长2.98米，宽1.5米。棺痕长2米，宽0.8米。

（2）葬式

人骨架保存差，残存部分头骨和股骨，头向东面向上，据此判断为仰身直肢葬（图一七五）。

3. 出土器物

该墓出土随葬品4件（图版三〇，2），位于棺外西部，棺椁之间自北向南分别为陶瓮1件（M75：1）、陶鍪1件（M75：2）、陶甑1件（M75：3）、陶釜1件（M75：4），均为泥质灰陶，陶质较好。

陶瓮　1件。M75：1，泥质灰陶。侈口近直，平折沿，圆唇，矮领，鼓肩，弧腹，下腹斜收，平底。肩部及肩腹相交处各有一周深凹弦纹，器身遍布数周浅凹弦纹。高32.2厘米，口径24.6厘米，腹径43.5厘米，底径23.3厘米（图一七六，1；图版六四，1）。

陶鍪　1件。M75：2，泥质灰陶。敞口，卷折沿，圆唇，领较高，鼓肩，肩腹相交处有一对圆鼓腹，圆鼓腹，圜底。素面。高19.1厘米，腹径19.7厘米，口部严重变形（图一七六，2；图版六四，2）。

陶甑　1件。M75：3，盆形甑。泥质灰陶。敞口，平折沿，斜方唇，弧腹，平底，矮圈足，底部有七个圆形箅孔，部分未透。素面。高10.9厘米，口径22.5厘米，底径9.6厘米（图一七六，3；图版六四，3）。

陶釜　1件。M75：4，陶质差，残甚，未修复。

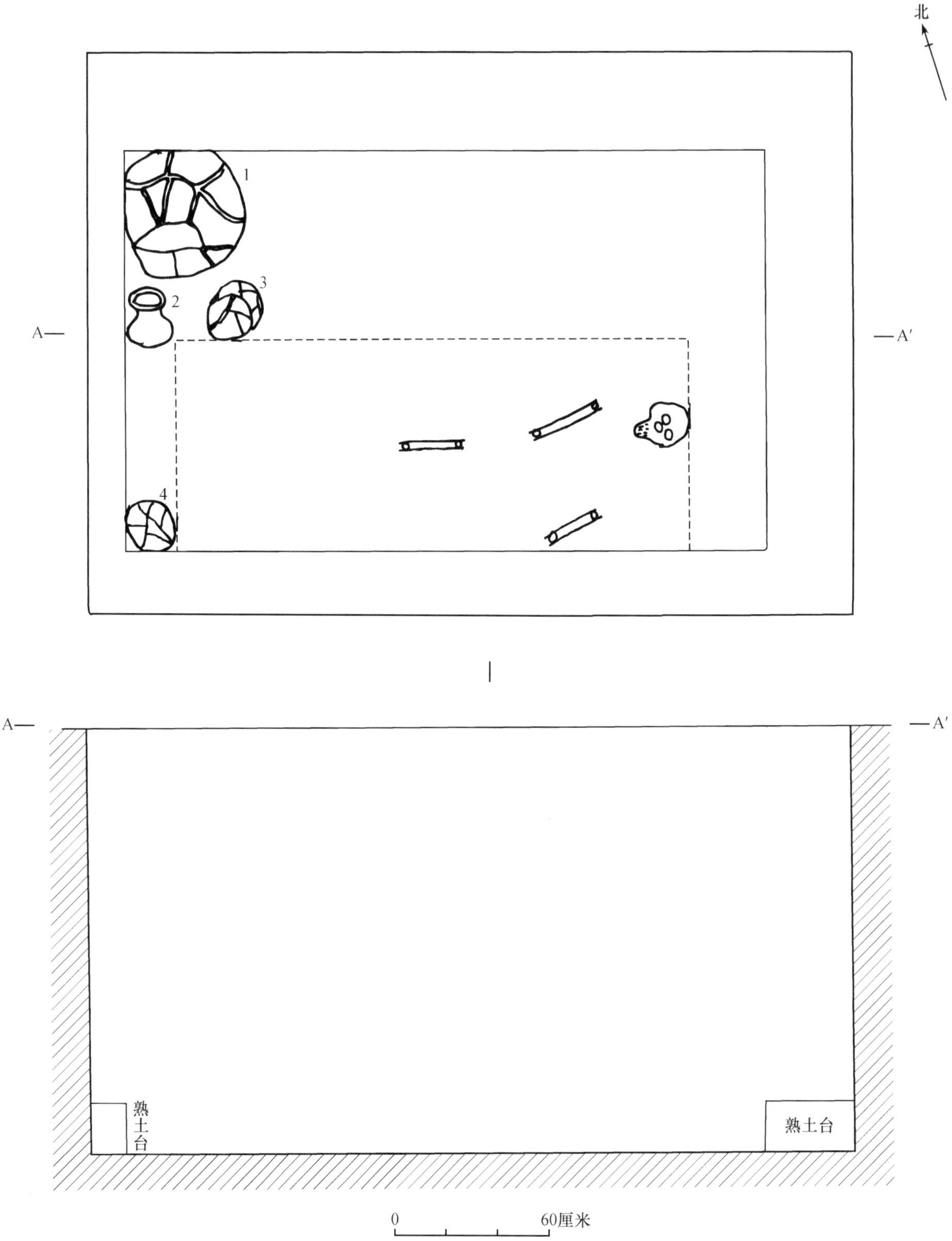

图一七五　M75平、剖面图

1. 陶瓮　2. 陶鍪　3. 陶甑　4. 陶釜

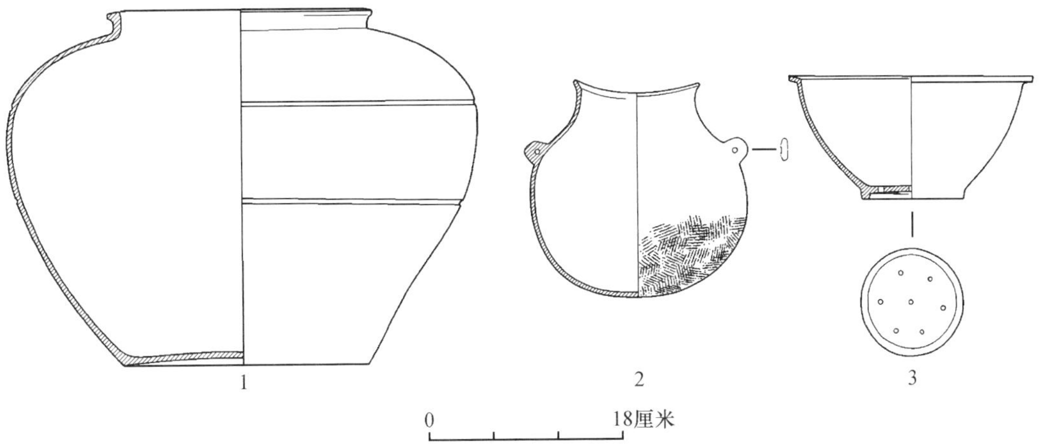

图一七六 M75出土陶器

1. 陶瓮（M75：1） 2. 陶鍪（M75：2） 3. 陶甑（M75：3）

四十九、M76

位于发掘Ⅲ区南部，丹江口水库西岸河边的台地上，打破M75。

1. 墓葬形制与结构

该墓为长方形单室砖室墓，方向98°。

开口于耕土层下，墓口距地表0.3米。墓圹平面开口长方形，东西长3.9米，南北宽2.2米，深0.7米。口底同大，墓底平整。墓葬破坏严重，残留部分墙砖。墙砖紧贴墓圹，单砖直行错缝平砌。砖为青灰色，尺寸为5厘米×16厘米×26厘米。

墓内填土为夹杂白沙岩的黄褐色五花土，土质较软，结构较疏松，夹杂大量青灰色砖渣。

2. 葬具、葬式

（1）葬具

葬具不存。

（2）葬式

骨架不存（图一七七）。

3. 出土器物

扰乱，随葬品不存。

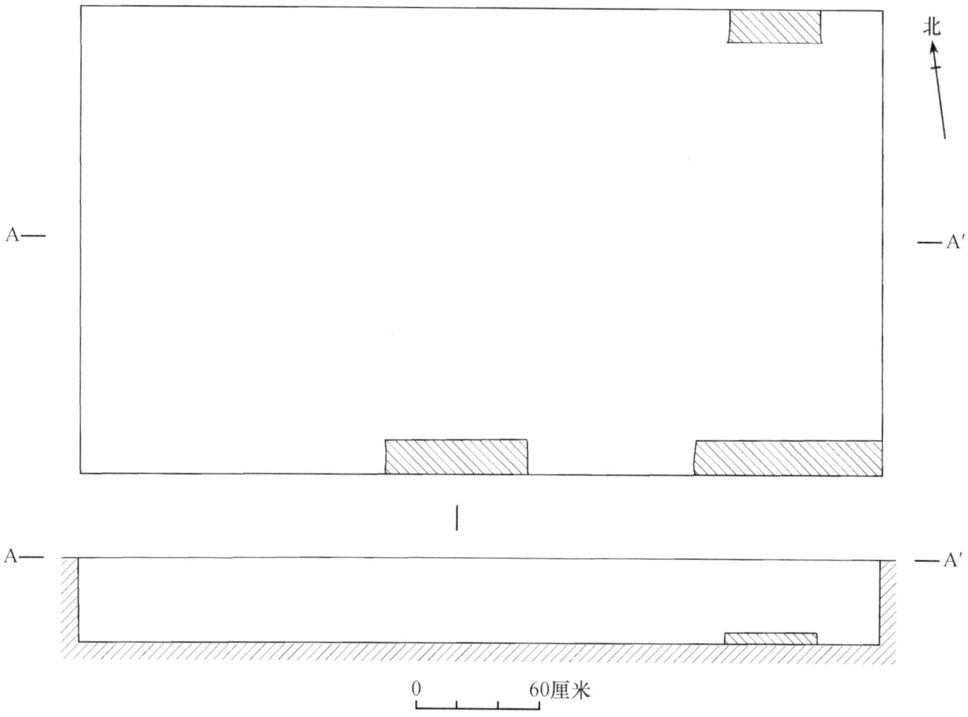

图一七七　M76平、剖面图

五十、M79

位于发掘Ⅲ区南部，丹江口水库西岸河边的台地上，打破M75、M76（图一七八）。

1. 墓葬形制与结构

该墓为长方形单室砖室墓，方向8°。

开口于耕土层下，墓口距地表0.3米。由墓道和墓室两部分组成，墓道朝北，位于墓室北部，平面开口长方形，长1.4米，宽1.3米，墓道前端直壁向下，墓道底部斜坡向下。墓室位于墓道南部，平面开口呈长方形，长3.4米，宽1.3米，深0.9米。四壁规整，直壁向下，墓底平整。该墓破坏严重，墙砖、铺地砖不存。

墓内填土为夹杂白沙岩的黄褐色五花土，土质较软，结构较疏松，夹杂大量青灰色砖渣。

2. 葬具、葬式

（1）葬具

葬具不存。

（2）葬式

人骨架不存（图一七九）。

3. 出土器物

未发现。

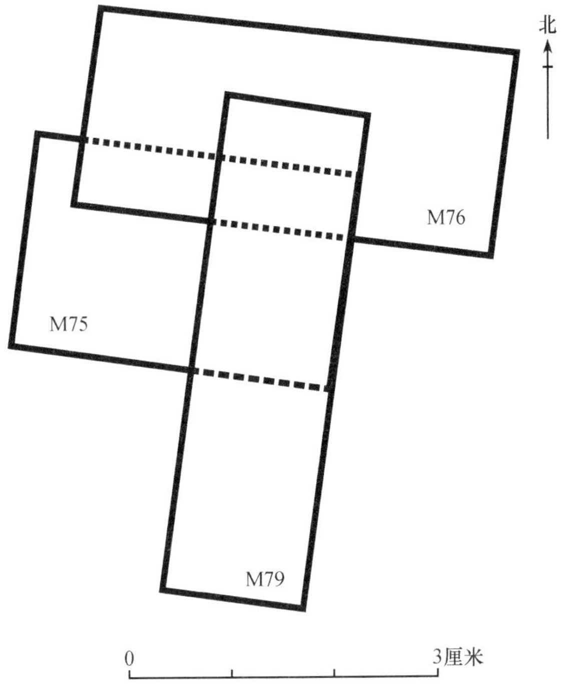

图一七八　M75、M76、M79相互位置图

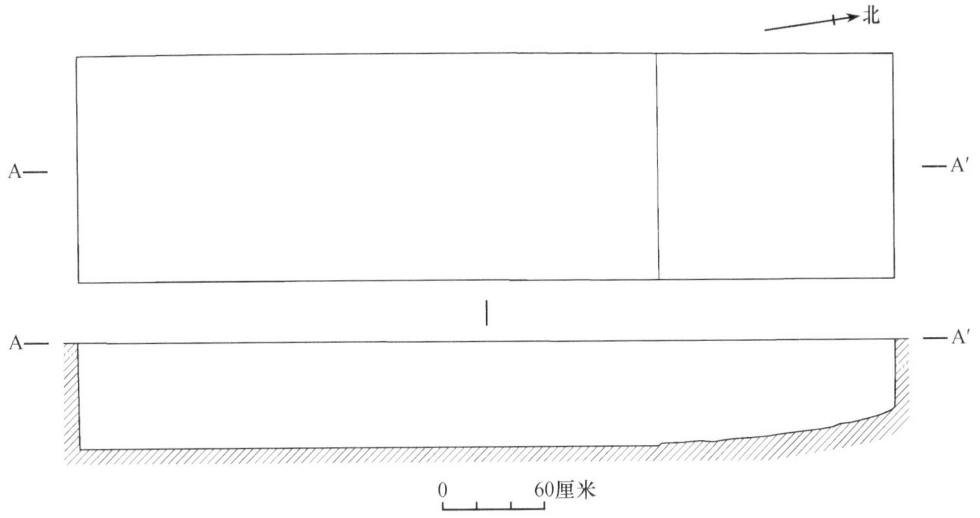

图一七九　M79平、剖面图

五十一、M80

位于发掘Ⅲ区北部，丹江口水库西岸河边的台地上，被M26打破。

1. 墓葬形制与结构

该墓开口于耕土层下，墓口距地表0.3米，方向10°。

长方形竖穴土坑墓，墓圹清晰，墓口南北长2.1米，东西宽0.8米，深1.3米。墓圹四壁规整，直壁向下，口底同大，墓底平整，距墓口0.8米有因放置棺椁后填土形成的熟土台，高0.2米，熟土台北、西侧宽分别为0.12米、0.2米。

墓内填土为夹杂白沙岩的灰褐色五花土，土质较软，结构较疏松。

2. 葬具、葬式

（1）葬具

葬具已腐朽，残留椁痕，棺痕不存，应为一棺一椁，椁痕残长2.06米，宽0.68米。

（2）葬式

人骨架腐朽，葬式不详（图一八〇）。

3. 出土器物

该墓出土随葬品2件。陶鍪1件（M80：1）、陶罐1件（M80：2）位于椁室西北角，均为泥质灰陶。

陶鍪　1件。M80：1，泥质灰陶。侈口，方唇，高领，弧肩，肩部有一对鼻耳，鼓腹，

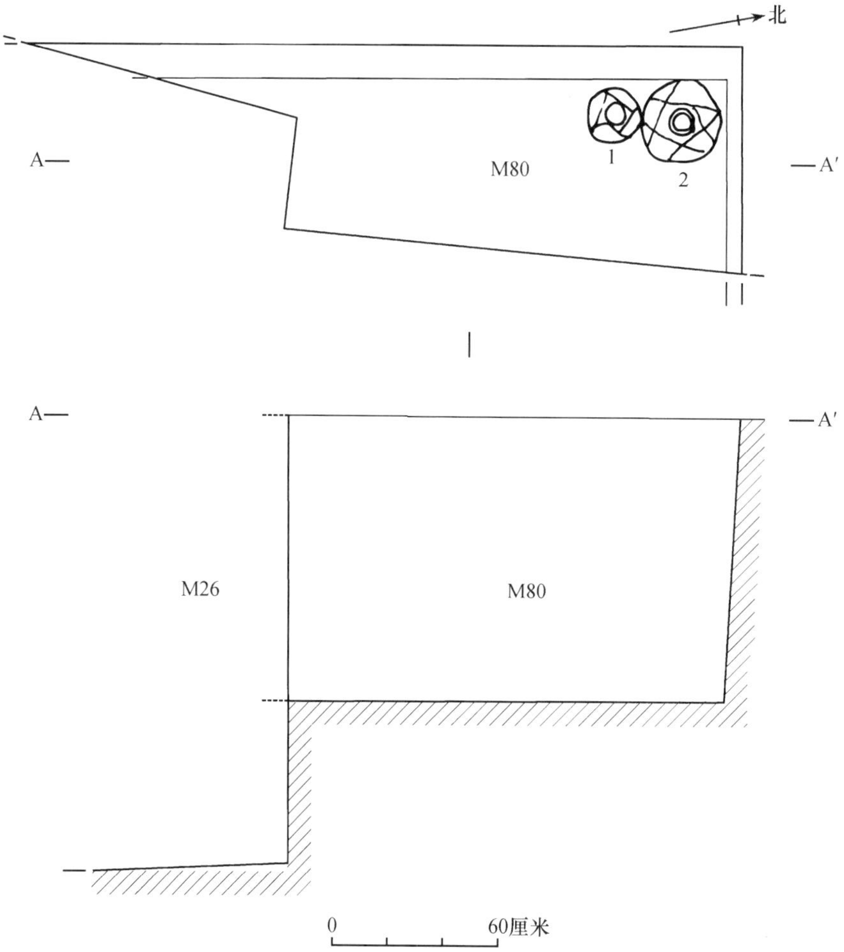

图一八〇　M80平、剖面图

1. 陶鍪　2. 陶罐

圜底。领肩交接处以及肩部各有一周凹弦纹，腹下部及底饰中绳纹。高17.6厘米，口径11.9厘米，腹径19.1厘米（图一八一，1；图版六四，4）。

陶罐　1件。M80：2，泥质灰陶。侈口，圆唇，领较高，鼓肩，肩部有一对鼻耳，鼓腹，凹圜底。颈肩交界处有一周凹弦纹，肩、腹及底饰中绳纹，肩、腹绳纹抹平四周。高17厘米，口径16.2厘米，腹径23.1厘米（图一八一，2；图版六四，5）。

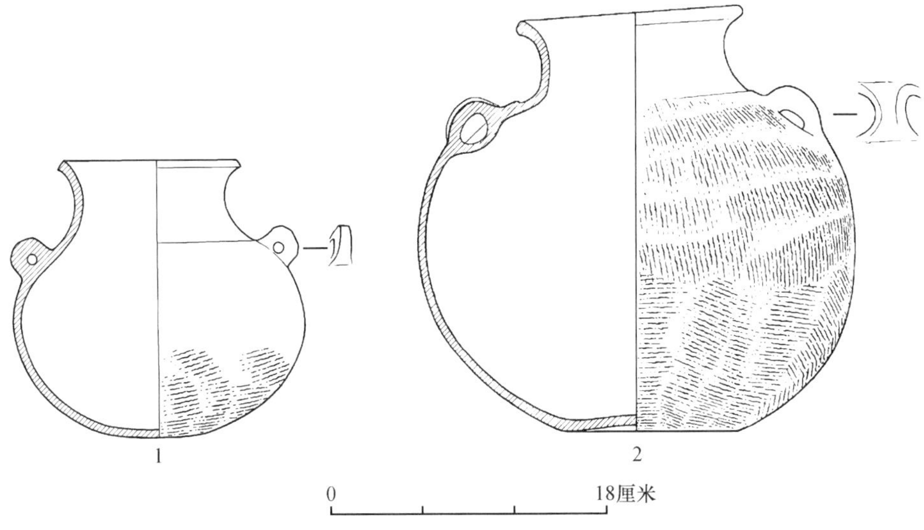

图一八一　M80出土陶器

1. 陶鍪（M80：1）　2. 陶罐（M80：2）

第三节　墓葬的类型学分析

葛家沟墓地共清理秦、汉时期墓葬51座，可以分为竖穴土坑墓和砖室墓两大类，这批墓葬保存较好，脉络清晰，出土了一批陶、铜、玉石、铁等不同质地的文物，为研究南阳淅川丹江口库区汉代丧葬习俗提供了新的实物资料，对探讨汉代丹江流域中原文化与秦、楚文化的交流具有重要意义。

下面对这批墓葬类型进行分析。

一、土　坑　墓

土坑墓共计41座，一区2座，二区6座，三区33座，由于常年受雨水和丹江水的浸蚀、冲刷，上部墓口均遭到不同程度的破坏，有的被库水冲刷仅剩余墓底部分，如M48；有的被别的墓葬打破，墓穴被破坏，如M80；多数墓葬保存基本完好。其中有33座平面开口为长方形，口底同大；8座带有墓道。根据墓葬形制的不同，除去破坏严重的M48、M80这2座墓外，其余39座可分为二型。

A型　31座。平面开口呈长方形，口底同大，四壁垂直。根据墓室长宽之比的不同，可以分为三亚型。

Aa型　墓圹窄长，长宽比为2～2.5。

有5座：M18、M37、M47、M69、M74。

Ab型　墓圹为长方形，长宽比为1.5～2。

有22座：M1、M2、M4、M6、M10、M11、M12、M16、M17、M19、M21、M27、M28、M29、M36、M41、M53、M59、M66、M70、M71、M73。

Ac型　墓圹为长宽型，长宽比为1.2～1.5。

有4座：M5、M22、M61、M75。

B型　8座。由墓道和墓室两部分组成，根据墓道位置不同可分为二亚型。

Ba型　长方形墓道置于墓室一短边中间或略偏。根据墓道底部形状不同可以分为二式。

Ⅰ式：斜坡墓道。4座：M30、M32、M35、M39。

Ⅱ式：前端阶梯状，后部斜坡状墓道。2座：M25、M26。

Bb型　墓道为近长方形斜坡状，宽度比墓室略窄，与墓室一长边呈直线，整体平面开口呈刀把形，2座：M38、M44。

二、砖　室　墓

砖室墓共计10座：M45、M51、M52、M60、M64、M65、M68、M72、M76、M79。M51、M52 这2座墓仅余墓道和部分墓室， M60、M68、M76、M79 这4座墓剩余墓室部分，形制不全。M45、M64、M65、M72亦遭到不同程度的破坏，基本仅剩墓圹。砖室墓墓内随葬器物较少或者没有，均为带墓道的长方形单室砖室墓，由墓道和墓室两部分组成。墓道宽度和墓室基本同宽。

第四节　墓葬主要出土器物型式分析

葛家沟墓地秦、汉墓葬共出土各类遗物件406件，质地包括陶、铜、铁、石等（表五）。在这51座墓葬中，10座砖室墓由于遭受到不同程度的破坏，随葬品保留下来的很少，9座墓葬由于扰乱没有遗物出土；41座土坑墓中，6座墓葬（M16、M17、M18、M27、M69、M71）未受到扰乱，亦未发现随葬品。12座墓葬（M4、M5、M6、M12、M48、M51、M52、M60、M65、M72、M76、M79）遭到破坏，其中的7座墓葬（M48、M51 、M52、M60、M65、M76、M79）没有器物出土。陶器是该墓地主要的随葬器物，一般烧制火候不高，质地较差，部分陶器未能修复，陶器以泥质灰陶为主，有少量红褐陶，器物大部分素面，少量饰以绳纹，制法一般为轮制、模制、手制，个别器物底部有刮削痕迹、绳割痕迹。主要器形有鼎、盒、壶、仓、井、灶、瓮、鍪、甗、釜、甑等。现就陶、盒、壶、仓、井、灶、瓮、鍪、甗、釜、甑等主要陶器类型进行初步分析。

表五 葛家沟墓地秦、汉墓出土器物统计表

编号	随葬品	器物件数					合计
		陶	铜	铜钱	铁	石	
M1	铜钫2、铜鼎2、铜匜2、铜勺1		7				7
M2	铜钫2、铜鼎2、铜铃27、铜勺1，陶釜1、甑2、瓮1、钵11，铁剑1	15	32		1		48
M4	陶釜1、甑1、鼎1，石璧1，铜钱2	3		2		1	6
M5	铁剑1，铜带钩1、铜泡钉3		4		1		5
M6	铜鼎2		2				2
M10	陶罐2、钵2、釜1、甑1	6					6
M11	陶壶1、甑1	2					2
M12	铁环首刀1				1		1
M13	无						
M14	无						
M19	陶罐3、甑1	4					4
M21	陶罐1、鍪1	2					2
M22	陶鼎1、壶1、灶1、甑1、盆1，铁环首刀1	5			1		6
M25	陶灶1、鼎1、罐1，铜镜1，铜钱39	3	1	39			43
M26	陶仓10、灶2、井2、鼎2、罐1、壶1，铜带钩1、铜洗1、铜钱28，铁环首刀1、铁两歧簇1	18	3	28	2		51
M28	陶仓5、灶1、井1、罐2	9					9
M29	陶井1、灶1、鼎1、瓮1、钵1，铜饰1	5	1				6
M30	陶仓5、灶2、井2、鼎1、壶1、罐2，铁环首刀2，铜钱13、铜洗1、铜带钩1、铜镞2，石镞范1	13	4	13	2	1	33
M32	陶仓5、灶1、井1、罐2、磨1、鼎1，铁环首刀1，铜钱31	11		31	1		43
M35	陶仓5、鼎1、灶1、罐1、井1，铜镜1、铜洗1、铜钱4	9	2	4			15
M36	陶鼎2、盒2、壶2、釜1、甑1	8					8
M37	铜钱4，陶罐1	1		4			5
M38	陶仓5、灶1、井1、鼎1、罐1、盆1，铜洗1	10	1				11
M39	陶鼎1、瓮1、灶1	3					3
M41	陶甑1、鍪1、罐1、钵1	4					4
M44	陶壶2	2					2
M45	铜钱13，陶盆1	1		13			14
M47	陶罐1、瓮1、甑1	3					3
M48	陶罐1	1					
M51	无						
M52	无						
M53	陶鼎2、壶2、釜1、甑1	6					6
M59	陶罐2	2					2
M60	无						

续表

编号	随葬品	器物件数					合计
		陶	铜	铜钱	铁	石	
M61	陶鼎2、壶2、瓮1、釜1、甑1	7					7
M64	陶罐2，铜铍帽1、铜钱2、铜环1，铁环首刀1	2	2	2	1		7
M65	无						
M66	陶鼎1、釜1、甑1、瓮1、盆1	5					5
M68	无						
M69	无						
M70	陶鼎2、盒2、壶2、甑1	7					7
M72	铜钱3			3			3
M73	陶鼎1、罐1、釜1	3					3
M74	陶鍪1、瓮1、甑1	3					3
M75	陶瓮1、鍪1、甑1、釜1	4					4
M76	无						
M79	无						
M80	陶罐1、鍪1	2					2
合计		179	59	139	10	2	389

一、陶　　器

葛家沟墓地秦、汉墓葬共出土陶器179件，陶器的烧成温度较低，陶质较差，出土时破碎严重，有部分器物无法修复。所修复陶器以泥质、夹砂灰陶为主，有少量灰皮红褐陶和黑皮红褐色陶，按用途可分为仿铜礼器、日用器和模型明器三类，器形包括鼎、盒、壶、釜甑、釜、甑、罐、鍪、瓮、钵、盆、灶、仓、井、磨等（表六）。下面对鼎、盒、壶、甗、釜、甑、罐、鍪、盘、瓮、钵、盆、灶、仓、井、磨主要器形做型式上的分析探讨。

表六　葛家沟墓地秦、汉墓陶器器类统计表

器名	件数	百分比（%）	器名	件数	百分比（%）
鼎	21	11.7	钵	15	8.4
盒	4	2.2	盆	4	2.2
壶	14	7.8	灶	12	6.7
瓮	8	4.5	仓	35	19.6
釜	9	5.0	井	9	5.0
甑	16	8.9	磨	1	0.55
罐	26	14.5	合计	179	100
鍪	5	2.8			

（一）仿铜礼器

共39件，有鼎、盒、壶，占陶器总数的21.8%。

1. 鼎

21件。分别出自M4、M22、M25、M26、M29、M30、M32、M35、M36、M38、M39、M53、M61、M66、M70、M73这16座墓葬，其中M4、M22、M25、M29、M30、M32、M35、M38、M39、M66、M73，出土1件，M26、M36、M53、M61、M70出土2件。均修复，根据鼎耳部、腹部、底部、足部等的不同可分为五型。

A型　10件。子母口，圜底，三兽形或兽蹄足，浅腹，弧形盖上或有三纽，体型较扁、大。根据纽、腹部、耳以及整体形制不同可分五亚型。

Aa型　2件。盖鼎，饰三环形纽，纽上有乳钉，圜底。出土自M36。形制相同，大小相近。拱形盖，环形纽，浅弧腹，圜底，蹄足。M36∶3，泥质灰陶。上承一拱形盖，盖口直口微敛，方唇，唇面有一周凹槽，折壁，近顶处饰二周凹弦纹，弦纹上承三环形纽，环纽上有乳钉，弧顶。鼎身子口内敛，浅腹微鼓，上腹近口处有一对长方形附耳，附耳下起一周凸棱，圜底，下接三兽蹄足。素面。通高28.5厘米，鼎高23.2厘米，口径19.6厘米，腹径25.4厘米，耳残高7.8厘米，足高7.6厘米，盖径23.8厘米，高10厘米（图一八二，1）。M36∶5，泥质灰陶。上承一拱形盖，盖口敞口，方唇，壁微折，弧顶，近顶端饰三周凹弦纹，弦纹上承三环形纽。鼎身子口内敛，圆唇，浅腹微鼓，上腹有一对长方形附耳，上腹有一周凸棱，圜底，下接三兽蹄足。素面。通高24.9厘米，鼎高22.7厘米，口径19.2厘米，腹径26厘米，耳高7.6厘米，足高14.2厘米，盖径20厘米，高6.4厘米（图一八二，2）。

Ab型　3件。盖鼎，盖顶中部饰一衔环纽，近顶部饰三半环形纽，纽上饰圆乳钉，圜底。根据腹的变化可分二式：

Ⅰ式：1件。浅腹微鼓，出自M4。M4∶2，泥质灰陶。形体较大，覆盘形盖，方唇，顶微弧，中部有一小半环纽，内套一细环，外围另有三半环纽，纽上部各有一小乳钉。鼎身子口内敛，方唇，长方形附耳，耳上部平折外撇，腹微鼓，圜底，三兽蹄形足，足内侧近平。中腹有一凸弦纹。通高24厘米，口径20.4厘米，腹径35.7厘米，盖口径22.5厘米，高3.8厘米，足高13.5厘米（图一八二，3）。

Ⅱ式：2件。腹较深，出自M53。M53∶2，泥质灰陶。形体较大，覆盘形盖，方唇，顶微弧，中部有一衔环纽，内套一环，外围另有三半环纽，纽上部各有一小乳钉。鼎身子口内敛，方唇，长方形附耳，耳上部平折外撇，腹微鼓，底较平，三蹄形足，足内侧近平。中腹有一凸弦纹。通高25厘米，口径20.7厘米，腹径24.8厘米，耳高7.6厘米，足高13厘米，盖外径23厘米，高5.8厘米（图一八二，4）。M53∶3，泥质灰陶。形体较大，覆盘形盖，方唇，顶微弧，有三半环纽，纽上部各有一倒梯形凸起。鼎身子口内敛，方唇，长方形附耳，耳上部平折外撇，腹微鼓，底较平，三蹄形足，足内侧近平。中腹有一较宽的凸弦纹。鼎高25.7厘米，口径

20.3厘米，腹径25厘米，耳高8.6厘米，足高13.3厘米，盖外径22.2厘米，高8厘米（图一八二，7）。

Ac型　2件。盖鼎，近顶部饰三环形纽，纽上饰乳钉或倒梯形的凸起，圜底。出自M61。形制相同。圆唇，深鼓腹。泥质灰陶。拱形盖，方唇，弧顶，有三半环形纽，纽上各有一梯形凸起。鼎身子口内敛，圆唇，有二长方形附耳，无穿孔，耳上部外折，深鼓腹，圜底，下接三蹄足，内侧较平。腹中部有一凸弦纹。M61：3，鼎高29.6厘米，口径21.2厘米，腹径25.4厘米，耳高8厘米，足高13.5厘米，盖径26.2厘米，盖高6.9厘米（图一八二，5）。M61：4，通高31.6厘米，鼎高30厘米，口径21厘米，腹径27.8厘米，耳高8.6厘米，足高13.5厘米，盖径25.1厘米，盖高9.0厘米（图一八二，6）。

Ad型　1件。盖鼎，无纽，平底。出自M66。M66：2，泥质灰陶。覆盘形盖，方唇，顶部近平。鼎身子口内敛，方唇，唇外缘略突出，长方形附耳，耳上部平折外撇，腹部斜收，圜底，三蹄形足，足内侧近平。中腹有一凸弦纹。高20.1厘米，口径18厘米，腹径20.8厘米，耳高6.4厘米，足高9.1厘米，盖高5.9厘米，盖外径19.6厘米（图一八二，8）。

Ae型　2件。盖鼎，饰凸字形纽，平底。出自M70。形制相同，覆盘形盖，凸字形纽。泥质灰陶。覆盘形盖，方唇，壁微折，顶部微弧，有三个凸字形纽。鼎身子口内敛，圆唇，长方形附耳，耳上部向外平折，腹微鼓，平底，三蹄形足，足内侧近平。中腹有一凸弦纹。M70：1，高22.7厘米，口径17.4厘米，腹径20.4厘米，耳高5.9厘米，足高11.2厘米，盖高7厘米，口径20.8厘米（图一八二，9）。标本M70：2，鼎高19.6厘米，口径17.9厘米，腹径21.2厘米，耳高5.8厘米，足高11.8厘米，盖高6.8厘米，盖径20.3厘米（图一八二，10）。

B型　8件。圆唇，鼓腹，圜底，器形较小。人面纹足鼎。根据腹及口的变化可分三亚型。

Ba型　4件。鼎身子口内敛，圆唇，深腹，圜底。根据底的变化可分三式。

Ⅰ式：1件。拱形盖，顶部有一圆柱形捉手，圜底。出自M39。M39：2，泥质灰陶。上承一拱形盖，盖口外侈，圆唇，斜壁微折，顶部有一圆柱形捉手。鼎身子口内敛，圆唇，弧肩，肩腹交接处有一对长方形附耳，鼓腹，圜底，下接三人面纹足，人面纹已漫漶不清。素面。通高21厘米，口径13厘米，腹径22.4厘米，盖高5.6厘米，外径15.6厘米，耳高5.8厘米，足高7.1厘米（图一八二，11）。

Ⅱ式：2件。拱形盖，弧顶，兽蹄足，圜底近平，出自M30、M35。M30：15，泥质灰陶。上承一拱形盖，盖口外侈，圆唇，向上弧收，弧顶。鼎身子口内敛，圆唇，深鼓腹，上腹部有一对长方形附耳上部已残，圜底近平，下接三兽蹄足，内壁修平微凹。上腹饰三周凹弦纹。通高18.8厘米，口径12.4厘米，腹径18厘米，足高7.2厘米，鼎盖高4.1厘米，盖口径15厘米（图一八二，12）。M35：4，泥质灰陶。上承一拱形盖，盖口外敞，方圆唇，盖壁弧收，弧顶近平。鼎身子口内敛，圆唇，腹微鼓，上腹有一对长方形附耳，平底微凹，下接三兽蹄足。上腹饰二周凹弦纹。高15.9厘米，口径12厘米，腹径16.3厘米，耳高4.8厘米，足高6.4厘米（图一八二，13）。

Ⅲ式：1件。博山炉式盖，鼓腹，圜底近平。出自M29。M29：3，泥质灰陶。上承一博山炉式盖，盖呈圆锥形，上模印重叠山峦树木。鼎身子口内敛，圆唇，鼓腹，长方形附耳一对，

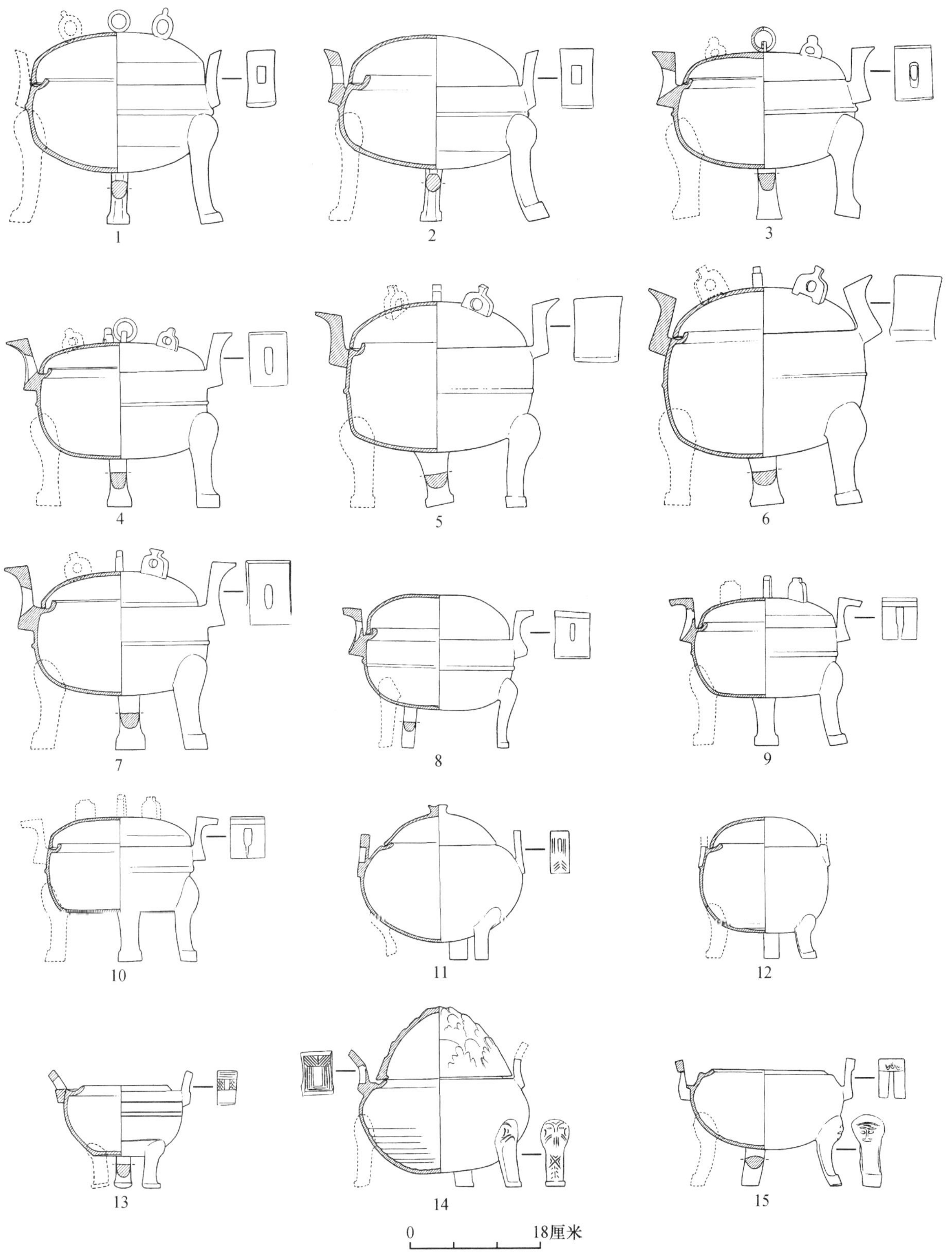

图一八二　秦、汉墓葬出土陶鼎（一）

1、2. Aa型（M36：3、M36：5）　3. Ab型Ⅰ式（M4：2）　4、7. Ab型Ⅱ式（M53：2、M53：3）　5、6. Ac型（M61：3、M61：4）　8. Ad型（M66：2）　9、10. Ae型（M70：1、M70：2）　11. Ba型Ⅰ式（M39：2）　12、13. Ba型Ⅱ式（M30：15、M35：4）　14. Ba型Ⅲ式（M29：3）　15. Bb型Ⅰ式（M73：2）

略外撇，耳外侧模印纹饰，圜底，下接三兽蹄形立人俑足，足内壁修平。素面。通高24.3厘米，鼎高18.7厘米，口径15.8厘米，腹径23.6厘米，盖高9.7厘米，盖直径19.3厘米，耳高6.2厘米，足高9厘米（图一八二，14）。

Bb型　3件。子母口，腹较浅。根据盖壁的变化可分二式。

Ⅰ式：2件。盖壁微折，耳微撇。出自M22、M73。M73：2，泥质灰陶。盖残失。鼎身子口内敛，方唇，有一对长方形附耳，耳较短，腹微鼓，圜底，下接三人面立俑形足外撇。腹施三周凹弦纹，耳外侧模印有S形纹。高16.9厘米，口径15.9厘米，腹径21.4厘米，耳高5.6厘米，足高9.9厘米（图一八二，15）。M22：2，泥质灰陶。有盖，尖圆唇，盖口上部有一周凹槽，壁微折，弧顶，盖顶有一山字形实纽。子口内敛，圆唇，方耳较短，外折，上腹近直，下腹弧收，圜底，三人面纹足较矮，内侧较平。器身素面。通高21.8厘米，鼎高15.5厘米，口径16.2厘米，腹径20.4厘米，耳高6.4厘米，足高9厘米（图一八三，1）。

Ⅱ式：1件。盖弧壁。出自M26。M26：10，泥质灰陶。上承一拱形状盖，盖口外侈，方唇，唇面有一周凹槽，弧壁，盖顶弧顶。鼎身敛口，方唇，方耳一对较高，略外撇，折腹，腹中部抹平一周略内凹，圜底近平，下接三柱状足，略外撇。盖、鼎身均素面。高22.3厘米，口径18.5厘米，腹径21.8厘米，耳高6.4厘米，足高7厘米，盖高6.2厘米，盖径19.2厘米（图一八三，4）。

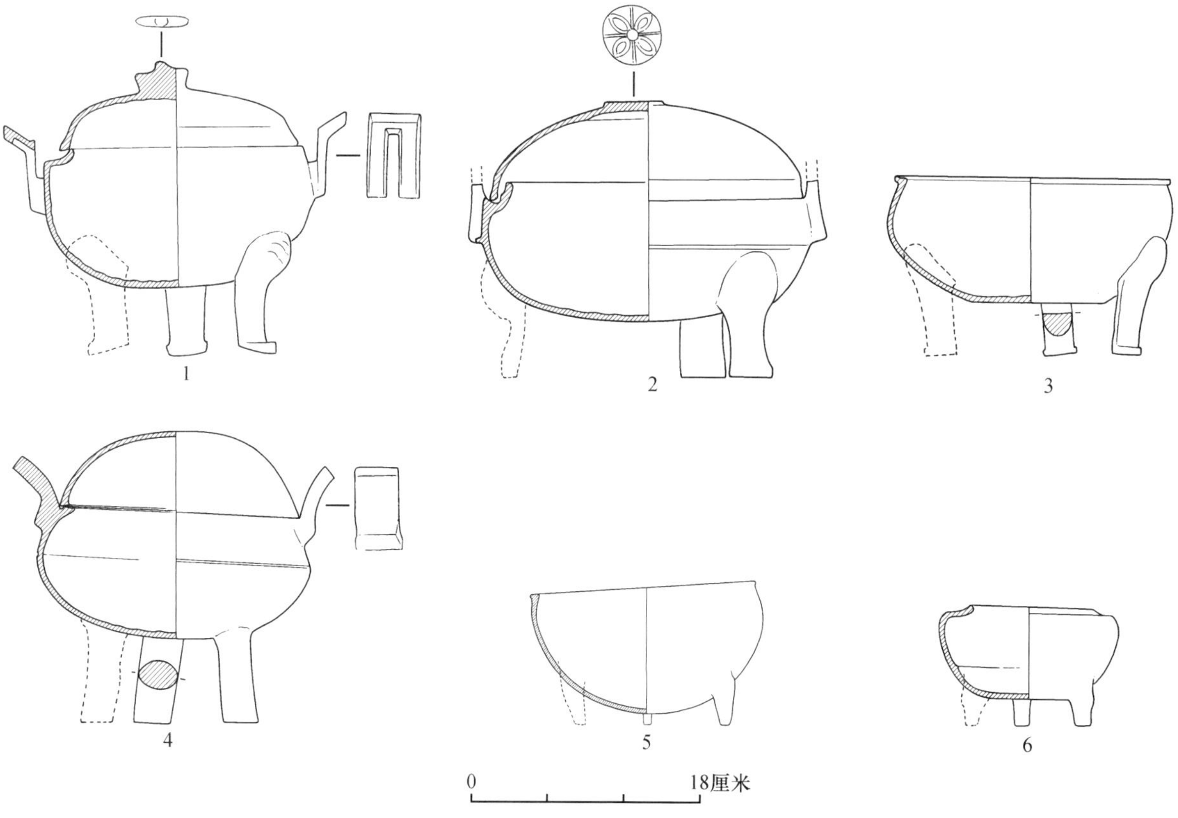

图一八三　秦、汉墓葬出土陶鼎（二）

1. Bb型Ⅰ式（M22：2）　2. C型（M26：9）　3. Bc型（M25：2）　4. Bb型Ⅱ式（M26：10）　5. D型（M38：3）　6. E型（M32：11）

Bc型　1件。敛口，平顶。出自M25。M25：2，泥质灰陶。上承一盘形盖，圆唇，斜壁，平顶。鼎身敛口，方唇，唇面有一周凹槽，鼓腹，上腹有一对长方形附耳，下腹斜收，平底，下接三兽蹄足。上腹近中部饰一周凸弦纹。高13.7厘米，口径21.6厘米，腹径22.4厘米，足高8.7厘米，平底直径10.7厘米（图一八三，3）。

C型　1件。浅弧腹，圜底近平，柱足鼎。出自M26。M26：9，泥质灰陶。上承一拱形盖，盖口外侈，方唇，弧壁，盖顶模印一花瓣纹。鼎身子口内敛，方圆唇，方耳一对上部已残，浅弧腹，圜底近平，下接三踞坐人俑形足，足内壁修平。鼎腹中部饰一周凹弦纹。通高21厘米，盖高7厘米，盖外径25.3厘米，鼎口径22.4厘米，腹径25.7厘米，足高9.5厘米（图一八三，2）。

D型　1件。鼓腹，下腹斜收，圜底，锥形足。出自M38。M38：3，泥质灰黑皮褐陶。敛口，方唇，鼓腹，下腹斜收，圜底，下接三锥形足。素面。较残。高10.6厘米，口径17.6厘米（图一八三，5）。

E型　1件。圆唇，弧腹，兽蹄足小鼎。出自M32。M32：11，夹砂灰陶。子口敛口，圆唇，弧腹，下腹斜收，腹部有四周凸棱，平底，下接三简化兽蹄足。底部有T形刻画痕迹。高8.8厘米，口径9厘米，腹径14厘米，足高3.2厘米（图一八三，6）。

2. 壶

14件，分别来自M11、M22、M26、M30、M36、M44、M53、M61、M70这9座墓葬，其中M11、M22、M26、M30各出土1件，M36、M44、M53、M61、M70各出土2件。除M44出土的2件壶形制不同外，其他墓葬出土的壶形制、大小相同或相似。均修复，根据有无铺首和耳可分为三型。

A型　11件。大壶，盘口，有铺首。根据颈的变化可分二亚型。

Aa型　10件。束颈。根据口、颈及衔环的变化可分五式。

Ⅰ式：2件。盘口，方唇，高领，鼓肩，弧腹，高圈足。出自M36。M36：6，泥质灰陶。口部残失，长颈，圆肩，鼓腹，上腹处耳残，平底，圈足已残。肩腹相交处饰二周凹弦纹。残高32.2厘米，腹径26厘米（图一八四，1）。M36：7，泥质灰陶。上承一拱形盖，子口直口，方唇，弧顶。壶身盘口，方唇，高领，鼓肩，弧腹，上腹处双耳残，平底，喇叭状高圈足，中部起一凸棱。肩腹相交处饰三周凹弦纹。通高40.5厘米，壶高38.7厘米，口径14.4厘米，腹径26.8厘米，底径17.6厘米，壶盖高3.8厘米，盖径19.4厘米（图一八四，2）。

Ⅱ式：3件。弧肩，鼓腹，平底。出自M11、M61。M11：1，泥质灰陶。盘口，方唇，唇颈相交处有一周凸棱，长颈，弧肩，肩腹相交处有一对模印铺首衔环，鼓腹，平底，喇叭形大圈足，上有一周凸棱。肩腹相交处饰二周凹弦纹，上腹部似有绳纹抹平痕迹。高40.2厘米，口径17.2厘米，腹径30.2厘米，底径22.4厘米（图一八四，3）。M61：2，泥质灰陶。拱形盖，子口内敛，尖圆唇，有三个接纽痕，纽残。壶身盘口，方唇，束颈较短，弧肩，肩腹交界处有两个对称的铺首衔环，鼓腹，底近平，喇叭形圈足，中部微向外折。素面。通高45.6厘米，壶高41.2厘米，口径17.5厘米，腹径31.2厘米，底径15.6厘米，铺首衔环直径7.6厘米，盖高4.4厘米，盖外径17.8厘米（图一八四，4）。M61：5，泥质灰陶。拱形盖，子口，尖圆唇，顶残。壶身盘口，方唇，唇缘略内勾，束颈较短，弧肩，肩腹交界处有两个对称的铺首衔环，鼓腹，底近平，喇叭形圈足，中部微向外折。肩部饰一周较宽的凸弦纹。通高47.4厘米，壶高39.4厘米，口径17.4厘米，腹径29.8厘米，底径15.7厘米，盖高8.2厘米，盖外径17.8厘米。铺首衔环直径7.9厘米（图一八四，5）。

Ⅲ式：2件。盘口，方唇，矮颈，弧肩，扁腹，圜底。出自M53。形制相同，泥质灰陶。形体较大，拱形器盖，子口，圆唇，弧顶，有三处接纽痕，纽残失。盘口较高，方唇，束颈，

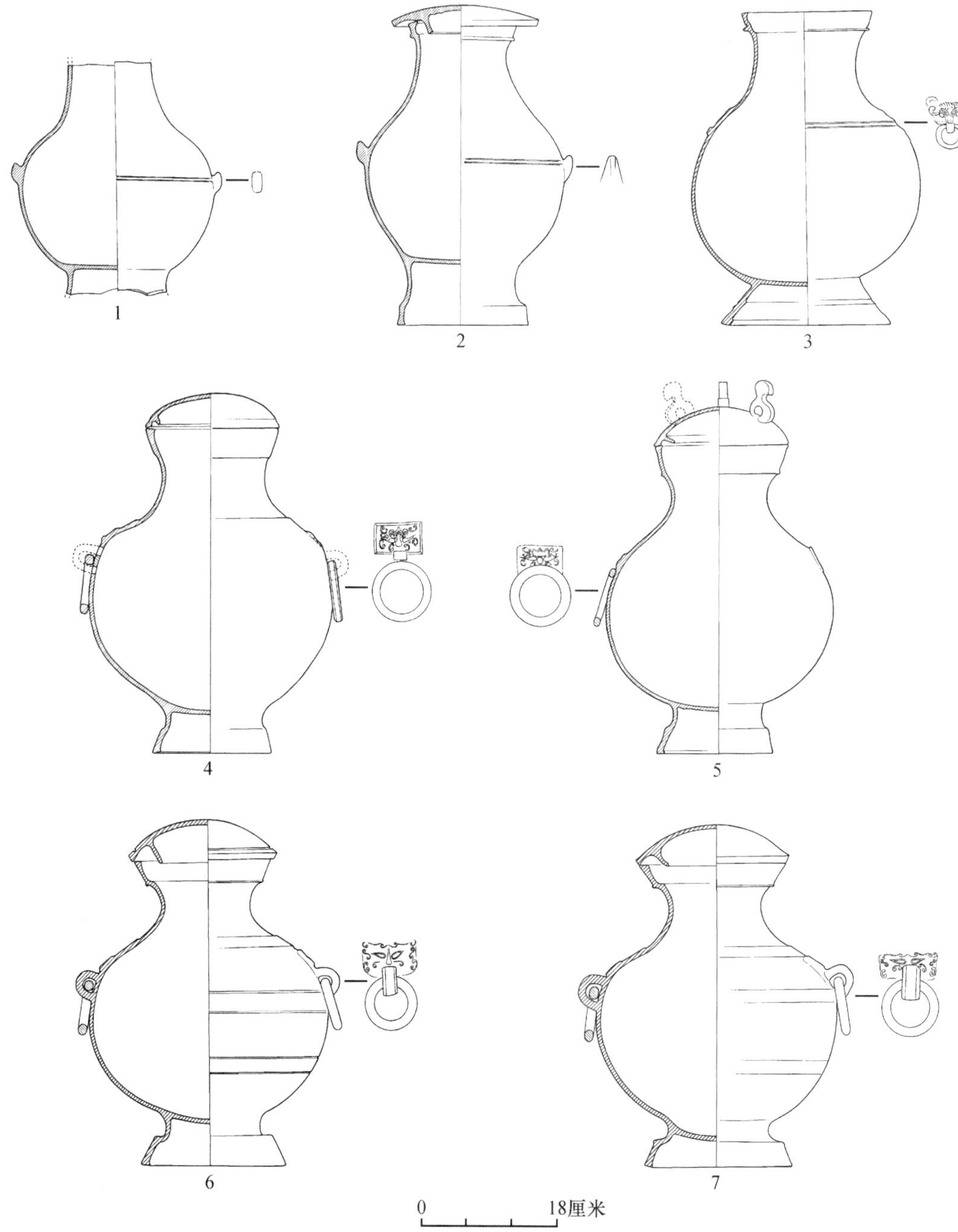

图一八四　秦、汉墓葬出土陶壶（一）

1、2. Aa型Ⅰ式（M36：6、M36：7）　3～5. Aa型Ⅱ式（M11：1、M61：2、M61：5）　6、7. Aa型Ⅲ式（M53：4、M53：5）

弧肩，肩腹交接处有一对称的铺首衔环，环较粗，可活动，鼓腹，圜底，大圈足外扩，中部外折出一宽平台。肩部有一道较宽的凸弦纹，腹部饰四周凹弦纹，两周一组。M53：4，通高44.1厘米，壶高39.7厘米，口径18.3厘米，腹径32厘米，底径19.5厘米，盖外径20.4厘米，高5.2厘米（图一八四，6）。M53：5，壶高39.3厘米，口径19.1厘米，腹径31.4厘米，底径19.7厘米，盖高4.9厘米，盖口径20.3厘米（图一八四，7）。

Ⅳ式：2件。长颈扁腹。出自M70。形制相同，泥质灰陶。拱形盖，子口，圆唇。壶身盘口，方唇，束颈，弧肩，肩腹交接处有两个对称铺首，鼓腹，喇叭状圈足，较高，中部有一周凸棱。颈、腹部各有一条较宽的凸弦纹。M70：3，通高44厘米，壶高39.3厘米，口径17.6厘米，腹径29.4厘米，底径18厘米，盖高5.4厘米，盖径18厘米，铺首衔环直径6.8厘米（图一八五，1）。M70：4，衔环残失。壶高38厘米，口径17.5厘米，腹径29厘米，底径18厘米（图一八五，2）。

Ⅴ式：1件。盘口较高，长颈，铺首漫漶不清。出自M26。M26：19，泥质灰陶。斜直盘口较高，斜方唇，上承拱形盖，盘底折出如凸棱，斜长颈，溜肩，鼓腹略扁，圜底，折曲状圈足，模印铺首。肩颈相交处有三周凹弦纹，肩腹相交处有三周凹弦纹。器身外壁有红色彩绘

图一八五　秦、汉墓葬出土陶壶（二）

1、2. Aa型Ⅳ式（M70：3、M70：4）　3. Aa型Ⅴ式（M26：19）　4. Ab型（M22：1）　5. B型（M30：14）　6. Ca型（M44：1）　7. Cb型（M44：2）

痕迹，已漫漶不清。通高40.3厘米，壶高38.4厘米，口径15.8厘米，腹径30.5厘米，底径16.8厘米，盖外径19.2厘米，高3.8厘米（图一八五，3）。

Ab型　1件。直颈，模印铺首，无环。出自M22。M22：1，泥质灰陶。盘口较高，平折沿，圆唇，盘底外折，直颈较长，弧肩，鼓腹，圜底，圈足较高，外撇，中有一折棱。肩部模印有两对称铺首，印痕稍浅，盘口外壁以及肩部各有两周凹弦纹，腹部凹弦纹浅显不清。高35.3厘米，口径16.6厘米，腹径27.4厘米，底径18.2厘米（图一八五，4）。

B型　1件。中壶，无铺首无耳，出自M30。M30：14，泥质灰陶。盘口，平折沿，沿面微凹，高领，弧肩，鼓腹，圜底，矮圈足。肩腹相交处饰二周凹弦纹，上腹饰二周凹弦纹，下腹饰中绳纹。高27.2厘米，口径14.3厘米，腹径23.3厘米，底径13.8厘米（图一八五，5）。

C型　2件。小型壶，无铺首，有耳，根据口部、肩部的不同可分二亚型。

Ca型　1件。盘口，广肩。出自M44。M44：1，泥质灰陶。盘口，斜方唇，盘口外壁有一周凹槽，领较矮，广肩，肩腹相交处有一对半环形耳，另有一周宽凸棱，鼓腹，假圈足，平底。素面。高20.3厘米，口径12厘米，腹径20.5厘米，底径11.5厘米（图一八五，6）。

Cb型　1件。侈口，弧肩。出自M44。M44：2，泥质灰黑陶。侈口，平折沿，方唇，直领，弧肩，肩部有一对半环形耳，纽上划有两条窄凹槽，鼓腹，平底微凹，假圈足。素面。高18.1厘米，口径11.8厘米，腹径20.5厘米，底径11.8厘米（图一八五，7）。

3. 盒

4件。分别出自M36、M70，每个墓葬出土2件，均复原。根据底、圈足的变化可分二式。

Ⅰ式：2件。方唇，弧腹，圜底，小圈足。出自M36。M36：1，泥质灰陶。盖身扣合而成，上下不对称。上承一碗形盖，盖口敞口微敛，方唇，弧腹，上腹近口处有二周凸棱，平顶，圈足。子口上承盖，子口内敛，方唇，唇面有一周凹槽，弧腹，上腹近口沿处有一周凸棱，下腹弧收，腹壁较薄，平底微圜，圈足。上腹凸棱下饰一周凹弦纹，下腹饰二周凹弦纹。盒盖高7.5厘米，口径19厘米（图一八六，1）。M36：2，泥质灰陶。盖身扣合而成，上下不对称。上承一碗形盖，盖口敞口微敛，方唇，弧顶，圈足。子口上承盖，子口，方唇，弧腹，上腹近口处有二周凸棱，圜底，圈足。盒盖近顶处饰二周凹弦纹。高17.3厘米，口径16.4厘米，腹径19.2厘米，底径7.5厘米（图一八六，2）。

Ⅱ式：2件。圆唇，弧腹，平底微凹。出自M70。泥质灰陶。盖、身扣合而成，上下不对称。碗形盖，方唇，唇面微凹，弧顶，圈形纽。盒身子口内敛，圆唇，弧腹，平底微凹。盒身饰四周凹弦纹，盖身饰三周凹弦纹，另外盒身有红色彩绘痕迹。M70：5，高15.5厘米，口径17.6厘米，外径20.5厘米，底径7.8厘米（图一八六，3）。M70：6，高16.8厘米，口径17.8厘米，外径20.4厘米，底径8厘米（图一八六，4）。

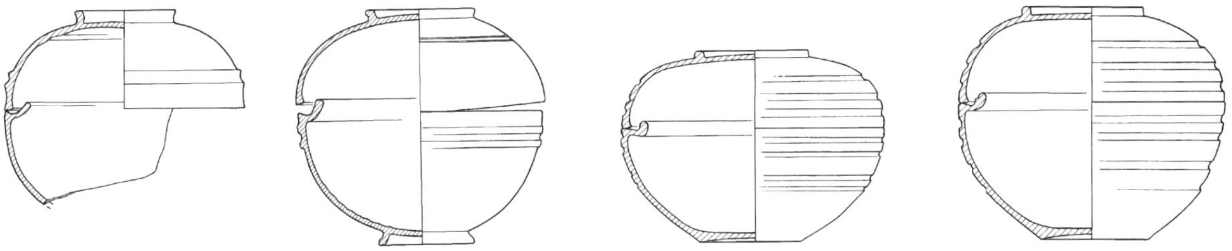

图一八六　秦、汉墓葬出土陶盒

1、2. Ⅰ式（M36：1、M36：2）　3、4. Ⅱ式（M70：5、M70：6）

（二）日　用　器

共39件，器形有瓮、罐、鍪等，占陶器总数的21.8%。

1. 瓮

8件，分别来自M2、M29、M39、M47、M61、M66、M74、M75，全部修复，根据体量可分三型。

A型　1件。小型瓮。直口，方唇，矮领，折肩，折腹，下腹斜收，平底。出自M47。M47：1，泥质灰陶。直口，方唇，唇面有一周凹槽，矮领，折肩，折腹，下腹斜收，平底。素面。高13厘米，口径10.6厘米，腹径19.5厘米，底径9.5厘米（图一八七，1）。

B型　4件。中型瓮。出自M2、M39、M61、M74。根据肩及最大径位置的变化可分为三式。

Ⅰ式：1件。折肩。出自M2。M2：13，泥质灰陶。直口，平折沿，方唇，矮领，折肩，腹部斜收，平底。肩腹相交处、腹中部各饰一周凹弦纹。高22厘米，口径18.4厘米，腹径28.8厘米，底径18厘米（图一八七，2）。

Ⅱ式：2件。平折沿，圆唇，矮领，圆肩，最大腹径居上。分别出自M61、M74。M61：1，泥质灰陶。口微敛，平折沿，尖圆唇，矮领，广肩，鼓腹，最大腹径居上，平底。腹下部饰中绳纹。高23.2厘米，口径21.4厘米，腹径37厘米，底径22.4厘米（图一八七，3）。M74：2，泥质灰黑皮褐胎。直口，平折沿，沿面有两周凹槽，圆唇，矮领，鼓肩，弧腹，平底。素面。高20.9厘米，口径16.6厘米，腹径28.8厘米，底径19厘米（图一八七，4）。

Ⅲ式：1件。侈口，方唇，矮直领，弧肩，最大径下移。出自M39。M39：1，泥质灰陶。侈口，方唇，矮直领，弧肩，鼓腹，下腹斜收，平底。肩腹相交处饰两周凹弦纹，腹中部饰两周凹弦纹。高23.5厘米，口径18厘米，腹径32厘米，底径18.3厘米（图一八七，5）。

C型　3件。大型瓮。出土自M29、M66、M75。根据口、唇、领和肩的不同可分二式。

Ⅰ式：2件。侈口近直，鼓肩，弧腹。出自M66、M75。M66：3，泥质灰陶。直口，方唇，唇外缘微凸出，矮直领，鼓肩，腹部弧收，平底微凹，腹部饰中绳纹。高33.7厘米，口径24.8厘米，腹径43.1厘米，底径23厘米（图一八七，6）。M75：1，泥质灰陶。侈口近直，平

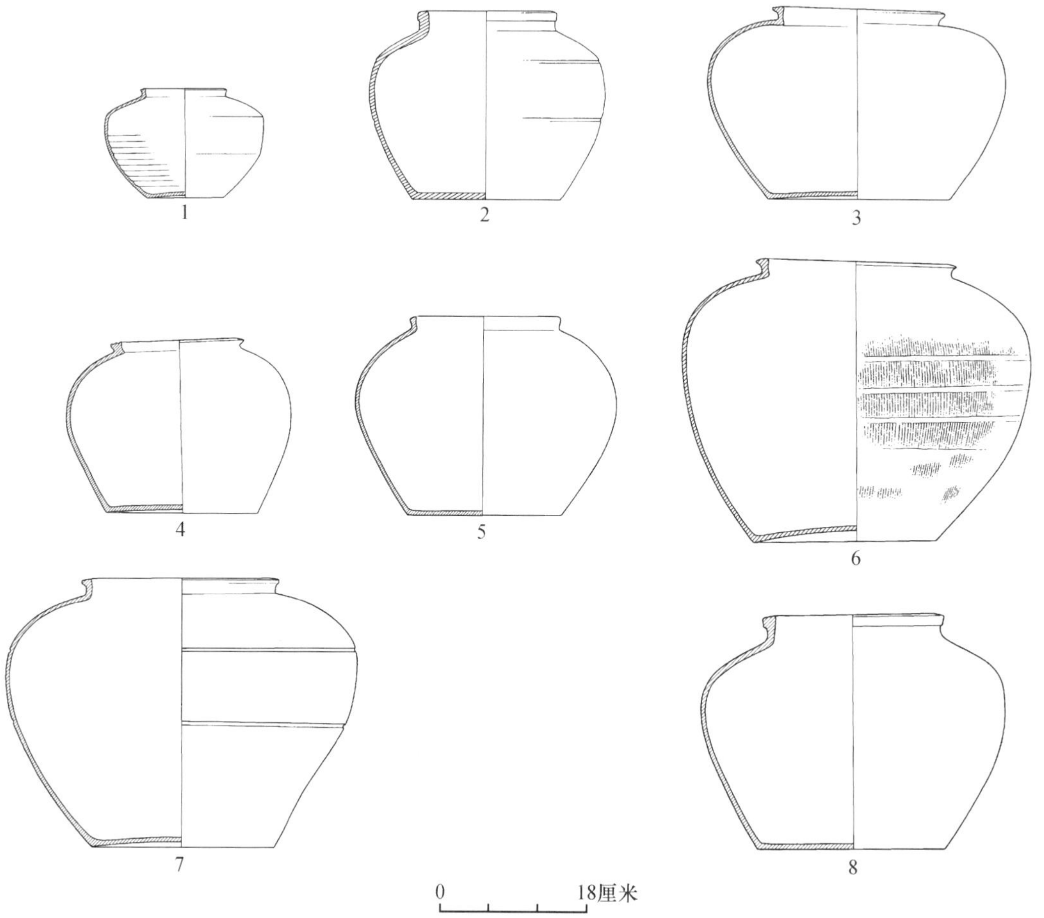

图一八七　秦、汉墓葬出土陶瓮

1. A型（M47：1）　2. B型Ⅰ式（M2：13）　3、4. B型Ⅱ式（M61：1、M74：2）　5. B型Ⅲ式（M39：1）　6、7. C型Ⅰ式（M66：3、M75：1）　8. C型Ⅱ式（M29：4）

折沿，圆唇，矮领，鼓肩，弧腹，下腹斜收，平底。肩部及肩腹相交处各有一周深凹弦纹，器身遍布数周浅凹弦纹。高32.2厘米，口径24.6厘米，腹径43.5厘米，底径23.3厘米（图一八七，7）。

Ⅱ式：1件。领较矮。出自M29。M29：4，泥质灰陶。侈口，口内一周凹槽，方唇，矮领，弧肩，鼓腹，下腹斜收，平底。素面。高28.4厘米，口径24.5厘米，腹径41.3厘米，底径21.8厘米（图一八七，8）。

2. 罐

26件。分别来自M10、M19、M21、M25、M26、M28、M30、M32、M35、M37、M38、M41、M47、M48、M59、M64、M73、M80这18座墓葬，其中M19出土3件，M10、M28、M30、M32、M59、M64这6座墓葬各出土2件，其余均出土1件。M19、M30、M38、M48这4座墓葬各有1件未修复，其余全部修复，23件可参与分型，根据罐的口沿、肩部、腹部以及底部的不同可分为二型。

A型 21件。双耳罐。高领，鼓腹，肩部有两对称的耳，平底或凹圜底。根据腹部形态、纹饰的不同可以分为三亚型。

Aa型 18件。鼓腹较圆，形体较宽，凹圜底，饰绳纹。出自M19、M21、M25、M26、M28、M30、M32、M35、M37、M41、M47、M59、M64、M73、M80这15个墓葬，根据口、领、腹部的不同，又可分为六式。

Ⅰ式：1件。方唇，领较粗，领肩交接不明显。出自M19。M19：4，泥质灰陶。侈口，圆唇，高领，领肩交接处有一凹槽，有两个对称的鼻耳，圆肩，鼓腹，凹圜底。肩腹饰中绳纹，肩腹绳纹抹平五周。高29.8厘米，口径16厘米，腹径31.1厘米，底径10.5厘米（图一八八，1）。

Ⅱ式：4件。领向外倾斜。分别出土自M21、M41、M47、M80。M21：1，泥质灰黑皮陶灰胎。侈口，卷沿，方唇，唇面有一周凹槽，高领，圆肩，肩腹相交处有一对鼻耳，鼓腹，平底微凹。肩部、腹部及底部均饰中绳纹，并被抹平四周。高24.3厘米，口径13.2厘米，腹径22.9厘米，底径7厘米（图一八八，2）。M41：3，夹砂灰陶。侈口，卷沿，沿面近平，沿口相交处有一周凹槽，卷沿下奁，尖唇，领较高，领肩相交处有一周凹槽，鼓肩，肩腹相交处有一对鼻耳，圆鼓腹，凹圜底。领部绳纹被抹平，肩部、腹部及底部均饰有中绳纹，并被抹平四周。高26.4厘米，口径15.3厘米，腹径29厘米（图一八八，3）。M47：3，泥质灰陶。侈口，卷沿，方唇，唇面中部有一周凹槽，领较高，领肩相交处有一周凹槽，圆肩，肩腹相交处有一对鼻耳，鼓腹，凹圜底。肩部及腹部饰粗绳纹。高28.4厘米，口径14.8厘米，腹径31.3厘米，底径10厘米（图一八八，4）。M80：2，泥质灰陶。侈口，圆唇，领较高，鼓肩，肩部有一对鼻耳，鼓腹，凹圜底。颈肩交界处有一周凹弦纹，肩、腹及底饰中绳纹，肩、腹绳纹抹平四周。高17厘米，口径16.2厘米，腹径23.1厘米（图一八八，5）。

Ⅲ式：1件。垂腹，唇面有一周凹槽。出自M73。M73：3，泥质灰陶。形体较大，侈口，斜方唇，唇面有一周凹槽，高领，弧肩，肩腹交接处有一对鼻耳，鼓腹，凹圜底。肩腹饰中绳纹，有四周抹平痕迹。高33.8厘米，口径19.5厘米，腹径33.2厘米，底径12厘米（图一八八，6）。

Ⅳ式：1件。口外敞，唇面有一周凹槽，领肩相交处拐折。出自M25。M25：3，泥质灰陶。侈口，平折沿，沿面较窄，方唇，唇面有一周凹槽，领适中，肩部近领处抹平一周，鼓肩，上腹近肩处有一对鼻耳，鼓腹，凹圜底。肩部、腹部及底部均饰中绳纹，并被抹平四周。高28.8厘米，口径16.3厘米，腹径29.1厘米，底径10.4厘米（图一八八，7）。

Ⅴ式：3件。口内侧微凹，唇面多有一周凹槽，腹呈球形。分别出自M26、M30、M35。M26：18，泥质灰陶。侈口，口内侧内凹一周，平沿，斜方唇，直领，圆肩，上腹部双桥耳，鼓腹，凹圜底。肩、腹部均饰中绳纹，并抹平四周。高29.1厘米，口径15厘米，腹径27.8厘米，底径10厘米（图一八八，8）。M30：21，泥质灰陶。侈口，平折沿下奁，尖圆唇，领适中，领部有三周凹槽，圆肩，肩腹相交处有一对鼻耳，鼓腹，凹圜底。肩部及腹部饰中绳纹，并抹平四周。高28厘米，口径15.6厘米，腹径27.3厘米，底径8厘米（图一八八，9）。M35：10，泥质灰陶。口及领部残失，圆肩，肩腹相交处有一对鼻耳，鼓腹，凹圜底。肩部、

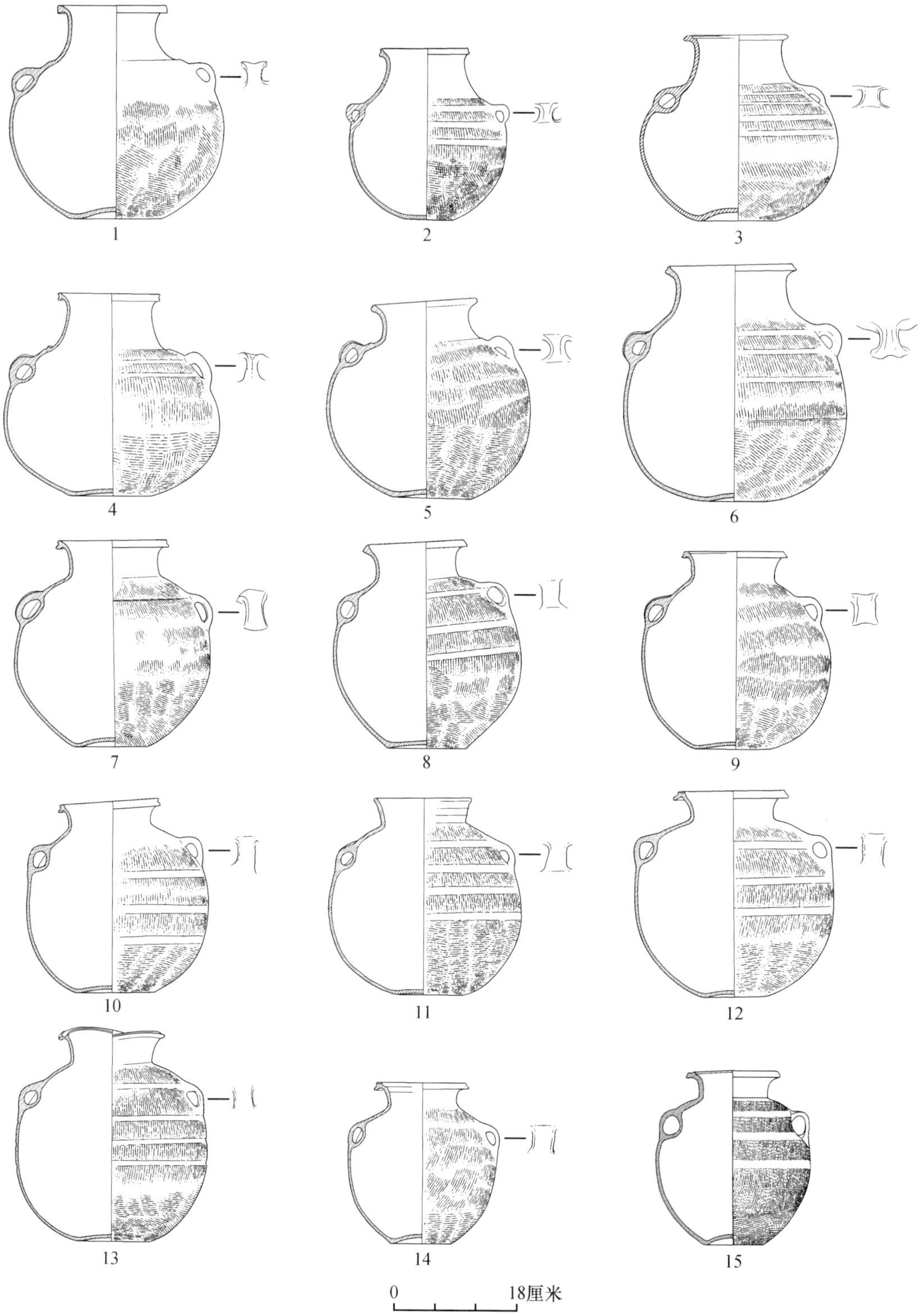

图一八八　秦、汉墓葬出土陶罐（一）

1. Aa型Ⅰ式（M19：4）　2～5. Aa型Ⅱ式（M21：1、M41：3、M47：3、M80：2）　6. Aa型Ⅲ式（M73：3）　7. Aa型Ⅳ式（M25：3）　8～10. Aa型Ⅴ式（M26：18、M30：21、M35：10）　11～15. Aa型Ⅵ式（M28：2、M28：7、M30：18、M32：9、M32：10）

腹部及底部均饰中绳纹。高27.3厘米，口径15厘米，腹径27厘米，底径10厘米（图一八八，10）。

Ⅵ式：8件。口内侧微凹或呈一周凹槽，沿面唇面各有一周凹槽。分别出土自M28、M30、M32、M37、M59、M64。M28：2，泥质灰陶。侈口，口内侧有一周凹槽，折沿下耷，唇较残，直领，圆肩，鼓腹，上腹部双鼻耳，下腹及底部残失。肩、腹部饰中绳纹，并抹平四周。高28.1厘米，口径14.4厘米，腹径28.6厘米，底径9.5厘米（图一八八，11）。M28：7，泥质灰陶。侈口，平折沿，沿面一周凸棱，圆唇下耷，直领，圆肩，鼓腹，上腹部双鼻耳，凹圜底。肩、腹部通饰中绳纹，并抹平四周。高29.5厘米，口径17厘米，腹径29.2厘米，底径9厘米（图一八八，12）。M30：18，泥质灰陶。侈口，平折沿，沿面有一周凸棱，尖圆唇下耷，领适中，弧肩，鼓腹，上腹部有一对鼻耳，凹圜底近平。肩部及腹部饰中绳纹，并抹平四周。上腹及下腹部各有一处烧变形痕迹。高29.7厘米，口径15.6厘米，腹径28.2厘米，底径10厘米（图一八八，13）。M32：9，泥质灰陶。侈口，口内有一周凹槽，平折沿，沿面内凹，斜方唇，唇面内凹，领适中，领肩交接处有一周凸棱，圆肩，鼓腹，上腹有一对鼻耳，凹圜底。领部中绳纹被抹平，肩部、腹部及底部饰斜向中绳纹，并抹平三周。高22.3厘米，口径13.4厘米，腹径21.5厘米，底径7.5厘米（图一八八，14）。M32：10，泥质灰陶。侈口，口内有一周凹槽，平折沿，沿面内凹，方唇，唇面内凹，领较高，圆肩，鼓腹，上腹有一对鼻耳，凹圜底。肩部、腹部及底部饰中绳纹，并抹平三周。高24.8厘米，口径13.6厘米，腹径22.6厘米，底径8.8厘米（图一八八，15）。M37：2，泥质灰陶。侈口，口内凹槽一周，折沿下耷，斜方唇，唇面有一周凹槽，直领，圆肩，肩腹相交处有一对鼻耳，鼓腹，凹圜底。肩部及腹部饰中绳纹，并抹平三周。高23.4厘米，口径14.2厘米，腹径22.4厘米，底径8厘米（图一八九，1）。M59：1，泥质灰陶。口沿处变形，侈口，口内有一周凹槽，平折沿，沿面有一周凹槽，方唇微凹，唇面有一周凹槽，领较矮，弧肩，肩腹交接处有两个对称鼻纽，鼓腹，凹圜底。肩腹饰中绳纹，并被抹断数周，下腹有一圈浅凹窝。高21.7厘米，口径12.8厘米，腹径21.4厘米，底径8.7厘米（图一八九，2）。M64：3，泥质灰陶。侈口，仰折沿，沿面内凹，折沿下耷，尖圆唇，领适中，圆肩，上腹一对鼻耳，鼓腹，凹圜底。肩部及腹部饰中绳纹，并抹平三周。高25厘米，口径14.7厘米，腹径24厘米，底径12厘米（图一八九，3）。

Ab型　2件，弧腹微鼓，体形瘦长，凹圜底，饰绳纹。出土自M19、M59。根据领部、腹部的不同可分二式。

Ⅰ式：1件。领较粗，领肩相交处有一周凹槽，圆肩，弧腹。出自M19。M19：2，泥质灰陶。侈口，斜方唇，高领，领肩交接处有一周凹槽，圆肩，腹微鼓，上腹部有一对鼻耳，凹圜底。领部饰中绳纹，被磨平，肩、腹及底饰中绳纹，腹部绳纹抹平四周。高26.6厘米，口径15.8厘米，腹径23.2厘米，底径9厘米（图一八九，4）。

Ⅱ式：1件。领肩相交处有拐折，弧肩，深鼓腹。出自M59。M59：2，泥质灰陶。肩以上残失，弧肩，肩腹交接处有两个对称鼻纽，深鼓腹，凹圜底。肩腹饰中绳纹，肩腹绳纹抹断四周。残高27.1厘米，腹径26.3厘米，底径8厘米（图一八九，5）。

Ac型　1件。形体较小，环耳，平底，饰弦纹。出自M64。M64：2，夹砂灰陶。侈口，平

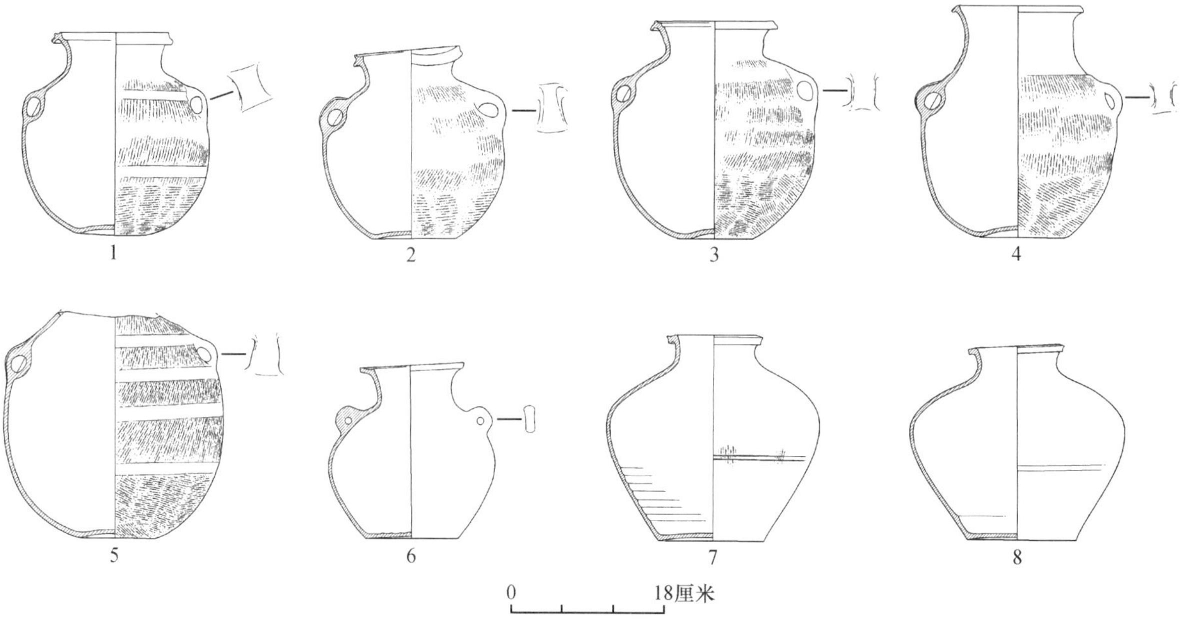

图一八九　秦、汉墓葬出土陶罐（二）

1～3. Aa型Ⅵ式（M37：2、M59：1、M64：3）　4. Ab型Ⅰ式（M19：2）　5. Ab型Ⅱ式（M59：2）　6. Ac型（M64：2）　7、8. B型（M10：1、M10：2）

折沿，方唇，领较高，弧肩，肩上一对半环耳，鼓腹，平底。肩部饰二周凹弦纹，腹部饰两组二周凹弦纹。高20厘米，口径12.2厘米，腹径20厘米，底径11.2厘米（图一八九，6）。

B型　2件。小口罐。出自M10。侈口，平折沿，方唇，弧腹，平底。M10：1，泥质灰陶。侈口，平折沿，方唇，唇面有一周凹槽，领适中，折肩，弧腹，平底。腹部似饰绳纹被抹平，腹中部饰一周凹弦纹。高23.6厘米，口径11.3厘米，腹径25.2厘米，底径12.4厘米（图一八九，7）。M10：2，泥质褐陶夹灰心。侈口，平折沿，沿面有一周凹槽，斜方唇，唇面有一周凹槽，领适中，鼓肩，弧腹，平底。领部饰一周凹弦纹，肩腹相交处饰一周凸弦纹。高22.1厘米，口径11.4厘米，腹径25.5厘米，底径13.5厘米（图一八九，8）。

3. 鍪

5件，分别来自M21、M41、M74、M75、M80这5座墓葬，均修复。侈口，翻折沿，束颈，溜肩，肩部有两个对称小耳，双耳有穿，扁鼓腹，圜底。根据耳的形态可分二型。

A型　4件。环形耳。分别出土自M21、M74、M75、M80。依据口部、颈部、腹部的不同，可分二式。

Ⅰ式：1件。口外侈较甚，短颈，领较粗长，斜溜肩，扁鼓腹，最大腹径在上腹部。出自M21。M21：2，泥质灰黑皮陶褐胎。侈口，卷沿，尖唇，领较高，圆肩，肩腹相交处有一对鼻耳，鼓腹，圜底。领部绳纹被抹平，肩部及上腹各饰一周凹弦纹，下腹及底部饰中绳纹。高16.8厘米，口径12.3厘米，腹径18.6厘米（图一九〇，1）。

Ⅱ式：3件。侈口，翻折沿，领稍短，束颈，颈壁凹弧，溜肩，鼓腹，最大腹径在中腹部。出自M74、M75、M80。M74∶1，泥质灰陶。侈口，卷沿，圆唇，领适中，圆肩，鼓腹，上腹有一对环形纽，凹圜底。上腹绳纹被抹平，下腹及底部饰中绳纹。高27.7厘米，口径15厘米，腹径24.2厘米，底径7厘米（图一九〇，2）。M75∶2，泥质灰陶。敞口，卷折沿，圆唇，领较高，鼓肩，肩腹相交处有一对圆环耳，圆鼓腹，圜底。素面。高19.1厘米，腹径19.7厘米，口部严重变形（图一九〇，3）。M80∶1，泥质灰陶。侈口，方唇，高领，弧肩，肩部有一对圆环耳，鼓腹，圜底。领肩交接处以及肩部各有一周凹弦纹，腹下部及底饰中绳纹。高17.6厘米，口径11.9厘米，腹径19.1厘米（图一九〇，4）。

B型　1件。敞口，方唇，短束颈，溜肩鼓腹，鼻耳，最大腹径在中腹。出自M41。M41∶2，泥质灰陶。侈口，圆唇，高领，弧肩，肩部有一对圆环耳，鼓腹，圜底。领肩交接处有一周凹弦纹，腹、底均饰中绳纹。高20.8厘米，口径16.2厘米，腹径21.8厘米（图一九〇，5）。

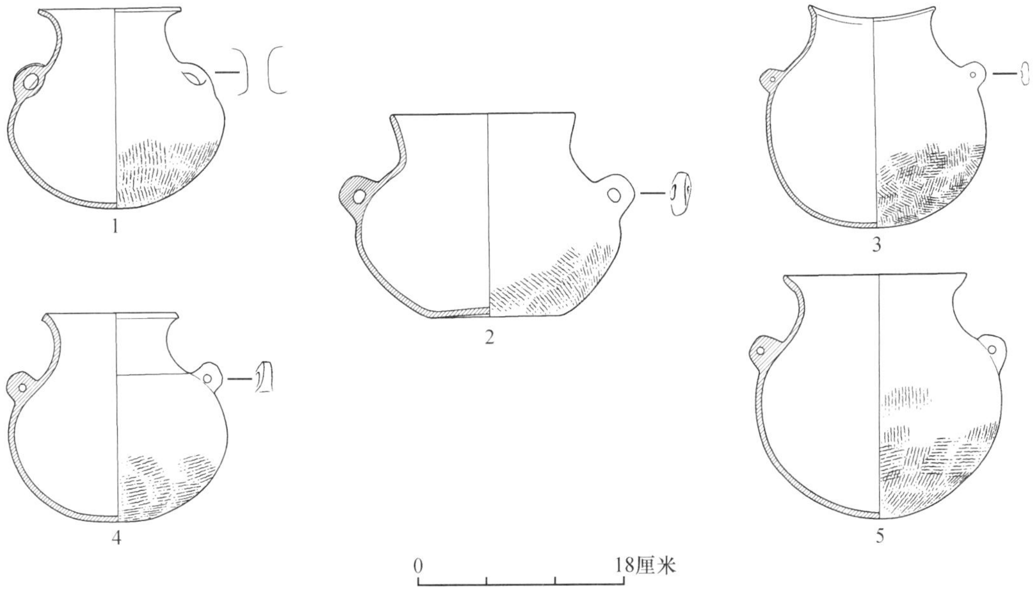

图一九〇　秦、汉墓葬出土陶鍪

1. A型Ⅰ式（M21∶2）　2～4. A型Ⅱ式（M74∶1、M75∶2、M80∶1）　5. B型（M41∶2）

（三）模型明器

共101件，占陶器总数的56.4%，器形有仓、灶、井、磨、甑、釜、钵、盆等。

1. 仓

35件。出自M26、M28、M30、M32、M35、M38这6个墓葬，M26出土10件，其余5个墓葬各出土5件。M26、M32、M35出土的均修复，M28、M30修复4件，M38修复2件。根据体量大小可分为三型。

A型　9件，大型仓。出自M26、M28，根据腹部形态可分为二式。

Ⅰ式：5件。上窄下宽。出自M26。M26：11，泥质灰陶。上承一拱形盖，盖口外侈，方唇，折壁，盖顶模印一花瓣纹。敛口，方唇，矮颈，斜折肩，筒腹微垂，平底。腹部饰五周凹弦纹。高23.7厘米，口径9.3厘米，外径15.9厘米，底径15厘米（图一九一，1）。M26：14，泥质灰陶。上承一拱形盖，盖口外侈，方唇，折壁，盖顶模印一花瓣纹。敛口，方唇，唇面有一周细凹槽，矮领，斜折肩，肩部有一周凹槽，筒腹微垂，腹部有数周浅凹槽，平底。腹部素面。高24.8厘米，口径9.5厘米，外径15.8厘米，底径15.4厘米（图一九一，2）。M26：15，泥质灰陶。上承一拱形盖，盖口外侈，方圆唇，折壁，盖顶模印一花瓣纹。敛口，方唇，矮颈，斜折肩，腹微垂，平底。肩中部饰两周凸棱，腹部饰四组三周凸棱。通高28厘米，仓高25.3厘米，口径9.8厘米，外径15.7厘米，底径15.3厘米，盖高3.4厘米，盖径12厘米（图一九一，3）。M26：16，泥质灰陶。上承一拱形盖，盖口外侈，方唇，折壁，盖顶模印一花瓣纹。敛口，方圆唇，矮颈，斜折肩，直腹，平底。腹部饰四周凹弦纹。腹中部有红色彩绘痕迹，已漫漶不清。通高27.8厘米，仓高24.7厘米，口径11.4厘米，外径16.6厘米，底径15.3厘米，盖高3.4厘米，盖径13厘米（图一九一，4）。M26：17，泥质灰陶。上承一拱形盖，盖口外侈，方唇，折壁，盖顶模印一花瓣纹。敛口，方唇，矮直颈，斜折肩，腹微鼓，平底。腹部饰三周凹弦纹，下腹部另有一周凸棱。通高25.2厘米，盖径12.8厘米，盖高3.3厘米，仓高23.3厘米，口径9.2厘米，外径15.5厘米，底径14.6厘米（图一九一，5）。

Ⅱ式：4件。筒腹，下腹斜收。出自M28。M28：1，泥质灰陶。无盖。敛口，圆唇，矮领，领肩相交处抹平一周，斜折肩，筒腹微鼓，平底。腹部素面。高24.9厘米，口径8.5厘米，外径14.5厘米，底径13.4厘米（图一九一，6）。M28：4，泥质灰陶。无盖。敛口，尖圆唇，矮领，斜折肩，筒腹，下腹斜收，平底。腹部素面。高26.6厘米，口径8.5厘米，外径13.7厘米，底径12.6厘米（图一九一，7）。M28：5，泥质灰陶。无盖。敛口，尖圆唇，矮领，斜折肩，筒腹近直，腹部有数周浅凹槽，平底。腹部素面。高23.4厘米，口径7.8厘米，外径13.4厘米，底径12.6厘米（图一九一，8）。M28：6，泥质灰陶。无盖。敛口，尖圆唇，矮领，领肩相交处有一周浅凹槽，斜折肩，筒腹，下腹斜收，平底。腹部素面。高25.1厘米，口径8.1厘米，外径14.5厘米，底径13厘米（图一九一，9）。

B型　7件。中型仓，直筒腹，近底部微鼓或斜收。出自M28、M30、M38。M28：3，泥质灰陶。无盖。敛口，圆唇，矮领，斜折肩，筒腹，下腹斜收，腹部有数周浅凹槽，平底。腹部素面。高20.7厘米，口径8.7厘米，外径13.4厘米，底径12.2厘米（图一九二，1）。M30：9，泥质灰陶。敛口，圆唇，斜折肩，筒腹，下腹微鼓，平底。素面。高20.3厘米，口径7.8厘米，外径14厘米，底径10.8厘米（图一九二，2）。M30：10，泥质灰陶。敛口，方唇，斜折肩，肩部有一周凹槽，筒腹，下腹微鼓，平底。素面。较残。高19厘米，口径8.2厘米，外径13.1厘米，底径11.2厘米（图一九二，3）。M30：11，泥质灰陶。敛口，方圆唇，斜折肩，肩中部有一周凸棱，肩部近腹处有一周凹槽，筒腹，腹中部微鼓，腹部有数周凹槽，平底。素面。高20厘米，口径8厘米，外径13.6厘米，底径12厘米（图一九二，4）。M30：13，泥质灰陶。敛口，方圆唇，斜折肩，筒腹，下腹微鼓，平底。素面。高19.8厘米，口径7.5厘米，外径13.4厘米，底径10.5厘米（图一九二，5）。M38：7，泥质灰黑皮褐陶。下腹以上残失，下腹直筒

图一九一　秦、汉墓葬出土A型陶仓

1～5. Ⅰ式（M26：11、M26：14、M26：15、M26：16、M26：17）　6～9. Ⅱ式（M28：1、M28：4、M28：5、M28：6）

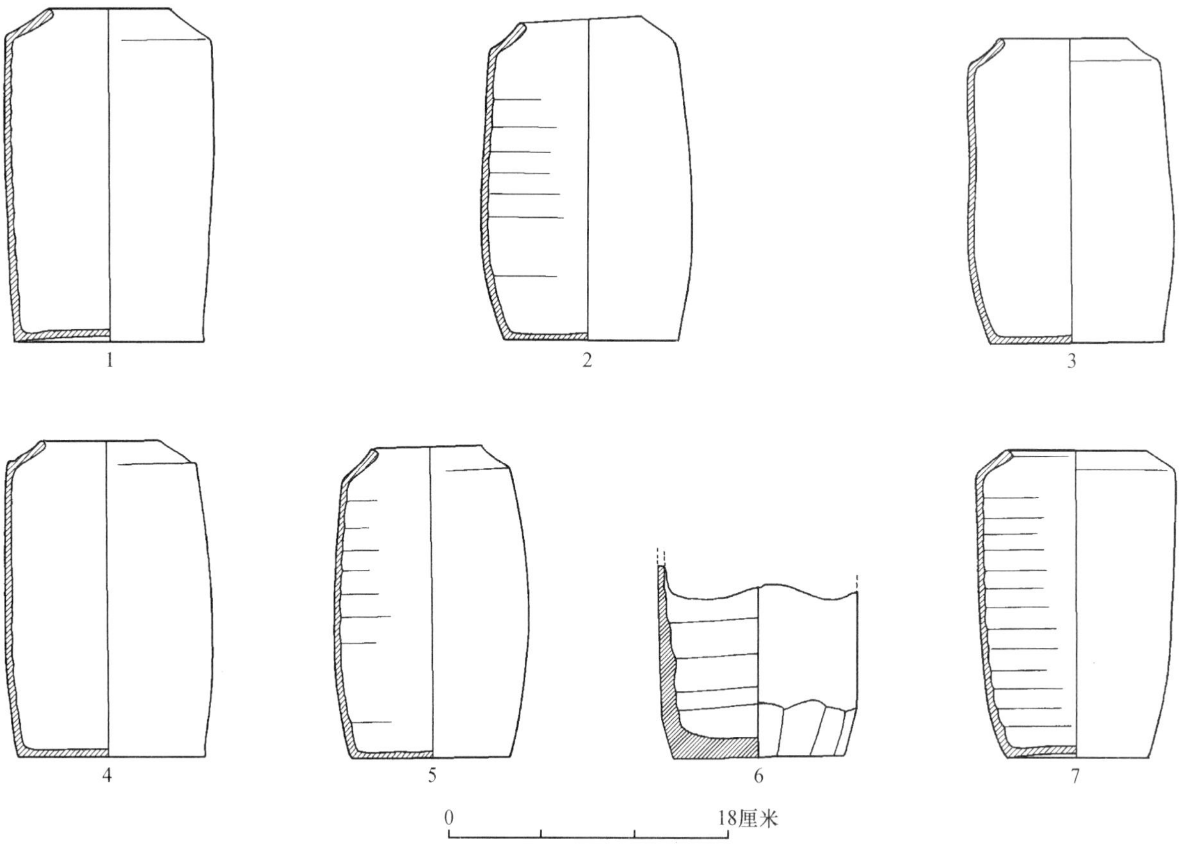

图一九二　秦、汉墓葬出土B型陶仓

1. M28∶3　2. M30∶9　3. M30∶10　4. M30∶11　5. M30∶13　6. M38∶7　7. M38∶10

腹，近底部斜收，平底。素面（图一九二，6）。M38∶10，泥质灰黑皮褐陶。敛口，方唇，斜折肩，筒腹，下腹斜收，平底。素面。高18.7厘米，口径8.6厘米，外径12.6厘米，底径8.8厘米（图一九二，7）。

C型　15件。小型仓。出自M26、M32、M35，根据腹部形态可分二式。

Ⅰ式：4件。筒腹。出自M26、M35。M26∶5，泥质灰陶。上承一碗状盖，盖口外侈，圆唇，折壁，平顶。敛口，方唇，颈较高，斜折肩，筒腹，平底。腹部上中部饰三周凹弦纹，下腹饰三周凸棱。通高20.2厘米，盖高4.2厘米，盖外径10.5厘米，仓高17.3厘米，口径7.8厘米，外径10.9厘米，底径10厘米（图一九三，1）。M26∶7，泥质灰陶。无盖。敛口，方唇，颈较高，斜折肩，筒腹，平底。腹部饰八周凸棱。仓高18.2厘米，口径6.9厘米，外径9.4厘米，底径8.2厘米（图一九三，2）。M32∶4，泥质灰陶。仓身敛口，圆唇，矮颈，斜折肩，筒腹近直，平底。素面。仓高16.3厘米，口径5.4厘米，外径10.1厘米，底径9厘米（图一九三，4）。M35∶7，泥质灰陶。上承一钵形盖，盖口近直，方圆唇，下腹近直，上腹斜收，平顶。仓身敛口，方圆唇，斜折肩，筒腹近直，平底。腹部饰四周凹弦纹。通高17.7厘米，仓高15.7厘米，口径6厘米，外径10.8厘米，底径10.3厘米，仓盖外径9.7厘米，高3.2厘米（图一九三，3）。

Ⅱ式：11件。上宽下窄。出自M26、M32、M35。M26∶4，泥质灰陶。上承一拱形盖，

图一九三 秦、汉墓葬出土C型陶仓

1～4. Ⅰ式（M26：5、M26：7、M35：7、M32：4） 5～15. Ⅱ式（M26：4、M26：6、M26：8、M32：1、M32：2、M32：3、M32：5、M35：3、M35：5、M35：8、M35：9）

盖口外侈，方唇，折壁，盖顶模印一花瓣纹。敛口，方圆唇，矮颈，斜折肩，筒腹，下腹微向内斜收，平底。腹部饰四周凹弦纹。通高19.1厘米，仓高17.2厘米，仓口径7.4厘米，外径11厘米，底径10.3厘米，盖高3.4厘米，盖径10.2厘米（图一九三，5）。M26：6，泥质灰陶。上承一碗状盖，盖口外侈，圆唇，斜壁，平顶。敛口，圆唇，颈较高，斜折肩，折肩突出似棱，筒腹，下腹向内斜收，平底。腹部素面。高14.9厘米，口径6.7厘米，外径10.6厘米，底径8.2厘米（图一九三，6）。M26：8，泥质灰陶。盖残。敛口，方唇，矮颈，斜折肩，筒腹，下腹微向内斜收，平底。腹部素面。通高18.9厘米，仓高16.5厘米，口径7.4厘米，外径11厘米，底径9.6厘米（图一九三，7）。M32：1，泥质灰陶。上承一拱形盖，盖口外侈，尖唇，斜壁，盖顶平顶。仓身敛口，圆唇，矮颈，平折肩，筒腹，腹部向内斜收，上腹部及下腹部各有一周凸棱，平底。素面。通高17.7厘米，仓高16.5厘米，口径5.8厘米，外径9.3厘米，底径7.5厘米，盖高4.2厘米，盖径19.4厘米（图一九三，8）。M32：2，泥质灰陶。上承一拱形盖，盖口外侈，尖唇，弧壁，盖顶微圜。仓身敛口，圆唇，矮颈，平折肩，筒腹，腹部向内斜收，平底。素面。通高17.1厘米，仓高15.9厘米，口径6.9厘米，外径10.6厘米，底径8.4厘米，盖口径10.2厘米，高2.3厘米（图一九三，9）。M32：3，泥质灰陶。上承一拱形盖，盖口外侈，方唇，斜壁，盖顶凹弧顶。仓身敛口，圆唇，矮颈，平折肩，筒腹，腹部向内斜收，腹部有数周凸棱，平底。素面。通高15.6厘米，仓高13.6厘米，口径7.2厘米，外径10.5厘米，底径8.5厘米。盖口径10.8厘米，高2.6厘米（图一九三，10）。M32：5，泥质灰陶。上承一拱形盖，盖口外侈，平折沿，圆唇，斜壁，盖顶平顶。仓身敛口，圆唇，矮颈，平折肩微凹，筒腹，上腹有三周凸棱，腹部向内斜收，平底。素面。通高17.1厘米，仓高14.8厘米，口径6厘米，外径10.2厘米，底径9厘米，盖外径10.2厘米，盖高2.5厘米（图一九三，11）。M35：3，泥质灰陶。上承一钵形盖，盖口近直，方唇，斜腹，平顶。仓身敛口，尖唇，斜折肩，筒腹，下腹微斜收，平底。腹部饰四周凹弦纹。通高厘米，仓高16.7厘米，口径6.4厘米，外径10.8厘米，底径10.2厘米（图一九三，12）。M35：5，泥质灰陶。上承一钵形盖，盖口近直，方唇，下腹近直，上腹斜收，平顶。仓身敛口，方唇，斜折肩，筒腹，下腹微斜收，平底。腹部饰四周凹弦纹。通高18.3厘米，仓高15.7厘米，口径7.8厘米，外径10.6厘米，底径10.2厘米，仓盖外径17.2厘米，高2.8厘米（图一九三，13）。M35：8，泥质灰陶。上承一钵形盖，盖口近直，圆唇，下腹近直，上腹斜收，平顶微凹，顶甚大。仓身敛口，方唇，斜折肩，筒腹，下腹微斜收，平底。上腹饰一组二周凹弦纹，其下均布三周凹弦纹。通高18厘米，仓高15.9厘米，口径6.6厘米，外径10.6厘米，底径9.8厘米，盖口径8.8厘米，高2.6厘米（图一九三，14）。M35：9，泥质灰陶。上承一钵形盖，盖口近直，方圆唇，下腹近直，上腹斜收，平顶。仓身敛口，方唇，斜折肩，筒腹，下腹微斜收，平底。腹部饰四周凹弦纹。仓残高15.9厘米，外径11厘米，底径9.8厘米，仓盖高3.1厘米，外径8.5厘米，底径3厘米（图一九三，15）。

2. 灶

12件。出自M22、M25、M26、M28、M29、M30、M32、M35、M38、M39这10座墓葬，M26、M30各出土2件，其余各出土1件。均修复。根据灶体平面形状可分二型。

A型　5件，平面长方形。根据火眼数量及灶釜连体与否可分三式。

Ⅰ式：3件。三火眼，灶面边缘外张，灶门有槛。出自M22、M25、M29。M22：4，灶。泥质灰陶。灶面近梯形，前宽后窄，有大小不一的三个火眼，中部火眼较大，前后火眼较小，分置三釜，前壁有半圆形灶门，下有槛，后壁上端有圆形烟孔，烟孔可接烟道尾端。素面。通高22.1厘米，灶高13.3厘米，长36.1厘米，宽18.8厘米。M22：4-1，甑。高5.7厘米，口径14.2厘米，底径4.6厘米。M22：4-2，釜。敛口，圆唇，扁腹，圜底略平。素面。高3.6厘米，口径8.2厘米，腹径9.5厘米。M22：4-3，釜。敛口，方唇，鼓腹，底部凹凸不平，下腹有旋痕。素面。高6.2厘米，口径7.4厘米，腹径10.7厘米，底径4.5厘米。M22：4-4，釜。口微敛，圆唇，扁腹，圜底略平。素面。高4.4厘米，口径7.5厘米，腹径9.9厘米。M22：4-5，烟道。泥质灰陶。圆锥形，中空，头端敛口，方唇，肩部平折，上腹近肩处二周凸棱，下腹急收。腹部有刮削痕迹（图一九四，1）。M25：1，灶。泥质灰陶。三釜一甑，灶、釜分离。M25：1-1，灶体。平面呈长方形，半圆形灶门，无槛，后端正中穿烟孔，烟孔可接烟道尾端，灶体下腹直腹。三火眼。素面。灶通高12.8厘米，长32.2厘米，宽17.4厘米。M25：1-2，釜。泥质灰陶。敛口，方唇，折腹，下腹斜收，平底。素面。下腹有刮削痕迹。高4.5厘米，腹径9厘米，底径4.8厘米。M25：1-3，釜。泥质灰黑皮褐胎。敛口，方唇，折腹，下腹斜收，平底。素面。下腹有刮削痕迹。高4.2厘米，腹径8.8厘米，底径4.3厘米。M25：1-4，釜。泥质灰陶。敞口，平折沿，沿面微凹，沿腹相交处有一周凹槽，弧腹，下腹急收，平底。素面。高5.2厘米，口径13.9厘米，底径5.6厘米。M25：1-5，甑。泥质灰陶。敞口，平折沿，沿面有一周凹槽，方唇，唇面中部有一周凸棱，腹部斜收，上腹有一周凹槽，平底，底部有五个圆形箅孔。素面。下腹有刮削痕迹。高5.2厘米，口径13.7厘米，底径4厘米（图一九四，2）。M29：2，灶。泥质灰陶。三釜一甑，灶釜分离。M29：2-1，灶体。平面呈长方形，无挡墙，三火眼，半圆形灶门，下有槛，后段正中穿烟孔。素面。通高20.2厘米，长34厘米，宽19.8厘米。M29：2-2，釜。泥质黑皮灰陶。敛口，方唇，鼓肩，弧腹，下腹斜收，平底。素面。下腹有刮削痕迹。高4.7厘米，口径7.4厘米，腹径8.5厘米，底径2.5厘米。M29：2-3，釜。泥质灰黑陶。敛口，平折沿，尖唇，弧肩，折腹，下腹斜收，平底。素面。高6.8厘米，腹径12.1厘米，底径3厘米。M29：2-4，釜。泥质黑皮陶灰胎。敛口，仰折沿，沿面有一周凹槽，鼓肩，弧腹，下腹斜收，平底。素面。高4.9厘米，口径8.1厘米，腹径9.1厘米，底径3厘米。M29：2-5，甑。泥质黑皮陶褐胎。敞口，平折沿，沿面微凹，圆唇，腹部斜收，平底，底部有五个圆形箅孔。素面。腹部饰数周凹弦纹。高7.2厘米，口径17.2厘米，底径5.5厘米（图一九四，3）。

Ⅱ式：1件。双火眼，灶门有槛。出自M26。M26：20，灶。泥质灰陶。二釜，灶釜分离。M26：20-1，灶体。平面呈梯形，前宽后窄，半圆形灶门，下有槛，后端正中穿烟孔，灶体下腹微向内斜收。双火眼，前大后小。素面。长32.8厘米，通高18.5厘米，灶高11.8厘米，灶宽17.1厘米。M26：20-2，釜。泥质灰陶。敛口，方唇，上腹有一周凹槽，鼓腹，平底。腹中部饰一周凹弦纹。高8.6厘米，外径13.6厘米，底径5厘米，口径8.3厘米。M26：20-3，釜。泥质灰陶。敛口，方唇，鼓腹，圜底。素面。高6.4厘米，外径10.7厘米，口径7.3厘米，底径3厘米（图一九四，4）。

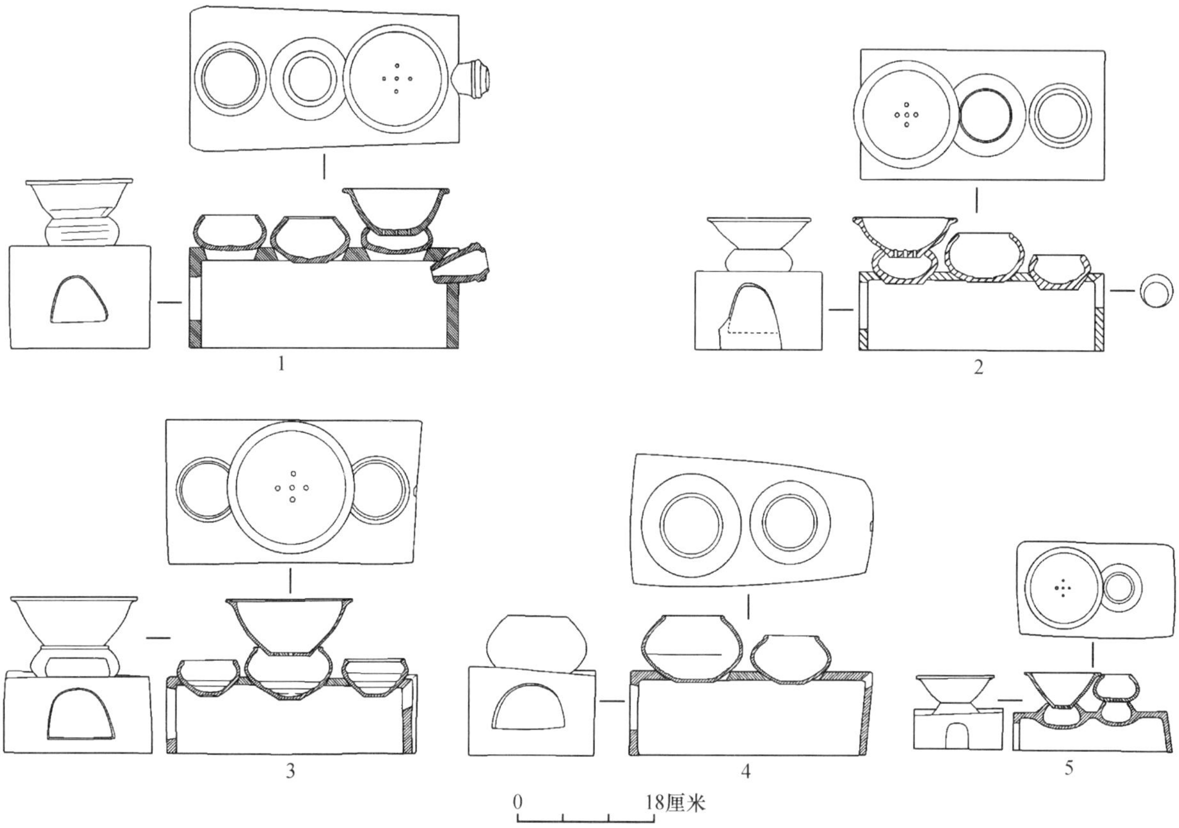

图一九四　秦、汉墓葬出土A型陶灶

1～3. Ⅰ式（M22：4、M25：1、M29：2）　4. Ⅱ式（M26：20）　5. Ⅲ式（M32：8）

Ⅲ式：1件。双火眼，形体较小，灶釜连体。出自M32。M32：8，灶。泥质灰陶。一釜一甑，釜灶连体。M32：8-1，灶体。平面呈长方形，无挡墙，二火眼，半圆形灶门，无槛，后段正中穿烟孔。素面。通高10.4厘米，宽12厘米，长21.6厘米，灶高6.4厘米。M32：8-2，釜。泥质灰陶。敛口，方唇，鼓腹，平底。素面。高3.7厘米，外径6.2厘米。M32：8-3，甑。泥质灰陶。敞口，平折沿，圆唇，斜壁，平底，底部有五个圆形箅孔。素面。高4.6厘米，口径10.4厘米（图一九四，5）。

B型　7件，平面为半椭圆形。根据火眼数量可分二式。

Ⅰ式：1件。三火眼。出自M39。M39：3，灶。泥质灰陶。三釜一甑，灶釜分离。M39：3-1，灶体。前方后圆，平面基本呈半椭圆形，无挡墙，三火眼，半圆形灶门，下有槛，后端正中穿烟孔。素面。长27.6厘米，宽15.5厘米，灶高9厘米，通高16.1厘米。M39：3-2，釜。泥质灰陶。敛口，圆唇，矮领，鼓腹，下腹斜收，平底。素面。高5.5厘米，口径6.1厘米，腹径8.5厘米，底径2.5厘米。M39：3-3，釜。泥质灰陶。敛口，圆唇，矮领，鼓腹，下腹斜收，平底。素面。高4.9厘米，口径5.5厘米，腹径7.5厘米，底径2厘米。M39：3-4，釜。泥质灰陶。敛口，圆唇，鼓腹，下腹斜收，平底。素面。高5.2厘米，口径5.9厘米，腹径8.1厘米，底径2.7厘米。M39：3-5，甑。泥质灰陶。敞口，方唇，腹部斜收，平底，底部有五个圆形箅孔。素面。高4.9厘米，口径10.4厘米，底径3.1厘米（图一九五，1）。

Ⅱ式：6件。二火眼。出自M26、M28、M30、M35、M38。M26：21，灶。泥质褐陶。残存一釜一盆一甑，灶釜分离。M26：21-1，灶体。前壁稍残，前方后圆，平面基本呈半椭圆形，无挡墙，双火眼，灶体下腹向内斜收。素面。总宽33.6厘米。M26：21-2，盆。泥质灰陶。敞口，圆唇，弧腹，下腹斜收，平底。素面。M26：21-3，器底。泥质灰陶。仅残存底，平底。素面。M26：21-4，甑。泥质灰黑皮陶褐胎。侈口，仰折沿，方唇，唇中有一周凹槽，腹部斜收，上腹以下残失。素面（图一九五，2）。M28：8，灶。泥质灰陶。二釜一甑，灶釜分离。M28：8-1，灶体。平面形状前方后圆，无挡墙，双火眼，半圆形灶门，无槛，后端正中穿烟孔，灶体向右上方倾斜。素面。长35厘米，通高17.8厘米，宽5.5厘米。M28：8-2，釜。夹砂灰黑陶。敛口，方唇，唇面有一周凹槽，肩部近唇处有一周凹槽，弧肩，折腹，平底。素面。高6.2厘米，口径10.2厘米，底径4.8厘米。M28：8-3，釜。泥质灰陶。敛口，方唇，折腹，下腹斜收，平底。素面。高4.2厘米，口径7.6厘米，底径2.4厘米。M28：8-4，甑。敞口，仰折沿，沿面内凹，方唇，弧腹，下腹斜收，平底，底面有五个圆形箅孔。素面。高6厘米，口径16.8厘米，底径6.2厘米（图一九五，3）。M30：3，灶。泥质灰陶。仅残存一甑一盆，灶釜分离。M30：3-1，灶体。前方后圆，平面基本呈半椭圆形，无挡墙，双火眼，半圆形灶门，下有槛，后端正中穿烟孔，直壁。素面。通高14.3厘米，长24.6厘米，宽16厘米，灶高9.5厘米。M30：3-2，甑。泥质灰陶。仅残存底部，平底，残存三圆形箅孔。素面。高5.9厘米，口径13厘米，底径7厘米。M30：3-3，盆。泥质灰陶。敞口，平折沿微仰，圆唇，腹部微鼓，平底。素面。高5.5厘米，口径8.2厘米，底径3厘米（图一九五，4）。M30：12，灶。泥质灰陶。二釜，灶釜分离。M30：12-1，灶体。前方后圆，平面基本呈半椭圆形，无挡墙，双火眼，半圆形灶门，下有槛，后端正中穿烟孔，直壁。素面。通高15厘米，长27厘米，宽15.4厘米，灶高9.6厘米。M30：12-2，釜。泥质灰陶。敛口，方唇，鼓腹，平底。上腹部饰一周凸弦纹。下腹有刮削痕迹。高6.5厘米，腹径10.6厘米。M30：12-3，釜。泥质灰陶。敛口，圆唇，鼓腹，上腹部有一周凹槽，平底。素面。高5.3厘米，腹径9.1厘米（图一九五，5）。M35：11，灶。泥质灰陶。一釜二甑一盆，灶釜分离。M35：11-1，灶体。前方后圆，平面基本呈半椭圆形，无挡墙，双火眼，半圆形灶门，下有槛，后端正中穿烟孔，灶壁近直。素面。长27.5厘米，宽15.6厘米，高7.2厘米。M35：11-2，釜。敞口，方圆唇，鼓腹，平底。素面。下腹有刮削痕迹。高5.6厘米，口径11.4厘米，底径4.9厘米。M35：11-3，盆。敞口，仰折沿，沿面微凹，圆唇，弧腹，平底。素面。高7.4厘米，口径7厘米，腹径11.5厘米，底径4.5厘米。M35：11-4，釜。敛口，方唇，弧肩，折腹，平底。素面。高4.8厘米，口径6.6厘米，腹径7.5厘米，底径4.3厘米。M35：11-5，甑。敞口，折沿微仰，沿面有一周凹槽，方唇，弧腹，平底，底部有五个圆形箅孔。素面。高5.7厘米，口径11.2厘米，底径4厘米（图一九五，6）。M38：5，灶。泥质灰陶。二釜一灶，灶釜分离。M38：5-1，灶体。前方后圆，平面基本呈半椭圆形，无挡墙，双火眼，半圆形灶门，下有槛，后端正中穿烟孔，灶壁外张。素面。通高15.3厘米，灶高7.1厘米，宽17.6厘米。M38：5-2，釜。泥质灰陶。敛口，方唇，鼓腹，下腹斜收，平底。素面。下腹有刮削痕迹。釜高5.1厘米，口径8.3厘米，腹径10.4厘米，底径4.3厘米。M38：5-3，釜。泥质灰陶。敛口，方唇，折腹，下腹斜收，平底。素面。下腹有刮削痕迹。釜高5厘米，口径7.2厘米，腹径9.4厘米，底径3厘米（图一九五，7）。

图一九五　秦、汉墓葬出土B型陶灶

1. Ⅰ式（M39：3）　2～7. Ⅱ式（M26：21、M28：8、M30：3、M30：12、M35：11、M38：5）

3. 井

9件。分别出土自M26、M28、M29、M30、M32、M35、M38。其中M26、M30各出土2件，其余均出土1件。M26、M38各有1件未修复，其余7件均复原。根据口、底及腹的形态可分二型。

A型　6件。口小底大，筒腹或直腹，腹部微鼓或外斜。根据井壁腹部的不同可分三式。

Ⅰ式：4件。筒腹微鼓。出自M26、M28、M29、M30。M26：12，泥质灰陶。侈口，平折沿，圆唇下弇，筒腹，腹略鼓，平底。上腹部饰两周凹弦纹。高12.2厘米，口径16.8厘米，底径14.2厘米（图一九六，1）。M28：9，泥质灰陶。敛口，折沿微仰，沿面有两周凹槽，方唇，沿下面下弇，鼓腹，平底微凹。素面。高12厘米，口径17.4厘米，腹径17.5厘米，底径12.8厘米（图一九六，2）。M29：1，泥质灰陶。直口微敛，平折沿，沿面有一周凹槽，方唇，沿下面内凹，筒腹微鼓，腹部两周凸棱，平底微凹。素面。高12厘米，口径16.8厘米，腹径15.6厘米，底径14.8厘米（图一九六，3）。M30：4，泥质灰陶。直口，平折沿微仰，方唇，沿背内凹，直腹微鼓，平底。素面。高11.5厘米，口径15.7厘米，底径15.4厘米（图一九六，4）。

Ⅱ式：1件。直腹微鼓。出自M30。M30：16，泥质灰陶。直口，平折沿微仰，方唇，唇面中部有一周凸棱，直腹微鼓，平底。素面。下腹有刮削痕迹。高10.2厘米，口径12.5厘米，腹径12.1厘米，底径9.5厘米（图一九六，5）。

Ⅲ式：1件。筒腹，形体细高，腹部外斜。出自M32。M32：7，泥质灰陶。直口，平折沿，沿面内凹，方唇，唇面内凹，筒腹，腹部外斜，平底。素面。高12.2厘米，口径11.1厘米，底径9.5厘米（图一九六，6）。

B型　1件。口大底小，敞口，方唇，腹身较细，腹近直。出自M35。M35：6，泥质灰

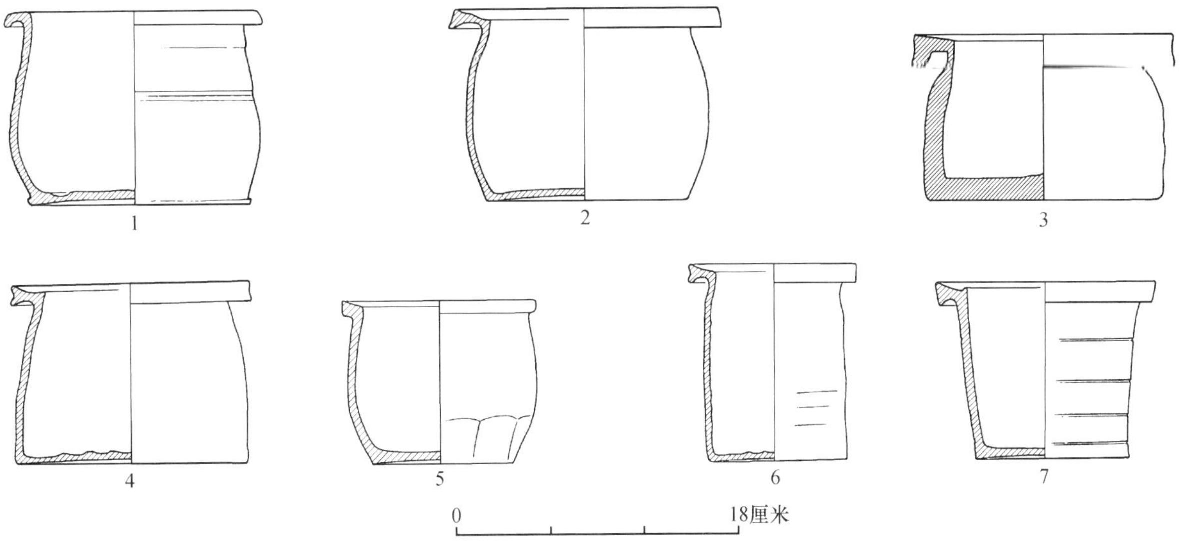

图一九六　秦、汉墓葬出土陶井

1～4. A型Ⅰ式（M26：12、M28：9、M29：1、M30：4）　5. A型Ⅱ式（M30：16）　6. A型Ⅲ式（M32：7）　7. B型（M35：6）

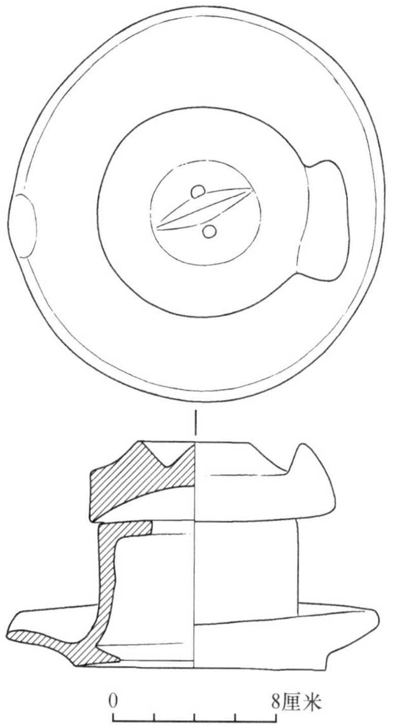

图一九七　秦、汉墓葬出土陶磨（M32：6）

陶。敞口，折沿微仰，沿口相交处凸起似棱，方唇，唇面微内凹，腹近直，平底。腹部饰三周凹弦纹。高11.1厘米，口径14.4厘米，底径10.2厘米（图一九六，7）。

4. 磨

1件。出自M32，已修复。M32：6，泥质灰陶。上扇表面满布戳纹，中央槽有两个相对的半月形槽，口小底大，一侧有手柄。下扇隆起，高出磨盘，中央一圆形孔洞。盘敞口，斜壁，壁缘一侧有流，底部残失。下扇腹壁与盘底相连，腹中空。高8厘米，上扇外径18.2厘米，扇盘直径14.7厘米，下扇直径27.5厘米（图一九七）。

5. 釜、甑

7件。出自M2、M4、M10、M36、M53、M61、M66。根据釜口部、领部、腰部的不同可分二型。

A型　3件。腹部无腰沿，无铺首。根据甑的形态又可分二亚型。

Aa型　2件。钵形甑。釜侈口，卷沿，矮领，圜底。出自M2、M10。M2：4-1，釜。泥质灰陶。侈口，卷沿，尖唇下耷，矮领，圆肩，鼓腹，圜底。下腹及底饰中绳纹。高16厘米，口径14.6厘米，腹径21.1厘米。M2：4-2，钵形甑。泥质灰陶。敛口，方圆唇，鼓腹，下腹急收，假圈足，平底微凹，底部有五个圆形箅孔。素面。高8.5厘米，口径19.6厘米，底径6.8厘米（图一九八，2）。M10：4-1，釜。泥质灰皮陶褐胎。釜身侈口，卷沿，沿面上仰，方唇，矮领，领肩相交处有一周凹槽，圆肩，鼓腹，圜底。腹中部饰一周凸弦纹，下腹及底部饰中绳纹。下腹及底部有烧黑痕迹，疑为实用器。高14.3厘米，口径15.3厘米，腹径20.6厘米。M10：4-2，钵形甑。泥质灰黑皮夹褐胎。敞口，方唇，弧腹似折，下腹急收，假圈足，平底，底部有五个不规则的圆形箅孔。素面。箅孔为烧造后在底部划出方形网格后钻凿而成。高10厘米，口径22.6厘米，底径9.6厘米（图一九八，1）。

Ab型　1件。盆形甑。釜，敛口，平底。出自M36。M36：4-1，甑。泥质灰陶。敞口，平折沿，方唇，弧腹，平底，底部有五个圆形箅孔。上腹饰十二周凹弦纹。M36：4-2，釜。敛口，方唇，鼓腹，平底。肩腹相交处似有一周凹弦纹。通高16.7厘米，甑高9.3厘米，口径18.9厘米，底径6.2厘米，釜高9.3厘米，口径10厘米，腹径16.6厘米，底径5厘米（图一九八，3）。

B型　4件。釜为鼓腹，中部有一腰沿。根据是否有衔环可分二亚型。

Ba型　3件。直口，方唇或圆唇，矮领，广肩，扁鼓腹，肩部或上腹部有一对铺首衔环，圜底。根据釜腹深度可分三式。

Ⅰ式：1件。釜腹较浅。矮直领，广肩，扁鼓腹。出自M4。M4：1，釜。泥质灰黑皮陶褐胎。直口，方唇，矮直领，广肩，肩部起台，扁鼓腹，上腹部有一对称铺首，衔环缺失，腹

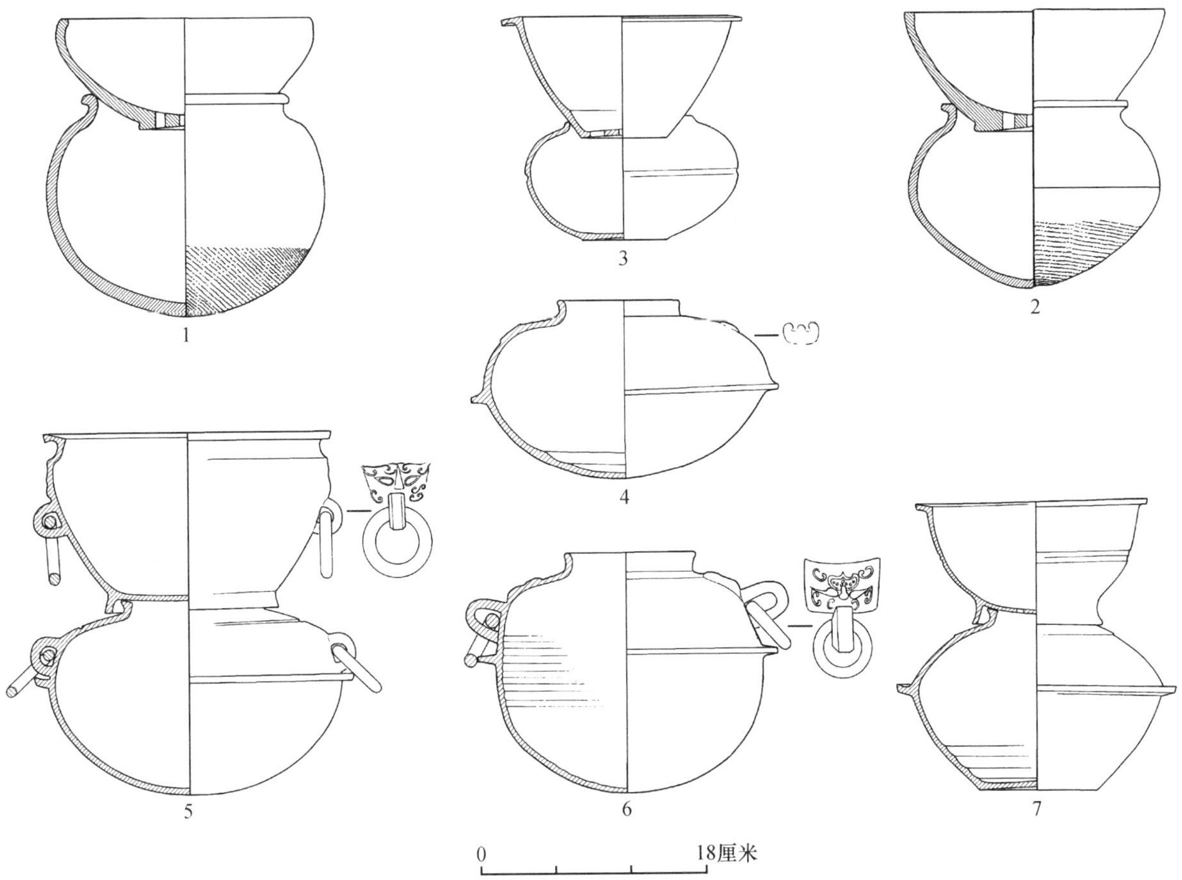

图一九八　秦、汉墓葬出土陶釜甑

1、2. Aa型（M10：4-2、M2：4-2）　3. Ab型（M36：4-1）　4. Ba型Ⅰ式（M4：1）　5. Ba型Ⅱ式（M53：1-2）　6. Ba型Ⅲ式（M61：6-2）　7. Bb型（M66：1）

中有一腰檐，上窄下宽，圜底。素面。高13.4厘米，口径9.6厘米，腹径22.4厘米（图一九八，4）。M4：3，甑。泥质灰黑陶。直口，平折沿，圆唇，上腹有一对铺首衔环，环可活动，铺首上方微折，腹微鼓，圜底，圈足残失，外底划出折线形窄槽象征篦孔。沿下有两周凹弦纹，内壁施有红彩。口径25.6厘米，高13.8厘米。

Ⅱ式：1件。釜腹加深。矮领，广肩，肩腹交接处有一凹槽，鼓腹。出自M53。M53：1-1，釜。泥质灰陶。直口，方唇，矮领，广肩，肩腹交接处有一凹槽，鼓腹，腹上部有一对铺首衔环，环可活动，腹中部有一宽腰檐，圜底。M53：1-2，甑。泥质灰陶。敛口，折沿微仰，方唇，束颈，颈腹交接处起折棱，腹较深，上腹有一对铺首衔环，环可活动，下腹斜收，矮圈足，平底，内外底皆划有折线形窄槽象征篦孔。通高24.3厘米，甑高15厘米，口径22.8厘米，底径13.7厘米，釜高15厘米，口径11厘米，腹径25.3厘米（图一九八，5）。

Ⅲ式：1件。釜腹深腹。圆唇，矮直领，广肩，铺首上部起一矮台。出自M61。M61：6-1，釜。泥质灰陶。直口，圆唇，矮直领，广肩，肩部有两个对称的铺首衔环，环可活动，铺首上部起一矮台，深鼓腹，腹中部有一腰檐。底部残。素面。高18.6厘米，口径10.2厘米，腹径23.6厘米。铺首衔环的环径4.8厘米。M61：6-2，甑，泥质灰陶。口沿残，束颈，深鼓腹，上腹有一对铺首衔环，一环残失，圈足较高，残缺较多。甑未修复（图一九八，6）。

Bb型　1件。无铺首衔环，敛口，方唇，釜平底。出自M66（图一九八，7）。M66：1-1，釜。泥质灰陶。敛口，方唇，唇外缘略突出，矮直领，广肩，肩部起台，扁鼓腹，腹中部有一腰檐，平底微凹。肩部有一凸弦纹。高13.6厘米，口径7.7厘米，腹径22.2厘米，底径9.5厘米。M66：1-2，甑。泥质灰陶。口微敛，平折沿，方唇，腹部弧收，圈足，圜底，底部有七个长条形箅孔。腹中部以及圈足上部各饰一凹弦纹。高9.6厘米，口径18.6厘米，底径9.5厘米。

6. 甑

9件。出自M2、M11、M19、M22、M41、M47、M70、M74、M75这9座墓葬，其中M11、M41这2座墓葬出土的甑未修复。根据外观的不同，可分三型。

A型　钵形甑，3件。出土自M19、M47、M74。M19：3，泥质灰陶。口微敛，圆唇，弧腹，平底微凹，中部有一小孔。腹有数周凹弦纹。高9.5厘米，口径20.2厘米，底径7.1厘米（图一九九，1）。M47：2，泥质灰陶。口微敛，圆唇，弧腹，平底微凹，底部有5个小孔。素面。高7.6厘米，口径21.4厘米，底径7.8厘米（图一九九，2）。M74：3，泥质灰陶。敛口，圆唇，弧腹，平底，底部有四个圆形箅孔。素面。钻孔为由外壁向内壁钻成。高8.1厘米，口径18.6厘米，底径6.3厘米（图一九九，3）。

B型　盆形甑，3件。出自M22、M70、M75。M22：3，泥质灰陶。敞口，平折沿，方唇，斜腹，平底，底部有五个圆形篦孔。素面。高7.5厘米，口径18.2厘米，底径5.8厘米（图一九九，4）。M70：7，泥质灰陶。口微敛，仰折沿，圆唇，腹微鼓，上腹部起一矮台，圈足较矮，平底，底部残存有四个小孔。高9.8厘米，口径22.1厘米，底径9.8厘米（图一九九，5）。M75：3，泥质灰陶。敞口，平折沿，斜方唇，弧腹，平底，矮圈足，底部有七个圆形箅孔，部分未透。素面。高10.9厘米，口径22.5厘米，底径9.6厘米（图一九九，6）。

C型　盘形甑，1件。出自M2。M2：2，敞口，方唇，唇面有一周凹槽，浅盘，弧腹，平底，底部残存十六个圆形箅孔，部分未透。素面。高4.2厘米，口径23.6厘米，底径13.2厘米（图一九九，7）。

7. 釜

2件。出土自M73、M75。M75所出未修复。标本M73：1，泥质灰陶。敛口，圆唇，矮领，扁鼓腹，平底。素面。高8.3厘米，口径9.1厘米，腹径14.4厘米，底径7.4厘米（图二〇〇）。

8. 钵

15件。出自M2、M10、M29、M41，其中M2出土11件，M10出土2件，M29、M41各出土1件。M41：4未修复，其余14件修复。根据体型大小可分二型。

A型　2件。大型钵。敛口，方唇，弧腹，下腹急收，平底。出自M2、M10。M2：5，泥质灰黑皮陶褐胎。敛口，尖圆唇，浅弧腹，平底。素面。高7.5厘米，口径22厘米，底径7.5厘米（图二〇一，5）。M10：3，泥质灰陶，敛口，方唇，弧腹，下腹急收，平底。素面。高

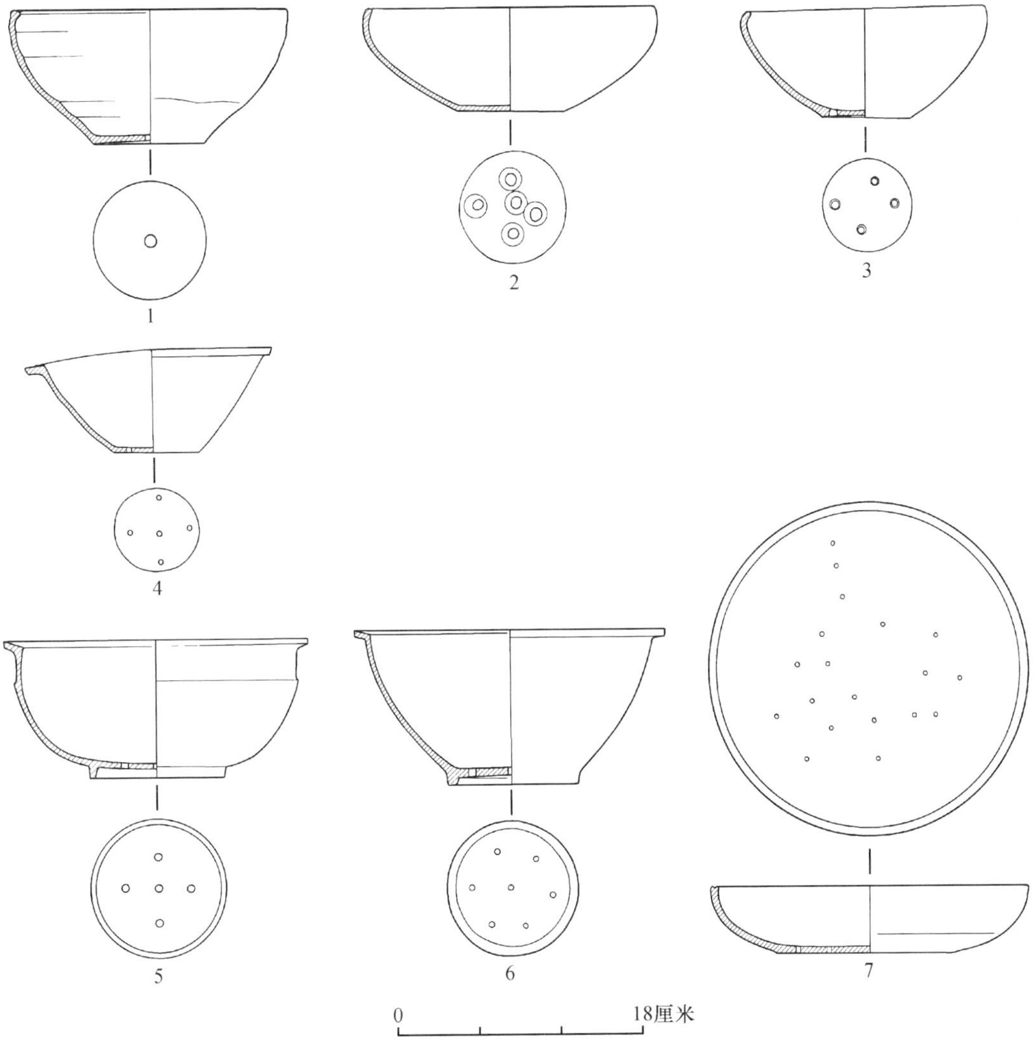

图一九九　秦、汉墓葬出土陶甑

1～3. A型（M19：3、M47：2、M74：3）　4～6. B型（M22：3、M70：7、M75：3）　7. C型（M2：2）

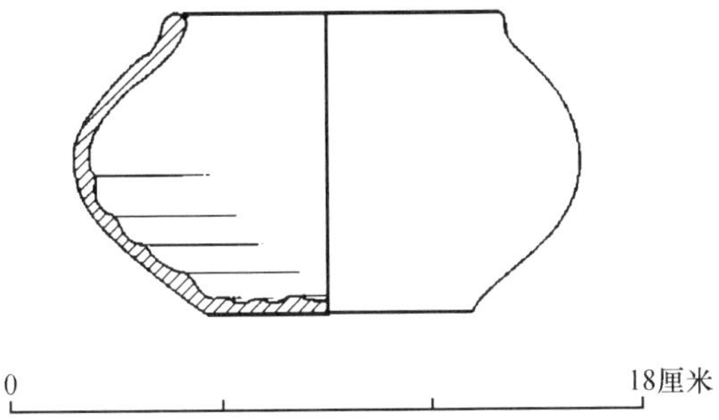

图二〇〇　秦、汉墓葬出土陶釜

（M73：1）

10.1厘米，口径22.1厘米，底径8.5厘米（图二〇一，6）。

B型　12件。小型钵。敛口，圆唇或者尖圆唇，弧腹，下腹斜收，平底。根据唇和腹的不同可分二式。

Ⅰ式：11件。出自M2、M10。M2：1-1，泥质灰陶。敛口，尖圆唇，弧腹，下腹斜收，平底。素面。高6.3厘米，口径14.4厘米，底径5.2厘米。M2：1-2，泥质灰陶。敛口，尖圆唇，弧腹，下腹斜收，平底。素面。高5.6厘米，口径13.9厘米，底径5.4厘米。M2：1-3，泥质灰陶。敛口，尖圆唇，弧腹，下腹斜收，平底。素面。高6.5厘米，口径14厘米，底径5.5厘米。标本M2：1-4，泥质灰陶。敛口，尖圆唇，弧腹，下腹斜收，平底。素面。高6厘米，口径13.9厘米，底径5.4厘米。M2：1-5，泥质灰陶。敛口，尖圆唇，弧腹，下腹斜收，平底。素面。高6厘米，口径14.7厘米，底径5.5厘米（图二〇一，1）。M2：3-1，泥质灰陶。敛口，圆唇，弧腹，下腹斜收，平底。素面。高5厘米，口径13.8厘米，底径5.2厘米。M2：3-2，泥质灰陶。敛口，圆唇，弧腹，下腹斜收，平底。素面。高4.8厘米，口径14.7厘米，底径5.2厘米。M2：3-3，泥质灰陶。敛口，圆唇，弧腹，下腹斜收，平底。素面。高5.9厘米，口径14厘米，底径5厘米。M2：3-4，泥质灰陶。敛口，圆唇，弧腹，下腹斜收，平底。素面。高5.6厘米，口径14.5厘米，底径5厘米。M2：3-5，泥质灰陶。敛口，圆唇，弧腹，下腹斜收，平底。素面。高5.5厘米，口径14.4厘米，底径4.6厘米（图二〇一，2）。M10：5，泥质灰陶。敞口，方唇，弧腹，下腹急收，假圈足，平底。素面。高5.9厘米，口径13.5厘米，底径6.2厘米（图二〇一，3）。

Ⅱ式：1件。出自M29。M29：6，泥质灰陶。敛口，圆唇，腹微折，下腹斜收，平底微凹。素面。高6.4厘米，口径15.2厘米，底径6.6厘米（图二〇一，4）。

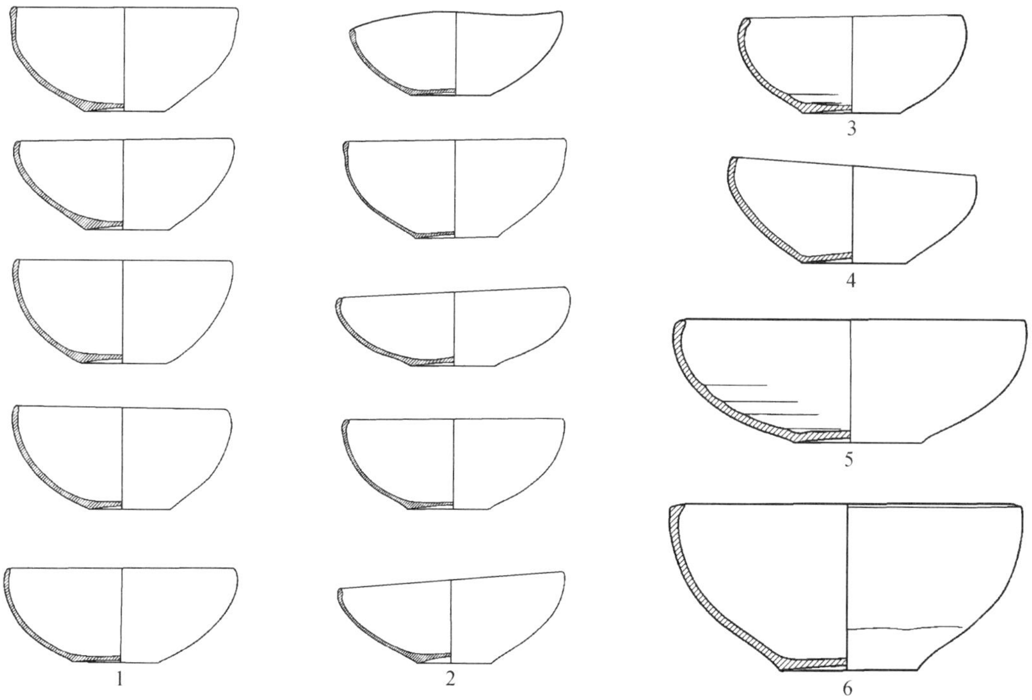

图二〇一　秦、汉墓葬出土陶钵

1～3. B型Ⅰ式（M2：1、M2：3、M10：5）　4. B型Ⅱ式（M29：6）　5、6. A型（M2：5、M10：3）

9. 盆

4件。出自M22、M38、M45、M66，均修复，根据形体大小的不同可分二型。

A型　1件。形体较大。出自M66。M66∶4，泥质灰陶。盆形，敞口，平折沿，沿面微凹，方唇，腹部斜收，平底。腹部有数周较宽的凸弦纹。高11.6厘米，口径29.2厘米，底径10.5厘米（图二〇二，1）。

B型　3件。形体较小。出土自M22、M38、M45。M22∶5，泥质灰陶。盆形，敞口，平折沿微仰，沿面有一周窄凹槽，圆唇，斜腹，平底。素面。下腹有刮削痕迹，内底有螺旋痕迹。高6.2厘米，口径14.6厘米，底径6.8厘米（图二〇二，2）。M38∶4，泥质灰陶。敞口，平折沿，方唇，腹微鼓，下腹斜收较甚，平底。素面。高6.7厘米，口径14.5厘米，底径4.3厘米（图二〇二，3）。M45∶2，泥质灰陶。敞口，折沿，沿面内凹，方唇，腹部斜收，平底。上腹有一周凸弦纹。下腹拍压一周，内底有螺旋痕。下腹有刮削痕迹。高5.4厘米，口径14.2厘米，底径5.8厘米。推测为模型灶中之盆（图二〇二，4）。

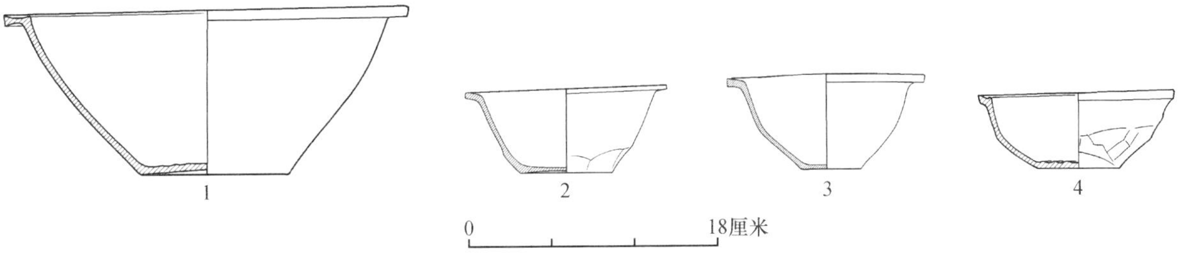

图二〇二　秦、汉墓葬出土陶盆

1. A型（M66∶4）　2～4. B型（M22∶5、M38∶4、M45∶2）

二、铜　　器

出土铜器58件及铜钱139枚，包括铜鼎6件、铜钫4件、铜洗4件、铜勺2件、铜带钩3件、铜匜2件、铜泡饰3件、铜镞2件、铜铃27件、铜镜2件、铜铍帽1件、铜环1件、铜饰1件（表七）。

表七　葛家沟墓地秦、汉墓铜器器类统计表

器名	件数	百分比（%）	器名	件数	百分比（%）
铜鼎	6	3.4	铜铃	27	3.4
铜钫	4	2.3	铜带钩	3	1.7
铜洗	4	2.3	铜铍帽	1	0.6
铜勺	2	1.1	铜环	1	0.6
铜镜	2	1.1	铜饰	1	0.6
铜泡饰	3	1.7	铜钱	139	79.9
铜镞	2	1.1	合计	197	100
铜匜	2	1.1			

1. 铜鼎

6件。分别出自M1、M2、M6，各出2件，胎壁较薄，锈蚀严重。M1：3、M1：4，青绿色，大小形制相同，整体矮胖，子母口内折较长，上覆浅盘平底盖，方唇内折，盖饰三组，纽近椭圆形，顶部一乳钉，肩部两个长方形附耳略外撇折，上腹壁直，下腹缓收，腹较深，中部有一凸棱，圜底近平，足跟粗大隆起，蹄足近直。通高16厘米，口径13.5厘米，腹径16厘米，足高7厘米，耳高6厘米（图二〇三，1）。M2：8、M2：9，青绿色，大小、形制相同。整体矮胖，子母口内折较长，上覆浅盘平底盖，方唇内折，盖饰三组，纽近椭圆形顶部一乳钉，肩部两个长方形附耳略外撇折，上腹壁直，下腹缓收，腹较深，中部有一凸棱，圜底近平，足跟粗大隆起，蹄足近直。通高16.5厘米，口径15.6厘米，腹径18厘米，足高7.3厘米，耳高6厘米（图二〇三，2）。M6：1、M6：2，青绿色，大小、形制相同。整体矮胖，子母口内折较长，上覆浅盘平底盖，方唇内折，盖饰三组，纽近椭圆形顶部一乳钉，肩部两个长方形附耳略外撇折，上腹壁直，下腹缓收，腹较深，中部有一凸棱，圜底近平，足跟粗大隆起，蹄足近直。通高18.4厘米，口径12.8厘米，腹径19厘米，足高8.4厘米，耳高5.3厘米（图二〇三，3）。

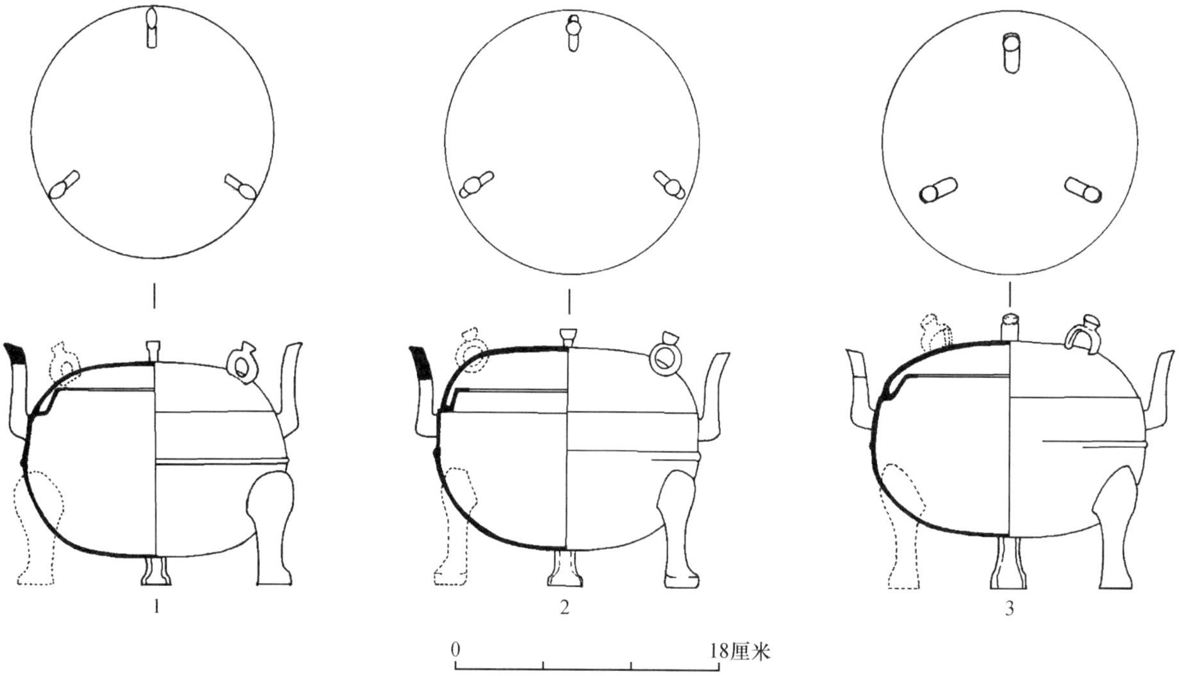

图二〇三　秦、汉墓葬出土铜鼎

1. M1：3　2. M2：8　3. M6：1

2. 铜钫

4件。分别出自M1、M2，各出2件，胎壁较薄，锈蚀严重。M1：1、M1：2，大小形制相同青绿色，平面呈正方形，盝顶形盖，坡度较大，四面坡上各饰一扁体S形简化鸟首，盖舌短而内斜，钫矮领方唇，盘口，束颈溜肩鼓腹，腹部一对铺首衔环，平底，矮方圈足外撇，最大径位于腹中部。通高28.6厘米，口径9.5厘米，腹径16.1厘米，底径11厘米，衔环直径4.5厘米（图二〇四，1）。M2：6、M2：7，大小、形制相同。锈蚀，残，青绿色，平面呈正方形，盝顶形盖，坡度较大，四面坡上各饰一扁体S形简化鸟首，盖舌短而内斜，钫矮领方唇，盘口，束颈溜肩鼓腹，腹部一对铺首衔环，平底，矮方圈足外撇，最大径位于腹中部。高32.2厘米，口径10.2厘米，腹径16.8厘米，底径11.6厘米，衔环直径5.7厘米（图二〇四，2）。

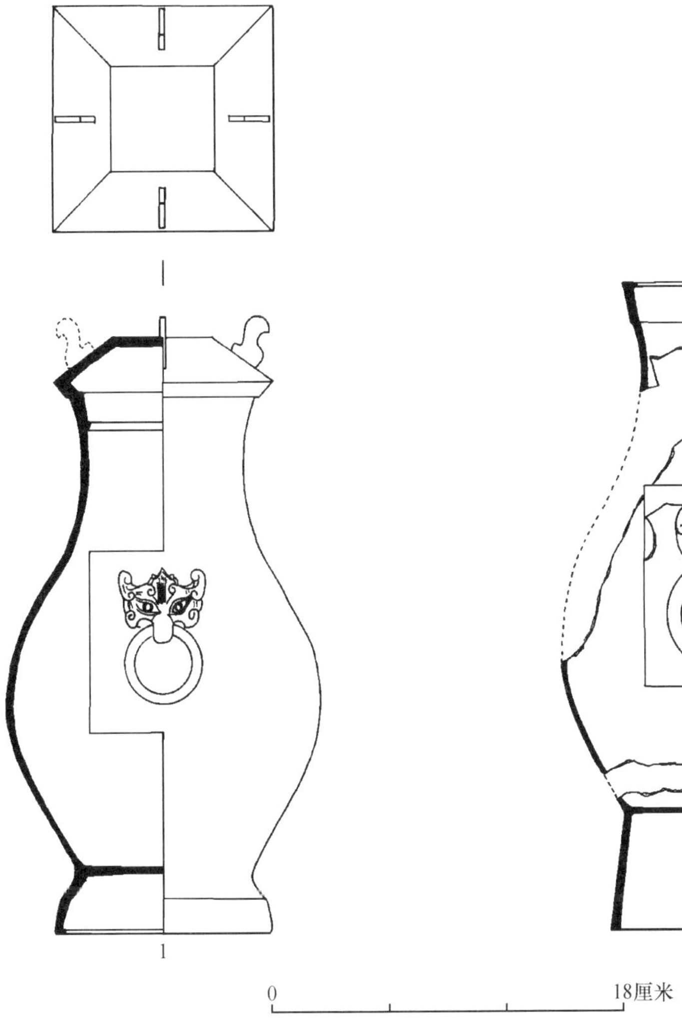

图二〇四　秦、汉墓葬出土铜钫
1. M1：1　2. M2：6

3. 铜洗

4件。分别出自M26、M30、M35、M38，各出1件，胎体极薄，锈蚀严重，出土时均已破碎。M26：1，锈蚀严重未修复。仰折沿，斜弧腹，腹部以下残。口径20.5厘米（图二〇五，1）。M30：6、M35：12，锈蚀严重未修复。敞口，仰折沿。M38：1，敞口，仰折沿，弧鼓腹，平底。口径21厘米，腹径19厘米，底径11.4厘米，高7.6厘米（图二〇五，2）。

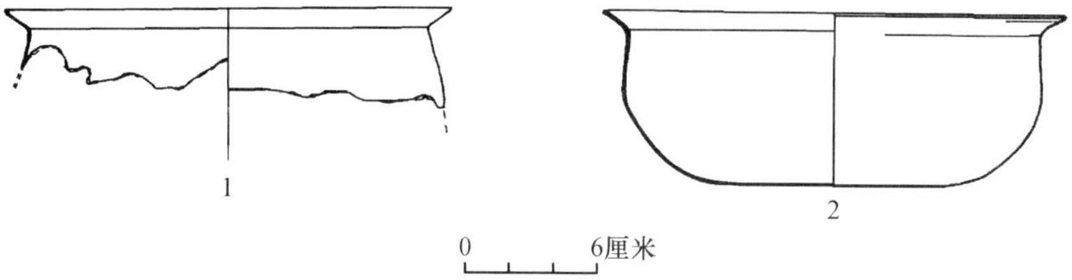

图二〇五　秦、汉墓葬出土铜洗

1. M26：1　2. M38：1

4. 铜勺

2件。分别出自M1、M2，各出1件，锈蚀严重。M1：6，勺斗弧边四边形，长銎分三段，首端与斗相接一段截面呈三角形，中间一段截面呈圆柱形，尾端龙首形，衔环，尾端和中间一段相连接处有箍，銎首段长6.9厘米，中段长17厘米，尾段长9.5厘米，勺斗长10厘米，宽7厘米（图二〇六，1）。M2：10，勺斗弧边四边形，长銎，銎分两段，首端与斗相接，略呈U形，切面呈三角形，末段扁平，截面梯形，柄尾衔环。勺斗长径9.1厘米，短颈6.5厘米，深1.5厘米，勺柄前段3厘米，尾段22.9厘米，环径2.8厘米（图二〇六，2）。

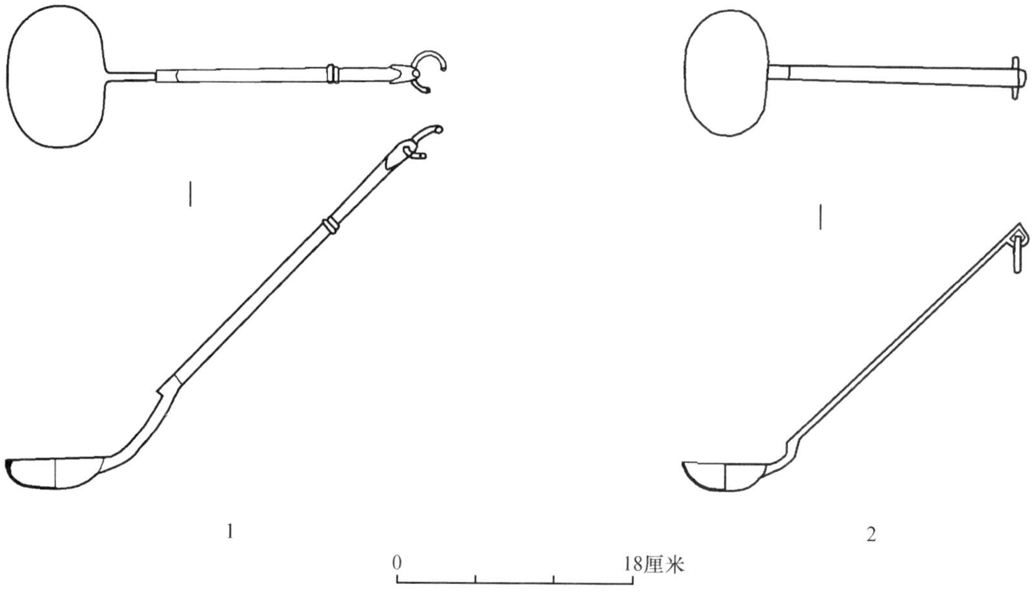

图二〇六　秦、汉墓葬出土铜勺

1. M1：6　2. M2：10

5. 铜镜

2件。分别出自M25、M35，各出1件。M25：4，昭明连弧铭带镜。半球纽，座外一周凸弦纹和连弧纹，间有短弧线纹，两周短斜线纹间有铭文：“内而清而以而昭而明光而象夫日月”。窄平缘。面径8.2厘米，背径8厘米，缘厚0.3厘米（图二〇七，1）。M35：2，昭明连弧铭带镜。半球纽，其外一周内向八连弧纹，纽座与连弧纹间有四组短竖线纹（每组三条短竖线

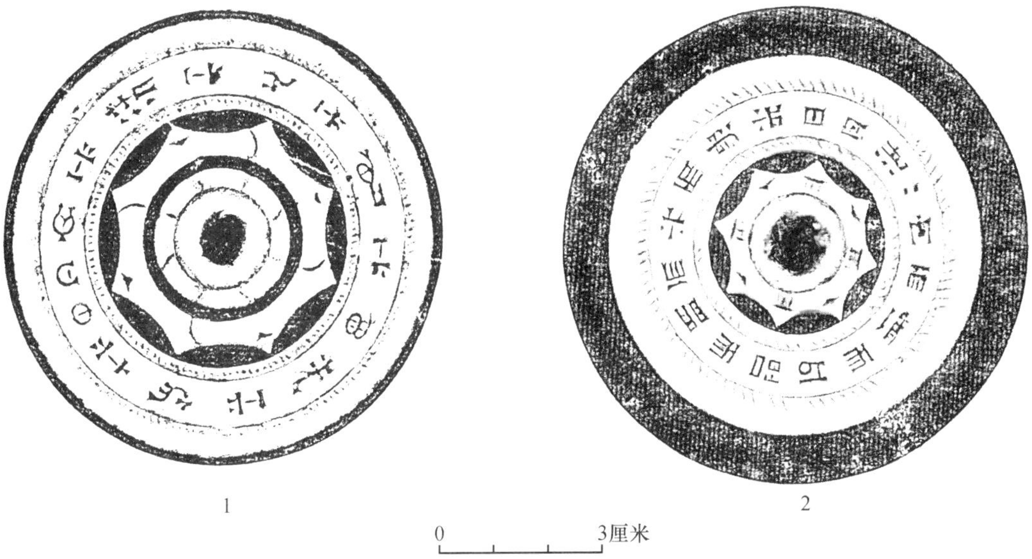

图二〇七　秦、汉墓葬出土铜镜
1. M254：4　2. M35：2

纹）。两周短斜线纹间有铭文带，铭文为："内而清而以昭而明而光而象夫日月泄"。素平缘，镜面微凸。面径8.9厘米，背径8.6厘米，缘厚0.4厘米（图二〇七，2）。

6. 铜泡饰

3件。出土自M5，形制相同，铜鎏金，器壁极薄，圆形，泡面隆起，背部有横纽。M5：2-1、M5：2-2，直径1.2厘米（图二〇八，1）。M5：2-3，直径1.4厘米（图二〇八，2）。

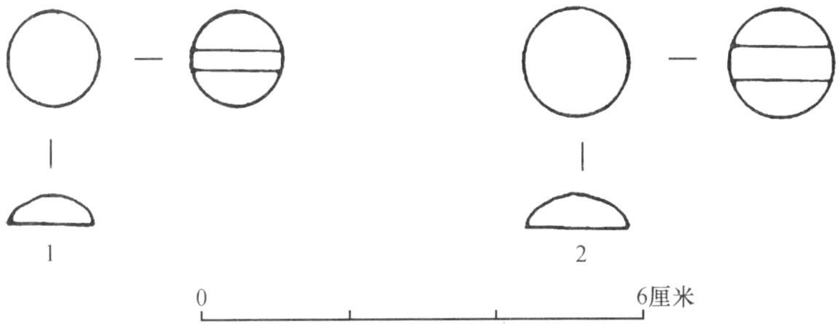

图二〇八　秦、汉墓葬出土铜泡饰
1. M5：2-1　2. M5：2-3

7. 铜镞

2件。出自M30。M30：20-1，三棱形镞，在中脊上凸起三棱成刃，三刃前聚成锋，长关，圆柱形铤，铤残。残长5.2厘米，关长2.5厘米（图二〇九，1）。M30：20-2，三棱形镞，在中脊上凸起三棱成刃，三棱残，短关，圆柱形铤，铤残。残长3厘米（图二〇九，2）。

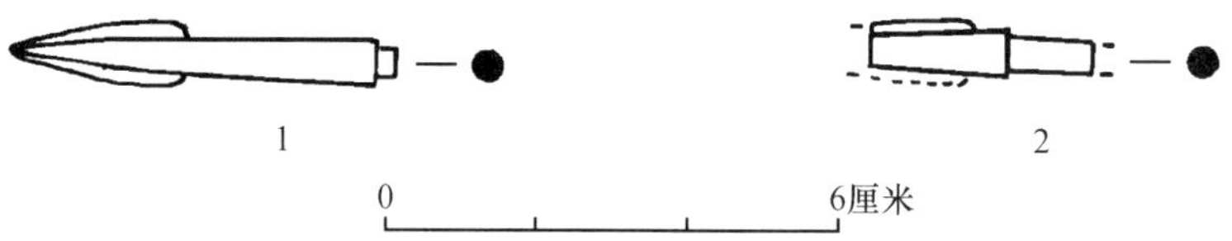

图二〇九　秦、汉墓葬出土铜镞

1. M30：20-1　2. M30：20-2

8. 铜铃

27件。出自M2，形制大小相同。标本M2：11，浅绿色，通体锈蚀，身较扁，方形纽，铃体上窄下宽，下端呈凹弧形，两翼尖凸，铃内部悬一舌。上端宽1.7厘米，下端宽3.3厘米，高2.2厘米（图二一〇）。

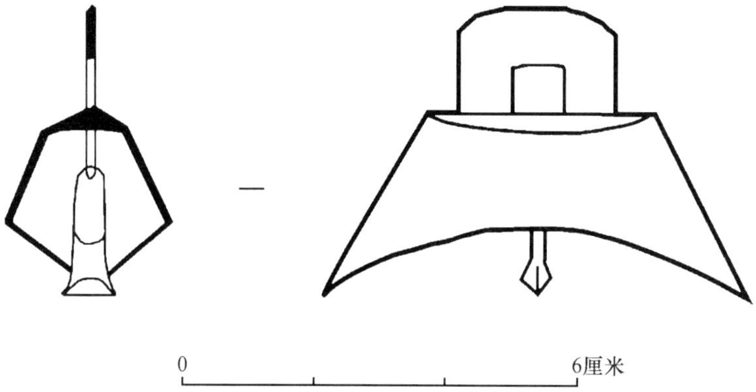

图二一〇　秦、汉墓葬出土铜铃

（M2：11）

9. 铜匜

2件。出自M1。均为青绿色。M1：5-1，平面桃形，有短流，小平底，宽平折沿，上腹壁直，下腹壁弧收。通长12.6厘米，宽10.5厘米，高3.5厘米，流长1.5厘米，流宽2.2厘米（图二一一，1）。M1：5-2，平面桃形，有短流，小平底，上腹壁直，下腹壁弧收。通长12.5厘米，宽11厘米，高3.8厘米，流长1.5厘米，流宽1.8厘米（图二一一，2）。

10. 铜带钩

3件。分别出自M5、M26、M30。M5：1，器形较小，瘦长略呈琵琶形，钩面起一凸棱，扣钉位于尾端，钩首残。残长4.4厘米（图二一二，1）。M26：24，器形较小，琵琶形，扣钉靠近中央，钩首呈龙首形。长4.5厘米（图二一二，2）。M30：7，器形瘦长略扁，扣钉靠近中央，钩首呈龙首形。长9.2厘米（图二一二，3）。

11. 铜铍帽

1件。出自M64。M64：4，铍帽上有一圆形穿孔，帽体正视呈梯形，两侧边外斜，上、下边略凸弧。通高1.7厘米，上宽2.3厘米，上厚0.75厘米，下厚0.9厘米，穿孔径0.3厘米（图二一三）。

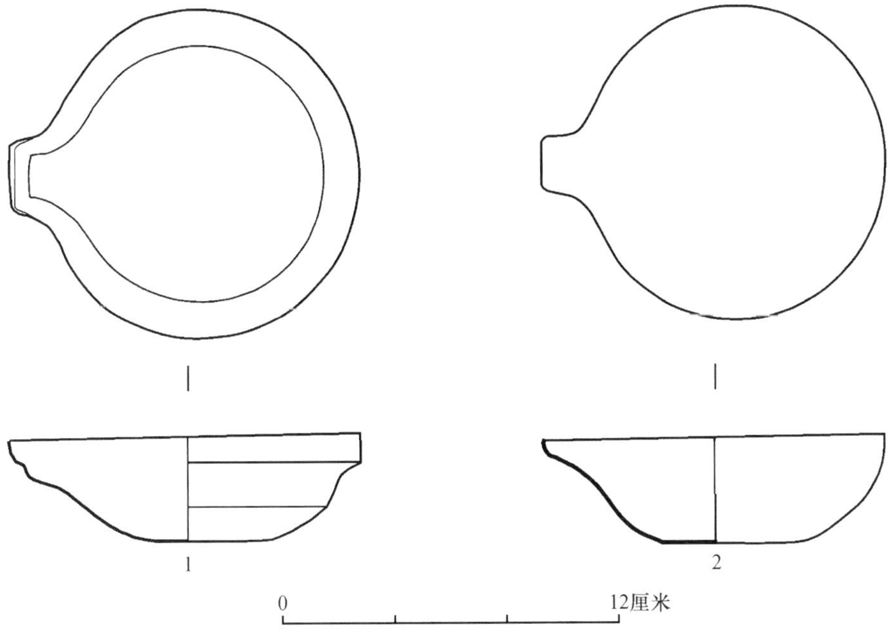

图二一一　秦、汉墓葬出土铜匜

1. M1：5-1　2. M1：5-2

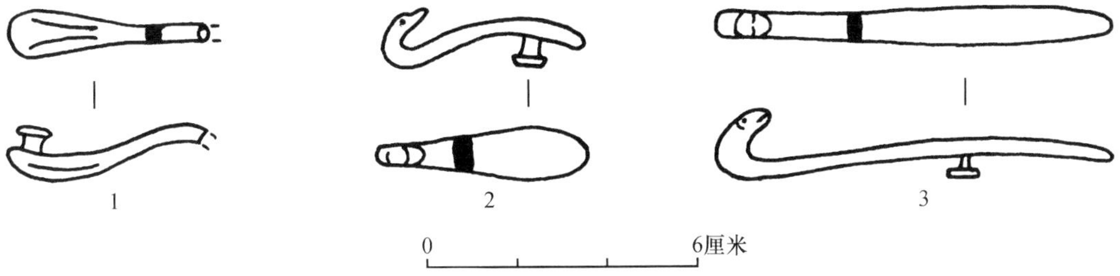

图二一二　秦、汉墓葬出土铜带钩

1. M5：1　2. M26：24　3. M30：7

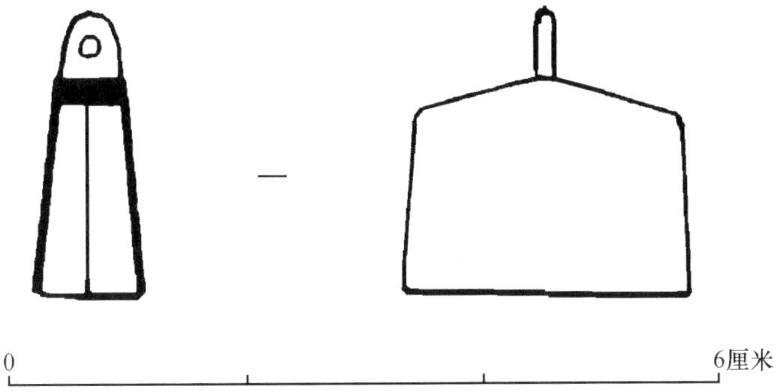

图二一三　秦、汉墓葬出土铜铍帽

（M64：4）

12. 铜环

1件。出自M64。M64：6，锈蚀，较细，横断面呈圆形。直径2.4厘米，断面直径0.3厘米（图二一四）。

13. 铜饰

1件。出自M29。M29：5，两环相套，环之间由两两相对的四个横梁连接一起，内环和一个横梁残。外环径5.2厘米，内环径2.4厘米，横梁宽0.3厘米（图二一五）。

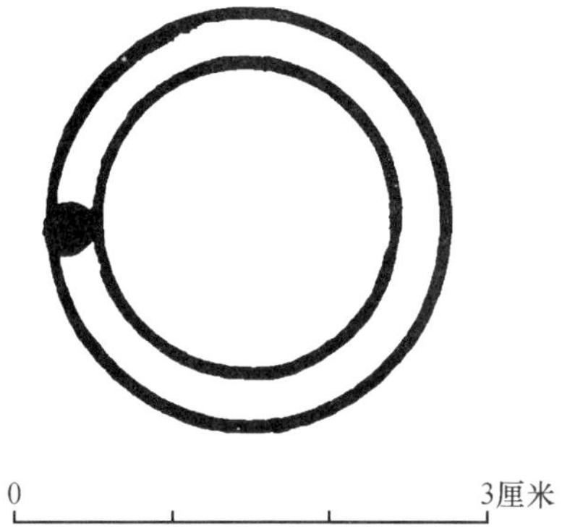

图二一四　秦、汉墓葬出土铜环
（M64：6）

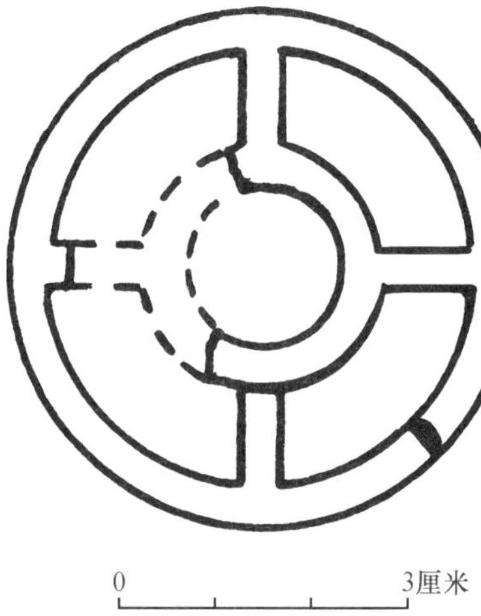

图二一五　秦、汉墓葬出土铜饰
（M29：5）

14. 铜钱

139枚。分别出自M4、M25、M26、M30、M32、M35、M37、M45、M64、M72。M26和部分墓葬的钱币锈蚀严重，钱文不可辨，其余墓葬保存较好，钱文可辨100枚，根据钱文的不同，可以分为三大类（表八）。

表八　秦汉墓葬出土铜钱统计表

钱型		数量	百分比	
半两	A	2	2	3
	B	1	1	
五铢	A	16	16	94
	B	28	28	
	C	50	50	
大泉五十		3	3	
合计		100	100	

第一类　半两，3枚。出自M4、M64。可分二型。

A型　2枚。秦半两。出自M4。标本M4：5，边缘及穿上无周郭，正方形穿，穿旁有篆文的“半两”二字。钱径3.1厘米，肉厚0.1厘米，穿的长宽各为0.9厘米（图二一六，1、2）。

B型　1枚。文帝半两。出自M64。M64：5，边缘及穿上无周郭，正方形穿，穿旁有篆文的“半两”二字，字迹较清。钱径2.4厘米，肉厚0.1厘米，穿的长宽各为0.9厘米（图二一六，3）。

第二类　五铢，94枚。出自M25、M30、M32、M35、M37、M45。根据钱文的不同变化，可分三型。

A型　16枚。武帝五铢。出自M25、M30、M32 。“五”字交笔是直的，上下横笔基本与两竖齐，“朱”旁上横笔方折，“金”尖呈一小三角，四点多呈长方形且较整齐。直径2.5厘米，孔径0.9厘米。M25出土10枚（图二一六，4～13），M30出土5枚（图二一六，14～18），M32出土1枚（图二一六，19）。

B型　28枚。昭帝五铢。出自M25、M32、M35、M37、M45。“五”字交笔略弯曲，上下横笔基本与两竖齐，“朱”旁上横笔方折，“金”尖呈一小三角，四点多呈长方形且较整齐。根据大小可分二式。

Ⅰ式：27枚。M25出土7枚，直径2.5厘米，孔径1厘米（图二一七，1～7）。M32出土14枚，直径2.5厘米，孔径1厘米（图二一七，8～20；图二一八，1）。M35出土2枚，直径2.5厘米，孔径0.9厘米，（图二一八，2、3）。M37出土2枚，直径2.5厘米，孔径0.9厘米（图二一八，4、5）。M45出土2枚，直径2.4厘米，孔径1厘米（图二一八，6、7）。

Ⅱ式：1枚。出自M45。直径1.15厘米，孔径0.5厘米（图二一八，8）。

C型　50枚。宣帝五铢。“五”字交笔弯曲，上下横笔基本与两竖齐，“朱”旁上横笔方折，“金”尖呈一小三角，四点多呈长方形且较整齐。出自M25、M30、M32、M35、M37、M45。M25出土22枚，直径2.6厘米，孔径1厘米（图二一九，1～20；图二二〇，1、2）。M30出土8枚，直径2.6厘米，孔径1厘米（图二二〇，3～10）。M32出土12枚，直径2.6厘米，孔径1厘米（图二二〇，11～20；图二二一，1、2）。M35出土1枚，直径2.6厘米，孔径1厘米（图二二一，3）。M37出土1枚，直径2.6厘米，孔径1厘米（图二二一，4）。M45出土6枚，直径2.5厘米，孔径1厘米（图二二一，5～10）。

第三类　大泉五十，3枚。出自M72。M72：1，边缘及穿上有周郭，内外郭坚挺明显，外郭凸出，高于内郭，内郭较宽，正方形穿，穿旁有悬针篆文“大泉五十”四字，字体工整浑圆，笔画较细，“大”字第一笔呈半圆形，“泉”字顶端较平，形如山字，中竖断，“五”字交笔弯曲，钱径2.75厘米，穿宽0.89厘米，重 8.17克（图二二一，11～13）。

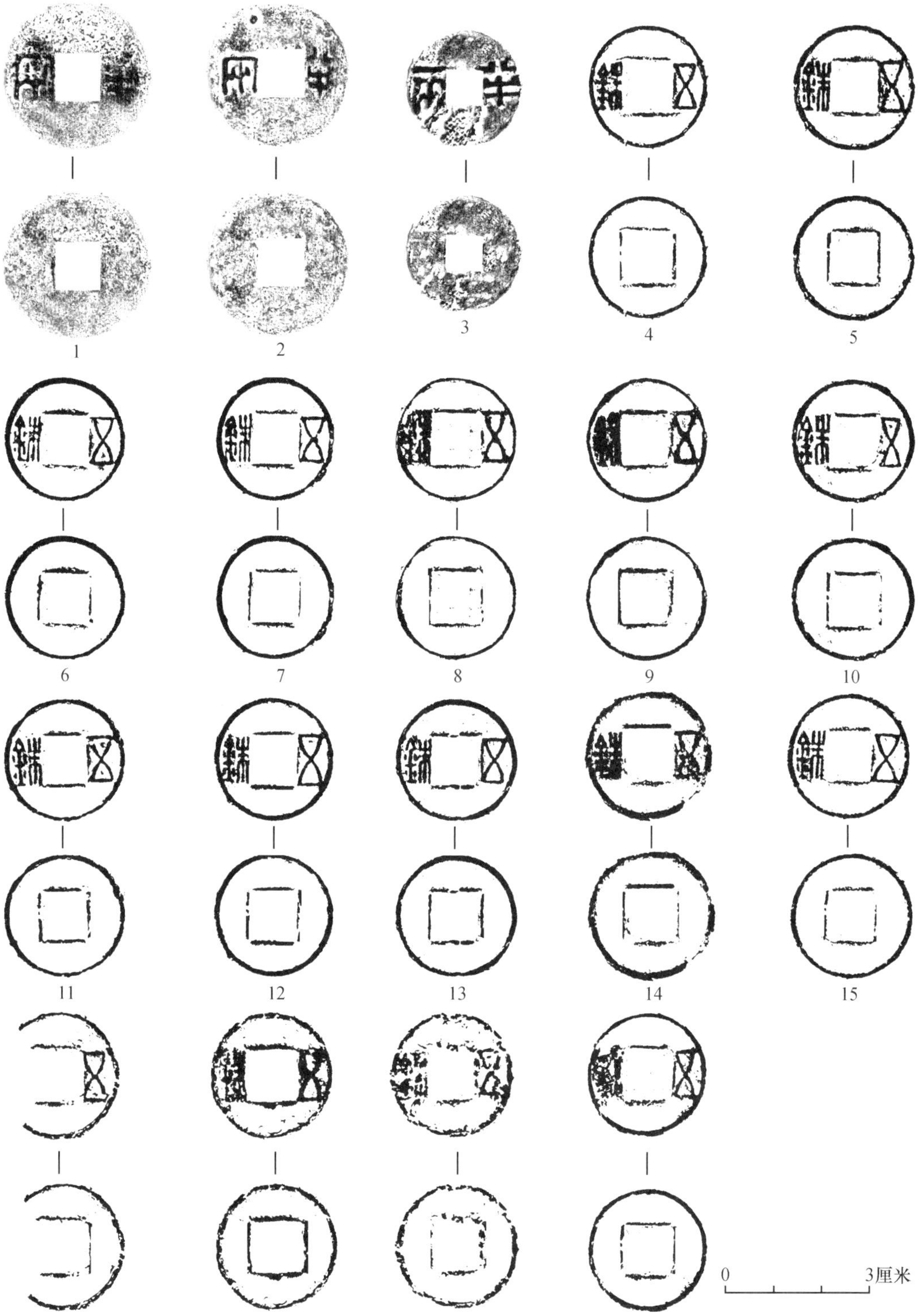

图二一六　秦、汉墓葬出土铜钱拓片（一）

1、2. 半两（M4∶5）　3. 半两（M64∶5）　4～13. 五铢（M25∶5）　14～18. 五铢（M30∶17）　19. 五铢（M32∶13）

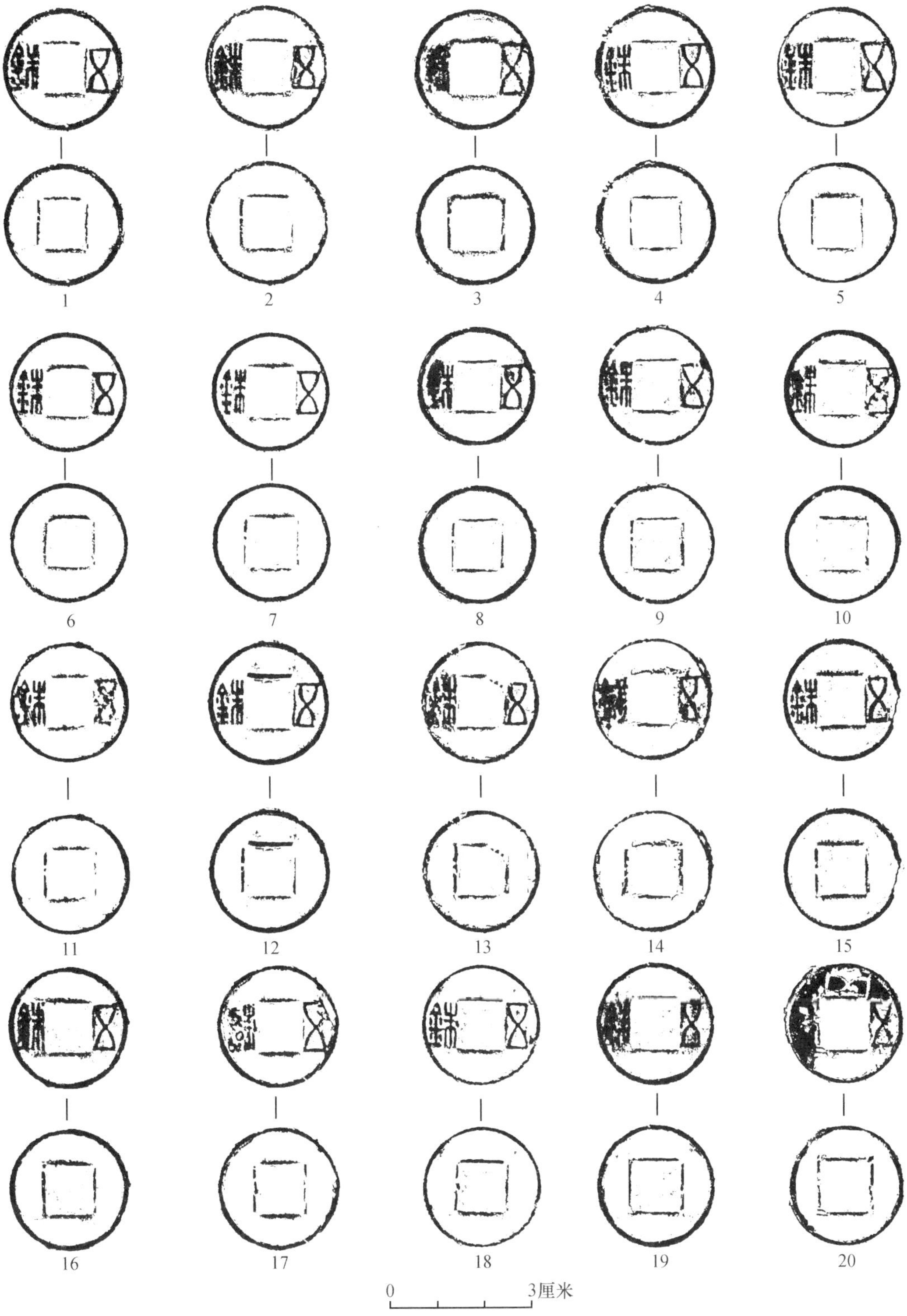

图二一七　秦、汉墓葬出土铜钱拓片（二）

1～7. B型Ⅰ式五铢（M25：5）　8～20. B型Ⅱ式五铢（M32：13）

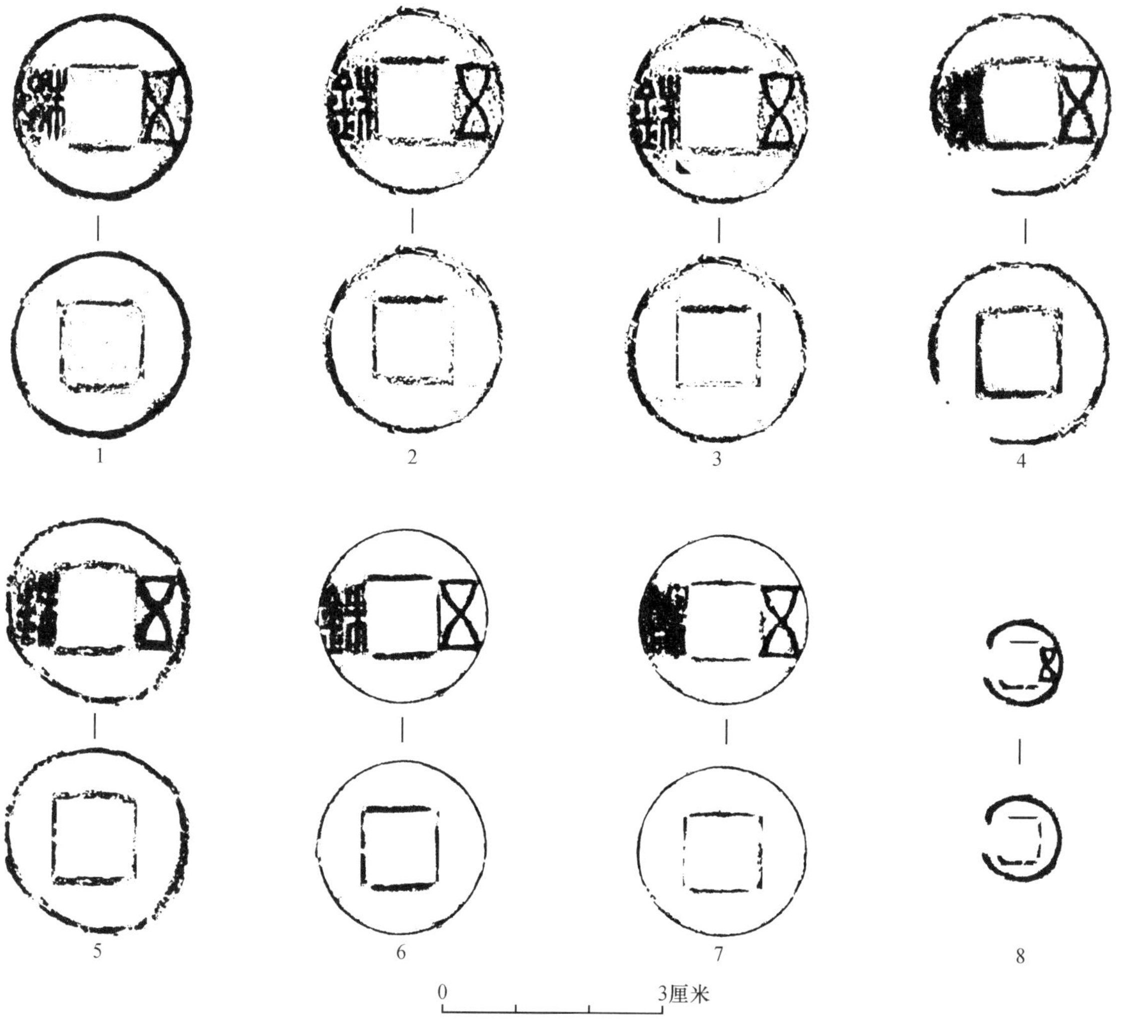

图二一八　秦、汉墓葬出土铜钱拓片（三）

1. B型Ⅰ式五铢（M32∶13）　2、3. B型Ⅰ式五铢（M35∶1）　4、5. B型Ⅰ式五铢（M37∶1）　6、7. B型Ⅰ式五铢（M45∶1）　8. B型Ⅱ式五铢（M45∶1）

三、铁　器

9件，包括铁剑1件、铁环首刀7件、铁两歧簇1件（表九）。

表九　葛家沟墓地秦、汉墓铁器器类统计表

器名	件数	百分比（%）
铁剑	1	11.1
铁环首刀	7	77.8
铁两歧簇	1	11.1
合计	9	100

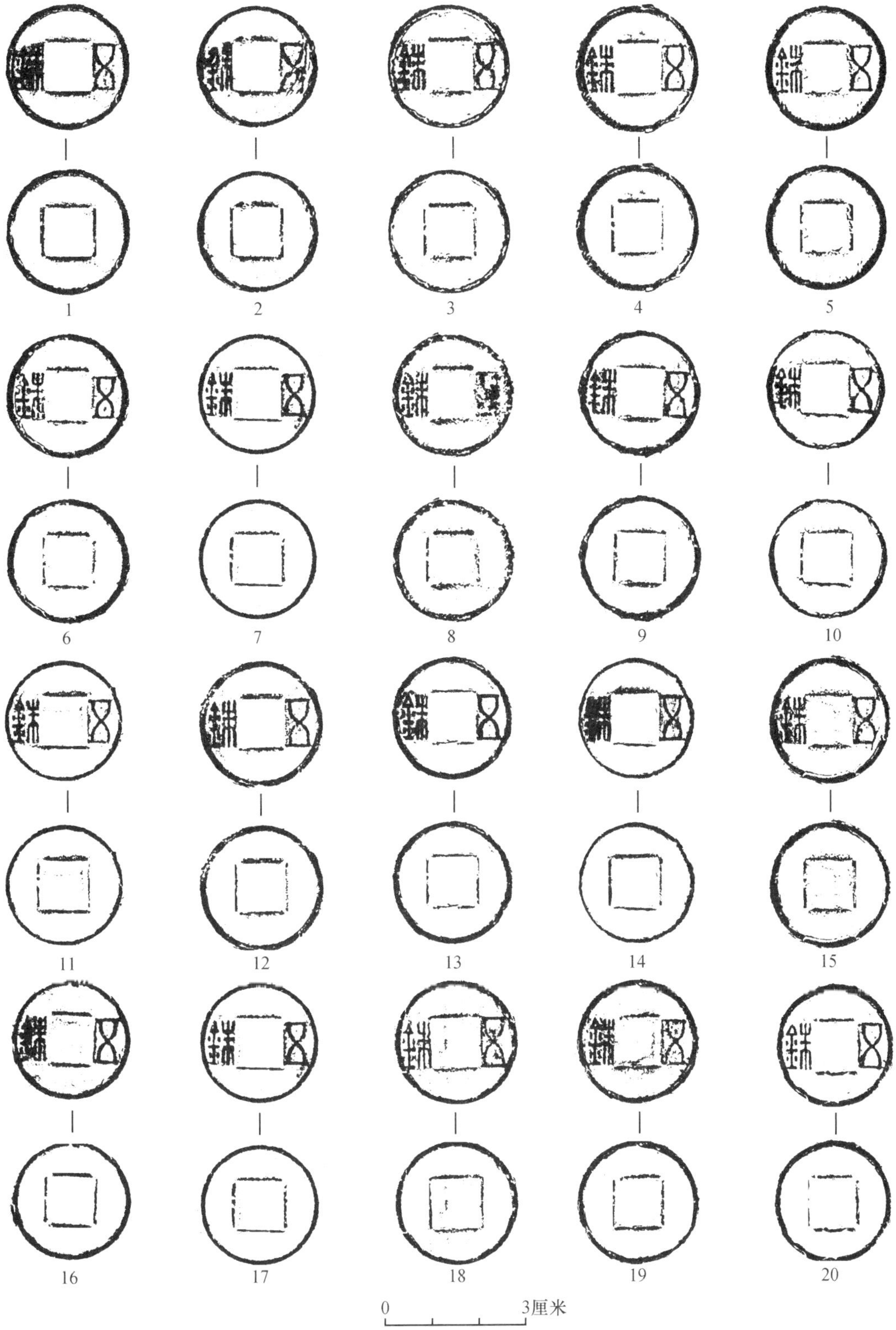

图二一九 秦、汉墓葬出土铜钱拓片（四）

1～20. C型五铢（M25：5）

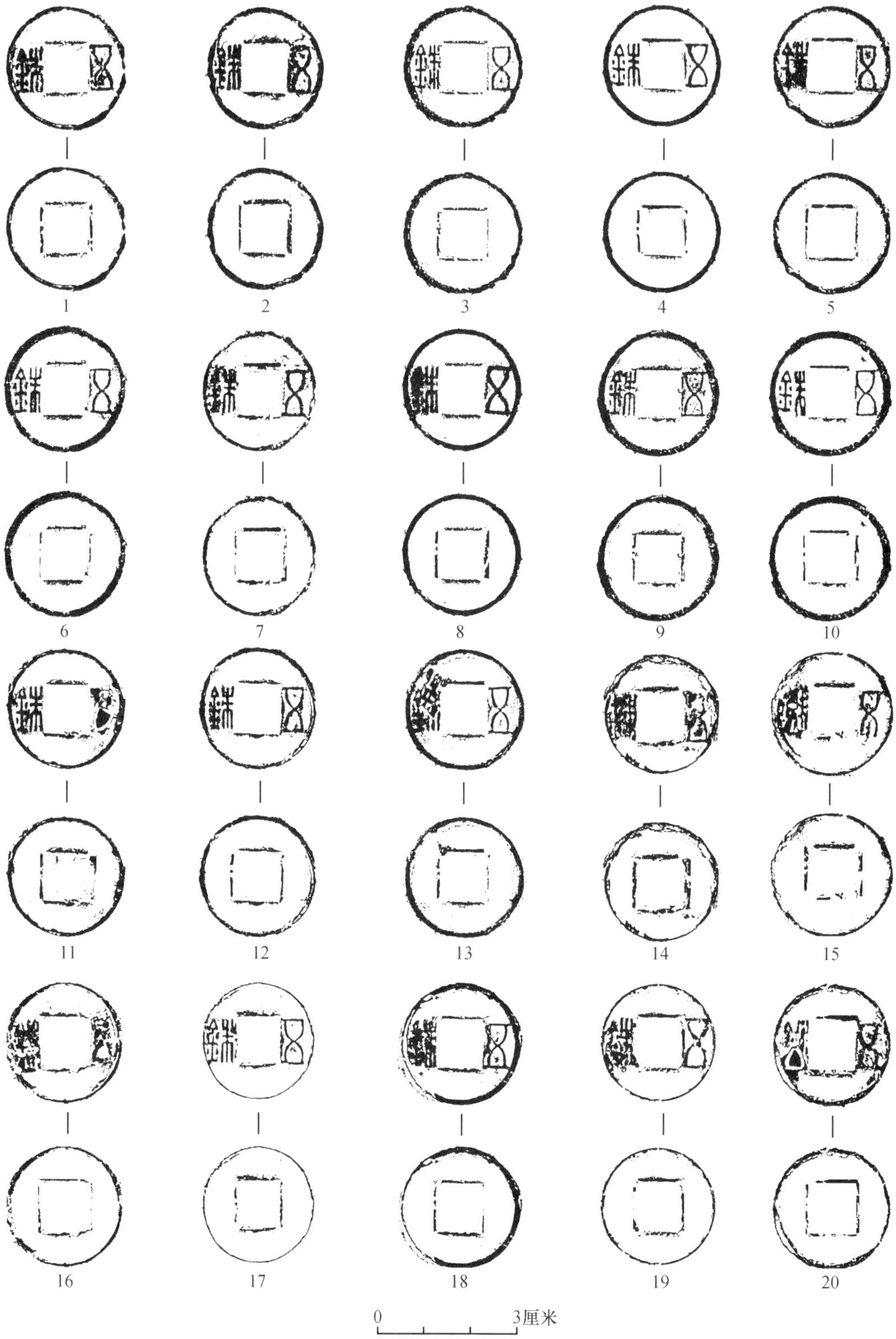

图二二〇　秦、汉墓葬出土铜钱拓片（五）

1、2. C型五铢（M25：5）　3～10. C型五铢（M30：17）　11～20. C型五铢（M32：13）

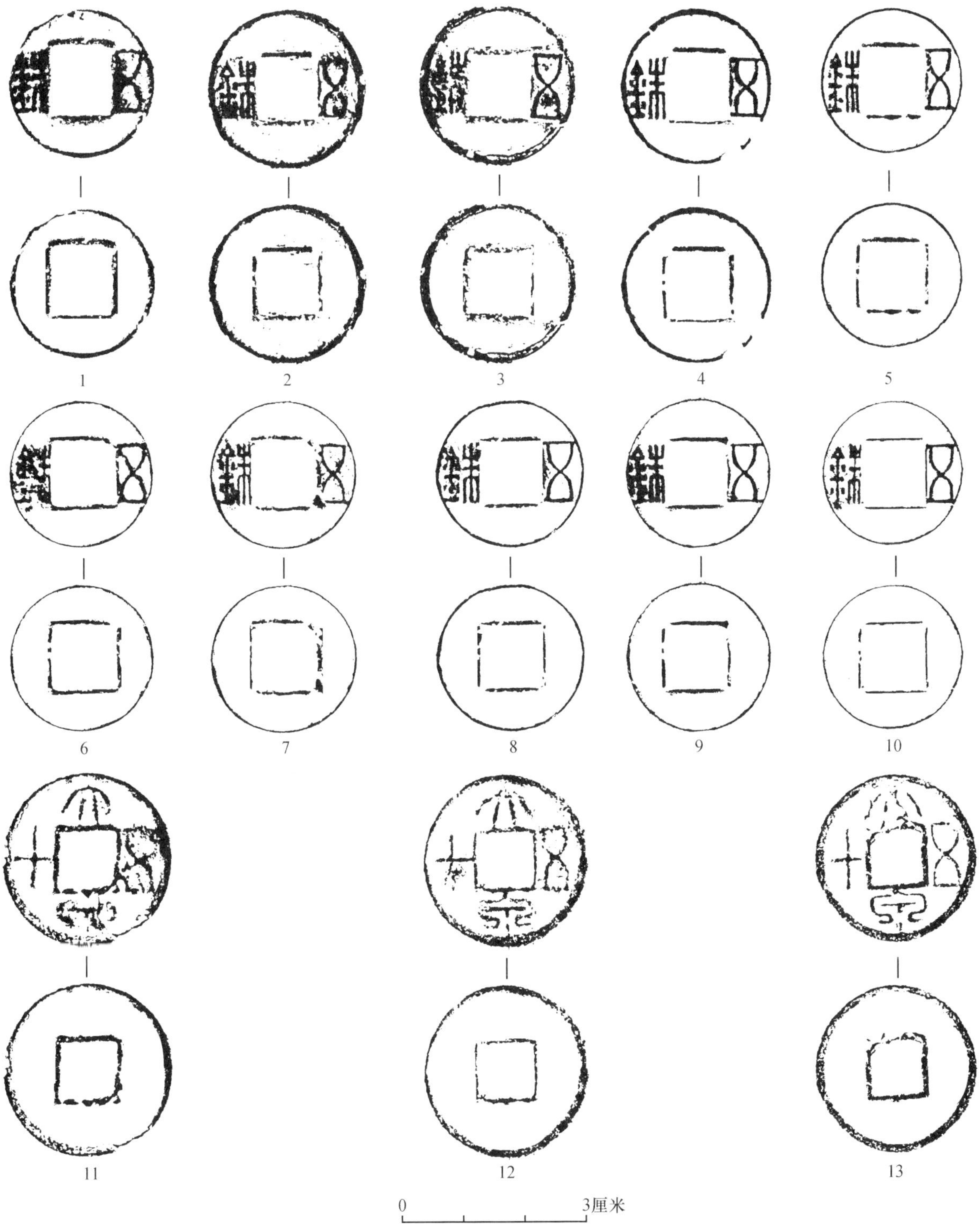

图二二一　秦、汉墓葬出土铜钱拓片（六）

1、2. C型五铢（M32：13）　3. C型五铢（M35：1）　4. C型五铢（M37：1）　5～10. C型五铢（M45：1）
11～13. 大泉五十（M72：1）

1. 铁剑

1件。出自M5。M5：3，铁剑。茎残，窄铜格，剑身中脊隆起，断面菱形，尖锋，双面刃。残长72.8厘米，铜格宽1.2厘米，长5.2厘米，剑身宽2.3～4.1厘米（图二二二，1）。

2. 铁环首刀

7件。出自M12、M22、M26、M30、M32、M64这6个墓葬，其中M30出土2件。M12：1，锈蚀，残留痕迹。M22：6，锈蚀，残留痕迹。M26：2，刀身与柄呈直线，刀身与柄同宽，柄身通背，单面刃，刀首做椭圆形。刀残长31厘米，宽1.8厘米，刀身残长7厘米，柄长21厘米（图二二二，2）。M30：1，锈蚀，仅残留刀身，长条状，单面刃，残长11.2厘米，宽1.2厘米（图二二二，3）。M30：5，刀身与柄呈直线，刀身较柄略宽，柄身通背，刃较柄略凸出，单面刃，刀首做椭圆形。刀残长21厘米，刀身长10.6厘米，柄长8.2厘米（图二二二，4）。M32：12，修长，刀身与柄呈直线，刀身与柄同宽，柄身通背，单面刃，刀首做椭圆形。刀残长97.6厘米，刀身长70厘米，宽2.4厘米，柄宽2.4厘米，柄长24厘米（图二二二，5）。M64：1，修长，刀身与柄呈直线，刀身较柄略宽，柄身通背，刃较柄略凸出，单面刃，刀首做椭圆形，首残。刀残长17.2厘米，刀身长8.8厘米，柄长6.2厘米（图二二二，6）。

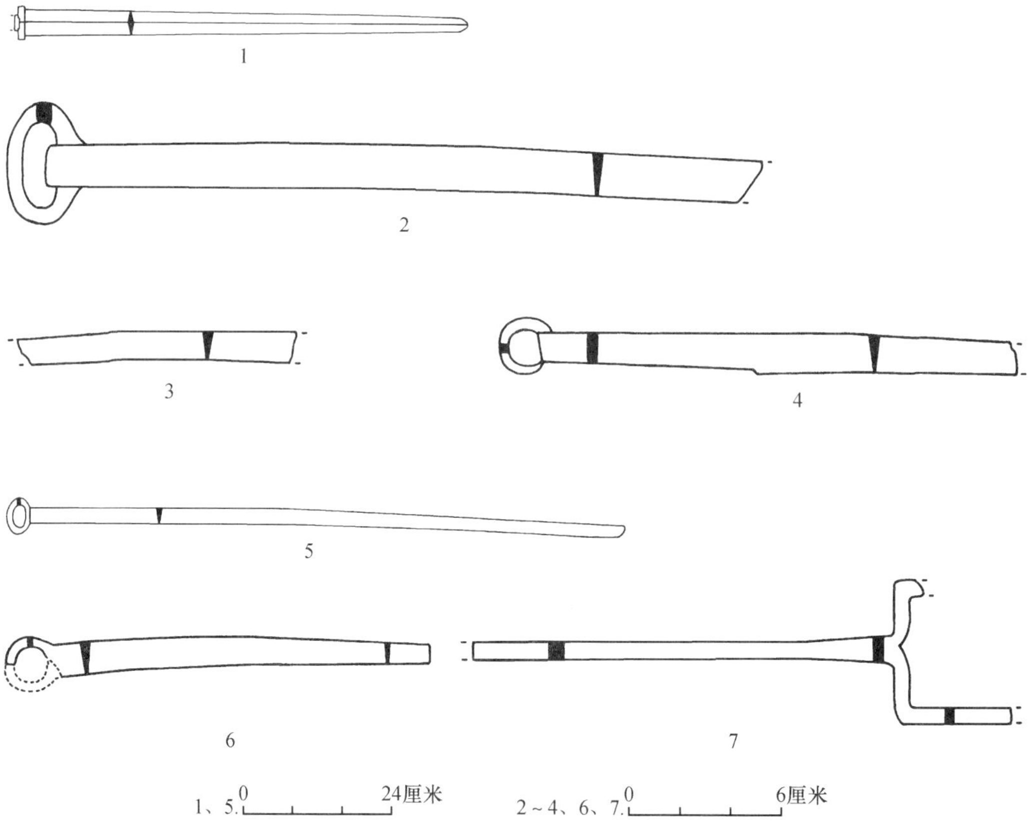

图二二二　秦、汉墓葬出土铁器

1. 剑（M5：3）　2～6. 环首刀（M26：2、M30：1、M30：5、M32：12、M64：1）　7. 两歧簇（M26：13）

3. 铁两歧簇

1件。出自M26。M26：13，形状似鱼叉，铤尾端残，横截面呈方柱形，铤前部分为两齿，齿均残。通长21厘米，铤残长16.4厘米，齿残长4.5厘米，两齿间距离4.2厘米（图二二二，7）。

四、石　器

2件。

1. 石璧

1件。出自M4。M4：4，青灰色石灰岩质，不透明，质地较差，两面均饰隆起的谷纹，空为一面钻，好缘外侧和边缘内侧各浅刻一周凹弦纹。肉径16厘米，好径4.2厘米，厚0.6厘米（图二二三，1）。

2. 石镞范

1件。出自M30。M30：19，灰砂岩，整体呈五面柱状，浇铸口位于范体上部，镞腔位于两个石面交汇处。通长10.2厘米（图二二三，2）。

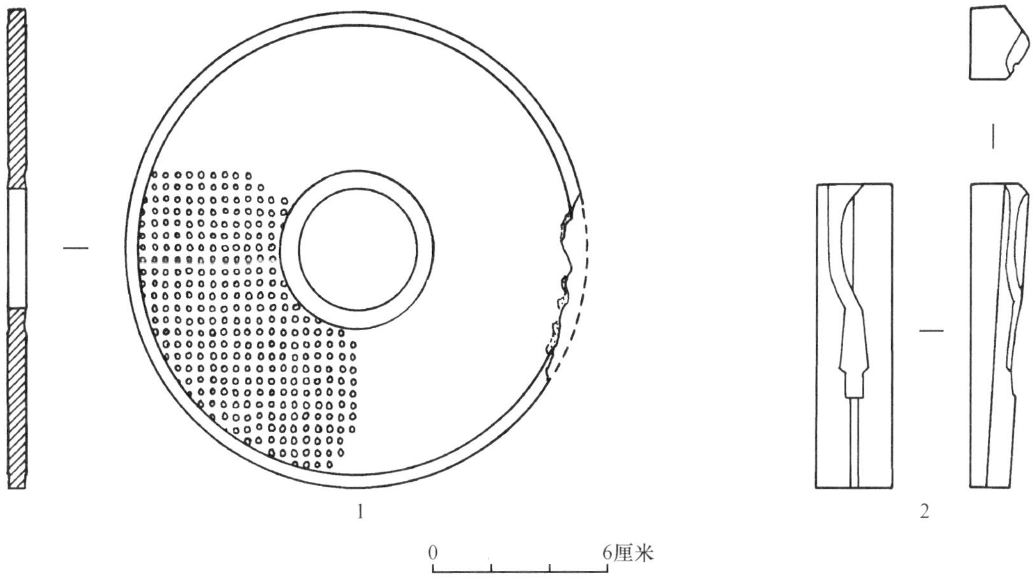

图二二三　秦、汉墓葬出土石器

1. 璧（M4：4）　2. 镞范（M30：19）

第五节　随葬陶器、铜器组合分析

葛家沟墓地能确定为秦汉时期的墓葬有51座。这51座墓葬中，出土陶器以及铜礼器的墓葬有34座，其中单出青铜礼器的墓葬有2座，出土青铜礼器+陶器的墓葬有1座，单出土陶器的墓葬有31座，其中有1座仅有1小件属灶的甑，不能利用，因而能够用于组合分析的墓葬有33座。陶器组合有单纯的仿铜陶礼器、日用器，也有仿铜陶礼器与日用器，仿铜陶礼器与模型明器，仿铜陶礼器、日用器、模型明器共出的组合。另外与陶器伴出的还有铜镜、铜钱等小件器物。铜礼器仅在3座墓有出土（具体陶器型式分期见表一〇、图二二四～图二二七）。

根据随葬陶器、铜器种类的差异，可将这批墓葬分为四大组。

A组　以鼎、盒、壶等仿铜陶礼器为主的组合。主要墓葬有M36、M53、M4、M11、M61、M66。

B组　以日用陶器双耳罐、瓮、鍪为主的组合。主要墓葬有M10、M19、M21、M37、M41、M44、M47、M59、M64、M73、M74、M75、M80。

C组　以模型明器仓、井、灶为主的组合。主要墓葬有M22、M25、M26、M28、M29、M30、M32、M35、M38、M39。

D组　以铜礼器为主的组合。主要墓葬有M1、M2、M6。

（1）A组

M36：Aa型鼎、Ⅰ式盒、Aa型Ⅰ式壶、Ab型釜甑。

M53：Ab型Ⅱ式鼎、Aa型Ⅲ式壶、Ba型Ⅱ式釜甑。

M4：Ab型Ⅰ式鼎、壶、Ba型Ⅰ式釜甑。

M11：Aa型Ⅱ式壶、甑。

M61：Ac型鼎、Aa型Ⅱ式壶、Ba型Ⅲ式釜甑、B型Ⅱ式瓮。Aa型Ⅱ式壶与泉眼沟A型Ⅰ式壶近似。

M66：Ad型鼎、Bb型釜甑、C型Ⅰ式瓮、盆。

M70：Ae型鼎、Ⅱ式盒、Aa型Ⅳ式壶、B型甑。

该组合主要是仿铜陶礼器与日用器的组合，按具体出土陶器种类的差异可分为以下几种组合。

组合1：鼎、盒、壶、釜甑。墓葬有M36、M70。完整的仿铜陶礼器鼎、盒、壶组合，鼎、盒、壶数量一般为2件，釜甑为一套各1件。从器物形态上看，2座墓葬存在明显差别，应属不同的两个阶段。

组合2：鼎、壶、釜甑。墓葬有M4、M53。与组合1相比缺少盒，M4应略早于M53，虽然划为Ⅱ式，但器物特征整体差别不大，应属同一阶段。

组合3：鼎、壶、釜甑、瓮。墓葬有M61。仿铜陶礼器组合为鼎、壶，与组合2一致，但多出日用陶器瓮。

组合4：鼎、釜甑、瓮、盆。墓葬有M66。仅有仿铜陶礼器鼎，与组合3相比，日用器多出盆。

组合5：壶、甑。墓葬有M11。器物组合不全。

根据组合以及器形的差异，可将A组墓葬分为三个阶段。

第一段：M36。器物有Aa型鼎、Ⅰ式盒、Aa型Ⅰ式壶、Ab型釜甑。

第二段：M11、M61、M53、M4。器物有Ab型Ⅰ式鼎、Ab型Ⅱ式鼎、Ac型鼎、B型Ⅱ式瓮、Aa型Ⅱ式壶、Aa型Ⅲ式壶、Ba型Ⅰ式釜甑、Ba型Ⅱ式釜甑、Ba型Ⅲ式釜甑。

第三段：M66、M70。器物有Ad型鼎、Ae型鼎、Ⅱ式盒、Aa型Ⅳ式壶、Bb型釜甑、C型Ⅰ式瓮、B型甑。

（2）B组

M10：B型罐、Aa型釜、甑、A型钵、B型Ⅰ式钵。

M19：Aa型Ⅰ式罐、Ab型Ⅰ式罐、A型甑、釜。

M21：Aa型Ⅱ式罐、Aa型Ⅰ式鍪。

M37：Aa型Ⅵ式罐。

M59：Aa型Ⅵ式罐、Ab型Ⅱ式罐。

M41：Aa型Ⅱ式罐、B型鍪、甑、钵。

M44：Ca型壶、Cb型壶。

M47：Aa型Ⅱ式罐、A型瓮、A型甑。

M64：Ac型罐、Aa型Ⅵ式罐。

M73：Aa型Ⅲ式罐、釜、Bb型Ⅰ式鼎。

M74：A型Ⅱ式鍪、B型Ⅱ式瓮、A型甑。

M75：A型Ⅱ式鍪、C型Ⅰ式瓮、B型甑、釜。

M80：Aa型Ⅱ式罐、A型Ⅱ式鍪。

该组的器物组合主要是单纯日用器，完全一致的不多，仅鍪、双耳罐以及仅双耳罐的组合较为常见，按具体出土陶器种类的差异可分为以下几种组合。

组合1：罐、釜甑、钵。墓葬有M10。罐为折肩小口罐，2件，釜甑1套，钵2件，釜为日常实用器，器底有烟炱痕，甑为钵形甑。器物具有明显的秦文化风格。

组合2：罐、釜甑。墓葬有M19。罐为双耳罐，2件，釜甑1套，釜与组合1的釜近似，时代应相近。

组合3：罐、鍪、甑、钵。墓葬有M41。不见组合1、2的釜，以鍪代替，甑为钵形甑，年代应晚于组合1、2。

组合4：罐、瓮、甑。墓葬有M47。甑为钵形甑，瓮为折肩小瓮，早期特征明显。

组合5：鍪、瓮、甑。墓葬有M74。与组合4相比，缺少双耳罐，多出鍪，瓮圆鼓肩，年代应晚于组合4。

组合6：罐、鍪。墓葬有M21、M80。M21的鍪口外侈明显，应略早于M80。

组合7：鍪、瓮、釜甑。墓葬有M75。鍪的形态与M80较为相近，甑为盆形甑，器身中部无棱。

表一〇 葛家沟墓地秦、汉墓葬出土陶器型式分期表

期	段	墓号	器形														
			鼎	盒	壶	釜甑	釜	甑	罐	鍪	瓮	钵	盆	灶	仓	井	磨
一	1	M10				Aa			B2			A、BⅠ					
		M19					√	A	AaⅠ、AbⅠ								
二	2	M36	Aa2	Ⅰ2	AaⅠ2	Ab											
		M21							AaⅡ	AⅠ							
		M47						A	AaⅡ		A						
	3	M11			AaⅡ			√									
		M61	Ac2		AaⅡ2	BaⅢ					BⅡ						
		M53	AbⅡ2		AaⅢ2	BaⅡ											
		M4	AbⅠ2		√	BaⅠ											
		M41						√	AaⅡ	B		√					
		M74						A		AⅡ	BⅡ						
		M75					√	B		AⅡ	CⅠ						
		M80							AaⅡ	AⅡ							
三	4	M66	Ad			Bb					CⅠ		A				
		M70	Ae2	Ⅱ2	AaⅣ2			B									
	5	M73	BbⅠ				√		AaⅢ								
		M22	BbⅠ		Ab			B					B	AⅠ			
		M25	Bc						AaⅣ					AⅠ			
		M39	BaⅠ								BⅢ			BⅠ			

续表

期	段	墓号	器形														
			鼎	盒	壶	釜甑	釜	甑	罐	鍪	瓮	钵	盆	灶	仓	井	磨
四	6	M37							AaⅥ								
		M59							AaⅤ、AbⅡ								
		M26	BbⅡ、C		AaⅤ				AaⅤ					AⅡ、BⅡ	AⅠ5、CⅠ2、CⅡ3	AⅠ	
		M38	D										B	BⅡ	B5	√	
		M30	BaⅡ		B				AaⅥ、AaⅤ					BⅡ2	B5	AⅡ	
		M35	BaⅡ						AaⅤ					BⅡ5	CⅠ、CⅡ	B	
	7	M44			Ca、Cb												
		M64							Ac、AaⅥ								
		M32	E						AaⅥ2					AⅢ	CⅡ5	AⅢ	√
		M28							AaⅥ2					BⅡ	AⅡ4、B	AⅠ	
		M29	BaⅢ								CⅡ	BⅡ		AⅠ		AⅠ	

注：①“√”表示未分型式的器物；②未注明件数者皆为1件。

器类 / 型式 / 期段						
		A				
期	段	a	b	c	d	e
第一期	1					
第二期	2	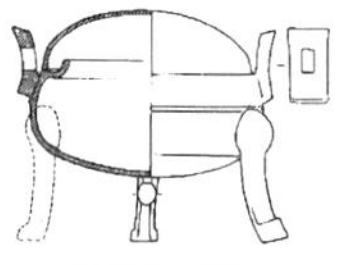 (M36：5)				
	3		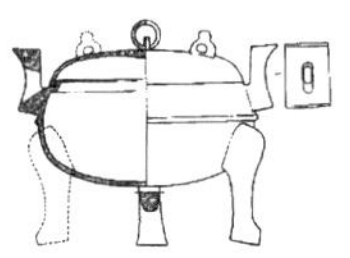 Ⅰ (M4：2) 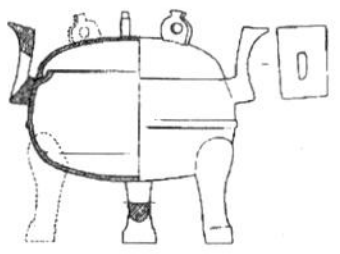 Ⅱ (M53：3)	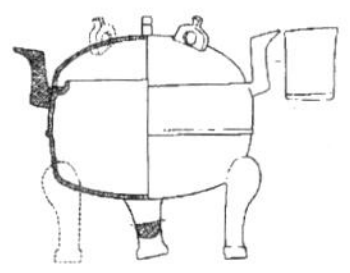 (M61：3)		
第三期	4				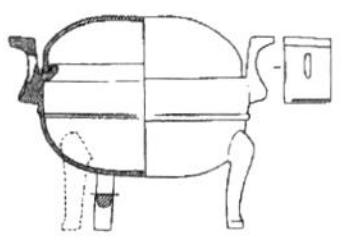 (M66：2)	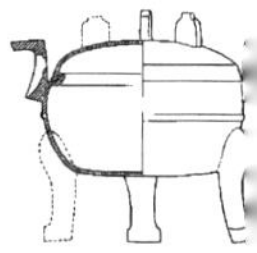 (M70：1
	5					
第四期	6					
	7					

图二二四　葛家沟墓

鼎					
	B		C	D	E
a	b	c			
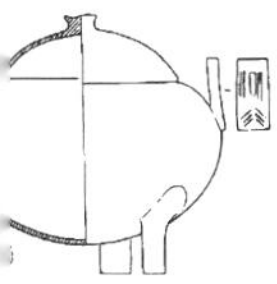 (M39：2)	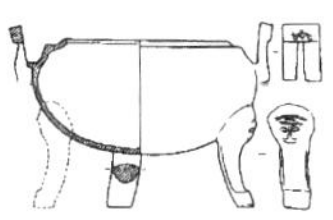 Ⅰ (M73：1)	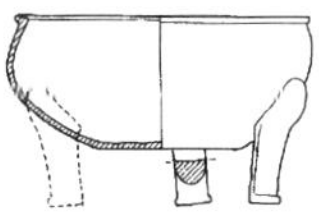 (M25：3)			
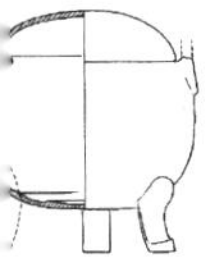 (M30：15)	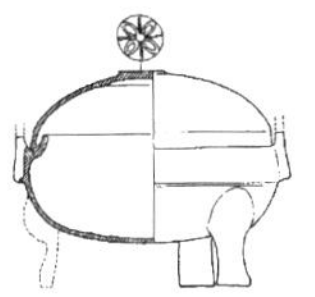 Ⅱ (M26：9)		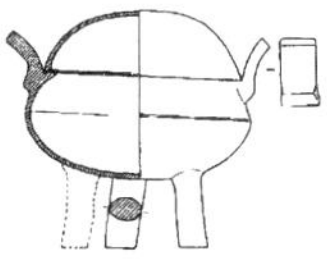 (M26：10)	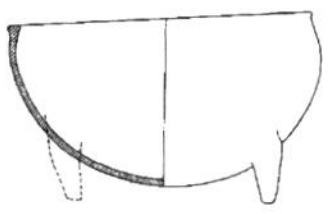 (M38：3)	
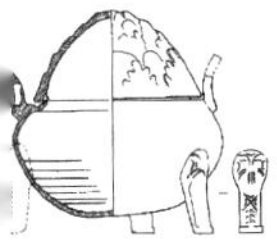 (M29：3)					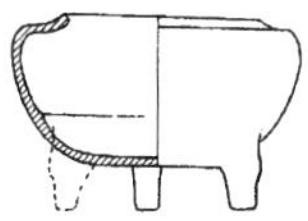 (M32：11)

葬出土陶器型式分期图（一）

期	段	壶 A a	壶 A b	壶 B	壶 C a	壶 C b	盒
一	1						
二	2	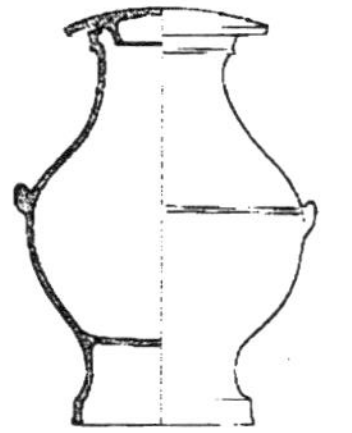 Ⅰ（M36：7）					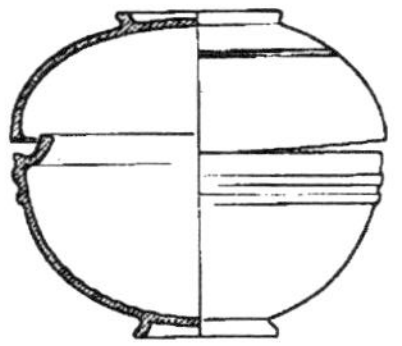 Ⅰ（M36：2）
	3	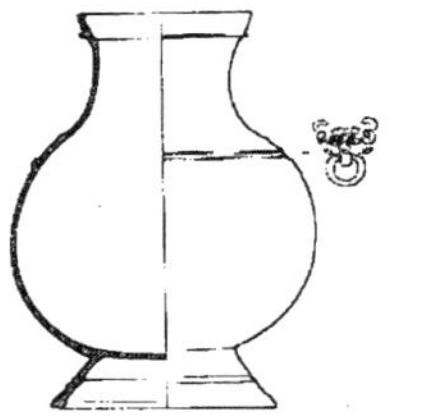 Ⅱ（M11：1） 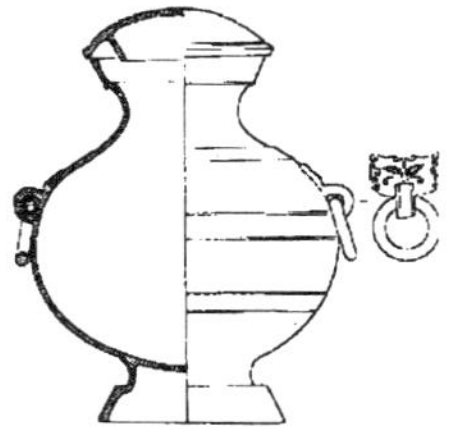					

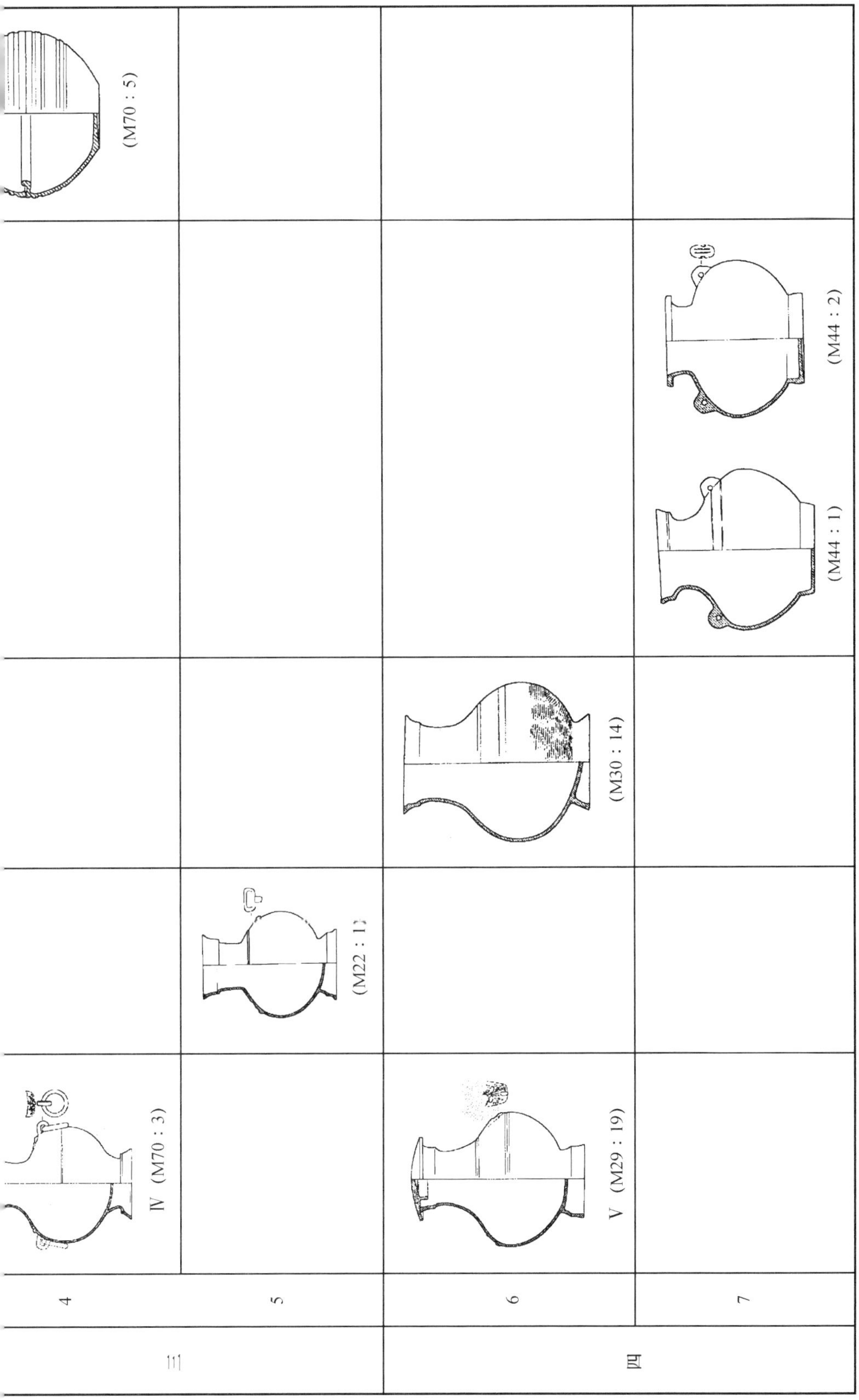

图二二五　葛家沟墓地秦、汉墓葬出土陶器型式分期图（二）

器类 / 型 / 式 / 期 / 段		罐				鍪	
		A			B	A	B
期	段	a	b	c			
一	1	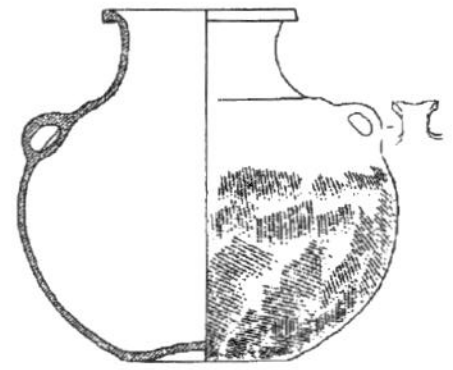 Ⅰ（M19：4）	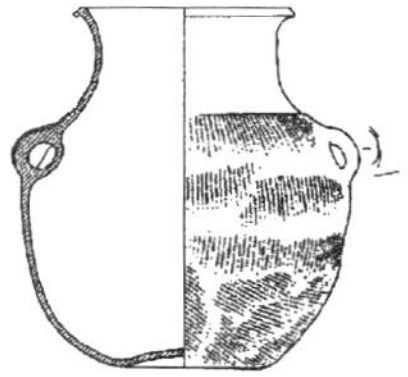 Ⅰ（M19：2）		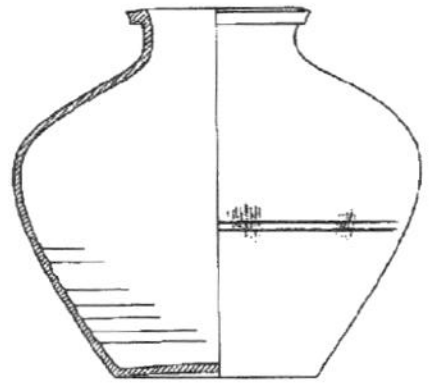 （M10：1）		
二	2	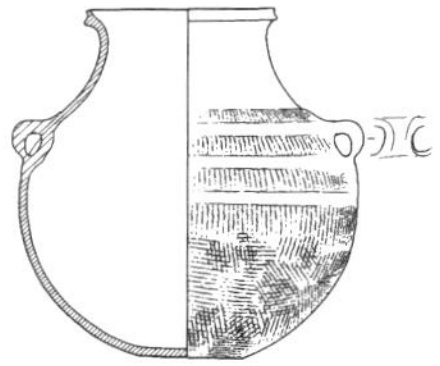 Ⅱ（M21：1）				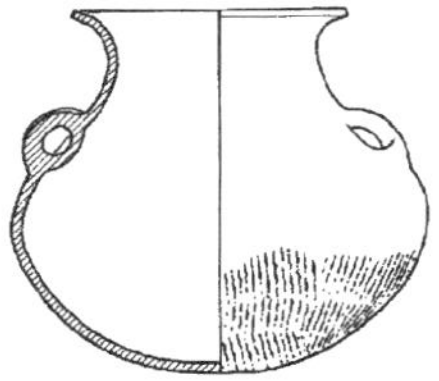 Ⅰ（M21：2）	
	3					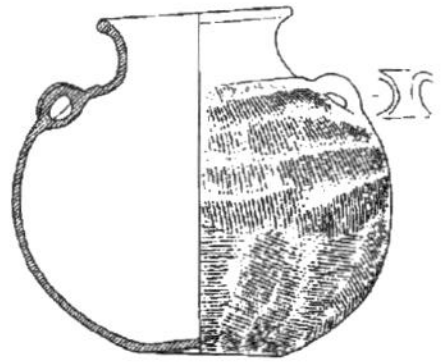 Ⅱ（M74：1）	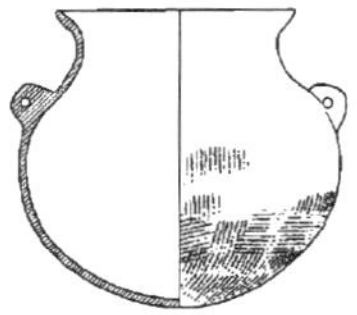 （M41：2）
	4						

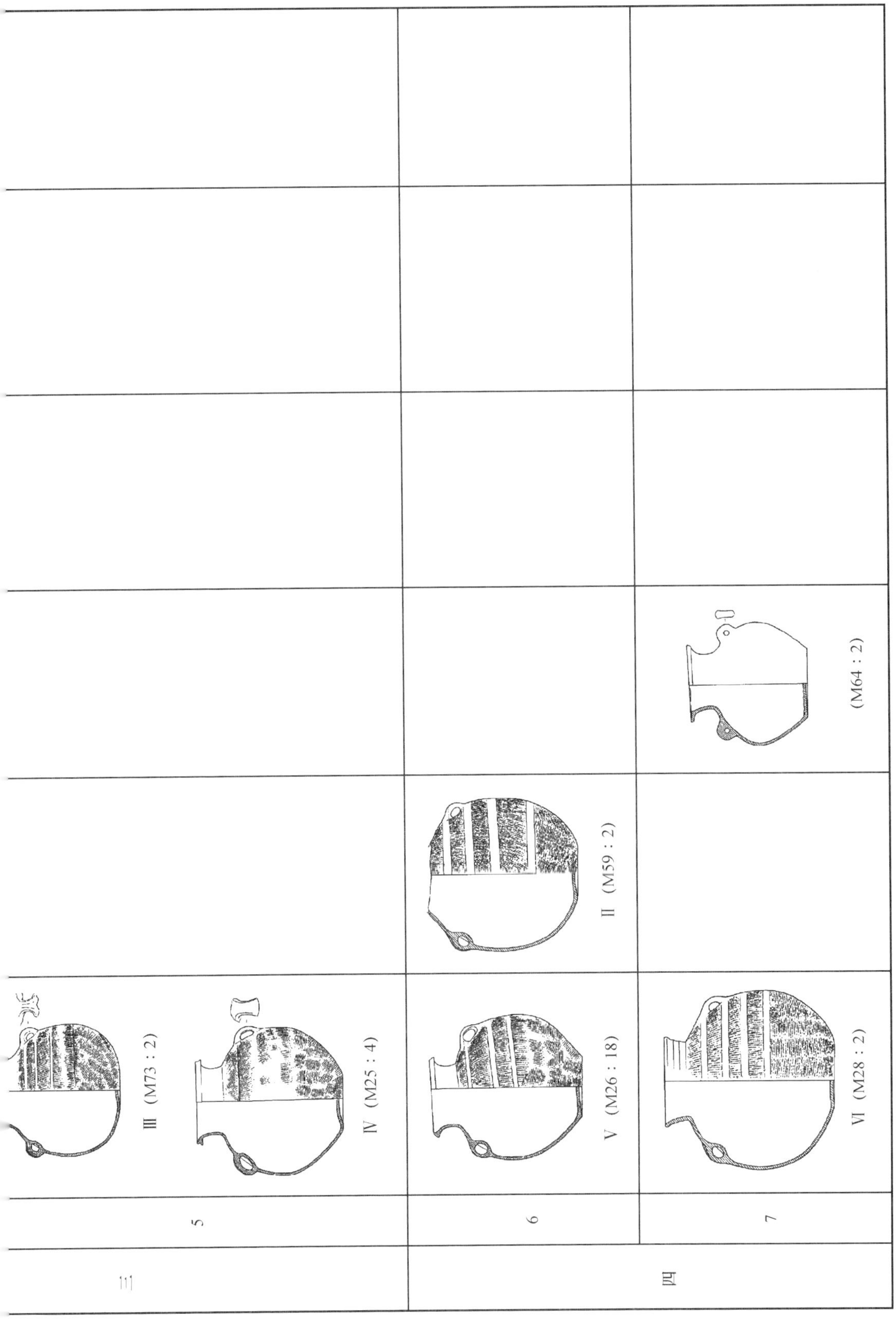

图二二六 葛家沟墓地秦、汉墓葬出土陶器型式分期图（三）

期	段	瓮 A	瓮 B	瓮 C	釜 A a	釜 A b	a
一	1				 (M10：4)		
二	2	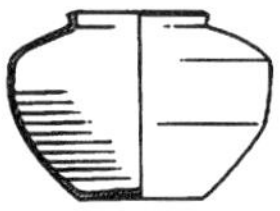 (M47：1)				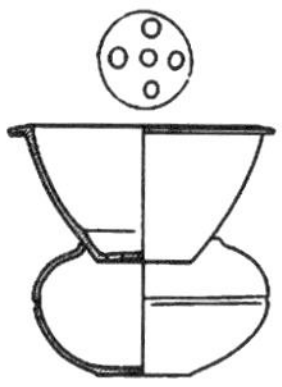 (M36：4)	
二	3		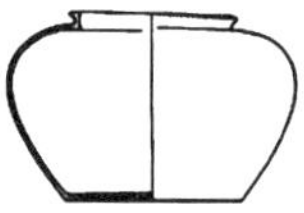 Ⅱ (M61：1)	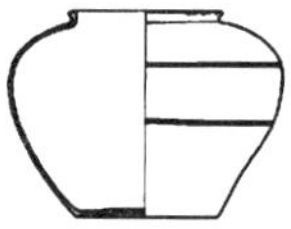 Ⅰ (M75：1)			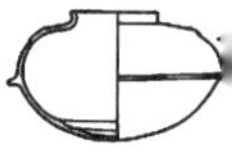 Ⅰ (M4：1
三	4			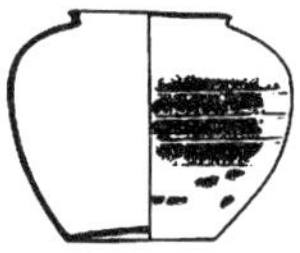 Ⅰ (M66：3)			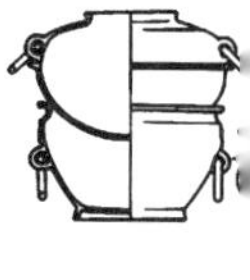 Ⅱ (M53：1
三	5		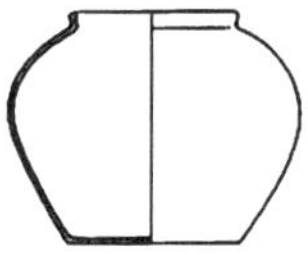 Ⅲ (M39：1)				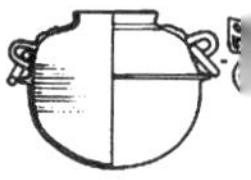 Ⅲ (M61：6
四	6						
四	7			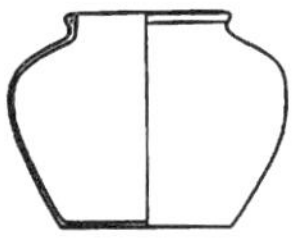 Ⅱ (M29：4)			

图二二七　葛家沟墓地秦、汉墓葬

	甑			钵	
b	A	B	C	A	B
	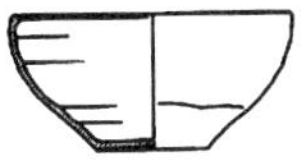 (M19：3)		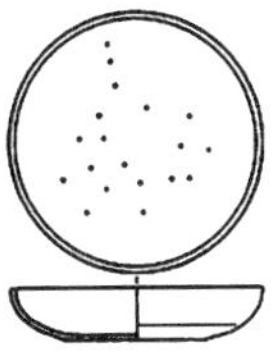 (M2：2)	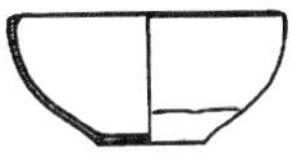 (M10：3)	 Ⅰ (M10：6)
	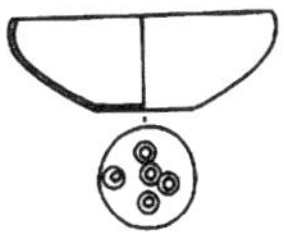 (M47：2)				
 ⁄l66：1)		 (M75：3)			

型式分期图（四）

组合8：罐、釜、鼎。墓葬有M73。双耳罐垂腹，鼎有较为明显的简化趋势，釜形体稍小，但大于模型明器灶所配的釜，因而该组合应是处于仿铜陶礼器向模型明器的过渡时期。

组合9：罐。墓葬有M37、M59、M64。罐皆为双耳罐，细短颈，球形腹，年代均较晚。

组合10：壶。墓葬有M44。小型壶，主要流行于西汉末期以及东汉以后。

根据组合以及器形的差异，可将B组墓葬分为六个阶段。

第一段：M10、M19。器物有Aa型Ⅰ式罐、Ab型Ⅰ式罐、B型罐、A型钵、B型Ⅰ式钵、Aa型釜甑、A型甑、釜。

第二段：M21、M47。器物有Aa型Ⅱ式罐、Aa型Ⅰ式鍪、A型甑、A型瓮。

第三段：M41、M74、M75、M80。器物有Aa型Ⅱ式罐、A型Ⅱ式鍪、B型鍪、B型Ⅱ式瓮、C型Ⅰ式瓮、B型甑。

第四段：M73。器物有Aa型Ⅲ式罐、釜、Bb型Ⅰ式鼎。

第五段：M37、M59。器物有Aa型Ⅵ式罐、Ab型Ⅱ式罐。

第六段：M44、M64。器物有Ca型壶、Cb型壶、Ac型罐、Aa型Ⅵ式罐。

（3）C组

M22：Bb型Ⅰ式鼎、Ab型壶、A型Ⅰ式灶。

M25：Bc型鼎、Ⅳ式罐、A型Ⅰ式灶。

M26：Bb型Ⅱ式鼎、C型鼎、Aa型Ⅲ式壶、Aa型Ⅴ式罐、A型Ⅰ式仓、C型Ⅰ式仓、C型Ⅱ式仓、A型Ⅰ式井、A型Ⅱ式灶、B型Ⅱ式灶。

M28：Aa型Ⅵ式罐、A型Ⅱ式仓、B型仓、A型Ⅰ式井、B型Ⅱ式灶。

M29：Ba型Ⅲ式鼎、C型Ⅱ式瓮、A型Ⅰ式灶、A型Ⅰ式井、B型Ⅱ式钵。（仓、瓮不共存。）

M30：Ba型Ⅱ式鼎、B型壶、Aa型Ⅴ式罐、Aa型Ⅵ式罐、B型仓、A型Ⅱ式井、B型Ⅱ式灶。

M32：E型鼎、Aa型Ⅵ式罐、C型Ⅱ式仓、A型Ⅲ式井、A型Ⅲ式灶、磨。

M35：Ba型Ⅱ式鼎、Aa型Ⅴ式罐、C型Ⅰ式仓、C型Ⅱ式仓、B型井、B型Ⅱ式灶。

M38：D型鼎、B型仓、井、B型Ⅱ式灶。

M39：Ba型Ⅰ式鼎、B型Ⅲ式瓮、B型Ⅰ式灶。

该组的器物组合包括仿铜陶礼器与模型明器的组合，仿铜陶礼器、日用器与模型明器的组合，日用器与模型明器的组合。按具体出土陶器种类的差异可分为以下几种组合。

组合1：鼎、壶、灶。墓葬有M22。鼎的形态与早期的仿铜陶鼎差别明显，壶略小，仅有灶，仓井灶的组合不全，年代应早于仓井灶齐全的组合。

组合2：鼎、罐、灶。墓葬有M25。仅有仿铜礼器鼎，仓井灶的组合不全。

组合3：鼎、瓮、灶。墓葬有M39。仿铜礼器、日用器、模型明器各1件，体现过渡阶段特征。

组合4：鼎、壶、罐、仓、井、灶。墓葬有M26、M30。有较为常见的模型明器组合，壶明显简化，形体变小，双耳罐细短颈，球形腹。一套模型明器一般是仓5、井1、灶1。

组合5：鼎、瓮、灶、井、钵。墓葬有M29。模型明器中不见仓，多出日用器瓮，两者不共存。

组合6：鼎、罐、仓、井、灶。墓葬有M35。与组合4相比，缺少壶。

组合7：鼎、罐、仓、井、灶、磨。墓葬有M32。与组合6相比，多出磨。

组合8：鼎、仓、井、灶。墓葬有M38。与组合6相比，缺少日用器罐。

组合9：罐、仓、井、灶。墓葬有M28。仿铜陶礼器已彻底不见，年代应较晚。

根据组合以及器形的差异，可将C组墓葬分为三个阶段。

第一段：M22、M25、M39。器物包括Bb型Ⅰ式鼎、Ab型壶、A型Ⅰ式灶、Bc型鼎、Aa型Ⅳ式罐、Ba型Ⅰ式鼎、B型Ⅲ式瓮、B型Ⅰ式灶、A型盆。

第二段：M26、M38、M30、M35。包括Ba型Ⅱ式鼎、Bb型Ⅱ式鼎、C型鼎、Aa型Ⅲ式壶、A型Ⅰ式仓、C型Ⅰ式仓、C型Ⅱ式仓、A型Ⅱ式灶、D型鼎、B型仓、B型Ⅱ式灶、Ba型Ⅱ式鼎、Aa型Ⅴ式罐、B型井、B型壶、Aa型Ⅵ式罐、A型Ⅰ式井、A型Ⅱ式井。

第三段：M32、M28、M29。包括E型鼎、Aa型Ⅵ式罐、C型Ⅱ式仓、A型Ⅲ式井、A型Ⅲ式灶、磨、Ba型Ⅲ式鼎、C型Ⅱ式瓮、A型Ⅰ式灶、A型Ⅰ式井、B型Ⅱ式钵、Aa型Ⅵ式罐、A型Ⅱ式仓、B型仓、A型Ⅰ式井、B型Ⅱ式灶。

（4）D组

M1：鼎、钫。

M2：鼎、钫、C型甑、Aa型釜甑、A型钵、B型Ⅰ式钵。

M6：鼎。

以上3座墓葬器物形态较为一致，应属同一时期。

综上所述，以仿铜陶礼器为核心的A组墓葬可分为三个阶段，以日用器为主的B组墓葬的发展演变主要分六个阶段，以模型明器为主的墓葬可分为三个阶段。其中B组墓葬延续时间较长，贯穿秦汉时期的各个阶段；A组墓葬主要流行于较早阶段，到后来逐渐简化，从鼎盒壶到鼎壶再到鼎，直至消失；C组墓葬主要流行于较晚阶段，模型明器的种类逐渐增加，由只有灶到仓井灶再到仓井灶磨。三组墓葬在时间段上又相互交杂，下文将对各组墓的期段划分进行整合，进而确定整体墓葬的分期以及年代。

第六节　墓葬分期与年代

一、墓葬分期

上文分析的33座秦汉墓葬存在少量打破关系，例如M28→M19，M35→M36，但存在打破关系的墓葬时代相距较远，对于墓葬期别的划分作用不大。因而下文主要采用类型学方法，依照上文对墓葬随葬品的组合划分，对比周边墓地同期墓葬随葬器物以及组合，再参照同出铜镜、铜钱的年代，对墓葬进行分期以及年代的断定。另外，也要注意存在的几组相距较近、形制相同的墓葬，其可能是夫妻合葬墓，两者年代相距不应太远。

33座墓葬可分为四期7段。

第一期1段，B组第一段。

墓葬5座，M1、M2、M6、M10、M19。器物有Aa型Ⅰ式罐、Ab型Ⅰ式罐、B型罐、A型钵、B型Ⅰ式钵、Aa型釜甑、A型甑。

第二期2段，A组第一段、B组第二段。

墓葬3座，M36、M21、M47。器物有Aa型鼎、Ⅰ式盒、Aa型Ⅰ式壶、Ab型釜甑、Aa型Ⅱ式罐、A型Ⅰ式鍪、A型甑、A型瓮。

第二期3段，A组第二段、B组第三段。

墓葬8座，M11、M61、M53、M4、M41、M74、M75、M80。器物有Ab型Ⅰ式鼎、Ab型Ⅱ式鼎、Ac型鼎、B型Ⅱ式瓮、Aa型Ⅱ式壶、Aa型Ⅲ式壶、Ba型Ⅰ式釜甑、Ba型Ⅱ式釜甑、Ba型Ⅲ式釜甑、Aa型Ⅱ式罐、A型Ⅱ式鍪、B型鍪、B型Ⅱ式瓮、C型Ⅰ式瓮、B型甑。

第三期4段，A组第三段。

墓葬2座，M66、M70。器物有Ad型鼎、Ae型鼎、Ⅱ式盒、Aa型Ⅳ式壶、Bb型釜甑、C型Ⅰ式瓮、B型甑。

第三期5段，C组第一段、B组第四段。

墓葬4座，M73、M22、M25、M39。器物有Ba型Ⅰ式鼎、Bb型Ⅰ式鼎、Bc型鼎、Ab型壶、Aa型Ⅲ式罐、Aa型Ⅳ式罐、B型Ⅲ式瓮、A型Ⅰ式灶、B型Ⅰ式灶。

第四期6段，C组第二段、B组第五段。

墓葬6座，M37、M59、M26、M38、M30、M35。器物有Ba型Ⅱ式鼎、Bb型Ⅱ式鼎、C型鼎、D型鼎、Aa型Ⅲ式壶、B型壶、Aa型Ⅴ式罐、Aa型Ⅵ式罐、Ab型Ⅱ式罐、A型Ⅰ式仓、B型仓、C型Ⅰ式仓、C型Ⅱ式仓、A型Ⅱ式灶、B型Ⅱ式灶、B型井、A型Ⅱ式井。两组墓葬同出Aa型Ⅵ式罐。

第四期7段，C组第三段、B组第六段。

墓葬5座，M44、M64、M32、M28、M29。Ba型Ⅲ式鼎、E型鼎、Aa型Ⅵ式罐、Ac型罐、Ca型壶、Cb型壶、C型Ⅱ式瓮、B型Ⅱ式钵、A型Ⅱ式仓、B型仓、C型Ⅱ式仓、A型Ⅰ式灶、A型Ⅲ式灶、B型Ⅱ式灶、A型Ⅰ式井、A型Ⅲ式井、磨。

二、出土铜钱、铜镜的年代分析

葛家沟墓地秦汉墓葬出土铜钱有半两、五铢、大泉五十，铜镜有昭明镜，出土铜钱的墓葬主要有M4、M25、M26、M30、M35、M37、M45、M64、M72。铜镜出自2座墓葬，M25、M35。

1. 半两钱的年代

（1）秦半两

M4出土2枚半两钱，形体较大，直径在3厘米左右，形态接近吕后所铸八铢半两钱。边缘及穿上无周郭，正方形穿，穿旁有篆文的“半两”二字。

（2）文帝半两

M64出土1枚半两钱，边缘及穿上无周郭，正方形穿，穿旁有篆文的“半两”二字，字迹较清。形体较秦半两小。

2. 五铢钱的年代

M25、M26、M30、M35、M37、M45、M64出土五铢钱。

（1）武帝五铢

共16枚。出自M25、M30、M32。“五”字交笔是直的，上下横笔基本与两竖齐，“朱”旁上横笔方折，“金”尖呈一小三角，四点多呈长方形且较整齐。

（2）昭帝五铢

共29枚，出自M25、M32、M37、M45。“五”字交笔略弯曲，上下横笔基本与两竖齐，“朱”旁上横笔方折，“金”尖呈一小三角，四点多呈长方形且较整齐。

（3）宣帝五铢

共57枚，出自M25、M32、M35、M37、M45。“五”字交笔弯曲，上下横笔基本与两竖齐，“朱”旁上横笔方折，“金”尖呈一小三角，四点多呈长方形且较整齐。根据大小可分二式。

Ⅰ式：56枚，出自M25、M32、M35、M37、M45。直径2.6厘米，孔径1厘米。

Ⅱ式：1枚，出自M45。直径1.15厘米，孔径0.5厘米。

3. 大泉五十的年代

M72出土大泉五十3枚，根据记载应为王莽所铸。边缘及穿上有周郭，内外郭坚挺明显，外郭凸出，高于内郭，正方形穿，穿旁有悬针篆文的“大泉五十”四字，字体工整，笔画较细。

4. 铜镜的年代

所出2件铜镜皆为昭明连弧铭带镜。M25：4，铭文为“内而清而以而昭而明光而象夫日月”。M35：2，铭文为“内而清而以昭而明而光而象夫日月泄”。这类镜使用于西汉中期，流行于西汉晚期，沿用至东汉早期[1]。

---

① 南阳市文物考古研究所：《南阳出土铜镜》，文物出版社，2010年。

三、墓 葬 年 代

葛家沟墓地发掘的43座秦汉墓葬同样未出土纪年器物，除出土有陶器以及少量铜礼器外，还出土有一定数量的铜钱、铜镜，有助于确定墓葬年代的上限。墓葬年代还是主要通过认定陶器组合的大致年代以及典型陶器的具体年代来进行推断。淅川地区秦汉阶段的鼎、盒、壶组合流行于西汉早中期，完整的仓井灶的年代出现在西汉晚期，西汉中期偏晚或中晚期之交是陶器组合发生重大变革的时期。典型器物主要选择鼎、壶、罐、灶等器形。下文将对葛家沟墓地秦汉墓葬出土陶器、铜礼器进行对比、分析，并参考铜钱、铜镜年代，进而确定墓葬年代。

第一期1段：Aa型釜甑（M10：4）与新四队Da型釜甑（M17：2）非常相似，釜与王坡B型Ⅱ式釜（M45：2）[①]相似；Ab型Ⅰ式罐（M19：2）与王坡A型Ⅳ式罐（M117：2）近似，与赵杰娃M1：1[②]相比，颈部留有数周浅弦纹这一早期特征，因而要早于赵杰娃M1；A型甑（M19：3）的形态与王坡B型Ⅱ式盂近似；B型Ⅰ式钵与王坡B型Ⅱ式盂；Aa型Ⅰ式罐与新四队Ac型Ⅱ式罐近似。B型罐与任家嘴Ⅲ式小口折肩罐[③]近似，只是器表未见纹饰。B型Ⅰ式瓮矮领、折肩的特征与王坡F型Ⅰ式壶（M6：6）非常近似。M1、M2、M6出土的铜礼器鼎、钫、匜、勺分别与王坡B型鼎、钫、B型匜、勺近似。

M2、M10的组合都有釜甑（侈口圜底绳纹釜与钵形甑）。釜的形制与襄阳王坡秦代的同类器相似。小口罐以及屈身葬式也是秦文化特色。钵不见于战国中期楚人墓，在本阶段新出现。M19也是釜甑组合，钵形甑，釜残存口沿，形态也同M2、M10近似，另有2件双耳罐，特征也较早，赵杰娃M1年代为西汉早期前段，M19年代要早于赵杰娃M1，应在秦统一时期，最晚不过西汉初年。

综上分析，第一期1段的年代大致在秦统一至西汉初期。

第二期2段：Aa型Ⅱ式罐与泉眼沟A型Ⅰ式罐[④]、赵杰娃Aa型Ⅰ式罐近似，Aa型Ⅰ式鍪与赵杰娃A型Ⅰ式鍪（M53：4）近似；Ⅰ式盒盖小于器身，弧腹，与全寨子C型Ⅱ式盒[⑤]近似，与丰泰墓地Aa型Ⅰ式盒相比，圈足较矮，但又高于丰泰Ab型Ⅱ式盒，因而其年代应在丰泰Aa型Ⅰ式与Ab型Ⅱ式之间；Aa型鼎的圆环纽上有一乳钉，是半环纽加乳钉的早期形态，鼎足较高，内侧有刮削痕，是楚文化多棱刮削鼎足的遗留，腹部形态与赵杰娃A型Ⅰ式鼎（M55：5）近似；Aa型Ⅰ式壶为灰陶，颈较长，盘口较浅，是汉代早期盘口大壶的特征，同战国晚期壶相比，器壁稍厚，风格迥异，而高圈足的特征则应是承自战国晚期至秦的风格，因而其应是西汉

---

① 湖北省文物考古研究所、襄樊市考古队、襄阳区文物管理处：《襄阳王坡东周秦汉墓》，科学出版社，2005年。

② 河南省文物局：《淅川赵杰娃墓地》，科学出版社，2016年。

③ 咸阳市文物考古研究所：《任家咀秦墓》，科学出版社，2005年。

④ 四川大学历史文化学院考古系、上海大学艺术研究院美术考古研究中心、河南省文物局、南阳市文物局、淅川县文物局：《河南淅川泉眼沟汉代墓葬发掘报告》，《考古学报》2014年第3期。

⑤ 河南省文物局：《淅川全寨子墓地》，科学出版社，2016年。

最早阶段的陶大壶；M47出土的A型折肩小瓮与高台A型Ⅰ式矮领罐[①]、九里山B型Ⅰ式瓮[②]近似；A型甑（M47：2）与王庄M8：6[③]近似。

综上分析，第二期2段的年代大致在西汉早期前段。

第二期3段：Ab型Ⅰ式鼎与金陂M54：5[④]近似；Ab型Ⅱ式鼎（M53：2）与赵杰娃B型Ⅰ式鼎（M31：2）近似；Ac型鼎与新四队B型Ⅴ式鼎（M14：3）以及金陂M59：3近似；Aa型Ⅱ式壶（M61：2）高盘口，鼓腹，高圈足，与全寨子Bb型Ⅰ式壶（M53：6）、金陂M59：6特征相近；B型Ⅱ式瓮（M74：2）同新四队Da型Ⅱ式瓮（M37：8）相似；Ba型Ⅰ式釜甑与全寨子C型Ⅰ式釜甑（M18：3、M18：4）相似；Ba型Ⅱ式釜甑与泉眼沟Aa型甑、B型釜，以及新四队C型Ⅲ式釜甑（M14：6）近似；B型甑与泉眼沟B型Ⅰ式甑形制近似，但腹较深，应略早；A型Ⅱ式鍪（M74：1、M75：2、M80：1）特征分别与金陂铁鍪（M58：1）、王坡Ⅰ式鍪（M51：1）、泉眼沟A型Ⅰ式鍪（M38：2）近似；C型Ⅰ式瓮（M75：1）与赵杰娃B型Ⅰ式瓮近似。B型鍪与九里山A型Ⅰ式鍪（M56：2）整体造型相似，只是腹略深，耳部也有差异，年代应略晚于九里山的A型Ⅰ式鍪。

综上分析，第二期3段的年代大致在西汉早期晚段。

第三期4段：Ad型鼎腹稍深，蹄形足变细，与新四队B型Ⅵ式鼎（M18：4）近似；Ae型鼎为Ac型鼎的简化形式，盖纽中部不再穿圆孔，与全寨子的鼎M65：20近似；Bb型釜甑的甑较前一阶段变小且趋于简化，不见铺首，腹中部常有一棱，形态与泉眼沟B型Ⅰ式甑（M21：4）相同；B型甑与全寨子的甑（M65：1）近似；Aa型Ⅳ式壶（M70：3、M70：4）颈略长，腹部呈扁方形，与九里山A型Ⅴ式壶（M57：2）、全寨子的壶（M65：14）近似；Ⅱ式盒与泉眼沟Aa型盒（M26：3）、全寨子的盒（M65：17）、丰泰墓地Bb型Ⅲ式盒（M98：3）、一中B型Ⅲ式盒（M224：3）[⑤]较为近似。

本段仿铜陶礼器与上段相比，有明显的简化趋势，器物造型以及种类都发生变化，M66礼器组合中只有鼎，且鼎足较为细弱，釜甑不见铺首衔环，说明随葬仿铜陶礼器的传统在本阶段已经由盛渐衰。

综上分析，第三期4段的年代大致在西汉中期早段。

第三期5段：Ba型Ⅰ式鼎（M39：2）与泉眼沟的鼎（M10：10）较为近似；Bb型Ⅰ式鼎（M22：2）与九里山C型Ⅰ式鼎（M12：2）近似；Bb型Ⅰ式鼎（M73：2）与泉眼沟D型Ⅱ式鼎（M13：12）近似，但鼎足更为厚重，年代应更早；Ab型壶（M22：1）与刘家沟口Ab型Ⅱ式壶（M51：4）[⑥]、九里山的壶（M12：3）近似；B型Ⅲ式瓮（M39：1）与新四队M21：4近

---

① 湖北省荆州博物馆：《荆州高台秦汉墓》，科学出版社，2000年。

② 襄樊市文物考古研究所、武安铁路复线九里山考古队：《老河口九里山秦汉墓》，文物出版社，2009年。

③ 中国科学院大学科技史与科技考古系、河南省文物局南水北调文物保护办公室：《河南淅川王庄汉墓群发掘简报》，《华夏考古》2015年第2期。

④ 荆州博物馆、湖北省文物局南水北调办公室：《湖北丹江口市金陂墓群的发掘》，《考古》2008年第4期。

⑤ 南阳市文物考古研究所：《南阳一中战国秦汉墓》，文物出版社，2012年。

⑥ 河南省文物局：《淅川刘家沟口墓地》，科学出版社，2011年。

似。Aa型Ⅲ式罐（M73：3）与九里山的罐（M169：2）近似；Aa型Ⅳ式罐（M25：3）与九里山Aa型Ⅱ式罐（M163：1）近似；A型Ⅰ式灶（M22：4）与泉眼沟出土的Aa型灶（M57：6）相似，泉眼沟M57同出的A型Ⅱ式壶、Aa型Ⅰ式仓具有西汉中期晚段的特征，因而这类灶可能早至西汉中期晚段。

本段的仿铜陶礼器继续衰落，造型与3段相比，极度简化，盒已经彻底不见。仓井灶的组合在本地区盛行于西汉晚期前段，但有烟囱的陶灶出现较早，全寨子、王坡等墓地的西汉早期墓葬中就已经用烟囱灶随葬，但无仓、井与之配套。葛家沟M22出土的陶灶，尾部有大孔，套有可拆卸的烟囱，是典型烟囱灶的改进形式，应早于本墓地其他类陶灶。另外，单出灶且有仿铜礼器鼎、壶的墓葬年代应早于仓井灶齐全的墓葬，例如李沟M11出土鼎、壶、灶的组合，年代为西汉中期；九里山M12是鼎、壶、罐、灶的组合，年代为西汉中期晚段。因而单出陶灶的M25、M39年代也应定为西汉中期晚段。

综上分析，第三期5段的年代大致在西汉中期晚段。

第四期6段：Ba型Ⅱ式鼎（M30：15）与泉眼沟D型Ⅱ式鼎（M13：15）、九里山C型Ⅱ式鼎（M106：2）、东沟长岭M55：5较为近似；Bb型Ⅱ式鼎（M26：10）与刘家沟口B型Ⅱ式鼎（M73：1）近似；C型柱足鼎（M26：9）与泉眼沟的鼎（M24：14）、刘家沟口B型Ⅲ式鼎（M73：2、M73：15）近似；Aa型Ⅲ式壶（M53：4、M53：5）与李沟Ab型Ⅱ式壶（M48：30）[①]近似；B型壶与李沟Ab型Ⅲ式壶（M48：24）近似；Aa型Ⅴ式罐（M35：10、M30：21、M26：18）与李沟Aa型Ⅱ式罐（M40：1）近似；A型Ⅰ式仓与李沟Ⅳ式仓（M45：8）近似；C型Ⅰ式仓与泉眼沟Aa型Ⅰ式仓（M13：3）近似；C型Ⅱ式仓与新四队B型Ⅰ式仓近似；B型仓与东沟长岭Aa型仓（M55：12）近似；A型Ⅰ式井（M26：12、M30：4）与泉眼沟Ab型（M24：13）井近似；A型Ⅱ式灶（M26：20）与李沟B型Ⅰ式灶（M11：2）近似；B型Ⅱ式灶与赵杰娃Ba型灶近似；A型Ⅱ式井（M30：16）与新四队A型Ⅱ式井（M11：17）近似。

M26与新四队M11墓葬形制以及随葬品都较为近似。本段为仓井灶组合盛行的年代，多数墓葬的仿铜陶礼器仅有鼎，少量有壶，鼎的形式已经极度简化。模型明器的组合中仅有仓、井、灶，没有圈、磨、鸡、鸭、狗等器形，年代应处于仓、井、灶盛行期的前段。

综上分析，第四期6段的年代大致在西汉晚期早段。

第四期7段：Ba型Ⅲ式鼎（M29：3）的腹部特征与泉眼沟M24：14相似，整体与九里山A型Ⅸ式近似，时代为西汉晚期晚段；Ca型壶与赵杰娃B型Ⅲ式（M34：1）罐、王庄M1：13形制近似；Cb型壶与东沟长岭B型Ⅰ式罐（M5：11）、王庄M1：11相似；A型Ⅱ式鍪与赵杰娃B型鍪（M16：3）近似；磨与赵杰娃A型磨较为近似；E型兽蹄足鼎与赵杰娃C型Ⅲ式鼎近似，鼎的形态已极度简化，器形较小，矮足，子口近平，应属本墓地年代最晚的陶礼器；A型Ⅲ式灶，形体小，釜与灶身相连，与赵杰娃C型连釜灶（M25：4）较为近似，但无挡墙；B型

① 湖北文理学院襄阳及三国历史文化研究所、河南省文物局南水北调中线管理办公室、岳阳市文物考古研究所：《河南淅川李沟汉墓发掘报告》，《考古学报》2015年第3期。

Ⅱ式灶（M28：8），釜体扁小，与李沟A型Ⅲ式灶（M39：8）近似；A型Ⅰ式井（M28：9）与李沟Ⅲ式井（M39：7）近似；A型Ⅲ式井（M32：7）与李沟Ⅰ式井较为近似；A型Ⅰ式井（M29：1）与李沟Ⅲ式井（M39：7）近似。

M72为砖室墓，虽没有陶器出土，但出有3件“大泉五十”铜钱，墓葬年代也应属此段。

本段与前段相比，新出现了模型明器磨以及博山炉盖，仿铜礼器在这一阶段仅有鼎，壶已不见，M28的组合中只有模型明器仓、井、灶以及日用器罐，仿铜陶礼器彻底消失。器物组合中仍没有发现陶质的家禽家畜模型、陶圈，也没有发现施釉的陶器，这些陶器在东汉早期较为常见流行，因而，该组墓葬的年代应晚于6段，下限不应晚于东汉初年。

综上分析，第四期7段的年代大致在西汉晚期晚段，下限不晚于东汉初年。

葛家沟墓地秦汉墓葬所分四期7段，大致年代梳理如下。

第一期1段：M1、M2、M6、M10、M19，即秦统一时期，可能延续至西汉初年。

第二期2段：M36、M21、M47，即西汉早期前段，西汉建立至文帝前元五年铸行四铢“半两”。

第二期3段：M11、M61、M53、M4、M41、M74、M75、M80，即西汉早期后段，文帝前元五年至武帝元狩五年铸行“五铢”。

第三期4段：M66、M70，即西汉中期前段，武帝元狩五年至昭帝始元元年。

第三期5段：M73、M22、M25、M39，即西汉中期后段，昭帝、宣帝时期。

第四期6段：M37、M59、M26、M38、M30、M35，即西汉晚期前段，大致相当于元帝至平帝时期。

第四期7段：M44、M64、M32、M28、M29、M72，西汉晚期后段，即新莽时期，下限不晚于东汉初年。

M45出土有1小件属灶的甑，墓底一侧可见用砖铺设的简单棺床，墓门用空心画像砖封堵。M45与M44相邻，形制大小相近，年代应与M44相近。M45封门画像砖纹饰与赵杰娃M42第4号、11号画像砖部分图案内容相同，其时代应在西汉晚期后段，即新莽时期。

除以上有随葬品的墓葬外，还存在一些因盗扰严重而未出随葬品的墓葬。砖室墓有M51、M52、M60、M65、M68、M76，M65与M64相邻，形制大小相似，年代应与M64相近，在新莽前后，其余墓葬年代应在西汉晚期及以后。土坑墓有M16、M17、M18、M27、M31、M34、M48、M56、M69、M71，M48与M47相邻，形制大小相近，年代应与M48相近，在西汉早期前后，M69与M70年代也应相近，在西汉中期前后，其余墓葬则较难断定。

第七节　小　　结

本墓地发掘的秦汉墓葬可分为秦、西汉早期早段、西汉早期晚段、西汉中期早段、西汉中期晚段、西汉晚期早段，西汉晚期晚段。墓葬在形制及葬式等方面较为一致，但随葬品差异明显。

（1）墓葬分布在第Ⅰ区、第Ⅱ区及第Ⅲ区的北、中、南三个小区内，具体分布情况是第

Ⅰ区3 座，第Ⅱ区11座，第Ⅲ区65座。其中第Ⅲ区北小区22座、中小区22座，南小区21座。各区分布较为平均。砖室墓主要分布在中、南小区，北小区没有发现砖室墓。

（2）墓葬中多为竖穴土坑墓，少量为砖室墓。竖穴土坑墓多保存完好，砖室墓则多被盗掘一空，因而能确定年代的多为竖穴土坑墓。第四期6段之前主要流行无墓道的竖穴土坑墓，之后带有单个墓道的墓葬数量迅速增加，砖室墓也应属于这一阶段。墓葬规模多较小，只有随葬青铜礼器的3座墓稍大。

（3）秦汉时期墓葬的朝向也较为多样，早晚期亦无规律之分，带有墓道的墓葬，墓道朝向东南西北的皆有。

（4）竖穴土坑墓仍流行用单棺单椁，新出现单椁内置并列双棺的形式，随葬品置于棺椁之间。葬具皆已腐朽，从残存情况看，椁多呈Ⅱ形，紧贴二层台，棺为长方形。葬式以单人仰身直肢为主，也有单人侧身屈肢葬。多有二层台，墓壁近直，墓葬填土为翻挖回填的五花土。砖室墓的葬具、葬式以及随葬品的摆放位置不很清楚。砖室墓的营建，需先挖出竖穴土坑，再在土坑内用砖砌筑墓室，砖室的作用近似木椁，可称其为砖椁。

（5）墓葬随葬品在第四期6段之前，数量不多，一般在2～7件，之后阶段数量有所增加，多在8～10件，最多的有18件。

（6）随葬品按质地分有陶器、铜器、铁器等，数量最多的是陶器。按用途分有礼器、日用器、模型明器以及工具、钱币等。

（7）陶器组合可分为三组：A组，以鼎、盒、壶等仿铜陶礼器为核心的组合；B组，以日用器双耳罐、瓮、鍪为主的组合；C组，以模型明器仓、井、灶为主的组合，常伴出有钱币、铜镜。

（8）以陶礼器为主的组合中，鼎、盒、壶一般各有2件，形制大小近似，日用器有双耳罐、瓮、釜甑等，一般是单件或单套。仓、井、灶的数量一般是5仓配1井1灶，也有5仓配2灶2井的情况，C类以仓井灶为主的组合中，鼎、壶的数量一般为1件。

（9）秦汉时期的陶器组合以第三期5段为界，可分为截然不同的两种：之前的陶器组合以陶礼器为主，搭配日用器，陶礼器有鼎、盒、壶，日用器有双耳罐、瓮、釜甑等，模型明器还没有出现；之后的陶器组合以模型明器为主，搭配日用器、陶礼器，模型明器主要有仓、井、灶、磨，日用器有罐、瓮，陶礼器的鼎、壶，逐渐简化直至消失。以日用器为主的组合贯穿始终，虽不是主流，但也保持较为清晰的发展脉络。

（10）铜礼器组合以鼎、钫为主，另搭配有匜、勺。M1为单纯青铜礼器的组合；M2为青铜礼器+日用器的组合。

（11）从墓葬的分布排列上看，夫妻并穴合葬在这一时期开始增多，约有8组（M1和M2，M28和M29，M38和M39，M44和M45，M47和M48，M51和M52，M64和M65，M69和M70）。另有一组M25、M26，形制相近，相邻排列，由于M26已是双人墓，这2座墓更应是一组家族墓。第Ⅲ区南小区西部也分布有一组墓葬，自北向南分别是M76、M75、M74、M73、M72，墓向相同，年代上有差距，M75、M74最早，向南的M73晚于M75、M74，M72又晚于M73，最北的M76年代也较晚，并打破M75，这一组墓葬也应是一组跨代的家族墓。

第四章　其他墓葬

在葛家沟墓地发掘的79座墓葬中，由于被盗扰或者其他原因无随葬品出土，时代特征不明的墓葬有12座，分别是M3、M7、M8、M9、M13、M14、M34、M50、M54、M55、M56、M67。

第一节　墓葬总述

一、墓葬分布

M3分布在Ⅰ区，其余11座分布在Ⅲ区，其中M34被M22打破，M34又打破M23。M56与M60相距较近，存在并列关系。

二、墓葬形制与结构

这12座墓葬中M9为单室砖室墓，其余11座均为竖穴土坑墓，无墓道，平面开口长方形，墓内填土基本上均为黄褐色五花土，土质较硬，结构较致密，填土中无包含物。

三、墓葬方向

这12座墓葬由于后期扰乱，大部分葬具和骨架不存，其墓葬方向参照周边相距较近的和其方向接近的墓葬。

四、葬式、葬具

这12座墓葬中保留棺椁痕迹的墓葬6座，其中一棺墓葬3座（M16、M17、M27），一棺一椁墓葬3座（M55、M67、M71），没有棺椁痕迹的墓葬5座（M3、M8、M34、M55、M56）。

第二节　墓葬分述

一、M3

位于发掘Ⅰ区中部，西邻M1、M2。

1. 墓葬形制与结构

该墓为竖穴土坑墓，方向95°。

开口于耕土层下，墓口距地表0.3米。平面开口呈长方形，墓口长2.1米，宽0.9米，深1.5米。墓室口底基本同大，墓圹四壁规整，直壁向下，墓底平整。

墓内填土黄褐色五花土，土质较硬，结构较致密。

2. 葬具、葬式

（1）葬具

葬具已腐朽不见痕迹。

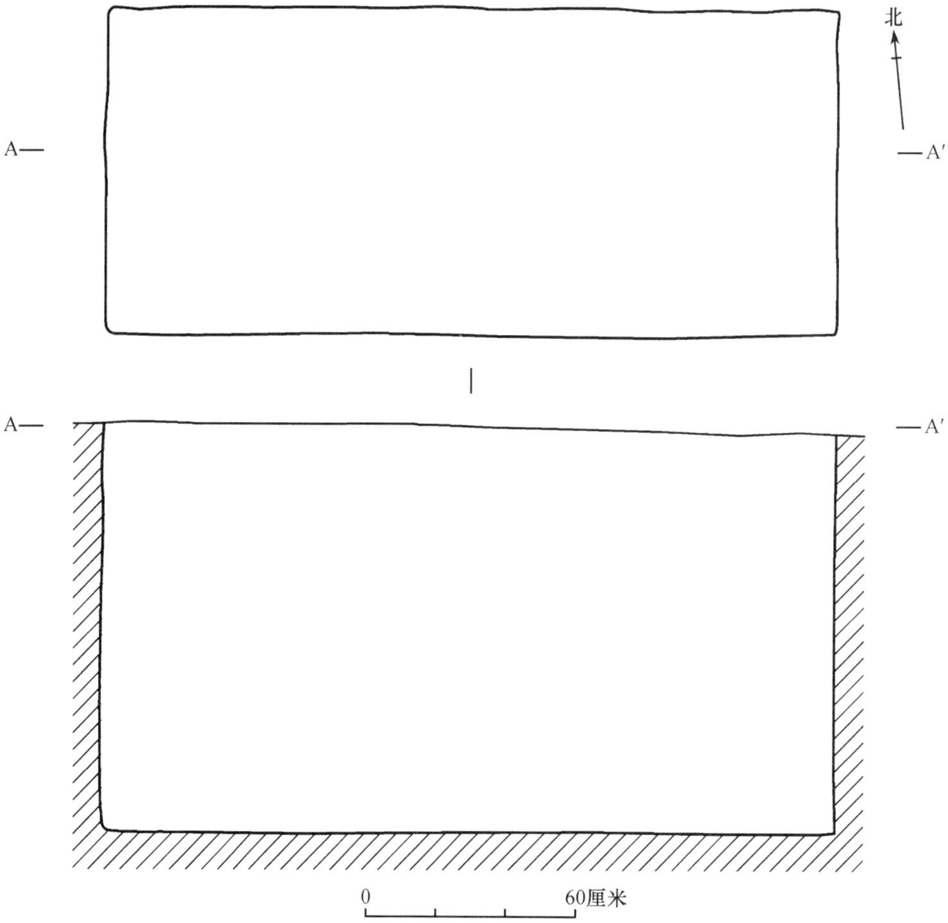

图二二八　M3平、剖面图

（2）葬式

人骨架一具，已腐朽殆尽，无法判明葬式和头向（图二二八）。

3. 出土器物

扰乱，不见随葬品。

二、M7

位于发掘Ⅱ区东北部，丹江口水库西岸河边的河滩上，西距M5约10米。

1. 墓葬形制与结构

该墓为长方形竖穴土坑墓，方向352°。

由于长年受江水浸蚀、冲刷，墓口暴露于地表。南北长2.9米，东西宽1.6米，墓口西部高东部低，西部墓口距墓底0.8米，东部墓口距墓底0.5米，墓底平整。

口底同大，四壁规整，直壁向下，墓室四周有生土台，高0.2米，宽0.3米。

墓内填土为夹杂白沙石的黄褐色五花土，土质较软，结构较疏松。

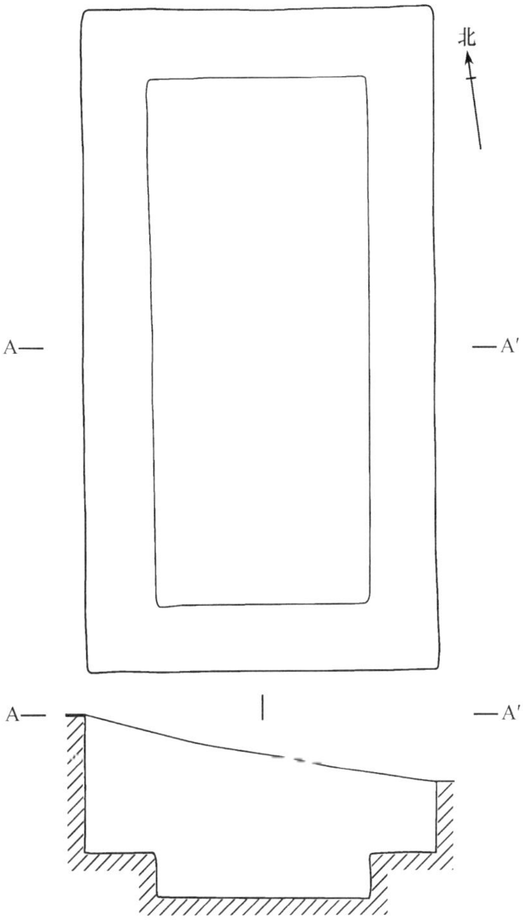

图二二九　M7平、剖面图

2. 葬具、葬式

（1）葬具

葬具已腐朽，灰痕不存。

（2）葬式

人骨架已腐朽，不存，无法判明葬式（图二二九）。

3. 出土器物

该墓被盗扰严重，随葬品不存。

三、M8

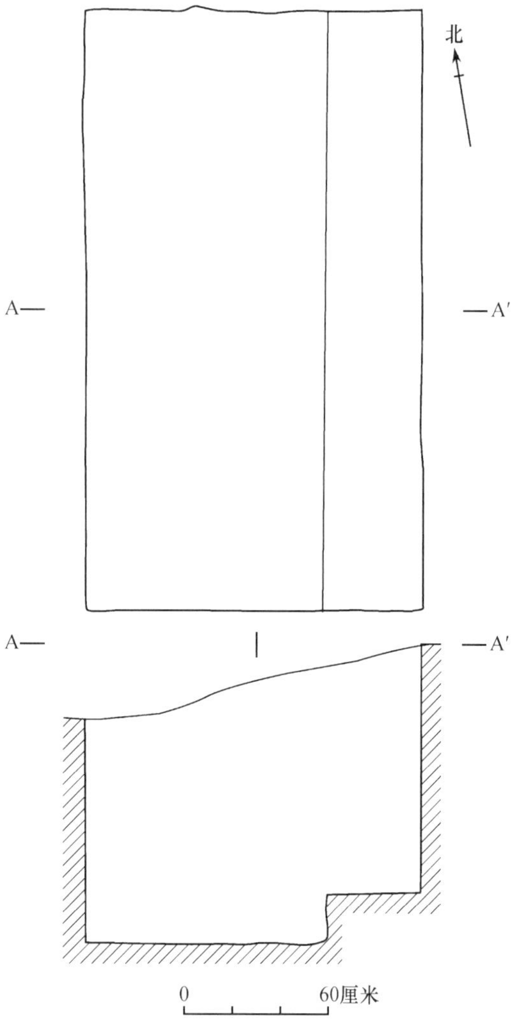

图二三〇　M8平、剖面图

位于发掘Ⅱ区北部，丹江口水库西岸河边的河滩上，北距M7约10米。

1. 墓葬形制与结构

该墓为长方形竖穴土（岩）坑墓，开凿于较松软的白砂石壁上，方向350°。

由于长年江水浸蚀、冲刷，墓口暴露于地表。现存墓口南北长2.4米，东西宽1.4米，墓口东高西低。西部墓口距墓底0.9米，东部墓口距墓底1.2米。口底同大，四壁规整，直壁向下，壁面光滑，经人工修整。墓室底部平整，墓室东壁有生土台，高0.2米，宽0.4米。

墓内填土为夹杂白沙石的黄褐色五花土，土质较软，结构疏松。

2. 葬具、葬式

（1）葬具

葬具已腐朽，灰痕不存。

（2）葬式

人骨架腐朽，无法判明葬式和头向（图二三〇）。

3. 出土器物

该墓被盗扰严重，随葬品均被盗走，扰土中发现有陶片，泥质灰陶，可辨器形为鼎、壶等。

四、M9

位于发掘Ⅱ区北部，丹江口水库西岸河边的河滩上。

1. 墓葬形制与结构

该墓为单室砖室墓，方向100°。

该墓由于长年受江水浸蚀、冲刷，墓口暴露于地表。墓圹东西长3米，南北宽1.2米，底部平整，墙砖紧贴墓圹砌于铺地砖上，单砖侧立错缝砌，底砖对缝平铺，墙砖、底砖均青灰色，墙砖尺寸为10厘米×16厘米×45厘米，子母口，宽3厘米，深2.5厘米，单长侧面模印多重菱形图案。底砖尺寸为5厘米×35厘米×46厘米，正面模印菱形和卷云纹。墓圹底部距地表0.6米。

墓内填土为墓葬盗扰后淤积，黄褐色五花土，土质较软，结构较疏松。

2. 葬具、葬式

（1）葬具

扰乱，葬具不存。

（2）葬式

扰乱，人骨架不存（图二三一）。

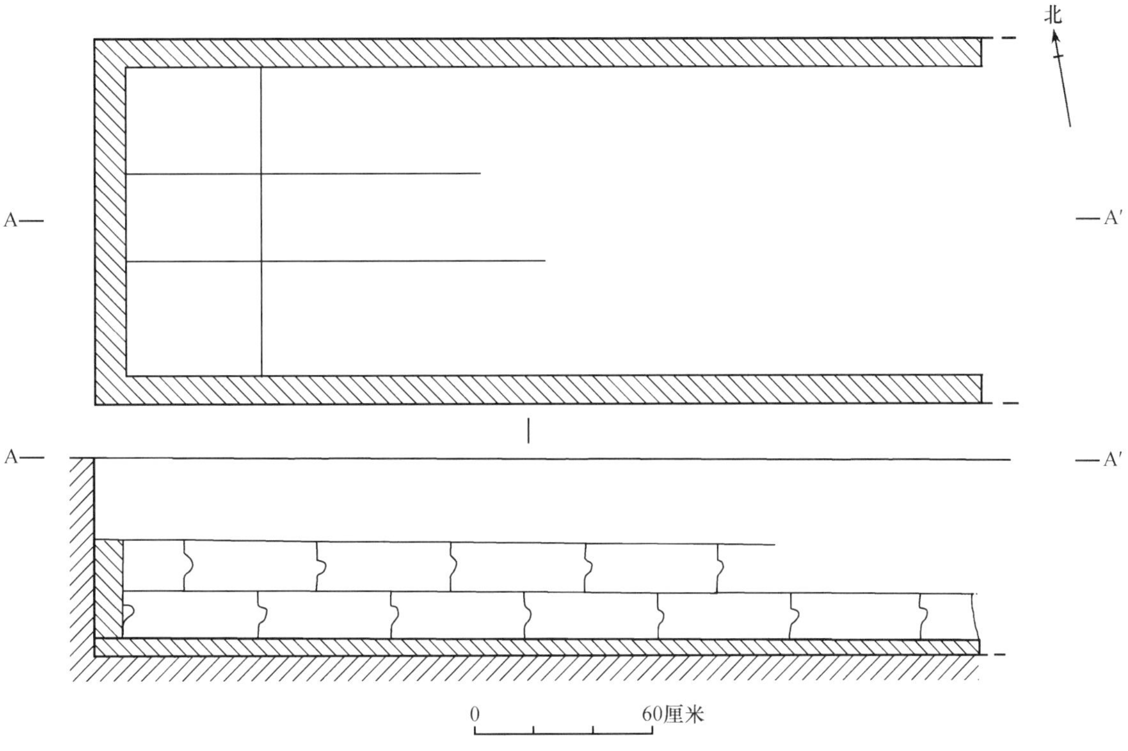

图二三一 M9平、剖面图

3. 出土器物

该墓被盗扰严重，随葬品不存。

五、M13

位于发掘Ⅱ区南部，丹江口水库西岸河边的河滩上。

1. 墓葬形制与结构

该墓为长方形竖穴土（岩）坑墓，方向85°。

该墓由于长年受江水浸蚀、冲刷，墓口暴露于地表。墓口西高东低，北高南低。该墓墓圹清晰。现存墓口东西长2.7米，南北宽1.3米，口底同大，四壁规整，直壁向下，距墓底0.2米，墓圹四周有一生土台，高0.2米，北、东、南、西四侧宽分别为0.2米、0.2米、0.14米、0.2米，墓底平整。西部墓口距墓底1.2米。东部墓口距墓底0.3米。

墓内填土为夹杂黑土块和白沙岩的灰褐色五花土，土质较软，结构较疏松。

2. 葬具、葬式

（1）葬具

葬具已腐朽，痕迹不存。

（2）葬式

人骨架腐朽，不见痕迹（图二三二）。

3. 出土器物

该墓被盗扰严重，随葬品不存。

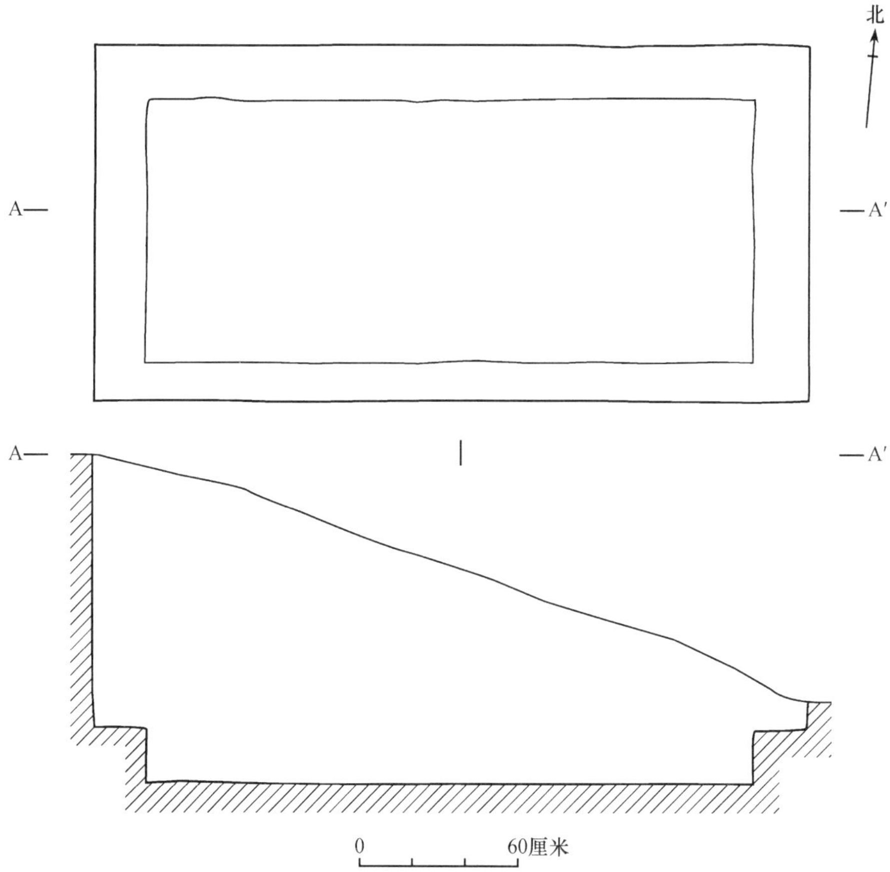

图二三二　M13平、剖面图

六、M14

位于发掘Ⅱ区南部，丹江口水库西岸河边的河滩上。

1. 墓葬形制与结构

该墓为长方形竖穴土（岩）坑墓，方向85°。

该墓由于长年受江水浸蚀、冲刷，墓口暴露于地表。墓口西高东低，墓圹清晰。现存墓口东西长4.2米，南北宽1.9米，西部墓口距墓底1.2米，东部墓口距墓底0.3米。口底同大，四壁规整，直壁向下，距墓底0.1米，墓圹四周有一生土台，高0.1米，北、东、南、西四侧宽分别为0.6米、0.5米、0.4米、0.6米，墓底平整。

墓内填土为夹杂黑土块和白沙岩的灰褐色五花土，土质较软，结构较疏松。

2. 葬具、葬式

（1）葬具

葬具已腐朽，痕迹不存。

（2）葬式

人骨架腐朽，不见痕迹（图二三三）。

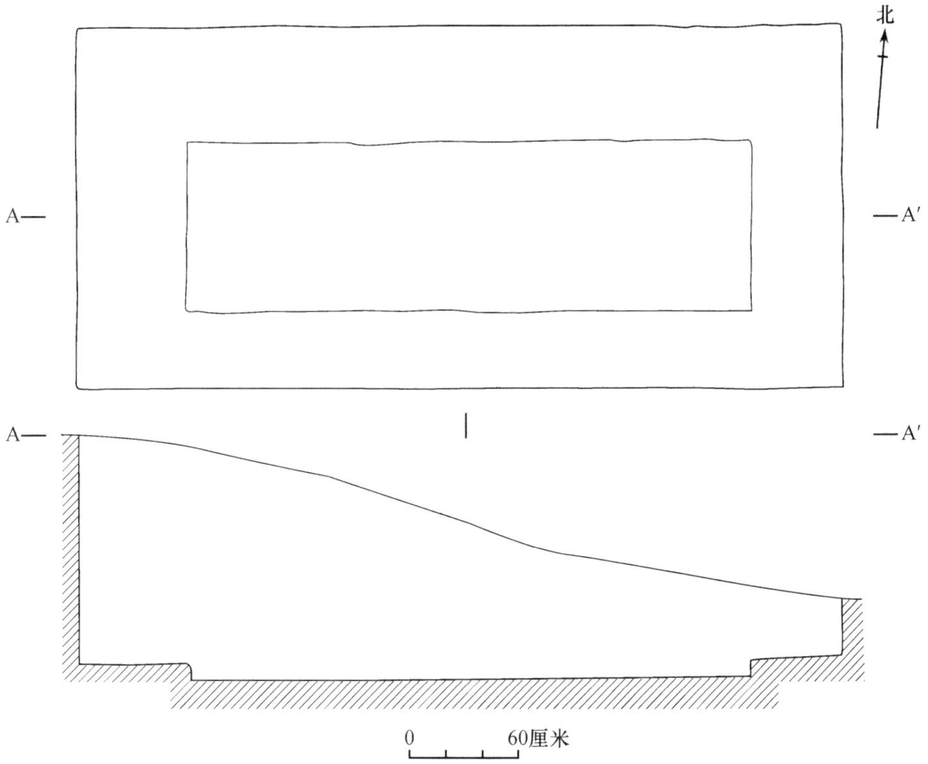

图二三三　M14平、剖面图

3. 出土器物

该墓被盗扰严重，随葬品不存。

七、M34

位于发掘Ⅲ区中部偏北，丹江口水库西岸河边的台地上，被M22、M23打破。

1. 墓葬形制与结构

该墓为长方形竖穴土坑墓，方向18°。

开口于耕土层下，墓口距地表0.3米。该墓墓圹清晰，现存墓口南北长2.65米，东西宽1.6米，深0.8米。口底同大，四壁规整，直壁向下，墓底平整，距墓口0.3米有生土台，高0.2米，北侧宽0.25米，东、西侧宽均为0.2米。

墓内填土为夹杂白沙岩的黄褐色五花土，土质较软，结构较疏松。

2. 葬具、葬式

（1）葬具

葬具已腐朽，不详。

（2）葬式

人骨架腐朽，葬式不详（图二三四）。

3. 出土器物

该墓被盗扰严重，随葬品不存。

八、M50

位于发掘Ⅲ区中部偏东，丹江口水库西岸河边的台地上，北距M51约2米。

1. 墓葬形制与结构

该墓为长方形竖穴土坑墓，方向190°。

开口于耕土层下，耕土层厚0.3米。该墓墓圹清晰，现存墓口南北长2.4米，东西宽1.6米，深1.2米。口底同大，四壁规整，直壁向下，墓底平整，距墓口0.2米有因放置棺椁后填土形成的熟土台，高0.2米，北、东、南、西四侧宽均为0.2米。

墓内填土为夹杂白沙岩的黄褐色五花土，土质较软，结构较疏松。

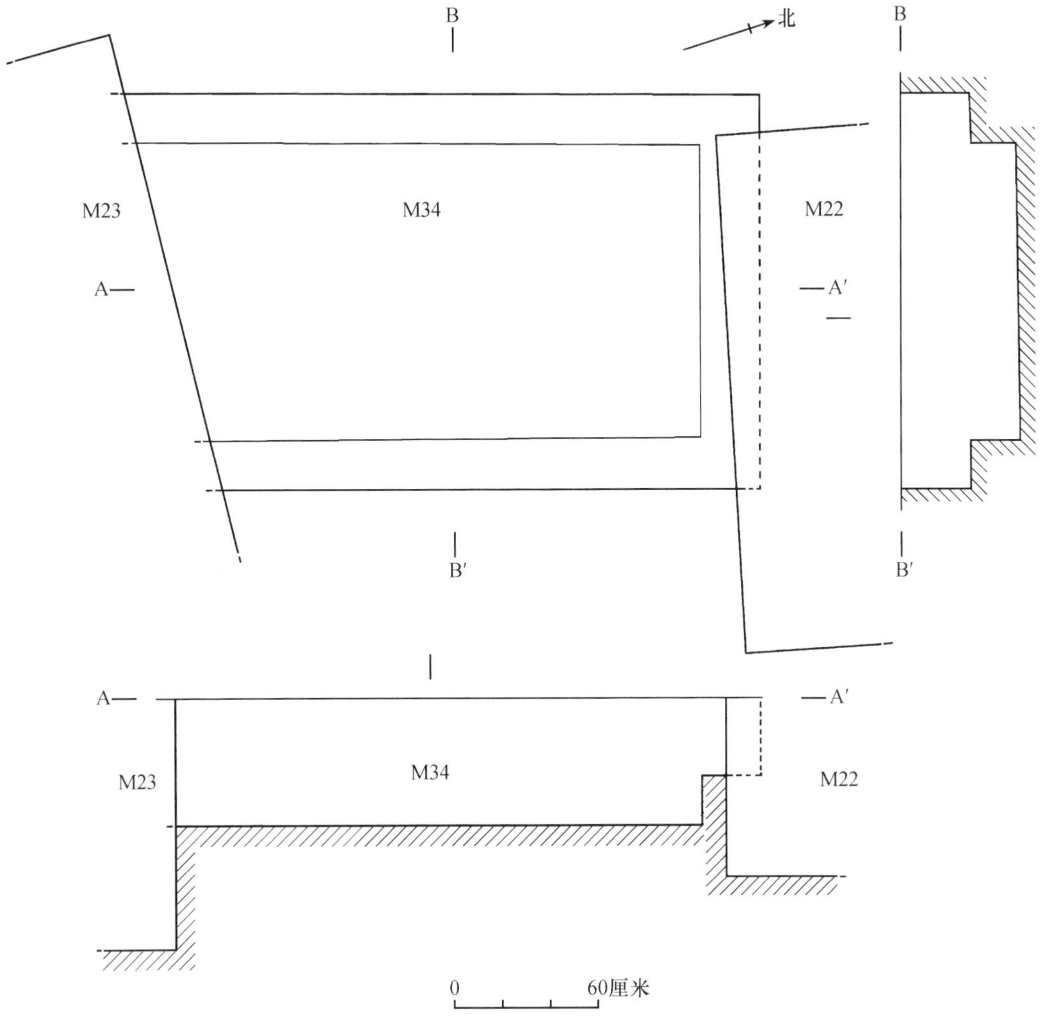

图二三四　M34平、剖面图

2. 葬具、葬式

（1）葬具

葬具已腐朽，残留椁痕，可辨为一棺一椁，椁痕残长0.9米，宽1.2米，棺痕不存。

（2）葬式

人骨架腐朽，葬式不详（图二三五）。

3. 出土器物

该墓被盗扰严重，随葬品不存。

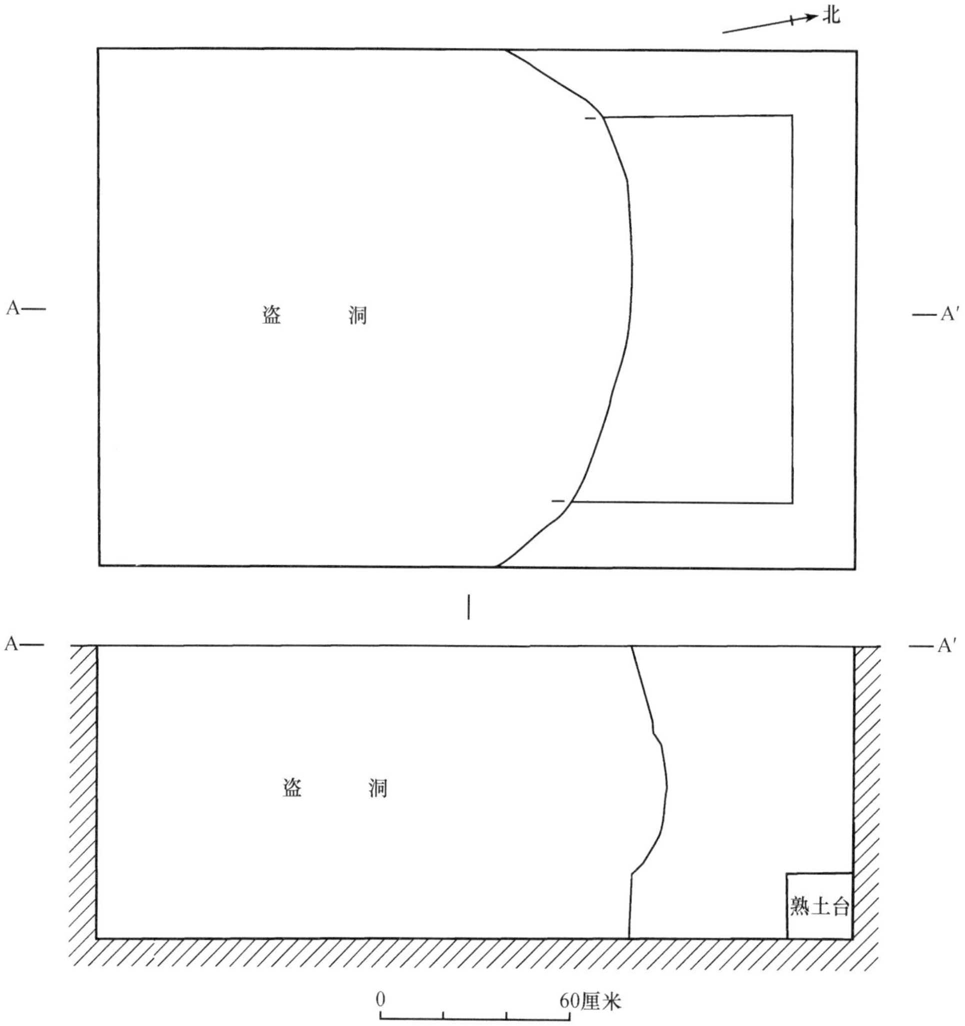

图二三五　M50平、剖面图

九、M54

位于发掘Ⅲ区中部偏东，南距M53约4米。

1. 墓葬形制与结构

该墓为甲字形砖室墓，方向290°。

该墓开口于耕土层下，墓口距地表0.3米。由墓道和墓室两部分组成，墓道朝西，位于墓室西部，平面开口呈长方形，现存长度1.8米，宽1.4米，前部阶梯状，底部斜坡向下；墓室位于墓道东部，被江水浸蚀，不存。

墓内填土为夹杂白沙岩的黄褐色五花土，扰乱（图二三六）。

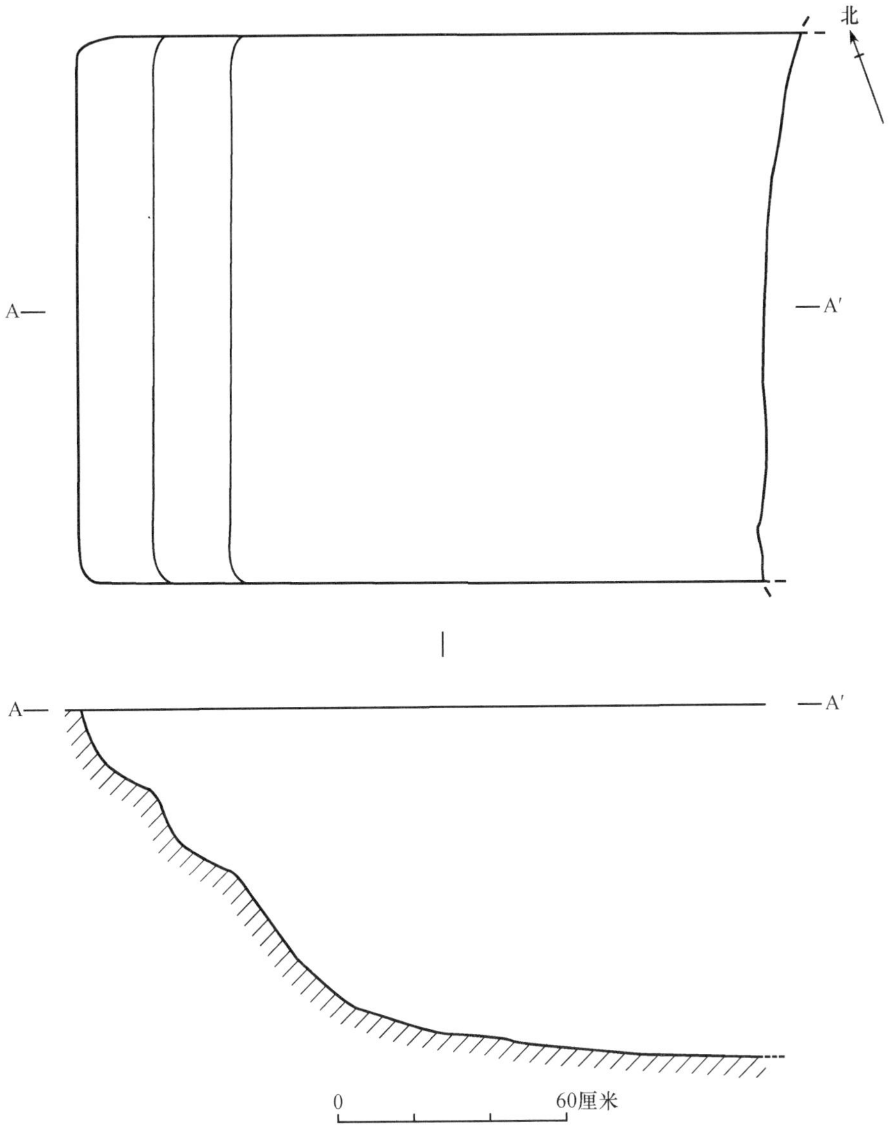

图二三六 M54平、剖面图

2. 葬具、葬式

（1）葬具

扰乱，葬具不存。

（2）葬式

人骨架不存，葬式不详。

3. 出土器物

该墓被盗扰严重，随葬品不存。

十、M55

位于发掘Ⅲ区中部偏东，丹江口水库西岸河边的台地上，北距M49约1.5米。

1. 墓葬形制与结构

该墓为长方形竖穴土坑墓，方向220°。

开口于耕土层下，耕土层厚0.3米。该墓墓圹清晰，现存墓口南北长1.2米，东西宽1.2米，深0.7米。口底同大，四壁规整，直壁向下，墓底平整。

墓内填土为夹杂白沙岩的黄褐色五花土，土质较软，结构较疏松。

2. 葬具、葬式

（1）葬具

葬具已腐朽，可辨为一棺一椁。

（2）葬式

人骨架腐朽，葬式不详（图二三七）。

3. 出土器物

该墓被盗扰严重，随葬品不存。

十一、M56

位于发掘Ⅲ区中部，丹江口水库西岸河边的台地上，南距M60约3.2米。

1. 墓葬形制与结构

该墓为长方形竖穴土坑墓，方向112°。

开口于耕土层下，耕土层厚0.3米。该墓墓圹清晰，现存墓口西高东低，东西长3.6米，南北宽1.1米，西部墓底距地面深0.5米。口底同大，四壁规整，直壁向下，墓底平整。

墓内填土为夹杂白沙岩的黄褐色五花土，土质较软，结构较疏松。

2. 葬具、葬式

（1）葬具

扰乱，葬具不详。

（2）葬式

人骨架腐朽，葬式不详（图二三八）。

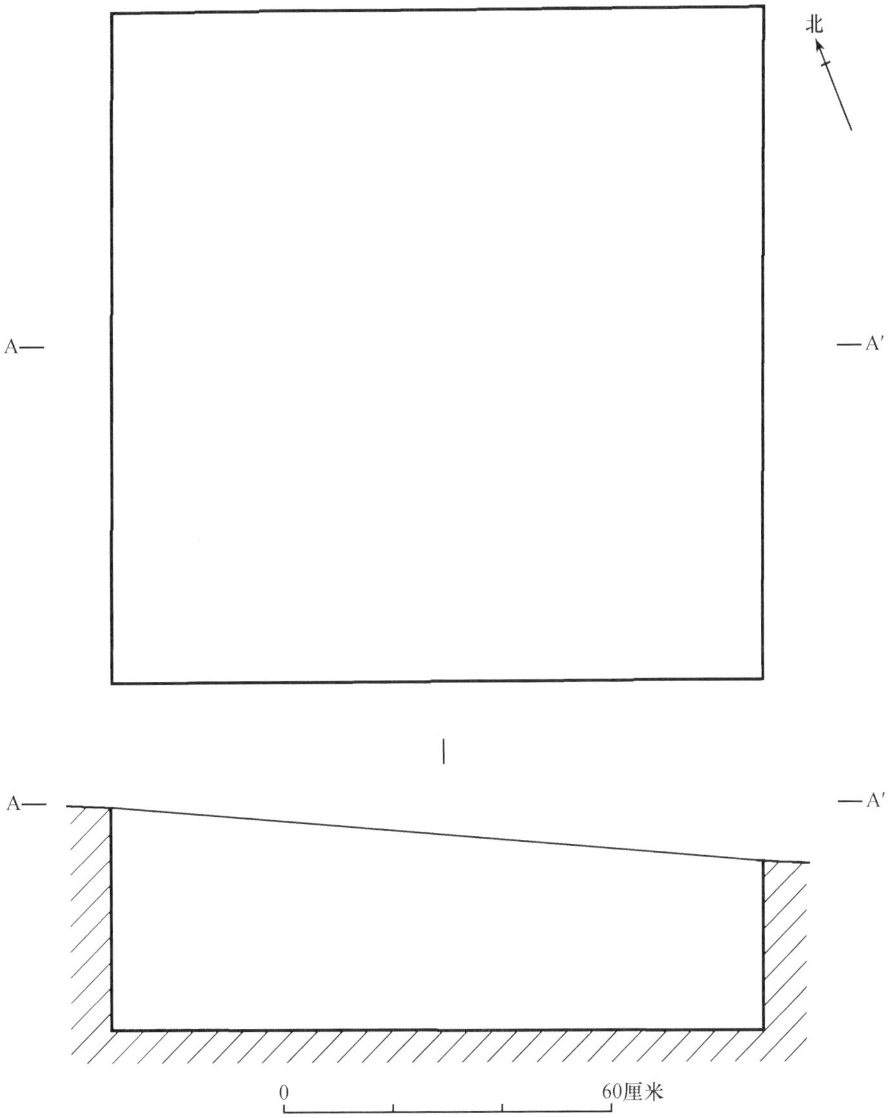

图二三七 M55平、剖面图

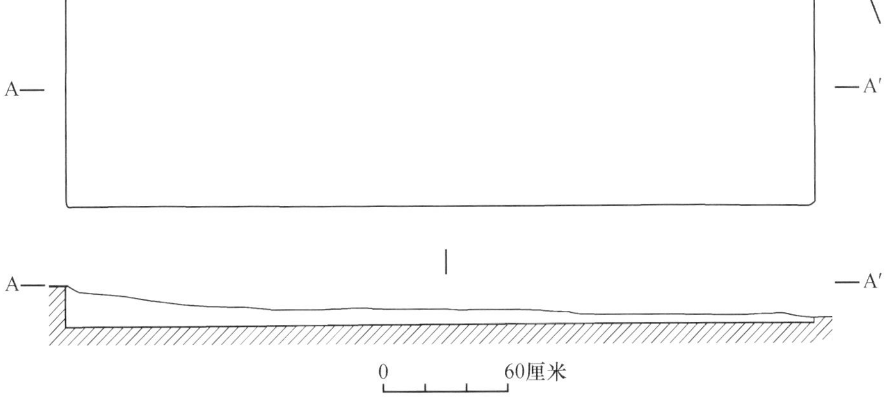

图二三八 M56平、剖面图

3. 出土器物

该墓被盗扰严重，随葬品不存。

十二、M67

位于发掘Ⅲ区东南部，丹江口水库西岸河边的台地上，南距M68约2.5米。

1. 墓葬形制与结构

该墓为长方形竖穴土坑墓，方向197°。

开口于耕土层下，墓口距地表0.3米。该墓墓圹清晰，现存墓口南北长3.4米，东西宽1.7米，深2.7米。口底同大，四壁规整，直壁向下，墓底平整，距墓口2米有因放置棺椁后填土形成的熟土台，高0.4米，北、东、南、西四侧宽分别为0.3米、0.2米、0.3米、0.2米。

墓内填土为夹杂白沙岩的黄褐色五花土。

2. 葬具、葬式

（1）葬具

葬具已腐朽，残留椁痕，棺痕不存，应为一棺一椁，椁痕长2.8米，宽1.3米。

（2）葬式

人骨架腐朽，葬式不详（图二三九）。

3. 出土器物

该墓被盗扰严重，随葬品不存。

第三节　墓葬分期与年代

在葛家沟墓地发掘的M3、M7、M8、M9、M13、M14、M34、M50、M54、M55、M56、M67。这11座由于受到盗扰，墓葬中没有发现遗物，谨慎起见，在前期的墓葬分期过程没有归入其余的68座墓葬进行分期。现根据葬制、葬俗对这12座墓葬的年代做一大致判断。

M3分布在Ⅰ区，西部是M1、M2，均为土坑墓，三者相距较近，方向大致相近，M3时代应该和M1、M2相近，即亦为秦、汉时期。

M7、M8、M9、M13、M14分布在Ⅱ区，M7、M8扰土中发现有陶片，泥质灰陶，可辨器形为鼎、壶等。结合墓葬形制分析，初步判断M8应为秦至西汉早后段。M7、M8相距较近，方向基本一致，墓葬形制相同，葬俗一致。两者应为同时期墓葬，即M7、M8应为秦至西汉早后段。M9为砖室墓，底砖正面模印菱形和卷云纹，与赵杰娃M42所用楔形转相同，赵杰娃M42时代为西汉晚期后段，即新莽时期，M9应和其为同一时期墓葬。

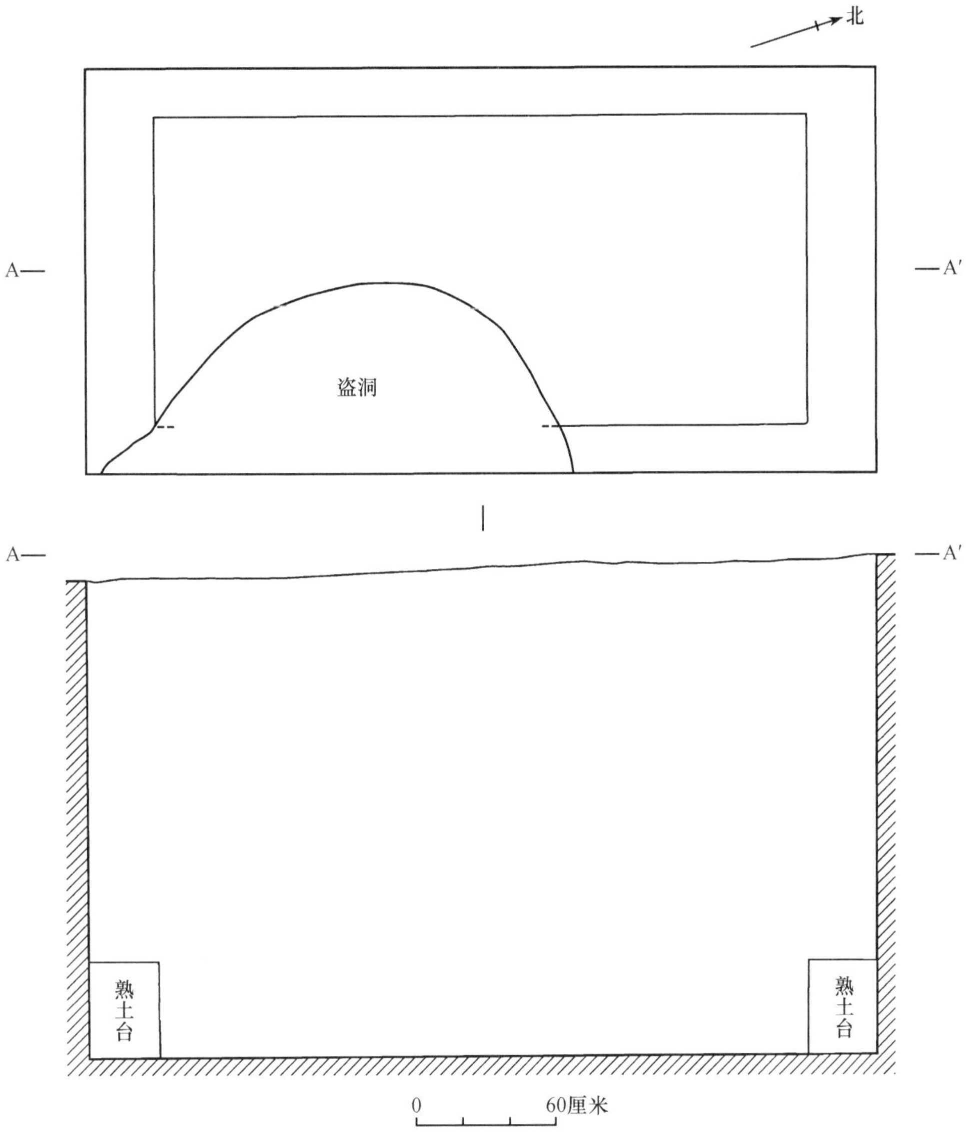

图二三九　M67平、剖面图

M13、M14为土坑墓，零散分布于丹江岸边，周围无其他墓葬参考，时代不可断；

其余6座分布在Ⅲ区，M34被M22打破，M34又打破M23，即M34晚于M23，早于M22，M22西汉中后段，M23战国中早段，M34应为战国中早段至西汉中后段，M34和M19、M80相距较近，均为南北向，葬制、葬俗相同，M19为秦-西汉初段，M80为西汉早后段。由此初步判断M34应为秦-西汉早后段；M50北侧与M53相距4米，方向均为190°，均为一棺一椁，葬制、葬俗相同，M53时代为西汉早后段，M50应与M53同一时期，或时代相距较近；M56与M60相距较近，均为东西方向，两者之间存在并列关系，葬制、葬俗相同，应为同一时期墓葬，M56和M60同属西汉晚后段；M67为长方形竖穴土坑墓，口底同大，四壁规整，直壁向下，墓底平整，残留椁痕，结合该墓地葬制、葬俗分析其时代应为战国中—后段。

M55，正方形，长宽均为1.2米，时代特征不明，时代无法判断。

第五章　相关问题研究

葛家沟墓地的此次发掘的战国至西汉时期的79座墓葬，延续时间较长，且无明显缺环，是淅川地区这一阶段中小型墓葬发展演变情况的最好体现。以下部分是对本次发掘情况的简单概括、总结以及整理过程中的一些初步认识。

一、墓葬的分布排列情况

葛家沟战国秦汉墓地处于丹江口水库西岸的浅山丘陵地带，周边类似的战国秦汉墓地还有东沟长岭墓地、熊家岭墓地、李沟墓地、岳沟墓地、新四队墓地、赵杰娃墓地等。本次发掘的战国至西汉时期的79座墓葬主要分散在三个区域，一、二区位于较小的山包之上，墓葬数量较少，三区墓葬发现较多，主要分布在一条南北向山脊东侧的向阳地带，受地形地势的限制，呈条带状分布，可分为北、中、南三个小区域，之间有空白地带，可能分属三个大的家族。各时期的墓葬交杂分布，存在少量的打破关系，同期或相近阶段的墓葬则无打破关系。墓葬的分布范围较大，且局部区域分布较为密集，说明墓地的利用可能已经趋于饱和。战国墓葬主要分布在北、中小区，南小区只有2座；汉代墓葬在三个小区域的分布较为平均，砖室墓主要分布在中、南小区，北小区没有发现砖室墓。空间、时间相距皆较近的一组墓葬，早晚间没有明显的排列规律。总的来说，墓地的规划较为散乱，可能与地势的狭窄崎岖有关。

同一时期墓葬的朝向并不固定一致，战国时期的16座墓葬，9座大致呈南北向分布，7座大致呈东西向分布，只有一组2座墓葬可能是夫妻合葬墓。秦汉时期墓葬的朝向也较为多样，早晚期亦无规律之分，但是夫妻并穴合葬开始增多，约有8组，另有一组M25、M26，形制相近，相邻排列，但M26内葬2人，为夫妻同穴合葬墓，M25、M26应属同一家族，年代相距应较近。

二、战国墓葬的文化属性及相关问题

战国时期墓葬皆为竖穴土坑墓，除了M77带有单墓道，为中型墓外，其余墓葬无墓道，为小型墓。葬式为单人仰身直肢葬，墓主应为战国中晚期的楚人。随葬日用陶器的墓葬仅单棺；其余随葬仿铜陶礼器的墓葬多为单棺单椁。根据《荀子·礼论》记载：“天子棺椁七重，诸侯五重，大夫三重，士再重。”单棺单椁的墓主身份应为士一级，使用单棺的墓主可能是平民。

墓内的随葬品，单棺无椁者一般放置在头端，单棺单椁者随葬品多放置于棺椁之间。日用陶器组合包括鬲、盂、豆、小壶。中期的陶礼器组合以鼎、敦、豆、壶、盘、匜最为常见，另外还有小口鼎与盉，随葬鼎、敦、壶数量多相同，2个一组较为常见，也有个别墓葬为各1个，豆数量为4个、2个或1个；盘、匜皆为1个；小口鼎为1个、盉为1个。晚期的礼器组合发展为鼎、盒、壶、豆、盘、匜，随葬数量为各2件或各1件，另加杯、釜甑、罐，数量为1件。鼎为礼器组合的核心。东周时期楚文化随葬鼎的传统与中原地区有所差异，楚随葬鼎的数目一般是双数的二、四，也有单个鼎，中原地区的列鼎则流行单数的九、七、五、三、一。本墓地大多数战国墓葬随葬陶鼎（A、C型鼎）的数目为2件，也有1件，只有M77随葬有4件大小形制近同的陶鼎，且体量较大。春秋中晚期以后，礼乐制度遭受严重破坏，平民僭越使用士礼的现象已经较为普遍，另一方面由于旧的贵族阶级日渐衰弱，部分贵族也开始使用陶礼器代替铜礼器随葬。因而，从随葬品分析上，使用日用陶器随葬的墓主可认定为平民；使用2件或1件仿铜陶鼎随葬的墓主有可能是僭越使用礼器的平民，也有可能是沦落的低等级贵族士；使用4件大型仿铜陶鼎的M77，墓主身份可能是大夫一级或者士一级。综合墓葬形制规模的大小以及棺椁的使用情况，可推测葛家沟战国墓地的葬入者主要为平民，也有士一级的低等级贵族，可能还有大夫一级贵族。

三、秦汉墓葬的文化属性以及相关问题

秦代的5座墓葬，皆为竖穴土坑墓。M1、M2、M6为青铜礼器墓，规模稍大，可勉强称之为中型墓，单棺单椁；M10、M19规模较小，为小型墓，单棺单椁或仅有单棺。葬式有单人仰身直肢，也有单人侧身屈肢葬，后者为秦人的典型葬式。

西汉早中期的墓葬仍为长方形的竖穴土坑墓，晚期以后砖室墓开始流行，竖穴土坑墓仍然存在，带有单个墓道的墓葬数量有所增多。竖穴土坑墓仍流行用单棺单椁，新出现单椁内置并列双棺的形式，随葬品置于棺椁之间。砖室的作用近似椁，有研究称这种砖室墓为砖椁墓。营建砖室墓，需先挖出竖穴土坑，再在土坑内用砖砌筑墓室，砖墙多用平砌，也有用立砌，墓底有用小砖平铺，也有用大方砖铺底，最后封拱形顶置棺，M45墓底一侧可见用砖铺设的简单棺床，墓门用画像砖封堵。随葬品多为陶器，西汉早中期随葬品以陶礼器为主，搭配日用器，陶礼器有鼎、盒、壶，一般各有2件，形制大小近似，日用器有双耳罐、瓮、釜甑等，一般是单件或单套。西汉中期仿铜陶礼器开始衰落，由最初的鼎、盒、壶简化为鼎、壶，再到仅有鼎，日用器釜甑也有逐渐简化变小的趋势。伴随着陶礼器的衰落，模型明器开始兴起，西汉中期晚段或中晚期之交最先出现单个的模型明器灶，灶应由西汉早中期的釜甑发展而来，并在随后阶段代替釜甑。西汉晚期，仓井灶的组合迅速流行开来，再后增加了模型明器磨。仓井灶的数量一般是5仓配1井1灶，M26为双人合葬墓，出土有10仓、2灶、2井，应是两套仓、井、灶，另外也有5仓配2灶2井的情况。鼎在这一时期虽然还经常出现，但形式已经极度简化，器形较小，造型随意多样，粗糙，多为单件。日用陶器常见双耳罐，瓮已较少出现，M29发现有以瓮代替仓的现象。一般来说西汉晚期后段已经开始流行猪、狗、鸡、鸭等家禽家畜模型明器，

但在葛家沟墓地的西汉晚期后段墓葬中未发现这类器物，究其原因可能是墓主入葬年代略早于家畜家禽模型明器流行的年代，也有可能墓葬数量较少，发掘的墓葬正好没有随葬这类明器。从发掘情况看，晚期墓葬中没有发现施釉陶器以及陶圈、陶案等东汉时期常见的器形，墓地的使用下限应在东汉初年。墓主的身份应与前一阶段差别不大，主要为平民阶层，从墓葬形制大小以及随葬品数量看，这些墓葬存在贫富差别，稍富者随葬铜镜等小件铜器，营建砖室，社会地位也可能略高，稍贫者主要随葬陶器，土坑埋葬。另外M30出土一件石质的箭镞范，较为罕见，两汉时期，南阳郡的冶铁铸铜业较为发达，以石范作为随葬品，说明墓主生前可能从事与金属铸造有关的行业。

四、与同时期周边墓地的关系

近年来，丹江口水库周边发掘的战国秦汉时期墓地主要有东沟长岭、下寺、徐家岭、阎杆岭、熊家岭、刘家沟口、新四队、赵杰娃、全寨子、李沟、泉眼沟等；东北方向南阳盆地发掘的墓地主要有丰泰、一中、牛王庙等；向西南的襄阳地区发掘的主要墓地有王坡、九里山、余岗等。葛家沟战国秦汉墓葬出土器物的组合、主要器物的形态与周边这些墓地相比，整体面貌较为近似，但又有差异。

葛家沟战国墓葬出土的器物种类有鼎、敦、豆、壶、盘、匜、盉、鬲、盂，东沟长岭的高柄壶、浴缶在葛家沟没有发现；阎杆岭的敦的三足（纽）多呈S形，葛家沟则多呈折曲形；东沟长岭、熊家岭的鼎盖纽有半圆形，也有近梯形，而葛家沟只有近梯形的盖纽；东沟长岭的壶肩部有带衔环或环耳的，葛家沟则没有发现；东沟长岭、熊家岭的敦口部有带环耳的，这种敦在葛家沟则没有发现。与南阳地区相比，缺少韩文化常见的无耳高领折肩罐，多出釜甑。这些差异表明不同区域的人群在丧葬习俗上存在的差别。

葛家沟秦汉墓葬出土的器物种类主要有鼎、盒、壶、釜甑、双耳罐、瓮、鍪、仓、井、灶、磨等，与丹江流域北部的阎杆岭、全寨子、刘家沟口等墓地相比，灶的出现年代较晚，缺少这些墓地常见的烟囱灶、绳纹仓、双沿罐等。

南阳盆地丰泰、一中等墓地仿铜陶礼器鼎、盒、壶的使用年代可延续至西汉晚期甚至是东汉早期，葛家沟墓地则在西汉晚期已经很少见到。丰泰等墓地常见的大型深腹人面足鼎在葛家沟基本不见，葛家沟的釜甑有较为清晰的发展脉络，而在丰泰等墓地基本不见。

襄阳王坡、九里山等秦汉墓常见的浅腹高柱足或扁足的鼎、绳纹仓、带有烟囱的陶灶等器形在葛家沟很少见到，釜、鍪的延续时间要长于葛家沟墓地。葛家沟常见的釜甑在这一地区发现较少，流行时间较短。

五、楚、秦、汉文化因素的更替融合及相关问题

根据墓葬形制以及随葬品特征，葛家沟墓地的战国秦汉墓葬可分为六期：战国中期、战国晚期、秦、西汉早期、西汉中期、西汉晚期，其中战国中期、西汉早期、西汉中期、西汉晚

期四大期又可以各分为早晚两段。这六期十段的时间跨度中，楚、秦、汉三种文化因素此消彼长，构成了较为独特的文化现象。

战国中期墓葬为长方形竖穴土坑墓，随葬鼎、敦、豆、壶、盘、匜等一批仿铜陶礼器，属于典型的楚文化，较为单纯，与楚国核心区域纪南城周边的楚墓相似度较高，仅在器物种类以及细部装饰上略有差异，这批墓葬的年代可能延续至战国晚期之初，秦国占领析地之前。

战国晚期中后段墓葬的风格发生明显变化，鼎、敦、壶的组合变为鼎、盒、壶，新出现双耳罐、釜甑、杯等新器形，鼎、壶、匜的形态也发生较大变化，与江陵地区的楚墓差异明显。战国晚期墓葬特征的变化应与秦国入侵析地的历史事件相关。《史记·楚世家》载："顷襄王横元年（前298年），秦要怀王不可得地，楚立王以应秦，秦昭王怒，发兵出武关攻楚，大败楚军，斩首五万，取析十五城而去。"秦国侵占析地的时间应为顷襄王横元年（前298年），此后《史记·楚世家》载，顷襄王"十八年……今秦破韩以为长忧，得城而不敢守；伐魏而无功，击赵而顾病，则秦魏之勇力屈矣，楚之故城汉中、析、郦可得而复有也"。此时（顷襄王十八年）的淅川已成"楚之故城"，说明淅川已被秦国彻底占领。这一时期的鼎为扁腹矮足鼎，与楚文化的高足鼎差别明显，此类鼎在中原地区最先出现，并影响至秦，后又随秦国的入侵带入淅川地区；壶胎壁变薄，形体变大，流行盘口与高圈足；匜的形制趋于简化，平面呈桃形；秦文化墓葬常见的双耳罐、釜甑，在秦文化东进析地后，也开始出现在当地的墓葬中，只是直接采用本地日常使用的同类器，或者进行了改进，与秦文化的风格有异；杯不见于秦文化墓葬中，为秦人在东进扩张过程中于占领地新出现的器形，数量不多，主要流行于豫西南鄂西北地区，另外豫中、安徽等地也有少量出土。战国晚期2座墓葬的葬式仍为仰身直肢，墓主应为秦国统治下的楚人，随葬品既有楚文化风格，又有侵入的秦文化因素。

发现的秦朝统一时期的墓葬皆随葬日用陶器，楚文化因素的双耳罐继续存在，小口折肩罐、釜、钵形甑皆为典型的秦文化风格，钵则为典型的中原地区文化因素，M10墓主葬式为屈肢葬，又随葬秦文化因素的物品，其身份应是秦人。

西汉早期，扁腹矮足鼎在这一地区继续流行，楚文化的一些文化因素仍有存在，葛家沟、赵杰娃等墓地西汉早期新出现的蹄形足鼎，风格与扁腹矮足鼎迥异，而与传统的楚文化鼎较为近似，楚文化遗风似有复兴之势。西汉早期后段的仿铜陶礼器鼎、盒、壶以及釜甑（甗），与流行于本地区的青铜质同类器非常近似，造型规整，其性质应是吸收秦、楚文化成分并受汉文化影响的本土文化。日用陶器中，双耳罐、鍪的数量较多，也应是楚以及秦文化因素的遗留。到了西汉中晚期，汉文化典型的模型明器在本地区迅速推广开来，汉化程度进一步加深，随葬品中仅有双耳罐与楚文化有渊源，为该地区独具特色的文化因素。

葛家沟战国秦汉墓地处于丹江口水库西岸，东临楚都龙城，战国中晚期为楚、秦反复争夺之区域，留下的文化遗存交错复杂，到了西汉时期，地属南阳郡，社会经济快速发展，文化遗存也较为丰富。葛家沟墓地使用年代从战国中期一直延续至两汉之交，中间无明显缺环，虽规模不大，等级不高，却是研究丹江流域楚、秦、汉文化更替以及中小聚落葬俗、葬制的重要资料。

附表　葛家沟墓地墓葬登记表

编号	方向	形状结构（米）	葬具（米）	葬式	随葬品	分期
M1	85°	长方形竖穴土坑墓 2.70×1.80×4.70	椁痕2.30×0.90；棺痕1.80×0.60	骨架腐朽，葬式不详	铜钫2、铜鼎2、铜匜2、铜勺1	秦—西汉初段
M2	85°	长方形竖穴土坑墓 3.46×2.30×4.60	椁痕2.56×1.16；棺痕1.96×0.45	骨架腐朽，葬式不详	铜钫2、铜鼎2、铜铃27、铜勺1，陶釜1、陶甑2、瓮1、陶钵11，铁剑1	秦—西汉初段
M3	95°	长方形竖穴土坑墓 2.10×0.90×1.50	不详	扰乱，不详	扰乱	秦、汉时期
M4	100°	竖穴土坑 3.50×2.20×2.10	不详	扰乱，不详	陶釜1、甑1、鼎1，石壁1，铜钱2	西汉早期后段
M5	90°	长方形竖穴土坑墓 3.10×2.50×0.70	双棺，北侧棺痕2.30×0.70，南侧0.90×0.60	骨架腐朽，葬式不详	铁剑1、带钩1、铜泡钉3	秦、汉时期
M6	355°	长方形竖穴土坑墓 3.40×2.06×2.00	残留椁痕2.80×1.30	扰乱	铜鼎2	秦—西汉初段
M7	352°	长方形竖穴土坑墓 2.90×1.60×0.80	扰乱，不详	骨架腐朽，葬式不详	扰乱	秦—西汉早后段
M8	350°	长方形竖穴土（岩）坑墓2.40×1.40×1.20	扰乱，不详	扰乱	扰乱	秦—西汉早后段
M9	100°	单室砖室墓 3.00（残）×1.20×0.60	扰乱，不详	扰乱	扰乱	西汉晚期后段
M10	189°	长方形竖穴土（岩）坑墓2.20×1.40×1.30	一棺，棺痕1.80×0.50	侧身屈肢	陶罐2、钵2、釜1、甑1	秦—西汉初段
M11	95°	长方形竖穴土（岩）坑墓2.30×1.30×0.70	一棺，棺痕1.80×0.50	仰身直肢	陶壶1、甑1	西汉早期后段
M12	185°	长方形竖穴土（岩）坑墓3.00×1.90×0.70	一棺，棺痕2.20×0.90	扰乱，不详	铁环首刀1件，扰土中发现陶片，可辨器形为鼎等	
M13	85°	长方形竖穴土（岩）坑墓2.70×1.30×1.20	扰乱，不详	扰乱，不详		
M14	85°	长方形竖穴土（岩）坑墓4.20×1.90×1.20	扰乱，不详	扰乱，不详		

续表

编号	方向	形状结构（米）	葬具（米）	葬式	随葬品	分期
M15	190°	长方形竖穴土坑墓 2.70×1.58×1.00	棺痕2.10×0.80	仰身直肢	陶壶1、豆2、鬲1、盂1	战国中期早段
M16	210°	长方形竖穴土坑墓 2.50×1.40×1.00	棺痕1.90×0.60	腐朽，不详	未发现	西汉早期前后
M17	195°	长方形竖穴土坑墓 2.70×1.40×1.80	棺痕2.30×1.00	骨架腐朽，葬式不详	未发现	西汉早期前后
M18	120°	长方形竖穴土坑墓 1.40×0.60×0.50	葬具已腐朽，不见痕迹	骨架腐朽，葬式不详	未发现	西汉早期前后
M19	185°	长方形竖穴土坑墓 2.10×1.40×1.00	椁痕2.00×1.00；棺痕1.70×0.62	仰身直肢	陶罐3、甑1	秦—西汉初
M20	190°	长方形竖穴土坑墓 2.10×1.40×1.00	椁痕2.10×1.00；棺痕1.70×0.62	仰身直肢	陶鼎2、敦2、壶2、豆2、盘1、匜1	战国中期早段
M21	110°	长方形竖穴土坑墓 2.40×1.60×1.00	椁痕2.00×1.00；棺痕1.84×0.70	仰身直肢	陶罐1、鍪1	西汉早前
M22	13°	长方形竖穴土坑墓 2.60×2.10×1.00	椁痕2.40×1.70；棺痕2.20×0.90	骨架腐朽，葬式不详	陶鼎1、壶1、灶1、甑1、盆1，铁环首刀1	西汉中期后段
M23	290°	长方形竖穴土坑墓 2.80×1.70×1.70	椁痕2.46×1.22；棺痕1.86×？	仰身直肢	陶鼎2、敦2、壶2、盘1、匜1	战国中期早段
M24	10°	长方形竖穴土坑墓 2.60×1.70×3.30	椁痕2.10×1.10；棺痕2.00×0.60	仰身直肢	陶鼎1、敦1、壶1、盘1、匜1、豆1、釜2、甑1、杯1，铜带钩1，铁器1	战国晚期中晚段
M25	23°	甲字形竖穴土坑墓，墓道2.00×1.60，墓室3.30×2.10×1.50	椁痕2.90×1.40；棺痕2.24×0.62	仰身直肢	陶灶1、鼎1、罐1，铜镜1、铜钱39枚	西汉中期后段
M26	13°	甲字形土坑墓，墓道2.70×1.80；墓室3.60×2.60×2.10	二棺一椁，椁痕3.00×1.90；东侧棺痕2.00×0.50，西侧棺痕2.00×0.60	骨架2架，仰身直肢	陶仓10、灶2、井2、鼎2、罐1、壶1，铜洗1、铜钱28、铜带钩1，铁环首刀1、铁两歧簇1	西汉晚期前段
M27	115°	长方形竖穴土坑墓 2.90×1.70×1.10	棺痕2.20×0.34	仰身直肢	未发现	西汉早期前后
M28	110°	长方形竖穴土坑墓 2.90×1.70×0.80	椁痕2.50×1.30；棺痕2.50×0.62	仰身直肢	陶仓5、灶1、井1、罐2	西汉晚期后段
M29	103°	长方形竖穴土坑墓 2.90×1.60×0.70	椁痕2.50×1.25；棺痕2.40×0.60	仰身直肢	陶井1、灶1、鼎1、瓮1、钵1，铜饰1	西汉晚后
M30	105°	甲字形土坑墓，墓道长1.60，宽1.90，墓室3.40×2.60×1.60	椁痕2.90×1.40，棺腐朽，局部残留痕迹	仰身直肢	陶仓5、灶2、井2、鼎1、壶1、罐2，铁环首刀2，铜钱13枚、铜洗1、铜带钩1、铜镞2，石器1	西汉晚期前段

续表

编号	方向	形状结构（米）	葬具（米）	葬式	随葬品	分期
M31	25°	长方形竖穴土坑墓 2.60×1.50×0.70	椁痕1.90×0.85；棺腐朽，局部残留痕迹	仰身直肢	铜镞2，铁带钩1	西汉早期前后
M32	190°	甲字形土坑墓，墓道2.20×1.10，墓室2.80×1.50×0.90	椁痕2.60×1.10；棺痕2.10×0.60	仰身直肢	陶仓5、灶1、井1、磨1、鼎1、罐2，铁环首刀1，铜钱31枚	西汉晚期后段
M33	10°	长方形竖穴土坑墓 2.60×1.40×0.90	棺痕2.20×0.70	仰身直肢	陶鼎2、盒2、壶2、盘2、匜2、豆2、杯2、罐1，铜带钩1	战国晚期中晚
M34	18°	长方形竖穴土坑墓 2.65×1.60×0.80	葬具腐朽，不详	骨架腐朽，葬式不详	扰乱，随葬品不存	
M35	283°	甲字形土坑墓，墓道1.90×0.95，墓室3.05×1.95×0.80	椁痕2.75×1.45；棺痕2.10×0.70	仰身直肢	陶仓5、灶1、井1、鼎1、罐1，铜镜1、铜洗1、铜钱4枚	西汉晚期前段
M36	10°	长方形竖穴土坑墓 2.90×1.66×1.70	椁痕2.40×1.40；棺痕2.0×0.80	骨架腐朽，葬式不详	陶鼎2、盒2、壶2、釜1、甑1	西汉晚期前段
M37	193°	长方形竖穴土坑墓 3.10×1.55×0.60	椁痕2.30×1.10；棺痕2.30×0.70	仰身直肢	铜钱4，陶罐1	西汉晚期前段
M38	2°	刀把形土坑墓，墓道2.20×1.40，墓室3.10×1.40×0.7	椁痕2.7×1.1；棺痕2.15×0.75	仰身直肢	陶仓5、灶1、井1、鼎1、罐1、盆1，铜洗1	西汉晚前
M39	15°	甲字形土坑墓，墓道1.760×1.10，墓室2.80×1.80×0.50	椁痕2.42×1.24；棺痕2.40×0.56	仰身直肢	陶鼎1、瓮1、灶1	西汉中期后段
M40	103°	长方形竖穴土坑墓 2.45×1.35×1.25	椁痕2.20×0.90；棺痕腐朽	骨架腐朽，葬式不详	陶鼎1、敦1、壶1、盘1、匜1	战国中期早段
M41	103°	长方形竖穴土坑墓 2.55×1.65×1.50	椁痕2.10×1.10；棺痕1.90×0.60	仰身直肢	陶甑1、鍪1、罐1、钵1	西汉早期后段
M42	197°	长方形竖穴土坑墓 2.60×1.30×0.70	椁痕2.60×1.40；棺痕2.10×0.60	仰身直肢	陶鼎1、敦2、壶1、豆2	战国中期早段
M43	213°	长方形竖穴土坑墓 2.60×1.50×1.50	椁痕2.10×1.10；棺痕腐朽	骨架腐朽，葬式不详	陶鼎2、敦2、壶2、盘1、匜1，玉瑗1	战国中期早段
M44	118°	刀把形土坑墓，墓道1.80×1.30，墓室3.05×1.50×1.50	椁痕2.70×1.10；棺痕2.10×0.74	仰身直肢	陶壶2	西汉晚期后段
M45	115°	甲字形砖室墓，墓道3.83×1.20，墓室2.94×1.54×2.10	扰乱，不详	扰乱，不详	铜钱13枚，陶盆1	西汉晚期后段
M46	200°	长方形竖穴土坑墓 2.8×1.55×1.80	椁痕2.20×0.90；棺痕腐朽	骨架腐朽，葬式不详	陶鼎2、敦1、壶2、豆4	战国中期晚段

续表

编号	方向	形状结构（米）	葬具（米）	葬式	随葬品	分期
M47	288°	长方形竖穴土坑墓 2.80×1.25×0.80	椁痕2.10×1.00；棺痕2.00×0.50	骨架腐朽，葬式不详	陶罐1、瓮1、甑1	西汉早期前段
M48	276°	长方形竖穴土坑墓，残长2.00、宽1.25、深0.35	扰乱，不详	扰乱，不详	扰乱	西汉早期前段
M49	200°	长方形竖穴土坑墓 2.55×1.40×1.30	椁痕2.00×0.90；棺痕1.70×0.50	骨架腐朽，葬式不详	陶鼎1、敦1、壶1、豆1	战国中期早段
M50	190°	长方形竖穴土坑墓 2.40×1.60×1.20	一棺一椁，椁痕残长0.90，宽1.20，棺痕不存	骨架腐朽，葬式不详	扰乱	西汉早期后段
M51	293°	甲字形砖室墓，墓道1.00×1.10，墓室2.50×1.30×0.60	扰乱，不详	不详	不详	西汉晚期后段
M52	293°	甲字形砖室墓，墓道2.60×1.20，墓室0.30（残长）×1.30×1.50	扰乱，不详	扰乱不详	不详	西汉晚期后段
M53	190°	长方形竖穴土坑木椁墓 2.90×1.90×0.60	椁痕2.30×1.30；棺痕2.10×0.70	骨架腐朽，葬式不详	陶鼎2、壶2、釜1、甑1	西汉早期后段
M54	290°	甲字形砖室墓，墓道1.80×1.40	扰乱，不详	扰乱	扰乱	西汉晚期后段
M55	220°	长方形竖穴土坑 1.20×1.20×0.70	葬具已腐朽，可辨为一棺一椁	骨架腐朽，葬式不详	扰乱	
M56	112°	长方形竖穴土坑墓 3.60×1.10×0.50	葬具已腐朽	骨架腐朽，葬式不详	扰乱	西汉晚期后段
M57	185°	长方形竖穴土坑墓 3.00×2.00×2.00	椁痕2.30×1.00；棺痕不存	骨架腐朽，葬式不详	陶鼎2、敦2、壶2、豆4、盘1、匜1	战国中期早段
M58	97°	长方形竖穴土坑墓 2.90×1.55×1.40	椁痕2.40×1.00；棺痕不存	骨架腐朽，葬式不详	陶鼎2、敦2、壶2、豆1、盘1、匜1，铜匕1，玉瑗1	战国中早期
M59	23°	长方形竖穴土坑墓 3.25×1.80×0.80	椁痕2.90×1.10，棺痕2.20×0.70	骨架腐朽，葬式不详	陶罐2	西汉晚期前段
M60	288°	长方形单室砖室墓，墓室3.27×1.64×1.30	扰乱，不详	扰乱，不详	扰乱	西汉晚期后段
M61	27°	长方形竖穴土坑墓 2.65×1.85×2.40	椁痕2.30×1.40；棺痕不存	骨架腐朽，不详	陶鼎2、壶2、瓮1、釜甑1	西汉早期后段
M62	105°	长方形竖穴土坑墓 3.05×1.70×2.75	椁痕2.40×1.10；棺痕不存	仰身直肢	陶鼎2、敦2、壶2、豆4、盘1、匜1	战国中期早段
M63	108°	长方形竖穴土坑墓 2.65×1.35×1.90	椁痕2.25×1.00；棺痕2.15×0.50	仰身直肢	陶鼎2、敦2、壶2、豆4，铜剑1、铜削1	战国中期早段

续表

编号	方向	形状结构（米）	葬具（米）	葬式	随葬品	分期
M64	184°	甲字形砖室墓，墓道2.20×1.16，墓室2.86×1.48×0.90	腐朽，不详	骨架腐朽，葬式不详	陶罐2，铜铍帽1、铜钱2枚、铜环1，铁环首刀1	西汉晚期后段
M65	183°	甲字形砖室墓，墓道0.90×1.20，墓室3.20×1.50×0.60	扰乱，不详	扰乱，不详	扰乱	西汉晚期后段
M66	197°	长方形竖穴土坑墓3.00×1.65×1.65	椁痕2.40×1.20；棺痕2.00×0.60	仰身直肢	陶鼎1、釜1、甑1、瓮1、盆1	西汉中期前段
M67	197°	长方形竖穴土坑墓3.40×1.70×2.70	椁痕2.80×1.30；棺痕不存	扰乱，不存	扰乱，不存	
M68	288°	长方形单室砖室墓2.55（残）×2.20×1.20	扰乱，不详	扰乱，不详	扰乱	西汉晚期后段
M69	120°	长方形竖穴土坑墓2.80×1.40×2.90	椁痕2.20×1.00；棺痕不存	骨架腐朽，葬式不详	未发现	西汉中期前段
M70	120°	长方形竖穴土坑墓2.50×1.50×2.00	椁痕2.10×1.10；棺痕1.80×0.50	仰身直肢	陶鼎2、盒2、壶2、甑1	西汉中期前段
M71	193°	长方形竖穴土坑墓3.20×1.70×1.00	椁痕2.50×1.10；棺痕不存	骨架腐朽，葬式不详	未发现	
M72	105°	长方形单室砖室墓，墓道1.70×1.30，墓室3.10×1.30×0.90	扰乱，不详	扰乱，不详	铜钱3枚	西汉晚期后段
M73	106°	长方形竖穴土坑墓2.55×1.55×1.30	椁痕2.15×1.10；棺痕1.95×0.70	骨架腐朽，葬式不详	陶鼎1、罐1、釜1	西汉中期后段
M74	106°	长方形竖穴土坑墓2.40×1.10×0.65	椁痕2.20×0.90；棺痕不存	仰身直肢	陶鍪1、瓮1、甑1	西汉早期后段
M75	107°	长方形竖穴土坑墓2.98×2.10×1.90	椁痕2.98×1.50；棺痕2.00×0.80	仰身直肢	陶瓮1、鍪1、甑1、釜1	西汉早期后段
M76	98°	长方形砖室墓，墓室3.90×2.20×0.70	扰乱，不详	扰乱，不详	扰乱	西汉晚期后段
M77	110°	甲字形竖穴土坑墓室6.20×4.90×5.00墓道7.30×2.00	椁2.90×1.40×1.30；棺1.80×0.90×0.54	不详（棺内积水，骨骸漂散）	陶鼎5、盉1、敦2、壶6、豆2、盘1、匜1，鹿角4，玉瑗1、玉塞2，铜刻刀1、铜勺1	战国中期早段
M79	8°	长方形砖室墓，墓道1.40×1.30，墓室3.40×1.30×0.90	扰乱，不详	扰乱，不详	扰乱	西汉晚期后段
M80	10°	长方形竖穴土坑墓2.10×0.80×1.30	椁痕2.06×0.68；棺痕腐朽不存	骨架腐朽，葬式不详	陶罐1、鍪1	西汉早期后段

附录　南阳淅川葛家沟出土青铜器的初步科学分析研究

葛家沟墓地位于河南省淅川县仓房镇磊山村葛家沟自然村，丹江口水库西岸二级台地上，海拔高度为150～155米，北侧为岳沟、李沟墓地，南邻磊山汉墓群。2016年，受河南省文物管理局南水北调办公室、河南省文物考古研究所委托，南阳市文物考古研究所对其进行抢救性发掘。

葛家沟墓地发掘墓葬79座，出土铜、铁、玉、石、陶等不同质地的文物300余件。该墓地以战国、汉代墓葬为主，延续时间较长。

以往对青铜器技术研究多集中商周时期，对三代以后的青铜器则重视不够。分析葛家沟青铜器的合金成分、金相组织以及制作工艺等技术特征，可为秦汉时期的考古学和金属分析研究提供新的材料，并能完善中国古代金属技术史的演进序列，也能对研究西汉时期南阳地区的经济、文化提供新的视角。

一、分析样品

本文分析铜器的器物类型为铜鼎、铜钫和铜洗三种，样本来自M1、M2、M6、M26、M30、M35、M38七座墓葬，典型器物照片及线描图见图一～图三。在满足分析需要的前提下，取样尽可能小，取样部位均在器物的残损处。共采集14件青铜残片（表一），对样本进行合金成分检测和金相组织分析。

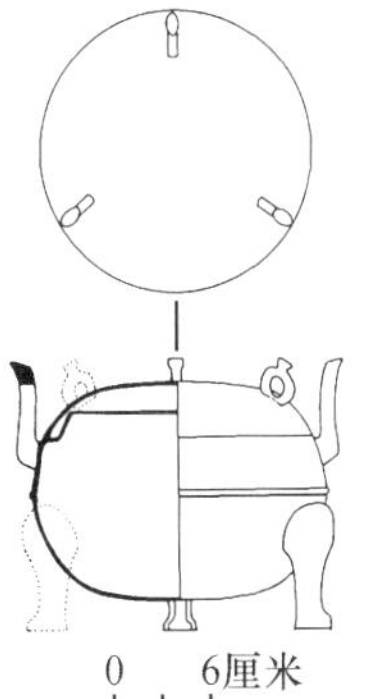

图一　铜鼎（M1：3）

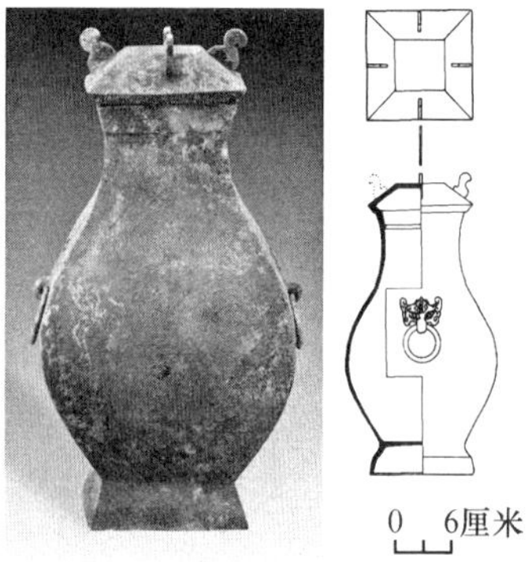

图二　铜钫（M1：1）

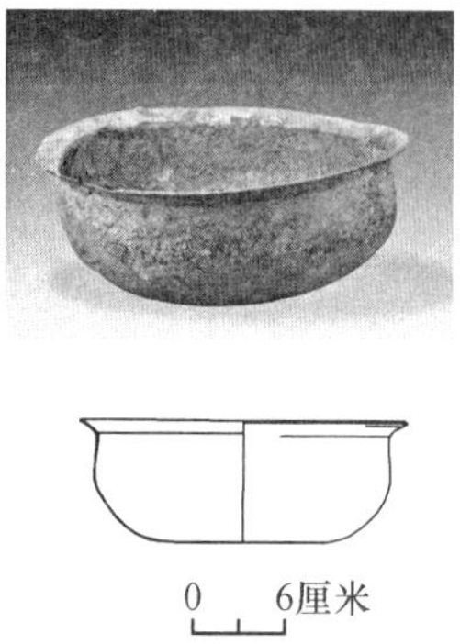

图三　铜洗（M38：1）

表一　葛家沟墓地出土铜器测试样品信息

编号	原号	器物名称	取样位置
NY1	M1：1	铜钫	腹部
NY2	M1：2	铜钫	腹部
NY3	M1：3	铜鼎	腹部
NY4	M1：4	铜鼎	腹部
NY5	M2：6	铜钫	腹部
NY6	M2：7	铜钫	腹部
NY7	M2：8	铜鼎	底部
NY8	M2：9	铜鼎	底部
NY9	M6：1	铜鼎	腹部
NY10	M6：2	铜鼎	腹部
NY11	M26：1	铜洗	底部
NY12	M30：6	铜洗	腹部
NY13	M35：12	铜洗	底部
NY14	M38：1	铜洗	底部

二、显微组织与成分分析

沿铜片样品的金属截面进行镶样、磨光、抛光等处理，选用奥林巴斯公司BX51型金相显微镜观察其显微组织，判断样品未腐蚀之前的夹杂物分布、锈蚀类型、铸造缺陷等情况。考虑到铜器样品可能存在偏析或锈蚀等因素，观察时尽量避免这些受到干扰的部位进行多次分析。使用HITACHI，TM3030型号扫描电子显微镜的能谱分析仪在同一样品上进行无标样定量成分测定，设置激发电压为20kV，工作距离10mm，计数时间为60s。为减少误差，对每个样本的不同位置进行三次测试，取平均值作为最终结果。之后用三氯化铁盐酸溶液（3%）对样品进行侵蚀，以便显示其金相特征。最后在金相显微镜和扫描电镜下完成观察与拍照。化学成分分析结果见表二，金相鉴定结果见表三。

表二　葛家沟墓地出土铜器扫描电镜X射线能谱分析结果（元素含量Wt%）

编号	Cu	Sn	Pb	S	总计
NY1	79.04	13.46	3.74	—	96.24
NY2	80.28	12.63	3.26	—	96.17
NY3	83.19	10.43	2.43	0.67	96.72
NY4	79.67	12.31	2.12	0.49	94.59
NY5	80.32	11.41	2.75	—	94.48
NY6	79.81	10.98	3.96	—	94.75
NY7	78.09	12.88	3.27	—	94.24
NY8	79.38	11.94	4	—	95.32
NY9	78.13	11.96	4.14	—	94.23
NY10	79.82	10.39	3.63	—	93.84
NY11	90.6	4.38	3.18	0.22	98.38
NY12	87.3	6.85	3.75	0.36	98.26
NY13	88.19	6.92	2.41	0.28	97.80
NY14	89.61	4.8	3.2	0.32	97.93

表三　葛家沟墓地出土铜器金相组织检测结果

编号	金相组织	加工工艺
NY1	锡铅青铜铸造后受热组织。由于成分均匀化，铸造枝晶偏析残存，铜锡α固溶体有聚集现象，仍有（α+δ）共析体存在于晶界，晶间存在锈蚀。（见图四）	铸后受热
NY2	锡铅青铜铸造后受热组织。α固溶体有聚集现象，枝晶偏析仅残存，但仍有（α+δ）共析体存在于晶界。有较多球形或椭球形铅，部分铅伴有细小的含硫化夹杂。（见图五）	铸后受热
NY3	锡铅青铜铸造后受热组织。α固溶体枝晶偏析基本消失，仍有少量（α+δ）共析体存在于晶界。铅颗粒多，大小不等，分布不均匀。部分球状铅遭到腐蚀成为孔洞，沉积了自由铜和氧化亚铜。硫化物由于含铁，颗粒颜色蓝灰或紫红。其受热程度高于NY1、NY2。（见图六）	铸后受热
NY4	锡铅青铜铸造后受热组织。α固溶体枝晶偏析基本消失，但仍有少量（α+δ）共析体存在于晶界。铅颗粒大小不等，硫化物呈小颗粒分布均匀。局部有自由铜颗粒存在。其受热程度高于NY1、NY2。（见图七）	铸后受热
NY5	锡铅青铜铸造组织。基体为α细枝晶，枝间有大量（α+δ）共析组织。点状铅颗粒沿枝晶分布。部分铅颗粒被腐蚀成空洞。未见硫化物夹杂明显存在。（见图八）	铸造
NY6	锡铅青铜铸造组织。基体为α树枝晶，枝晶细。枝间有大量（α+δ）共析组织。铅颗粒沿枝晶分布。部分铅颗粒被腐蚀成空洞。未见硫化物夹杂明显存在。（见图九）	铸造
NY7	锡铅青铜铸造组织。基体为α树枝晶，偏析不明显。枝间存在大量（α+δ）共析组织。铅颗粒沿枝晶分布。部分铅颗粒被腐蚀成空洞。未见硫化物夹杂明显存在。（见图一〇）	铸造
NY8	锡铅青铜铸造组织。基体为α树枝晶，枝晶细，偏析不明显。枝间有大量（α+δ）共析组织。铅颗粒沿枝晶分布。未见硫化物夹杂明显存在。（见图一一）	铸造
NY9	锡铅青铜铸造组织。α细枝晶，（α+δ）共析组织，点状铅颗分布均匀。部分铅颗粒被腐蚀成空洞。未见硫化物夹杂明显存在。（见图一二）	铸造
NY10	锡铅青铜铸造组织。α细枝晶，（α+δ）共析组织，铅颗粒沿枝晶分布均匀。部分铅颗粒被腐蚀成空洞。硫化物含量很少。（见图一三）	铸造

续表

编号	金相组织	加工工艺
NY11	锡铅青铜锻造组织。基体为α固溶体等轴晶及孪晶。铅与硫化物夹杂细小，沿加工方向拉长，少量δ相，存在于晶界，其中有较多自由铜沉积。（见图一四）	热锻
NY12	锡铅青铜锻造组织。基体为α溶体等轴晶及孪晶。铅与硫化物夹杂细小，沿加工方向拉长，其中有较多自由铜沉积。（见图一五）	热锻
NY13	锡铅青铜锻造组织。基体为α固溶体等轴晶及孪晶。铅颗粒及灰色夹杂。未见枝晶偏析和共析体组织，块状自由铜沉积。（见图一六）	热锻
NY14	锡铅青铜锻造组织。基体为α固溶体等轴晶及孪晶。细小铅颗粒及灰色夹杂。未见枝晶偏析和共析体组织。（见图一七）	热锻

化学主量成分结果显示，所有青铜器均采用铜锡铅三元合金体系。它们的锡含量都低于14%，铅含量介于2%～4.5%之间。部分样品中还检测到了少量的硫成分。Scott将古代锡青铜分为高锡、低锡两类，含锡量小于17%为低锡青铜①。以此为据，本次分析中所有青铜均是低锡青铜。其中铜鼎和铜钫的锡含量在10%～14%之间，铜洗的锡含量在4%～7%之间。整体而言，合金配比较为稳定。

金相分析结果表明14件青铜器样品当中有10件为铸造组织，另4件为热锻组织。所有的铜鼎和铜钫均是铸造组织，其中M1出土的铜鼎和铜钫发现有铸后受热的现象。而4件铜洗皆为热锻制成。

10件铸造青铜器的显微组织可以分两类，其中4件（NY1、NY2、NY3、NY4）的α固溶体枝晶偏析不明显，少量（α+δ）共析体连成网状存于晶界，是比较明显的铸造后受热组织，以NY1、NY3为代表（图四、图六）。其中NY3、NY4鼎组织中枝晶偏析基本消失，（α+δ）共析体的数量相对较少，显示受热程度要高于NY1、NY2。另外6件（NY5、NY6、NY7、NY8、NY9、NY10）的α固溶体枝晶偏析较为明显，可以见到数量不等呈岛屿状分布的（α+δ）共析体，是典型的铸造组织，以NY5、NY9为代表（图八、图一二）。另外，NY3与NY4的金相组织中可见铅颗粒以及硫化物夹杂，部分孔洞沉积了自由铜（图六、图七）。铜锡合金中的铅常以独立相形式存在。在锻造过程中，处于熔融或半凝固状态的铅团会被挤压成微小细粒，弥散或定向分布于晶间和缩松、气孔等铸造缺陷中②。自由铜则是青铜合金在电化学腐蚀中的一种产物。在此过程中，青铜器的部分相被侵蚀，其中的铜被溶解到电解液中以铜离子的形式存在。电化学作用使铜离子重新得到电子而作为金属铜沉淀在青铜基体上的铸造缩孔、裂隙以及铅颗粒被锈蚀后留下的孔洞里③。

① D. A. Scott. Metallography and Microstructure of Ancient and Historic Metals. Getty Conservation Institute in association with Archetype Books, 1991.

② 秦颖、李世彩、晏德付等：《湖北及安徽出土东周至秦汉时期热锻青铜容器的科学分析》，《文物》2015年第7期。

③ 罗武干、秦颖、黄凤春等：《湖北荆门左塚楚墓群出土金属器研究》，《江汉考古》2006年第4期。

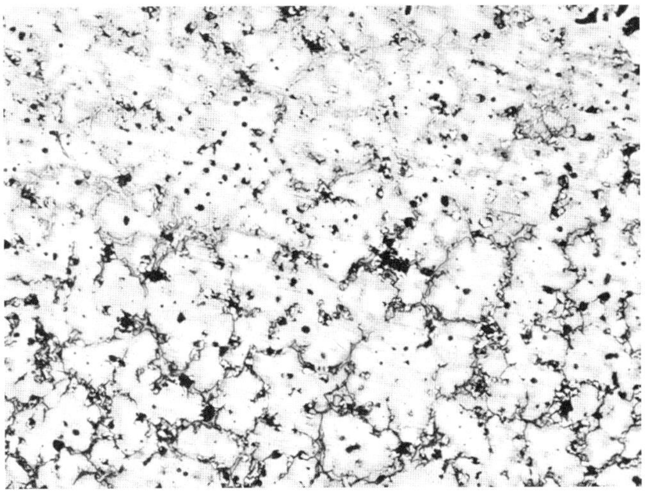

图四　M1：1铜钫NY1金相组织

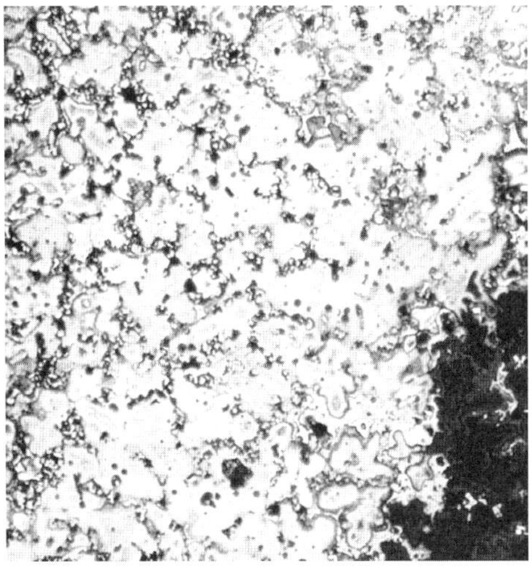

图五　M1：2铜钫NY2金相组织

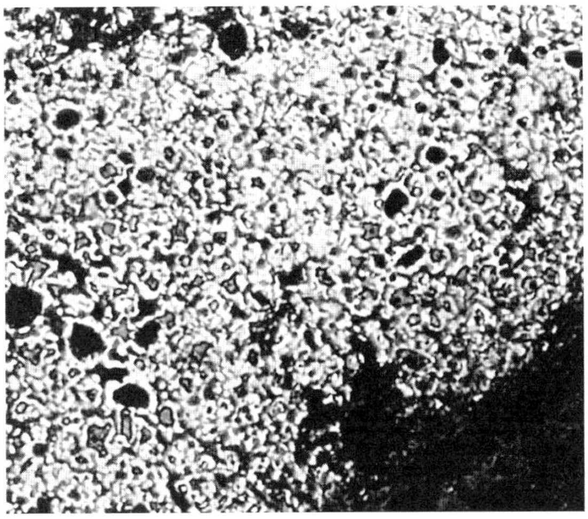

图六　M1：3铜鼎NY3金相组织

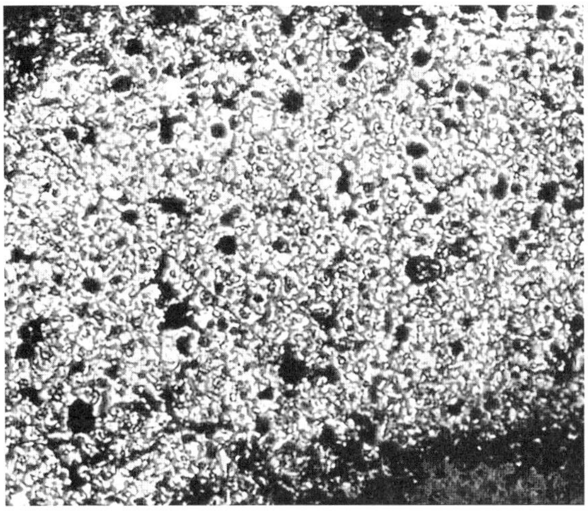

图七　M1：4铜鼎NY4金相组织

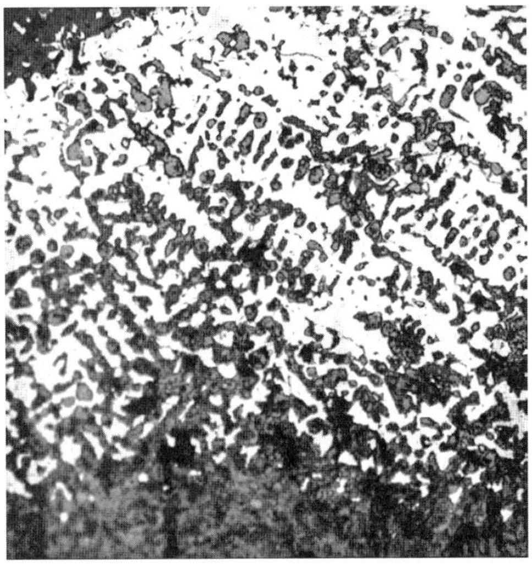

图八　M2：6铜钫NY5金相组织

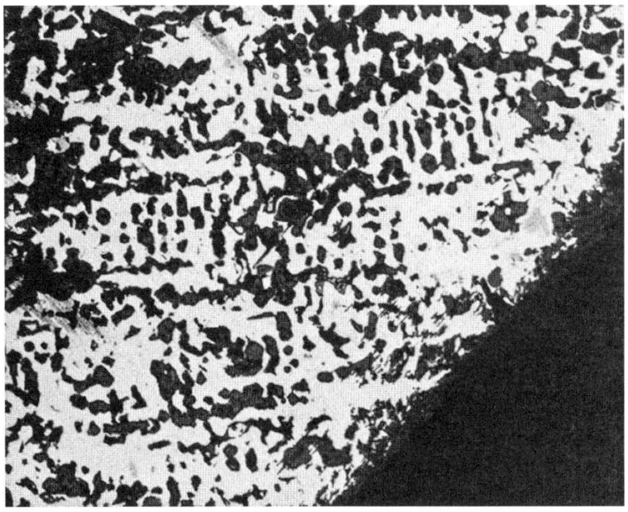

图九　M2：7铜钫NY6金相组织

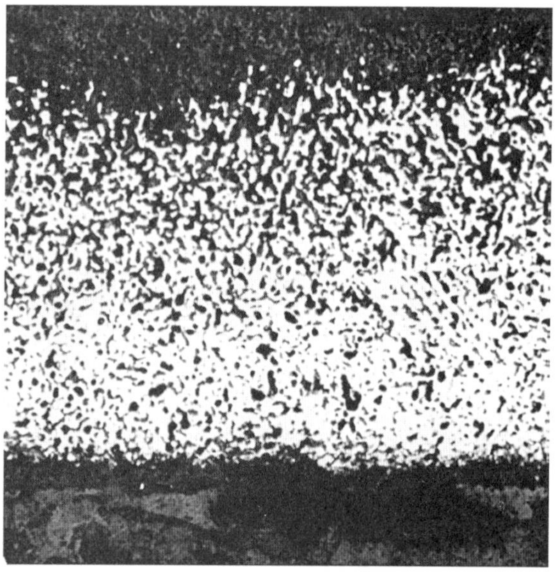

图一〇　M2：8铜鼎NY7金相组织

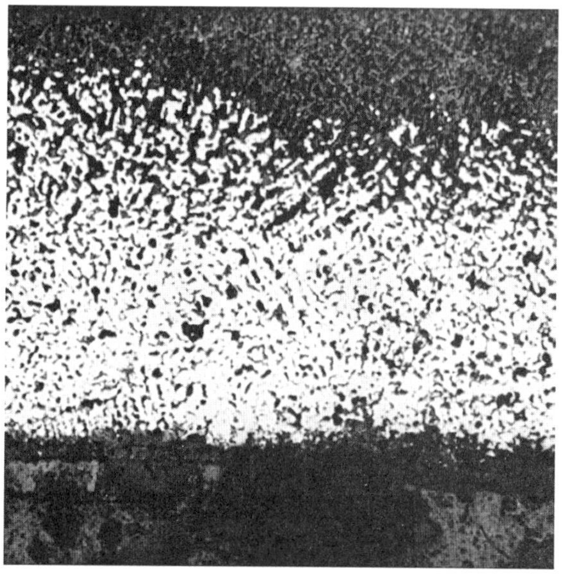

图一一　M2：9铜鼎NY8金相组织

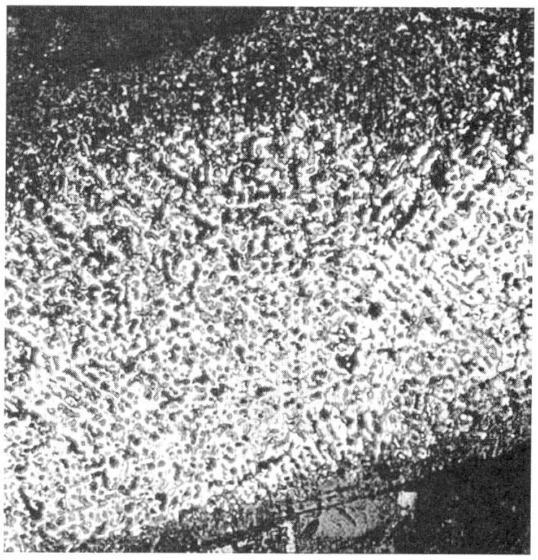

图一二　M6：1铜鼎NY9金相组织

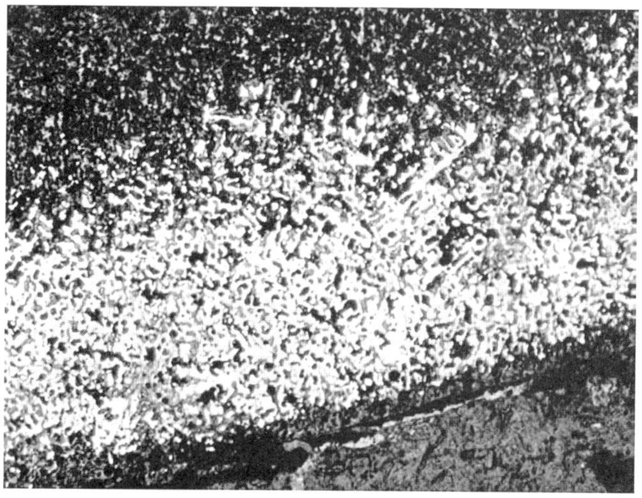

图一三　M6：2铜鼎NY10金相组织

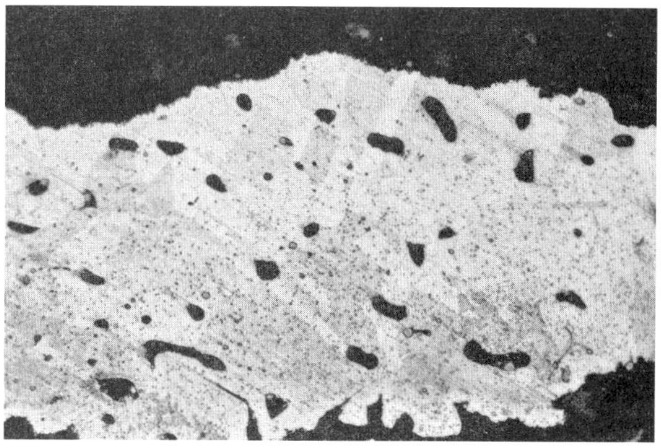

图一四　M26：1铜洗NY11金相组织

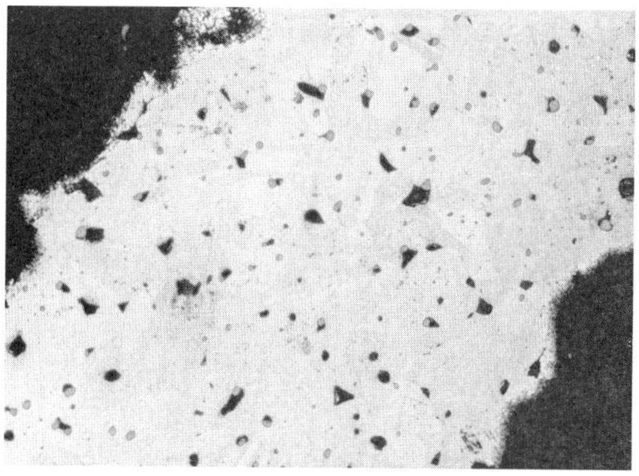

图一五　M30：6铜洗NY12金相组织

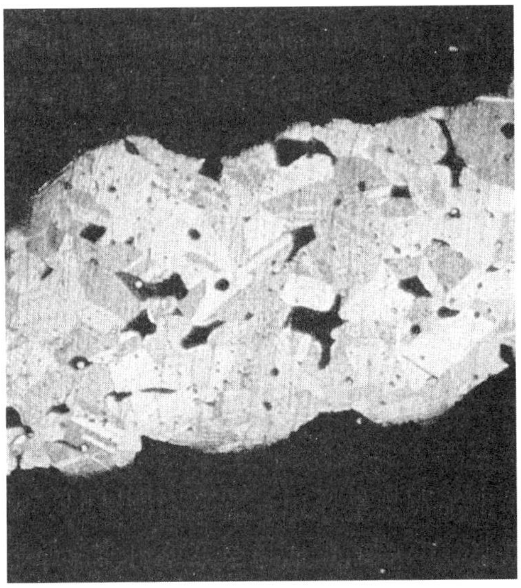
图一六　M35：12铜洗NY13金相组织

图一七　M38：1铜洗NY14金相组织

另4件热锻加工青铜器均为铜洗（NY11、NY12、NY13、NY14），特征显微组织表现为α固溶体等轴晶及孪晶，以NY11、NY12为代表（图一四、图一五）。热加工是指合金器物在再结晶温度以上进行加工成型①。青铜器物在加工时，其中的夹杂物或像铅等一些第二相，不能由于热加工或冷加工后退火而引起再结晶，它们或被打碎成小块，或显示沿加工方向变形排列②。如果热加工后再经过冷加工，且加工变形量大，那么在金相组织中会出现较多的滑移带，孪晶也会显示轻微弯曲③。铜锡合金导热性强，变形抗力大，热锻时温度很快就会降到再结晶温度以下，继续锻打就可能出现加工缺陷。由于铅的导热率比铜和铜锡合金低得多。在热锻过程中，铅能起到一定的保温作用，延长热锻时间。锻打过程中，这些熔融或半凝固状态的铅颗粒也使固相颗粒之间较容易产生相互移动，变形抗力降低，有助于减少孔洞、裂纹等加工缺陷。同时，细化的铅颗粒也不会对青铜合金组织造成割裂而使其易碎及强度明显降低。

三、相关问题讨论

1. 葛家沟墓地出土青铜器的工艺与用途

南阳葛家沟墓地出土青铜器均是铜锡铅三元合金，铅含量普遍较低，合金配比较为稳定。尤其是铜鼎和铜钫合金配比的一致性，体现了西汉时期南阳地区青铜制作技术的同一化趋势，同时也反映出此时人们对合金规律的认识已经达到较高水平。

---

① 韩汝玢、孙淑云、李秀辉等：《中国古代铜器的显微组织》，《北京科技大学学报》2002年第2期。

② 罗武干、秦颍、黄凤春等：《湖北荆门左塚楚墓群出土金属器研究》，《江汉考古》2006年第4期。

③ W. T, Chase, T. O. Ziebold. Ternary Representations of Ancient Chinese Bronze Compositions. Archaeological Chemistry-Ⅱ, 1978.

青铜合金中的锡含量与器物性能密切相关，一般来说锡含量越高其硬度就越大[①]。我国古代工匠经过长期的摸索理解到不同的青铜器物应有其相应的合金比例。《考工记·六齐》就提到："金有六齐：六分其金而锡居一，谓之钟鼎之齐；五分其金而锡居一，谓之斧斤之齐；四分其金而锡居一，谓之戈戟之齐；三分其金而锡居一，谓之大刃之齐；五分其金而锡居二，谓之削杀矢之齐；金锡半，谓之鉴燧之齐。"由此可见"六齐"之说充分反映出古人对铜锡合金配比与器类之间的对应关系的认识有一定科学性[②]。葛家沟出土铜鼎的锡含量较之《考工记》所载铜鼎的锡含量更低，铜锡配比大约为7∶1，不足书中所载的6∶1，应该是基于前人的认识在实践中对青铜工艺进行改良优化的结果。

在本次分析的青铜器中，鼎、钫是铸造而成，铜洗采用了热锻的加工工艺。铸造青铜合金经过热锻可以使器壁变薄，节省原料，还可以使合金成分有一定的均匀化，部分消除铸造过程中产生的工艺缺陷。铸造青铜合金经过热加工可以减少成分偏析等不良现象，使固溶体中的锡含量均匀，从而改善合金的机械性能，提高强度指数、韧性及塑性，但是会令硬度有所下降[③]。

另外，葛家沟M1、M2均出土了两鼎两钫，M6也出土了两鼎，由金相分析可知只有M1所出青铜容器出现受热迹象，表明这些器物（NY1、NY2、NY3、NY4）曾作为实用器使用。将作为日常用器的铜钫铜鼎用于陪葬的情况也在陕西临潼新丰秦墓出现过[④]。这些青铜容器本是供奉于庙堂之上的祭祀礼器，随着周礼崩坏它们在器类、纹饰、铭文等诸多方面发生了重要转变，逐渐从礼器转变为普通的日常用品[⑤]。而这一进程的启动时间也因地而异，南阳葛家沟的情况就与临潼新丰的不同。临潼新丰所出青铜容器均有受热使用的痕迹，墓葬所属年代更早，说明铜鼎铜钫的器用转变更早出现于秦地。而葛家沟的铜钫、铜鼎既有日常用器，也有未经过受热的容器。虽然M1出土的铜钫、铜鼎和M2、M6所出器物在造型规格上都极为近似，但是它们可能仍然存在用途上的差别，两者并存的现象正好揭示了西汉时期是南阳地区铜鼎、铜钫由礼器向实用器转换的过渡阶段。

2. 西汉铜洗合金比较

西汉时期，作为沃盥之礼所用的盘、鉴等器物逐渐转变为洗、盆等日常盥洗用具。不同于造型稳重、施加纹饰的铜鼎和铜钫，铜洗的制作工艺要求轻便、节省原料、强度大、韧性好，

---

① 长沙铁道学院、梁克中：《金相：原理与应用》，中国铁道出版社，1983年。

② 华觉明：《中国古代金属技术——铜和铁造就的文明》，大象出版社，1991年。

③ 长沙铁道学院、梁克中：《金相：原理与应用》，中国铁道出版社，1983年。

④ 邵安定、宋俊荣、孙伟刚等：《陕西临潼新丰秦墓出土青铜器的初步科学分析研究》，《文博》2017年第2期。

⑤ 吴小平：《从礼器到日常用器——论两汉时期青铜容器的变化》，《厦门大学学报》（哲学社会科学版）2006年第3期。

故需使用热锻技术[①]。西汉铜洗的合金成分因地而异，本文搜集到安徽[②③]、贵州[④]、北京[⑤]等地出土的铜洗数据以期进行对比分析（表四）。根据合金配比，铜洗可分为低锡青铜和高锡青铜两种。先秦时期的敞口青铜容器，诸如铜盆、铜盘、铜匜，绝大多数含锡量在10%～20%之间，而含铅量多低于5%[⑥]。相比而言，一部分铜洗选择使用低锡青铜锻造是比较特殊的。

表四　西汉铜洗合金成分（元素含量Wt%）

出土物	Cu	Sn	Pb	S	数据来源	备注
南阳葛家沟M26：1	90.6	4.38	3.18	0.22	本文	-
南阳葛家沟M30：6	87.3	6.85	3.75	0.36	本文	-
南阳葛家沟M35：12	88.19	6.92	2.41	0.28	本文	-
南阳葛家沟M38：1	89.61	4.8	3.2	0.32	本文	-
潜山彭岭M16：2	82.79	16.94	0.27	-	[⑦]	各处取平均值
滁州天长M10：59	87.9	6.21	5.09	-	[⑧]	各处取平均值
赫章可乐M274：6	78.7	16.1	4.6	0.1	[⑨]	各处取平均值
赫章可乐M298：1	78.67	14.87	4.07	0.23	[⑩]	各处取平均值
延庆西屯M353：5	90.48	2.67	6.83	-	[⑪]	各处取平均值

由铜—锡合金平衡相图可知，含锡量在5%～6%以下时，室温组织为单相α固溶体，由于Sn的溶入产生固溶强化，使锡青铜的强度随含锡量增加而升高，塑性略有改善。当含锡量超过5%～6%时，由于组织中出现硬脆的δ相，合金的强度仍继续升高，但塑性大为降低。有学者对含锡量5%～30%的青铜进行模拟锻造试验后指出，铜锡二元合金有两个韧性锻区：含锡量18%以下的青铜在200～300℃；含锡20%～30%的青铜在500～700℃。前者主要为α相，适合一定程度的热加工[⑫]。由锡含量可知西汉时期南阳地区的铜洗热锻温度是相对较低的，较低的加工温

① 秦颖、李世彩、晏德付等：《湖北及安徽出土东周至秦汉时期热锻青铜容器的科学分析》，《文物》2015年第7期。

② 秦颖、李世彩、晏德付等：《湖北及安徽出土东周至秦汉时期热锻青铜容器的科学分析》，《文物》2015年第7期。

③ 晏德付、秦颖、陈茜等：《天长西汉墓出土部分金属器的研究》，《有色金属》（冶炼部分）2011年第9期。

④ 赵凤杰、李晓岑、张元：《贵州可乐墓地出土铜器的技术研究》，《中国文物科学研究》2012年第3期。

⑤ 杨菊、李延祥：《北京延庆西屯墓地出土汉代铜器的科学分析》，《中国文物科学研究》2012年第3期。

⑥ 邵安定、宋俊荣、孙伟刚等：《陕西临潼新丰秦墓出土青铜器的初步科学分析研究》，《文博》2017年第2期。

⑦ 秦颖、李世彩、晏德付等：《湖北及安徽出土东周至秦汉时期热锻青铜容器的科学分析》，《文物》2015年第7期。

⑧ 晏德付、秦颖、陈茜等：《天长西汉墓出土部分金属器的研究》，《有色金属》（冶炼部分）2011年第9期。

⑨ 赵凤杰、李晓岑、张元：《贵州可乐墓地出土铜器的技术研究》，《中国文物科学研究》2012年第3期。

⑩ 赵凤杰、李晓岑、张元：《贵州可乐墓地出土铜器的技术研究》，《中国文物科学研究》2012年第3期。

⑪ 杨菊、李延祥：《北京延庆西屯墓地出土汉代铜器的科学分析》，《中国文物科学研究》2012年第3期。

⑫ R. Chadwick. The effect of composition and constitution on the working and on some physical properties of the Tin Bronzes. Journal of Institute of Metals, 1939(1).

度不但更容易实现和控制，还为锻造过程预留了充足的时间，而这进一步保障了金属能够获得良好的组织和性能。

另外，南阳葛家沟所出铜洗采用低锡青铜可能考虑到制作成本的问题。中原地区锡矿储量不多，古代开采产量有限，导致锡料资源愈显珍贵①。西汉初期，政府在一定程度上开放了对金属资源的利用权，铜器可以作为商品进行买卖，民间作坊为了谋取更大的利益，会想方设法在各个环节上减少支出。因此，在确保铜器强度等基本条件下，当时的制作者会尽可能地减少锡这一贵重原料的使用。而5%～6%的锡含量足以保障青铜器的正常使用，葛家沟铜洗的合金配比很可能就是为了节约成本，经过不断摸索而确定出来的。

3. 余论

汉代以降，冶铁业发展迅猛。工具、农具、武器等逐渐由铁制品替代了青铜制品，青铜文化相比商周时期逊色很多，但是青铜容器在人们日常生活中仍占据着较为重要的地位②。《史记·货殖列传》记载当时流转于通都大邑的商品就有“铜器千钧”一项。较于三代，西汉时期青铜制造业发生了根本的转变：由祭祀性过渡为实用性；对金属资源的经营管理模式也发生了重大变化，由官府控制逐渐变为由私营集团主导③。与此同时，南阳地区开始出现仿铜陶礼器，种类主要包括鼎、盒、壶、钫等几类④。这种转变加速了礼器明器化、明器朴素化的趋势。即使如此，葛家沟出土青铜器依然能够保持非常稳定的工艺特征，说明当时正处于逐渐衰落的青铜制造业仍能恪守生产标准，保证产品的质量。

此外，这批青铜器的铅同位素分析结果显示大部分器物使用的铅料来自南阳以及周边地区，还有少部分的铅料来自湖南或云南等南方地区⑤。外来金属资源并未影响到南阳本地青铜器制造的工艺，也从侧面证实了南阳地区青铜器制作水平相当稳定。

西汉初年，统治阶层倾向无为而治的“黄老”思想，实行休养生息的政策，工商业发展迅猛。宽松的政治环境和优越的条件更是为南阳吸引了一大批行商坐贾和能工巧匠，他们凭借便利的交通条件，从事贩运贸易，促进各地物资流通交换。南阳盆地群山拱卫，位于秦岭东西复合地质构造带，铁、铜、锡、铅等金属矿产资源十分丰富。在矿产资源足以支撑本地冶金工业的条件下，依然有不少资源从外地向南阳汇集，这也反映了当时相当活跃的资源流通状况。

四、总　　结

本项工作共对南阳葛家沟墓地出土的14件西汉时期铜器进行了元素成分分析和金相组织观

① 黄盛璋：《论中国早期（铜铁以外）的金属工艺》，《考古学报》1996年第2期。

② 杜乃松：《中国青铜器发展史》，紫禁城出版社，1995年，第91页。

③ 吴小平：《汉代青铜容器的考古学研究》，岳麓书社，2005年。

④ 徐承泰、蒋宏杰：《南阳战国晚期至秦汉墓葬出土仿铜陶礼器研究》，《江汉考古》2011年第2期。

⑤ D. Chen, W. G. Luo, Q. S. Zeng, B. X. Cui, C. C. Wang, The lead ores circulation in central China during the early western Han Dynasty: A case study with bronze vessels from the Gejiagou site. PLoS ONE, 2018, 13(11).

察，分析结果显示葛家沟出土铜器的材质均为铜、锡、铅三元合金，合金成分与器物之间的关系明显，合金配比稳定，铅含量普遍较低。说明该地铜器制作技术已臻成熟。其中，铜鼎和铜钫的合金成分为中锡青铜，加工方式为铸造成型。铜洗的合金成分为低锡青铜，加工方式为热锻成型。社会风尚的转变与金属原料的来源并没有过多影响到南阳地区青铜制造业的工艺水准。

（原载《博物院》2020年第2期）

后　　记

本报告是南水北调中线工程丹江口水库消落区文物保护的成果之一，是集体智慧的结晶。

葛家沟墓地考古发掘领队为南阳市文物考古研究所崔本信研究员，工地负责人李宏庆，先后参加发掘的工作人员有曾庆硕、王巍、魏晓东、郭照川等，技工曾宪、张一斌、曾显堂、鲍群、郭照彬、郭德生等。在发掘期间河南省南水北调文物保护办公室主任张志清、副主任秦文波、王双双等莅临发掘工地检查和指导工作，在发掘过程中得到了南阳市文物局、淅川县文化局、仓房镇党委的大力支持，磊山村村委做了大量的协调工作。

器物的修复与整理工作自2016年7月开始，12月结束。室内整理由李宏庆主持，陶质文物修复由技工张一斌、鲍文哲、王燕、杜祖生、曾庆梅、郭德生完成，铜器修复由王艳负责。器物绘图由鲁宏伟、潘杰、潘永完成，画像砖和墓砖拓片由韩猛、郭德生完成，王丽丽、雷金玉负责铜钱、铜镜拓片。墓葬的绘图、描述、器物摄影由曾庆硕负责完成。

报告由曾庆硕执笔，器物描述、分期由郑州大学郑龙龙博士、尚元昕博士完成。

在报告的编写过程中南阳市文物考古研究所刘新、崔本信、乔保同给予了大力支持，河南省文物考古研究院的胡永庆研究员为报告的编写提出了许多宝贵的意见。科学出版社闫向东先生、张亚娜女士和赵越编辑对本报告的出版给予了大力支持。没有张亚娜女士与乔保同研究员多次耐心反复沟通，没有赵越编辑仔细严谨的审核，也就没有本报告的面世。

葛家沟墓地的发掘和整理工作是在河南省文物局、南阳市文物局和南阳市文物考古研究所的领导下进行的，是参与发掘和整理工作的全体同仁共同努力的结果。

在本报告付梓出版之际，谨再次向参与并给予支持和帮助的所有单位和个人表示衷心的感谢。

本报告的编写注重实事求是地对考古资料进行翔实的报道，由于水平有限，错误之处在所难免，敬请各位专家同仁及广大读者批评指正。

编　者

2019年3月

1. Ⅰ区全景（自东向西）

2. Ⅱ区全景（自北向南）

浙川葛家沟墓地全景

淅川葛家沟墓地Ⅲ区航拍（上北下南）

淅川葛家沟墓地Ⅲ区墓葬航拍（上北下南）

1. M15全景（自东向西）

2. M20全景（自西向东）

战国时期墓葬M15、M20

1. M23全景（自北向南）

2. M23局部

战国时期墓葬M23

1. M24全景（自西向东）

2. M31全景（自西向东）

战国时期墓葬M24、M31

1. M33全景（自东向西）

2. M42全景（自东向西）

战国时期墓葬M33、M42

1. M43全景（自东向西）

2. M49全景（自西向东）

战国时期墓葬M43、M49

1. M57全景（自东向西）

2. M58全景（自南向北）

战国时期墓葬M57、M58

1. M77全景（自上而下）

2. M77墓底照（自上而下）

战国时期墓葬M77

1. 铜鼎（M1：3）

2. 铜匜（M1：5-1）

3. 铜钫（M1：1）

4. 铜勺（M1：6）

秦汉时期墓葬M1出土铜器

彩版一二

1. 铜鼎（M2：8）

2. 铜鼎（M2：9）

3. 铜铃（M2：11）

4. 铜勺（M77：3）

5. 铜勺（M2：10）

秦汉时期墓葬M2、M77出土铜器

1. 铜鼎（M6：1）

2. 铜鼎（M6：2）

3. 铜镜（M25：4）

4. 铜镜（M35：2）

5. 铜洗（M38：1）

6. 铜饰件（M29：5）

秦汉时期墓葬M6、M25、M35、M38、M29出土铜器

1. 铜带钩（M5：1）

2. 铜带钩（M24：2）

3. 铜带钩（M26：24）

4. 铜带钩（M30：7）

5. 铜带钩（M33：3）

6. 铁带钩（M31：3）

秦汉时期墓葬M5、M24、M26、M30、M33、M31出土铜器、铁器

1. 铜匕（M58：3）

2. 铜刻刀（M77：5）

3. 铜剑（M63：11）

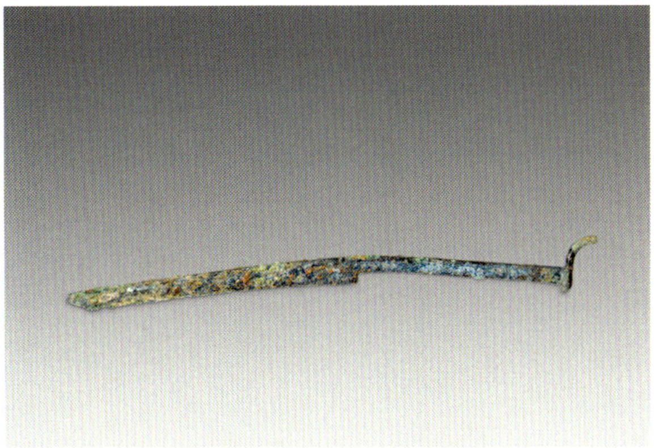

4. 铜削（M63：12）

5. 铜铍帽（M64：4）

秦汉时期墓葬M58、M77、M63、M64出土铜器

1. 铁削（M24：1）

2. 铁环首刀（M26：2）

3. 铁两歧簇（M26：13）

4. 铁环首刀（M30：1）

5. 铁环首刀（M30：5）

6. 铁环首刀（M64：1）

秦汉时期墓葬M24、M26、M30、M64出土铁器

1. 玉瑗（M43：8）

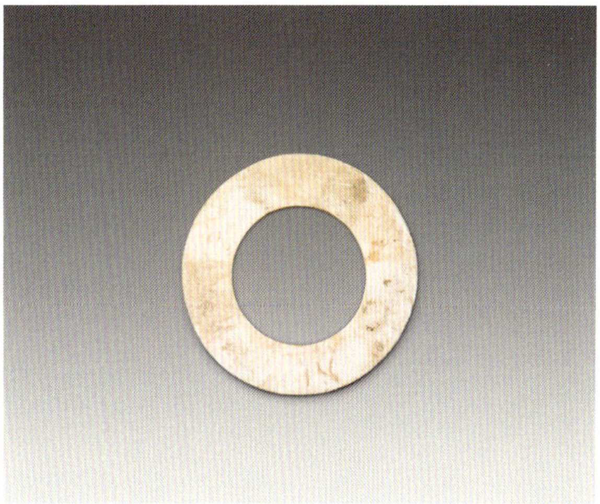

2. 玉瑗（M58：10）

3. 玉瑗（M77：22）

4. 玉塞（M77：4）

5. 石璧（M4：4）

6. 石镞范（M30：19）

战国、秦汉时期墓葬M43、M58、M77、M4、M30出土玉器、石器

1. 鹿角（M77：1）

2. M15出土陶器

战国时期墓葬M77出土角器、M15陶器

1. M20出土陶器

2. M33出土陶器

战国时期墓葬M20、M33出土陶器

1. M40出土陶器

2. M77出土陶器

战国时期墓葬M40、M77出土陶器

1. 陶豆（M15：1）

2. 陶壶（M15：4）

3. 陶豆（M15：3）

4. 陶鼎（M20：1）

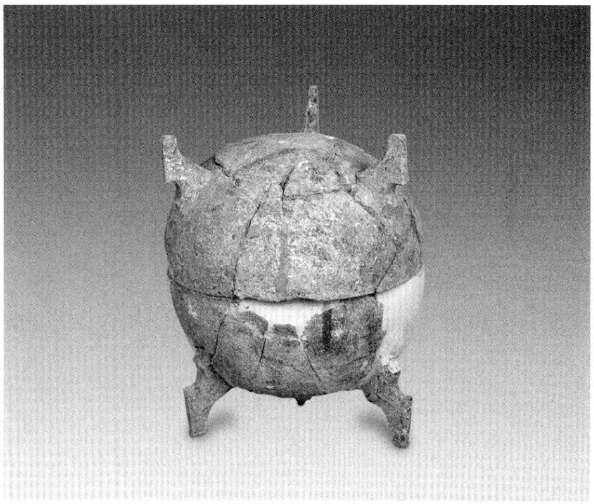

5. 陶敦（M20：2）

6. 陶盘、匜（M20：3）

7. 陶鼎（M20：4）

战国时期墓葬M15、M20出土陶器

图版二

1. 陶壶（M20：5）

2. 陶壶（M20：6）

3. 陶豆（M20：7）

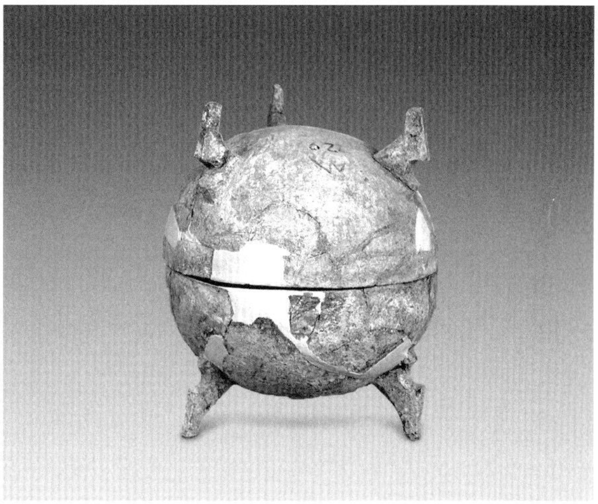
4. 陶敦（M20：9）

5. 陶鼎（M23：3）

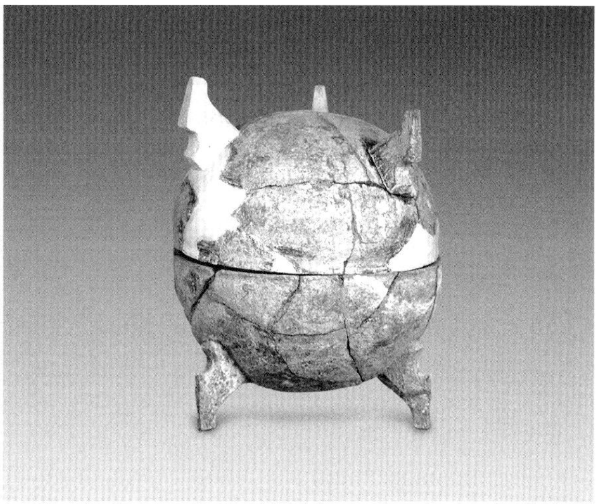
6. 陶敦（M23：4）

战国时期墓葬M20、M23出土陶器

1. 陶壶（M23：5）

2. 陶盘、匜（M23：7）

3. 陶豆（M24：5）

4. 陶壶（M24：6）

5. 陶釜（M24：7）

6. 陶甑（M24：8）

秦汉时期墓葬M23、M24出土陶器

图版四

1. 陶盘、匜（M24：9）

2. 陶釜（M24：10）

3. 陶杯（M24：11）

4. 陶双耳罐（M33：1）

5. 陶壶（M33：2）

6. 陶壶（M33：4）

战国、秦汉时期墓葬M24、M33出土陶器

1. 陶杯（M33：5）

2. 陶杯（M33：6）

3. 陶鼎（M33：7）

4. 陶鼎（M33：8）

5. 陶豆（M33：9）

6. 陶盒（M33：11）

战国时期墓葬M33出土陶器

图版六

1. 陶盘、匜（M33：10、M33：14）

2. 陶盘、匜（M33：13、M33：15）

3. 陶盒（M33：12）

4. 陶盘、匜（M40：1）

5. 陶壶（M40：2）

6. 陶鼎（M40：3）

战国时期墓葬M33、M40出土陶器

1. 陶敦（M40：4）

2. 陶鼎（M42：3）

3. 陶豆（M42：1）

4. 陶豆（M42：2）

5. 陶壶（M42：6）

6. 陶壶（M43：1）

战国时期墓葬M40、M42、M43出土陶器

图版八

1. 陶鼎（M43：4）

2. 陶豆（M46：2）

3. 陶壶（M46：4）

4. 陶豆（M46：5）

5. 陶豆（M46：6）

6. 陶豆（M46：7）

战国时期墓葬M43、M46出土陶器

1. 陶壶（M49：1）

2. 陶鼎（M49：2）

3. 陶豆（M49：3）

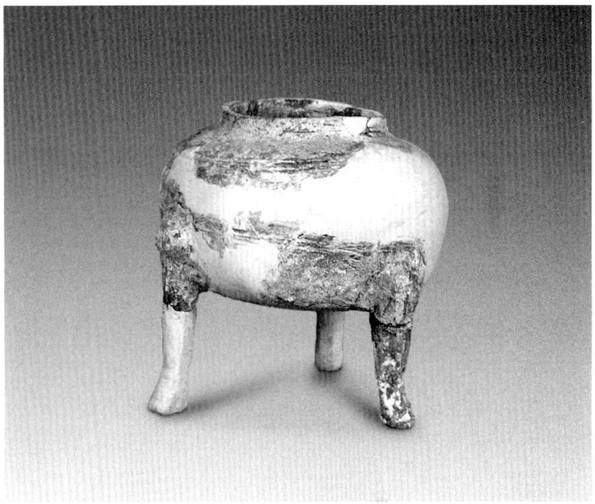

4. 陶鼎（M57：2）

5. 陶豆（M57：4）

6. 陶豆（M57：7）

战国时期墓葬M49、M57出土陶器

图版一〇

1. 陶豆（M57：8）

2. 陶豆（M57：11）

3. 陶壶（M57：10）

4. 陶壶（M58：1）

5. 陶壶（M58：2）

6. 陶敦（M58：4）

战国时期墓葬M57、M58出土陶器

1. 陶盘、匜（M58：6）

2. 陶豆（M58：9）

3. 陶壶（M62：1）

4. 陶壶（M62：2）

5. 陶敦（M62：3）

6. 陶敦（M62：4）

战国时期墓葬M58、M62出土陶器

图版一二

1. 陶鼎（M62：5）

2. 陶鼎（M62：6）

3. 陶豆（M62：7）

4. 陶豆（M62：8）

5. 陶豆（M62：11）

6. 陶盘、匜（M62：9）

战国时期墓葬M62出土陶器

1. 陶鼎（M63：1）

2. 陶敦（M63：7）

3. 陶豆（M63：2）

4. 陶豆（M63：3）

5. 陶豆（M63：5）

6. 陶豆（M63：6）

战国时期墓葬M63出土陶器

图版一四

1. 陶壶（M63：9）

2. 陶壶（M63：10）

3. 陶壶（M77：6）

4. 陶壶（M77：7）

5. 陶盘（M77：9-1）

6. 陶壶（M77：12）

战国时期墓葬M63、M77出土陶器

1. 陶豆（M77：14）

2. 陶豆（M77：21）

3. 陶壶（M77：15）

4. 陶甑（M2：2）

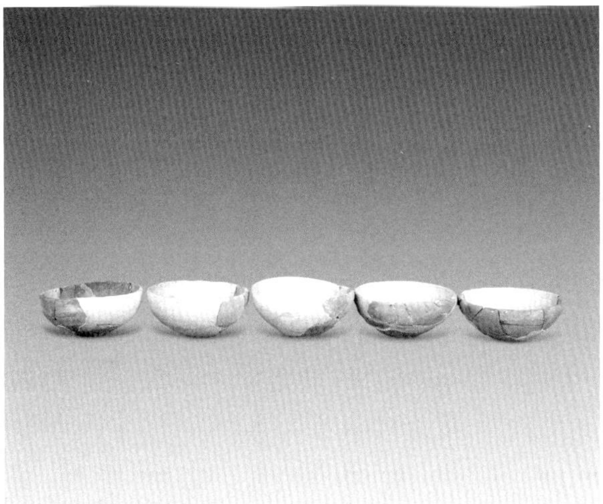

5. 陶钵（M2：1-1～M2：1-5）

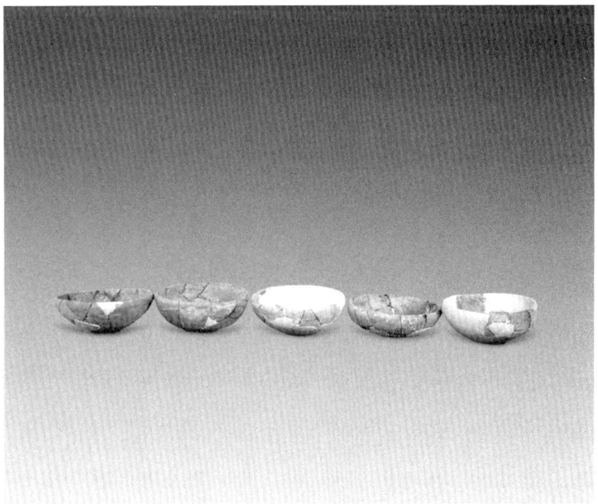

6. 陶钵（M2：3-1～M2：3-5）

战国、秦汉时期墓葬M77、M2出土陶器

图版一六

1. M1全景（自上而下）

2. M2全景（自上而下）

秦汉时期墓葬M1、M2

1. M10全景（自北向南）

2. M10墓底

秦汉时期墓葬M10

1. M19全景（自西向东）

2. M21全景（自南向北）

秦汉时期墓葬M19、M21

1. M22全景（自西向东）

2. M25全景（自北向南）

秦汉时期墓葬M22、M25

1. M25墓底（自上而下）

2. M26全景（自北向南）

秦汉时期墓葬M25、M26

1. M26墓底（自东向西）

2. M30全景（自东向西）

秦汉时期墓葬M26、M30

图版二二

1. M32全景（自北向南）

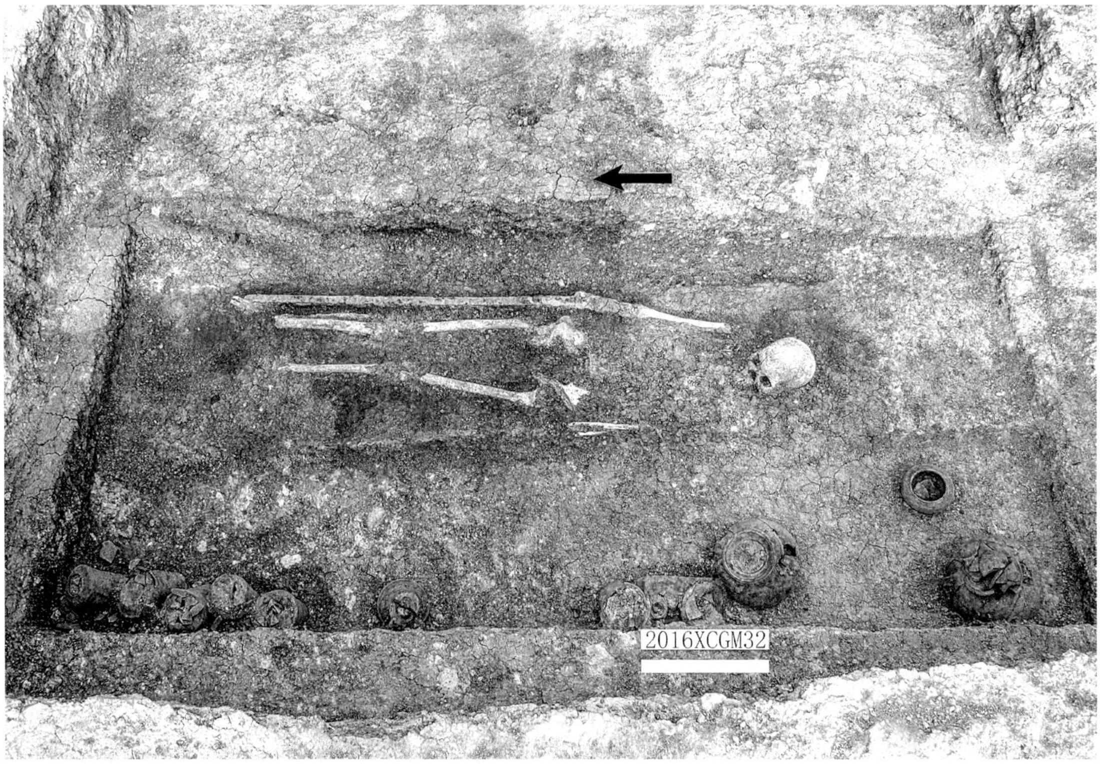

2. M32墓底（自西向东）

秦汉时期墓葬M32

1. M38、39全景（自北向南）

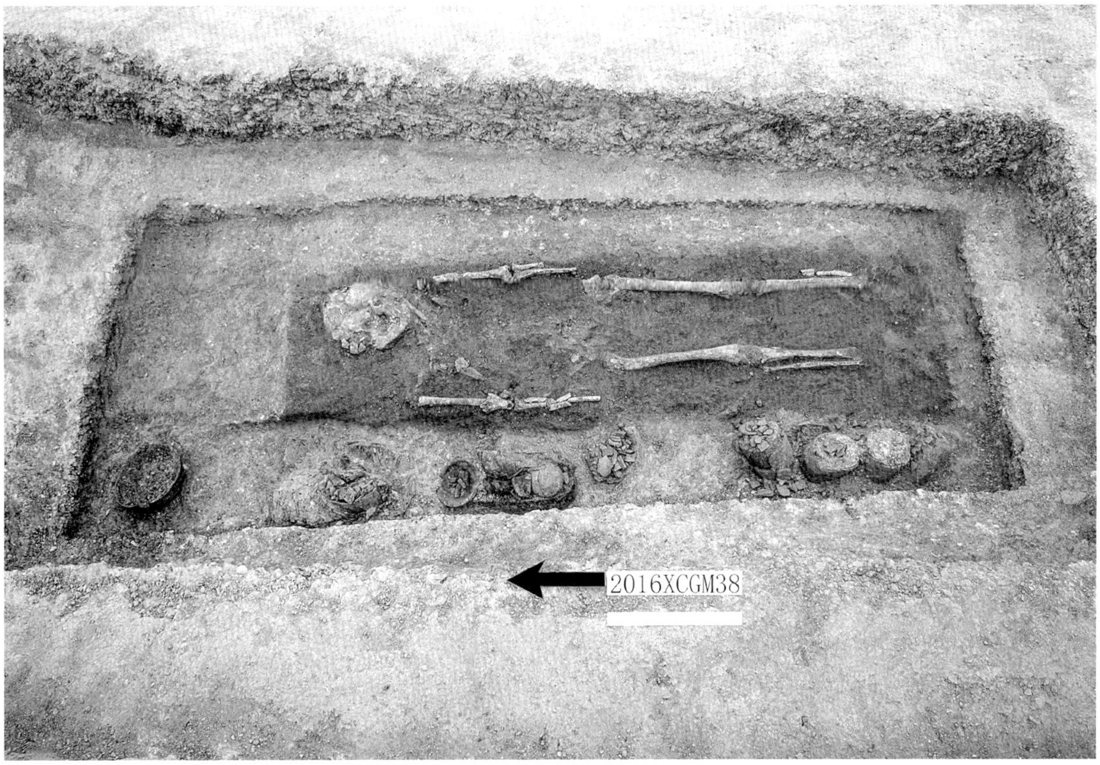

2. M38墓底（自西向东）

秦汉时期墓葬M38、M39

1. M41全景（自北向南）

2. M44、M45、M46相对位置（自东向西）

秦汉时期墓葬M41、M44、M45、M46

1. M47全景（自西向东）

2. M53全景（自北向南）

秦汉时期墓葬M47、M53

1. M64全景照（自东向西）

2. M66墓底情况（自东向西）

秦汉时期墓葬M64、M66

1. M70墓底情况（自上而下）

2. M72全景照（自南向北）

秦汉时期墓葬M70、M72

图版二八

1. M10出土陶器

2. M19出土陶器

秦汉时期墓葬M10、M19出土陶器

1. M21出土陶器

2. M36出土陶器

秦汉时期墓葬M21、M36出土陶器

1. M74出土陶器

2. M75出土陶器

秦汉时期墓葬M74、M75出土陶器

1. M4出土陶器

2. M41出土陶器

秦汉时期墓葬M4、M41出土陶器

图版三二

1. M53出土陶器

2. M61出土陶器

秦汉时期墓葬M53、M61出土陶器

1. M66出土陶器

2. M70出土陶器

秦汉时期墓葬M66、M70出土陶器

1. M73出土陶器

2. M22出土陶器

秦汉时期墓葬M73、M22出土陶器

1. M59出土陶器

2. M26出土陶器

秦汉时期墓葬M59、M26出土陶器

1. M25出土陶器

2. M39出土陶器

秦汉时期墓葬M25、M39出土陶器

1. M30出土陶器

2. M35出土陶器

秦汉时期墓葬M30、M35出土陶器

1. M28出土陶器

2. M29出土陶器

秦汉时期墓葬M28、M29出土陶器

1. M44出土陶器

2. M64出土陶器

秦汉时期墓葬M44、M64出土陶器

图版四〇

1. 陶甑（M2：4-2）

2. 陶釜（M2：4-1）

3. 陶钵（M2：5）

4. 陶瓮（M2：13）

5. 陶釜（M4：1）

6. 陶甑（M4：3）

秦汉时期墓葬M2、M4出土陶器

1. 陶鼎（M4：2）

2. 陶罐（M10：1）

3. 陶罐（M10：2）

4. 陶钵（M10：3）

5. 陶釜（M10：4-1）

6. 陶甑（M10：4-2）

秦汉时期墓葬M4、M10出土陶器

图版四二

1. 陶钵（M10：5）

2. 陶壶（M11：1）

3. 陶罐（M19：2）

4. 陶甑（M19：3）

5. 陶罐（M19：4）

6. 陶罐（M21：1）

秦汉时期墓葬M10、M11、M19、M21出土陶器

1. 陶鍪（M21：2）

2. 陶壶（M22：1）

3. 陶鼎（M22：2）

4. 陶甑（M22：3）

5. 陶灶（M22：4）

6. 陶盆（M22：5）

秦汉时期墓葬M21、M22出土陶器

图版四四

1. 陶灶（M25：1）

2. 陶鼎（M25：2）

3. 陶罐（M25：3）

4. 陶仓（M26：4）

5. 陶仓（M26：5）

6. 陶仓（M26：6）

秦汉时期墓葬M25、M26出土陶器

1. 陶仓（M26：7）

2. 陶仓（M26：8）

3. 陶鼎（M26：9）

4. 陶鼎（M26：10）

5. 陶仓（M26：11）

6. 陶井（M26：12）

秦汉时期墓葬M26出土陶器

图版四六

1. 陶仓（M26：14）

2. 陶仓（M26：15）

3. 陶仓（M26：16）

4. 陶仓（M26：17）

5. 陶罐（M26：18）

6. 陶壶（M26：19）

秦汉时期墓葬M26出土陶器

1. 陶灶（M26：20）

2. 陶灶（M26：21）

3. 陶仓（M28：1）

4. 陶罐（M28：2）

5. 陶仓（M28：3）

6. 陶仓（M28：4）

秦汉时期墓葬M26、M28出土陶器

1. 陶仓（M28：5）

2. 陶仓（M28：6）

3. 陶罐（M28：7）

4. 陶灶（M28：8）

5. 陶井（M28：9）

6. 陶井（M29：1）

秦汉时期墓葬M28、M29出土陶器

1. 陶灶（M29：2）

2. 陶鼎（M29：3）

3. 陶瓮（M29：4）

4. 陶钵（M29：6）

5. 陶灶（M30：3）

6. 陶井（M30：4）

秦汉时期墓葬M29、M30出土陶器

图版五〇

1. 陶仓（M30：9）

2. 陶仓（M30：10）

3. 陶仓（M30：11）

4. 陶灶（M30：12）

5. 陶仓（M30：13）

6. 陶壶（M30：14）

秦汉时期墓葬M30出土陶器

1. 陶鼎（M30：15）

2. 陶井（M30：16）

3. 陶罐（M30：18）

4. 陶罐（M30：21）

5. 陶仓（M32：1）

6. 陶仓（M32：2）

秦汉时期墓葬M30、M32出土陶器

图版五二

1. 陶仓（M32：3）

2. 陶仓（M32：4）

3. 陶仓（M32：5）

4. 陶磨（M32：6）

5. 陶井（M32：7-1）

6. 陶灶（M32：8）

秦汉时期墓葬M32出土陶器

1. 陶罐（M32：9）

2. 陶罐（M32：10）

3. 陶鼎（M32：11）

4. 陶仓（M35：3）

5. 陶鼎（M35：4）

6. 陶仓（M35：5）

秦汉时期墓葬M32、M35出土陶器

1. 陶井（M35：6）

2. 陶仓（M35：7）

3. 陶仓（M35：8）

4. 陶仓（M35：9）

5. 陶罐（M35：10）

6. 陶灶（M35：11）

秦汉时期墓葬M35出土陶器

1. 陶盒（M36：1）

2. 陶盒（M36：2）

3. 陶鼎（M36：3）

4. 陶釜、甑（M36：4）

5. 陶鼎（M36：5）

6. 陶壶（M36：6）

秦汉时期墓葬M36出土陶器

1. 陶壶（M36：7）

2. 陶罐（M37：2）

3. 陶鼎（M38：3）

4. 陶盆（M38：4）

5. 陶灶（M38：5）

6. 陶仓（M38：7）

秦汉时期墓葬M36、M37、M38出土陶器

1. 陶仓（M38：10）

2. 陶瓮（M39：1）

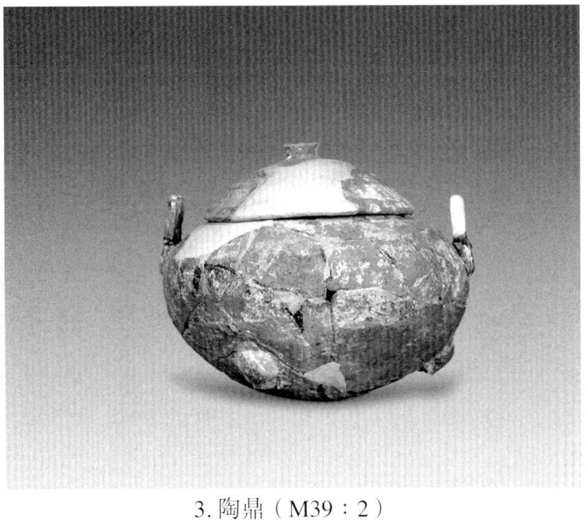

3. 陶鼎（M39：2）

4. 陶灶（M39：3）

5. 陶鍪（M41：2）

6. 陶罐（M41：3）

秦汉时期墓葬M38、M39、M41出土陶器

图版五八

1. 陶壶（M44∶1）

2. 陶壶（M44∶2）

3. 陶盆（M45∶2）

4. 陶瓮（M47∶1）

5. 陶甑（M47∶2）

6. 陶罐（M47∶3）

秦汉时期墓葬M44、M45、M47出土陶器

1. 陶罐（M59：1）

2. 陶釜、甑（M53：1）

3. 陶鼎（M53：2）

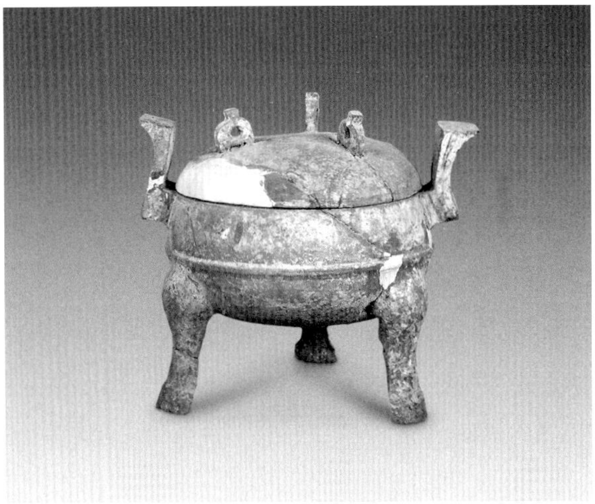

4. 陶鼎（M53：3）

5. 陶壶（M53：4）

6. 陶壶（M53：5）

秦汉时期墓葬M53、M59出土陶器

图版六〇

1. 陶罐（M59：2）

2. 陶瓮（M61：1）

3. 陶壶（M61：2）

4. 陶鼎（M61：3）

5. 陶鼎（M61：4）

6. 陶壶（M61：5）

秦汉时期墓葬M59、M61出土陶器

1. 陶釜（M61：6-1）

2. 陶罐（M64：2）

3. 陶罐（M64：3）

4. 陶釜（M66：1-1）

5. 陶鼎（M66：2）

6. 陶瓮（M66：3）

秦汉时期墓葬M61、M64、M66出土陶器

图版六二

1. 陶盆（M66：4）

2. 陶甑（M66：1-2）

3. 陶鼎（M70：1）

4. 陶鼎（M70：2）

5. 陶壶（M70：3）

6. 陶壶（M70：4）

秦汉时期墓葬M66、M70出土陶器

1. 陶盒（M70：5）

2. 陶盒（M70：6）

3. 陶甑（M70：7）

4. 陶鼎（M73：2）

5. 陶罐（M73：3）

6. 陶釜（M73：1）

秦汉时期墓葬M70、M73出土陶器

图版六四

1. 陶瓮（M75：1）

2. 陶鍪（M75：2）

3. 陶甑（M75：3）

4. 陶鍪（M80：1）

5. 陶罐（M80：2）

秦汉时期墓葬M75、M80出土陶器